JN436892

民法論 I

金 載 亨 著

博 英 社

서　　문

민법에 관한 글을 모아 책을 낸다. 제 1 권에서는 주로 민법총칙과 물권법에 관련된 글 13편을 묶었고, 제 2 권에서는 주로 채권법에 관련된 글 15편을 묶었다. 인격권에 관한 글은 나중에 따로 펴낼 예정이다. 어떠한 형식으로 어떠한 글을 모아 펴낼 것인지 적잖은 고민이 들었는데, 결국 이러한 형태로 되었다. 이번에 책을 내면서 처음 발표할 당시대로 수록하는 것을 원칙으로 하였다. 그러나 법령의 개정 등으로 수정이 불가피한 부분도 있었고, 사고를 좀더 명료하게 드러낼 필요가 있는 부분도 있었다. 그리하여 원문의 틀을 유지한 상태에서 수정·보완하거나 후기를 첨부하기도 하였다.

그 동안 무엇을 했는지 되새겨보는 시간을 갖고 싶었다. 글을 모아놓고 보니, 집필의뢰를 받아 쓴 글도 상당수 있지만, 필자가 선정한 주제가 조금이나마 많았다는 점에 안도감을 느낀다. 내 글을 읽으며 글을 쓸 당시의 흥분이 일기도 했고 쑥스럽기도 했다. 그리고 이제 시작이라는 생각이 든다.

민법을 지탱하는 세 기둥이 있다. 소유와 계약과 가족이 그것이다. 이들은 사람이 사회를 이루고 살아가는 데 반드시 필요한 기초를 형성한다. 최근 가치관의 변화와 함께 인격이라는 가치가 또 하나의 중심축으로 부상하고 있다. 민법은 그 역사가 오래되었고 축적된 양도 많다. 현재에도 수많은 문헌이나 판례가 나오고 있다. 그런데도 민법의 기본틀은 오랜 세월 그 생명력을 유지하고 있다. 그 이유는 인간의 활동을 합리적으로 규율하는 기본틀이기 때문이다.

그러나 민법은 법전과 체계 속에 고정되어 있는 틀이 아니다. 민법의 안팎에는 상상력으로 채워야 할 많은 공간이 있다. 법학적 상상력은 문학적 상상력만큼이나 중요한 것이다. 그것이 투철한 현실인식과 탄탄한 이론에 정초할 때 설득력 있는 법이론을 창출할 수 있는 것이다.

사회가 변화하고 새로운 유형의 분쟁이 끊임없이 등장하고 있기 때문에, 민법도 변화할 수밖에 없다. 법이 세상살이를 규율하는 것이라면 세상살이의 변화를 따라잡아야 하는 것이 법이다. 그래야만 법이 사람들의 생활과 의식 속에 침잠하여 사회를 이끌어가는 기능을 수행할 수 있다. 항상 처음으로 돌아가 숙고를 거듭하되, 변화를 두려워하지 않는 마음, 이것은 법학도에게 필요한 소중한 덕목이다.

우리 민법학은 선학들이 쌓아둔 전통을 딛고 계속 발전하고 있다. 그러나 해결해야 할 많은 과제가 있다. 특히 이론과 실무의 간극을 메우고 현실에서 발생하는 문제를 해결하기 위하여 노력하여야 한다. 좀 더 바람직한 해결책을 찾기 위하여 외국의 법제를 탐구하는 것은 권장되어야 한다. 그러나 선진제국의 법이라고 해서 무조건 따르는 것은 문화사대주의다. 학문으로서의 법학이 자리를 잡고 법이론이 실천력을 가지려면, 독자적으로 문제를 인식하고 합리적인 해결방안을 제시할 수 있어야 할 것이다.

이 책을 내는 데 헤아릴 수 없이 많은 분들의 도움을 받았다. 그 모든 보살핌을 기억하며 연구에 매진할 것을 다짐해 본다.

2004년 8월 18일

서울대학교 법과대학 연구실에서

金 載 亨

目　次

1. 法律行爲 內容의 確定과 그 基準

2. 法律에 違反한 法律行爲
—이른바 強行法規의 판단기준을 중심으로—

대법원 2002. 9. 4. 선고 2000다54406·54413 판결

3. 會社整理節次가 保證債務의 消滅時效에 미치는 영향

대법원 1995. 5. 26. 선고 94다13893 판결

5. 所有權과 環境保護

—民法 제217조의 意味와 機能에 대한 檢討를 중심으로—

6. 占有者의 所有者에 대한 不當利得返還範圍

—민법 제201조와 제748조의 관계를 중심으로—

7. 共有物에 대한 保存行爲의 範圍

대법원 1995.4.7. 선고 93다54736 판결

8. 根抵當權의 被擔保債權에 관한 考察

9. 根抵當權에 관한 改正方案

10. 物權法 改正에 관한 意見
―2001년 民法改正試案을 중심으로―

11. 擔保法에서의 擔保目的物의 擴張問題
— 工場抵當과 集合物讓渡擔保를 중심으로 —

12. 「資產流動化에 관한 法律」의 現況과 問題點

13. 根抵當權附債權의 流動化에 관한 法的 問題
— 住宅抵當債權流動化會社法을 中心으로 —

1. 法律行爲 內容의 確定과 그 基準

Ⅰ. 序　　論

법률행위를 하는 목적은 일정한 법률효과를 발생시키는 데 있다. 법률행위가 그 목적을 달성하려면 法律行爲의 目的 또는 內容을 명확하게 정해야 한다. 예컨대 상점에서 무엇인가 물건을 사고팔기로 했다고 해서 계약이 체결되었다고 할 수는 없다. 이를 이행하지 않더라도 상대방은 그 이행을 강제하거나, 채무불이행을 이유로 손해배상을 청구할 수 없다. 이와 같이 법률행위의 내용을 특정할 수 없는 경우에는 당사자에게 계약에 구속되려는 의사가 없다고 볼 수 있기 때문이다.

그런데 실제 거래생활에서는 내용이 명확하지 않은 契約이 체결되는 경우가 많다. 계약을 체결하는 단계에서 장래의 모든 분쟁을 예상하여 이에 대비한 조항을 정하는 것은 불가능하다. 따라서 계약의 주요한 내용만을 정하고 나머지 사항은 약관이나 관례에 맡기기도 하고 별도의 합의를 유보하기도 한다. 특히 계약의 체결이 시급한 경우에는 더욱 그러하다. 예를 들면 자동차보험계약에서 중요한 몇 가지 사항만을 정하고 계약을 체결하거나, 매매계약에서 대금을 장래의 일정시점의 時價로 정하기도 한다.

大判 1993. 6. 8, 92다49447[1]은 매매계약에 관한 것으로 "매매는 당사자 일방이 재산권을 상대방에게 이전할 것을 약정하고 상대방이 그 대금을 지급할 것을 약정함으로써 그 효력이 발생하는 것이므로 매

1) 공 1993, 1999.

매계약은 매도인이 재산권을 이전하는 것과 매수인이 그 대가로서 대금을 지급하는 것에 관하여 쌍방 당사자의 합의가 이루어짐으로써 성립하는 것이며, 그 경우 매매목적물과 대금은 반드시 그 계약체결 당시에 구체적으로 특정할 필요는 없고 이를 사후에라도 구체적으로 특정할 수 있는 방법과 기준이 정하여져 있으면 족하다"고 판결하였다.

그렇다면 이와 같이 법률행위의 내용이 확정되었거나 확정될 가능성이 있다는 것은 무엇을 의미하는가? 법률행위 내용의 확정여부를 판단하는 기준은 무엇인가? 법률행위의 내용이 명확하게 정해져 있지 않은 모든 경우에 법률행위의 성립을 부정하여야 하는가?

여기에서는 먼저 법률행위 내용의 확정이 민법체계에서 차지하는 위치를 살펴보고, 판례를 통하여 확정가능성의 판단기준을 검토한 다음, 확정되지 아니한 법률행위의 효력에 관하여 살펴보고자 한다. 그리고 매매대금의 결정을 유보한 경우와 매매대금의 결정을 당사자에게 맡긴 경우 그 계약의 효력에 관하여 살펴보겠다. 이 문제에 관하여는 우리 나라에서 거의 논의되지 않고 있기 때문에 다른 나라의 경우에 어떻게 다루어지고 있는지를 관련되는 부분에서 살펴보고자 한다.

Ⅱ. 法律行爲의 要件에서 法律行爲 內容의 確定問題가 차지하는 位置

통설은 법률행위의 效力要件 또는 有效要件의 하나로 법률행위 내용의 확정 또는 특정을 들고 있다.[2] 따라서 법률행위의 내용이 특정되

2) 郭潤直, 民法總則, 新訂修正版, 1998, 293면; 郭潤直 편, 民法注解(Ⅱ), 1992, 167면(宋德洙 집필부분); 金相容, 民法總則, 改訂版, 1995, 424면; 金容漢, 民法總則論, 再全訂版, 1993, 251면; 白泰昇, 民法總則, 法文社, 2000, 333면; 張庚鶴, 民法總則, 第三版, 1998, 434면. 법률행위의 목적과 법률행위의 내용은 동일한 의미로 사용되고, 확정과 특정도 이 경우에는 同義語로 사용되고 있다.

어 있지 않으면 법률행위가 무효라고 한다. 이에 반하여 법률행위 내용의 특정은 법률행위의 成立·不成立에 관한 것으로 成立要件에 해당한다는 견해가 있다.[3] 한편 법률행위의 목적을 확정하는 것은 법률행위의 해석이므로, 이를 법률행위의 유효요건으로 설명하는 것은 부적절하다는 견해도 있다.[4] 대법원의 태도는 명확한 것은 아니지만, 대체로 법률행위의 내용을 특정할 수 있으면 법률행위가 성립되었다고 보고,[5] 그렇지 않으면 성립되지 않았다[6]고 본다. 이것은 법률행위 내용의 특정문제를 성립요건으로 본 것이라고 생각할 수 있다.[7]

대체로 법률행위의 성립요건과 효력요건을 다음과 같이 구분하고 있다.[8] 법률행위는 법률행위의 당사자, 법률행위의 목적, 법률행위를 하는 의사표시가 갖추어지면 성립한다. 이 세 가지 요건이 정해져 있지 않으면 법률행위가 존재한다고 볼 수 없는데, 이를 법률행위의 성

3) 崔龍煥, "法律行爲의 目的의 確定," 法曹 제13권 제 1 호(1964. 1), 39면; 李銀榮, 民法總則, 改訂版, 2000, 355면. 한편 李英俊, 民法總則, 全訂版, 1995, 156면과 641면은 이를 법률행위의 성립요건이라고 하나, 同書 157면과 184면에서는 효력요건으로 본다.

4) 金曾漢·金學東, 民法總則, 제 9 판, 1995, 281면.

5) 大判 1960. 7. 7, 4292민상819(민판집 44, 173); 大判 1986. 2. 11, 84다카2454(공 1986, 437); 大判 1993. 6. 8, 92다49447(공 1993, 1999); 大判 1996. 4. 26, 94다34432(공 1996, 1667).

6) 大判 1997. 1. 24, 96다26176(공 1997, 632)은, "그 목적물 중 특정된 3필지를 제외한 나머지 이 사건 부동산에 대한 매매는 그 목적물의 표시가 너무 추상적이어서 매매계약 이후에 이를 구체적으로 특정할 수 있는 방법과 기준이 정해져 있다고 볼 수 없어 매매계약이 성립되었다고 볼 수 없다"고 판결하였다.

7) 다만 大判 1987. 4. 1, 86다카1273(判例總攬 1-2(B) 26-106-22)은, 주택 1동을 매입하여 준다고 약정한 경우에 그 주택을 특정할 방법이 없다는 이유로 계약으로서의 效力이 없다고 하였지만, 이것이 법률행위 내용의 특정문제를 법률행위의 효력요건이라고 본 것이라고 단정할 수는 없다. 계약이 성립하지 않으면 그 효력도 발생할 수 없는데, 이 판결은 성립요건과 효력요건을 구분할 필요성이 없는 경우에 관한 것이고, 이 사건에서는 목적물이 무엇인지 알 수 없기 때문에 오히려 법률행위가 성립했다고 볼 수 없다고 보는 것이 타당할 것이다.

8) 郭潤直(註 2), 281면 이하.

립요건이라고 한다. 이 세 가지 요건이 정해져 있기만 하면 그 법률행위에 관하여 진정한 의사의 합치가 없었다거나 사기 또는 강박에 의하여 의사표시가 이루어졌다는 점은 법률행위의 유·무효의 문제이다. 법률행위가 성립하면 일반적으로 그 내용에 따른 효력이 발생하기 때문에, 법률행위의 성립요건과 효력요건을 구분하는 것이 곤란하고, 논리적인 문제에 불과하다고 볼 수도 있다. 그러나 성립요건은 법률행위의 성립을 주장하는 사람에게 立證責任이 있고, 효력요건은 법률행위의 무효를 주장하는 사람에게 입증책임이 있다는 점에서 위와 같은 구분에 실익이 있다고 볼 수 있다.[9]

법률행위의 내용이 무엇인지 알 수 없다면 법률행위가 성립하였다고 볼 수 없다. 당사자가 어떠한 권리를 갖고 의무를 부담하는지를 알 수 없는 상태에서는 법률행위가 존재한다고 할 수 없기 때문이다. 따라서 법률행위의 내용이 특정되어 있다는 것은 법률행위의 성립요건이라고 볼 수 있고, 이것은 법률행위의 유·무효를 판단하기 이전의 단계이다. 백화점에 가서 막연히 물건을 사겠다고 한다면, 이것은 법률행위가 무효인 경우에 해당하는 것[10]이 아니라, 법률행위가 성립하지 않았다고 보아야 한다. 법률행위의 내용이 확정되었거나 확정될 수 있다는 점에 관한 입증책임은 법률행위에 따른 청구를 하는 당사자에게 있다고 보는 것이 타당하다. 법률행위의 내용이 명확하지 않더라도 이를 확정할 수 있다면, 법률행위의 해석을 통하여 이를 명확하게 하여야 한다. 그러나 법률행위의 해석이나 임의법규의 적용을 통하여 법률행위의 내용을 확정할 수 없다면 법률행위가 성립되었다고 볼 수 없을 것이다.

9) 李英俊(註 3), 155면; 日本 注釋民法(3), 有斐閣, 1973, 44면(平井宜雄 집필부분).
10) 郭潤直(註 2), 293면.

Ⅲ. 法律行爲 內容의 確定에 관한 判例의 態度

통설[11)]과 판례[12)]에 의하면, 법률행위가 효력을 발생하려면 법률행위의 내용이 확정되거나 확정될 수 있어야 한다. 어떠한 경우에 법률행위의 내용이 확정되거나 확정될 수 있다고 보고 있는지에 관하여는 목적물의 특정과 대금의 특정으로 구분하여 살펴볼 필요가 있다.

1. 目的物의 特定

대법원은 계약의 목적물을 특정하거나 특정할 방법이 없으면 계약의 효력을 인정하지 않는다. 大判 1987.4.1, 86다카1273[13)]은 "원·피고 사이에 피고가 원고에게 상호 합의하에 주택 1동을 매입하여 준다는 뜻의 약정을 하였으나(약정서 있음) 그 주택의 위치, 종류, 규모, 가격 정도 기타 그 주택을 특정함에 필요한 사항에 관한 기재가 없고 그 밖에 위와 같은 사항에 관하여 원·피고 사이에 어떠한 합의가 이루어졌다고 인정할 만한 자료도 없고 조리나 사회경험칙으로도 이를 특정시킬 방법이 없으므로 이는 채권·채무의 발생을 목적으로 하는 계약으로서의 효력이 없는 것"이라고 판단하였다. 이 판결은 목적물이 특정되지 않았다고 보았으나, 약정 당시 목적물을 특정하기 위한 합의가 없다고 하더라도 조리나 사회경험칙에 의하여 목적물을 특정할 수 있

11) 郭潤直(註 2), 293면; 高翔龍, 民法總則, 1990, 349면; 金相容(註 2), 423면; 金容漢(註 2), 251면; 白泰昇(註 2), 333면; 李英俊(註 3), 184면; 張庚鶴(註 2), 434면.

12) 大判 1960.7.7, 4292민상819(민판집 44, 173); 大判 1986.2.11, 84다카2454(공 1986, 437); 大判 1993.6.8, 92다49447(공 1993, 1999); 大判 1996.4.26, 94다34432(공 1996, 1667); 大判 1997.1.24, 96다26176(공 1997, 632).

13) 判例總覽 1-2(B) 26-106-22.

으면 계약으로서 유효하다고 하였다.

그리고 大判 1997.1.24, 96다26176[14]에서는, 매매계약의 목적물이 "진해시 경화동 747의 77, 754의 6, 781의 15 등 3필지 및 그 외에 같은 동 소재 소외 망 A소유 부동산 전부"라고 표시되어 있었다. 이 사건 매매계약의 목적물 중 특정된 3필지를 제외한 나머지 부동산이 토지인지 건물인지, 토지라면 그 필지 · 지번 · 지목 · 면적, 건물이라면 그 소재지 · 구조 · 면적 등 어떠한 부동산인지를 알 수 있는 표시가 전혀 되어 있지 않았다. 당사자들도 어떠한 부동산이 몇 개나 존재하고 있는지조차 알지 못한 상태에서 계약을 체결하였고, 계약일로부터 17년 남짓 지난 후에야 그 소재가 파악되었다. 대법원은 "매매계약에 있어서 그 목적물과 대금은 반드시 계약체결 당시에 구체적으로 특정할 필요는 없고 이를 사후에라도 구체적으로 특정할 수 있는 방법과 기준이 정해져 있으면 족하다"고 전제한 다음, 이 사건에서 "그 목적물 중 특정된 3필지를 제외한 나머지 이 사건 부동산에 대한 매매는 그 목적물의 표시가 너무 추상적이어서 매매계약 이후에 이를 구체적으로 특정할 수 있는 방법과 기준이 정해져 있다고 볼 수 없어 매매계약이 성립되었다고 볼 수 없다"고 판결하였다. 이 판결도 매매목적물이 특정되지 않았다고 보고 있지만, 매매계약체결 이후에 매매목적물을 구체적으로 특정할 수 있는 방법과 기준이 정해져 있으면 계약의 성립을 인정할 수 있다고 하고 있다.

2. 代金의 特定

매매계약에서 매매대금을 장래의 일정한 시점의 時價로 정한 경우에도 매매계약이 유효하게 성립한다. 대법원[15]은 "매매대금의 액수를

14) 공 1997, 632.
15) 大判 1978.6.27, 78다551·552(공 1978, 10972).

일정기간이 지난 후일의 시가(筆者 주: 약정일로부터 1개월 후의 時價)에 의하여 정하기로 하였다고 하여, 그와 같은 사유만을 들어 매매계약이 아닌 매매예약이라고 속단할 수는 없는 노릇이라 할 것이고(더욱이 피고는 원고로부터 계약금명목으로 금 267,400원까지도 수령하였다는 것이고 보면, 더욱더 그러하다) …"라고 판결하였다.

그리고 大判 1986.2.11, 84다카2454[16]는 대금을 다른 시장에서 통용되는 가격과 비슷하게 정하도록 하는 것도 가능하다고 한다. 사실관계가 명확하지 않지만, 1971.6.10. 원고와 서울시 사이에 두 개의 약정을 포함하는 복합계약이 성립되었다. 즉 ① (원고가) 서울시에 원시장 부지 415평을 당초의 전답 수용가격에 상응한 평당 금 350원으로 매도한다는 내용의 매매계약과, ② 서울시는 이에 부수하여 원시장부지 및 그 주변토지를 합한 1,000평의 토지를 他市場에 준하여 원고에게 매도한다는 취지의 약정이 그것이다. 原審은 1971.6.10. 이 사건 1,000평의 토지를 타시장에 준하여 매도한다는 약정이 성립된 사실을 인정하였으나, 그와 같은 복합적인 약정이 있기까지의 경과와 배경에 비추어 위 약정 중 1,000평 토지에 관한 부분은 매매의 요건사실인 매매목적물의 특정과 가격결정의 방법 및 매매절차와 방식에 관한 대체적인 기준에 대하여만 합의한 것이고, 위 토지에 관하여 대금을 평당 금 10,000원으로 확정하여 매매계약이 체결되었다고 보기 어렵다고 판단하였다. 그러나 大法院은 "위 '타시장에 준한다'는 의미가 원심이 설시한 대로 타시장에 준한 토지대금을 뜻하는 것이라면 이는 계약체결 후에 이를 구체적으로 특정못할 바 아니므로 이는 그 매매대금을 사후에라도 특정못할 사유가 되지 못"한다고 판단하였다.[17]

16) 공 1986, 437.

17) 다만 대법원은 다른 사유로 1971.6.4. 당시 원고와 서울시 사이에 원고주장과 같은 매매계약이나 그 예약이 성립되지 않았다고 판단하였다. 즉 이 사건 토지 1,000평은 원래 지방자치단체인 서울시 소유로서 시유지(잡종재산)이므로 그 매각에는 지방재정법시행령 제67조, 제58조, 예산회계법시행령 제116

또한 계약을 체결하면서 대금을 장래에 성립할 가격기준 또는 다른 지역에서 합의된 약정에 따르기로 정할 수 있다. 大判 1995.9.26, 95다18222[18]에서 임대주택을 분양하기로 약정하면서 임대주택의 분양가격결정은 '건설부에서 입안하고 있는 분양전환가격기준'에 의하되, 건설부의 분양전환가격결정이 지연될 시는 '춘천시 소재 세경아파트 등 타지역의 합의된 분양가'에 준한다고 합의하였는데, 이러한 합의는 유효하다고 하였다. 이와 같이 분양가격결정기준이 다소 모호하고 그 기준내용에 관하여 당사자 사이에 이견의 여지가 있더라도 그 모호한 기준을 구체화함으로써 이 사건 임대주택의 분양가를 위 약정 당시의 당사자들의 의사에 부합하는 합리적인 가격으로 산출하여야 할 것이다.[19]

최근 기업의 인수·합병이 활발하게 이루어짐에 따라 先引受·後精算의 방법으로 기업을 인수하는 경우가 많다. 大判 1996.4.26, 94다34432[20]는 이러한 방법으로 주식매매대금을 정하는 것이 유효하다고 하였다. 이 사건은 국제상사 주식매도사건에 관한 것으로 사실관계가 복잡하나, 주식매매대금에 관한 부분만을 살펴보고자 한다. 제일은행은 국제그룹 정리방안의 일환으로 '주식 및 경영권양도가계약서'를 작성하였는데, 그 내용은 다음과 같다. ① 원고 등 국제상사의 주주들(매도

조, 제93조 내지 제95조의 적용을 받는다. 이 사건에서 매매계약성립의 증거로 원고의 진정에 대한 회신이 있으나, 이것은 사후에 위 법령에 정해진 요건과 절차를 거친 후에 이에 따른 매매계약이나 그 예약을 체결하겠다는 일방당사자의 의사의 통지라고 해석함이 당사자의 진정한 의사에 합치된다고 하였다.

18) 공 1995, 3525.

19) 大判 1972.7.25, 72다715(集 20-2, 민 153)에서는 원고가 대지와 건물을 피고 목포시에 매도하면서 대금을 토지수용위원회의 재결에 따라 확정하기로 하였다. 그런데 토지수용위원회는 원·피고 사이에 위 대지에 대한 매매계약이 체결되어 있으므로 재결사항이 아니라는 이유로 대지에 대한 재결신청을 각하하였다. 대법원은 "토지매매대금을 토지수용위원회의 재결에 일응 따르기로 한 것이 불능조건을 부가한 조건부 법률행위라기보다는 시가에 따른 재결금액 다시 말하면 재결 당시의 시가, 즉 상당한 기간 내에 재결이 있을 것을 전제로 하여 그 당시의 시가를 매매대금으로 정한 당사자의 의사라고 해석함이 상당할 것"이라고 판단하였다.

20) 공 1996, 1667.

인)은 위 국제상사의 발행주식 전부를 피고 또는 피고가 지정하는 제3자에게 양도하고, 국제상사 중 건설부문을 제외한 사업 분야의 경영권 전부를 피고에게 양도한다. ② 가계약의 목적물인 주식의 매매가격은 1주당 1원으로 하되 실사결과에 따라 양자가 협의·조정하여 정산지급하기로 한다. ③ 매도인·매수인 및 제일은행은 가계약체결 후 상호 협력하여 국제상사의 경영실태 및 자산부채의 실사에 착수하여 6개월 이내에 이를 완료하도록 하며 정산에 관하여는 위 3자가 따로 합의하기로 한다. 그리고 나서 위 '주식 및 경영권양도가계약서'에 원고와 피고 대표이사의 서명날인을 받았다. 그 후 제일은행은 국제그룹 정상화방안을 계속 추진하여 오다가 1986. 2. 10.경에 이르러 국제상사 발행의 위 주식에 관하여 앞에서 본 가계약의 취지에 따라 주식매매가격은 실사결과에 따라서 결정하기 위하여 공란으로 한 '주식매매계약서'를 작성한 다음, 원고의 서명날인을 받았다. 원심은 주식매매대금에 관하여 "…그런데 이 사건 주식매매계약은 체결할 당시에 주식의 매매대금을 구체적으로 정하지는 않았으나 위에서 본 바와 같이 주식매매계약 전에 체결된 '주식 및 경영권양도가계약서'에서 이 사건 주식의 매매가격을 일응 1주(액면가 금 500원)당 1원으로 결정하되, 국제상사의 자산과 부채의 실사결과에 따라 원고 등과 피고가 협의·조정하여 그 가격을 확정하기로 함으로써 이 사건 주식매매계약을 체결할 당시 매매대금을 확정할 수 있는 방법과 기준을 정하였으므로 위 주식매매계약은 유효하다"고 판단하였다. 원고가 상고하였으나, 대법원은 원심판단이 정당한 것으로 수긍이 간다고 판단하였다.

判例는 계약체결 당시에 매매대금 등을 확정적으로 정하지 않은 경우에도 유효하다고 한다. 매매대금을 장래의 일정한 시점의 時價로 정하거나 다른 市場에서 통용되는 가격에 따라 정할 수 있다. 가격기준이 아직 성립하지 않았으나 장래에 성립될 것이 예상되는 경우에도 대금을 결정하는 기준으로 정할 수 있으며, 다른 지역에서 합의된 약정에 따르기로 할 수도 있다. 그리고 선인수·후정산의 방법으로 기업을 인수하기로 한 경우에 자산과 부채의 실사결과에 따라 협의·조정하여 가격을 확정하기로 약정하는 것도 허용된다.

3. 契約成立 이후의 不特定

법률행위의 내용을 특정할 수 있는 기준이 정해져 있기 때문에 법률행위가 유효하게 성립하였으나, 그 후 위와 같은 기준에 따라 법률행위의 내용을 확정할 수 없게 되는 경우가 있다. 이러한 경우에는 그 계약의 효력은 어떻게 되는지, 특히 법관이 독자적으로 법률행위의 내용을 정할 수 있는지 문제된다.

大判 1992.10.23, 91다40238[21]에서는 양도목적물의 특정이 문제되었다. 원심은 "원고가 피고로부터 양도받기로 약정한 '노무'의 대가가 '매립토지 중 해변최근지 70평'이었다고 하더라도, 준공된 매립지의 분배에 관한 피고와 그 동업자들 사이의 분쟁 때문에 매립지를 각 동업자별로 나누지 못함으로써 피고에게 돌아갈 토지의 면적 및 위치가 정하여지지 못하고 있는 이상, 원고는 피고 및 소외인들의 공유로 보존등기된 위 매립지 중 해변최근지에 해당하는 원심 판시 별지목록기재 부동산의 피고소유 지분에서 70평에 해당하는 지분의 이전등기는 구할 수 있다"고 판단하였는바, 대법원은 이를 지지하였다. 이 사건에서 양도계약이 유효하게 성립하였다고 볼 수 있다. 왜냐하면 '매립토지 중 해변최근지 70평'을 이전하기로 하는 것은 법률행위의 내용으로 충분히 특정되어 있다고 볼 수 있기 때문이다. 위 약정 당시 피고가 매립토지 중 어느 부분을 분배받을지 확정되지 않았다고 하더라도 원·피고 사이의 계약의 성립에는 영향을 미치지 않는다. 그 후 동업자 사이의 분쟁으로 피고에게 돌아갈 토지를 특정할 수 없게 되었다고 하더라

21) 공 1992, 3226.

도 계약은 유효하게 존속하고, 다만 피고의 채무불이행이 문제될 뿐이다. 따라서 이 사건에서 매매목적물이 특정되지 않았기 때문에 무효라고 볼 수는 없다. 다만 피고가 위와 같은 분쟁으로 70평을 지정할 수 없는 경우에는 持分을 이전하기로 하려는 것이 당사자의 의사라고 볼 수도 있기 때문에, 지분에 관한 이전등기를 명한 결론이 타당할 수 있다. 이것은 법률행위의 해석, 특히 보충적 해석을 통하여 도출될 수 있고, 이 사건을 무효행위의 전환[22]을 인정한 사례로 파악할 필요는 없을 것이다.

위 2항에서 본 大判 1995.9.26, 95다18222[23]는 "분양약정의 해석상 당사자 사이에 분양가격의 결정기준으로 합의하였던 기준들에 의하여 분양가격결정이 불가능하게 되었다면, 당사자 사이에 새로운 분양가격에 관한 합의가 이루어지지 않는 한 위 분양약정에 기하여 당사자 일방이 바로 소유권이전등기절차의 이행을 청구할 수는 없는 것이고, 여기에 법원이 개입하여 당사자 사이에 체결된 계약의 해석의 범위를 넘어 판결로써 분양가격을 결정할 수는 없는 것이다"라고 판단하였다. 이것은 당사자들의 계약에 법원이 개입할 수 있는 한계를 선언하고 있다. 따라서 계약이 성립한 경우에도 나중에 계약의 중요한 내용인 매매대금이 확정되기 전에는 계약에 따른 권리가 발생하지 않고 법원이 매매대금을 결정할 수는 없다는 것이다.[24]

계약내용은 私的自治의 原則에 따라 당사자들이 정해야 한다. 그 내용이 불분명한 경우에 법원이 계약의 해석을 통하여 그 내용을 명확

---

22) 李英俊(註 3), 184면은 이 판결을 무효행위의 전환을 인정한 것이라고 한다. 즉 이 사건에서 매매계약의 목적물이 특정되지 않아 매매계약이 무효이나, 다만 지분매매계약의 효력이 있다는 것이다.

23) 공 1995, 3525.

24) 다만 이 부분에 관한 판단이 이 사건의 해결에 반드시 필요한 것은 아니다. 위 2항에서 본 바와 같이 이 사건에서 매매대금을 확정할 수 있는 기준이 있었기 때문에, 그 부분에 관한 판단으로 원심판결을 파기환송하여야 했기 때문이다.

하게 할 수 있다. 그러나 계약의 해석으로 그 내용을 확정할 수 없는 경우에는 법원이 개입해서는 안 된다. 계약법 영역에서 법원이 그 후견적 기능을 지나치게 확대한다면, 사적자치의 영역이 축소될 것이다. 당사들에게 맡겨둔다면 지나치게 형평에 맞지 않는 경우에 한하여 예외적으로 법원이 개입하여야 한다. 법원이 계약내용을 확정할 때 계약의 문언뿐만 아니라 계약의 종류와 성질, 계약의 체결경위 등 제반사정을 고려하여 계약내용을 탐구하는 것이 항상 선행되어야 한다.

4. 判斷時期

법률행위의 내용은 성립 당시에 확정되어 있어야 하는 것은 아니다. 매매계약의 경우에 원칙적으로 계약체결 당시 목적물과 대금을 정하여야 하지만, 목적물이나 대금을 나중에 확정할 수 있는 기준만을 정할 수도 있다.[25] 그러나 늦어도 법률행위의 내용을 실현할 때까지는 그 내용을 확정할 수 있어야 한다. 법원에서는 사실심변론종결시를 기준으로 법률행위 내용의 확정여부를 판단하여야 한다.[26]

Ⅳ. 法律行爲 內容의 特定이 要求되는 程度

1. 法律行爲의 主要한 內容

법률행위의 내용은 주요부분과 부수적 부분으로 나누어 볼 수 있

25) 그리하여 매매계약의 목적물과 대금은 특별한 사정이 없는 한 그 계약체결 당시에 약정하였던 목적물과 대금이고, 사후에 특정되는 목적물이나 대금은 계약체결 당시에 예정하였거나 사후 기준을 정하였을 경우에 한하여 그 기준이 된다고 한다. 大判 1986. 2. 11, 84다카2454(공 1986, 437).

26) 李英俊(註 3), 184면; 大判 1991. 6. 25, 90다17040(공 1991, 2000).

는데, 법률행위가 성립하기 위해서는 법률행위의 주요부분이 특정되어 있거나 특정될 수 있어야 한다. 우리 민법은 각각의 典型契約에 관한 절(제 3 편 제 2 장 제 2 절 내지 제15절)에서 각각의 契約의 意義에 관한 조항을 정하고 있는데, 이 조항들에서 각각의 계약의 주요한 내용을 도출할 수 있다.[27] 증여의 경우에는 어떤 財産(제554조)을 증여하는 것인지 정해야 하고, 매매의 경우에는 매매목적물과 대금(제563조), 교환의 경우에는 교환하는 財産權(제569조)을 정해야 한다. 소비대차의 경우에는 목적물인 금전 기타 대체물(제598조), 사용대차의 경우에는 그 목적물(제609조), 임대차의 경우에는 목적물과 차임(제618조)을 특정해야 한다. 고용의 경우에는 노무와 보수(제655조), 도급의 경우에는 완성해야 할 일과 보수(제644조)를 정해야 하고, 현상광고의 경우에는 '어느 행위'와 보수(제675조), 위임의 경우에는 위임인이 위탁한 사무(제680조)를 정해야 한다. 조합의 경우에는 출자와 공동사업(제703조), 종신정기금의 경우에는 종신까지 정기로 금전 기타의 물건을 지급하기로 하는 것(제725조), 화해의 경우에는 상호양보하여 당사자간의 분쟁을 종지할 것(제731조)을 정해야 한다.[28] 이러한 사항은 각각의 계약에서 중요한 사항으로서 이러한 사항이 특정될 수 없다면 원칙적으로 계약내용이 특정되지 아니하여 유효한 계약이 성립되었다고 보기 어려울 것이다.

그러나 이러한 사항을 특정할 수 없는 경우에 계약의 성립을 항상 부정하여야 하는 것은 아니다. 예를 들면 고용계약의 경우에 보수가 매우 중요한 요소인데도 보수에 관한 약정이 없다고 하더라도 고용계약이 유효하게 체결될 수 있다. 민법 제656조 제 1 항이 "報酬 또는 報酬額의 約定이 없는 때에는 慣習에 의하여 支給하여야 한다"고 규정하고 있기 때문이다. 그리고 이와 같은 명문의 규정이 없는 경우에도 당

27) 이것은 각종 계약의 要件事實에 해당하는 것이다.

28) 물론 당사자의 의사와 계약체결관행에 따라서는 그 이외의 사항 중에도 계약의 중요한 내용이 있을 수 있다.

사자에게 계약에 구속되려는 의사가 있다면 계약의 성립을 인정해야 하는 경우가 있다.

2. 法律行爲 內容의 特定에 관한 比較法的 考察

전형계약 중에서 가장 중요한 매매계약에서 매매목적물과 매매대금을 특정할 수 있는 기준이 없으면 법률행위의 성립을 부정하여야 한다는 것이 우리 판례의 태도인데, 이러한 태도가 타당한지 검토할 필요가 있다. 이에 관하여 우리 나라에서는 거의 논의되지 않고 있기 때문에 다른 나라의 경우와 비교해 볼 필요가 있다.

가. 日本의 경우

일본에서는 법률행위 내용이 확정되어 있거나 확정될 수 있으면 법률행위가 유효이고 그렇지 않으면 무효라고 한다.[29]

나. 프랑스의 경우

프랑스민법에 따르면 계약은 '특정의 대상'(objet certain)에 대하여 체결된 경우에 한하여 유효하다고 한다(제1108조). 채권관계의 대상이 되는 물건은 어떤 종류에 관한 것인지 확정되어야 하고(제1129조 제1항), 그 물건의 수량이 확정될 수 있어야 한다(제1129조 제2항). 이 규정은 금전에 대해서도 적용되었다. 그리고 매매대금은 '특정'되어야 한다고 규정되어 있으나(제1591조), '특정가능성'이 있으면 충분하다. 그렇다면 어떠한 경우에 매매대금(임차료 또는 소비대차의 이자, 임금, 보험료도 마찬가지이다)이 특정될 수 있는 것인지 문제된다.

그런데 프랑스판례는 이것을 매우 좁게 인정한다. 당사자에 의하

29) 四宮和夫·能見善久, 民法總則, 제 5 판, 弘文堂, 1999, 222면; 船越隆司, 民法總則, 尙學社, 1997, 96면; 川井健, 民法概論(1) 民法總則, 有斐閣, 1995, 144면; 幾大通, 民法總則, 제 2 판, 青林書院, 1984, 196면.

여 위임받은 제 3 자가 가격을 결정해야 하는 경우, 당사자들이 가격의 특정을 '객관적인' 요소, 즉 행정관청의 가격지표 등에 따라서 결정하도록 한 경우에만 가격을 특정할 수 있다고 한다. 그러나 당사자의 의사나 행동에 의하여 가격이 영향을 받을 수 있는 경우에는 그 가격이 특정될 수 없다고 한다. 당사자가 법적인 구속력을 받고자 했는지 여부는 중요하지 않다. 매도인이 상품인도시의 상품목록가격에 따라서 가격을 정하기로 한 경우에는 그 계약은 무효이다. 당사자들이 나중에 공동으로 '적정한' 가격을 정하기로 합의한 경우에도 계약은 무효이다. 유럽에서 이와 같은 프랑스판례를 따르는 나라는 없다고 한다. 그러나 1995년 이래 이러한 판례가 변화하기 시작했다고 한다.[30] 즉 프랑스 민법 제1192조가 대금에는 적용되지 않고, 합의 당시 대금을 정하지 않고 나중에 대금을 정하기를 한 경우에도 계약이 유효하다고 한다.

다. 獨逸의 경우

독일의 법상황은 우리 나라, 일본, 프랑스의 경우와는 다르다. 독일민법 제154조 제 1 항은 명시적 불합의에 관하여 규정하고 있는데, 어느 당사자든 합의를 해야 한다고 표시한 사항이라면 당사자들이 그 전부에 관하여 합의하지 않는 한 원칙적으로 계약이 체결되지 않는다고 한다.[31] 이것은 사적자치의 원칙에 충실한 것으로, 합의하지 않은 사항이 주요한 사항인지, 부수적인 사항인지는 상관 없다.[32] 매매계약에서 대금의 상한만 정해졌다면 계약은 성립하지 않는다. 그렇지만 이

30) Kötz, *Europäisches Vertragsrecht I,* 1996, S. 64ff., 74f.; Lando/Beale(ed.), *Principles of European Contract Law,* 2000, 309.

31) 오스트리아민법 제869조 제 2 문도 마찬가지이다.

32) Leenen, "Abschluß, Zustandekommen und Wirksamkeit des Vertrages," *AcP* 188, 1988, S. 401; Larenz/Wolf, *Allgemeiner Teil des Bürgerlichen Rechts,* 8. Aufl., 1997, Rn. 75(S. 589); MünchKomm-Kramer §154 Rn. 4.
이에 반하여 스위스채무법 제 2 조 제 1 항은 "당사자들이 모든 중요한 점에 관하여 합의했으면, 부수적인 사항을 유보한 것이 계약의 구속력을 방해하지 않는다고 추정된다"고 규정하고 있다.

규정은 단지 의심스러운 경우에 적용되는 解釋規定이다. 따라서 당사자가 불완전한 합의에도 불구하고 계약에 구속되고자 했다면, 계약의 효력이 발생할 수 있다. 특히 당사자가 그 계약의 일부 또는 전부를 이미 이행했다면 그 계약에 구속되고자 하는 의사를 인정할 수 있다.[33] 이러한 경우에는 합의하지 않은 '흠'을 보충하는 기준이 문제된다. 법관은 법률행위의 보충적 해석을 통하여 그 흠을 보충함으로써 계약이 효력을 발생하도록 노력할 것이다. 그러나 계약과 제반 사정에서 그 흠을 보충하는 기준을 도출할 수 없다면 계약이 성립했다고 볼 수 없다.[34]

라. 유엔 統一賣買法

1980년 오스트리아 빈에서 국제동산매매계약에 관한 유엔협약(CISG; "유엔통일매매법"이라고도 한다)이 체결되어 1988년부터 협약가입국에 적용되고 있다. 협약 제14조에 의하면 명시적 또는 묵시적으로 그 수량 및 대금을 정하거나 그것을 정하기 위한 조항을 포함하고 있으면, 계약의 내용이 확정되어 있다고 볼 수 있다. 따라서 계약체결이 유효하기 위해서는 매매대금이 명백하게 특정되거나 특정될 수 있어야 한다. 그러나 이 규정은 강행규정이 아니기 때문에, 사적자치의 원칙(협약 제6조)에 기하여 제14조가 배제될 수 있다. 또한 이 협약에 가입한 국가가 이 규정의 적용을 배제한 경우(협약 제92조)에는 국내법에 따라 계약의 성립과 효력이 정해진다.

협약 제55조는 "계약이 유효하게 체결되었으나, 명시적 또는 묵시적으로 매매대금을 정하지 않았거나 매매대금을 결정할 조항을 정하지

---

33) MünchKomm-Kramer(註 32), §154 Rn. 6ff.; Flume, §34/6e(S. 629); Larenz/Wolf(註 32), §25 Rn. 75(S. 589); Medicus, *Allgemeiner Teil des BGB*, 7. Aufl., 1997, Rn. 434(S. 168); Leipold, *BGB I Einführung und Allgemeiner Teil*, 1999, Rn. 491f.(S. 138); BGH NJW 1960, 430; BGH NJW 1983, 1727.

34) Medicus(註 33), Rn. 434(S. 168); Kötz(註 30), S. 64.

아니한 때에는, 반대약정이 없는 한, 당사자가 계약의 체결시에 당해 거래분야에서 유사한 사정 아래에서 판매되고 있는 동종물품에 대하여 일반적으로 청구되고 있는 매매대금을 묵시적으로 정한 것으로 본다"고 규정하고 있다. 이 규정에 따르면 매매대금을 분명하게 정하지 않은 경우에도 계약이 유효하게 성립할 수 있다.[35] 이 규정은 특히 상품이 인도된 경우에 대금에 관한 합의가 없다는 이유만으로 계약이 청산되는 것을 막기 위한 것이라고 한다.[36] 따라서 비록 유효한 계약을 체결하였으나 정확한 매매대금을 정하지 않았다면 이 규정에 따라서 대금을 확정하여야 한다. 이 때 계약체결시의 일반적인 매매가격이 기준이 된다. 그러나 일반적인 매매가격이 없는 경우에 대하여는 아무런 규정이 없다. 이러한 경우에는 국내법에 따라서 매매대금을 특정하여야 하나, 국내법에 의하여 매매대금을 특정할 수 없다면, 매매계약이 무효라고 한다.

마. 유럽契約法原則

유럽계약법위원회에서 1998년에 발표한 유럽계약법원칙(PECL) 제6: 104조는 "계약이 가격 또는 그것의 결정방법을 확정하지 아니한 경우에 당사자들은 합리적인 가격으로 합의한 것으로 본다"고 정하고 있다. 제6: 105조는 "당사자 일방이 가격이나 다른 계약내용을 정하기로 한 경우에, 그 결정이 현저하게 불합리한 때에는, 합리적 가격이나 다른 계약내용이 이에 갈음하며, 이와는 다른 정함이 있어도 이는 같다"고 정하고 있다.

이 규정들은 당사자들이 계약에 구속되려는 의도가 분명하지만,

---

35) 만일 협약 제14조 이하의 규정 또는 각국의 국내법에 비추어 계약이 체결되지 않은 경우에는 협약 제55조가 적용되지 않을 것이다.

36) Schnyder/Straub, in: H. Honsell(Hrsg.), *Kommentar zum UN-Kaufrecht*, 1997, S. 640ff.; Hager, in: Schlechtriem(Hrsg.), *Kommentar zum Einheitlichen UN-Kaufrecht-CISG-*, 3. Aufl., 2000, S. 593ff.

대금 등이 명확하게 정해져 있지 않은 경우에 적용된다. 만일 당사자들이 대금을 정하려고 하였으나 그것이 너무 불명확한 경우에는 위 규정이 적용되지 않는다. 이러한 경우에는 계약이 존재하지 않는 것이라고 한다. 또한 대금에 관한 교섭이 결렬된 경우에는 이 규정이 적용되지 않는다.[37)]

바. 結 語

우리 나라 판례에서는 일본과 프랑스의 경우와 유사하게 법률행위의 내용이 특정될 수 없으면 법률행위가 효력을 발생하지 못한다고 한다. 그러나 유엔통일매매법과 유럽계약법원칙은 매매대금이 특정되지 않은 경우 계약이 유효하게 성립될 수 있다는 것을 전제로 하고 있다. 매매계약에서 매매대금은 본질적인 요소인데도, 매매대금의 특정문제에 관하여는 유연하게 대처하고 있다.

매매계약에서 목적물과 대금을 특정할 수 없는 경우에는 원칙적으로 매매계약이 성립되었다고 볼 수 없다. 당사자에게 그러한 계약에 구속되려는 의사가 있다고 인정하기 곤란하다. 특히 계약에서 목적물의 특정은 당사자의 의사에 전적으로 따라야 한다. 따라서 계약에서 목적물을 특정할 수 있는 기준이 없다면 그 계약은 성립했다고 볼 수 없다. 그러나 대금의 경우에는 당사자의 의사가 명확하지 않더라도 시가 등에 의하여 계약을 체결했다고 보는 것이 당사자의 의사에 합치되는 경우가 있다.[38)] 매매대금을 특정할 수 있는 기준이 없는 경우에도 당사자들이 계약을 체결하려는 의사가 있다면 계약의 성립을 인정하여야 한다. 이와 같이 보는 것이 사적자치의 원칙에 합치한다. 따라서 매

37) Lando/Beale(註 30), 307-310. 위 조문의 번역은 梁彰洙, "유럽契約法原則에 대한 一考 및 그 飜譯," 서울대학교 法學 제40권 제1호(1999. 5), 358면 이하 참조.

38) 郭潤直, 債權各論, 新訂版, 1995, 208면은 매매대금의 액수를 정하지 않은 때에는, 일반적으로 시가에 의하는 것으로 추정할 수 있을 것이라고 한다. 同旨: 郭潤直 편, 民法注解(XIV), 113면(朴海成 집필부분).

매계약에서 매매대금을 특정할 수 있는 기준을 정하지 않은 경우에도 당사자에게 계약에 구속되려는 의사가 명백하다면 이를 존중하여 시가나 거래관행 등 일반적인 기준에 따라 가격을 결정하여야 할 것이다. 특히 매매계약에 따라 상품이 인도된 경우에는 계약에 구속되려는 의사가 명백히 드러난 경우라고 볼 수 있다.

V. 將來의 合意를 留保하거나 一方的으로 價格을 정하기로 하는 法律行爲

1. 將來의 合意를 留保한 경우

당사자들이 계약체결의 교섭시에 일정한 사항을 의식적으로 유보하고 나중에 이에 관하여 교섭하여 합의하기로 하는 경우가 있다. 예컨대 어떤 사람이 1년 후에 반드시 어떤 물건을 구입할 필요가 있으나, 현재로서는 가격을 정할 기준이 없다고 하자. 이러한 경우에 매매계약을 체결하고 가격의 확정을 장래로 미룰 필요가 있다.

獨逸에서 이러한 계약의 성립을 인정한 사례가 있다. 조합계약에서 현물출자를 하기로 한 조합원이 있었다. 그가 출자한 물건에 대한 평가를 장래의 시기로 미루었지만, 이에 관하여 조합원들 사이에 합의가 이루어지지 않았다. 독일연방대법원은 이러한 경우에도 조합계약이 유효하게 성립하였다고 판단하였다.[39] 그리고 집을 팔면서 그 곳에 비치된 가구를 매수인에게 인도하였지만, 가구의 매매대금에 관하여 합의하지 않은 사례가 있었다. 가구에 대한 매매계약이 성립되었는지 문제되었는데, 함부르크 고등법원은 매매대금을 합의하기 전에도 당사자가 대금액에 관하여 나중에 합의하기로 한 경우에는 매매계약이 성립

39) BGH NJW 1960, 430; MünchKomm-Kramer(註 32), § 154 Rn. 7.

할 수 있다고 하였다. 그러한 합의가 성립하지 않는다면 보충적 계약 해석의 방법으로 대금액이 정해져야 한다. 이 경우에 통상 당사자들이 '상당한' 가격으로 합의하고자 했을 것이라는 것에서 출발하여야 하고, 법원이 상당한 가격을 확정하여야 한다는 것이다.[40] 그러나 당사자 중 아무도 약정을 이행하지 아니한 경우에는 법원은 계약에 따른 구속력을 부인하려는 경향이 있다. 특히 유보된 사항이 당사자에게 중요한 의미가 있고, 이 점에 관한 합의가 장래로 미루어져 있거나, 이를 결정할 기준이 없는 경우에 그러하다.[41]

우리 나라에서 이와 같이 매매대금의 확정을 장래에 유보한 계약이 유효하게 성립되었다고 볼 수 있는지 문제된다. 종래의 판례에 따른다면 이러한 계약은 매매계약체결 당시 매매대금을 특정할 수 없기 때문에, 매매계약이 성립되지 않았다고 볼 수 있다. 그러나 매매대금이나 임대료의 확정을 장래에 유보하고 계약을 체결한 경우에도 당사자에게 계약에 구속되려는 의사가 명백하다면 계약의 성립을 인정하여야 한다. 당사자가 계약을 이행한 경우에는 그와 같이 계약에 구속되려는 의사가 명백히 드러났다고 볼 수 있다.

2. 一方的으로 價格을 정하기로 한 경우

당사자들은 종종 쌍방의 합의로 장래 인도해야 할 물건에 대한 가격을 정하지 않고 매도인이 일방적으로 결정한 가격에 따르기로 합의한다. 특히 매도인이 상품을 모든 고객에게 동일한 가격으로 판매하는 경우에 그러하다. 예컨대 자동차판매계약, 음료나 기름공급계약, 전화가입계약을 체결하는 경우에 통상 매도인이나 제조자가 정한 가격에 따르기로 한다. 그리고 은행여신거래기본약관(제3조)에는 은행이 법령의

40) OLG Hamm NJW 1976, 1212.
41) BGHZ 55, 248; Kötz(註 30), S. 70.

제한 내에서 이율 등을 정하도록 하고 있을 뿐만 아니라 변경권을 은행에 유보하고 있다.[42)]

舊 임대주택건설촉진법에 따른 임대주택을 분양하는 경우에 분양 당시의 임차인에게 우선적으로 분양하도록 되어 있었는데,[43)] 분양대금을 임대인이 일방적으로 정할 수 있는지 문제된 사례가 있다. 임대인과 임차인들 사이에 체결된 임대차계약서에 의하면 임차인은 임대인이 정하는 아파트가격 및 대금납부 등 임대인이 제시하는 조건에 의하여 분양받아야 한다고 정하고 있었다. 대법원은 "임대인이 임대주택을 분양 당시의 임차인들에게 분양하는 경우 분양가격은 임대인이 임의로 정할 수 있다고 보아야 할 것이고, 다만 그 분양가격이 지나치게 높아서 임차인의 우선분양권을 사실상 박탈하는 것과 같은 정도에 이르는 것은 임대주택건설촉진법시행규칙 제10조 제 2 항에 위배되어 허용될 수 없다"고 한다.[44)] 이 사건은 구 임대주택건설촉진법에 의한 임대주택에 관한 것이기는 하지만, 분양대금을 당사자 일방이 결정하도록 하는 계약도 체결될 수 있다고 보았다.

이와 같이 당사자 일방이 가격을 결정하기로 하는 계약도 계약자유의 원칙에 비추어 허용된다. 그러나 이러한 계약이 매수인 등의 경제적 독립성이나 행동의 자유를 지나치게 제한하는 경우에, 민법 제103조의 반사회적 법률행위에 해당하여 무효가 될 수 있다. 그리고 위와 같은 약정이 약관에 의하여 이루어진 경우에는 "약관의 규제에 관

---

42) 상세한 것은 郭潤直 편, 民法注解(XVI), 1997, 386면 이하(全孝淑 집필부분).

43) 구 임대주택건설촉진법(1993. 12. 27. 법률 제4629호 임대주택법으로 전문개정되기 전의 것) 제10조 제 2 항은 임대주택의 분양 조건, 방법 및 절차에 관하여는 건설부령이 정하는 바에 의한다고 규정하고, 같은법시행규칙(1994. 11. 2. 건설부령 제568호 임대주택법시행규칙으로 전문개정되기 전의 것) 제10조 제 2 항은 임대인이 임대주택을 분양하고자 하는 경우에는 분양 당시의 임차인에게 우선적으로 분양하여야 한다고 규정하고 있을 뿐 그 분양가격의 타당성 여부에 대한 별도의 제한규정이 없다.

44) 大判 1996. 8. 23, 95다38110(공 1996, 2819); 大判 1997. 11. 28, 97다23419·23426(공 1998, 55); 大判 1994. 1. 11, 93다27161(공 1994, 689).

한 법률"이 적용되어 무효가 될 수 있다. 독일의 판례는 소비자가 물품의 인도일에 적용되는 공급자의 가격표에 따라 대금을 지급하기로 하는 약관조항은 무효가 될 수 있다고 한다. 다만 인도시의 가격이 계약체결시의 가격을 일반 생활유지비용의 상승에 비추어 기대될 수 있는 것보다 중대하게 초과하는 경우에는 소비자에게 해제권을 부여하고 있는 경우에만, 위와 같이 인도일의 가격에 따르기로 한 계약조항이 유효하다고 한다.[45)]

Ⅵ. 結 論

계약체결 이후에 목적물과 대금을 구체적으로 특정할 수 있는 방법과 기준이 정해져 있으면 계약의 성립을 인정할 수 있다. 약정 당시 목적물을 특정하기 위한 합의를 하지 않았다고 하더라도 계약체결경위, 당사자의 인식, 조리, 경험칙 등에 비추어 목적물과 대금을 특정할 수 있는 경우에는 목적물이 특정되었다고 볼 수 있을 것이다. 그리고 매매계약체결 당시에 매매대금을 장래의 일정한 시점의 時價로 정하거나 다른 市場에서 통용되는 가격에 따라 정할 수 있다. 가격기준이 아직 성립하지 않았으나 장래에 성립될 것이 예상되는 경우에도 이를 대금을 결정하는 기준으로 정할 수 있으며, 다른 지역에서 합의된 약정에 따르기로 할 수도 있다. 그리고 선인수·후정산의 방법으로 기업을 인수하기로 한 경우에 자산과 부채의 실사결과에 따라 협의·조정하여 가격을 확정하기로 약정하는 것도 허용된다.

한편 법률행위의 내용이 특정되지 않거나 특정할 수 있는 기준이

45) Kötz(註 30), S. 73; BGH 82, 21; BGHZ 90, 69. 후자의 판결은 계약의 보충적 해석에 관한 것인데, 이에 관하여는 尹眞洙, "法律行爲의 補充的 解釋에 관한 獨逸의 學說과 判例," 재판자료 제59집, 법원행정처, 1992, 110면 참조.

없다면 당사자 사이에 법률행위가 성립했다고 볼 수 없다. 이러한 경우에는 통상 당사자가 계약에 구속되고자 하는 의사가 있다고 보기 어렵다. 그러나 법률행위의 내용이 특정되지 않은 경우에도 당사자에게 법률행위, 특히 계약에 구속되려는 의사가 있다면 이를 존중하는 것이 사적자치의 원칙에 합치된다. 그리고 계약에 따라 이행을 한 경우에는 당사자에게 계약에 구속되려는 의사가 있다고 볼 수 있다. 계약의 주요한 사항에 관하여 의사가 합치되어 있으면 부수적인 사항에 관하여 의사의 합치가 없다고 하더라도 계약이 성립되었다고 볼 수 있다. 객관적으로 보아 계약의 주요부분에 속하지 않는 사항이라고 하더라도 당사자들이 계약의 주요한 내용으로서 계약성립에 반드시 필요한 부분이라고 정할 수 있다.

계약내용이 불명확한 경우에는 당사자의 의사를 탐구하여 계약내용을 특정하는 기준을 정해야 한다. 당사자의 의사로 계약내용을 확정할 수 없다면 임의법규나 관습이 당사자의 의사를 보충하는 역할을 한다. 또한 계약내용이라고 하더라도 매매목적물의 특정과 매매대금의 특정은 동일한 것이 아니다. 매매대금의 특정 또는 특정가능성에 관하여는 목적물의 경우보다 좀더 쉽게 인정할 수 있다. 매매대금은 시가로 하려는 것이 통상적이기 때문에, 대금을 특정하는 기준이 명확하게 정해져 있지 않더라도 시가로 정하는 것이 당사자의 의사에 부합하는 경우가 많을 것이다. 특히 대량의 종류물매매에서 가격이 정해져 있지 않은 경우에 시가를 기준으로 대금을 정할 수 있을 것이다. 입법론으로는 매매계약이 성립하였으나 그 대금이 확정되지 않은 경우에 계약의 성립을 인정하고 법관이 합리적인 방법으로 가격을 결정할 수 있도록 하는 규정을 신설할 필요가 있다.

(서울대학교 法學 제41권 제 4 호(2000. 6), 241-257면 所載)

[後 記]

위 논문을 발표한 이후 계약의 성립에 관한 중요한 대법원판결들이 나왔다. 大判 2001. 6. 15, 99다40418(集 49-1, 민 483)은 "문제가 된 건설하도급공사는 공사금액이 수백억에 달하는데다가 공사기간도 14개월이나 되는 장기간에 걸친 대규모의 공사이므로 특별한 사정이 없는 한 공사금액 외에 구체적인 공사시행방법과 준비, 공사비지급방법 등과 관련된 제반조건 등 그 부분에 대한 합의가 없다면 계약을 체결하지 않았으리라고 보이는 중요한 사항에 관한 합의까지 이루어져야 비로소 그 합의에 구속되겠다는 의사의 합치가 있었다고 보는 것이 당사자의 실제의 의사와 부합하는 해석"이라고 판결하였다. 그리고 大判 2003. 4. 11, 2001다53059(공 2003, 1151)는 "계약이 성립하기 위하여는 당사자의 서로 대립하는 수개의 의사표시의 객관적 합치가 필요하고 객관적 합치가 있다고 하기 위하여는 당사자의 의사표시에 나타나 있는 사항에 관하여는 모두 일치하고 있어야 하는 한편, 계약내용의 '중요한 점' 및 계약의 객관적 요소는 아니더라도 특히 당사자가 그것에 중대한 의의를 두고 계약성립의 요건으로 할 의사를 표시한 때에는 이에 관하여 합치가 있어야 계약이 적법·유효하게 성립하는 것이다. 그리고 계약이 성립하기 위한 법률요건인 청약은 그에 응하는 승낙만 있으면 곧 계약이 성립하는 구체적·확정적 의사표시여야 하므로(大判 1992. 10. 13, 92다29696; 大判 1993. 10. 22, 93다32507; 大判 1998. 11. 27, 97누14132 등 참조), 청약은 계약의 내용을 결정할 수 있을 정도의 사항을 포함시키는 것이 필요하다 할 것이다"라고 하였다.

2. 法律에 違反한 法律行爲
─ 이른바 強行法規의 판단기준을 중심으로 ─

研究對象判決: 대법원 2002. 9. 4. 선고 2000다54406·54413 판결(공 2002, 2308)

[事件의 經過와 判決要旨]

이 판례연구와 관련하여 사실관계와 판결요지를 요약하면 다음과 같다.

1. 사실관계

(1) 원고는 이 사건 부동산을 소유하고 있고, 피고 A·B·C·D는 금곡리에 있는 임야의 지분(이하 "금곡리 임야"라고 한다)을 소유하고 있었다. 원고는 1996년 8월 28일 피고 A·B·C·D를 대리한 피고 E·F와 사이에, 이 사건 부동산과 금곡리 임야를 서로 교환하기로 약정하였다. 이 사건 부동산의 가액은 시가 8억 5천만원인데, 피고 남동농업협동조합에 대한 근저당권부 대출채무 2억원 및 임대보증금 반환채무 2억원(나중에 1억 9,500만원으로 정산) 등을 공제하여 4억 5천만원으로 평가하고, 금곡리 임야를 5억 5천만원으로 평가하여 원고가 피고 A·B·C·D에게 차액 1억원을 지급하기로 하였다. 위 1억원 중 계약금 2,000만원은 당일, 중도금 4,000만원은 9월 30일, 잔금 4,000만원은 10월 10일에 지급하기로 약정하였다. 그 후 위 계약에 따라 이 사건 부동산과

위 임야에 관한 소유권이전등기절차 등이 이행되었다.

(2) 피고 M은 부동산중개업의 허가를 받아 공인중개사 사무소를 피고 N과 함께 운영하고 있었다. 피고 N은 이 사건 교환계약을 중개하였고 그 직원인 O를 통하여 원고로부터 중개수수료 합계 금 20,188,000원을 수령하였다.

2. 부동산중개업법의 관련규정

부동산중개업법 제20조(중개수수료 등)

제 1 항: 중개업자는 중개업무에 관하여 중개의뢰인으로부터 소정의 수수료를 받는다. 다만 중개업자의 고의 또는 과실로 인하여 중개의뢰인간의 거래행위가 무효·취소 또는 해제된 경우에는 그러하지 아니하다.

제 3 항: 제 1 항 및 제 2 항의 규정에 의한 수수료 및 실비의 한도 등에 관하여 필요한 사항은 건설교통부령이 정하는 범위 내에서 특별시·광역시 또는 도의 조례로 정한다.

구 부동산중개업법 시행규칙(2000. 7. 29. 건설교통부령 제250호로 개정되어 2000. 10. 1.부터 시행되기 전의 것)

제23조의 2 제 1 항: 법 제20조 제 3 항의 규정에 의한 수수료는 중개의뢰인 쌍방으로부터 각각 받되 그 한도는 매매·교환의 경우에는 거래가액에 따라 0.15퍼센트(위 개정 후에는 0.2퍼센트)에서 0.9퍼센트 이내로 한다.

법 제15조(금지행위)

중개업자등은 다음 각 호의 행위를 하여서는 아니 된다.

제 2 호: 제20조 제 3 항의 규정에 의한 수수료 또는 실비를 초과하여 금품을 받거나 그 외에 사례·증여 기타 어떠한 명목으로라도 금품을 받는 행위.

법 제22조(등록의 취소)

제 2 항: 등록관청은 중개업자가 다음 각 호의 1에 해당하는 경우에는 등록을 취소할 수 있다.

제 3 호: 제15조 각 호에 의한 금지행위를 한 경우.

법 제38조(벌칙)

제 2 항: 다음 각 호에 해당하는 자는 1년 이하의 징역 또는 1천만

원 이하의 벌금에 처한다.

제5호: 제10호, 제11조 제1항, 제15조 제1호 내지 제3호 및 제7호, 제16조의 2의 규정에 위반한 자.

3. 원심판결(서울高判 2000. 8. 29, 99나53133·53140)

(1) 주위적 청구에 대한 판단

원고는 주위적 청구로서 이 사건 교환계약이 불공정법률행위임을 이유로 이 사건 소유권이전등기 등의 말소와 위 약정에 따라 지급한 금전의 반환을 청구하였다. 그러나 원심은 이 사건 교환계약이 불공정법률행위에 해당하지 않는다고 판단하였다.

(2) 예비적 청구에 대한 판단

(가) 원고는, 피고 E·F·N의 기망으로 금곡리 임야의 용도가 조만간 주거지역으로 변경되어 그 지상에 주택을 신축할 수 있고 가격도 폭등할 것이라는 착오에 빠져 이 사건 교환계약을 체결하였으므로, 원고의 의사표시를 취소한다고 주장하면서, 대금의 반환 또는 손해배상을 청구한다. 그러나 원심은, 원고가 기망당하였다거나 착오에 빠졌다고 보기 어렵다고 판단하였다.

(나) 한편 원고는 부동산중개업자인 피고 M·N에 대하여 부동산중개업법 등에 정한 법정중개수수료를 초과하는 18,913,000원을 반환하여야 한다고 주장한다. 그러나 원심은, 부동산중개업자에게 지방자치단체의 조례에 의하여 일정액 이상의 중개수수료를 받지 못하게 하는 규정은 이른바 단속규정으로서 그 위반에 따른 제재를 받는 것은 별론으로 하고 이미 지급한 중개수수료의 반환을 청구하지는 못한다고 판단하였다.

4. 상고이유

원고는 다음과 같은 이유로 상고하였다. 첫째, 이 사건 교환계약이 불공정한 법률행위로서 무효이거나, 착오, 사기에 의한 의사표시로서 취소되었다. 둘째, 원고가 부동산중개업자인 피고 M·N에 대하여 부동산중개업법 제19조에 따른 손해배상책임을 청구하였으나, 원심은 이에 관한 판단을 빠뜨렸다. 셋째, 부동산중개업법에 수수료한도를 정한 규정은 강행법규에 해당하므로, 이를 초과하는 약정부분은 무효이다.

5. 대법원 판결요지

대법원은 원고의 상고이유를 대부분 배척하였으나,[1] 원심판결 중

1) ① "민법 제104조에 규정된 불공정한 법률행위는 객관적으로 급부와 반대급부 사이에 현저한 불균형이 존재하고, 주관적으로 그와 같이 균형을 잃은 거래가 피해당사자의 궁박, 경솔 또는 무경험을 이용하여 이루어진 경우에 성립하는 것으로서, 약자적 지위에 있는 자의 궁박, 경솔 또는 무경험을 이용한 폭리행위를 규제하려는 데 그 목적이 있는바, 피해당사자가 궁박, 경솔 또는 무경험의 상태에 있었다고 하더라도 그 상대방 당사자에게 위와 같은 피해당사자측의 사정을 알면서 이를 이용하려는 의사, 즉 폭리행위의 악의가 없었다면 불공정법률행위는 성립하지 않는다고 할 것이다(대법원 2000. 7. 7. 선고 2000다15784 판결; 대법원 1999. 5. 28. 선고 98다58825 판결 등 참조)."

② "일반적으로 교환계약을 체결하려는 당사자는 서로 자기가 소유하는 교환목적물은 고가로 평가하고 상대방이 소유하는 목적물은 염가로 평가하여 보다 유리한 조건으로 교환계약을 체결하기를 희망하는 이해 상반의 지위에 있고 각자가 자신의 지식과 경험을 이용하여 최대한으로 자신의 이익을 도모할 것이 예상되기 때문에, 당사자 일방이 알고 있는 정보를 상대방에게 사실대로 고지하여야 할 신의칙상의 주의의무가 인정된다고 볼 만한 특별한 사정이 없는 한, 어느 일방이 교환목적물의 시가나 그 가액결정의 기초가 되는 사항에 관하여 상대방에게 설명 내지 고지를 할 주의의무를 부담한다고 할 수 없고, 일방당사자가 자기가 소유하는 목적물의 시가를 묵비하여 상대방에게 고지하지 아니하거나 혹은 허위로 시가보다 높은 가액을 시가라고 고지하였다 하더라도 이는 상대방의 의사결정에 불법적인 간섭을 한 것이라고 볼 수 없다(대법원 2001. 7. 13. 선고 99다38583 판결 참조)."

③ 원심은, 피고 M·N이 이 사건 교환계약을 중개함에 있어서 고의 또는 과실로 원고에게 손해를 발생하게 하였음을 이유로 한 손해배상청구에 대하여,

피고 M·N에 대한 수수료반환청구에 관한 예비적 청구부분을 파기하여 원심법원에 환송하였다.

"부동산중개업법이 '부동산중개업자의 공신력을 높이고 공정한 부동산거래질서를 확립하여 국민의 재산권보호에 기여함'을 목적으로 하고 있는 점(같은 법 제1조), 위 규정들(위 2.에 기재한 부동산중개업법의 관련규정을 가리킴: 필자 주)이 위와 같은 금지행위의 결과에 의하여 경제적 이익이 귀속되는 것을 방지하려는 데에도 그 입법 취지가 있다고 보이는 점, 그와 같은 위반행위에 대한 일반사회의 평가를 감안할 때 위와 같은 금지행위위반은 반사회적이거나 반도덕적으로 보아야 할 것인 점, 위반행위에 대한 처벌만으로는 부동산중개업법의 실효를 거둘 수 없다고 보이는 점 등을 종합하여 보면, 위와 같은 규정들은 부동산중개의 수수료약정 중 소정의 한도액을 초과하는 부분에 대한 사법상의 효력을 제한함으로써 국민생활의 편의를 증진하고자 함에 그 목적이 있는 것이므로 이른바 강행법규에 속하는 것으로서 그 한도액을 초과하는 부분은 무효라고 보아야 할 것이다(구 소개영업법상의 소개료에 관한 대법원 1987. 5. 26. 선고 85다카1146 판결, 1976. 11. 23. 선고 76다405 판결 참조)."

대법원은 위와 같은 이유로 원심판결을 파기환송하면서, "다만 원고가 실제로 지급한 수수료의 금액, 위 피고들 중 반환의무자가 누구인지 등에 관하여 좀더 심리가 필요한 것으로 보인다"고 덧붙였다.[2)]

이 사건 교환계약이 불공정행위라거나 기망 또는 착오에 기한 의사표시라고 볼 수 없다고 하여 위 손해배상청구를 배척하였다. 이는 결국 위 피고들이 이 사건 교환계약을 중개함에 있어서 고의 또는 과실이 없다는 취지로서, 위 피고들에 대한 부동산중개업법 제19조의 규정에 기한 손해배상의 청구도 배척한 것이라고 할 것이니, 거기에 판단유탈의 위법이 있다고 할 수 없다.

2) 그 후 서울高判 2003. 3. 26, 2002나54709·54716은 위 대법원판결의 취지대로 "이 사건 교환계약 당시의 조례로 정하여진 부동산중개수수료 중 거래가격이 800,000,000원 이상인 매매교환의 수수료요율은 0.15퍼센트인바, 그렇다면 원고가 지급한 수수료 중 1,275,000원(850,000,000원×0.15/100)을 초과하는 18,913,000원(5,000,000원+12,188,000원+3,000,000원−1,275,000원) 부분은 무효이고, 피고들은 동업자로서 원고에 대하여 상법 제57조에 따른 상행위가 되는 행위로 인하여 위 중개수수료 반환채무를 부담한 것이므로 이를 연대하여 변제할 책임이 있다"고 판결하였다.

[研　　究]

I. 序論 — 부동산중개수수료에 관한 대법원판결의 전개

1. 우리 민법의 기본원리인 私的自治의 原則은 제한 없이 인정되는 것이 아니다. 경제활동에서 자율과 규제는 부침을 거듭해 왔는데, 최근 들어 개인들의 자유로운 거래활동을 규제하는 법규정이 증가하고 있다. 이러한 법규정은 사적자치를 제한하는 것으로서, 시대에 따라 다른 모습을 띠고 있고, 빈번하게 개정되거나 폐지되기도 한다. 일반거래에서는 의식적이든 무의식적이든 법규정에 위반하여 계약이 체결되는 경우가 많은데, 이것이 바람직하지 못한 현상임은 물론이다.

研究對象判決(이하 "對象判決"이라고 한다)에서는 부동산중개수수료가 문제되고 있다. 不動産仲介業法은 부동산중개의 수수료를 규제하고 있으나, 실생활에서 이러한 규제가 지켜지지 않는 경우가 비일비재하다. 이러한 현상은 부동산중개에 한정된 것은 아니다. 이자제한법이 정한 한도를 초과하여 이자를 받는 경우도 많았다. 이와 같이 법규정에 위반된 법률행위는 효력을 가질 수 있는가?

법률에서 그에 위반한 법률행위의 효력을 명시적으로 정하는 경우가 있다. 이러한 경우에는 그 법률에 따라 법률행위의 효력을 정하면 된다. 그러나 법률에서 일정한 거래에 대하여 규제하고 있을 뿐이고, 그러한 규정에 위반하는 법률행위의 효력에 관하여 정하지 않는 경우에는 그 사법상 효력을 정하는 것이 어려운 일이다. 이것은 強行規定(또는 強行法規)과 團束規定(또는 團束法規)을 구별하는 문제로 다루어져 왔다. 아래에서 보듯이 강행규정과 단속규정의 구별에 관해서는 두 차례에 걸쳐 전원합의체판결이 선고되었다. 또한 일정한 법규정을 강행규정이라고 하거나, 단순한 단속규정이라고 한 대법원판결이 많이 쌓여 있다. 그러나 대부분의 대법원판결은 그와 같이 판단한 실질적인 이유를 제시하지 않고 결론만을 내리고 있을 뿐이다. 이론적으로도 강행규정과 단속규정의 구별기준이 정립되어 있지 않다.

2. 對象判決에서 문제되고 있는 부동산중개의 수수료에 관해서는 대법원판결이 엇갈리고 있다. 이는 강행규정과 단속규정을 구별하는 기준이 모호하다는 것을 보여 준다.

먼저 大判 1976.11.23, 76다405[3])에서 소개영업의 요금에 관하여 법률과 조례에서 정한 기준과 한도액을 초과한 보수약정이 사법상 효력이 있는지 문제되었다. 이 사건에서 위 기준에 따른 소개비의 한도가 19만 2,000원에 불과한데도, 15배가 넘는 300만원을 소개비로 받기로 하였다.[4]) 原審은 위 규정들을 그 한도를 초과하는 소개비약정의 사법상의 효과도 부인하는 이른바 강행법규라고 판단하였다. 그리하여 원·피고 사이의 위 소개비약정은 위 한도를 초과하는 범위 내에서 위 강행법규에 위반하여 무효라고 하였다. 이에 대하여 원고는 위 규정들이 일반적인 단속법규에 불과하다는 이유로 상고하였으나, 大法院은

3) 集 24-3, 민 339.

4) 事案은 다음과 같다. 소개업을 하는 원고는 피고로부터 그 소유인 호텔을 매도하도록 소개하여 달라는 의뢰를 받고 원매자를 물색한 끝에 소외 A에게 위 호텔을 소개하였다. 그 결과 피고는 A에게 위 호텔을 대금 6,400만원에 매도하고, 이 때 피고는 원고에게 위 매매를 소개한 소개비로 금 300만원을 지급할 것을 약정하고 바로 현금 10만원을 지급하고 나머지 금액에 대하여는 액면 합계 290만원인 수표 2매를 발행·교부하였다. 원고는 피고를 상대로 위 수표금을 청구하였다. 당시 시행되던 舊紹介營業法(1983.12.30. 법률 제3676호로 폐기되기 전의 것) 제 4 조에서 서울특별시 또는 도의 조례 소정의 기준과 한도액을 초과하여 소개영업의 요금을 정하지 못하도록 규정하고 있고, 제 5 조 제 3 호에서 소개영업자가 명목 여하를 불문하고 소정요금 이외의 금품을 요구하거나 수취하는 행위를 함을 금지하고 있었다. 위 소개영업법 제 4 조에 의하여 제정된 경상북도 소개영업의 요금의 기준과 한도에 관한 조례(매매목적물의 매매대금이 금 1,000만원 이상일 경우에는 그 소개요금의 한도를 매매대금의 3/1,000으로 정하고 있었다)에 따라 소개비의 한도를 계산하면, 원고가 받을 수 있는 이른바 소개비의 한도는 금 192,000원(매매대금 6,400만원×3/1,000)에 불과하였다. 위 규정들이 강행법규에 해당하는지 문제되었다.

다음과 같은 이유로 상고를 기각하였다.

> "이들 법조문들은 소개영업의 보수약정 중 법소정의 한도액을 초과하는 부분에 대한 사법상의 효력을 부정하고 보수약정의 사법상의 효력을 법소정의 최고액까지로 제한함으로써 국민생활의 편익을 증진하고자 함에 그 목적이 있는 것이므로 위 법조문들은 이른바 강행법규에 속하는 것으로서 소정 최고액을 초과하는 약정부분은 무효로 보아야 할 것"이다.

그 후에 대법원은 위 판결과 동일하게 (舊)紹介營業法의 위 규정들이 강행법규에 속한다고 판결하였다.[5] 대상판결은 위 법률을 대체하여 부동산중개의 수수료를 규제하고 있는 부동산중개업법에 관한 것인데, 위 판결과 마찬가지로 부동산중개수수료의 한도를 정한 법률과 조례는 강행법규에 해당하고, 이를 위반한 행위는 무효라고 판결하였다.

그러나 이러한 판결들과는 정반대로 선고한 판결도 있었다. 大判 2001. 3. 23, 2000다70972[6]는, 부동산중개업법에 제20조 제 3 항의 규정에 위반한 금품수수행위의 효력이나 수수된 금품의 처리에 대하여는 아무런 규정이 없을 뿐만 아니라, 위 법은 '부동산중개업자의 공신력을 높이고 공정한 부동산거래질서를 확립'하여 국민의 재산권보호에 기여함을 목적으로 하고 있는 점을 종합하여 보면, 위 금지규정은 단속규정에 불과하고 효력규정은 아니라고 판단하였다.[7] 하급심판결[8] 중에

5) 大判 1977. 11. 22, 76다984(集 25-3, 민 281); 大判 1987. 5. 26, 85다카1146(공 1987, 1048).

6) 이 판결은 공간되지 않았다.

7) 위 규정과 경기도 부동산중개수수료 및 실비의 기준과 한도 등에 관한 조례에 따르면 부동산매매중개에 따른 중개수수료는 금 240만원에 불과한데, 실제 지급된 수수료는 14배가 넘는 금 3,500만원이었다.

8) 서울地判 2002. 1. 16, 2001나47855: 법정수수료를 초과하여 금품을 지급받았다면 이는 부동산중개업법상의 금지규정을 위반한 것이고, 위 금지규정은 단속규정에 불과하고 효력규정이 아니라고 할 것이어서, 이에 위배되는 계약의 사법적 효력까지 무조건 부인되는 것은 아니다. 다만 중개인의 기여 정도, 의뢰인과의 관계, 중개의뢰의 경위, 사무처리의 경과와 난이도, 노력의 정도, 목적물의 가액, 소속 지역의 부동산중개수수료조례, 기타 변론에 나타난 제반 사정을 고려하여 약정된 중개수수료가 부당하게 과다하여 신의성실의 원칙이나 형평의 원칙에 반한다고 볼 만한 특별한 사정이 있는 경우에는 상당하다고

는 위 규정을 효력규정이 아니라 단속규정에 불과하다고 판단하고, 단지 제반 사정을 고려하여 신의성실의 원칙 또는 형평의 원칙에 터잡아 수수료를 약정액 중 일부로 제한한 것이 있다. 이 판결은 중개수수료 문제에 관하여 새로운 해결방법을 보여 주고 있으나, 바람직한 해결방안인지는 의문이다.

3. 對象判決은 부동산중개업법에서 부동산중개의 수수료를 규제하고 있는 규정이 강행법규에 해당하고, 이를 위반한 행위는 무효라고 판결하였다. 이 문제에 관하여 종래 대법원판결이 엇갈리고 있었기 때문에, 전원합의체판결이 선고되어야 했을 것이다. 그런데도 전원합의체가 아닌 소부에서 판결이 선고되어 논란의 대상이 되었다.

대상판결은 위 규정을 강행규정이라고 판단하면서 종전 대법원판결과는 달리 그 이유를 비교적 상세히 들고 있다. 부동산중개업법의 목적, 금지규정의 입법취지, 위반행위에 대한 일반사회의 평가, 위반행위에 대한 처벌만으로는 부동산중개업법의 실효를 거둘 수 있는지 등을 고려하여 판단하여야 한다는 것이다. 이 점은 결론의 당부를 떠나 종래의 판결들보다 진일보한 것이라고 볼 수 있다. 대상판결이 부동산중개업법의 관련규정을 강행법규라고 판단하면서 그 반사회성을 들고 있는 점도 주목할 필요가 있다. 부동산중개업법 위반이 사회질서 위반에 포함된다면 불법원인급여에 해당할 여지가 있다. 그러므로 강행법규 위반이 사회질서 위반에 포함되는지, 나아가 강행법규 위반의 경우에도 불법원인급여에 관한 제746조가 적용되는지에 관해서도 살펴볼 필요가 있다.

인정되는 범위를 넘어서는 금액은 이를 부당이득으로 반환하여야 할 것이다. 이 사건에서 조례에 따른 수수료의 한도가 120만원임에도 중개업자인 피고가 원고로부터 1,500만원을 받았는데, 중개수수료가 법정수수료의 12.5배인 점, 중개목적물의 매매가액이 3억원에 불과한 점, 피고가 위 매매를 알선함에 있어 다른 부동산거래의 중개와 비교하여 특별한 노력을 기울였다고는 보이지 않는 점 등 제반 사정을 참작하여 보면 1,500만원은 부당하게 과다하고, 그 보수액은 750만원이 상당하므로 위 돈을 초과하는 중개수수료의 약정은 신의성실의 원칙에 반하여 무효라고 판결하였다.

4. 여기에서는 강행법규라는 용어가 혼란스럽게 사용되고 있기 때문에, 전제적 고찰로서 강행법규의 의미, 단속규정 등 다른 개념과의 구별을 재검토하고, 민법체계에서 강행법규 위반이 사회질서 위반과 어떠한 관계에 있는지에 관하여 살펴본 다음(아래 Ⅱ), 대법원판결을 분석하는 작업을 토대로 강행법규와 단속법규를 판단하는 기준이 무엇인지 밝히고자 한다(아래 Ⅲ). 그리고 나서 대상판결을 검토하고(아래 Ⅳ), 마지막으로 법률에 위반한 법률행위에 관하여 어떠한 입장을 취하여야 할 것인지에 관하여 견해를 밝히고자 한다(아래 Ⅴ).

Ⅱ. 前提的 考察

1. 強行法規의 의미와 구별개념

(1) 강행법규 또는 강행규정은 민법 제105조, 제106조에 규정된 任意法規 또는 任意規定[9]에 대응하는 용어로 사용된다. 그리하여 강행규정은 선량한 풍속 기타 사회질서와 관계 있는 규정으로서, 이에 위반된 법률행위가 무효로 된다고 한다. 민법 제289조와 제652조는 표제에서 강행규정이라는 용어를 사용하고 있다.

(2) 강행규정은 단속규정과 대응하는 용어로 사용되기도 하는데, 그 경계가 모호하다. 강행규정과 단속규정의 관계에 관하여 두 가지 설명방식이 있다. 하나는 단속규정을 강행규정의 일종으로 보고, 강행규정을 효력규정과 단속규정으로 구분한다.[10] 다른 하나는 강행규정과

9) 임의규정은 법률 중에서 선량한 풍속 기타 사회질서와 관계없는 규정을 말하는데, 임의규정과 다른 법률행위를 하더라도 유효하다.

10) 郭潤直, 民法總則, 제 7 판, 2002, 211면; 金曋洙, 民法總則, 제 3 판, 1991, 275면; 金曾漢·金學東, 民法總則, 제 9 판, 1995, 303면; 方順元, 新民法總則, 개정제 2 판, 1959, 173면; 李英燮, 新民法總則, 1959, 290면; 張庚鶴, 民法總則, 1985, 436면; 黃迪仁, 現代民法論 I, 증보판, 1985, 159면; 朴駿緒 편집대

단속규정을 별개로 파악하고, 단속규정을 다시 이에 위반하는 법률행위를 무효로 하는 효력규정과 법률행위를 무효로 하지 아니하고 단지 이에 위반하는 행위에 대하여 처벌 등 불이익을 가하는 단순한 단속규정으로 구분한다.[11] 한편 강행규정을 법률행위의 성립에 관한 효력규정과 계약의 내용에 관한 내용강제규정으로 구분하는 견해도 있다.[12] 대법원판결들에서도 용어를 혼란스럽게 사용하고 있는데, 대체로 법률행위를 무효로 하는 규정을 강행규정 또는 효력규정이라고 하고, 그렇지 않은 규정을 단속규정 또는 단순한 단속규정이라고 한다.

위와 같은 설명은 독일의 논의와도 직·간접적으로 관련되어 있기 때문에, 독일에서의 설명방식을 살펴볼 필요가 있다. 독일에서는 강행규정과 금지규정을 구분한다. 독일민법 제134조에서 법률상의 금지(Gesetzliches Verbot), 즉 금지규정(Verbotsgesetz)에 관하여 명문의 규정을 두고 있는데, 이러한 규정에 위반한 법률행위는 원칙적으로 무효라고 한다. 이 금지규정은, 강행규정(zwingendes Recht)과는 달리, 사적자치를 배제하려는 목적으로 법률관계를 직접 규율하려는 것이 아니고, 일정한 행위를 방지하려고 할 뿐이다. 그리하여 금지규정은 통상 법률행위의 효력을 명시적으로 규정하지 않지만, 금지규정에 위반된

표, 註釋民法[總則(2)], 제 3 판, 한국사법행정학회, 2001, 506면(수한일 십필부분).

11) 高翔龍, 民法總則, 제 3 판, 2003, 323면; 金基善, 韓國民法總則, 제 3 전정판, 1991, 228면; 金相容, 民法總則, 전정판증보, 2003, 387면; 白泰昇, 民法總則, 2000, 337면; 李英俊, 韓國民法論[總則編], 2003, 180면.

12) 李銀榮, 民法總則, 개정판, 2000, 384면 이하; 李銀榮, "規制法令에 違反된 法律行爲의 無效," 民事裁判의 諸問題(上)(松泉李時潤博士華甲紀念), 1995, 19면. 효력규정은 강행규정 중에서 법률행위의 성립을 부인하는 무효에 관한 규정이다. 이에 반하여 내용강제규정은 계약이 유효하게 성립하는 데 장애가 없지만 그 내용의 형성에 개입하는 규정을 말하는데, 단순히 합의내용 중 일부분을 무효로 하는 일부무효에 그치지 않고 법률에서 약정에 대신할 계약내용을 지정·강제한다는 점에 특색이 있다고 한다. 그 예로 대물변제예약에 관한 민법 제608조를 든다. 그러나 이러한 규정도 효력규정 또는 강행규정의 일종으로 파악하면 충분할 것이다.

법률행위는 독일민법 제134조에 따라 원칙적으로 무효로 된다고 한다. 그러나 이와 같이 금지규정에 위반하여 법률행위가 무효로 되는 경우에도 강행규정이라고 하지는 않는다.[13)]

단속규정에서 '단속'이라는 말은 일정한 행위를 단속한다는 의미일 것이다. 이 말은 장발단속이나 교통단속을 연상시킨다. 그러나 단속규정이라고 할 때에는 이보다 넓은 의미로 사용된다. 따라서 단속규정이라는 용어가 적확한 용어라고 볼 수는 없다. 단속규정은 국가가 행정상의 목적을 위하여 일정한 행위를 금지하거나 제한하는 것을 내용으로 하는 규정으로서, 그 위반행위에 대하여 형벌이나 과태료를 부과하거나 행정법상의 허가를 취소하는 등의 제재를 부과하기도 한다. 그 중에서 일정한 행위를 금지하는 규정을 금지규정이라고 할 수 있다. 단속규정이나 금지규정이 사법상의 거래를 규제하는 경우에는 이에 위반된 법률행위의 사법상 효력이 문제되는 것이다. 평면을 달리하는 점이 있으나, 법률행위의 효력에 미치는 영향이라는 측면에서 보면, 결국 임의규정과 강행규정의 중간에 있는 것이 단속규정 또는 금지규정이다. 이것은 주로 공법의 영역에 속하는 것이지만 거래의 사법적 효력에 영향을 미칠 수 있다. 이러한 규정에 위반한 법률행위가 유효인지, 아니면 무효인지 여부를 정하는 것이 중요한 문제이다.

(3) 그런데 우리 나라의 다수설과 판례는—대상판결도 마찬가지이다—단속규정이나 금지규정에 위반한 법률행위가 무효로 되는 경우에 이러한 규정들도 강행규정이라고 하기 때문에, 강행규정이라는 용어를 독일의 경우보다 넓은 의미로 사용하고 있다. 그리하여 강행규정과 단속규정이 서로 중첩되어 사용되는 경우가 발생한다. 그러나 이에 관한 견해에 따라 실제 결론이 달라지는 것은 아니다. 그렇기 때문에 여기에서는 일반적인 용례에 따라 법률행위의 사법상 효력에 영향

---

13) Larenz/Wolf, *Allgemeiner Teil des deutschen bürgerlichen Rechts,* 8. Aufl., 1997, 733.

을 미치는 규정을 강행규정이라고 하고, 그렇지 않는 규정을 단속규정 또는 단순한 단속규정이라고 하겠다. 소수설에서는 효력규정과 단순한 단속규정으로 구별하기 때문에, 이하에서 살펴볼 강행규정에 관한 논의의 대부분이 소수설에서 말하는 효력규정에 관한 논의에 해당한다.

2. 強行法規 위반과 善良한 風俗 기타 社會秩序 위반의 관계

(1) 강행법규 위반과 사회질서 위반이 어떠한 관계에 있는지는 매우 어려운 문제이다. 전통적으로 법률행위의 유효요건에서 適法性과 社會的 妥當性을 별개의 요건으로 보았다.[14] 법률행위가 적법하다는 것은 강행법규에 위반하지 않는다는 것을 의미하고, 법률행위의 사회적 타당성은 법률행위가 민법 제103조가 정하고 있는 '선량한 풍속 기타 사회질서'에 반하지 않아야 한다는 것이다. 대법원도 강행법규 위반과 사회질서 위반을 별개로 보고 있다. 그러나 법률행위의 적법성과 사회적 타당성을 통일적으로 이해하려는 견해가 있다.[15] 강행법규는 "법령 중의 선량한 풍속 기타 사회질서에 관계 있는 규정"이므로, 강행규정은 바로 선량한 풍속 기타 사회질서의 한 구체적 표현에 불과하다고 한다.

(2) 비교법적 시각에서 이 문제를 살펴보자. 유럽의 여러 나라에서 법률위반과 양속위반을 구분하고 있다. 최근의 네덜란드민법은 그 밖에 공공질서 위반에 관해서도 규정하고 있다.[16] 독일민법에서는 제138조에서 양속위반의 법률행위(Sittenwidriges Rechtsgeschäft)에 관하여

14) 郭潤直(註 10), 210, 214면; 金曾漢·金學東(註 10), 227, 234면; 白泰昇(註 11), 174면; 李銀榮(註 12), 民法總則, 361면; 郭潤直 편집대표, 民法注解(II), 256면(박영식 집필부분); 註釋民法[總則(2)](註 10), 502면.

15) 李英俊(註 11), 174면; 金東勳, "確定收益率 保障約定의 效力," 判例月報 제327호, 44면.

16) Kötz, *Europäisches Vertragsrecht I*, 1996, 236.

규정하고, 이와 별도로 제134조에서 법률상 금지(Gesetzliches Verbot)에 관하여 규정하고 있다. 일본에서도 종래 공서양속 위반과 강행법규 위반을 구분하는 것이 다수설이었다. 그러나 양자를 통합적으로 이론 구성하는 견해가 유력하게 제기되고 있다.[17] 영국에서는 위법성(illegality) 또는 위법한 계약(illegal contract)을 '법에 반하는 계약'과 '공서 또는 공공정책'(public policy)에 반하는 계약으로 구분하고 있으나, 그 한계가 명확한 것은 아니다.[18] 미국계약법에서는 통상 비양심성(unconscionability) 문제와 공서 또는 공공정책(public policy) 문제를 구분한다. 대체로 비양심성 문제는 계약을 체결하는 일방 당사자가 상대방으로부터 부당하게 취급되지 않도록 보호하는 것으로, 가령 약관계약 등 부합계약(Adhesion Contracts)이나 폭리행위 등이 이에 해당한다. 이에 반하여 공서 또는 공공정책은 대체로 두 당사자가 임의로 체결한 계약이 사회적으로 보아 부당한 경우에 공중을 보호하기 위한 것으로, 부당하게 경업을 금지하는 약정 등이 이에 해당한다.[19] 법률에 위반한 계약이 공서양속 위반에 해당하는 경우도 있지만, 항상 그러한 것은 아니다. 영국이나 미국에서는 강행법규와 공서양속의 관계에 관하여 우리 나라의 개념구분과 동일한 방식으로 논의를 전개하고 있지 않다.

(3) 법정에서 허위로 진술하고 그 대가로 돈을 받기로 약정한 경우에 이 약정은 형법에 위반된다. 이 약정이 사법상으로도 무효임은 분명하다. 그 이유를 법률위반이라고 설명할 수도 있고, 선량한 풍속 기타 사회질서 위반이라고 설명할 수도 있다. 이러한 경우에는 법률위반과 선량한 풍속 기타 사회질서 위반을 구분하는 것이 무의미하다. 그러나 법률에 위반하는 법률행위라도 사회질서 위반에 해당하는지 여부

17) 大村敦志, "取引と公序—法令違反行爲效力論の再檢討(上)," ジュリスト 제1023호(1993. 6. 1), 83면; 山本敬三, 公序良俗論の再構成, 2000, 80면.

18) 이에 관하여는 우선 이호정, 영국계약법, 2003, 259면 이하 참조.

19) American Law Association, *Restatement of the Law of Contracts,* Second, 1981, §178; Farnsworth, *Contracts,* 3rd ed., 1999, 321; Farnsworth/Young/Sanger, *Contracts Case and Materials,* 6th ed., 2001, 366, 424.

가 불분명한 경우가 있다.

강행법규 위반과 사회질서 위반을 통일적으로 파악하는 견해는 그 근거로 민법 제105조를 든다. 이 규정은 '선량한 풍속 기타 사회질서와 관계없는 규정'과 다른 의사표시를 하면 그 의사에 따르도록 하고 있다. 이 견해에서는 이 규정에 대한 반대해석으로 선량한 풍속 기타 사회질서와 관계가 있는 규정이 강행규정인데, 이것은 민법 제103조의 '선량한 풍속 기타 사회질서'에 포함된다는 것이다. 이에 대하여는 다음과 같은 의문이 제기될 수 있다. '선량한 풍속 기타 사회질서와 관계 있는 규정'은 '선량한 풍속 기타 사회질서를 정한 규정'과 동일한 것이 아니고 이보다 넓은 개념이라는 것이다. 즉 선량한 풍속 기타 사회질서에 관계가 있다고 하더라도 반드시 무효로 되는 것은 아니고, 무효인 경우와 그렇지 않은 경우로 구분해 볼 수 있다는 것이다.

일정한 행위를 금지하고 있는 법규정은 법질서에 속하고, 법질서는 사회질서를 구성한다고 볼 수 있을 것이다. 특히 법률행위를 무효로 하는 강행규정은 사회질서에 속한다고 볼 수 있다. 그러나 민법 제103조의 사회질서는 公序라는 좁은 의미로 파악되었는데,[20] 끊임 없이 변동하는 강행규정을 모두 포섭하는 것은 무리이다. 법률위반으로 법률행위가 무효로 되는 모든 경우를 민법 제103조가 포섭할 수는 없다. 이러한 법규정이 선량한 풍속 기타 사회질서를 정한 것인지 여부와 상관 없이 이에 위반된 법률행위는 무효인 것이다. 이 문제를 설명하기 위하여 민법 제103조를 끌어들여 설명할 필요는 없다.[21] 또한 민법 제103조에서 정한 사회질서 위반의 경우에는 그 효과가 절대적 무효를

20) 민법 제103조의 사회질서를 넓은 의미로 파악하여 강행법규 위반을 포함하는 것으로 이해한다면, 강행법규 위반을 독립적으로 다룰 필요성이 없거나 그 의미가 크지 않을 것이다.

21) 이 문제에 관한 견해에 따라 강행법규 위반이 민법 제746조의 불법원인급여에 해당하는지 여부에 관한 설명이 달라질 수 있는데, 이는 별개의 문제이다. 이에 관하여는 아래 Ⅳ.4. 참조.

의미하고, 사회질서에 위반한 법률행위에 따라 급부를 한 경우에는 민법 제746조의 불법원인급여에 해당하여 그 반환을 청구할 수 없다. 그러나 법률에 위반한 경우에는 절대적으로 무효인 경우가 있지만, 상대적 무효를 인정해야 하는 경우도 있을 뿐만 아니라, 판례와 통설은 강행규정 위반의 경우에는 원칙적으로 불법원인급여에 해당하지 않는다고 보고 있다. 만일 법률위반을 제103조의 사회질서 위반이라고 본다면, 법률위반의 효과를 다양하게 구성하는 것이 봉쇄될 여지가 있다.

강행규정 위반과 사회질서 위반을 통일적으로 이해하면, 금지규정이 강행규정에 해당하는지 여부를 판단할 때 그 규정이 사회질서에 위반하는지 여부에 따라 판단하면 된다. 그러나 강행규정 위반을 사회질서 위반과 구별해서 본다면, 법률위반으로 인하여 법률행위가 무효로 되는 경우가 사회질서에 위반되는 경우에 한정되지 않을 것이다. 대상판결은 강행규정에 속하는지 여부를 판단할 때 반사회성을 들고 있다. 그러나 강행규정 위반이 사회질서 위반에 포함되는지 여부에 관하여는 어떤 입장을 밝히고 있는 것은 아니다.

Ⅲ. 強行法規의 判斷基準

1. 學　說

강행규정의 종류와 형태는 매우 다양하다. 民法總則 중 권리능력, 행위능력, 법인, 소멸시효 등에 관한 규정, 물권법과 가족법에 있는 대부분의 규정, 채권편 중 경제적 약자를 보호하거나 거래의 안전을 위한 규정 등이 강행규정에 속한다. 민법 이외의 법률에도 강행규정이 많다.

법률에서 그 규정에 위반한 법률행위의 효력을 정하고 있으면 그에 따른다. 부동산실권리자명의등기에 관한 법률 제 4 조는 원칙적으로 명의신탁약정과 이에 기한 물권변동을 무효로 정하고 있는데, 이 규정과 달리 해석하는 것은 허용되지 않는다. 한편 구 국토이용관리법 제21조의 3 제 7 항(2003년 1월 1일부터 시행되는 국토의 계획 및 이용에 관한 법률 제118조 제 6 항에 동일한 규정이 있다)에서 토지거래허가를 받지 않고 체결한 토지거래계약은 "그 효력을 발생하지 아니한다"고 규정하고 있는데도 판례가 토지거래허가규정에 위반한 토지거래계약에 관하여 유동적 무효의 이론을 전개하고 있으나,[22] 이는 매우 예외적인 경우라고 할 수 있다. 그리고 법률에서 강행규정이라고 명시하고 있는 경우에 이에 위반한 계약은 무효이다.

이와 달리 법률에서 이에 위반한 법률행위의 효력을 정하지 않은 경우에는 법률에 위반된 법률행위의 효력을 정하는 것이 매우 어려운 일이다. 대체로 법규정의 입법취지와 기능에 따라 강행규정 또는 효력규정에 해당하는지 여부를 판단하여야 한다고 하면서, 다양한 고려요소를 들고 있다.[23] 학설에서 들고 있는 구체적인 고려요소를 모아보면, 그 법률행위를 유효·무효로 함으로써 생기는 사회경제적 영향, 그 법규의 입법취지가 법규의 규정하는 내용 그 자체의 실현을 금지하고 있는지 아니면 단순히 그러한 행위를 하는 것을 금지하고 있는지 여부, 위반행위에 대한 사회의 윤리적 비난의 정도, 당사자간의 신의·공정 등이다.

규제법령의 내용과 모습이 다양하기 때문에, 규제법령을 위반한 법률행위의 사법상 효력을 일률적으로 판단할 수 없다. 그리하여 규제

22) 大判(全) 1991. 12. 24, 90다12243(공 1992, 642); 大判 1993. 12. 24, 93다44319(공 1994, 505); 大判 1997. 11. 11, 97다33218(공 1997, 3767); 大判 1996. 11. 22, 96다37084(공 1997, 36); 大判 1999. 3. 23, 99다4405(공 1999, 752).

23) 郭潤直(註 10), 211면; 高翔龍(註 11), 326면; 金相容(註 11), 390면; 金容漢, 254면; 金疇洙(註 10), 276면; 閔亨基, "團束法規違反行爲의 私法上 效力," 大法院判例解說 제12호, 1990, 337면 이하; 李銀榮, "규제법령"(註 12), 24면; 註釋民法[總則(2)], 507면.

법령을 유형별로 분류하여 기준을 마련하는 작업이 필요하다.

그런데 법률행위가 금지규정이나 행정법규를 위반한 경우에 원칙적으로 무효라고 할 것인지, 아니면 원칙적으로 유효라고 할 것인지 문제된다. 대체로 위와 같은 법규위반이 원칙적으로 사법상의 효력에는 영향을 미치지 않는다고 보고 있는 듯하다.[24] 이에 반하여 규제법령에 위반한 법률행위는 민법 제103조에 의한 반사회적 행위로서 무효임이 원칙이고 규제법령의 성질상 행위를 무효로 할 필요가 없는 경우에 한하여 예외적으로 유효라고 하는 견해도 있다.[25]

실무에서 법규에 위반한 법률행위라고 하더라도 가급적 유효라고 보려는 경향이 있었다. 그 이유를 생각해 볼 필요가 있다. 첫번째 이유는 공법과 사법을 엄격하게 준별하려는 전통적인 사고에 기인한다. 공법규정에서 사법상의 거래를 규제하더라도 그러한 규제에 위반한 법률행위를 유효로 보려고 하였다. 두 번째 이유는 우리 나라에 특유한 문제라고 볼 수도 있는데, 입법과정에 대한 불신에서 초래된 것이다. 사법상의 거래를 규제하는 법규가 충분한 검토 없이 행정관료에 의하여 갑자기 입안되는 경우가 많았다. 그리하여 우리 나라의 입법을 행정부에 근무하는 주사나 사무관이 만든다고 하여 '주사 입법' 또는 '사무관 입법'이라고 비난하기도 한다. 그리고 국회나 행정부에서 사법상의 거래를 과도하게 제한하는 법규가 손쉽게 만들어졌다가 폐지되는 경우도 적지 않았다.

그러나 이러한 사고는 바뀌어야 한다. 사법의 해석에서도 공법규정을 최대한 존중하는 것이 바람직하다. 그렇게 할 때 공법과 사법의 유기적인 협력을 통하여 좀더 바람직한 법환경을 구축할 수 있을 것이다. 그리고 법질서는 모순이 없어야 한다. 법률에서 일정한 행위를 금

24) 이에 관한 명확한 서술을 발견하기는 쉽지 않지만 李銀榮, "규제법령"(註 12), 24면도 이와 같이 파악하고 있다.

25) 李銀榮, "규제법령"(註 12), 39면.

지하면서 이를 위반한 계약을 유효라고 하는 것은 법질서의 자기모순이다. 법률적으로 금지된 의무를 계약에 의하여 부담하는 것은 허용되지 않는다.[26] 따라서 사법상의 거래를 규제하는 법령에 위반한 법률행위는 원칙적으로 무효라고 보아야 한다. 적어도 규제법령에 위반한 법률행위를 무효로 보는 범위를 현재보다는 대폭 넓혀야 한다.

2. 強行法規의 判斷基準에 관한 判例의 分析

(1) 法規定의 내용만을 제시하고 결론을 내린 판결례

민법에 있는 여러 규정에 대하여 강행규정이라고 판단한 대법원판결들이 있다. 예컨대 민법 제185조는 물권법정주의를 정하고 있는데, 대법원은 "물권법의 강행법규성은 이를 중핵으로 하고 있으므로, 법률(성문법과 관습법)이 인정하지 않는 새로운 종류의 물권을 창설하는 것은 허용되지 아니한다"고 판결하였다.[27]

민법 이외의 법률에 있는 규정에 대하여 그 규정의 내용을 제시한 다음 강행규정 또는 효력규정이라고 판단한 대법원판결들이 많다. 예컨대 학교교육에 사용되는 교지나 교사 등의 처분을 제한한 사립학교법 제28조 제 2 항, 제51조, 법시행령 제12조,[28] 농지의 처분을 제한한 구 농지개혁법(농지법으로 대체되었음) 제16조, 제19조 제 2 항, 제27조,[29] 사찰재산을 관할관청의 허가를 받아 처분하도록 정한 구 전통사찰보전

26) Medicus, *Allgemeiner Teil des BGB,* 8. Aufl., 2002, Rn. 647. 李英俊(註 11), 180면은 단속법규 위반도 법질서 자기모순금지원칙에 의하여 무효로 될 수 있다고 한다.

27) 大判 2002. 2. 26, 2001다64165(공 2002, 804).

28) 大判 1997. 3. 14, 96다55693(공 1997, 1103); 大決 1983. 11. 16, 83마138 (集 31-6, 민 10).

29) 大判 1965. 11. 30, 65다1837(集 13-2, 민 255); 大判 1977. 11. 22, 77다 1947(集 25-3, 333); 大判 1980. 11. 11, 80다191(공 1981, 13394); 大判 1984. 11. 13, 84다75(集 32-4, 77) 등.

법(전통사찰의 보존 및 지원에 관한 법률로 대체되었음) 제 6 조,[30] 저축과 관련하여 은행의 정규금리 이외에는 다른 이익을 지급할 수 없도록 정하고 있는 구 저축증대와 근로자재산형성지원에 관한 법률 제38조, 제39조, 제46조,[31] 단체협약을 서면으로 작성하여 서명날인하여야 한다고 정한 노동조합 및 노동관계조정법 제31조 제 1 항,[32] 합당의 경우에 합당으로 인한 권리의무의 승계에 관하여 정하고 있는 구 정당법 제 4 조의 2 제 1 항 · 제 2 항 · 제 5 항[33] 등에 대하여 강행규정이라고 보고 있다. 이러한 판결들에서 상세한 이유를 제시하지 않고 있다.

한편 단속규정이라고 본 대법원판결로는 신용협동조합의 업무범위를 조합원으로부터의 예탁금 · 적금의 수납 등에 한정하고 있는 구 신용협동조합법(1999. 2. 1. 법률 제5739호로 개정되기 전의 것) 제39조 제 1 항 제 1 호 (가)목, 제40조 제 1 항,[34] 금융실명거래 및 비밀보장에 관한 긴급재정경제명령(1997. 12. 31. 금융실명거래 및 비밀보장에 관한 법률로 대체되었음) 제 3 조 제 3 항,[35] 임대사업자가 임대주택에 대한 임대차계약을 체결하는 방식 등을 제한한 구 임대주택법 제16조, 제18조, 법시행령 제14조,[36] 주택공급사업주체가 입주자모집공고 후에 당해 대지 및 주택의 담보제공을 제한한 구 주택건설촉진법(1992. 12. 8. 법률 제4530호로 개정되기 전의 것) 제32조, 구 주택공급에 관한 규칙(1993. 9. 1. 건설부령 제537호로 개정되기 전의 것) 제 7 조 제 4 항[37] 등을 들 수 있다.

---

30) 大判 1981. 9. 22, 80다2586(集 29-3, 민 66); 大判 2001. 2. 9, 99다26979(공 2001, 598).

31) 大判 1987. 7. 7, 86다카1004(공 1987, 1292).

32) 大判 2001. 5. 29, 2001다15422(공 2001, 1480); 大決 1995. 3. 10, 94마605(공 1995, 1698); 大判 2001. 1. 19, 99다72422(공 2001, 495); 大判 2000. 6. 23, 2000다12761·12778(공 2000, 1752).

33) 大判 2002. 2. 8, 2001다68969(공 2002, 664).

34) 大判 2000. 11. 14, 2000다38817; 大判 2001. 6. 12, 2001다18940(공 2001, 1594).

35) 大判 2001. 1. 5, 2000다49091(공 2001, 431); 大判 2001. 12. 28, 2001다17565(공 2002, 366).

36) 大判 2000. 10. 10, 2000다32055·32062(공 2000, 2308).

37) 大判 1998. 2. 10, 97다26524(공 1998, 676) 등 다수.

대법원판결의 결론을 보면 명확한 듯하나, 어떠한 이유로 그와 같이 판결하고 있는지 알아채는 것이 쉬운 일은 아니다.

(2) 立法趣旨를 고려하거나 利益衡量을 통하여 판단한 사례

(가) 강행법규와 단속법규의 구별문제를 다룬 대법원 전원합의체판결이 있다. 大判(全) 1975. 4. 22, 72다2161[38]은 외국환관리법(외국환거래법으로 대체되었음)과 그 시행령에 있는 금지규정[39]에 저촉되는 행위의 사법상 효력에 관한 것이다.[40] 외국환관리법은 외국환과 그 거래 기타 대외거래를 관리하여 국제수지의 균형, 통화가치의 안정과 외화자금의 효율적인 운용을 기하기 위하여 위와 같은 제한규정을 두었다(제1조). 특히 법 제 2 조에서 외국환관리법에 의한 제한은 같은 법의 목적을 달성함에 필요한 범위 내에서 운용되어야 하며, 정부는 국제수지의 개선, 통화가치의 안정 등을 도모함으로써 점차 같은 법에 의한 제한이 완화되도록 한다고 규정하고 있었다. 대법원은 이러한 점을 들어 "외국환관리법에 의한 위의 규정들은 원래 자유로이 할 수 있었어야 할 대외거래를 국민경제의 발전을 도모하기 위하여 과도적으로 제한하는 규정들로서 단속법규라고 해석함이 타당하다"고 판단하였다.[41] 또

38) 集 23-1, 민 218.

39) 당시 시행되던 외국환관리법 제21조 제 1 항 제 2 호에서는 대한민국 내에서 같은 법 또는 같은 법에 의한 대통령령으로써 정하는 경우를 제외하고는 거주자의 비거주자에 대한 지급을 금지하고 있고, 법 제23조에서는 같은 법 또는 같은 법에 의한 대통령령으로써 정하는 경우를 제외하고는 거주자와 비거주자간의 채권의 발생, 변경, 변제, 소멸 등을 금지하고 있다. 또한 외국환관리법 시행령 제33조 제 1 항 제 1 호에서는 매매로 인한 거주자와 비거주자간의 채권에 관하여 채권의 발생 등의 당사자가 되는 것을 금지하고 있다.

40) 이 판결 이전의 대법원판결은 외국환관리법의 제한규정들을 효력규정이라고 보았으나(大判 1972. 1. 31, 71다2399; 大判 1972. 7. 11, 71다2175), 이 판결로써 폐기되었다.

41) 大判 1980. 11. 25, 80다1655(集 28-3, 민 212); 大判 1981. 2. 10, 80다1670(공 1981, 13678); 大判 1983. 3. 22, 83다51(集 31-2, 민 59)도 이 판결을 따르고 있다.

또한 구 외국환관리법 제24조, 법시행령 제35조는 재무부장관(현재는 재경부장관임)의 허가승인 없이 국내에 있는 증권에 관하여 질권설정행위를 금지

한 외국환관리법의 위 금지규정을 위반한 법률행위를 무효라고 한다면, 거래의 안전을 심각하게 해치는 결과를 초래할 것이라는 점도 고려될 수 있을 것이다.

(나) 大判(全) 1985. 11. 26, 85다카122[42]는 당시 시행되던 상호신용금고법 제17조[43]에 위반한 차입행위의 효력에 관한 것이다.[44] 다수의견에서는 "이러한 차입 등 채무부담의 제한규정은 단순한 단속법규가 아니라 효력법규로서 이에 위반한 채무부담행위는 무효"라고 판단하였다. 그 이유로 상호신용금고법이 서민의 금융편의를 도모하고 저축을 증대하기 위하여 상호신용금고를 육성하고 이를 합리적으로 규제함으로써 신용질서의 확립에 기여함과 아울러 거래자를 보호할 목적으로 입법된 점(제1조), 제17조 제 1 항 · 제 2 항의 차입 등 채무부담제한에 관한 규정은 서민의 금융 및 저축업무를 담당하는 상호신용금고가 경영자의 무분별하고 방만한 채무부담행위로 인한 자본구조의 악화로 부실화됨으로써 그 업무수행에 차질을 초래하고 신용질서를 어지럽게 하여 서민거래자의 이익을 침해하는 사태가 발생함을 미리 방지하려는 데에

하고 있고, 법 제35조는 그 위반행위를 처벌하도록 규정하고 있었다. 大判 1987. 2. 10, 86다카1288(공 1987, 418)은 이 규정을 위반한 질권설정행위를 유효하다고 판단하였다. 梁承圭, "外國換管理法을 違反한 去來의 效力," 民事判例硏究(X), 1988, 1면 이하는 위 1987년 판결에 찬성하는 평석이다.

42) 공 1986, 110.

43) 당시 시행되던 상호신용금고법 제17조 제 1 항의 규정에 의하면, 상호신용금고는 재무부장관의 승인을 얻지 아니하면 자본금과 적립금 기타 잉여금 합계액을 초과하여 차입할 수 없도록 되어 있고, 제 2 항의 규정에 의하면 차입을 할 때에는 건별로 총사원의 3분의 2 이상의 동의 또는 이사회의 결의를 거쳐 재무제표 및 장부에 계상하여야 하도록 되어 있으며, 제 3 항의 규정에 의하면 제 1 항에서 '차입'이라 함은 계금 및 부금의 수입 이외에 그 명칭, 종류 및 방식 여하에 불문하고 채무를 부담하는 일체의 행위를 말한다고 되어 있었다.

44) 그 이전에 大判 1984. 9. 25, 84도1581(공 1984, 1761)은, 위 규정들은 모두 상호신용금고의 운영을 견실하도록 하기 위한 단속적 규정이라 할 것이므로 이들 규정을 상호신용금고가 위반한 경우에 이에 관련된 자나, 당해 상호신용금고에 대하여 일정한 제재가 가하여짐은 별론으로 하고 이를 위반한 차입행위가 당연무효라고는 할 수 없다고 판단하였다. 그러나 이 판결은 위 전원합의체판결에 의하여 폐기되었다.

그 입법취지가 있는 점을 들고 있다. 나아가 "또 개개의 차입행위를 놓고 볼 때 위 제한규정 위반을 이유로 차입행위의 효력을 부인하는 것은 그 거래상대방인 채권자의 이익을 침해하는 결과가 되지만, 위 제한규정의 입법취지가 앞에서 본 바와 같이 과다한 채무부담으로 상호신용금고의 자본구조가 악화되어 부실화됨으로써 서민의 금융 및 저축업무에 차질이 생기고 신용질서가 어지럽게 된 상황에 이르렀을 때에 일반서민거래자가 입게 될 불이익을 미리 방지하려는 데에 있는 이상, 위와 같은 <u>개별적 차입행위의 거래상대방인 채권자의 이익보호보다도 일반서민거래자의 이익보호가 우선되어야 함</u>은 더 말할 것도 없다"(밑줄은 필자가 강조를 위하여 그은 것임. 이하 같다)고 한다.[45]

이에 대하여 반대의견은 위 규정을 "상호신용금고의 금융업무의 건실한 경영을 확보하고 계원 및 부금자 등의 이익보호를 도모하기 위한 내부적인 제약규정으로 단속규정"이라고 한다. 나아가 "영리법인인 상호신용금고의 영리목적수행을 위한(같은 법 제3조, 제11조 참조) 부수적 업무에 속하는 법이 허용한 일정한 한도 내의 차입행위에 이사회의 결의가 없다거나 재무제표 및 장부에의 계상이 누락되었다는 등 내부적인 절차에 관한 요건이 갖추어지지 아니하였다 하여 그 차입행위를 무효라고 한다면 채권자 등 거래의 상대방에게 지나친 희생을 강요하는 것이 되고 거래의 안전을 심히 저해하는 결과가 될 것이다"라고 하고, "위와 같은 절차위반에 대하여는 금고임원에 대한 민사상의 책임과 벌칙에 의한 제재로서 그 실효를 거두어야 할 것이고 그 차입행위 자체를 무효로 볼 수는 없는 것임은 거래의 안전성 보호를 위하여도 당연한 해석"이라고 하였다.

이 판결의 다수의견과 반대의견은 위 규정의 입법취지를 정반대로

45) 이러한 판단에 찬성하는 평석으로는 鄭燦亨, "相互信用金庫法 제17조 違反의 어음行爲," 法律新聞, 1986. 3. 3.자, 15면이 있고, 반대하는 평석으로는 高翔龍, "團束法規 違反과 私法上의 效力," 判例月報 제184호, 32면 이하가 있다.

파악하고 있다. 여기에서 나아가 다수의견은 "개별적 차입행위의 거래상대방인 채권자의 이익보호보다도 일반서민거래자의 이익보호가 우선한다"는 점을 강조하고 있음에 반하여, 반대의견은 상호신용금고의 내부적인 절차에 위반한 차입행위를 무효로 한다면 "채권자 등 거래의 상대방에게 지나친 희생을 강요하는 것이 되고 거래의 안전을 심히 저해하는 결과가 된다"고 한다. 이 판결은 결국 효력규정에 해당하는지 여부를 利益衡量을 통하여 결정하고 있다.

결국 위 두 개의 전원합의체판결은 입법취지를 고려하거나 이익형량을 통하여 강행법규 위반을 판단하여야 한다는 것을 보여 주고 있다.

(다) 한편 증권거래법의 규정을 위반한 거래가 무효인지를 판단한 일련의 대법원판결들을 통하여 판례의 발전과정을 엿볼 수 있다.

대법원[46]은 1980년에 이미 증권회사직원의 이익보장약정이 강행법규인 증권거래법 제52조 제1호에 위반되어 무효라고 판단하였으나, 그와 같이 판단한 이유를 밝히지 않고 있다. 大判 1996.8.23, 94다38199[47]는 "증권회사 또는 그 임·직원의 부당권유행위를 금지하는 증권거래법 제52조 제1호는 공정한 증권거래질서의 확보를 위하여 제정된 강행법규"로서 이에 위배되는 주식거래에 관한 투자수익보장약정은 무효라고 판단하였다.[48] 이 판결에서 위 규정이 공정한 증권거래질서의 확보를 위하여 제정되었다는 점을 부가하고 있지만 그와 같이 판단한 실질적인 이유를 제시하고 있다고 볼 수는 없다. 그런데 이 판결은 일임매매의 제한에 관한 증권거래법 제107조에 위반한 약정도 사법상 유효하다고 판단하면서 그 이유를 비교적 상세하게 들고 있다. 위 규정은 '고객을 보호하기 위한 규정'으로서 증권거래에 관한 절차를 규정

46) 大判 1980.12.23, 79다2156(공 1981, 13513).

47) 공 1996, 2800.

48) 이 판결에 대한 평석으로는 金建植, "證券會社職員의 利益保障約定과 投資者의 救濟," 民事判例研究(XIX), 1997, 282면; 金伸, "投資收益保障約定의 效力," 判例研究(釜山判例研究會), 1998, 261면; 權純一, "投資勸誘와 證券會社의 顧客에 대한 保護義務," 저스티스 제31권 제2호, 141면 이하도 참조.

하여 거래질서를 확립하려는 데 그 목적이 있는 것이므로, 고객에 의하여 매매를 위임하는 의사표시가 된 것임이 분명한 이상 그 사법상 효력을 부인할 이유가 없다는 점, "그 효력을 부인할 경우 거래상대방과의 사이에서 법적 안정성을 심히 해하게 되는 부당한 결과가 초래된다"는 점을 들고 있다.

大判 1997.2.14, 95다19140[49]에서는 채권매매위탁계약에 의하여 이루어지는 채권매매거래로 인하여 손실이 발생하였는지 여부와는 관계없이 항상 예탁금에 대하여 금융기관의 금리보다 연 1% 정도가 높은 비율에 의한 이익금의 지급을 보장하기로 한 이익금약정이 문제되었다. 대법원은 이러한 약정은 강행법규인 증권거래법 제52조 제1호 소정의 '손실의 전부 또는 일부를 부담하는 행위'에 해당하는 것으로서 무효라고 판단하였는데, 그 이유를 상세히 밝히고 있다. 즉 원고가 피고와 체결한 이 사건 채권매매위탁계약에 의하여 이루어지는 채권매매거래는 일정한 수익률이 보장되는 예금과는 달리 그 예탁금에 대하여 일정한 수익이 보장되는 것이 아니고, 채권의 종류나 매매의 시기 및 방법 등에 의하여 이익이 발생하거나 손실이 발생할 수 있는 점 및 이익이 발생하는 경우에도 그 수익률이 항상 일정한 것은 아닌 점을 들이, "이와 같은 거래에는 항상 위험이 따르고, 그 위험은 원칙적으로 고객이 부담할 수밖에 없다"는 것이다.

결국 법률목적을 달성하거나 거래안선을 보호하기 위하여 법률위반의 법률행위를 무효로 하는 것이 좋은지, 아니면 유효로 하는 것이 좋은지 여부에 따라 강행법규에 해당하는지 여부를 결정하고 있다고 볼 수 있다.[50]

---

49) 공 1997, 736. 이 판결에 관한 평석으로는 金東勳(註 15), 41면 이하.

50) 大判 1994.10.28, 94다28604(공 1994, 3120)는 이러한 점을 극명하게 보여주고 있다. 상호신용금고법 제37조에 의하면, 상호신용금고는 출자자·임원 및 직원과 그 직계친족에 대하여는 대출 또는 어음의 할인을 하지 못한다고 규정하고 있다. 위와 같은 규정을 둔 이유는 상호신용금고와 밀접한 관계에

⑶ 법규위반의 반사회성 또는 주관적 인식문제

㈎ 위에서 본 바와 같이 판례는 강행법규 위반과 사회질서 위반을 구별하고 있다. 강행법규에 위반한 행위는 선량한 풍속 기타 사회질서에 위반되는 경우도 있겠거니와 그렇지 않은 경우도 있다는 것이다.[51)]

강행법규를 위반한 법률행위가 반사회적 성질을 띠고 있어 무효라고 한 대법원판결이 있다. 즉 변호사가 아닌 사람이 소송사건을 떠맡아 자기의 비용과 노력으로써 승소시켜 주고 그 대가를 받기로 하는 약정은 구 변호사법 제48조에 저촉된다고 하면서, 위 규정을 강행법규라고 하고, 이에 위반하여 이익취득을 목적으로 하는 법률행위는 그 자체가 반사회적 성질을 띠게 되어 사법적 효력도 부정된다고 한다.[52)] 그런데 이러한 판결들에서 위와 같은 약정에 따라 이루어진 소유권이전등기가 원인무효라고 판단하면서 제746조의 불법원인급여에 해당하는지 여부를 문제삼고 있지 않다.

㈏ 법률에 위반한 선박매매계약을 사회질서에 반하는 법률행위라고 판단하면서 국민이 수입금지규정을 준수하여야 할 공익적인 요청의 강도는 매우 크다는 점, 위 매매계약의 사법상의 효력을 인정할 경우에 국가의 경제질서와 공공질서가 문란되는 중대한 결과가 발생할 것이라는 점, 당사자가 불법을 인식하고도 통모하여 수입이 금지된 중고선박을 국내에 반입하고자 한 주관적인 악성 등을 고려하고 있는 예가

있는 출자자 등에게 대출 등을 함에 있어서는 그 신용이나 담보를 고려하지 아니한 채 부당하게 대출 등이 이루어짐으로써 상호신용금고의 자본구조가 악화될 우려가 있으므로 이를 방지하고자 함에 있다. 그러나 위 규정을 이른바 효력규정으로 보아 이에 위반되는 대출 등을 무효로 본다면 이는 오히려 서민의 금융편의를 도모하고 저축을 증대하기 위하여 상호신용금고를 육성하여 이를 합리적으로 규제함으로써 신용질서의 확립에 기여함과 아울러 그 거래자를 보호할 목적으로 입법된 상호신용금고법의 취지에 실질적으로 반하는 결과가 된다고 하여 위 규정은 이른바 단속규정으로 보았다. 따라서 위 규정에 위반하여 대출 등이 이루어졌더라도 사법상의 효력에는 아무런 영향이 없다는 것이다.

51) 大判 1965.11.30, 65다1837(集 13-2, 민 255).

52) 大判 1978.5.9, 78다213(공 1978, 10873); 大判 1987.4.28, 86다카1802(공 1987, 881); 大判 1990.5.11, 89다카10514(공 1990, 1252).

있다.[53] 여기에서 당사자의 악성을 고려하여 판단하고 있음을 주목할 필요가 있다. 이것은 부동산의 이중양도에 관한 판결에서 제 2 매수인이 배임행위에 적극적으로 가담했는지 여부에 따라 사회질서 위반여부를 판단하는 판례와도 일맥상통한다.

(다) 한편 계약이 단속법규를 위반한 경우라고 하더라도 당사자의 주관적 인식 또는 반사회성을 고려하여 무효가 될 수 있다고 한 대법원판결도 있다. 국가를 당사자로 하는 계약에 관한 법률(이하 "국가계약법"이라 한다)은 국가가 사인과의 사이의 계약관계를 공정하고 합리적·효율적으로 처리할 수 있도록 관계공무원이 지켜야 할 계약사무처리에 관한 필요한 사항을 규정하고 있다(제 7 조, 제 2 항 제10조 제 2 호). 대법원은 이러한 규정을 국가의 내부규정에 불과하다고 보고,[54] 단순히 계약담당공무원이 입찰절차에서 위 법령이나 그 세부심사기준에 어긋나게 적격심사를 하였다는 사유만으로 당연히 낙찰자결정이나 그에 기한 계약이 무효가 되는 것은 아니고, "이를 위배한 하자가 입찰절차의 공공성과 공정성이 현저히 침해될 정도로 중대할 뿐 아니라 상대방도 이러한 사정을 알았거나 알 수 있었을 경우 또는 누가 보더라도 낙찰자의 결정 및 계약체결이 선량한 풍속 기타 사회질서에 반하는 행위에 의하여 이루어진 것임이 분명한 경우 등 이를 무효로 하지 않으면 그 절차에 관하여 규정한 국가계약법의 취지를 몰각하는 결과가 되는 특별한 사정이 있는 경우에 한하여 무효가 된다"고 한다.[55]

이 판결은 어떤 법규정이 강행규정이 아니라고 하더라도 이에 위반하여 계약이 체결된 경우에 일정한 사유가 추가되면 사법상의 계약

---

53) 大判 1994. 12. 13, 94다31617(공 1995, 485). 구 무역거래법(1987. 7. 1. 법률 제3895호 대외무역법 시행으로 폐지) 또는 대외무역법은 소규모의 중고어선이나 일정규모 이상의 중고어선 중에서 선령이 오래된 중고어선을 수입금지품목으로 공고하여 국내반입을 불허하고 있는데, 이에 위반한 선박매매계약은 무효라고 판단하였다.

54) 大判 1996. 4. 26, 95다11436.

55) 大判 2001. 12. 11, 2001다33604(공 2002, 256).

을 무효로 만들 수 있다[56]고 한 점에서 중대한 의미가 있다. 이는 강행규정과 단속규정의 구별이 상대적이라는 것을 보여 준다.

㈑ 법률위반으로 법률행위가 무효가 되는지 여부를 판단할 때 당사자의 인식 등 주관적 요소를 고려하고 있는 것은 우리 나라에 한정된 것이 아니다. 독일에서는 민법 제134조의 금지규정에 위반된 법률행위의 유·무효를 판단할 때 당사자의 인식을 고려하여야 한다는 견해도 있고,[57] 금지규정의 존재에 대하여 당사자가 알고 있는지 여부는 중요하지 않다는 견해도 있다.[58] 유럽계약법원칙(PECL)[59]은 강행법규(mandatory rule)에 위반한 계약의 효력을 정할 때 고려해야 할 요소를 열거하고 있는데, 고의적으로 위반한 것인지 여부를 고려하고 있다. 미국계약법 리스테이트먼트[60]에서도 불법성을 이유로 계약의 강제실현가능성을 부정할 것인지 여부를 판단할 때 당사자의 주관적 요소, 즉 고의나 과실을 고려하고 있다.

3. 이행단계에 따른 구분문제

계약의 이행단계에 따라 법률위반의 계약의 효력을 다르게 보아야 한다는 견해가 있다.[61] 금지법규 위반의 경우에 원칙적으로 무효로 보고, 거래가 실행된 경우에는 유효로 하자는 것이다. 계약이 이행된 경우에는 상황이 달라진다. 일정한 거래를 금지하는 것은 그러한 거래가 이루어지는 것을 막기 위한 것이다. 그런데 계약이 이행된 경우에는

56) 郭潤直, 民法總則, 新訂修正版, 1998, 298면; 李英俊(註 11), 183면.
57) Flume, *Allgemeiner Teil des Bürgerlichen Rechts, Bd. 2. Das Rechtsgeschäft*, 4. Aufl., 1992, 345.
58) Medicus(註 26), Rn. 647.
59) 제15: 102조.
60) American Law Institute, *Restatement of the Law of Contracts*, Second, 1981, §180.
61) 李銀榮, 民法總則(註 12), 400면.

금지법규가 실행을 방지할 수 없었다는 것이 확인되었다고 볼 수 있다. 그리하여 계약이 이행된 경우에는 금지규정으로 인한 무효효과가 없어진 것이라고 생각할 수 있다. 법률은 그 목적을 달성하지 못했고, 법률행위를 무효라고 한다고 하더라도 더 이상 법률의 목적을 달성할 수 없고, 단지 형벌이나 행정벌 등 다른 제재만을 받게 된다는 것이다. 이에 반하여 계약이 이행된 경우에도 계속 무효라고 보아야 금지에 따른 방지효과가 있다고 생각할 수도 있다.

이행단계설에 대한 평가를 하기에 앞서, 이에 관하여 비교적 활발하게 논의되고 있는 독일의 경우를 살펴보자. 독일에서도 법률위반으로 인한 법률행위의 효력을 법률행위 당시를 기준으로 정한다는 점에서는 우리 나라와 마찬가지이다. 다만 계약의 이행단계에 따라 효력이 달라지는 경우가 있는데, 이 문제는 일률적으로 해결될 수 있는 것이 아니라 금지규정의 종류에 따라 달라지게 된다.[62] 이에 관하여 네 가지 경우로 구분하여 살펴볼 수 있다.[63] 첫째, 폐점법(LadenschlußG)에 위반하여 폐점시간 이후에 거래가 이루어진 경우에 무효라고 볼 수 없을 것이다.[64] 둘째, 독일의 불법노동의 방지에 관한 법률에 위반한 경우에는 사정이 달라진다. 독일연방대법원은 계약의 두 당사자가 위 법률에 위반한 경우에는 대체로 그 계약을 무효라고 한다.[65] 그러나 기업만이 위 법률에 위반한 경우에는 유효라고 한다. 이 때 그러한 계약은 불법노동에 의하여 이행되어서는 안 되고, 적법한 방법으로 이행되어야 한다.[66] 셋째, 치료제 광고에 관한 법령에 위반하여 체결된 치료

62) Medicus(註 26), Rn. 648.

63) 다음의 설명은 대체로 Medicus(註 26), Rn. 649ff.를 요약한 것이다.

64) Larenz/Wolf(註 13), 738. 그런데 폐점시간 이후에 거래에 따른 이행을 하기로 약정하였다면, 그 이행을 청구할 수는 없다는 견해가 있다.

65) BGHZ 85, 39; 111, 308; BGH NJW 1996, 1812, 1813. 불법적인 법률상담(BGHZ 37, 258)과 노동 중개(BGH WM 1978, 949)에 대해서도 무효라고 한다. 그러나 BGHZ 78, 269는 부동산중개업자가 GewO 제34c조에 따른 영업허가를 받지 않고 부동산중개를 한 경우에 중개계약을 유효라고 보았다.

66) BGHZ 89, 369, 374; BGH NJW 1985, 2403(Canaris).

제광고에 관한 계약이 유효한지 문제되었다. 독일연방대법원[67]은 광고를 할 의무를 이행했다고 하더라도 이에 대한 보수청구권을 인정하지 않았다. 그 이유를 광고금지의 보호목적, 즉 부적절한 치료제광고에 기한 건강상의 위험에 대한 보호에서 찾았다. 그러나 광고상업대리인이 광고의 가벌성을 알지 못한 경우에 그의 위임자에 대한 보수청구권을 허용했다. 이것이 '공평한 이익형량과 신의성실의 요청'에 부합한다는 것이다. 넷째, 의사 또는 치과의사의 보수청구권을 양도함으로써 의사의 침묵의무에 관한 독일형법규정(제203조 제1항 제1호)을 위반하게 되는 경우에 무효라고 한다. '환자의 가장 내밀한 사항에 관하여 설명하고 있는 계산서류'는 특별한 보호를 받아야 한다는 것이다.[68]

이행단계설에 따라 이행 전에는 무효인 계약이 이행 후에는 유효로 된다고 볼 수는 없다.[69] 독일에서는 법률상의 금지가 계약의 두 당사자에 대한 것이고 두 당사자가 이에 위반하는 계약을 체결한 경우에는 그 계약을 무효라고 한다.[70] 이와 달리 한쪽 당사자에 대한 금지에 불과한 경우에는 이에 위반된 계약을 유효라고 하는 것이 원칙이고, 법률행위에 따른 법적 규율을 인정하는 것이 그 의미와 목적에 합치하지 않을 경우에만 법률행위가 무효로 된다.[71] 독일의 판례는 일방계약당사자에 대한 법률상의 금지가 특히 다른 사람의 보호를 목적으로 하는 경우에 이에 위반된 법률행위를 무효로 한다.[72] 이것은 우리 나라에서도 수용할 수 있으리라고 생각된다.

---

67) BGHZ 53, 152.

68) BGHZ 115, 123; 116, 268.

69) 다만 이행단계설은 우리 나라에서 후술하는 불법원인급여에 관한 규정을 통하여 실질적으로 비슷한 결과를 낳을 수 있을 것이다.

70) Canaris, *Gesetzliches Verbot und Rechtsgeschäft*, 1983, 21ff.; Larenz/Wolf(註 13), 737; Kötz(註 16), 247.

71) Larenz/Wolf(註 13), 737; Medicus(註 26), Rn. 655; BHGZ 78, 263 등 다수의 판례.

72) BGH NJW 1996, 1954.

Ⅳ. 對象判決의 검토: 不動產仲介業法에 위반한 手數料 約定의 效力

1. 부동산중개업법, 시행령, 조례에서 부동산중개수수료를 일정한도로 규제한 이유는 중개업자가 과도하게 수수료를 요구하는 것을 막기 위한 것이다. 이것은 부동산중개의 의뢰인, 즉 고객을 보호하기 위한 규정이다. 이 기준을 위반한 약정을 유효라고 할 경우에 부동산거래를 하는 사람들의 이익이 침해된다. 이에 반하여 이를 무효라고 하더라도 중개업자에게만 불이익이 따를 뿐이다. 그렇기 때문에 위 규정을 강행규정에 속한다고 보더라도 거래의 안전을 침해할 우려가 없다. 부동산중개업자가 법률과 조례에 따른 한도를 초과하여 중개수수료를 받는 것에 대하여 행정상의 제재를 하는 것만으로는 이 법률의 목적을 실현할 수 없다. 그리하여 위와 같이 법규에 위반한 중개수수료에 대한 약정을 유효라고 보아서는 안 된다.

그런데 부동산중개업법, 시행령, 조례에 정해진 수수료의 한도가 부당하게 낮아 중개업자에게 불리한 결과를 초래할 것이라고 생각할 수 있다. 그러나 부동산중개업자나 그 단체가 고객들에 비하여 위 기준에 대한 영향력을 미칠 가능성이 훨씬 높다. 부동산중개업자 등이 위 기준이 자신들에게 부당하게 낮게 책정되었다고 생각한다면 이를 바꾸기 위한 노력을 하였을 것이다. 더군다나 위 조례에서 부동산중개수수료의 상한과 하한을 정하고 있고, 대상판결에서 상한을 초과한 부분을 무효라고 하였다. 따라서 위 기준이 부동산중개업자에게 부당한 한도를 정한 것이라고 볼 수는 없다.

2. 한편 부동산중개업법에서 수수료의 한도를 구체적으로 정하지 않고 시행령이나 조례에 위임한 것은 위임입법의 한계를 벗어나 중개

업자의 기본권을 침해한 것에 해당하여 헌법에 위반되는 것인지 문제될 수 있다. 이와 관련하여 두 종류의 헌법재판소결정을 살펴볼 필요가 있다.

먼저 개정 전의 "소송촉진 등에 관한 특례법" 제3조 제1항에서 금전채무의 이행을 명하는 판결을 선고할 경우 손해배상액산정의 기준이 되는 법정이율은 소장 또는 이에 준하는 서면이 채무자에게 송달된 날의 다음 날부터는 "대통령령으로 정하는 이율에 의한다"고 규정하고 있는데, 헌법재판소는 이 규정이 헌법 제75조에서 금지되는 포괄위임에 해당한다고 결정하였다.[73] 그 이유는 다음과 같다. 이 사건 법률조항은 '대통령령으로 정하는 이율'에 의한다고 규정하고 있을 뿐, 그 이율의 상한이나 하한에 대한 아무런 기준이 제시되지 않아 위임의 범위를 구체적으로 명확하게 정하고 있다고 할 수 없다. 또한 다른 법조항을 유기적·체계적으로 살펴보아도 이 사건 조항이 예측가능성을 가지고 있다고 보기 어렵다. 이 사건 조항에 의한 법정이율은 민사법상의 법정이율보다는 높은 이율로서 소송지연방지 등을 위한 것이 될 것이지만, 종전의 '이자제한법의 범위 안에서'라는 상한규정도 삭제된 상태에서, 과연 어느 정도의 높은 이율일 것인지 예측하기 어렵다는 것이다.

이와 반대로 헌법재판소는 법무사보수제한 사건에서 재판관 6：3의 의견으로 법무사의 보수를 대한법무사협회 회칙으로 정하도록 하고 법무사가 회칙 소정의 보수를 초과하여 보수를 받거나 보수 이외에 명목을 불문하고 금품을 받는 것을 금지한 법무사보수기준제에 관한 법무사법 제19조가 헌법에 위반되지 아니한다고 결정하였다.[74] 법무사보수기준제는 국민으로 하여금 예측가능한 적정한 비용으로 쉽게 법률서비스를 이용할 수 있도록 함으로써 국민의 법률생활의 편익을 도모하고 사법제도의 건전한 발전에 기여하려는 데 있으므로 그 입법목적은 정당하다. 법무사의 업무형태는 비교적 단순하고 대체로 정형화되어 있어 그에 대한 보수를 어느 정도 일률적으로 정하는 것이 가능하므로

73) 헌재 2003.4.24, 2002헌가15(헌공 제80호).
74) 헌재 2003.6.26, 2002헌바3(헌공 제82호).

위 입법목적을 달성하기 위하여 법무사의 보수를 제한하는 것은 필요하고도 적절한 방법이다. 이 사건 법률조항은 입법자가 보수를 일방적으로 규정하거나 감독기관이 획일적으로 정하도록 한 것이 아니고, 기본권행사의 주체인 법무사들에게 자신들의 업무에 대하여 사회적·경제적 사정을 참작하여 적정한 보수를 정하도록 위임함으로써 기본권을 제한받는 기본권주체의 의사가 우선적으로 반영되도록 하는 방법을 택하고 있다. 그리고 수시로 보수를 증액할 수 있도록 제한을 두지 않음으로써 법무사들이 보수기준제로 인하여 입게 될 피해를 최소화하고 있다. 한편 이 사건 보수기준제에 의하여 청구인을 비롯한 법무사들이 직업활동의 자유를 제한받지만, 그보다는 보수를 제한함으로써 달성하고자 하는 공익인 국민의 법률생활의 편익과 사법제도의 건전한 발전의 중대함에 비추어 볼 때, 제한을 통하여 얻는 공익적 성과와 법무사의 직업행사의 자유에 대한 제한의 정도가 합리적인 비례관계를 벗어났다고 볼 수 없다.

그렇다면 부동산중개업자의 수수료를 제한하는 법규에 대해서는 어떠한 평가를 해야 할지는 보다 분명하다. 부동산중개업자의 업무는 법무사의 업무보다 단순하다. 부동산중개업자의 직업활동의 자유를 제한하여 의뢰인을 보호할 필요성도 매우 높다. 따라서 부동산중개업법에서 수수료를 제한하도록 규정한 조항이 위헌이라고 볼 수는 없다. 법무사의 보수기준은 그 단체에서 정하도록 한 네 반하여, 부동산중개업자의 수수료에 관한 기준은 시행규칙과 조례에서 정하도록 하였다고 하더라도 이를 들어 위 법규를 위헌이라고 할 수 없다.

3. 그렇다면 중개수수료 약정이 위 기준을 위반한 것이라고 볼 경우에 위 기준을 초과한 부분만을 무효로 볼 것인지, 수수료약정 전체를 무효로 볼 것인지 문제된다. 이에 관하여는 일부무효의 법리를 적용하여 초과부분만을 무효로 보고, 나머지 부분은 유효라고 보아야 한다.[75] 종

75) 독일의 경우도 가격을 제한한 규정을 위반한 경우에 일부무효를 인정하는

전 대법원판결 중에도 법률위반의 경우에 일부무효를 인정한 예가 있고,[76] 대상판결에서 이와 같이 결정하는 것이 당사자의 이해를 적정하게 조정하는 방법이다.

이 사건에 이행단계설을 적용하여 중개수수료를 지급하기 전에는 무효이고, 지급한 후에는 유효라고 보아야 할 것인가? 이행단계설을 받아들인다고 하더라도 이러한 사안에 적용하는 것은 부당하다. 중개수수료의 기준을 정한 법령은 의뢰인을 보호하기 위한 것이기 때문에, 이행 후에도 중개수수료약정은 여전히 무효라고 보아야 할 것이기 때문이다.

중개수수료약정이 법령의 기준을 초과하더라도 위 법령을 단속규정으로 보고 감액을 인정하는 해결방안은 어떠한가? 위 I.에서 본 하급심판결과 같이 신의성실의 원칙에 기하여 중개수수료의 감액을 인정한 예가 있다. 또한 변호사보수가 과다한 경우에 과다한 부분에 한하여 무효라고 하면서 그 근거로 민법 제103조를 든 예도 있다. 독일민법에는 중개계약에서 보수를 감액할 수 있다는 규정이 있고, 우리 민법개정시안[77]에도 이 규정을 수용하고 있다. 법률에 중개수수료의 한도에 관하여 아무런 기준이 없다면, 이와 같은 해결도 가능할 것이다. 그러나 이것은 법률위반을 이유로 무효로 하는 경우와 비교해 볼 때 법률관계를 더욱 불명확하게 하고, 의뢰인에게 불리하다. 결국 법률에 위와 같이 수수료를 구체적으로 규제하는 조항을 둔 이상, 이 기준을 초과한 부분을 무효라고 하는 것이 더욱 바람직한 해결방법이다.

4. 對象判決에서 부동산중개수수료에 관한 약정이 법률위반을 이

데, 이를 효력유지적 축소(geltungserhaltende Reduktion)라고 한다. Larenz/Wolf(註 13), 738. 이에 대하여 반대하는 견해로는 Canaris(註 70), 29ff.

76) 또한 大判 1987. 4. 28, 86다카1802(공 1987, 881)는 원고와 피고 사이의 양도약정이 변호사법에 저촉되어 무효라 하더라도 그 무효는 그 대가약정부분에 한정된다 할 것이고, 그 대가약정부분이 아닌 소송대리인 선임권한을 위임한 부분까지 무효로 볼 수는 없다고 한다.

77) 민법개정안 제692조의 4 제 1 항 제 1 문은 "仲介에 관하여 約定한 報酬가 不當하게 過多한 경우에는 法院은 適當히 減額할 수 있다"고 규정하고 있다.

유로 무효이기 때문에, 중개수수료를 지급하기 전이었다면 위 기준을 초과하는 부분을 지급할 필요가 없다. 중개수수료를 이미 지급한 후에는 위 기준을 초과한 부분에 대하여 민법 제741조에 따라 부당이득반환을 청구할 수 있다. 대상판결도 이미 지급한 수수료 중에서 위 기준을 초과한 부분의 반환을 긍정하고 있다. 그런데 원고의 금원지급이 민법 제746조의 불법원인급여에 해당하는지 문제될 수 있다. 특히 대상판결은 반사회성을 들고 있기 때문에, 위 약정이 민법 제103조 위반으로 볼 여지도 있기 때문이다. 제746조에서 불법이라는 용어를 사용하고 있는데,[78] 법률위반, 특히 강행법규 위반도 불법에 해당한다고 보는 것이 문리해석에 맞을 것이다. 그럼에도 불구하고 다수설[79]과 판례[80]가 강행법규 위반을 불법원인에 포함시키지 않는 것은 위 규정이 지나치게 불합리한 결과를 초래하는 경우가 많기 때문이다. 이 문제에 관하여는 많은 논의가 있으나, 여기서는 더 이상 상론하지 않겠다. 다만 판례의 기본입장에 따르더라도 강행법규에 해당하는 경우에는 민법 제103조의 사회질서에 위반될 가능성이 높고, 따라서 불법원인급여에 해당할 여지도 많다고 생각된다. 강행법규 위반에 해당하는 경우에는 불법원인급여가 아니라는 사고는 불식되어야 할 것이다.

그런데 대상판결에서 법령에 위반한 중개수수료약정에 따라 수수료를 지급한 것이 불법원인급여에 해당하는지 여부는 결론에 영향을 미치지 않는다. 이것이 불법원인급여에 해당한다고 보더라도 수익자인 중개업자에게만 불법원인이 있다고 보아 제746조 단서에 따라 반환청구를 할 수 있기 때문이다.[81]

78) 독일민법 제817조는 급부자가 법률상의 금지 또는 선량한 풍속에 위반한 때에는 반환청구를 할 수 없다고 규정함으로써, 불법원인급여에서 법규위반과 양속위반을 구별하지 않고 있다.

79) 이에 관한 학설을 정리한 것으로는 註釋民法[債權各則(5)], 제 3 판, 1999, 509면 이하(박기동 집필부분).

80) 大判 1960. 12. 27, 4293민상359(법고을LX 검색); 大判 1965. 11. 30, 65다1837(集 13-2, 민 255); 大判 1969. 11. 11, 69다925(集 17-4, 민 4).

81) 나아가 大判 1993. 12. 10, 93다12947(공 1994, 345)은 “수익자의 불법성이

V. 結　　論

부동산중개업법과 그에 따른 조례를 위반한 거래는 무효라고 본 대상판결의 결론은 정당하다. 다만 부동산중개수수료를 법규에 정한 기준을 초과하여 받은 경우 그 효력에 관하여 종래 대법원판결이 엇갈린 상태에 있었기 때문에, 전원합의체판결로써 이를 정리하여야 할 것이다. 종전에 이 사안과 다른 것이기는 하지만, 금지규정에 위반한 법률행위의 효력문제에 관하여 전원합의체판결이 두 차례 선고된 바 있다. 그런데도 이 문제에 관한 혼란은 계속되고 있는 것이다. 대상판결에 관한 논란을 계기로 금지규정에 위반한 법률행위의 효력에 관하여 대법원이 기본방침을 천명할 필요가 있다.

법률에서 일정한 법률행위를 금지하고 이에 위반한 법률행위의 효력을 정하고 있으면 그에 따라야 한다. 법률에 당해 규정에 위반된 경우에는 무효라고 정하고 있든지, 당해 규정이 강행규정이라고 명시하고 있는 경우에 그 규정에 위반한 법률행위는 무효이다. 또한 법규정에 위반한 법률행위의 효력이 정해져 있지 않은 경우에도 물권법규정 등은 대부분 강행규정이라고 쉽게 결론을 내릴 수 있다. 형법이나 형사특별법을 위반한 법률행위도 대체로 무효라고 보아야 한다.

그러나 법률에 위반한 법률행위의 효력이 항상 명확하게 결정되지는 않는다. 많은 경우에 법률의 입법취지와 목적을 고려하여 이익형량과 가치평가를 통하여 결론을 내려야 한다. 이 때 고려해야 할 주요한 내용으로는 법규정의 목적, 보호법익, 위반의 중대성, 법규정을 위반하려는 의도가 있었는지 여부 등이다. 결국 실질적으로는 이익형량을 통

급여자의 그것보다 현저히 크고, 그에 비하면 급여자의 불법성은 미약한 경우에도 급여자의 반환청구가 허용되지 않는다고 하는 것은 공평에 반하고 신의성실의 원칙에도 어긋난다고 할 것이므로, 이러한 경우에는 민법 제746조 본문의 적용이 배제되어 급여자의 반환청구는 허용된다"고 판단하였다.

하여 법률에 위반한 법률행위의 효력을 정해야 하는데, 개별규정에 위반한 행위를 무효로 할 경우에 발생하는 손익과 유효라고 볼 경우의 손익을 비교형량하여 그 효력을 결정하여야 할 것이다. 이에 따른 불확실성은 어느 정도 감내할 수밖에 없을 것이다. 나아가 강행규정과 단속규정의 구별도 상대적인 것이다. 단속규정에 위반한 법률행위도 당사자의 주관적 인식을 고려하여 무효로 되는 경우가 있다. 결국 적정한 형량기준을 마련하는 것이 중요한 과제로 등장한다.

그렇다면 금지법규에 위반한 법률행위의 효력에 관하여 기본입장을 어떻게 정할 것인가? 법률이 한쪽에서는 금지하고, 다른 쪽에서는 허용하는 모순은 억제되어야 한다. 법은 지켜져야 한다. 약속이 지켜져야 하는 것처럼! 그리하여 거래를 규제하는 법령에 위반하는 법률행위는 원칙적으로 효력이 없다고 보아야 한다. 특히 당사자 쌍방에 대한 금지법령을 위반하여 계약을 체결한 경우에는 특별한 예외적인 사정이 없는 한 그 계약을 무효로 보아야 한다. 그런데 계약의 일방 당사자에 대한 금지법령을 위반한 경우에는 상대방의 보호 또는 거래의 안전을 고려하여야 한다. 그러나 이러한 경우에도 그 법령이 계약상대방을 보호하기 위한 것이라면 계약을 무효로 보아야 한다. 우선 소비자를 보호하기 위한 법령을 생각할 수 있는데, 대상판결과 같이 부동산중개수수료의 기준을 정한 법령도 여기에 해당한다. 그 밖에 각종 수수료를 규제하는 법령에 대하여 대상판결이 그대로 적용되지는 않겠지만, 대상판결의 논리에 따라 동일한 결론을 도출할 수 있을 것이다.

(民事判例硏究(XXVI), 2004, 1-34면 所載)

[後　記]　大判(全) 2007.12.20, 2005다32159(집 55-2, 민 373)는 "부동산중개업법 관련 법령에서 정한 한도를 초과하는 부동산 중개수수료 약정은 그 한도를 초과하는 범위 내에서 무효"라고 판결함으로써, 판례의 혼란을 정리하였다.

3. 會社整理節次가 保證債務의 消滅時效에 미치는 영향

硏究對象判決: 대법원 1995. 5. 26. 선고 94다13893 판결(공 1995, 2248)

[事實의 槪要]

1. 소외 A회사(미진금속주식회사)는 소외 B회사로부터 수출지원자금을 대출받고, 별도로 소외 C회사로부터 버스 2대를 구입하였다. 당시 A회사는 위 수출지원자금과 위 버스 할부금의 지급을 보증하기 위하여 원고(대한보증보험주식회사)와 각 보증보험계약을 체결한 후, 원고로부터 각 보증보험증권을 교부받아 B회사와 C회사에 이를 각각 제공하였다.

위 보증보험계약의 내용은 다음과 같다. "A회사가 B·C회사와의 계약을 불이행함으로써 보험사고가 발생하면, 원고가 피보험자인 B·C의 청구에 따라 보험금을 지급하여야 한다. 그 후 원고가 A에게 그 보험금을 구상하게 되는데, 이 때 A회사가 원고에게 그 보험금을 즉시 지급하지 못할 경우에는 연 2할5푼의 비율에 의한 지연손해금을 가산하여 지급한다."

2. 피고들은 A회사의 원고에 대한 위 보증보험계약으로 인한 모든 채무(구상금채무)에 대하여 連帶保證을 하였다.

3. 그 후 A회사의 채무불이행으로 피보험자들인 B와 C가 보증보험증권에 기하여 원고에게 보험금을 청구하자, 원고는 B에게 3억원을, C에게 6,145,185원을 각 지급하였다.

4. 한편 A회사에 대하여는 1980. 2. 28. 부산지방법원에서 會社整理節次가 개시되었고, 원고는 위 구상금채권을 整理債權으로 신고하였다. 그 후 1981. 6. 30. 整理計劃案이 認可되었는데, 원고의 위 구상금채권을 포함한 일반정리채권에 대하여는 이자 또는 지연손해금을 모두 免除하는 것으로 되어 있다. A회사는 1984. 4. 19.부터 1989. 6. 14.까지 원고에게 위 각 구상금채무의 원금을 모두 변제하였다.

5. 원고가 위 정리채권을 전액 변제받을 때까지 당초 보증보험계약상의 지연손해금을 계산하면 537,603,737원이 된다.

6. 원고는 이 사건 소로써 A회사의 연대보증인인 피고들을 상대로 보증보험계약상의 지연손해금[1)]을 청구한 것이다. A회사는 정리계획안에 따라 그 지연손해금이 면제되었지만, 연대보증인인 피고들은 이를 변제하여야 한다는 것이다.

이에 대하여, 피고들은 다음과 같이 抗辯하였다. 즉 ① 회사정리절차에서 주채무자인 A에 대한 구상금채권 중 지연손해금은 모두 면제되었으므로, 보증책임의 부종성의 법리에 따라 연대보증인인 피고들의 책임도 모두 소멸하였다. ② 원고가 회사정리절차에 참가하여 주채무자인 A회사에게 생긴 시효중단의 효력이 연대보증인인 피고들에게 미친다고 하더라도, 그 정리절차에서 지연손해금이 면제되었으므로, 중단된 시효는 회사정리절차의 정리계획 인가확정시부터 다시 진행한다고 보아야 한다. 그 확정시부터 상사소멸시효기간이 훨씬 지난 후에 이

1) 원고는 그 외에 원금 1,581,980원과 그 지연손해금도 청구하고 있지만, 이 부분은 본 연구와 무관하므로 생략한다.

사건 소가 제기되었으니, 원고의 이 사건 지연손해금의 구상금채권은 시효로 소멸하였다.

[訴訟의 經過]

1. 제 1 심(서울民地判 1993. 10. 12, 92가단138932)

가. 정리채권자는 정리계획과 관계없이 보증인에 대하여 언제든지 본래의 채권을 청구하고 집행할 수 있으며, 정리계획에 의하여 정리채권의 수액이나 변제기가 변경되었다고 하더라도 그것은 보증인의 보증책임에 대하여 아무런 효력이 없다.

나. 주채무에 관하여 채무를 면제하는 내용의 整理計劃認可決定이 있는 경우에는 그 인가결정 후 계획수행의 가망이 없음이 명백하게 되는 등으로 폐지결정에까지 나아가는 경우가 예상되지 아니하고 이 시점에서 채권자의 정리절차에서의 권리행사가 종료된다. 그러므로 위 중단된 보증채무의 소멸시효는 그 인가결정확정시로부터 다시 진행한다.

따라서 원고의 이 사건 지연손해금의 구상금채권은 정리절차에서 면제된다는 내용의 정리계획안이 인가확정된 1981. 6. 30.부터 다시 소멸시효가 진행을 개시하였다. 이 사건 소가 제기된 것은 1992. 10. 23.임이 기록상 명백하므로, 위 구상금채권액 중 1987. 10. 22.까지의 지연손해금부분은 5년간의 상사소멸시효의 완성으로 소멸하였고 그 이후의 부분만이 이 사건 소의 제기로 시효중단되었음이 역수상 명백하다.

2. 제 2 심(서울民地判 1994. 1. 21, 93나46765)

원·피고들이 항소하였으나, 원심은 1심판결의 이유를 그대로 인용하여 항소를 모두 기각하였다.

3. 상고이유

원고는 다음과 같은 이유로 상고하였다(本硏究와 관련되는 부분에 한정한다).

주채무자에 대한 회사정리절차가 개시되어 그 채권자가 정리절차에 참가한 경우 소멸시효는 중단사유인 회사정리절차참가가 종료한 때로부터 새로이 진행한다. 본건 주채무자에 대한 회사정리절차가 종결되었으며, 원고도 그 절차에 계속 참가하여 변제를 받아 왔으므로 그 소멸시효는 회사정리절차의 종결시점부터 다시 진행한다.

정리채권자에게 소멸시효중단의 효력이 부여되는 것은 회사정리절차에의 참가이다. 참가라는 개념은 정리채권자 또는 정리담보권자로서 자신의 채권 또는 담보권을 신고하고 정리채권자 내지 정리담보권자로서의 권리와 권한을 행사하고 있는 상태를 의미한다. 가사 주채무에 관하여 채무 중 일부를 면제하는 내용의 整理計劃認可決定이 있는 경우라 할지라도 정리채권자 내지 정리담보권자는 자신의 채권 전부에 대한 참가 상태가 지속된다. 정리계획안에서 정하여진 채권전액을 변제받거나 혹은 정리절차가 종료되었을 경우에 한하여 참가 상태가 종료되었다고 볼 수밖에 없다. 整理計劃認可에 따라 면제되는 부분이 있다 할지라도 면제되지 아니한 권리의 행사로서 과거의 전 채권에 대한 권리행사상태는 지속되고 있는 것이다.

회사정리법 제110조 제2항에 의하면 "전항 단서의 경우에 동항의 구상권을 가진 자가 변제를 한 때에는 그 변제의 비율에 따라 채권자의 권리를 취득한다."고 규정하고 있다.* 본건과 같이 주채무자에 대하여 이자를 면제하는 내용의 정리계획이 인가된 경우에 채권자가 수인의 보증인에 대하여 권리행사를 하여 일부보증인은 변제충당순서에 따라 이자 부분을 변제하고 일부보증인은 원금을 변제하였을 때 이자부분을 변제한 보증인도 위 규정에 따라 채권자의 권리를 취득한다.

* 2006년부터 시행되는 채무자 회생 및 파산에 관한 법률 제430조 제2항.

원금부분을 변제한 보증인만이 채권자를 대위하는 것이라고 볼 수 없는 것이라면 整理計劃認可에 의하여 변경되는 권리의 내용은 질적인 압축이라고 볼 수밖에 없다.

[大法院 判決要旨]

대법원은 다음과 같은 이유[2)]로 상고를 기각하였다.

"① 회사정리절차참가는 정리채권자 또는 정리담보권자의 권리행사로서의 실질을 가지는 것으로서 회사정리법 제 5 조의 규정에 의하여 그 참가행위에 인정되는 시효중단의 효력은 정리회사의 채무를 주채무로 하는 보증채무에도 미치는 것이고, 그 효력은 위 참가라는 권리행사가 계속되는 한 그대로 유지된다 할 것이므로 정리계획이 인가되었다가 결국 그 계획수행의 가망이 없음이 명백하여 정리절차폐지결정이 내려진 경우에는 그 결정확정시에 채권자의 정리절차에서의 권리행사

2) 대법원은 원금부분(註 1 참조)에 관한 상고에 대하여는 다음과 같이 판단하였다.

"정리계획의 인가의 결정이 있는 때에는 계획의 규정 또는 회사정리법의 규정에 의하여 인정된 권리를 제외하고 회사는 정리채권이나 정리담보권에 관하여 그 책임을 면한다 할 것이므로(회사정리법 제241조 본문), 회사정리절차에서 정리채권으로 신고되지 아니하여 계획의 규정에 들어 있지 아니한 채권에 대하여는 회사에 대하여 그 책임을 지울 수 없다고 할 것이다.

원심이 인용한 제 1 심판결이 위와 같은 취지에서, 원고가 가압류소요비용으로 주장하는 금 1,581,980원이 이 사건 회사정리절차에서 정리채권으로 신고되지 아니한 것이므로 정리회사인 A회사는 위 채무에 관하여 이 사건 회사정리절차에서의 정리계획인가결정에 의하여 면책되었음을 전제로, 위 정리회사가 1984. 4. 19. 원고에게 지급한 금 12,555,820원 중 금 1,581,980원이 원고주장의 위 가압류소요비용에 충당된 것이 아니고 정리채권인 구상금채권의 원금의 일부변제에 충당되었다고 판단한 것은 옳다."

그런데 주채무자인 A회사에 대한 연대보증인들인 피고들이 위 가압류비용에 관하여도 연대보증책임을 부담하고 있고, 위 비용이 정리계획에 포함되어 있지 않더라도 연대보증인의 책임에는 아무런 영향이 없다(회사정리법 제240조 제 2 항). 따라서 원고가 피고들이 가압류비용에 대한 연대보증책임이 있다고 주장할 수도 있을 것이다. 그러나 판결요지 ③ 부분에서 보는 바와 같이 주채무가 면책된 정리계획인가확정 후 상사소멸시효가 완성되었음이 명백하므로, 이 부분에 관하여 원고의 청구를 기각한 대상판결의 결론이 그대로 유지될 것이다.

가 종료되는 것으로 보여지고, 따라서 중단되어 있던 보증채무의 소멸시효는 그 때부터 다시 진행을 개시하는 것이나(대법원 1988. 2. 23. 선고 87다카2055 판결 참조),

② 주채무에 관하여 채무를 면제하는 내용의 정리계획인가결정이 있는 경우에는 그 인가결정의 확정에 의하여 면제의 효과가 확정됨으로써 그 주채무가 확정적으로 소멸하고, 그 시점에서 채권자의 정리절차에서의 권리행사는 종료하는 것이라고 할 것이므로 이를 주채무로 하는 위 중단된 보증채무의 소멸시효는 그 인가결정확정시부터 다시 진행한다고 새겨야 할 것이다.

③ 따라서 원심이 인용한 제 1 심판결이 위와 같은 취지에서, 원고의 이 사건 지연손해금의 구상금채권이 정리절차에서 면제된다는 내용의 정리계획안이 인가확정된 1981. 6. 30.경으로부터 다시 소멸시효가 진행을 개시하는 것으로 보아, 위 구상금채권 중 이 사건 소가 제기된 1992. 10. 23.부터 소급하여 5년이 경과된 1987. 10. 22.까지의 지연손해금부분은 5년간의 상사소멸시효의 완성으로 소멸하였다고 판단한 것은 옳다"(항목은 필자가 편의상 나눈 것임).

[研　　究]

Ⅰ. 문제의 제기

1. 會社整理制度는 재정적 궁핍으로 파탄에 직면하였으나 경제적으로 갱생의 가치가 있는 株式會社에 관하여 법원의 감독 아래 채권자, 주주 기타 이해관계인의 이해를 조정하며 회사사업의 정리재건을 도모하는 것을 목적으로 한다.[3] 주식회사에 대하여 會社整理節次(이하

3) 주식회사는 자본의 집중, 손실위험의 분산, 고용확산 등의 경제적 기능을 가지고, 현대산업사회에서 독자적인 사회적 가치를 창조하고 있다. 그러므로 주식회사가 파탄에 빠졌다고 하여 곧바로 이를 해체한다는 것은 주주나 회사채권자 등 이해관계인들에게는 물론 사회적으로도 큰 손실을 초래하게 될 우려

"整理節次"라고 한다)가 開始되면,[4] 채권자나 담보권자[5]는 권리행사가 금지되거나 제한된다. 채권자는 정리절차를 통하여 整理會社(정리절차가 개시된 주식회사)에 대한 권리를 행사하여야 하나, 그 절차에서 완전한 만족을 얻을 수 없다. 그리하여 채권자는 정리회사의 보증인에게 책임을 추궁할 것이므로, 정리절차를 둘러싸고 채권자와 보증인의 이해관계가 첨예하게 대립하게 된다.[6]

가 있다. 주식회사의 해체로 인한 사회적 손실을 방지하기 위하여 마련된 것이 회사정리제도이다. 우리 나라에서 회사정리제도는 실질적으로 가장 중요한 倒産處理節次로 작용하고 있고, 會社法에서도 중요한 부분을 차지하고 있다. 崔基元, 新會社法論, 제 7 전정판, 박영사, 1996, 1014-1042면은 '株式會社의 整理'에 관하여 다루고 있다.

우리의 會社整理法은 1962년 日本의 會社更生法을 본받아 제정되었고, 日本의 會社更生法은 美國의 破産法 제10장 "Corporate Reorganization"제도를 계수한 것이다. 최근 회사정리에 관한 관심이 점점 더 고조되고 있는데, 기업 등의 도산문제에 적절하게 대응하기 위하여 회사정리법을 포함한 도산법의 전반적인 개정이 필요하다고 생각한다. 獨逸에서는 많은 논의를 거쳐 1994. 10. 5. 倒産法(Insolvenzordnung)이 제정되어, 1999. 1. 1.부터 시행되고 있다. 이 법은 이전의 파산법, 화의법, 포괄강제집행법을 대체하고, 회사정리제도도 새로이 수용한 것이다. 독일의 倒産法에 관하여는 우선 Ruth Schmidt-Räntsch, *Insolvenzordnung mit Einführungsgesetz,* 1995, S. 13ff. 참조.

4) 1998년 회사정리법 개정 전에는 회사정리절차의 개시요건으로는 갱생의 가망성이 기준이 되었다. 상세한 것은 邊在承·李太燮·李光萬·李敏杰·金載亨, "서울民事地方法院의 會社整理事件 處理實務," 司法論集 제25집, 1994, 227면 이하 참조. 그러나 1998년 2월 24일 회사정리법 개정으로 '갱생의 가망성'이라는 개념 대신 경제적으로 갱생의 가치가 있는지 여부가 중요한 지위를 차지하게 되었다(회사정리법 제 1 조).

5) 정리회사에 대하여 권리행사가 금지 또는 제한되는 것은 정리채권이나 정리담보권이다. 정리채권은 정리절차개시 전의 원인으로 생긴 재산상의 청구권이다(회사정리법 제102조). 정리담보권은 정리채권 또는 정리절차개시 전의 원인으로 생긴 회사 이외의 자에 대한 재산상의 청구권으로서 정리절차개시 당시 회사재산상에 존재하는 유치권, 질권, 저당권, 전세권, 양도담보권, 가등기담보권 또는 우선특권 등으로 담보된 범위의 것이다(회사정리법 제123조 제 1 항). 그런데 채권자와 담보권자는 정리절차참가로 인한 시효중단문제에 관해서 별다른 차이가 없으므로, 채권자를 중심으로 살펴보겠는데, 물론 이것은 담보권자에 대하여도 그대로 적용된다.

6) 채무자가 회사정리절차, 파산절차, 화의절차 등 도산절차에 들어간 경우에 당사자들의 이해관계가 첨예하게 대립한다. 우리 나라에서는 파산절차나 화의절차가 많이 이용되지 않았다. 그러나 1997년 금융위기 이후에 화의절차와 파산절차의 이용도가 급격하게 증가하였다.

2. "整理節次參加는 시효중단의 효력이 있다"(회사정리법 제5조 본문).* 이와 같이 정리절차참가로 정리회사의 채무가 시효중단된 경우에, 이 채무에 대한 保證債務의 消滅時效는 어떻게 되는가? 회사정리법에는 整理債權者의 보증인이 지는 보증채무의 소멸시효에 대해서는 아무런 규정이 없다. 그러나 민법 제440조에서 "주채무자에 대한 시효의 중단은 보증인에 대하여 그 효력이 있다."고 규정하고 있다. 따라서 정리회사의 채권자가 정리절차에 참가하면, "정리회사의 채무를 主債務로 하는 保證債務"(이하에서 "保證債務"라 함은 이것을 가리킨다)도 시효가 중단된다.

3. 그렇다면 이와 같이 정리절차참가에 따라 보증채무의 소멸시효가 중단된 경우에 그 시효는 언제부터 다시 진행하는가? 主債務의 경우와 保證債務의 경우에 消滅時效의 再進行時期는 동일한가?

대법원은 종래 정리계획이 인가되었다가 整理節次의 廢止決定 또는 終結決定이 내려진 경우에는 그 決定確定時부터 보증채무의 소멸시효가 다시 진행한다고 하였다. 硏究對象判決(이하 "對象判決"이라고 한다)도 먼저 抽象的 法律論으로서 이를 재확인하고 있다(판결요지 ① 부분).

그런데 정리계획에서 主債務에 관하여 채무를 免除하는 경우, 특히 이자만을 면제 또는 감경한 경우가 많이 있다. 이러한 경우에도 보증채무의 소멸시효의 재진행시기를 위와 동일하게 볼 수 있는지에 관하여 의문이 제기되었다. 對象判決은 위와 같은 문제에 관하여 대법원의 태도를 분명히 하였다. 즉 "주채무에 관하여 채무를 면제하는 내용의 정리계획인가결정이 있는 경우에는 보증채무의 소멸시효가 그 인가결정확정시부터 다시 진행한다"고 한 것이다(판결요지 ②, ③ 부분).[7] 그

---

* 채무자 회생 및 파산에 관한 법률 제32조 제1호.

7) 이 판결에 대하여는 이미 두 개의 評釋이 나와 있는데, 대법원의 이러한 입장을 찬성하는 것이다. 姜永虎, "會社整理節次에 있어서 主債務에 관하여 채무를 면제하는 내용의 整理計劃認可의 결정이 있는 경우에 時效中斷되어 있던 保證債務의 消滅時效의 再進行時期," 대법원판례해설 통권 제23호, 1995, 325면 이하; 李鍵浩, "會社整理計劃에서 減免된 債權의 消滅時效," 判例硏究(서울

리고 이와 같은 보증채무의 소멸시효기간에 관하여는 10년으로 연장되는 것이 아니라 商事消滅時效가 적용되는 것을 전제로 판단하고 있다(판결요지 ③ 부분).

對象判決의 내용은 매우 단순한 문제를 다루고 있다고 생각할 수 있다. 그러나 對象判決이 "주채무에 관하여 채무를 면제하는 내용의 정리계획이 인가된 경우, 보증채무의 시효는 정리절차 종료시가 아니라, 그 인가결정확정시부터 다시 진행한다"고 하였는데(판결요지 ②, ③ 부분), 이것은 판결요지 ① 부분(따라서 종래의 대법원판결)과 모순되는 것이 아닌가 하는 의문이 제기될 수 있다. 또한 정리절차참가와 보증채무의 시효중단에 관련된 문제는 회사정리법이나 민법 어느 한쪽의 이론만으로 해결될 수 없는 문제점을 내포하고 있다. 정리절차참가는 파산절차참가의 경우[8]와는 달리, 民法이 아니라 회사정리법에서 규정된 시효중단사유이지만,[9] 민법의 시효중단에 관한 규정도 적용되기 때문이다.

4. 여기에서는 종래의 판결과 비교하여 對象判決의 의미를 명확히 하고자 한다. 이를 위해서는 정리절차참가로 보증채무의 시효가 중단되는 근거는 무엇인지, 정리절차참가로 시효가 중단된 경우 시효가 언제부터 다시 진행하는지, 이 문제에 관하여 主債務의 경우와 保證債務의 경우를 달리 취급하는 학설과 판례가 타당한지, 주채무에 관하여 채무를 면제하는 내용의 정리계획이 인가된 경우 그 인가결정확정시부터 시효가 다시 진행한다고 볼 수 있는 근거는 무엇인지, 만일 정리계획안에 기한의 이익 상실조항 등이 있는 경우에는 이것이 소멸시효의

지방변호사회) 제 9 집, 1996, 264면 이하.

8) 민법 第171조는 "파산절차참가는 채권자가 이를 취소하거나 그 청구가 각하된 때에는 시효중단의 효력이 없다"고 규정한다. 한편 和議法 제41조는 "화의절차에의 참가는 시효중단에 관하여 이를 재판상 청구로 본다"고 정하여, 화의절차참가를 시효중단사유로 보고 있다.

9) 법체계의 통일성을 도모한다는 관점에서 민법의 시효에 관한 규정을 개정하여 회사정리절차참가와 화의절차참가도 시효중단의 효력이 있다고 정하여야 할 것이다.

진행에 어떤 영향을 미치는지, 정리절차에서 주채무의 내용이 확정된 경우 보증채무의 소멸시효기간은 어떻게 되는지에 관하여 검토하여야 할 것이다. 이 과정을 통하여 정리절차, 특히 정리계획인가가 보증채무의 소멸시효에 어떠한 영향을 미치는지를 밝혀 보고자 한다.

Ⅱ. 會社整理節次參加와 消滅時效의 中斷

1. 時效中斷事由로서의 會社整理節次參加

회사정리법 제 5 조에서 정리절차참가를 시효중단사유로 규정하고 있는데, 여기에서 말하는 정리절차참가란 整理債權의 申告(회사정리법 제125조),* 整理擔保權의 申告(회사정리법 제126조)**를 가리킨다.[10)]

시효중단의 효력이 생기는 것은, 신고서가 법원에 도달한 때이다. 정리채권자 등이 잘못하여 관리인이나 정리회사에 신고하더라도, 시효중단의 효력은 생기지 않는다. 신고사항의 일부에 잘못이 있더라도, 당해 권리가 다른 권리와 식별할 수 있을 정도로 특정되어 있으면, 시효중단의 효력은 생긴다.[11)]

그러나 정리채권자 또는 정리담보권자가 그 신고를 취하하거나 그 신고가 각하된 때에는 시효중단의 효과가 발생하지 아니한나(회사정리법 제 5 조 단서).*** 이러한 경우에도 재판 외의 최고(민법 제174조)로서의 효력은 있다.

* 채무자 회생 및 파산에 관한 법률 제148조.

** 채무자 회생 및 파산에 관한 법률 제149조.

*** 채무자 회생 및 파산에 관한 법률 제32조 제 1 호 단서.

10) 채권자가 회사정리절차를 신청하면, 시효중단의 효력이 있다. 林采洪, 會社整理法槪說, 고시계, 1985, 56면 이하; 法院行政處, 會社整理實務(裁判資料 제28집), 1985, 230면; 三ケ月章 外 5人, 條解會社更生法(上), 1973, 161면. 한편 日本의 判例는 파산선고 신청에 대하여 시효중단의 효력이 있다고 한다[日最判 1960(昭和 35).12.27(民集 14, 3253); 1972(昭和 47).3.21(判例時報 664, 35)].

11) 宮脇幸彦 外 2人編, 注解 會社更生法, 1986, 33면(吉川 純 집필부분).

회사정리법은 이와 같이 정리절차참가를 재판상 청구와 비슷하게 시효중단사유로 규정하고 있다. 대법원은 정리절차에의 참가는 정리채권자 또는 정리담보권자의 권리행사[12]로서의 실질을 가진다는 점에서 시효중단사유로 정한 것이라고 한다.[13] 파산절차참가, 화의절차참가의 경우에도 마찬가지이다.

회사정리절차가 개시되면 정리채권자 또는 정리담보권자는 개별적인 권리행사를 하는 것이 금지되거나 제한된다. 회사정리법 제245조 제 2 항에 의하면, 정리채권자 · 정리담보권자는 정리절차종결 후 '정리회사와 정리를 위하여 채무를 부담한 자'에 대하여 정리채권자표 또는 정리담보권자표에 기하여 강제집행을 할 수 있다고 규정하고 있다.* 그 反對解釋으로 정리채권자 등은 정리절차종결 전에는 정리계획에서 정해진 변제기가 경과한 경우에도 정리회사[14]에 대하여 強制執行을 할 수 없다. 이와 같이 정리채권자 등은 권리행사가 금지 또는 제한되는 데, 이러한 정리채권자 등의 권리가 소멸시효에 걸려 실권하는 것을 방지할

12) 그와 같은 권리행사의 예로서는 다른 정리채권 등에 관한 이의(회사정리법 제136조 제 2 항), 의결권에 대한 이의 및 의결권의 행사(회사정리법 제169조, 제170조), 정리계획안의 작성과 제출 및 그 수정(회사정리법 제190조, 제196조), 정리계획안의 결의(회사정리법 제204조), 정리계획인부의 결정에 대한 즉시항고(회사정리법 제237조), 정리계획인가 후의 폐지결정에 대한 사전의견진술(회사정리법 제276조 제 2 항), 정리절차 폐지의 신청(회사정리법 제273조), 정리계획인가 후의 폐지결정에 대한 사전의견진술(회사정리법 제276조 제 2 항) 등이 있다.

13) 大判 1994. 1. 14, 93다47431(공 1994, 719); 大判 1994. 3. 8, 93다49567(공 1994, 1166). 한편 회사정리절차참가를 '청구'에 해당한다는 견해가 있다. 즉 정리채권자 등이 그 권리를 신고하여 정리절차에 참가하는 것은 재판상의 확정을 가져올 가능성이 있는 권리행사행위이고(회사정리법 제245조, 제283조), 정리채권 등의 신고는 재판상의 청구(민법 제170조 참조)라고는 할 수 없어도 그에 유사한 청구이고 적어도 民法 제168조 제 1 호의 청구에 해당한다고 볼 수 있기 때문에 중단사유로 한 것이라고 한다. 權南赫, "會社整理節次와 保證債務의 消滅時效," 대법원판례해설 통권 제 9 호, 1989, 152면 이하; 강영호(註 7), 330면; 山內八郞, 제 3 판, 實務會社更生法, 1971, 418면.

* 채무자 회생 및 파산에 관한 법률 제255조 제 2 항.

14) 회사정리를 위하여 채무를 부담하는 자에 대해서도 마찬가지이다.

필요가 있다. 이 점에 정리절차참가를 시효중단사유로 규정한 회사정리법 제 5 조의 실질적인 의의가 있다.[15] 물론 정리채권자 등이 권리를 전혀 행사할 수 없는 경우에만 소멸시효가 중단되는 것은 아니고, 권리행사가 예외적으로 허용되더라도 정리채권 등의 소멸시효가 중단된다.

2. 保證債務의 時效中斷

원래 시효중단의 효력은 당사자와 그 승계인에게만 효력이 있는 것이다(민법 제169조). 그런데 民法 제440조는 "主債務者에 대한 시효의 중단은 保證人에 대하여 그 효력이 있다"고 규정하여 시효중단의 인적 범위를 보증인에게 확장하고 있다.[16] 보증인에는 연대보증인도 포함된다. 한편 회사정리법 제240조 제 2 항에 의하면 "계획은 정리채권자 또는 정리담보권자가 회사의 보증인 기타 회사와 함께 채권을 부담하는 자에 대하여 가진 권리와 회사 이외의 자가 정리채권자 또는 정리담보권자를 위하여 제공한 담보에 영향을 미치지 아니한다."고 한다.*

그렇다면 회사정리법 제240조 제 2 항은 민법 제440조와 어떠한 관계에 있는가?

우선 회사정리법 제240조 제 2 항이 민법 제440조를 배제하는 것이라고 보아 회사정리절차에서는 保證債務의 소멸시효가 主債務에 대한 시효중단과 상관 없이 계속 진행한다고 생각할 수 있다. 그러나 위

15) 共益債權이나 還取權은 정리절차에 의하여 권리행사가 제한되지 않고, 따라서 소멸시효가 중단될 이유도 없다. 注解 會社更生法(註 11), 33면은, 日本 會社更生法 제 5 조의 이론적 근거를 "정리절차가 총채권을 위한 총집행이라는 성질을 가지는 재판절차이고, 정리절차에의 참가는 이러한 재판상의 권리행사"라는 점에서 찾는다.

16) 大判 1968. 4. 23, 67다2100(要集 民商 I-1, 749); 大判 1978. 1. 31, 77다2053(要集 民商 I-1, 749). 또한 民法 제416조에 의하면, 연대채무자 1인에 대한 이행청구는 다른 연대채무자에게도 효력이 있다. 따라서 이것을 이유로 하는 시효의 중단도 역시 절대적 효력이 생긴다고 한다. 郭潤直, 債權總論, 신정판, 박영사, 1994, 325면.

* 채무자 회생 및 파산에 관한 법률 제250조 제 2 항.

두 조문은 서로 배치되는 것이 아니다. 회사정리법 제240조 제 2 항은 '會社整理計劃의 효력범위에 관하여' 정리회사의 주채무의 변경이 보증채무 등에 영향을 미치지 아니한다고 규정한 것이다. 이 규정은 정리계획의 효력에 관하여 정리회사와 보증인간에 차이를 두어 정리계획이 보증인에게 영향을 미치지 않는다고 함으로써, '保證債務의 附從性을 배제'하고 있는 것이다.[17] 이에 반하여 민법 제440조의 규정은 보증채무의 부종성에서 비롯된 당연한 규정이라기보다는, "채권자의 보호를 위하여 보증채무만이 따로 시효소멸하는 결과를 방지하기 위한 정책적 규정"이다.[18] 따라서 부종성을 완화한 회사정리법 제240조 제 2 항의 규정에도 불구하고, 민법 제440조의 적용이 배제되는 것은 아니다.[19]

17) 大判 1990. 11. 13, 90다카13427(공 1991, 72)은 "회사정리법 제278조에 의하면 정리계획인가의 결정이 있은 후 정리절차가 금지된 경우에는 이미 계획인가로 인하여 정리채권이나 정리담보권에 생긴 같은 법 제241조 소정의 면책 등의 효력이나 같은 법 제242조 제 2 항에 권리변경의 효력 등은 위 정리절차에 영향을 받지 않은 것이나, 같은 법 제240조 제 2 항에 의하면 정리계획은 정리채권자 또는 정리담보자가 정리회사의 보증인 등에 대하여 가진 권리와 제 3 자가 정리채권자 또는 정리담보권자를 위하여 제공한 담보에는 영향을 미치지 아니하여 정리채권자나 정리담보권자의 회사에 대한 권리가 정리계획의 효력에 의하여 변경감액되더라도 이러한 채권자의 보증인이나 물상보증인 등에 대한 권리는 아무런 영향을 받지 않는 것"이라고 판결하였다. 同旨: 大判 1990. 6. 26, 88다카4499(공 1990, 1550).

그런데 회사정리법 제240조 제 2 항이 민법상 보증채무 등의 부종성에 비추어 정리회사의 보증인 등의 재산권을 부당하게 침해하거나 보증인 등을 불합리하게 차별하는 조항으로 위헌이 아닌지 문제된다. 헌재 1992. 6. 26, 91헌가8·9(헌법재판소판례집 제 4 권, 323면)은, 위 조항이 헌법 제11조 제 1 항에 정한 평등의 원칙에 위반되지 아니함은 물론 재산권보장에 관한 헌법 제23조 제 1 항이나 일반적 법률유보에 관한 헌법 제37조 제 2 항에 위반된다고 볼 수 없다고 하였다. 즉 "위 법률조항이 보증인 등에게 정리계획인가에 따른 면책 등의 효력이 미치는 범위에서 제외한 것은 회사정리절차상 정리계획인가에 따른 면책제도의 목적, 정리계획의 성립 형식상의 특성 및 정리절차에 있어서 정리채권자 등과 보증인 등의 이해조정 등의 모든 관점에서 그 목적의 정당성, 수단의 적정성, 피해의 최소성 및 법익의 형평성 등에 합리적인 근거가 있다"고 한다.

18) 大判 1986. 11. 25, 86다카1569(공 1987, 101).

19) 大判 1994. 1. 14, 93다47431(공 1994, 719); 大判 1994. 3. 8, 93다49567(공 1994, 1166).

또한 채권자는 정리절차개시 후에도 보증인을 상대로 소를 제기하거나 강제집행을 할 수 있다는 점[20]은 보증채무의 시효중단에 관한 민법 제440조의 적용과는 아무런 관계가 없다.

그러므로 정리절차참가로 인하여 소멸시효가 중단된 경우, 시효중단의 효력은 정리회사의 채무를 주채무로 하는 보증채무도 그 시효가 중단된다. 학설[21]과 판례[22]는 이 점에 관하여 견해가 일치되어 있다.

그렇다면 정리절차참가는 보증채무의 소멸시효에 영향을 미친다고 볼 수 있는데, 정리계획인가는 보증채무의 소멸시효에 아무런 영향을 미치지 않는다고 할 수 있는가? 이것은 정리절차참가로 중단된 보증채

민법 제440조가 회사정리절차에 적용되어 주채무자에 대한 시효중단의 효력이 보증채무에 미치게 하는 것이 헌법에 위반되는지 문제되었다. 이에 대하여 헌재 1996.8.29, 93헌바6(헌공 제17호)은 합헌이라고 결정하였다.

첫째, 민법 제440조의 입법취지는 보증채무의 부종성에 따른 당연한 규정이 아니라 주채무자에 대한 권리행사만으로도 보증인에 대한 시효중단의 효력이 미치게 하여 주채무와 별도로 보증채무가 시효소멸하는 일이 없도록 하여 채권담보의 목적을 달성하고 채권자를 보호하려는 것이다. 회사정리법 제240조 제2항은 회사정리제도의 목적을 달성하기 위하여 정리절차에서 회사의 변제능력상실에 따른 손실을 정리채권자와 보증인과의 관계에서 이를 보증인에게 부담시켜 채권자로 하여금 보증인이 있는 경우에는 보증인으로부터 원래의 채권을 변제받을 수 있도록 입법정책적으로 배려한 규정이다. 그러므로 회사정리절차에서도 민법 제440조를 적용하여 주채무자에 대한 시효중단의 효력이 보증채무에 미치게 하는 것은 회사정리제도의 목적과 회사정리법 제240조 제2항 및 민법 제440조의 입법취지에 부응하는 것으로서 합리적인 이유가 있다. 더구나 채권자의 정리절차참가로 인하여 보증인이 본래의 채무 이상의 채무를 부담하거나 시효중단의 효력이 당초보다 확대되는 것은 아니므로, 채권자의 정리절차참가로 인한 시효중단의 효력이 민법 제440조에 의하여 정리회사의 보증인에게 미치는 것이 보증인의 재산권을 침해하는 것으로 볼 수 없다. 둘째, 정리회사의 보증인이 정리절차에서 정리채권자나 정리회사에 비하여 혜택을 받지 못한다고 하더라도 이는 회사정리제도나 채권담보제도의 목적상 불가피하고 합리적인 차별인 만큼 회사정리절차참가로 인한 시효중단의 효력이 민법 제440조에 의하여 보증인에게 미친다고 하여 이를 평등의 원칙에 어긋난다고 볼 수도 없다.

20) 林采洪(註 10), 60면; 山內八郎(註 13), 414면.

21) 姜渭斗, "정리회사의 보증에 대하여 중단된 시효의 재진행시기," 判例月報 통권 제221호(1989.2), 56면.

22) 大判 1988.2.23, 87다카2055(공 1988, 588).

무의 소멸시효가 언제부터 진행하는지를 검토해 보아야만 결론을 내릴 수 있는 문제이다.

Ⅲ. 會社整理節次參加로 中斷된 消滅時效의 再進行時期

정리절차참가로 중단된 소멸시효는 언제부터 다시 진행하는가? 이 문제에 관하여 주채무의 경우와 보증채무의 경우를 다르게 취급하여야 하는가?

1. 主債務의 경우

정리절차가 정리계획인가 전에 종료된 경우와 정리계획인가 후에 종료된 경우로 나누어 보겠다.

가. 정리계획인가 전에 정리절차가 종료한 경우로는 정리절차개시결정취소의 결정(회사정리법 제51조), 정리계획불인가결정(회사정리법 제232조), 정리계획인가 전의 폐지결정(회사정리법 제272조, 제273조)이 확정된 경우가 이에 해당된다. 이러한 경우에는 특별한 사정이 없는 한 그 절차가 종료되는 효력이 발생하는 때, 즉 위와 같은 決定이 確定되는 때로부터 다시 소멸시효가 진행한다. 整理計劃認可에 따른 권리변경이 없기 때문에, 별다른 문제가 없다.

나. 정리계획인가 후에는 終結決定(회사정리법 제271조) 또는 廢止決定(회사정리법 제276조)에 의하여 정리절차가 종료된다. 이 때에는 정리계획에 따라 정리채권자 등의 권리관계가 변경되기 때문에, 소멸시효의 중단과 재진행시기에 관해서도 복잡한 문제가 발생한다.

(1) 먼저 整理節次를 廢止한 경우에 관하여 보자.

學說은 정리계획상의 변제기가 폐지결정확정 이후에 도래하는 경우라면 그 기한이 도래한 때부터 새로이 시효가 진행되고, 그렇지 않은 경우에는 廢止決定確定時부터 시효가 새로이 진행한다고 한다.[23) 이미 인가된 정리계획이 효력을 잃지 않으므로(회사정리법 제278조), 최소한 정리계획상의 변제기가 도래하여야 소멸시효가 새로이 진행한다는 것이다.[24) 대법원도 이러한 입장을 전제로 하고 있는 듯하다.

그러나 整理節次가 廢止된 경우에는 정리계획상의 변제기가 도래했는지 여부와는 상관 없이 통상 폐지결정확정시부터 소멸시효가 다시 진행한다고 보아야 할 것이다.

整理計劃에는 '정리절차 폐지시 기한의 이익상실 조항'을 두고 있다. 예컨대 1995년에 인가된 주식회사 한양의 정리계획안[25)에도 "회사정리절차가 폐지되는 경우에는 정리담보권 및 정리채권에 관하여 이 계획안에서 정한 변제기에 불구하고 그 기한이 도래한 것으로 한다"는 조항이 있다.[26) 기한의 이익이 상실되는 사유가 발생한 경우 전체 채권의 소멸시효는 언제부터 진행하는가? 通說은 채권자의 청구는 채무자의 이행지체에 관한 것일 뿐이고, 특약상의 기한의 이익이 상실되는 사유가 발생하면 전체 채권의 변제기가 당연히 도래한다고 하여 이 때부터 소멸시효가 진행한다고 한다.[27) 기한의 정함이 없는 채권의 경우

23) 林采洪(註 10), 59면. 일본에서도 이것이 다수설이다. 三ヶ月章 外 5人(註 10), 164면.

24) 재판상 청구는 시효중단의 효력이 있다(민법 제170조 제1항). 시효는 그 재판이 확정된 때로부터 새로이 진행한다(민법 제178조 제2항). 한편 정리채권·정리담보권이 정리절차에서 확정된 경우 확정판결과 동일한 효력이 있다(회사정리법 제245조 제1항). 그리하여 정리계획안이 인가되면, 민법 제178조 제2항을 적용되어야 한다고 생각할 수 있다. 그러나 정리계획인가가 확정되더라도 정리절차에 참가하고 있는 한 시효중단의 효력이 계속된다고 보아야 한다.

25) 서울地決 1995. 11. 27, 93파2248.

26) 모든 정리계획안은 이러한 조항을 두고 있는 것으로 보인다.

27) 郭潤直, 民法總則, 新訂版, 박영사, 1989, 562면; 李英俊, 民法總則, 全訂版, 박영사, 1995, 752면; 金曾漢·金學東, 民法總則, 제9판, 박영사, 1995, 522면; 民法注解(Ⅲ), 465면(윤진수 집필부분). 이에 반하여 채권자의 전액에 대한 이행청구가 있어야만 소멸시효가 진행한다는 견해도 있다(이준상, 은행여신거래기본약관해설, 육법사, 1990, 293-294면).

에는 그 성립시부터 소멸시효가 진행하는데, 기한의 이익을 상실시키는 사유가 발생한 경우 채권자의 청구가 있어야만 소멸시효가 진행한다면 기한의 정함이 없는 채권의 경우와 균형이 맞지 않게 된다. 또한 채무자가 기한의 이익을 상실함으로써 채권자가 이익을 얻는 이상, 소멸시효의 진행시기가 앞당겨진다고 하여도 부당하다고 할 수 없다. 따라서 정리계획에 整理節次가 廢止된 경우에 기한의 이익을 상실한다는 조항이 있으면, 主債務의 소멸시효가 정리절차폐지 확정시부터 재진행되는 것으로 보아야 할 것이다. 결국 회사정리법 제278조는 保證債務의 소멸시효의 재진행시기를 판단할 때 실제에서는 별다른 의미가 없게 된다.

(2) 다음으로 整理節次終結의 경우에 관하여 보자.

정리계획이 정상적으로 수행되어 정리절차가 종결되는 경우에는 정리채권 등이 정리계획에 따라 전부 변제되거나 대부분 변제되기 때문에, 主債務의 소멸시효가 문제되는 경우는 거의 없을 것이다. 그러나 정리계획에 따라 정리채권 등이 변제되지 않은 상태에서 정리절차를 종결하였는데, 그 후 회사의 영업 및 재산상태가 급격히 악화되는 경우도 있을 것이므로 소멸시효의 재진행시기가 문제될 수 있다.

종결결정에 의하여 종료된 경우에 아직도 기한이 도래하지 않은 채권에 관하여는 그 기한도래시부터 시효가 진행되고, 변제기는 도래했지만 아직 변제되지 않은 채권에 관하여는 종결결정확정시부터 시효가 진행된다.[28] 이미 인가된 정리계획이 효력을 잃지 않으므로, 그 인가된 정리계획의 내용에 따라 소멸시효의 재진행시기도 달라진다. 그리고 정리절차종결의 경우에는 폐지시와는 달리, 정리계획안에 기한이익상실조항이 없다.

28) 林采洪(註 10), 59면.

2. 保證債務의 경우

회사정리절차참가로 보증채무의 소멸시효가 중단된 경우에는 그 소멸시효가 언제부터 다시 진행하는가?

가. 정리계획인가 전에 정리절차가 종료한 경우에는, 특별한 사정이 없는 한 保證債務의 소멸시효는 그 절차종료의 효과가 발생하는 때로부터 다시 진행한다. 따라서 정리계획이 인가되지 아니한 경우에는 保證債務의 소멸시효를 主債務의 경우(위 1. 가.항)와 구별할 필요가 없다. 정리계획인가에 따른 권리변경이 없기 때문에, 회사정리법 제240조가 문제될 여지가 없는 것이다. 학설에서도 이견이 없다.

나. 그런데 정리계획안이 인가된 후에 정리절차가 종료된 경우에는 보증채무의 소멸시효가 언제부터 재진행하는지 문제된다. 이것이 對象判決이 다루고 있는 문제이다. 이 문제는 정리계획에서 주채무를 면제하였는지 여부에 따라서 결론이 달라진다.

(1) 먼저 整理計劃에서 主債務를 免除하지 않은 경우를 보자.

(가) 對象判決은 "정리계획이 인가되었다가 결국 그 계획수행의 가망이 없음이 명백하여 정리절차폐지결정이 내려진 경우에는 그 결정확정시에 채권자의 정리절차에서의 권리행사가 종료되는 것으로 보여지고, 따라서 중단되어 있던 보증채무의 소멸시효는 그 때부터 다시 진행을 개시하는 것"(판결요지 ① 부분)이라고 하였다. 이 부분만을 보면 보증채무의 소멸시효의 재진행시기는 정리계획에서 주채무를 면제하였는지와는 상관 없는 것처럼 보인다. 이 부분은 판결요지 ② 부분과 비교하면, 정리계획에서 주채무를 면제하지 않은 부분에 한하여 적용되는 것이다.

(나) 판결요지 ① 부분은 이 점을 최초로 다룬 종래의 대법원판결을 재확인하고 있다. 먼저 그 판결을 자세히 분석해 볼 필요가 있다.

大判 1988. 2. 23, 87다카2055(공 1988, 588)[29]

사안: 원고가 1976. 4. 23. 소외 백제잠업주식회사에게 금 2,271만원을 대여하였는데, 변제기는 1977. 4. 22., 이자는 우선 연 1할 5푼 5리로 하되, 이자 및 지연이자는 추후 그 비율을 변경할 수 있는 것으로 정하였다. 피고들이 이에 대하여 연대보증하였다. 그런데 피고들의 주채무자인 소외 회사에 대하여는 1976. 6. 14. 회사정리절차가 개시되고 원고는 위 채권을 적법하게 정리채권으로 신고하여 위 정리절차에 참가하였다. 정리법원에 의하여 인가된 정리계획에 의하면, 이 사건 대여원금은 1981년부터 1990년까지 10년간 연도별로 분할변제하기로 하고, 이자는 1990년부터 변제하기로 하였다. 그러나 그 후 위 정리계획수행의 가망이 없음이 명백하게 되어 정리법원은 관리인의 신청에 의하여 위 정리회사에 대하여 1982. 8. 16. 회사정리절차폐지결정을 하고 그 무렵 위 결정이 확정되었다. 그 후 원고는 1986. 5. 22. 피고들을 상대로 보증채무금 청구의 소를 제기하였다.

원심은 피고들의 소멸시효항변을 배척하였다. 즉 원고가 위 정리절차에 참가함으로써 위 정리채권의 소멸시효는 중단된다. 이와 같이 중단된 시효는 정리채권자의 권리행사절차가 종료되고 소멸시효의 기초인 권리불행사 상태의 기점이 되는 위 정리절차폐지결정확정시부터 다시 진행된다. 회사정리법 제278조에 의하면, 정리계획인가 후의 폐지결정에 의하여 절차가 종료된 경우에는 이미 인가된 정리계획의 효력은 소멸되지 아니한다. 정리계획에 의하여 채권의 변제기가 변경되었으면 정리절차폐지 후에도 위 변경된 변제기가 도래하지 않는 한 소멸시효는 진행되지 않는다. 정리계획에 의하여 대여금의 원금은 1981년부터 1990년까지 분할변제하고, 그 이자는 1990년 이후부터 변제하기로 하였다. 그러므로 위 정리절차폐지결정확정시인 1982. 8. 16.경 이전의 일자에 변제하기로 한 부분은 위 결정확정시부터, 그 이후에 변제기가 도래하는 부분은 그 변제기도래시부터 소멸시효가 진행된다. 이 건 소가 1986. 5. 22.에 제기되었음은 기록상 분명하여 위 원리금 전부에 대하여 시효기간이 경과하지 아니하였다고 판단하였다.

대법원은 이자 및 지연손해금에 관한 부분에 관하여 다음과 같은 이유로 파기환송하였다. 즉 ① "회사정리절차참가는 정리채권자 또는 정리담보권자의 권리행사로서의 실질을 가지는 것으로서 회사정리법 제

29) 同旨: 大判 1988. 2. 23, 87다카2098.

5조의 규정에 의하여 그 참가행위에 인정되는 시효중단의 효력은 정리회사의 채무를 주채무로 하는 보증채무에도 미치는 것이고, 그 효력은 위 참가라는 권리행사가 계속되는 한 그대로 유지된다고 할 것이다. ② 그러므로 정리계획이 인가되었다가 결국 그 계획수행의 가망이 없음이 명백하여 정리절차폐지결정이 내려진 경우에는 그 폐지결정확정시에 채권자의 정리절차에 있어서의 권리행사가 종료되는 것으로 보여지고, 따라서 중단되어 있던 보증채무의 소멸시효는 그 때부터 다시 진행을 개시한다고 할 것이므로 이 점에 관한 원심의 판시는 정당하다고 할 것이나, 한편 회사정리법 제240조 제2항에 의하면 정리계획은 정리채권자 등이 정리회사의 보증인 등에 대하여 가진 권리에 영향을 미치지 아니한다고 규정되어 있어 정리채권자는 정리계획과 관계없이 보증인에 대하여는 언제든지 본래의 채권을 청구하고, 집행을 할 수 있는 것이고 정리계획에 의하여 정리채권의 수액이나 변제기가 변경되었다 하더라도 그것은 보증인의 보증책임에 대하여는 아무런 효력을 미치지 아니한다 할 것이므로(이 점에서 민법상의 보증채무의 부종성이 완화되었다고 할 수 있다), 보증채무에 관하여 앞서 본 바와 같이 중단되었던 소멸시효는 위 정리절차폐지결정 확정시로부터 독립적으로 다시 진행을 개시한다고 볼 것이다. ③ 그렇다면 이 사건 정리절차폐지결정확정일이 1982. 8. 15.경임은 앞서 본 바와 같고, 이 사건 소제기일이 1986. 5. 22.임은 기록상 명백한 이 사건에 있어서 만일 피고들의 주장과 같이 이 사건 이자 및 지연손해금채권이 3년의 단기소멸시효에 걸리는 채권이라면 그 일부가 시효의 완성으로 소멸하였다고 볼 여지가 있다 할 것임에도 불구하고, 원심은 이 사건 보증채무에 관하여 중단된 소멸시효가 다시 진행하는 시점을 위 정리절차폐지결정확정시가 아니라 위 인가된 정리계획에 따라 유예된 주채무의 변제기도래시로 보아 이 사건 원리금 진부에 관하여 시효기간이 경과하지 아니하였다고 판시하고 있으니 원심에는 결국 시효중단 내지 회사정리법상 정리절차폐지의 효력에 관한 법리오해 등의 위법이 있다"(밑줄은 필자가 그은 것임)고 한 것이다.

이 사건에서 정리채권의 변제기를 연기하는 내용을 포함한 정리계획이 인가되었다가 정리절차가 폐지되었다. 폐지 당시에는 정리채권의 변제기가 도래하지 않은 부분이 있었다. 이러한 경우 보증채무에 관하여 위와 같이 중단되었던 소멸시효가 언제부터 진행되는지가 문제된 것이다. 구체적으로 보증채무의 소멸시효는 整理計劃認可時부터 진행하는가, 아니면 무조건 廢止決定確定時부터 진행하는가, 아니면 정리계획안에 따른 辨濟期가 폐지결정확정 이후인 경우에는 그 변제기부터 진행하는가? 이것은 '정리계획인가가 보증채무의 소멸시효에 미치는 영향'에 관한 문제이다.

원심은 보증채무의 경우에는 정리계획에 따른 변제기가 정리절차 폐지결정확정시에 도래한 부분은 위 결정확정시부터, 그 이후에 변제기가 도래하는 부분은 그 변제기도래시부터 소멸시효가 진행된다고 하였다. 이것은 보증채무의 소멸시효의 재진행시기를 주채무의 경우와 구분하지 않았던 당시의 學說[30]을 따른 것이라고 할 수 있다. 日本의 通說[31]도 마찬가지이다.

30) 林采洪(註 10), 61면은 "보증인에 대한 시효가 중단된 경우에 언제부터 새로이 시효가 진행되는가는 주채무자에 대한 경우와 같다"고 하였다.

31) 즉 정리계획에서 면제되지 않았던 부분에 관한 보증채무는 정리절차 종결결정시부터, 계획인가 후에 폐지된 때는 정리계획에서 정해진 변제기와 폐지결정시 중 어느 것이든 늦은 때부터, 그리고 면제된 채무에 관하여는 계획인가결정이 확정한 때부터 각각 소멸시효가 진행을 개시한다고 한다. 三ケ月章 外 5人(註 10), 164면; 宮脇幸彦 外 2人編(註 11), 886면(白川和雄 집필부분) 참조.

한편 黑田直行, "更生會社における保證債務の消滅時效," 手形硏究 No. 232 (第19卷 第10號; 1975. 9), 26면은 중단된 보증채무의 시효의 재진행시기는 정리절차종결시를 기준으로 해야 한다고 한다. 이 견해는 일본의 통설과 다르다고 생각할 수 있으나, 이 부분은 일반적인 설명을 한 것이고, 구체적인 시효의 재진행시기는 三ケ月章 外 5人(註 10)을 참조하라(同 28면)고 하고 있으며, 주채무와 보증채무의 소멸시효의 재진행시기를 동일하게 보고 있기 때문에 일본의 通說을 따르고 있다고 볼 수 있다. 그리고 加茂紀久男, "主債務について債務免除を定めた更生計劃の認可決定があった境遇と更生手續參加により中斷していた保證債務の消滅時效の進行開始の時期," 最高裁判例解說 民事篇(昭和 53年度), 1982, 520면은 정리계획에서 면제되지 않았던 부분에 관한 보증채무는 정리절차의 종결까지 시효중단사유가 있다고 보는데, 통설을 따르고 있는 것으로 보인다.

이에 반하여 소멸시효의 재진행시기를 정리절차종료 전이더라도 '정리계획에 따른 변제기가 도래한 때'부터 소멸시효가 진행을 개시한다는 소수설(長谷

그러나 대법원은 保證債務의 소멸시효는 폐지결정확정시부터 다시 진행한다고 한다. 정리절차참가라는 권리행사가 있기 때문에 시효가 중단된 것인데, 그 권리행사는 廢止確定時에 종료된다는 것이다. 즉 保證債務의 소멸시효가 재진행하는 시기를 위 인가된 정리계획에 따라 유예된 主債務의 변제기 도래시로 볼 수는 없다고 한 것이다. 대상판결의 판결요지 ① 부분[32]도 이를 재확인하고 있다. 이러한 입장에 따른다면, 정리절차폐지의 경우 整理計劃認可와 保證債務의 소멸시효는 아무런 관계가 없게 된다.

나아가 대법원판결을 文言대로 읽으면 정리계획에서 정리채권의 "수액이 … 변경되었다고 하더라도" 보증채무의 소멸시효가 정리계획폐지결정확정시부터 다시 진행하는 것으로 본 것이라고 볼 수도 있다. 그러나 위 판결의 사안이 정리계획에서 정리채권의 변제기만 유예된 경우에 관한 것이고, 정리채권의 수액이 면제 또는 변경된 경우가 아니다. 그렇기 때문에 정리채권이 아예 면제된 경우에도 保證債務의 소멸시효가 폐지확정시부터 진행한다고 하는 것이 대법원의 判例라고 할 수도 없다. 그러나 이 부분은 후술하듯이 상당한 혼란을 불러일으킨 것으로 보인다.

部茂吉, "更生手續と時效の中斷," 金融商事判例 No. 554(1978. 10), 141면 이하)이 있다. 정리절차참가로 인하여 보증채무의 소멸시효가 중단된 효과는 정리회사의 정리계획에서 정해진 상환기일까지 지속되며, 그 상환기일 경과일부터 새로이 보증채무 전부에 대한 소멸시효가 다시 진행된다. 日本注釋民法(5), 1967, 134면(岡本 집필부분)도, 정리절차참가로 인하여 보증채무의 소멸시효가 중단된 효과는 정리회사의 정리계획안인가결정이 확정됨으로써 소멸되고, 그 때부터 다시 보증채무 전부에 대한 소멸시효가 다시 진행한다고 하고, 다만 지급이 유예된 채권에 관하여는 변제기가 도래할 때까지 시효기간이 진행하지 않는다고 한다. 그러나 정리계획인가 후에도 정리절차참가가 계속되고 있다고 볼 수 있기 때문에 소수설의 입장은 부당하다고 생각한다.

32) 李鍵浩(註 7), 268면은 이 부분이 "정리절차가 폐지되는 경우 정리계획에서 정한 변제기와 폐지결정확정일 중 늦은 일자에 소멸시효중단의 효력이 소멸되고 이 날부터 새로 소멸시효가 중단된다"는 견해(林采洪(註 10), 58면 이하)와 대체로 같은 취지라고 한다. 그러나 양자는 그 내용이 다른 것이다.

(다) 어쨌든 이 판결이 나온 이후 우리 나라의 學說[33)]은 대부분 위 판결을 지지하고 있다. "정리계획인가 후의 폐지결정에 의하여 절차가 종료된 경우에는 정리채권으로 신고된 주채무에 관하여는 이미 인가된 정리계획의 효력을 잃지 않으므로 그 인가된 정리계획의 내용에 따라 달라진다. 이와 달리 보증채무에 관하여는 그 폐지결정 확정시부터 시효가 새로이 진행한다"는 것이다. 이것은 종결결정의 경우에도 마찬가지라고 한다. 그러나 위 대법원판결을 소개하는 정도에 불과하고, 새로운 이유를 제시하지는 않고 있다.

(라) 主債務의 변제기가 정리절차종료 이후일 수도 있는데, 이 때 주채무의 시효가 그 변제기부터 진행되겠지만, 이것은 보증채무의 시효의 재진행시기와는 상관 없다는 것이 대법원의 입장이라고 할 수 있다. 학설도 모두 이를 지지하고 있다. 그렇다면, 대법원은 당연한 법리를 선언한 것인가? 회사정리절차에서 정리계획이 인가된 경우 주채무와 보증채무의 소멸시효의 재진행시기가 달라져야 하는가?

---

33) 權南赫(註 13), 155-156면; 강영호(註 7), 331면; 民法注解(Ⅲ), 541면(尹眞秀 집필부분); 姜渭斗(註 21), 57면("정리계획에 따라 유예된 변제기는 그 정리채권의 중단된 시효의 재진행시기는 되어도 그 보증인에 대한 채권의 중단된 시효의 재진행시기는 될 수 없는 것"이다). 특히 林采洪, "整理會社의 保證人의 地位," 대한변호사협회지 제149호(1989. 1), 34면. 이 논문에서 위 판결 이후 종래의 견해(註 30)와는 달리 "정리계획에 정한 변제기가 종결 또는 폐지결정 이후에 도래하는 경우에도 주채무자의 경우와 달리 그 결정의 때로부터 시효가 진행된다고 보아야 한다. 정리절차참가가 보증인에게도 시효중단의 효력을 미치게 하는 이유는 주채무자에게 권리행사를 하고 있는 동안은 보증인에게도 시효중단의 효력을 미치게 하여야 한다는 것인바, 그 권리행사를 하고 있는 기간은 정리절차참가의 때부터 종결 또는 폐지결정의 때까지이므로 그 뒤에는 권리행사를 따로 하지 않는 한, 시효는 새로이 진행하여야 한다고 보는 것이 타당하기 때문"이라고 하였다.

이에 반하여 民法注解(X), 311면(朴炳大 집필부분)은, "채권자가 주채무에 관한 회사정리절차에 참가함으로써 시효가 중단된 경우에 그 보증채무의 시효기간은 정리계획인가결정의 확정시로부터 다시 진행된다"고 한다. 이 견해는 그 근거로 日最判 1978(昭和 53). 11. 20(民集 32-8, 1551)을 들고 있으나, 이 판결은 후술하듯이 주채무에 관하여 채무를 면제하는 내용의 정리계획인가결정이 있는 경우에 관한 것이다.

먼저 민법 제178조 제 1 항을 검토할 필요가 있다. 위 조항은 시효가 중단된 때에는 중단사유가 종료한 때로부터 새로이 진행한다고 규정한다. 대법원은 "시효중단의 효력은 … 위 참가라는 권리행사가 계속되는 한 그대로 유지된다. … 폐지결정 확정시에 채권자의 정리절차에 있어서의 권리행사가 종료되는 것으로 보여지고, 따라서 중단되어 있던 보증채무의 소멸시효는 그 때부터 다시 진행을 개시한다"고 하였는데, 이것은 위 조항에 따른 것이라고 볼 수 있다. 그러나 위 조항에 따른다면, 主債務와 保證債務의 시효가 재진행하는 시기를 다르게 볼 수 없다. 그리고 보증채무에 대해서는 회사정리절차와 무관하게 권리행사를 할 수 있으므로, 정리절차 종료시에 보증채무에 대한 '권리행사'가 종료되었다고 볼 수도 없다. 그러므로 보증채무의 소멸시효가 재진행하는 시기를 주채무와 관계없이 정리절차종료시라고 하는 근거로 민법 제178조 제 1 항를 들 수는 없다.

그리하여 대법원은 위와 같은 결론에 도달하게 된 이유로 회사정리법 제240조 제 2 항을 내세우고 있다. 보증채무의 경우에 주채무보다 먼저 시효중단사유가 종료되었다고 보려면 회사정리법 제240조 제 2 항을 매개로 할 수밖에 없기 때문이다. 그러나 보증채무의 부종성을 완화한 회사정리법 제240조 제 2 항이 보증채무의 소멸시효의 재진행 시기를 결정할 수 있는지는 의문이다. 회사정리법 제240조 제 2 항은 '보증채무의 시효중단여부'에 관하여 아무런 영향을 미치지 못한다. 會社整理節次參加가 보증채무의 소멸시효를 중단시키는 근거는, 주채무의 담보를 확보하려는 민법 제440조에서 찾아야 한다. 마찬가지로 '보증채무의 소멸시효가 언제부터 새로이 진행하는지'에 관해서도 보증채무의 부종성을 제한한 회사정리법 제240조 제 2 항이 아니라, 주채무의 담보를 확보하려는 민법 제440조에 따라 판단하여야 한다. 그러므로 主債務와 保證債務는 정리절차참가로 인한 시효중단여부뿐만 아니라, 그 시효의 재진행시기도 동일하게 보아야 한다. 그렇지 않으면 보증채무가 주채무보다 일찍 시효로 소멸하는 것을 막기 위하여 둔 민법 제440조의 취지가 몰각된다.

그런데 정리계획에 거의 예외 없이 "會社整理節次가 폐지된 때에 기한의 이익을 상실한다"는 조항이 있다. 따라서 主債務와 保證債務 모두 정리절차폐지 확정시부터 다시 소멸시효가 진행되는 것으로 보아야 하고, 주채무와 보증채무의 경우에 중단된 시효의 재진행시기를 구별할 필요도 없는 것이다.

(마) 위 (라)항의 논의와 대법원의 입장은 어떠한 차이가 있는가?

保證債務의 소멸시효가 정리절차폐지 확정시부터 재진행한다는 대법원의 결론은 정당하지만, 그 근거를 회사정리법 제240조 제 2 항에서 찾을 수 없다는 것이다. 정리절차참가로 주채무의 소멸시효가 중단된 경우 그 시효의 재진행시기에 관하여도 결론이 달라지게 된다(위 1.의 나.항 참조).

그리고 정리계획에 따라 정리채권 등이 변제되지 않은 상태에서 정리절차를 종결하는 경우도 있을 것이다. 이러한 경우에 主債務의 소멸시효는 정리계획에서 정한 변제기와 정리절차종결시 중 늦은 때로부터 진행되고, 保證債務의 소멸시효도 그 때부터 진행된다. 물론 정리계획안에 정리절차종결의 경우에는 폐지시와는 달리, 기한이익상실조항이 없기 때문이다.

이와 같이 본다면 정리계획의 내용이 '主債務의 소멸시효가 재진행하는 시기'에 영향을 미칠 뿐만 아니라, 保證債務의 소멸시효가 재진행하는 시기에도 영향을 미친다고 볼 수 있다.

(2) 主債務에 관하여 채무를 면제하는 규정을 둔 정리계획이 인가되는 경우가 많이 있다. 이러한 경우에도 정리절차참가에 의하여 중단된 保證債務의 소멸시효는 정리절차종료시에 진행되는가?

(가) 우리 나라의 學說은 이러한 경우에 整理計劃認可決定 確定時부터 다시 시효가 진행을 개시한다고 하였다.[34] 이것은 日本의 判

34) 林采洪(註 10), 60면. 한편 權南赫(註 13), 155면은 그 이유로 이러한 경우

例[35])을 따른 것이다.

대법원은 처음에 이 문제를 의식하지 않은 것으로 보인다. 위 대법원판결이 나온 이후의 판결[36])도 마찬가지이다.

(나) 對象判決은 "주채무에 관하여 채무를 면제하는 내용의 정리계획인가결정이 있는 경우에는 이를 주채무로 하는 위 중단된 보증채무의 소멸시효는 그 인가결정확정시부터 다시 진행한다고 새겨야 할 것이다"(판결요지 ② 부분)라고 판단하였다.[37]) 이로써 정리채권이 면제된 경우 보증채무의 소멸시효의 재진행시기에 관한 의문점을 해소시켰다.

에는 그 인가결정 후 계획수행의 가망이 없음이 명백하게 되는 등으로 폐지결정에까지 나아가는 경우가 예상되므로 그 인가결정확정으로 그 '정리절차가 종료'하기 때문이라고 한다. 그러나 정리계획에서 주채무를 일부 면제 또는 감경하는 것은 당연한 것이고, 이와 같이 하더라도 정리절차를 폐지하게 되는 것도 아니다.

35) 日最判 1978(昭和 53).11.20(民集 32-8, 1551): "정리절차참가는 정리채권자 또는 정리담보권자의 권리행사로서의 실질을 가지고, 회사정리법 제5조의 규정에 의하여 이것에 인정되는 시효중단의 효력은, 정리회사의 채무를 주된 채무로 한 보증채무에도 미치는 것이고, 위 권리행사가 계속하고 있는 한 유지되는 것이다. 그리고 정리계획에서 채무의 면제가 정하여진 경우에는, 위 채무는 동법 제236조, 제242조의 규정에 의하여 정리계획인가결정시에 소멸하는 것으로 되지만, 이 법적 효과가 확정하는 것은 위 결정의 확정시이므로, 이 시점에서 위 채무에 관한 채권자의 정리절차에서의 권리행사는 종료하는 것이라고 할 것이다. 따라서 위 채무를 주된 채무로 하는 보증채무의 소멸시효는 이 때부터는 다시 진행을 시작한다고 해석해야 할 것이다." 이 判決에 대한 評釋으로는 加茂 紀久男(註 31), 512면 이하; 玉城勳, "更生手續參加により中斷した時效の進行開始時期," 別冊ジュリスト, 新倒産判例百選 No.106(1990. 2), 158면 이하 참조.

36) 大判 1994.1.14, 93다47431(공 1994, 719): 원심은 원고가 주채무자인 소외 월성건설주식회사에 대한 회사정리절차가 개시된 다음, 위 구상금채권을 신고하여 정리절차에 참가함으로써 그 소멸시효가 중단되었고, 그 중단의 효과는 정리절차가 종료할 때까지 존속하고 정리회사의 채무를 주채무로 하는 보증채무에도 미친다는 이유로 피고의 소멸시효항변을 배척하였다. 피고가 상고하였으나, 대법원은 상고를 기각하면서, 위 대법원 1988.2.23. 판결의 입장을 재확인하고 있다. 그 후에 나온 大判 1994.3.8, 93다49567(공 1994, 1166)도 마찬가지이다. 이 사건에서 정리계획안에서 주채무가 감면되었는지는 쟁점으로 다루어지지도 않았다.

37) 대상판결에서 판결요지 ① 부분은 위 대법원 1988.2.23. 판결을 재확인한 것이다.

종전의 판결들은 정리절차에 참가한 경우에는 정리절차종료시부터 보증채무의 시효가 재진행한다고 보았으나, 對象判決은 정리계획안에서 정리채권을 면제하는 부분이 있으면, 이 부분에 대한 보증채무의 시효가 정리계획안 인가확정시부터 재진행한다고 보고 있다. 이것은 이자 또는 지연손해금이 일부감경된 경우에는 그와 같이 감경된 부분에 대하여도 적용된다.

그 이유는 무엇인가? 대법원은 "인가결정의 확정에 의하여 면제의 효과가 확정됨으로써 그 주채무가 확정적으로 소멸"하고, "그 시점에서 채권자의 정리절차에서의 권리행사는 종료"하기 때문이라고 한다. 그러나 보증채무의 소멸시효의 재진행시기를 판단할 때에는 권리행사의 계속여부가 아니라, 민법 제440조의 적용여부만이 문제되는 것이다. 오히려 이 사건에서는 주채무의 면제가 확정된 때에는 시효중단의 대상인 주채무가 없기 때문에 시효중단의 효력이 발생할 수도 없다. 소멸시효의 진행과 중단의 문제는 채권 등 일정한 권리가 존재하는 것을 전제로 하기 때문이다. 따라서 이 때부터는 민법 제440조에 의하여 보증채무의 소멸시효가 중단될 여지가 없는 것이다. 또한 보증채무의 시효를 중단시키는 목적이 주채무보다 먼저 소멸하는 것을 막기 위한 것인데, 이럴 필요도 없을 것이다.

(다) 한편 정리계획에서 豫想超過收益金의 用途에 관한 조항 중에 예상초과수익금이 있는 경우 면제된 채무의 변제에 충당한다고 규정하여 免除된 債務의 復活條項을 두는 경우가 있다.[38] 그 조항에 법적 구속력이 있는가가 문제된다. 실무에서는 금융기관이 정리채권자·정리담보권자인 경우 예상초과수익금을 정리계획기간중 또는 정리절차종결 후 정리계획상 금융기관에 대한 발생이자를 감면함으로써 받게 되는 손실금에 충당하도록 하는 규정을 권리변경조항에 기재하는 예가 있

38) 邊在承 외 4인(註 4), 355면; 元裕錫, "整理計劃案의 作成, 認可上의 問題點," 民事判例硏究(XVI), 1994, 535면.

다. 이러한 조항은 관리인에 대하여 豫想超過收益金의 用途의 基本方針을 제시하는 정책적·프로그램적 조항에 불과하다. 따라서 관리인이 이에 위반한 경우 법원의 감독권행사를 통해 그 시행을 촉구할 수 있겠으나, 개개의 정리채권자 등 이해관계인에 대하여 직접 법적 효과가 발생하지는 않는다.[39)]

어쨌든 이러한 조항이 있더라도, 정리계획에서 주채무를 면제 또는 감경하는 경우 그 효력이 발생하는 데 지장이 없다. 정리회사에 초과수익금이 생겨 이를 면책된 채권자에게 변제하는 경우에도, 이는 면책된 채무와는 별개의 것이다. 이러한 경우에 대비하여, 보증채무의 시효가 중단된다고 볼 수는 없을 것이다.

(3) 나아가 장래의 지연손해금에 대한 보증채무의 소멸시효는 그 기산점을 어떻게 보아야 할지가 문제된다.

大判 1995. 11. 21, 94다55941(공 1996, 45)은 "정리회사의 주채무 중 지연손해금에 관한 연체이율을 감경하는 정리계획인가결정이 확정되면 위 감경된 부분에 관한 보증인의 보증채무에 대한 소멸시효는 그 인가결정확정시부터 다시 진행한다고 할 것이나, 지연손해금은 원금에 대한 변제가 지체된 기간의 경과에 따라 발생하는 것이므로 아직 지체기간이 경과하지 아니한 장래의 지연손해금 채무 일체에 대하여 위 인가결정확정시로부터 곧바로 소멸시효가 진행된다고 볼 수 없다"고 한다.[40)]

---

39) 整理節次終結後 豫想超過收益金이 있을 경우 이를 면제된 채무에 충당하도록 하는 조항을 두는 것은 문제가 있다. 정리절차종결 후의 사항은 정리계획에서 기재할 수 있는 조항이 아니고, 따라서 이러한 조항을 기재하더라도 無益的 記載事項이라 할 것이다. 금융기관에 대하여만 이러한 채무부활조항을 두는 것은 일반채권자에 대한 관계에서 平等의 原則에 반하는 경우가 있을 수 있으므로 이러한 조항을 두는 것이 금융기관과 일반채권자간의 合理的 差別이 되는지를 검토하여야 할 것이다. 실무에서 정리계획안에 이러한 조항을 두지 않는 경우가 많아지고 있다.

40) 이 사건에서 정리회사인 주식회사 퍼시픽콘트롤즈의 피고에 대한 구상금채무 중 지연손해금에 관한 연체이율을 당초 약정된 연 1할8푼 내지 연 1할9

Ⅳ. 主債務에 대한 會社整理節次參加로 中斷된 保證債務의 消滅時效期間

1. 裁判上 請求는 시효중단의 효력이 있다(민법 제170조 제1항). 시효는 그 재판이 확정된 때로부터 새로이 진행한다(민법 제178조 제2항). 이 경우 새로운 시효기간은 그 채권이 원래 상사채권 등 단기시효에 걸리는 것이었다고 하더라도 10년으로 연장된다(민법 제165조 제1항). 정리채권·정리담보권이 정리계획에서 인정된 경우 確定判決과 동일한 효력이 있으므로(회사정리법 제245조 제1항), 그 시효기간은 10년으로 된다고 보아야 한다.

그렇다면 이러한 경우 保證債務의 시효기간은 어떻게 되는가? 대법원은 정리채권에 대한 保證債務의 경우에는 10년으로 연장되지 않는다는 것을 전제로 하고 있다(위 대법원 1988년 판결 참조). "채권자와 주채무자 사이에 판결 등에 의해 채권이 확정되어 그 소멸시효가 10년으로 되었다 할지라도 연대보증채권의 소멸시효기간은 여전히 종전의 소멸시효기간에 따른다"는 것이 判例[41]인데, 정리계획에서 채권이 인정된 경우에도 동일하게 본 것이다.

푼에서 연 8푼으로 감경하는 내용의 정리계획인가결정이 확정되었다. 대법원은 그 인가결정확정시부터 위 감경된 지연손해금부분에 관한 원고의 보증채무에 대한 소멸시효가 다시 진행된다고 할 것이나, 피고가 물상보증인인 원고 소유의 부동산에 대한 경매를 신청하여 원고의 위 보증채무에 대한 시효가 중단된 날로부터 소급하여 5년이 경과된 부분인 1988. 7. 30.까지 발생한 지연손해금에 관한 부분만이 5년간의 상사소멸시효의 완성으로 소멸하였고, 그 이후에 발생한 지연손해금에 관한 보증채무부분은 아직 잔존하고 있다고 판단하였는데, 이는 정당하다.

41) 大判 1986. 11. 25, 86다카1569(공 1987, 101). 이 판결에 찬성하는 견해로는 朴仁鎬, "主債務者에 대한 判決 등이 確定된 경우 保證債務의 消滅時效期間," 대법원판례해설 통권 제6호, 1987, 34면 이하; 民法注解(Ⅲ), 459면(尹眞秀 집필부분)이 있고, 반대하는 견해로는 梁彰洙, "主債務者에 대한 判決의 確定과 保證債務의 消滅時效期間," 民法研究 제2권, 1991, 158면; 李恭炫, "確定判決에 의한 主債務의 消滅時效期間의 延長과 保證債務의 時效期間," 民事判例研究(X), 1989, 37면; 民法注解(X), 312면 이하(朴炳大 집필부분)가 있다.

이에 반하여 日本의 判例는 主債務에 관한 判決 또는 調停이 확정되면 보증채무의 새로운 시효기간은 10년으로 연장된다고 한다.[42] 이와 마찬가지로 정리채권·정리담보권이 정리절차에서 확정된 경우 보증채무의 시효기간은 10년으로 된다는 견해[43]가 있다.

결국 정리계획안에서 주채무가 인정된 경우에 보증채무의 소멸시효기간에 관하여는 확정판결이 있는 경우와 동일하게 볼 수 있다.

2. 그러나 대상판결과 같이 정리계획안에서 主債務가 면제 또는 감경된 경우에는 정리채권 등이 판결에 의하여 확정된 경우를 제외하고는, 확정판결의 경우와 동일하게 볼 수는 없다. 회사정리법 제245조 제 1 항은 정리계획인가의 결정이 확정된 때에는 정리채권 등에 기하여 계획의 규정에 의하여 인정된 권리에 관하여는 그 整理債權者表 등의 기재는 정리회사 등에 대하여 확정판결과 동일한 효력이 있다고 규정하고 있다. 정리계획에서 면제 또는 감경된 부분은 '計劃의 규정에 의하여 인정된 권리'라고 할 수 없기 때문이다. 이러한 경우에는 민법 제165조 제 1 항이 적용될 여지가 없다. 따라서 정리계획안에서 인정된 채무부분에 대한 보증채무에 관하여는 논란의 여지가 있지만, 그렇지 않고 면제된 부분에 대한 보증채무에 관하여 상사소멸시효를 적용한 대상판결이 결론(판결요지 ③)은 성당하다.

V. 結　　論

1. 이상에서 대상판결을 중심으로 정리절차와 보증채무의 소멸시효에 관하여 살펴보았는데, 이를 정리해 보면 다음과 같다.

42) 調停에 관하여는 日最判 1968(昭和 43).10.17(判例時報 540, 34)이 있고, 判決에 관하여는 日最判 1971(昭和 46).7.23(判例時報 641, 62)이 있다.
43) 黑田直行(註 31), 30면.

회사정리절차참가로 主債務와 保證債務의 시효가 중단된다. 정리절차가 종료되기 전에는 시효가 다시 진행하지 않는 것이 원칙이다. 그렇다고 정리절차가 종료되었다고 하여 무조건 시효가 새로이 진행하는 것은 아니다. 對象判決은 판결요지 ② 부분에서 "주채무에 관하여 채무를 면제하는 내용의 정리계획인가결정이 있는 경우에는 이를 주채무로 하는 보증채무의 소멸시효는 그 인가결정확정시부터 다시 진행한다"고 함으로써, 그 자체로 의의가 있을 뿐만 아니라, 정리계획의 내용에 따라 시효의 재진행시기가 달라진다는 것을 보여 주었다. 정리계획에서 주채무의 면제가 확정된 때에는 시효중단의 대상인 주채무가 이미 존재하지 않기 때문이다.

整理計劃認可前에 정리절차가 종료된 경우에는 그 종료시에 시효가 재진행하지만, 整理計劃認可後에 정리절차가 종료된 경우에는 정리계획의 내용에 따라 달라진다. 정리계획이 인가되었다가 정리절차폐지결정이 내려진 경우에는 정리계획에서 면제되지 않은 부분에 관하여 그 결정확정시에 주채무의 소멸시효가 다시 진행을 개시한다. 이것은 보증채무의 경우에도 마찬가지이다. 대법원이 그 근거로 보증채무의 부종성을 완화한 회사정리법 제240조 제 2 항을 제시하고 있으나, 이것은 부당하고 '정리계획안의 폐지시 기한이익상실조항'에서 찾아야 한다고 생각한다. 그러나 정리절차종결 후에 변제기가 도래하는 부분의 소멸시효는 주채무든, 보증채무든, 그 변제기부터 재진행한다고 보아야 한다.

종래의 學說과 判例가 주채무와 보증채무의 소멸시효의 재진행시기를 구별하려고 하지만, 이를 구분할 필요가 없다고 본다. 민법 제440조는 보증채무의 시효중단의 근거로 제시되는데, 이 규정에서 保證債務의 소멸시효의 재진행시기를 도출해야 한다. 보증채무의 부종성과 소멸시효의 중단은 관계가 없는 것이다. 이것은 회사정리절차에서도 관철되어야 한다. 정리절차는 전반적으로 보증채무의 소멸시효와 밀접하게 관련되어 있다고 말할 수 있다.

"정리절차참가뿐만 아니라 정리계획의 내용도 민법 제440조를 통하여 보증채무의 소멸시효에 영향을 미치고 있다."

2. 회사정리법은 회사법, 파산법, 화의법, 민사소송법과도 밀접한 관계가 있을 뿐만 아니라, 민법과 관련된 문제도 많이 내포하고 있다. 對象判決은 회사정리법과 민법이 만나는 지점에서 발생하는 문제에 관한 것이라고 할 수 있다. 이와 같이 법의 경계선상에서 발생하는 문제들에 관하여 좀더 깊은 연구가 행해져야 할 것이다.

(商事判例硏究 제 1 권, 1996, 699-722면 所載)

[後　記]

이 평석을 발표한 이후 회사정리법이 수차례 개정되었다. 그리하여 개정된 조문을 반영하여 본문을 수정하였다. 그러나 이 평석의 주요내용인 보증채무의 소멸시효와 관련된 부분은 변동이 없다.

4. 眞正名義回復을 위한 所有權移轉 登記請求의 許容範圍

—假登記擔保設定 후의 제3취득자의 지위와 관련하여—

硏究對象判決: 대법원 1992. 1. 21. 선고 91다35175 판결(공 1992, 894)

[판시사항]

이른바 '진정한 등기명의의 회복을 원인으로 한 소유권이전등기청구'는 당해 부동산에 관하여 이미 자기의 명의로 소유권을 표상하는 등기가 되어 있었거나 법률에 의하여 소유권을 취득한 그 부동산의 진정한 소유자가 그의 등기명의를 회복하기 위한 방법으로 현재의 등기부상의 소유 명의인을 상대로 소유권이전등기절차의 이행을 직접 청구하는 경우에 인정된다. 가등기담보등에관한법률이 시행되기 전에 경료된 채권자 명의의 위 가등기에 기하여 소유권이전의 본등기가 경료된 경우 위 소유권이전등기가 비록 채권담보의 목적으로 경료된 것이라고 하더라도, 대외적인 관계에서는 그 소유권이 완전히 이전되는 것으로 볼 수밖에 없다. 따라서 위 가등기에 기한 소유권이전의 본등기가 경료됨으로써, 그 가등기가 경료된 다음에 경료된 제3취득자 명의의 소유권이전등기가 말소됨으로 말미암아 제3취득자는 그 소유권을 상실하게 되었다고 보아야 할 것이다. 그러므로 그 후 채권자 명의의 위 가등기와 본등기의 원인이 그 피담보채무의 변제로 인하여 소멸하게 된다고 하더라도, 제 3 취득자로서는 채권자에게 진정한 등기명의의 회복을 원인으로 한 소유권이전등기청구를 할 수 있는 진정한 소유자의 지위에 있다고 볼 수 없다.

[판결전문]

사 건 91다35175 소유권이전등기말소

원고, 상고인 고중구
소송대리인 변호사 송문일

피고, 피상고인 유신형 외 1인

원심판결 부산고등법원 1991. 8. 30. 선고 91나1332 판결

주 문 상고를 기각한다.
상고비용은 원고의 부담으로 한다.

이 유

1. 원고 소송대리인의 상고이유 제 1 점에 대한 판단

소론이 지적하는 점(피고 유신형이 소외 망 고문평으로부터 이 사건 토지를 매수한 것이라는 점)에 관한 원심의 인정판단은, 원심판결이 설시한 증거관계에 비추어 정당한 것으로 수긍이 되고, 그 과정에 소론과 같이 채증법칙을 위반하여 사실을 잘못 인정한 위법이 있다고 볼 수 없다. 논지는 원심의 전권에 속하는 증거의 취사판단과 사실의 인정을 비난하는 것에 지나지 않아 받아들일 수 없다.

2. 같은 상고이유 제 2 점에 대한 판단

가. 원심은 다음과 같은 이유로 원고의 예비적 청구를 기각하였다.

즉 원고는 예비적 청구의 청구원인으로 주장하기를, 피고 김광의가 1980. 12. 30. 피고 유신형에게 금 15,000,000원을 이자는 월 4푼, 변제기는 1981. 3. 29.로 정하여 대여하고 채권담보의 목적으로 이 사건 부동산에 관하여 피고 김광의 명의로 가등기를 경료하였는데, 원고가

1981. 1. 23. 피고 유신형으로부터 이 사건 토지를 매수하고 이에 따른 소유권이전등기를 경료받으면서 피고들과의 사이에서 원고가 위 대여금채무를 인수하기로 합의하였으니, 피고 김광의로서는 원고로부터 위 대여금과 이에 대한 이자제한법 소정의 이자를 지급받은 다음 원고에게 이 사건 토지에 관하여 진정한 등기명의의 회복을 원인으로 한 소유권이전등기절차를 이행할 의무가 있다고 할 것이므로, 피고 김광의에게 그 의무의 이행을 청구한다는 것이다. 그러나 이 사건 토지에 관하여 피고 김광의의 명의로 가등기가 경료된 다음 원고의 명의로 소유권이전등기가 경료되어 있다가 피고 김광의 명의의 위 가등기에 기한 소유권이전등기가 등기공무원의 직권에 의하여 말소되었으므로, 설령 위 금 15,000,000원의 차용원리금이 전부 변제되어 피고 김광의 명의의 위 가등기 및 본등기가 원인의 소멸로 무효로 돌아간다고 하더라도, 피고 김광의는 피고 유신형에게만 이 사건 토지에 관하여 진정한 등기명의의 회복을 원인으로 한 소유권이전등기절차를 이행할 의무를 부담할 뿐이고, 원고에게 소유권이전등기를 이행할 의무는 없을 뿐 아니라, 원고가 위 금 15,000,000원의 대여일로부터 10년이 넘도록 그 원리금을 전혀 변제하지 아니한 채로 이제 와서 장차 위 대여금을 완제할 것을 조건으로 하여 진정한 등기명의의 회복을 원인으로 한 소유권이전등기를 구함은 장래이행의 소의 요건인 미리 그 청구를 할 필요가 있는 때에 해당한다고 볼 수 없으므로, 어느 모로 보나 원고의 예비적 청구는 이유가 없다는 것이다.

나. 이른바 '진정한 등기명의의 회복을 원인으로 한 소유권이전등기청구'는, 당해 부동산에 관하여 이미 자기의 명의로 소유권을 표상하는 등기가 되어 있었거나 법률에 의하여 소유권을 취득한 그 부동산의 진정한 소유자가 그의 등기명의를 회복하기 위한 방법으로 현재의 등기부상의 소유명의인을 상대로 소유권이전등기절차의 이행을 직접 청구하는 경우에 인정된다는 것이, 당원 1990. 11. 27. 선고, 89다카12398

전원합의체판결이 취한 견해인바, 가등기담보등에관한법률(1983. 12. 30. 법률 제3681호)이 시행되기 전에 경료된 피고 김광의 명의의 위 가등기에 기하여 소유권이전의 본등기가 경료된 이 사건에 있어서는, 피고 김광의 명의의 위 소유권이전등기가 비록 채권담보의 목적으로 경료된 것이라고 하더라도, 대외적인 관계에서는 이 사건 토지의 소유권이 피고 김광의에게 완전히 이전되는 것으로 볼 수밖에 없고, 따라서 이 사건 토지에 관하여 피고 김광의의 명의로 위 가등기에 기한 소유권이전의 본등기가 경료됨으로써, 그 가등기가 경료된 다음에 경료된 원고 명의의 소유권이전등기가 말소됨으로 말미암아 원고는 이 사건 토지의 소유권을 상실하게 되었다고 보아야 할 것이므로, 그 후 피고 김광의 명의의 위 가등기와 본등기의 원인이 그 피담보채무의 변제로 인하여 소멸하게 된다고 하더라도, 원고로서는 이 사건 토지에 관하여 피고 김광의에게 진정한 등기명의의 회복을 원인으로 한 소유권이전등기청구를 할 수 있는 진정한 소유자의 지위에 있다고 볼 수 없다.

이와 취지를 같이한 것으로 보이는 원심의 판단은 정당하고, 소론과 같이 원고가 피고들과 간에 피고 유신형의 피고 김광의에 대한 채무를 자신이 인수하기로 합의하였다고 하더라도, 피고 김광의가 원고와 간에 자신이 원고로부터 위 채무를 모두 변제받으면 직접 원고의 명의로 이 사건 토지의 소유권이전등기를 경료하여 주기로 약정을 하는 등의 특별한 사유가 없는 이상, 원고가 이 사건 토지에 관하여 피고 김광의에게 직접 소유권이전등기청구를 할 수는 없을 것이므로, 원심판결에 위 채무인수사실에 관하여 심리를 제대로 하지 아니한 채 판단을 유탈한 위법이 있다고 비난하는 논지는 받아들일 것이 못된다.

다. 한편 이 사건과 같이 채권자가 채권담보의 목적으로 부동산에 가등기를 경료하였다가, 그 후 변제기까지 변제를 받지 못하게 되어 위 가등기에 기한 소유권이전의 본등기를 경료한 경우에는, 당사자들이 달리 특별한 약정을 하지 아니한 한, 그 본등기도 채권담보의 목적으로 경료된 것으로서, 당사자 사이에 정산절차를 예정하고 있는 이른바 약한 의미의 양도담보가 된 것으로 보아야 할 것이고(당원 1983. 10. 11. 선고, 82누66 판결; 당원 1984. 12. 11. 선고, 84다카933 판결; 당원 1987. 6. 23. 선고, 86누150 판결; 당원 1987. 11. 10. 선고, 87다카62 판결 등 참조), 이와 같이 약한 의미의 양도담보가 된 경우에는 채무의 변제기가 도과된 후라고 하더라도 채권자가 담보권을 실행하여 정산절차를 마치기 전에는 채무자는 언제든지 채무를 변제하고 채권자에게 위 가등기 및 그 가등기에 기한 본등기의 말소를 청구할 수 있다고 할 것인바(당원 1987. 11. 10. 선고, 87다카62 판결; 당원 1991. 7. 26. 선고, 90다15488 판결 등 참조), 이 경우에 채무자는 자신의 채무를 먼저 변제하여야만 비로소 그 채무를 담보하기 위하여 경료되었던 가등기 및 그 가등기에 기한 본등기의 말소나 새로운 소유권이전등기를 청구할 수 있는 것이기는 하지만, 채권자가 그 가등기 등이 채권담보의 목적으로 경료된 것임을 다툰다든지 피담보채무의 액수를 다투기 때문에, 채무자가 채무를 변제하더라도 채권자가 위와 같은 소유권의 공시에 협력할 의무를 이행할 것으로 기대되지 않는 경우에는, 미리 청구할 필요가 있다고 보아 채무의 변제를 조건으로 채권담보의 목적으로 경료된 가등기 및 그 가등기에 기한 본등기의 말소나 새로운 소유권이전등기를 청구하는 장래이행의 소를 허용하여야 할 것이다(당원 1971. 5. 24. 선고, 71다669 판결; 당원 1980. 5. 27. 선고, 80다482 판결; 당원 1981. 9. 22. 선고, 80다2270 판결; 당원 1983. 5. 10. 선고, 81다548 판결; 당원 1987. 5. 12. 선고, 86다카2286 판결; 당원 1990. 7. 10. 선고, 90다카6825 판결 등 참조).

그럼에도 불구하고 원심은 원고가 10년이 넘도록 차용원리금을 전혀 변제하지 아니하고 있었다는 이유만으로 피고 김광의에게 위 채무의 변제를 조건으로 이 사건 토지의 소유권이전등기를 구하는 이 사건 청구가 장래이행의 소의 요건을 갖추지 못한 것이라고 판단하였으니, 원심판결에는 양도담보에 있어서 채무를 변제할 수 있는 시기나 장래이행의 소의 요건에 관한 법리를 오해한 위법이 있다고 보지 않을 수 없기는 하지만, 원심의 위와 같은 판단은 부가적·가정적인 것에 지나지 않는 것으로서, 원고가 진정한 등기명의의 회복을 위한 소유권이전등기청구를 할 수 있는 지위에 있다고 볼 수 없다는 취지의 원심의 판단이 정당한 것임이 앞에서 본 바와 같은 이상, 원심이 저지른 위와 같은 위법은 판결의 결론에 영향을 미친 것이라고 볼 수 없다. 결국 논지도 받아들일 것이 못된다.

3. 그러므로 원고의 상고를 기각하고 상고비용은 패소자인 원고의 부담으로 하기로 관여법관의 의견이 일치되어 주문과 같이 판결한다.

재판장 대법관 윤 관 최재호 김주한 김용준

[研 究]

I. 序 論

1. 實體關係와 登記를 일치시키는 것은 부동산등기제도의 理想이다. 부동산에 관하여 원인 무효의 소유권이전등기가 경료됨으로써 실체관계와 등기가 일치하지 않게 된 경우에, 소유자는 등기부의 소유명의인을 상대로 所有權移轉登記의 抹消登記를 청구할 수 있다. 그러나 소유자가 소유권이전등기의 말소를 청구하는 것이 아니라 眞正名義回復을 위한 所有權移轉登記를 청구하는 것이 허용되는지 문제된다. 대법원은 처음에 진정명의회복을 위한 소유권이전등기를 부정하였는데,[1)]

1) 大判 1972. 12. 26, 72다1846·1847(集 20-3, 민 224); 大判 1981. 1. 13, 78다1916(공 1981, 13631).

그러나 大判 1975. 5. 27, 72다746(공 1975, 8519)은 傍論에서 진정명의회복을 위한 소유권이전등기를 긍정하였다. 또한 대법원은 증여로 인한 소유권이전등기가 경료되었다가 그 증여계약이 해제된 경우에 그 소유권이전등기의 말소등기절차이행을 소구하지 아니하고 다시 증여자가 수증자에 대하여 소유권이전등기를 청구할 수 있다고 하였다[大判 1970. 7. 24, 70다1005(集 18-2, 민 199)]. 해제의 효력에 관한 물권적 효과설에 비추어 해제의 경우 말소등기청구만을 인정해야 할 것임에도 이와 같이 이전등기청구를 인정한 것은 진정명의회복을 원인으로 한 것이라고 볼 여지가 있다. 한편 대법원은 채무담보를 위하여 소유권이전등기를 경료하였다가 채무를 변제한 경우[大判 1965. 6. 29,

이에 대하여는 비판적인 견해[2]가 있었다. 그리하여 대법원은 1990년 전원합의체판결로써 종전의 판례를 변경하여 진정명의회복을 위한 소유권이전등기청구를 허용하였다. 즉 大判(全) 1990. 11. 27, 89다카12398(공 1991, 189)[3]은 "이미 자기 앞으로 소유권을 표상하는 등기가 되어 있었거나 법률에 의하여 소유권을 취득한 자가 진정한 등기명의를 회복하기 위한 방법으로는 현재의 등기명의인을 상대로 그 등기의 말소를 구하는 외에 '진정한 등기명의의 회복'을 원인으로 한 소유권이전등기절차의 이행을 직접 구하는 것도 허용되어야 할 것"이라고 판결하였다.[4]

등기는 현재의 권리관계뿐만 아니라 물권변동의 과정과 태양도 그대로 반영하는 것이 바람직하므로, 원인 무효의 등기가 있는 경우에는 말소등기를 하여야 할 것이다. 그런데 소유권이전등기의 말소등기청구권은 소유물방해배제청구권(민법 제214조)에 기하여 발생하는 것으로 그 방해

65다869(集 13-1, 민 225)] 또는 명의신탁해지의 경우[大判 1980. 12. 9, 79다634(공 1981, 14480)]에도 말소등기청구나 이전등기청구를 할 수 있다고 판결하였다. 이러한 경우에는 이전등기청구의 근거를 양도담보약정이나 명의신탁약정에서 찾을 수 있다.

2) 金滉植, "眞正名義回復을 위한 所有權移轉登記請求의 許否," 民事判例硏究(Ⅳ), 1982, 33면 이하; 朴一煥, "眞正한 登記名義回復을 위한 移轉登記請求權에 대한 고찰," 裁判資料 제43집 登記에 관한 諸問題(上), 법원행정처, 1988, 337면 이하.

3) 이 判決에 대한 評釋으로는 李仁奎, "眞正한 登記名義의 回復을 위한 移轉登記請求에 관하여," 判例硏究 제 3 집, 대구지방법원판례연구회, 1992, 260면 이하가 있는데, 이 판결에 찬성하는 내용이다.

4) 日本의 判例는 진정명의회복을 위한 소유권이전등기청구를 긍정하고 있다[日大判 1941(昭和 16). 3. 4(民集 20권, 385); 日最判 1955(昭和 30). 7. 5(民集 제 9 권 제 9 호, 1002); 日最判 1959(昭和 34). 2. 12(民集 제13권 제 2 호, 91)]. 그러나 日本의 學說은 이를 부정하는 견해가 다수이다. 부정설을 채택하고 있는 견해로는 我妻榮·有泉亨, 物權法, 新訂版, 1996, 144면; 日本 注釋民法(6) 物權(1), 1967, 230면(石田喜久夫 집필부분) 등이 있고, 제한적 긍정설을 채택하고 있는 견해로는 船越隆司, "所有名義人に對する眞正所有者の移轉登記請求," 別冊ジュリスト 제112호 不動產取引判例百選(第二版), 1991, 86면 등이 있다.

를 배제하는 것에 중점이 있는 것이다. 따라서 소유물에 대한 방해를 배제하기 위하여 이전등기의 방법을 사용할 것인지, 아니면 말소등기의 방법을 사용할 것인지가 결정적으로 중요한 문제는 아니다.[5] 적어도 소유자가 원인 무효의 등기에 대하여 말소등기청구를 할 수 없는 경우 또는 그것이 매우 곤란한 경우에는 이전등기청구를 허용하여야 할 것이다. 그리고 부동산에 관하여 원인 무효의 등기가 순차로 마쳐진 경우에, 소유자가 진정한 등기명의를 회복하기 위해서 중간 등기명의인들에게도 차례로 그 등기의 말소를 구하는 것보다는 최종 등기명의인인 피고를 상대로 하여 직접 이전등기를 구하는 것이 소송절차나 소송경제상으로 보아 훨씬 도움이 될 것이다.[6]

2. 그렇다면 眞正名義回復을 위한 所有權移轉登記請求를 어느 범

5) 위 전원합의체판결은 "왜냐하면 부동산등기제도가 물권변동의 과정을 그대로 표상하려고 하는 취지도 궁극적으로는 사실에 맞지 않는 등기를 배제하여 현재의 권리상태를 정당한 것으로 공시함으로써 부동산거래의 안전을 도모하려는 데 있는 것이고, 한편 현재의 부진정한 등기명의인은 진정한 소유자의 공시에 협력할 의무를 진다 할 것인데 진정한 등기명의의 회복에 협력하기 위하여는 자기의 등기를 말소하는 방법에 의하거나 등기부상의 진정한 권리자에게 직접 이전등기를 이행하는 방법에 의하거나 간에 그 본질적인 면에서 아무런 차이가 없을 뿐만 아니라 그 어느 방법에 의하더라도 자기의 등기를 잃는 점에 있어서는 그 이해를 달리하지 않기 때문"이라고 판결하였다. 또한 郭潤直 편집대표, 民法注解(V), 264면(梁彰洙 집필부분)도 참조.

6) 위 대법원 전원합의체판결의 事案은 원고가 이미 피고를 상대로 제기한 말소등기청구소송에서 패소확정되어 나시는 같은 소송을 제기할 수 없게 되었기 때문에, 이 사건 소송으로서 피고를 상대로 그 부동산에 대한 소유권확인과 함께 직접 이전등기절차의 이행을 구하였다. 대법원은 소유권확인 부분만 인용되고 이전등기청구 부분이 받아들여지지 아니하게 된다면 원고로서는 등기를 갖춘 진정한 소유권을 갖기 어려운 반면에 피고로서는 원인 없는 무효의 등기만을 갖게 되어 그 등기를 믿고 거래한 제3자에게 뜻하지 않는 불이익을 주게 될 뿐이므로 이와 같은 경우에 원고에게 진정한 등기명의의 회복을 위한 이전등기청구를 허용하는 것은 더욱 절실하다고 하였다.

그러나 이와 같은 경우 前訴인 말소등기청구소송의 기판력이 진정명의회복을 위한 소유권이전등기청구소송에 영향을 미치는지 문제된다. 이에 관하여는 아래 Ⅱ.2.라. 참조.

위에서 허용할 것인가?

研究對象判決(이하 "對象判決"이라고 한다)에서 주로 문제된 것도 진정명의회복을 위한 소유권이전등기의 허용범위이다. 먼저 事案을 간략하게 정리하면 다음과 같다. A는 1980. 12. 30. B로부터 금원을 차용하고 위 채무를 담보하기 위하여 이 사건 부동산에 관하여 B 앞으로 가등기를 경료하였다. C는 1981. 1. 23. A로부터 이 사건 토지를 매수하여 소유권이전등기를 경료받았다. 그런데 B가 위 가등기에 기한 본등기를 경료함으로써 C의 소유권이전등기가 직권 말소되었다. 이 때 C는 B를 상대로, C로부터 위 대여금채무와 그 이자를 지급받은 다음 C에게 이 사건 토지에 관하여 진정한 등기명의의 회복을 원인으로 한 소유권이전등기절차를 이행할 것을 청구하였다.

이것은 가등기담보법의 시행 전후의 가등기담보에 대한 규율의 변화와 대법원판례의 변경 등이 얽혀 있는 매우 복잡한 문제를 내포하고 있다.[7] 對象判決은 가등기담보법 시행 이전에 경료된 가등기에 기하여 본등기가 경료됨으로써, 위 가등기 이후에 설정된 C명의의 소유권이전등기가 직권말소된 경우에는 C는 가등기담보권에 의하여 담보된 채무의 소멸을 조건으로 진정명의회복을 위한 소유권이전등기를 청구할 권리가 없다고 판단하였다. 이 판결이 가등기담보법이 적용되는 사안에 그대로 적용될 수는 없지만, 진정명의회복등기청구권의 허용범위를 명확히 했다는 점에서 先例로서의 價値가 있다.[8]

7) 對象判決에서는 담보목적의 가등기가 가등기담보법 시행 이전에 경료된 것이기 때문에, 가등기담보법이 적용되지 않는 사안에 관한 것이다. 전술한 바와 같이 가등기담보법 시행 전에는 판례에서 진정명의회복을 위한 소유권이전등기청구 자체를 인정하지 않았으므로, 對象判決에서 제기된 위와 같은 문제는 전혀 논의되지 않았다. 그러나 1990년 대법원이 진정명의회복을 위한 소유권이전등기를 허용하면서, 가등기담보법 시행 이전에 경료된 담보목적의 가등기에 관해서도 위와 같은 문제가 발생한 것이다.

8) 對象判決은 가등기담보의 법률관계 등에 관하여도 판단하고 있으나, 이 부분은 종래의 판례이론과 동일한 것이므로 진정명의회복을 위한 소유권이전등기청구와 관련되는 범위에서 다루기로 한다.

3. 여기에서는 진정명의회복을 위한 소유권이전등기가 인정되는 경우를 살펴보고(아래 Ⅱ), 假登記擔保權의 설정 후 제3취득자가 있는 경우 本登記경료를 둘러싼 法律關係에 관하여, 가등기담보법 시행 以前에 가등기담보가 설정된 경우와 가등기담보법 시행 이후에 가등기담보가 설정된 경우로 나누어 검토하고자 한다(아래 Ⅲ). 마지막으로 對象判決의 의미를 살펴본 다음, 가등기담보법이 적용되는 경우에도 對象判決이 적용될 수 있는지 여부에 관하여 검토하고자 한다(아래 Ⅳ).

Ⅱ. 眞正名義回復을 위한 所有權移轉登記請求의 認定範圍

진정명의 회복을 위한 소유권이전등기청구의 인정범위에 관하여는 논란이 계속되고 있다.

1. 判例는 "이미 자기 앞으로 소유권을 표상하는 등기가 되어 있었거나 법률에 의하여 소유권을 취득한 자"만이 진정명의회복을 위한 소유권이전등기를 청구할 수 있다고 한다.[9] 그리하여 大判 1993.2.23, 92다48970(공 1993, 1072)은 "이 사건 토지에 관하여 원고들이나 그의 피상속인인 소외 망 A 앞으로 등기된 바 없고, 또 법률에 의하여 그 소유권을 취득한 것이 아니라면 원고들은 피고들에게 진정한 등기명의의 회복을 원인으로 하여 직접 소유권이전등기절차의 이행을 구할 수 없다"고 판결하였다. 또한 피고 명의의 소유권이전등기가 실체적 권리

9) 大判 1990.12.21, 88다카20026(공 1991, 578)은 원고가 부동산 전부에 관하여 소유권확인의 승소판결을 받았다고 하더라도 위 부동산에 관한 말소등기가 이루어질 당시 위 부동산 중 208분의 85지분에 관하여만 소유자로 등기되어 있었다면 그 지분을 초과하여 그 부동산 전부에 관하여 진정한 등기명의회복을 위한 소유권이전등기를 구할 수는 없다고 하였다.

관계에 부합하는 등기에 터잡아 경료된 것으로 원인 무효의 등기가 아니라면, 원고가 소유자라고 할 수 없어 피고를 상대로 진정한 등기명의의 회복을 위한 소유권이전등기를 청구할 수 없다고 한다.[10]

2. 그렇다면 어떠한 경우에 이러한 이전등기청구를 인정하여야 할 必要性이 있는가? 이에 관한 종래의 논의를 정리하면 다음과 같다.

가. 無效登記를 第三者에게 對抗할 수 없는 경우

無效의 登記로 인하여 登記名義를 喪失한 경우에도 第三者에게 무효를 對抗할 수 없는 경우가 있다. 예컨대 A 소유의 부동산에 관하여 허위표시에 기하여 B 앞으로 소유권이전등기를 한 후, 그 등기가 무효라는 사실을 모르는 C 앞으로 저당권설정등기를 마친 경우에, A는 B 명의의 등기가 무효라는 것을 C에게 대항할 수 없다. 이러한 경우에는 A가 등기상 이해관계 있는 C의 승낙을 얻지 못하는 한 B의 등기를 말소할 수 없기 때문에,[11] A가 B를 상대로 소유권이전등기를 청구할 수 있다고 한다. 이것은 法律行爲가 무효인 경우뿐만 아니라 取消 또는 解除되었지만 그 사이에 새로운 利害關係人이 생긴 경우에도 마찬가지이다.

10) 大判 1997. 3. 11, 96다47142(공 1997, 1060). 이 사건 임야에 관하여 경료된 피고 명의의 소유권보존등기가 원인 무효의 등기였다 하더라도 이를 시정하기 위하여 진정한 소유자인 A 명의로 경료된 소유권이전등기는 실체적 권리관계에 부합하여 유효이다. 따라서 그에 터잡아 다시 되돌려진 피고 명의의 소유권이전등기 또한 이를 무효라고 볼 만한 다른 사정이 없는 한 유효이다. 위 등기가 무효라고 볼 만한 사정에 관한 주장·입증이 없으므로, 결국 A의 상속인인 원고는 위 임야에 관하여 진정한 등기명의의 회복을 위한 소유권이전등기절차의 이행을 구할 수 있는 소유자라고 할 수 없다.

11) 부동산등기법 제171조는 "登記의 抹消를 申請하는 경우에 그 抹消에 대하여 登記上利害關係 있는 제 3 자가 있을 때에는 申請書에 그 承諾書 또는 이에 對抗할 수 있는 裁判의 謄本을 添附하여야 한다"고 규정하고 있다.

나. 共有不動產에 관하여 單獨名義로 所有權移轉登記를 한 경우

共有不動產에 관하여 원인 없이 공유자 1인(A)의 명의로 所有權移轉登記를 한 경우 다른 공유자(B)의 持分에 관한 부분은 無效의 登記이다. 이를 시정하는 방법을 살펴보면, 먼저 A 명의의 등기 전체를 말소한 후 共有登記를 하는 방법은 간편하나 그 근거가 없고, 更正登記를 함으로써 공유등기를 하는 방법은 更正登記 본래의 취지와 어긋난다. 그리하여 공유자 B가 자신의 지분에 관하여 A를 상대로 이전등기청구를 하는 것을 허용하여야 한다.

다. 無效登記에 기하여 順次로 登記가 경료된 경우

부동산에 관하여 원인 무효의 등기가 순차로 마쳐진 경우에, 모든 중간 등기명의인의 등기에 대해서도 말소를 청구하는 것은 번거로운 일이다. 특히 중간 등기명의인이 사망한 경우에는 그 상속인들을 모두 피고로 삼아야 한다. 또한 폐쇄등기부상의 등기가 무효인 경우[12]에도 마찬가지이다. 이러한 경우 소유자는 최종 등기명의인을 상대로 하여 직접 이전등기를 청구할 수 있다고 한다.

라. 抹消登記를 請求할 수 없는 特別한 事情이 있는 경우: 旣判力 문제

대법원판결에서 진정명의회복을 위한 소유권이전등기청구가 인정되는 사례는 소유권에 기한 抹消登記請求를 하는 것이 旣判力에 저촉

12) 종전에는 토지의 합필 등으로 부동산등기용지를 폐쇄하고 새로운 등기용지에 현존 효력 있는 등기만 이기하는 경우에 폐쇄등기부상의 명의인을 상대로 한 말소등기청구가 허용되지 않았기 때문에[大判 1980. 12. 9, 80다1389(공 1981, 13508)], 이러한 경우에 소유자가 최종 명의인으로부터 이전등기를 받는 것을 허용하자는 주장이 있었다. 그런데 현재는 不動產登記法施行規則(1984. 7. 1. 시행) 제113조에 따라 폐쇄등기부상의 등기에 대한 말소청구도 가능하게 되었다. 大判 1987. 11. 10, 87다카63(공 1988, 82).

되는 경우들이다. 즉 이미 자기 앞으로 소유권을 표상하는 등기가 되어 있었거나 법률에 의하여 소유권을 취득한 진정한 소유자는 소유권에 기한 말소등기청구를 하였다가 패소의 확정판결을 받은 경우에도 그 소유권에 기하여 현재의 등기명의인을 상대로 진정한 등기명의의 회복을 원인으로 한 소유권이전등기절차의 이행을 구할 수 있다고 한다.[13] 旣判力의 문제에 관해서는 "확정판결의 기판력은 소송물로 주장된 법률관계의 존부에 관한 판단의 결론 그 자체에만 미치는 것이고, 그 전제가 되는 법률관계의 존부에까지 미치는 것이 아니므로, 부동산에 관한 소유권이전등기가 원인무효라는 이유로 그 등기의 말소를 인용한 판결이 확정되었다 하더라도 그 확정판결의 기판력은 그 소송물이었던 말소등기청구권의 존부에만 미치는 것이고, 그 기본인 부동산의 소유권 자체의 존부에는 미치는 것이 아니"라고 한다.

또한 抹消回復登記 대신에 진정명의회복을 위한 소유권이전등기가 이용될 수도 있다. 예컨대 A의 父가 B로부터 부동산에 관한 소유권이전등기를 경료받았다가 A의 父가 사망한 후 A 명의로 소유권이전등기가 경료되었다. B가 A를 상대로 위 소유권이전등기가 원인무효라는 이유로 위 소유권이전등기의 말소를 구하는 소를 제기하여, A가 패소판결을 받아 그 판결이 확정되었다고 하자. 그 후 위 소유권이전등기가 적법하다는 것이 드러난 경우에도 A가 B를 상대로 위 소유권이전

13) 大判(全) 1990.11.27, 89다카12398(공 1991, 189); 大判 1992.11.10, 92다22121(공 1993, 81); 大判 1995.3.10, 94다30829·94다30826·94다30843(공 1995, 1583). 다만 大判 1990.12.21, 88다카26482(공 1991, 580)은 이러한 경우 소유권이전등기말소청구소송에서 패소한 당사자도 그 후 "소유권확인소송을 제기하여 승소판결을 받고 그 확정판결에 기하여" 진정한 소유자 명의의 회복을 위한 소유권이전등기를 청구할 수 있다고 하였으나, 소유권확인소송을 제기하여 승소확정판결을 받는 것이 진정명의회복을 위한 소유권이전등기청구의 요건이라고 볼 수는 없을 것이다. 그 후 大判 1997.5.16, 96다43799(공 1997, 1826)는 "소유권이전등기청구소송에서 패소한 당사자도 그 후 소유권확인을 구하거나 진정한 소유자 명의의 회복을 위한 소유권이전등기를 청구할 수 있다"고 함으로써, 이를 명백히 하고 있다.

등기의 말소회복등기를 청구하는 것은 위 확정판결의 기판력에 저촉된다. 대법원은 이러한 경우에도 진정명의회복을 위한 소유권이전등기를 청구할 수 있다고 한다.[14)]

그러나 기판력에 관한 대법원의 태도가 타당한지는 의문이다. 소유자가 소송을 잘못 수행함으로써 패소한 경우에 다시 소를 제기할 수 있다면 법적 안정성을 해치게 되고, 두 번씩 동일한 형태의 소송을 할 수 있게 된다. 진정명의회복을 위한 所有權移轉登記請求權은 계약에서 나온 청구권이 아니라 소유권의 효력에서 나오는 물권적 청구권이므로, 그 명칭과는 상관 없이 抹消登記請求權과 同一한 소송물로 보아야 한다. 소유자가 이미 종전 判決의 旣判力으로 인하여 더 이상 抹消登記를 청구할 수 없는 경우에는 동일한 당사자를 상대로 所有權에 기한 진정명의회복을 위한 소유권이전등기청구도 할 수 없다고 보아야 할 것이다.[15)]

Ⅲ. 假登記擔保權의 설정 후 제3취득자가 있는 경우 本登記 경료를 둘러싼 法律關係

부동산에 假登記가 경료된 뒤 그 부동산에 관하여 제3자 명의로 所有權移轉登記가 경료된 경우에, 가등기권리자가 어떠한 방법으로 본등기를 경료하고 제3자의 등기를 말소할 것인지 문제된다. 順位保全을 위하여 가등기를 마친 경우와 債權擔保를 위하여 가등기를 마친 경우로 구분하여 살펴보고자 한다.

14) 大判 1990.12.21, 88다카20026(공 1991, 578); 大判 1990.12.21, 88다카26482(공 1991, 580) 등 참조.

15) 상세한 것은 朴一煥(註 2), 339면; 金吾洙, "眞正名義回復을 위한 所有權移轉登記請求와 旣判力의 問題(下)," 인권과 정의 제237호(1996.5), 62면 이하 참조.

1. 順位保全의 假登記의 경우

가. 判　例

부동산등기법에는 부동산에 假登記가 경료된 뒤 제 3 자 명의로 所有權移轉登記가 마쳐진 경우, 가등기에 기한 본등기를 하는 절차에 관하여 명확한 규정이 없다. 대법원은 초기에 가등기에 기하여 제 3 자의 등기에 대한 말소청구를 할 수 있고, 그 후 가등기에 기한 본등기를 경료할 수 있다고 하였다.[16] 그러나 大決(全) 1962. 12. 24, 4294민재항675[17]는 종전의 견해를 변경하여 다음과 같이 결정하였다. 즉 ① 가등기권리자가 먼저 가등기의무자를 상대로 하여 본등기를 하여야 하고, 그와 같은 본등기를 하지 않고 가등기권리자가 직접 가등기 후 본등기 전에 권리를 취득하여 등기한 제 3 자를 상대로 그 등기의 말소를 청구할 수는 없다. ② 이와 같이 가등기권리자가 본등기를 하면 제 3 취득자의 등기는 부동산등기법 제55조의 사건이 등기할 것이 아닌 때에 해당하므로 등기공무원이 부동산등기법 제175조에 의하여 직권으로 이를 말소하여야 한다는 것이다.[18]

나. 學　說

판례의 태도에 대하여는 반대하는 견해가 많다.[19] 첫째, 부동산등

16) 大判 1949. 4. 2, 4281민상314·315(集 1-1, 민 17); 大判 1961. 12. 14, 4294민상253(集 9-1, 민 112). 한편 依用民法 시대의 학설에 관하여는 郭潤直, 不動產登記法, 新訂(修正版), 1998, 324면 이하 참조.

17) 大法院全員合議體判例集 민사편 I, 13.

18) 同旨: 大判 1963. 7. 25, 63다53(민판집 68, 104); 大判 1966. 6. 21, 66다699(集 14-2, 민 79); 大決 1968. 2. 6, 67마1223(集 16-1, 민 78); 大決 1975. 12. 27, 74마100(集 23-3, 민 173).

19) 郭潤直(註 16), 327면 이하; 金鍾大, "假登記에 의한 本登記時 中間登記의 處理方法," 司法硏究資料 제20집, 법원행정처, 1993, 156면, 169-174면. 또한 權誠, "假登記의 效力," 司法論集 제 4 집, 법원행정처, 1973, 199면은 위 대법원결정이 실제상의 편의를 고려할 때에는 타당할 수도 있으나, 이론적으로는 결점이 있다고 하였다.

기법 제55조 제 2 호에서 말하는 '사건이 등기할 것이 아닌 때'라는 것은 등기신청을 한 시점을 기준으로 신청취지 자체로 보아 법률상 허용될 수 없다는 것이 명백한 경우(예컨대 2중의 보존등기) 등을 의미한다는 것이다. 따라서 등기를 완료한 이후에 사정이 달라졌다는 이유로 그 등기를 '등기할 것이 아닌 때'에 해당한다고 직권으로 말소할 수는 없다고 한다.[20] 둘째, 가등기 후에 등기된 제 3 자의 권리가 가등기에 기하여 본등기를 하는 권리에 대하여 대항할 수 없는 것일 때에는 문제가 없으나, 제 3 자의 권리가 가등기에 기하여 본등기를 하는 권리에 대하여도 대항할 수 있는 것일 때(예컨대 토지수용이나 시효취득의 경우 등)에는 판례와 같이 처리하면 부당한 결과를 초래한다는 것이다. 그리하여 有力한 見解[21]에 의하면 "가등기 후에 그 부동산이나 권리에 관하여 한 처분은 가등기된 청구권을 침해하는 한도에서 효력이 없다"고 하고, 따라서 가등기권리자는 가등기의무자에게 본등기신청에 협력할 것을 청구하고 가등기 후 제 3 취득자에게는 그 등기의 말소를 청구할 수 있다고 한다.

2. 假登記擔保의 경우

가등기가 채권담보의 목적으로 이용되는 경우를 가등기담보라고 하는데, 가등기에 기한 본등기절차는 위 제 1 항에서 본 순위보전의 가등기의 경우와 동일한 방법으로 하였다. 특히 1981년 국세기본법 제35조[22]에 따라 담보가등기의 경우에는 가등기 후에 행해진 국세압류등

20) 위 대법원 전원합의체결정의 소수의견.

21) 郭潤直(註 16), 329면. 가등기권자가 본등기를 한 후에 제 3 취득자의 등기를 방치하는 경우에는 등기공무원의 직권말소를 인정하는 특별규정을 두어 입법적으로 해결할 것을 주장한다.

22) 이 규정에 의하면 국세의 법정기일이 가등기 전인 국세채권에 의한 押留登記는 그것이 비록 가등기 뒤에 경료되었다 하더라도 앞서 된 가등기가 담보가등기일 경우, 가등기순위에 우선하게 된다. 따라서 등기공무원은 가등기순위에

기에 대항할 수 없는 경우가 생기고,[23] 1984년 가등기담보법의 시행으로 인하여 담보가등기의 경우에는 청산절차를 마치기 전에 본등기를 하더라도 소유권을 취득할 수 없게 되었다. 이와 같이 1962년의 위 대법원 전원합의체결정이 나올 당시와는 사정이 달라졌기 때문에, 판례를 再考할 필요성이 높아졌다.[24] 여기에서는 가등기담보법이 시행되기 이전과 이후로 나누어 살펴보고자 한다.

가. 假登記擔保法 施行 전

채무를 담보하기 위하여 가등기가 설정된 경우에, 채무자가 피담보채무를 변제하지 아니하면 위 가등기에 기하여 본등기를 경료하게 된다. 가등기담보권자가 정산절차를 마치지 않은 상태에서 본등기를 경료하는 경우에, 그 효력을 어떻게 볼 것인지 문제된다. 가등기담보법 시행 전의 판례는 이러한 본등기를 유효라고 보고, 다만 가등기에 기한 본등기를 경료하였다고 하더라도 정산절차를 마치기 전에는 채무자가 담보목적의 범위 내에서 소유권을 채권자에게 信託的으로 讓渡한 것으로 보았다.[25)]

의한 물권의 배타적 효력에 기해 그에 배치되는 국세압류등기를 직권말소할 수가 없다. 대법원 1997.11.21. 등기예규 제897호(대법원예규집등기편, 법원행정처, 1998, 395면 이하).

23) 大決 1988.3.24, 87마1270(공 1988, 683); 大判 1989.2.28, 87다카684(공 1989, 513); 大決 1989.11.2, 89마640(공 1990, 12); 大判 1996.12.20, 95누15193(공 1997, 435); 金吾洙, "滯納國稅의 納付期限보다 1년 전에 경료된 擔保假登記에 기한 本登記와 滯納處分에 의한 押留登記의 抹消可否," 대법원 판례해설 제12호, 1990, 88면 이하; 李東明, "假登記와 本登記 사이에 國稅 또는 地方稅押留登記가 있는 경우 그 押留登記의 抹消方法," 民事判例硏究(XIV), 1992, 58면 이하.

24) 가등기담보법 시행 전에도 가등기담보를 설정한 후 그 실행 전에 목적물이 제3자에게 이전된 경우에, 담보권자는 담보권의 실행으로서 설정자에 대하여 본등기청구를 함과 동시에 제3취득자를 상대로 등기말소청구를 할 수 있다는 견해가 있었다. 姜秉燮, "假登記擔保에 관한 若干의 考察," 司法論集 제8집, 법원행정처, 1977, 94면.

25) 大判 1983.10.11, 82누66(공 1983, 1663). 이 판결은 제소전화해에 의하여 본등기가 경료된 경우에 관한 것인데, 가등기담보법 시행 전에는 제소전화해에 기하지 않은 경우에도 동일하게 보았다.

당시의 판례와 다수설[26]이 양도담보의 법률관계에 관하여 信託的 讓渡說을 채택하였는데, 가등기담보에 기한 본등기를 경료한 경우에도 양도담보를 설정한 것과 실질상 동일하기 때문에, 양자를 동일하게 본 것이다. 따라서 가등기담보를 설정한 후 경료된 제 3 취득자의 등기는 위 가등기에 기한 본등기의 경료와 함께 직권으로 말소되었다.[27] 그러나 채무자가 변제기에 채무를 변제하지 아니하는 것만으로는 채권자가 내부관계에서 소유권을 취득할 수는 없다고 하였다. 채권자는 정산절차를 밟을 의무가 있고, 정산절차를 거쳐야만 채무자의 소유권이 종국적으로 소멸한다는 것이다. 그리하여 채무자는 그 정산절차가 마쳐질 때까지 채무의 원리금을 변제하고 담보목적물의 반환을 구할 수 있다고 하였다.[28] 對象判決은 가등기담보법 시행 전에 설정된 가등기담보에 관한 것인데, 동일한 판단을 하고 있다.[29]

나. 假登記擔保法 施行 후

(1) 假登記擔保의 公示方法

1984년부터 가등기담보법이 시행되고 있다. 가등기담보의 법적 성

한편 가등기담보법 시행 전에는 대체로 채권자의 본등기청구나 목적물명도청구는 정산금의 지급과 동시이행관계에 있지 않다고 보았다. 그러나 가등기담보법 시행 전에도 가등기담보권에 관하여 擔保物權說을 취하는 견해에서는 가등기담보권자가 담보권의 실행으로서 본등기청구 및 목적물명도청구를 할 수 있으나, 가등기담보권자의 본등기청구, 목적물명도청구는 원칙적으로 정산금지급의무와 동시이행의 관계에 있다는 견해가 있었다. 이 견해는 歸屬精算을 원칙으로 보고, 다만 가등기담보권자가 설정자로부터 본등기에 필요한 서류를 미리 교부받아 가지고 있기 때문에 본등기청구와 정산금지급을 동시이행관계에 놓을 수 없는 경우에는 예외적으로 處分精算型으로 보아야 한다고 하였다. 姜秉燮(註 24), 78-79면, 94면.

26) 이에 관하여는 우선 郭潤直, 物權法, 新訂版, 1992, 718면 이하 참조.

27) 순위보전의 가등기에 관한 대법원 전원합의체결정이 담보가등기에도 그대로 적용되었다.

28) 大判 1983.10.11, 82누66(공 1983, 1663); 大判 1987.6.23, 86누150(공 1987, 1243).

29) 그 후 同旨의 판결로는 大判 1995.2.17, 94다38113(공 1995, 1416) 등 다수.

질에 관하여는 논란이 있으나, 가등기담보법은 가등기담보권을 擔保物權으로 취급하고 있다(가등기담보법 제12조, 제13조, 제17조 참조). 양도담보의 법적 성질에 관하여는 상세한 논의가 필요하나, 가등기담보권은 담보물권으로 보아야 할 것이다.[30] 그런데 가등기담보의 공시방법으로 이용되는 가등기는 순위보전의 가등기와 명확하게 구별되지 않는다.[31] 대법원은 가등기담보법 시행 직후인 1984년 1월 18일 가등기담보의 경우에는 '등기의 목적'란에 담보가등기라는 표시를 하고, 위와 같은 담보가등기에 기한 본등기를 신청하는 경우에 가등기담보법 제 3 조의 청산금지급의무를 이행하였음을 증명하도록 하고 있다.[32] 그러나 가등기담보를 설정하기 위해서 통상의 가등기가 이용될 수 있다.[33] 이 때 가등기가 담보가등기인지 여부는 그 등기부상 표시나 등기시에 주고 받은 서류의 종류에 의하여 형식적으로 결정될 것이 아니고, 거래의 실질과 당사자의 의사해석에 따라 결정되어야 한다.[34] 따라서 소비대차에 기한 채권을 담보하

30) 郭潤直(註 26), 688면; 金曾漢·金學東, 物權法, 제 9 판, 1997, 581면; 金容漢, 物權法論, 再全訂版, 1993, 647면; 張庚鶴, 物權法, 1985, 867-868면; 黃迪仁, 註釋民法(Ⅱ) 物權法, 1990, 758면; 權五乘, 民法特講, 1994, 231-232면; 金相容, 不動產擔保法, 改訂版, 1996, 183면; 李銀榮, 物權法, 1998, 824면; 金時昇, "變則擔保와 登記," 재판자료 제44집 등기에 관한 제문제(하), 법원행정처, 1988, 316면; 高昌鉉, "假登記擔保法의 特徵과 問題點," 사법행정 제310호(1986. 10), 26면; 李海鎭, "假登記擔保法의 施行과 그 以後," 辯護士 제18집, 서울지방변호사회, 1988, 43면.

이에 대하여 가등기담보는 소유권이전 예약형의 담보방법으로서 양도담보와 마찬가지로 신탁적 소유권이전으로 보아야 하고, 단지 그것이 정지조건의 성취 또는 예약완결권의 행사라고 하는 조건부로 행하여지는 것이 불과하다는 소수설이 있다. 李英俊, 物權法, 全訂版, 1996, 985-986면.

31) 가등기담보법 제정 당시 가등기가 공시방법으로 불완전하다는 비판이 제기되었으나, 이것은 가등기담보법이나 부동산등기법에 수용되지 않았다. 梁彰洙, "「假登記擔保 등에 관한 法律」의 現況과 問題點," 民法硏究 I, 1991, 318면.

32) "가등기담보 등에 관한 법률시행에 따른 등기사무처리지침." 대법원 1984. 1. 18. 등기예규 제501호; 개정 1988. 3. 22. 등기예규 제653호(대법원예규집 등기편, 법원행정처, 1998, 451면 이하).

33) 등기실무상 채권담보를 목적으로 가등기담보를 설정할 경우에는 담보가등기라고 표시하도록 되어 있으나, 담보가등기라고 표시하는 예는 거의 없다고 한다.

34) 大判 1992. 2. 11, 91다36932(공 1992, 1001).

기 위하여 가등기를 설정한 경우에는 등기부에 담보가등기라고 표시하지 않았다고 하더라도 가등기담보법이 적용된다.

가등기담보를 설정할 때 담보가등기라고 표시한 경우에는 청산절차를 밟지 않은 상태에서 가등기에 기한 본등기가 경료됨으로써 제 3 취득자의 등기가 직권말소되는 경우는 드물 것이다.[35] 그러나 담보가등기라고 표시하지 않은 경우에는 청산절차가 이행되기 전에 담보목적의 가등기에 기한 본등기가 경료됨으로써, 가등기 이후에 설정된 제 3 취득자의 등기가 직권말소되는 경우가 많이 있을 것이다.

(2) 假登記擔保權의 實行

가등기담보법에 의하면, 채무자가 채무를 임의로 변제하지 않을 때는 가등기담보권자가 담보목적물에서 우선변제를 받기 위하여 가등기담보권을 실행하여야 한다. 가등기담보권자는 가등기담보권의 실행방법으로 직접 담보부동산의 소유권을 취득할 수도 있고(가등기담보법 제 3 조, 제 4 조), 경매를 청구할 수도 있다(가등기담보법 제12조).

가등기에 기한 본등기 경료가 문제되는 것은 권리취득에 의한 실행, 즉 귀속정산의 경우이다. 이것은 채권자가 담보목적물의 가치로부터 피담보채권의 만족을 얻기 위하여 목적부동산에 대한 소유권을 취득하는 것이다. 채권자가 담보권을 실행하여 그 담보목적부동산의 소유권을 취득하려면 다음과 같은 절차를 거쳐야 한다. 첫째, 채권자가 채권의 변제기 후에 채무자 등에게 청산금의 평가액(목적부동산의 평가액에서 채무액을 공제한 금액) 또는 청산금이 없다고 하는 뜻을 통지하여야 한다(가등기담보법 제 3 조 제 1 항·제 2 항, 제 4 조, 제 2 조 제 2 호).[36] 둘째, 실행의 통지 후 2개월의 청

35) 다만 채무자가 협조하는 경우, 채권자가 미리 본등기에 필요한 서류를 교부받은 경우, 제소전화해를 한 경우에는 청산절차를 거치지 않고 본등기를 하는 것이 가능하다.

36) 大判 1995. 4. 28, 94다36162(공 1995, 1965)는 "이 때의 채무자 등에는 채무자와 물상보증인뿐만 아니라 담보가등기 후 소유권을 취득한 제 3 취득자가 포함되는 것이므로(제 2 조 제 2 호), 위 통지는 이들 모두에게 하여야 하는 것

산기간이 경과하고 목적부동산의 가액이 피담보채권액을 초과하면 그 차액을 청산금으로서 채무자 등에게 지급하여야 한다. 셋째, 청산기간이 경과한 후 청산을 하게 되면, 가등기담보권자는 가등기에 기하여 본등기를 함으로써 비로소 목적부동산의 소유권을 취득하게 된다(가등기담보법 제4조 제1항·제2항). 청산금의 지급의무와 부동산의 소유권이전등기 및 인도채무는 동시이행관계에 있다(가등기담보법 제4조 제3항).[37] 이에 반하는 특약으로서 채무자 등에게 불리한 것은 무효이다. 다만 청산기간경과 후에 행하여진 특약으로서 제3자의 권리를 해하지 아니하는 것은 그러하지 아니하다(가등기담보법 제4조 제4항).

⑶ 淸算節次를 完了하기 전의 本登記의 效力

그런데 위와 같은 청산절차가 완료되지 않은 상태에서 본등기를 경료하는 것이 무효인지, 아니면 채권담보의 목적으로 경료된 소유권이전등기로서 효력이 있는지 문제된다.

㈎ 學 說

㈀ 첫째, 청산기간이 경과한 후 청산금을 지급하지 않으면 비록 본등기를 갖추고 있더라도 그 본등기는 무효이고, 따라서 채권자는 소유권을 취득하지 못한다는 견해이다.[38][39] 채권자가 선의의 제3자에

으로서 채무자 등의 전부 또는 일부에 대하여 위 통지를 하지 않으면 청산기간이 진행할 수 없게 되고, 따라서 가등기담보권자는 그 후 적절한 청산금을 지급하였다 하더라도 가등기에 기한 본등기를 청구할 수 없으며, 양도담보의 경우에는 그 소유권을 취득할 수 없다"고 판단하였다.

37) 대법원은 채권자가 채무자에게 담보권실행을 통지하고 2월의 청산기간이 경과하였어도 채무자는 정당하게 평가된 청산금을 지급받을 때까지 목적부동산의 소유권이전등기 및 인도채무의 이행을 거절하면서, 피담보채무 전액과 그 이자 및 손해금을 지급하고 그 담보가등기의 말소를 청구할 수 있다고 판결하였다. 大判 1992.9.1, 92다10043·10050(공 1992, 2760); 大判 1994.6.28, 94다3087(1994, 2096).

38) 郭潤直(註 26), 706면; 郭潤直, "「假登記擔保 등에 관한 法律」의 問題點," 서울대학교 法學 통권 제61호(1985.4), 56면; 郭潤直 편집대표, 民法注解(Ⅶ), 1992, 382면(徐廷友 집필부분); 金時昇(註 30), 323면.

또한 金鍾大(註 19), 152면은 담보가등기의 경우에는 일종의 담보물권이므

게 전매하여 이전등기를 경료한 경우에 제 3 자가 소유권을 취득하는지 문제되는데, 이에 관하여는 긍정설[40]과 부정설[41]이 대립하고 있다.

(ㄴ) 둘째, 채권담보의 목적으로 가등기가 경료되었다가 이에 기한 본등기가 경료된 경우에는 양도담보의 효력이 있다는 견해이다.[42]

(ㄷ) 셋째, 가등기권리자가 '청산기간의 경과' 후 청산금을 지급하지 않고 본등기를 하더라도 그 본등기는 담보의 의미에서는 항상 유효하다는 견해이다.[43]

(나) 判　　例

大判 1993. 6. 22, 93다7334(공 1993, 2094)는 "채권자가 채권담보의 목적으로 부동산에 가등기를 경료하였다가 그 변제기까지 변제를 받지 못하게 되어 위 가등기에 기한 소유권이전의 본등기를 경료한 경

로 제 3 취득자나 후순위권리자도 법에 따라 보호되며, 그것을 침해하여 이전등기를 해도 소유권이전의 효력이 생기지 않는다고 한다.

39) 李銀榮(註 30), 837면에 의하면, 청산 없는 본등기는 피담보채권액을 초과하는 부분이 민법 제607조와 제608조에 의해 일부무효가 되므로, 소유권이전의 효과를 가져오지 못하고 본등기 이후에도 그 등기명의인(채권자)은 계속 담보물권만을 보유하게 된다고 한다. 이 견해는 가등기에 기한 본등기를 하는 경우에 채권자가 계속 담보물권만을 보유한다는 점에서는 아래의 (ㄷ)의 견해와 유사하다고 볼 수 있다. 그런데도 이 견해는 (ㄱ)의 견해를 담보물권설로 파악하고 이를 지지하고 있으나, (ㄱ)의 견해는 위와 같은 본등기를 무효라고 보는 것이기 때문에, 담보물권설로 파악하는 것이 타당한지 의문이다.

40) 가등기담보법 제11조 단서에 의하여 제 3 자가 소유권을 취득한다는 견해가 설명방식이 동일한 것은 아니다. 이에 관하여는 郭潤直(註 26), 706면과 黃迪仁, "假登記擔保法 제11조의 解釋," 民法·經濟法論集, 1995, 310면 이하 참조.

41) 權誠 외 4인, "提訴前和解調書에 의하여 經了된 所有權移轉登記의 抹消請求權을 被保全權利로 한 處分禁止假處分," 假處分의 硏究, 1994, 71면에 의하면, 가등기담보법 제11조 단서의 규정은 양도담보에만 적용되고 가등기담보에는 적용되지 않기 때문에, 이와 같은 경우에 제 3 자 명의의 등기는 모두 원인 무효라고 한다.

42) 李英俊(註 30), 978면. 또한 同書, 985-986면은 "가등기에 기한 본등기가 행하여지면 소유권이전예약형은 소유권이전형에 흡수"된다고 한다.

43) 黃迪仁(註 40), 312면; 金相容, 不動產擔保法, 改訂版, 1996, 205면. 그런데 黃迪仁, "假登記擔保法案에 대한 批判과 管見," 民法·經濟法論集, 1995, 288면은 가등기담보법안 제 4 조 제 3 항 및 제 4 항(가등기담보법에도 동일하게 규정되어 있음)을 강행법규로 보고 이에 반하는 특약을 무효라고 한다.

우에는 당사자들이 달리 특별한 약정을 하지 아니하는 한 그 본등기도 채권담보의 목적으로 경료된 것으로서 당사자 사이에 정산절차를 예정하고 있는 이른바 약한 의미의 양도담보가 된 것으로 보아야 할 것이고, 가등기가 가등기담보 등에 관한 법률 시행 이전에 경료된 것이거나 또 본등기가 판결에 의하여 경료된 것이라 하여 다르지 않다"고 판결하였다. 이 판결은 가등기담보법의 시행 후에도 그 시행 전과 마찬가지로 가등기에 기한 본등기가 경료되면 약한 의미의 양도담보가 된 것이고, 가등기담보법의 시행에 따라 결론이 달라지지 않는다고 해석될 수도 있다. 그러나 이 판결은 가등기담보법 시행 이전에 설정된 가등기담보에 관한 것이기 때문에, 가등기담보법이 시행된 이후에 설정된 가등기담보에 대한 判例라고는 할 수 없다.[44)]

그 후 大判 1994. 1. 25, 92다20132(공 1994, 790)는 가등기담보법 시행 이후에 설정된 가등기담보에 대하여 명확한 입장을 표명하였다. 事案은 다음과 같다. 원고가 1988년 피고로부터 금원을 차용하면서 그 담보로 아파트에 대하여 가등기 등을 경료하여 주었다. 원고와 피고는 변제기 도래 후인 1989년 9월 위 가등기에 기한 본등기를 경료하되 그 후 3개월 내에 채무를 변제하면 등기를 말소하기로 약정하고, 그 약정에 따라 본등기를 마쳤다. 원고는 청산절차를 거치지 않았다는 이유로 위 등기의 말소를 청구하였다. 대법원은 가등기담보법 제 3 조, 제 4 조의 규정을 引用한 다음, "위 각 규정을 위반하여 담보가등기에 기한 본등기가 이루어진 경우에는 그 본등기는 무효라고 할 것이고, 설령 그와 같은 본등기가 가등기권리자와 채무자 사이에 이루어진 특약에 의하여 이루어졌다고 할지라도 만일 그 특약이 채무자에게 불리한 것으로서 무효라고 한다면, 그 본등기는 여전히 무효일 뿐 이른바 약

44) 이 판결은 참조판결로 對象判決을 들고 있는데, 對象判決이 가등기담보법 시행 이전에 설정된 가등기담보에 관한 판결임은 전술한 바와 같다. 또한 大判 1996. 7. 30, 95다11900(공 1996, 2625)도 마찬가지이다.

한 의미의 양도담보로서 담보의 목적 내에서는 유효하다고 할 것이 아니다"라고 하였다. 그리하여 "청산절차를 거치지 아니하고 이루어진 이 사건 본등기는 가등기담보법의 강행규정에 위반되어 무효"라고 판결하였다. 이것은 청산절차 종료 전의 본등기의 효력에 관하여 종래의 신탁적 소유권이전설을 배척하고 無效說을 채택한 것이다.[45]

그런데 가등기담보법 시행 전에 가등기를 설정하면서 정산의무를 배제하고 본등기를 하기로 提訴前和解를 하는 경우가 많이 있었다. 그리하여 가등기담보법 제정 당시 이러한 제소전화해를 제한하는 試案이 마련되기도 하였으나, 입법과정에서 삭제되었다. 가등기담보법 시행 이후에는 법원이 실무상 이러한 제소전화해를 받아들이지 않고 있으나, 위와 같은 제소전화해가 성립할 가능성이 있음은 물론이다. 대법원은 제소전화해에 따른 소유권이전등기는 채권에 대한 담보권의 실행을 위한 방편으로 경료된 이른바 정산절차를 예정하고 있는 약한 의미의 양도담보로 보고 있다.[46] 제소전화해는 판결과 같은 효력을 가지기 때문에, 가등기담보법의 시행여부에 따라 제소전화해에 기한 본등기의 효력이 달라지지 않을 것이다.

㈐ 日本의 경우

우리 나라의 가등기담보법은 日本의 "假登記擔保契約에 관한 法律"(이하 "日本의 假登記擔保法"이라고 부른다)을 본받아 제정되었기 때

45) 한편 차용금채무를 담보하기 위하여 양도담보계약이 체결되었으나 그에 따른 소유권이전등기가 경료되지 않은 경우에 채권자는 소유권이전등기절차의 이행을 청구할 수 있다. 양도담보의 경우 양도담보계약에 따른 소유권이전등기가 경료된 다음에야 그 담보권이 발생하므로 채권자는 가등기담보법상 청산절차를 밟기 전에 우선 담보계약에 따른 소유권이전등기절차의 이행을 구하여 소유권이전등기를 받은 다음 가등기담보법에 따른 청산절차를 밟으면 된다. 따라서 채무자는 가등기담보법 소정의 청산절차가 없었음을 이유로 그 소유권이전등기절차이행을 거절할 수 없다. 大判 1996. 11. 15, 96다31116(공 1997, 9).

46) 大判 1987. 11. 10, 87다카62(공 1988, 81); 大判 1991. 10. 8, 90다9780(공 1991, 2671); 大判 1992. 5. 26, 91다28528(공 1992, 1993); 民法注解(Ⅶ), 383면 이하(徐廷友 집필부분); 權誠 외 4인(註 41), 72면; 金時昇(註 30), 326면.

문에, 일본의 가등기담보법을 살펴볼 필요가 있다. 일본의 가등기담보법 제3조는 우리 나라의 가등기담보법 제4조 제3항·제4항과 유사한 규정을 두고 있고,[47] 일본의 가등기담보법 제2조 제1항은 청산기간이 경과하지 아니하면 소유권이전의 효력이 발생하지 않는다고 규정하고 있다.[48] 그런데 일본의 가등기담보법하에서 청산절차를 거치기 전에 가등기에 기한 본등기를 경료한 경우에 그 효력이 어떻게 되는지에 관하여는 논란이 되고 있다.

日本의 下級審判決[49]에서는 목적부동산을 채무자가 아직 점유하고 있는 사례에 관한 것이지만, 청산기간이 경과하기 전에는 등기가 실체관계를 흠결한 것으로서 무효이나, 그 경과 후에는 실체관계에 부합하는 유효한 등기로 된다고 한다. 그것을 무효라고 하여 말소를 인정하는 것은 소유권이전의 실체관계가 생긴 이후 등기의 대항력을 상실시켜 거래의 안전을 해치는 결과로 되는 한편, 채무자에게는 아직 목적부동산의 인도를 거부할 동시이행항변권이 남아 있으므로, 채무자에게 등기말소청구권도 인정할 필요는 없다고 한다. 日本의 學說은 매우 다양한데, ① 청산기간경과 전에는 무효이지만, 청산기간이 경과하

47) 日本의 假登記擔保法 제3조 제2항은 청산금의 지급의무와 소유권이전등기 및 인도채무가 동시이행관계에 있다고 하고, 제3조 제3항은 위 규정에 반하는 특약으로서 채무자 등에게 불리한 것은 무효이나, 청산기간이 경과한 후에 행해진 것은 그러하지 아니하다고 규정하고 있다.

48) 日本의 假登記擔保法 제2조 제1항은 "가등기담보계약이 토지 또는 건물(이하 '토지 등'이라 한다)의 소유권의 이전을 목적으로 하고 있는 경우에는 예약을 완결하는 의사를 표시한 날, 정지조건이 성취된 날, 기타 그 계약에서 소유권을 이전하는 것으로 되어 있는 날 이후에 채권자가 다음 조에서 규정한 청산금의 평가액(청산금이 없다고 인정되는 때에는 그 뜻)을 그 계약의 상대방인 채무자 또는 제3자(이하 '채무자 등'이라 한다)에게 통지하고, 또한 그 통지가 채무자 등에게 도달한 날로부터 2개월이 경과하지 않으면 그 소유권의 이전의 효력은 발생하지 아니한다"고 규정하고 있다. 따라서 일본에서는 청산기간이 경과하면 가등기담보권자가 소유권이전등기를 이전받지 않더라도 소유권이전의 효력이 발생하게 되는데, 이와 같이 규정한 이유는 日本民法(제176조, 제177조)이 부동산물권변동에 관하여 意思主義를 채택하였기 때문이다.

49) 東京高判 1984(昭和 59).1.31(判例時報 제1106호, 73면).

면 실체관계가 있는 것으로 되고, 등기말소청구권은 인정되지 않는다는 견해,[50] ② 청산기간의 경과여부에 관계없이 등기는 무효이고, 청산기간이 경과한다고 하여 당연히 치유되지 않고, 따라서 채무자는 등기의 말소를 청구할 수 있다는 견해,[51] ③ 청산기간이 경과하기 전에는 무효이고, 청산기간이 경과한 후에는 본등기가 제 3 자에게 대항력을 갖는다는 의미에서는 유효하지만, 동시이행항변권의 이익을 박탈당한 채무자는 등기말소청구권(부당이득반환청구에 유사한 채권적 청구권)을 가진다는 견해,[52] ④ 이해관계인, 채무자가 미리 필요서류를 채권자에게 맡겨둔 경우는, (이론구성상 문제점은 있겠지만) 등기이전에 관하여 묵시의 합의 또는 사전의 승낙이 있는 것이라고 하여 채무자에게 불리한 특약의 존재를 긍정하고, 일본의 가등기담보법 제 3 조 제 3 항에 반하여 무효이지만, 목적물을 인도하고 있지 않으면 인도에 관하여 동시이행의 항변권을 행사하여 청산금을 확보하고 있으므로, 등기까지도 무효라고 할 필요는 없다고 하여, 채무자의 말소등기청구를 부정하는 견해[53] 등이 있다.

㈑ 結　語

가등기담보법 제 4 조 제 4 항은 強行規定으로서 이에 반하여 청산절차를 완료하지 않은 상태에서 본등기를 경료한 경우에는 無效라고 보아야 한다. 이와 같이 해석하는 것이 가등기담보법 제 4 조 제 4 항의 문언에 합치하고, 입법취지에도 부합하는 것이다. 만일 가등기에 기한 본등기를 경료하면 무조건 양도담보가 성립한다고 해석하는 것은 당사자의 의사에도 배치된다. 또한 채무를 변제기에 이행하지 않은 경우에

50) 米倉明, "假登記擔保契約法制定の經緯と概要," 讓渡擔保, 弘文堂, 1978, 243면.
51) 宇佐見大司, "假登記擔保の內容・效力," 加藤一郎・林良平 編, 擔保法大系 제 4 권, 1985, 133면; 宇佐見大司, "假登記擔保において清算期間經過前になされた本登記の效力," 法律時報 제56권 제 8 호(1984. 7), 124면.
52) 高木多喜男, 擔保物權法, 新版, 1993, 306면.
53) 平井一雄・松野民雄, "假登記擔保權の實行手續としてなされた實行通知前の本登記の效力," 法律時報 제57권 제 3 호(1985. 2), 124면.

본등기를 경료하기로 약정하였다고 하더라도 이는 가등기담보법 제4조에 반하여 채무자에게 불리한 것으로서 무효라고 보아야 한다.[54)]

특히 가등기담보법은 담보가등기 후에 소유권을 취득한 제3자가 있는 경우에 제3취득자를 보호하는 규정을 두고 있다. 가등기담보법 제4조, 제2조 제2호에 의하면 담보가등기 후에 소유권을 취득한 제3자에게도 실행의 통지를 하도록 되어 있다. 가등기담보법 제4조 제4항에 의하면 제3취득자가 있는 경우에는 청산기간이 경과한 후에도 채권자와 채무자의 합의로써 가등기에 기한 본등기를 경료할 수 없게 된다. 그리고 가등기담보법 제11조는 가등기담보에도 유추적용되어야 하므로, 제3취득자는 채무를 변제하고 가등기담보의 말소를 청구할 수 있는 지위에 있다고 보아야 한다.[55)] 따라서 이와 같은 제3취득자가 있는 상태에서 청산기간이 경과하기 전에 본등기를 경료함으로써

---

54) 그런데 가등기담보권자가 청산절차를 마치지 않고 본등기를 마친 후 다시 제3자에게 그 부동산을 양도하고 소유권이전등기를 마친 경우에, 제3자가 善意인 경우에는 가등기담보법 제11조에 의하여 보호를 받는다고 보아야 할 것이다. 이와 같은 경우에 위 본등기가 무효라고 한다면, 우리 민법에서 등기의 공신력을 부정하므로 제3자가 선의인 경우에도 소유권을 취득할 수 없다. 따라서 가등기담보법 제11조 단서의 "善意의 제3자가 所有權을 取得한 때"라는 文言은 부적절하지만, 이 규정은 "선의의 제3자에게 위 본등기의 무효를 대항할 수 없다"는 내용으로 해석하는 것이 바람직하다고 본다.

55) 그리고 大判 1995. 7. 11, 95다12446(공 1995, 2761)은 "소멸시효를 원용할 수 있는 자는 권리의 소멸에 의하여 직접 이익을 받는 자에 한정된다고 할 것인데, 채권담보의 목적으로 매매예약의 형식을 빌어 소유권이전청구권보전을 위한 가등기가 경료된 부동산을 양수하여 소유권이전등기를 마친 제3자는 당해 가등기담보권의 피담보채권의 소멸에 의하여 직접 이익을 받는 자라 할 것이므로 이 부동산의 가등기담보권에 의하여 담보된 채권의 채무자가 아니라도 그 피담보채권에 관하여 소멸시효가 완성된 경우 이를 원용할 수 있다고 보아야 할 것이고, 이러한 직접 수익자의 소멸시효원용권은 채무자의 소멸시효원용권에 기초한 것이 아닌 독자적인 것"이라고 하였다. 또한 大判 1991. 3. 12, 90다카27570(공 1991, 1176)은 순위보전의 가등기가 설정된 경우에 관한 것인데, "가등기에 기한 소유권이전등기청구권이 시효의 완성으로 소멸되었다면, 그 가등기 이후에 그 부동산을 취득한 제3자는 그 소유권에 기한 방해배제의 청구로서 그 가등기권자에 대하여 본등기청구권의 소멸시효를 주장하여 그 등기의 말소를 구할 수 있다"고 하였다.

제 3 취득자의 등기를 직권말소하는 것도 허용되지 않는다고 보아야 한다.[56] 그런데도 가등기에 기한 본등기를 경료함으로써 제 3 취득자의 등기가 직권으로 말소되었다면, 제 3 취득자는 적어도 가등기담보의 피담보채무의 변제를 조건으로 위와 같은 본등기의 말소를 청구하거나 진정명의회복을 위한 소유권이전등기를 청구할 수 있는 지위에 있다고 보아야 한다.

Ⅳ. 結論 — 對象判決의 適用範圍

1. 가등기담보에 기한 본등기가 경료된 후 피담보채무가 소멸된 경우에 가등기 이후에 경료된 소유권이전등기명의자가 진정명의회복을 위한 소유권이전등기를 청구할 수 있는가? 이 문제는 가등기담보법 시행 이전에 설정된 가등기담보인지, 아니면 법 시행 이후에 설정된 가등기담보인지를 구분하여 살펴보아야 한다. 對象判決은 가등기담보법 시행 이전에 설정된 가등기담보에 관한 판결로서, 가등기에 기한 본등기를 경료하면 대외적으로 소유권이 이전된다는 당시의 신탁적 양도설에 따라 해결하고 있다. 그리하여 가등기담보의 피담보채무가 소멸된 경우에도 제 3 취득자는 소유자의 지위에 있는 것이 아니기 때문에, 진정명의회복을 위한 소유권이전등기를 청구할 수 없다고 하였다. 가등기담보법 시행 전에는 담보목적의 가등기에 기한 본등기가 경료됨으로써 제 3 취득자 명의의 등기가 말소된 것은 적법한 것이므로, 제 3 취득

56) 가등기담보법 제정 당시 부동산등기법에서 가등기권리자가 본등기를 할 때에는 제 3 취득자의 승낙서를 첨부시키는 것과 같은 규정을 두어야 한다는 견해가 있었다. 이에 대하여 가등기된 부동산에 대한 저당권자 및 제 3 취득자에 대하여 가등기담보권자가 청산금을 지급한다든가 청산금을 공탁하지 않는 한 그는 본등기를 할 수 없기 때문에 직권말소당하지 않도록 하고 있으므로 승낙서제도는 담보가등기에 관한 한 필요 없다는 설명이 있다. 黃迪仁, "假登記擔保法案에 대한 批判과 管見"(註 43), 300면.

자가 그 소유권을 상실하게 되었다고 보아야 한다. 그 후 채권자 명의의 본등기의 원인이 그 피담보채무의 변제로 인하여 소멸하게 된다고 하더라도, 제 3 취득자로서는 채권자에게 진정한 등기명의의 회복을 원인으로 한 소유권이전등기청구를 할 수 있는 진정한 소유자의 지위에 있다고 볼 수 없다. 법률이 제정되었다고 하더라도 그 법 제정 전의 법률관계는 그 당시의 法에 따라 해결하는 것이 원칙이다. 이러한 관점에서 對象判決은 가등기담보법 시행 전후의 법률문제를 적절하게 해결한 것으로 볼 수 있다.

그러나 현행의 假登記擔保法이 적용되는 경우에는 청산절차를 밟기 전에 가등기에 기하여 본등기를 경료하는 것은 허용되지 않는다. 따라서 청산절차를 이행하지 않은 상태에서 가등기에 기한 본등기를 경료하고 제 3 취득자의 등기를 직권으로 말소하는 것을 허용해서는 안 된다. 그런데도 제 3 취득자의 등기가 직권으로 말소되었으면, 제 3 취득자는 적어도 가등기담보의 피담보채무가 변제된 경우에, 제 3 취득자가 소유자로서 진정명의회복을 위한 소유권이전등기청구를 할 수 있는 지위에 있다고 보아야 한다. 가등기담보설정권자는 담보목적물에 관한 소유권을 회복하더라도 제 3 취득자에게 이를 이전하여야 하기 때문에, 실질적으로는 가등기 및 본등기의 말소에 대하여 경제적인 이해관계가 없는 경우가 많을 것이다. 위와 같은 경우에 제 3 취득자가 진정명의회복을 위한 소유권이전등기를 청구할 수 없다고 한다면 권리를 실현하는 것이 곤란하게 될 수 있다. 그리고 제 3 취득자에게 진정명의회복을 위한 소유권이전등기를 청구할 수 있다고 하더라도 가등기담보설정자에게 부당한 결과를 초래하지 않을 것이다.

2. 한편 가등기담보법은 "借用物의 반환에 관하여 借主가 차용물을 갈음하여 다른 재산권을 이전할 것을 예약할 때 그 재산의 예약 당시의 價額이 借用額과 이에 붙인 利子를 합산한 액수를 超過하는 경

우"에 한하여 적용된다(제1조).* 소비대차 이외의 사유로 인한 채권에 대해서도 가등기담보법이 적용된다는 견해[57]도 있으나, 이는 가등기담보법의 문언이나 입법의도에 배치된다. 따라서 매매대금채권이나 공사대금채권을 담보하기 위하여 가등기담보를 설정한 경우[58]와 약정 당시의 목적물의 시가가 채권원리금에 미달하는 경우[59]에는 가등기담보법이 적용되지 않는다. 그런데 이와 같은 경우에도 가등기담보법의 규정을 유추적용하여 채권자에게 정산의무가 있고,[60] 가등기에 기한 본등기의무와 정산의무는 동시이행관계에 있다고 보아야 할 것이다. 이와 같이 보는 것이 공평의 관념에도 합치된다.

나아가 매매대금 등을 담보하기 위한 가등기담보를 설정한 경우에 정산의무를 이행하지 아니한 채 가등기에 기한 본등기를 하는 것이 유효한지 문제된다. 위와 같이 매매대금 등을 담보하기 위한 가등기담보를 설정한 경우에, 가등기담보권자가 정산의무를 이행하지 아니한 채 가등기에 기한 본등기를 하면 가등기담보법의 시행 전과 마찬가지로 약한 의미의 양도담보의 효력이 있다고 한다. 그렇지만 가등기담보법의 시행 이후에 매매대금 등을 담보하기 위하여 가등기담보를 설정한 후 제3취득자가 있는 경우에 가등기담보권자가 정산의무를 이행하지 아니한 채 본등기를 경료함으로써, 제3취득자의 등기가 직권으로 말

* 2008. 3. 21. 개정.

57) 郭潤直(註 26), 690면; 張庚鶴(註 30), 870면; 金相容(註 30), 185면.

58) 大判 1990. 1. 23, 89다카21125·21132(공 1990, 515); 大判 1991. 9. 24, 90다13765(공 1991, 2593); 大判 1992. 4. 10, 91다45356(공 1992, 1547); 大判 1992. 10. 27, 92다22879(공 1992, 3277); 大判 1995. 4. 21, 94다26080(공 1995, 1932); 大判 1996. 11. 29, 96다31895(공 1997, 165); 黃迪仁, 現代民法論 Ⅱ, 全訂版, 1987, 397면; 金容漢(註 30), 649면; 李石善, "假登記擔保權實行에 있어서의 몇 가지 問題," 私法의 諸問題(金洪奎敎授華甲紀念論文集), 1992, 59면.

59) 大判 1990. 1. 23, 89다카21125·21132(공 1990, 515); 大判 1991. 11. 22, 91다30019(공 1992, 271); 大判 1993. 10. 26, 93다27611(공 1993, 3181).

60) 大判 1998. 4. 10, 97다4005(공 1998, 1273)는 양도담보에 관한 것으로 약정 당시의 목적물의 시가가 채권 원리금에 미달한 경우에도 정산절차를 필요로 한다고 하였다.

소되는 것은 부당한 결과를 초래한다. 이러한 경우에는 가등기담보법이 적용되지 않는다는 이유로 가등기담보법 시행 이전의 이론에 따라 해결하는 것은 바람직하지 않다고 생각되는데, 이에 관하여는 가등기담보 전반에 관하여 좀더 포괄적이고 깊이 있는 논의가 필요할 것이다.

(재판의 한 길(金容俊憲法裁判所長華甲紀念), 1998, 333-354면 所載)

[後　記]

이 판례평석은 김용준 전 헌법재판소장의 화갑기념논문집에 게재된 것으로 편집자의 요청에 따라 판결전문을 앞에 실었다. 이 평석을 발표한 이후 본문(Ⅱ.2.라)에서 다루고 있는 대법원 1990년 전원합의체판결 등이 大判(全) 2001.9.20, 99다37894(공 2001, 2251)에 의하여 변경되었다. 이것은 우리 나라에서 대법원 전원합의체판결을 전원합의체판결에 의하여 변경한 두 번째 판결이다. 다수의견은 종전의 판례를 변경하여 전소인 소유권이전등기말소청구소송의 확정판결의 기판력이 후소인 진정명의회복을 원인으로 한 소유권이전등기청구소송에 미친다고 보았다. 즉 "진정한 등기명의의 회복을 위한 소유권이전등기청구는 이미 자기 앞으로 소유권을 표상하는 등기가 되어 있었거나 법률에 의하여 소유권을 취득한 자가 진정한 등기명의를 회복하기 위한 방법으로 현재의 등기명의인을 상대로 그 등기의 말소를 구하는 것에 갈음하여 허용되는 것인데, 말소등기에 갈음하여 허용되는 진정명의회복을 원인으로 한 소유권이전등기청구권과 무효등기의 말소청구권은 어느 것이나 진정한 소유자의 등기명의를 회복하기 위한 것으로서 실질적으로 그 목적이 동일하고, 두 청구권 모두 소유권에 기한 방해배제청구권으로서 그 법적 근거와 성질이 동일하므로, 비록 전자는 이전등기, 후자는 말소등기의 형식을 취하고 있다고 하더라도 그 소송물은 실질상 동일한 것으로 보아야 하고, 따라서 소유권이전등기말소청구소송에서 패소확정판결을 받았다면 그 기판력은 그 후 제기된 진정명의회복을 원인으로 한 소유권이전등기청구소송에도 미친다"고 한 것이다. 변경된 판결은 다음과 같다. 大判(全) 1990.11.27, 89다카12398(공 1991, 189), 大判 1990.12.21, 88다카26482(공 1991, 580), 大判 1992.11.10, 92다22121(공 1993, 81), 大判 1993.7.27, 92다50072(공 1993, 2395), 大判 1995.3.10, 94다30829·30836·30843(공 1995, 1583), 大判 1996.12.20, 95다37988(공 1997, 344), 大判 1998.9.8, 97다19878(공보불게재).

이 판결에서 별개의견은, 다수의견의 결론을 지지하지만 다른 근거를 내세우고 있다. 즉 "전소인 소유권이전등기말소등기청구소송과 후소인 진정명의회복을 위한 소유권이전등기청구소송이 그 소송목적이나 법적 근거와 성질이 같아서 실질적으로 동일하다고 하더라도, 각기 그 청구취지와 청구원인이 서로 다른 이상, 위 2개의 소의 소송물은 다른 것이므로, 전소의 확정판결의 기판력은 후소에는 미치지 않는다고 보아야 할 것이고, 다만 이미 전소에 관하여 확정판결이 있고 후소가 실질적으로 전소를 반복하는 것에 불과한 것이라면, 즉 전소와 후소를 통하여 당사자가 얻으려고 하는 목적이나 사실관계가 동일하고, 전소의 소송과정에서 이미 후소에서와 실질적으로 같은 청구나 주장을 하였거나 그렇게 하는 데 아무런 장애가 없었으며, 후소를 허용함으로써 분쟁이 이미 종결되었다는 상대방의 신뢰를 해치고 상대방의 법적 지위를 불안정하게 하는 경우에는 후소는 신의칙에 반하여 허용되지 않는다고 보아야 한다."

이와 달리 반대의견은 "기판력의 범위를 결정하는 소송물은 원고의 청구취지와 청구원인에 의하여 특정되는 것으로서, 사실관계나 법적 주장을 떠나서 청구취지가 다르다면 소송물이 같다고 할 수 없을 것인바, 소유권이전등기말소등기청구소송과 진정명의회복을 위한 소유권이전등기청구소송은 우선 그 청구취지가 다르므로, 이러한 법리의 적용을 배제할 만한 상당한 법적 근거가 없다면 각각의 소송물이 다르다고 보아야 한다. 이 두 소송에서 말소등기청구권과 이전등기청구권이 실질적으로는 동일한 목적을 달성하기 위한 것이라 하더라도 각각에 다른 법률효과를 인정하여 별개의 소송물로 취급하는 것도 가능하고, 실체법과 함께 등기절차법의 측면에서 보면 이들 청구권의 법적 근거가 반드시 동일하다고만 볼 수도 없는 것이며, 또한 실제적인 측면을 고려할 때, 소유권이전등기의 말소청구와 함께 진정명의의 회복을 원인으로 하는 소유권이전등기청구를 중첩적으로 허용함이 타당하다"고 한다.

이 판결의 다수의견은 필자의 견해와 동일한 것이다. 전소인 소유권이전등기말소청구소송과 후소인 진정명의회복을 원인으로 한 소유권이전등기청구소송의 청구취지가 다른 것은 분명하다. 그러나 진정명의회복을 원인으로 한 소유권이전등기청구권은 소유권에 기한 방해배제청구권에 근거를 둔 것으로, 그 명칭과는 상관 없이 소유권에 기한 말소등기청구권과 동일한 소송물로 볼 수 있다. 따라서 전소인 소유권이전등기말소청구소송의 판결이 확정된 경우에는 그 기판력이 후소인 진정명의회복을 원인으로 한 소유권이전등기청구소송에도 미친다고 보아야 할 것이다.

5. 所有權과 環境保護
─民法 제217조의 意味와 機能에 대한 檢討를 중심으로─

Ⅰ. 序 論

과학의 발달은 한편으로는 인간의 생존과 복지에 많은 기여를 하고 있지만, 다른 한편으로는 심각한 환경오염을 초래하기도 한다. 최근 사회 전반적으로 환경에 관한 관심이 점점 고조되고 있고, 환경문제를 둘러싸고 다양한 분쟁이 발생하고 있다.

특히 1995년에 대법원판결이 나온 부산대학교 사건[1)]은 사회적으로도 많은 반향을 불러일으켰는데, 所有權과 環境權의 관계에 관하여 매우 흥미 있는 시사를 하고 있다. 그 사안은 다음과 같다. 건축회사가 건축허가를 받아 신청인 대한민국 산하 부산대학교 부근에 24층짜리 아파트를 신축하는 공사를 하고 있었다. 신청인은 위 건축회사를 상대로 위 대학교의 환경적 이익 등이 침해되었다는 이유로 공사를 금지하라는 가처분신청을 하였다. 부산고등법원은 위 건축회사가 학교 부근에 고층 아파트를 건축함으로써 교육환경권, 소유권, 인격권을 침해했다는 이유로 17층을 초과하는 부분의 공사를 금지시켰다. 대법원은 위와 같은 결론을 유지하였지만, 그 이유에서 환경권에 관한 주장을 배척하고 단지 "아파트를 24층까지 신축함에 따라 대학의 교육 및 연구

1) 大判 1995.9.15, 95다23378(공 1995, 3399). 이에 관하여는 아래 Ⅱ.3.다.(2)에서 자세히 다룬다.

활동 등이 극도로 저하됨은 물론 대학교로서의 경관·조망이 훼손되고, 조용하고 쾌적한 교육환경이 저하되므로, 이러한 경우 所有權에 기해 그 방해의 배제를 청구할 수 있다"고 판단하였다. 그 후에도 위 사건과 유사한 판결[2)]이 계속 나오고 있다.

이와 같은 유형의 분쟁에서 소유권에 기한 방해배제청구를 인정하는 것이 타당한지, 아니면 환경권이라는 권리를 私法上의 권리로 인정하고 이에 터잡아 그 구제수단을 도출하여야 할 것인지 문제된다. 이 문제를 해결하기 위하여 소유권과 환경권이 어떠한 관계에 있는지를 규명할 필요가 있다. 그렇지 않으면 소유권을 중심으로 하는 사고방식과, 환경권을 중심으로 하는 사고방식이 평행선을 그으며 대립할 것이다.

이 문제에 대한 답변은 임미시온 또는 生活妨害에 관한 민법 제217조[3)]의 규정에서 출발하여야 한다. 왜냐하면 이 규정은 소유자들의 상린관계를 규율하는 핵심적인 규정일 뿐만 아니라, 민법에서 소음, 진동 등 환경침해를 규율하는 것을 목적으로 하고 있는 유일한 규정이기 때문이다.

제217조는 現行民法 제정시에 소유자들의 이익을 조정하기 위하여 신설되었는데,[4)] 우리 민법에서 환경문제에 대한 사법적 해결을 위한 지침을 제공하고 있다. 특히 이 규정은 좁은 공간에서 더 많은 사람이 살아야 하는 현대생활에서 생활이익 또는 환경이익의 보호와 관련하여 더욱 중요한 비중을 차지하게 되었다. 그리하여 이 규정이 환경보호에 대하여 어떠한 의미와 기능을 가지고 있는지를 재검토하는 것이 이 글의 목적이다. 환경오염의 민사책임에 관한 전체적인 윤곽을 그리기 위해서는 환경오염으로 인한 불법행위책임, 인과관계의 입증문제 등도

---

2) 大判 1997.7.22, 96다56153(공 1997, 2636).

3) 이하에서 民法의 條項을 인용할 때는 條項만을 표시하기로 한다.

4) 이 규정은 독일민법 제906조와 스위스민법 제684조를 본받은 것이다.

살펴보아야 할 것이지만, 이러한 문제는 이 글의 범위를 벗어나는 것이다. 또한 환경이익의 침해에 대한 禁止請求 또는 留止請求를 인정하는 근거에 관하여 물권적 청구권설, 인격권설, 환경권설, 불법행위설 등이 제시되고 있는데,[5] 이에 관하여도 자세히 다루지는 않고, 다만 환경권에 기한 금지청구문제에 관하여 간략하게 언급하고자 한다.

Ⅱ. 生活妨害의 禁止

1. 意　義

민법은 인접하고 있는 부동산의 소유자 상호간의 이용을 조절하기 위하여 상린관계에 관한 규정(제215조 내지 제244조)을 두고 있다. 특히 제217조 제1항은 "土地所有者는 煤煙, 熱氣體, 液體, 音響, 振動 기타 이에 類似한 것으로 이웃土地의 使用을 妨害하거나 이웃居住者의 生活에 苦痛을 주지 아니하도록 適當한 措處를 취할 義務가 있다"고 규정하고, 제2항은 "이웃居住者는 前項의 事態가 이웃土地의 通常의 用途에 適當한 것인 때에는 이를 忍容할 義務가 있다"고 규정하고 있다. 이 규정은 소유권의 내용에 관한 제211조[6]와 밀접한 관련이 있는데, 소유자의 권능을 제한하기도 하고, 이를 통하여 이웃하고 있는 토지의 합리적인 이용을 보장한다.

5) 이에 관하여는 洪天龍, "環境汚染 被害의 救濟," 環境法硏究 제14권, 1992, 50-54면; 朴運吉, "留止請求에 관한 硏究," 土地法學 제12호, 1997, 202면 이하 참조. 금지청구라는 용어를 사용하는 경우도 있고, 유지청구라는 용어를 사용하는 경우도 있다. 상법 제402조에서는 유지청구라는 용어를 사용하나 저작권법이나 특허법 등에서는 정지 등의 청구 또는 금지청구라는 용어를 사용하고 있다. 금지청구라는 용어가 이해하기 쉽기 때문에 필자는 금지청구라는 용어를 사용하고 있다.

6) 민법 제211조는 "所有者는 法律의 範圍 내에서 그 所有物을 使用·受益·處分할 수 있다"고 규정한다.

2. 請求權者

토지소유자가 그 이용을 방해당하거나 생활에 고통을 받는 경우에 소유권에 기한 방해제거청구권을 갖는 것은 분명하다. 토지를 이용하거나 토지에 거주하면서 생활을 하는 것은 토지소유권의 중요한 내용이기 때문이다. 제217조는 소유권에 기한 방해제거청구권을 조정하는 것인데, 이 때 두 토지가 바로 인접하고 있어야 하는 것은 아니고, 어느 정도 떨어져 있는 토지에서 발생하는 생활방해에 대해서도 이 규정이 적용될 수 있다.[7)]

그리고 민법제정 당시 제217조에서 '土地所有者'를 '土地·建物所有者'로 수정할 것인지 논의되었지만, 이 규정은 토지소유자의 상린권에 관한 것이기 때문에 토지소유자라고만 규정하였다.[8)] 그러나 建物所有者에게도 이 규정이 유추적용된다고 보아야 한다. 또한 이 규정은 地上權者(제290조), 傳貰權者(제319조)에게도 準用되고 있다.

그런데 부동산의 占有者, 특히 賃借人에게도 제217조가 적용되는지 문제된다. 점유자가 점유의 방해를 받은 때에는 제205조에 따라 그 방해의 제거를 청구할 수 있는데, 점유하고 있는 부동산에서 생활방해가 발생하는 경우에는 부동산의 소유자와 마찬가지로 부동산의 이용을 조정할 필요가 있다. 따라서 부동산의 점유자, 특히 임차인의 경우에도 제217조가 적용되거나 적어도 유추적용되어야 할 것이다. 그러므로 소

---

7) 金曾漢·金學東, 物權法, 제 9 판, 1997, 269면; 李英俊, 物權法, 全訂版, 1996, 450면; 李銀榮, 物權法, 1998, 465면; 張庚鶴, 物權法, 1990, 405면. 독일에서도 마찬가지이다. Baur/Stürner, *Sachenrecht*, 17. Aufl., 1999, §25 Rn. 26; Schwab/Prütting, *Sachenrecht*, 27. Aufl., 1997, §28 Rn. 327; Säcker, in: *Münchener Kommentar zum Bürgerlichen Gesetzbuch, Band 6*, 3. Aufl., 1997(이하 "MünchKomm-Säcker"라고 한다), §906 Rn. 1; Roth, in: *J. von Staudingers Kommentar zum Bürgerlichen Gesetzbuch, Sachenrecht*, §§903-924, 13. Aufl., 1996(이하 "Staudinger/Roth"라고 한다), §906 Rn. 102.

8) 民議院 法制司法委員會 民法案審議小委員會 編, 民法案審議錄 上卷, 1957, 137면.

유자와 점유자 사이의 관계, 점유자들 상호간의 관계에서도 제217조에 따른 수인의무가 있다고 보아야 한다.[9] 부동산의 점유자가 이웃부동산의 점유자에 의하여 소음피해 등을 입고 있다면 제217조에 따라 방지조치를 청구할 수 있다. 나아가 제217조에서 이웃거주자에게 방지조치 등을 청구할 수 있다고 정한 것으로 볼 수도 있다. 이웃거주자의 범위를 확정하는 것이 쉬운 문제는 아니지만, 임차인이 이웃거주자에 포함되는 것이 분명하다. 그러나 이 규정은 일정한 장소에서 일하고 있는 근로자 또는 공원 등 일정한 지역에서 산책을 하는 사람에게는 적용되지 않는다.

3. 民法 제217조의 規律對象

가. 意　　義

제217조가 적용되려면 '煤煙, 熱氣體, 液體, 音響, 振動 기타 이에 類似한 것'에 의한 방해가 있어야 한다. 여기에서 '기타 이에 類似한 것'이 무엇을 의미하는지 문제된다.

多數說은 不可量物(Imponderabilien)을 가리킨다고 한다.[10] 따라서 폭파작업에서 발생하는 돌조각, 떼지어 나는 벌떼는 불가량물이 아니므로 '기타 이와 유사한 것'에 해당하지 않는다고 한다. 그러나 불가량물만이 제217조의 규율대상이 된다는 것은 부적절하다고 생각된다. 왜냐하면 음향이나 진동이 물질이나 물건에 해당한다고 볼 수 없고, 최

9) 金曾漢, 物權法講義, 1984, 194면; 金基善, 韓國物權法, 全訂增補版, 1990, 203면. 독일의 학설과 판례도 독일민법 제906조가 점유자, 특히 임차인에게도 적용된다고 한다. Baur/Stürner(註 7), § 25 Rn. 17; Staudinger-Roth § 906 Rn. 97; BGHZ 15, 146; BGHZ 30, 273; BGHZ 90, 255.

10) 金曾漢·金學東(註 7), 268면; 金基善(註 9), 203면; 金容漢, 物權法論, 再全訂版, 1993, 251면; 金顯泰, 新物權法(上), 1975, 247면; 張庚鶴(註 7), 404면; Baur/Stürner(註 7), § 25 Rn. 26; Schwab/Prütting(註 7), Rn. 328f.; MünchKomm-Säcker, § 906 Rn. 27.

근에는 매연이나 증기도 그 양을 측정할 수 있기 때문이다. 少數說은 "일정한 토지이용과 불가피하게 결합되어 있는 간섭"이라고 한다.[11] 그러나 토지의 이용으로 인한 방해는 대부분 토지의 이용과 불가피하게 결합되어 있는 것이므로, 소수설에 따르면 제217조의 "기타 이와 유사한 것"에 지나치게 많은 것이 포함될 것이다.[12] 즉 소수설은 제217조의 규율대상을 적극적으로 밝혀주지 못한다.

결국 다수설이든, 소수설이든 제217조에 관한 설명으로는 불충분하다. 제217조에 포함되는 방해의 개념을 정의하기 곤란하기 때문에, 제217조가 방해의 종류를 나열하는 방식으로 규정된 것이다.[13] 그리하여 이 규정의 해석은 학설과 판례에 맡겨져 있다고 볼 수 있고, 구체적으로 어떠한 것이 "기타 이에 유사한 것"에 포함되는지를 살펴보는 것이 중요하다. 종래에는 이 규정에 적극적 침해만이 포함된다고 보았으나, 최근에는 소극적·정신적 침해도 이에 포함되는지 문제되기 때문에 양자를 구분하여 살펴보기로 한다.

나. 煤煙 등에 의한 積極的 侵害

매연 등이 공기 또는 대지를 통해서 물리적 또는 화학적인 방법으로 이웃토지에 방산되는 것을 적극적 침해라고 한다. 이것이 제217조의 전형적인 규율대상이다. 이 규정의 "기타 類似한 것"에는 가스, 증

---

11) 郭潤直, 物權法, 新訂版, 1992, 312면; 朴磢雨, "이밋시온과 受忍限度에 관한 硏究," 忠南大學校 社會科學硏究所 論文集 제 3 권 제 2 호(1976. 12), 83면; 李銀榮(註 7), 464면('토지이용과 밀접한 생활방해').

12) 李英俊(註 7), 449면은 위와 같은 논의의 실익이 없다고 하면서도, 少數說에 의하면 폭파작업에서 발생하는 돌조각에 의한 有重量有體物에 의한 침해도 "기타 이와 유사한 것"에 포함되게 되어 수인의무가 존재하게 되므로(제217조 제 2 항) 부당한 결론에 도달하게 된다고 한다.

13) 독일민법 제906조도 방해의 종류를 나열하고 있는데, 그 입법이유서에서 이와 유사하게 설명하고 있다. Mugdan, Die Gesamten Materialien zum Bürgerlichen Gesetzbuch für das Deutsche Reich Bd. Ⅲ, Sachenrecht, 1899, S. 146.

기, 냄새, 먼지, 검댕, 재, 회, 반사광선, 전기, 전류, 연기, 불꽃 등이 포함된다는 점에는 이견이 없다. 꿀벌이나 벼룩, 작은 새 등이 날아오는 경우도 마찬가지이다.[14] 이웃토지에서 꽃잎이나 낙엽이 바람에 날아오는 것도 이에 포함되는데, 이러한 경우에는 제217조 제 2 항이 적용되어 특별한 사정이 없는 한 忍容되어야 한다.[15] 그리고 방해물질 자체가 고통이나 불편을 주는 것에 한정되지 않는다. 즉 향기 또는 갈비 굽는 냄새를 방출하는 것,[16] 축제에서 노래를 부르거나 큰 소리를 내는 것[17]이 이웃토지 소유자의 생활에 불편을 초래하는 경우에는 생활방해에 해당할 수 있다. 또한 반드시 감각적으로 지각할 수 있어야 하는 것은 아니기 때문에, 방사선 등도 포함된다.[18]

그러나 채석장에서 돌이 날아오는 것, 사격장에서 탄환이 날아오는 것, 소·말·개 등 커다란 동물의 침입은 항상 금지되어야 한다.[19] 따라서 피해자는 이러한 방해에 대하여는 제214조에 기한 소유물방해제거 및 예방청구를 할 수 있고, 제217조 제 2 항에 따른 인용의무가 없다.[20]

한편 폐수 등 液體가 地表나 地下로 흘러들어오는 것을 제217조의

---

14) BGHZ 16, 366; BGHZ 117, 110; MünchKomm-Säcker, §906 Rn. 80.

15) MünchKomm-Säcker, §906 Rn. 81; Müller, "Nachbars Laub - Ein Überblick über die Rechtsprechung zur Entschädigung für Nadel- und Laubfall," *NJW* 1988, 2587.

16) 李銀榮(註 7), 464면.

17) BGHZ 111, 63.

18) MünchKomm－Säcker, §906 Rn. 78.

19) 金曾漢 · 金學東(註 7), 268면; 張庚鶴(註 7), 406면; 郭潤直 편집대표, 民法注解(V), 1992, 301면(柳元奎 집필부분); Baur/Stürner(註 7), §25 Rn. 26; Westermann, *Sachenrecht*, 7. Aufl., 1998, §62 Ⅱ 1a; Staudinger-Roth §906 Rn. 109f.; BGHZ 28, 225; BGHZ 111, 158.

20) 다만 한두 마리의 고양이가 침입한 경우에는 독일민법 제1004조에 기한 금지청구권이 상린 공동체관계(nachbarliches Gemeinschaftsverhältnis)의 원칙에 의하여 배제되고, 이웃토지의 소유자는 인용의무가 있다는 독일의 판례가 있다. 이에 관하여는 Staudinger-Roth §906 Rn. 110; MünchKomm-Säcker, §906 Rn. 80 참조.

생활방해로 볼 것인지 문제된다. 첫째, 제217조의 생활방해는 대기중에 떠다니는 것을 가리키므로, 지표 위에 흐르는 액체를 포함하지 않고 地中으로 누수하는 액체에 한정된다는 견해,[21] 둘째, 대기중에 부유하는 액체만이 포함된다는 견해,[22] 셋째, 방해경로를 지표와 공중으로 구별할 근거가 없으므로 모든 액체가 포함된다는 견해[23]가 있다. 우리 민법 제217조에는 독일민법 제906조[24]와는 달리 '액체'라고 명시되어 있지만, 지표 위로 흐르는 액체에 대하여는 제217조 제 2 항의 인용의무를 인정할 필요가 없고, 항상 금지되어야 한다. 따라서 지하로 스며들거나 공중으로 방산되는 액체에 대해서만 제217조가 적용된다고 보아야 할 것이다.

그리고 파이프, 배기관 등을 설치하여 인위적으로 이웃토지에 매연 등 생활방해를 유도하는 경우에는 제217조가 적용되지 않으므로,[25] 그것이 토지의 통상의 용도에 적합한지를 따질 필요가 없이 항상 금지된다.

다. 消極的 侵害와 精神的 侵害

건물을 건축함으로써 이웃토지의 사용을 소극적·수동적으로 방해하는 경우가 있는데, 이를 消極的 侵害(Negative Immissionen)라고 한다. 예를 들면 빛이나 공기, 물, 조망, 바람 등을 차단함으로써 일조권

---

21) 金曾漢·金學東(註 7), 268면; 李英俊(註 7), 452면.

22) 民法注解(V), 301면(註 19). 따라서 이 견해는 지표면이나 지하를 통하여 이웃토지에 액체가 흘러들어가는 경우에도 제217조가 적용되지 않는다고 한다.

23) 金容漢(註 10), 252면; 張庚鶴(註 7), 405면.

24) 독일민법에는 임미시온의 종류에 액체가 명시되어 있지 않은데, 지표 위에 흐르는 액체에 대하여는 독일민법 제906조가 적용되지 않는다고 한다. 독일민법 제 1 초안의 이유서는 이를 명확히 밝히고 있다. Mugdan(註 13), S. 146; Staudinger-Roth, § 906 Rn. 112f.

25) 독일민법 제906조 제 3 항은 "특별한 誘導에 의한 유입은 허용되지 않는다"고 규정하고 있는데, 이러한 규정이 없는 우리 민법하에서도 마찬가지로 해석되고 있다.

이나 조망권을 침해하는 경우가 이에 해당한다. 출입의 방해나 라디오나 텔레비전의 전파를 차단하는 것도 이에 속한다. 그리고 자기 소유의 토지 위에서 일정한 행위를 하는 것이 이를 바라보는 사람의 감정, 미감 또는 도덕적 감정을 침해하는 경우를 精神的 侵害(Ideelle Immissionen)라고 한다. 예를 들면 사창가나 야외목욕탕을 설치함으로써 이웃거주자의 수치심을 유발하는 경우, 영안실을 경영함으로써 이웃거주자의 공포심을 유발하는 경우, 건축자재를 무질서하게 쌓아두어 미관을 해치는 경우, 화재의 위험이 높은 주유소를 설치하여 이웃토지의 地價를 하락시키는 경우 등을 들 수 있다.

이와 같은 消極的 侵害와 精神的 侵害가 제217조의 토지·생활방해에 포함되는지 문제된다.

(1) 學　說

肯定說[26]은 우리 민법이 물리적 침해와 소극적·정신적 침해를 구별하지 않고 있는 점, 민법 제217조는 공해의 원칙규정으로서 넓게 해석하여야 한다는 점, 제217조는 소유권뿐만 아니라 생활의 安穩을 보호하는 것이라는 점을 근거로 제217조가 소극적·정신적 침해에도 적용된다고 한다. 물론 이 견해는 소극적·정신적 침해가 소유권침해에도 해당하는지 여부에 관해서도 긍정설을 취한다.[27]

이에 대하여 否定說[28]은 제217조에 해당하려면 적극적으로 방산

26) 李英俊(註 7), 450면. 한편 權誠 外 4人, "眺望權의 侵害를 理由로 한 工事中止處分," 處分의 硏究, 443면은 "眺望의 遮斷과 같은 消極的 干涉"을 제217조의 생활방해에 포함된다고 하면서도, 위 論文, 444면 이하에서는 眺望權을 人格權으로 파악하고 있다.

27) 한편 郭潤直 편집대표, 民法注解(V), 1992, 245-246면(梁彰洙 집필부분)은 제214조에 관한 설명에서, 소극적 침해는 제214조에서 말하는 방해에 해당하지만, 정신적 침해에 대하여는 소유권이 아니라 인격적 이익을 해치는 것으로 인격권에 기한 방해배제청구만을 원칙적으로 허용해야 한다고 한다.

28) 金曾漢·金學東(註 7), 268-269면(소극적 혹은 정신적 침해는 일반적인 소유물방해제거청구권에 의하여 해결될 것이라고 한다); 民法注解(V), 301면(註 19); 朴禛雨(註 11), 84면.

되어야 하고, 물리적 또는 화학적 방법으로 영향을 미쳐야 하므로, 소극적·정신적 침해의 경우에는 제217조가 적용되지 않는다고 한다. 또한 정신적 침해에 대해서는 소유권을 통한 보호보다는 인격권을 통한 구제가 올바른 방향이라고 한다.[29)]

(2) 判 例

판례의 태도는 어떠한가? 법원은 이 문제에 대한 명확한 결론을 제시하고 있지는 않지만, 이 문제와 관련된 주목할 만한 판결들이 있다.

[판결 1] **大判 1974. 12. 24, 68다1489(공 1975, 8267: 한일병원 시체실 사건)**

피고 경영의 한일병원에 시체실이 설치되어 있었는데, 그 근처에 주택을 소유하고 있는 원고가 피고를 상대로 시체실 등의 사용금지를 청구하였다. 대법원은 "피고경영의 한일병원이 이 사건 시체실을 그 곳에 안치한 시체로부터 발산하는 악취의 확산방지나 제거를 위한 조치, 유족이나 조객들의 곡성이 외곽에 전파되지 않도록 하는 조치, 시체봉구시의 시체의 일반인에의 노출방지조치 등 적절한 조치를 취하지 않고 원심이 인정한 상태대로 계속 사용한다면, 원고와 그의 가족들은 시체에서 발산하는 악취, 유족이나 조객들의 곡성 및 일반시민이 직접 보기를 꺼려하는 시체의 운구를 빈번히 보게 됨으로 인하여 죽음에 대한 공포와 생에 대한 불안감 기타 신경의 긴장을 일으켜 정신위생상 유해한 결과를 낳고, 또 생활환경상의 안정이 심히 저해받게 될 것이고, 원고가 받게 되는 위 피해와 고통은 사회관념상 일반적으로 요구되는 수인의 정도를 초과함을 인정할 수 있으므로 원고는 피고에 대하여 위 방해요인의 제거 내지 예방을 청구할 수 있다"(밑줄은 필자가 그은 것임. 이하 같다)고 판단하였다.

이 판결에서 악취, 곡성은 적극적으로 방산되는 것이므로 제217조에 해당함은 분명하다. 그런데 "시체의 운구를 빈번하게 보게 되는

29) 民法注解(V), 301-302면(註 19).

것"은 정신적 침해에 해당하는 것이다. 그리고 이 판결은 제217조 제2항의 수인한도를 판단하면서, 그와 같은 사유로 인하여 "죽음에 대한 공포와 생에 대한 불안감 기타 신경의 긴장을 일으켜 정신위생상 유해한 결과를 낳고, 또 생활환경상의 안정이 심히 저해받게 될 것"이라는 점을 고려하고 있는데, 이것도 정신적 침해에 관한 것이다. 이 판결이 소극적·정신적 침해의 문제를 의식하고 판단을 내렸는지는 의문이고, 또한 이 판결에서 악취와 곡성만으로도 수인한도를 초과하고 있으므로, 시체의 운구를 빈번하게 보게 된다는 점이나 죽음에 대한 공포 등을 불러일으킨다는 점 등은 附加的인 내용에 불과하다고 볼 수도 있다. 그러나 이 판결의 文言만을 보면 이와 같은 정신적 침해를 민법 제217조에 포함시키고 있다고 볼 수 있다.

[판결 2] 大判 1995. 9. 15, 95다23378(공 1995, 3399: 부산대학교 사건)[30]

신청인(대한민국) 산하 부산대학교는 국립대학교로서 5층 높이의 첨단과학관을 완공하였다. 피신청인(주식회사 강암주택)은 그 학교부지에 인접하고 있는 토지를 소유하고 있었는데, 1993년 관할 구청장으로부터 사업시행승인을 받아 24층 아파트를 건축하기 시작하여 19층까지의 골조공사를 마치고 20층의 골조공사를 진행하고 있었다. 위 아파트는 과학관으로부터 25.7m 내지 44.5m 가량 떨어져 있다. 신청인은 24층 높이의 건물이 완공되면 위 건물에서 교내 전체를 내려다 볼 수 있고, 위 과학관 옥상에 설치될 자동기상관측장비를 비롯한 최신과학장비가 제대로 작동되지 않고, 아파트에 상주하는 인구의 증가로 인하여 통행차량과 생활소음이 증가할 것이라는 이유로 16층 이상의 높이로 건축하는 것을 금지하는 공사금지 가처분을 신청하였다.

原審인 부산고등법원은 피보전권리로 환경이익의 부당침해방지권, 소유권에 기한 방해배제청구권, 인격권에 기한 방해배제청구권을 들고, 공사금지의 범위를 최소화하면서도 신청인이 입게 되는 침해를 상당히 감소시킬 수 있는 조화점을 찾아 임시로 이 사건 아파트 건축공사중 18

30) 이 판결에 대한 평석으로는 진순석, "교육환경권침해와 유지청구," 衡平과 正義 제10집, 대구지방변호사회(1995. 12), 101면 이하가 있다.

층을 초과하는 부분에 대한 공사를 금지시켰다.[31] 신청인과 피신청인이 각각 상고하였으나, 大法院은 다음과 같은 이유로 상고를 모두 기각하였다.

① 환경권에 관한 헌법 제35조의 규정이 개개의 국민에게 직접으로 구체적인 사법상의 권리를 부여한 것이라고 보기는 어렵고, 사법상의 권리로서의 환경권이 인정되려면 그에 관한 명문의 법률규정이 있거나 관계법령의 규정취지 및 조리에 비추어 권리의 주체, 대상, 내용, 행사방법 등이 구체적으로 정립될 수 있어야 한다.

② 그러나 원심판시와 같이 피신청인이 건축하는 이 사건 아파트가 24층까지 완공되는 경우 신청인 산하 부산대학교 구내의 그 판시 첨단과학관에서의 교육 및 연구활동에 커다란 지장이 초래되고, 위 첨단과학관 옥상에 설치된 자동기상관측장비 등의 본래의 기능 및 활용성이 극도로 저하되며, 위 부산대학교의 대학교로서의 경관, 조망이 훼손되

31) 釜山高決 1995. 4. 17, 95라4(法律新聞 제2401호(1995. 4. 24.자), 10면)와 가처분 이의사건인 釜山高判 1995. 5. 18, 95카합5(下集 1995-1, 50). 이 판결들에서 被保全權利의 權原에 관한 부분을 정리해 보면 다음과 같다. ① 피보전권리인 금지청구권 또는 방해배제청구권의 근거로 세 가지를 들고 있다. 첫째, 環境利益의 부당침해방지권이다. 헌법 제35조 제 1 항의 환경권은 절대권이며, 환경권의 대상인 환경의 범주에는 자연적 환경, 문화적 환경이 포함된다. 현재 환경이익을 누리는 구성원은 그 환경이 명백히 부당하게 파괴될 우려, 다시 말하면 환경이익이 명백히 부당하게 침해될 위험이 발생한 경우에는 그와 같은 부당한 침해를 사전에 거절하거나 미리 방지할 수 있는 권리, 이른바 '환경이익의 부당침해방지권'을 가진다. 따라서 현실적으로 부당한 침해의 위험이 있거나 이미 부당한 침해가 발생하고 있는 경우에는 특별한 사정이 없는 한 위 방지권에 기하여 위험방지를 위한 충분하고 필요한 한도 내에서 구체적인 금지청구권을 취득한다. 둘째, 매연, 소음 등에 의하여 所有者의 生活利益을 침해한 경우(민법 제217조) 또는 일조, 통풍, 정온, 조망 등 교육환경을 포함한 주거환경을 침해한 경우에 소유권에 기한 방해배제청구권을 가진다. 셋째, 주거환경의 이익은 人格權의 일종에 속하고, 인격권의 지배권 내지 절대권적 성격으로부터 물권적 청구권에 준하는 방해배제청구권이 인정된다. ② 위에서 본 어느 권리에 근거하더라도 그것이 타인의 사유재산권의 행사와 저촉되는 경우에는 헌법 제23조 제 1 항의 사유재산권의 보호와 환경이익의 보호 및 상린관계 등 양자를 서로 조화시켜서 상호간의 충돌을 합리적으로 조정하여야 한다. 신청인이 내세우는 교육환경의 이익이 상린관계에 있는 다른 주민의 사유재산권 행사로 인하여 침해를 받게 되더라도 그 침해가 이웃토지의 통상의 용도에 적당한 것으로서 사회통념상 수인할 수 있는 정도의 경우에는 그 사유재산권의 행사를 막을 수 없다.

고, 조용하고 쾌적한 교육환경이 저해되며, 소음의 증가 등으로 교육 및 연구활동이 방해받게 된다면, 위 부산대학교의 부지 및 건물을 교육 및 연구시설로서 활용하는 것을 방해받게 되는 그 소유자인 신청인으로서는 위와 같은 방해가 사회통념상 일반적으로 수인할 정도를 넘어선다고 인정되는 한 그것이 민법 제217조 제1항 소정의 매연, 열기체, 액체, 음향, 진동 기타 이에 유사한 것에 해당하는지 여부를 떠나 그 소유권에 기하여 그 방해의 제거나 예방을 청구할 수 있다 할 것이므로, 적어도 원심이 소유권에 기한 방해배제청구권을 이 사건 가처분의 피보전권리로 삼은 부분만큼은 정당하다.

③ 이 사건과 같은 경우 그 침해가 사회통념상 일반적으로 수인할 정도를 넘어서는지 여부는 피해의 성질 및 정도, 피해이익의 공공성과 사회적 가치, 가해행위의 태양, 가해행위의 공공성과 사회적 가치, 방지조치 또는 손해회피의 가능성, 공법적 규제 및 인·허가관계, 지역성, 토지이용의 선후관계 등 모든 사정을 종합적으로 고려하여 판단하여야 할 것이다.

이 판결에서 환경권에 관한 헌법규정이 개개의 국민에게 직접적으로 구체적인 사법상의 권리를 부여한 것이라고 보기 어렵다는 점(위 ① 부분)은 從前의 判例[32]를 재확인한 것이다.

그런데 피신청인이 아파트를 24층까지 신축함에 따라 "신청인 소속 대학교의 교육 및 연구활동 등이 극도로 저하됨은 물론 대학교로서의 경관, 조망이 훼손되고, 조용하고 쾌적한 교육환경이 저하된다"는 것이 신청인의 所有權을 침해한 것으로 보고, 신청인은 피신청인에 대하여 소유권에 기한 방해배제청구권을 행사할 수 있다고 한 점(위 ② 부분)은 重大한 意味가 있다. 제212조는 토지의 소유권이 토지의 上下로 미친다고 규정되어 있는데, 이 판결에서는 토지의 소유권이 옆으로 20미터 이상 떨어진 곳까지 미치게 되었다. 물론 민법의 상린관계에 관한 규정(특히 제217조)에 의하여 토지의 소유권이 이웃토지에도 미칠 수 있

32) 大決 1995.5.23, 94마2218(공 1995, 2236). 이 決定에 관하여는 아래 Ⅲ.에서 다룬다.

으나, 이 판결은 소유권 자체의 효력에 의하여 이웃토지의 사용을 금지하고 있고, 피신청인의 위와 같은 방해가 “민법 제217조 제 1 항 소정의 매연, 열기체, 액체, 음향, 진동 기타 이에 유사한 것에 해당하는지 여부를 떠나” 소유물방해제거 또는 예방을 청구할 수 있다고 하였다. 이 사건에서 소음은 제217조 제 1 항의 ‘음향’에 해당한다. 그러나 대학의 교육 및 연구활동 등을 극도로 저하시키고 대학교로서의 경관, 조망을 훼손하고, 조용하고 쾌적한 교육환경을 저하시키는 것이 제217조의 ‘기타 유사한 것’에 포함되는지에 관하여는 위 (가)에서 본 바와 같이 논란이 되고 있다. 그리하여 이 판결은 제217조의 적용여부에 대한 판단을 유보하였다고 볼 수 있다.

그렇다면 과연 소유권의 효력은 상린관계에 관한 규정을 떠나서도 옆으로 미칠 수 있는가라는 의문이 제기된다. 소유권은 소유물을 사용·수익·처분할 권리를 말하는데, 그 의미가 반드시 명확한 것은 아니다. 시대의 흐름에 따라 소유권의 새로운 의미가 發見되기도 하고 새로운 意味가 부여되기도 한다. 소유권도 역사적 산물인 것이다. 소유권의 내용은 확정적인 것으로 고정되어 있다고 여겨지지만, 토지의 이용방법의 변화에 따라 소유권의 내용도 변할 수밖에 없다. 토지가 대학교의 부지로 사용되고 있는 경우 대학교로서의 경관, 조망을 방해하는 것은 소유자의 이용권능을 침해하는 것이고, 이러한 경우 소유자는 소유권의 내용이 침해되었다는 이유로 그 방해의 배제를 청구할 수 있다고 볼 수 있을 것이다.

그리고 이 판결은 所有權侵害를 인정하면서 受忍限度論을 채택하고 있다. 즉 “위와 같은 방해가 사회통념상 일반적으로 수인할 정도를 넘어선다고 인정되는 한” 소유자가 방해배제청구를 할 수 있다고 하고, 그 침해가 사회통념상 일반적으로 수인할 정도를 넘어서는지 여부를 판단할 때 고려해야 할 여러 요소를 상세하게 열거하고 있다(위 ③ 부분). 물론 이 판결은 경관, 조망, 교육환경의 침해에 관한 것이기 때문에, 이 판결의 의미를 확대해석하여 모든 소유권침해의 경우에 수인한도론을 적용하여야 한다고 일반화할 수는 없다. 한편 이와 같이 경관, 조망, 교육환경 등을 저하시키는 방식으로 소유권을 침해한 경우에 그 침해가 수인한도를 초과하였는지 여부를 판단하는 기준이 제217조 제 2 항의 인용의무와 동일한 것인지는 논란의 여지가 있다.

그 후 大判 1997. 7. 22, 96다56153(공 1997, 2636: 봉은사 사건)은 寺刹의 宗教的 環境에 관한 것으로 위 부산대학교 사건과 동일한 취지로 판단하였다. 피신청인(주식회사 신성)이 신청인(대한불교 조계종 봉은사)의 사찰에서 6m 떨어진 곳에 19층 높이 87.5m의 고층건물(운봉빌딩)을 신축하는 공사를 하자, 신청인이 위 공사가 완공될 경우 신청인 사찰 경내의 일조를 현저히 침해하고, 사찰의 환경 등을 침해한다는 이유로 위 각 건물의 신축공사의 금지를 청구하였다. 원심은 신축예정인 위 '운봉빌딩' 건물 중 지상 15층(옥탑 2층 제외), 높이 72.3m를 초과하는 부분에 대한 일체의 공사를 금지시켰고, 대법원도 다음과 같은 이유로 원심의 판단을 지지하였다. "어느 토지나 건물의 소유자가 종전부터 향유하고 있던 경관이나 조망, 조용하고 쾌적한 종교적 환경 등이 그에게 하나의 생활이익으로서의 가치를 가지고 있다고 객관적으로 인정된다면 법적인 보호의 대상이 될 수 있는 것이라 할 것이므로, 인접 대지에 어떤 건물을 신축함으로써 그와 같은 생활이익이 침해되고 그 침해가 사회통념상 일반적으로 수인할 정도를 넘어선다고 인정되는 경우에는 위 토지 등의 소유자는 그 소유권에 기하여 그 방해의 제거나 예방을 위하여 필요한 청구를 할 수 있다고 할 것이고…, 위와 같은 청구를 하기 위한 요건으로서 반드시 위 건물이 문화재보호법이나 건축법 등의 관계규정에 위반하여 건축되거나 또는 그 건축으로 인하여 그 토지 안에 있는 문화재 등에 대하여 직접적인 침해가 있거나 그 우려가 있을 것을 요하는 것은 아니라고 할 것이다."

그러나 下級審判決 중에는 주택가에 여관건물을 신축하는 것이 제

217조에 위반된다고 판단한 사례가 있다.[33] 이 판결은 제217조의 수인한도를 판단하면서, 분진, 소음, 진동 이외에 여관건물의 건축으로 인하여 인근 토지가격의 하락, 자녀에 대한 교육적 영향, 교통사고의 위험증대, 사생활이나 정온감의 침해 등도 고려하고 있다.

(3) 獨逸의 경우

獨逸에서 소극적 침해와 정신적 침해가 소유권침해에 해당하는지, 독일민법 제906조가 적용될 수 있는지에 관하여 많은 논의가 있다.[34]

첫째, 독일의 다수설과 판례는 빛, 공기, 물, 라디오·텔레비전 전파의 차단 등과 같은 소극적 침해에 대하여 독일민법 제906조가 적용되지 않는다고 한다.[35] 왜냐하면 독일민법 제906조에서 말하는 不可量

33) 釜山地判 1998. 7. 31, 98카합4846(法律新聞 제2718호(1998. 8. 20.자), 12면). 신청인들이 주택가에서 지상 6층인 여관건물의 신축공사를 하자, 인접지 거주자들인 피신청인들이 위 공사로 인하여 불이익을 입을 우려가 있어 그 예방을 위하여 위 공사를 방해하였다. 신청인들이 공사방해금지가처분을 신청하였으나, 부산지방법원은 다음과 같은 이유로 이를 기각하였다. 즉 위 여관건물이 완공되면, 피신청인들의 주택이 재산적 가치를 거의 상실하고, 러브호텔을 이용하는 손님들로 인하여 피신청인들의 자녀들에게 교육상 나쁜 영향을 끼치며, 교통사고의 위험이 증대하고, 여관건물에서 2층건물을 내려다 봄으로써 사생활이 침해되고 정온감이 상실되며 피신청인들이 압박감을 느끼며, 소음, 진동을 발생시킨다. 또한 건물신축과정에서 분진, 소음, 진동이 발생한다. 이에 반하여 신청인들의 이익은 미미하고 사익추구적인 것이다. 이와 같이 신청인들의 여관건물 신축공사로 인하여 신청인들이 얻는 이익에 비하여 피신청인들이 받는 불이익이 훨씬 크고 본질적·영구적이며 제반 사정에 비추어 그 정도도 사회통념상 피신청인들이 수인할 수 있는 한계를 넘었다 할 것이므로, 신청인들의 이 사건 신축공사는 민법 제217조에 위반된다. 따라서 피신청인들이 신청인들의 위 공사가 위법하다고 하여 유지청구권을 행사하는 이상 허용되어서는 안 된다는 것이다.

34) 이에 관한 상세한 논의에 관하여는 Gursky, in: *J. von Staudingers Kommentar zum Bürgerlichen Gesetzbuch, Sachenrecht,* §§ 985-1011, 13. Aufl., 1993(이하 "Staudinger/Gursky"라고 한다), § 1004 Rn. 64ff. 및 Staudinger-Roth, § 906 Rn. 114ff.

35) Staudinger-Gursky, § 1004 Rn. 64ff.; MünchKomm-Säcker, § 906 Rn. 28; Medicus, in: *Münchener Kommentar zum Bürgerlichen Gesetzbuch, Band 6,* 3. Aufl., 1997(이하 "MünchKomm-Medicus"라고 한다), § 1004 Rn. 28f.; Hagen, in: *Handkommentar zum Bürgerlichen Gesetzbuch, 2. Band,* 1993

物의 '流入'(Zuführung)은 적극적인 침해를 의미하는 것이기 때문이다. 다만 독일의 판례[36]는 소유권의 소극적 침해의 경우에 소유물방해배제청구권을 인정하지 않더라도 상린공동체관계에 기하여 손실보상청구권이 발생할 수 있다고 한다. 그러나 이에 대하여는 소극적 침해도 소유권침해에 해당하고 독일민법 제906조를 유추적용하여야 한다는 견해가 있다.[37]

둘째, 독일의 판례와 다수설은 이웃거주자의 수치심을 불러일으키는 도덕적·정신적 침해나 이웃거주자에게 모습이 흉한 것을 보이게 하는 미학적 침해도 소유권침해라고 볼 수 없고, 따라서 독일민법 제906조도 적용되지 않는다고 한다.[38] 그러나 최근 학설에서 이에 반대하는 견해가 다수 있다. 특히 이러한 정신적 침해가 중대하고 명백한 경우에는 일반적 인격권의 침해를 인정하여야 한다는 견해가 있다.[39] 예를 들면 어떤 사람이 이웃의 반대를 무릅쓰고 자신의 정원에서 공공연하게 성행위를 하는 경우에는 인격권의 침해가 된다고 한다. 다만 외설 서적을 쇼윈도에 진열하는 경우에는 길을 가던 사람이 시선을 외면하면 되기 때문에 인격권침해가 되지 않는다고 한다.[40] 사창업을 하

9. Aufl.("Erman-Hagen"이라 한다), § 906, Rn. 9; Baur/Stürner(註 7), § 25 Rn. 26; Westermann(註 19), § 62 II 2 c; Wilhelm, *Sachenrecht,* 1993, Rn. 369; Mühl *JZ* 1984, 850; BGHZ 28, 110; BGHZ 88, 344; BGHZ 113, 384.

36) BGH NJW 1991, 1671.

37) M. Wolf, *Sachenrecht,* 15. Aufl., 1999, Rn. 236, 272f. 또한 Picker, "Der privatrechtliche Rechtsschutz gegen baurechtswidrige Bauten als Beispiel für die Realisierung von Schutzgesetzen," *AcP* 176, S. 44; Klindt, "Negative Immissionen im Nachbarrecht des BGB," *ZMR* (Zeitschrift für Miet- und Raumrecht), 1993, 204도 참조.

38) Staudinger-Gursky, § 1004 Rn. 74ff.; MünchKomm-Säcker, § 906 Rn. 29; MünchKomm-Medicus, § 1004 Rn. 29ff.; Erman-Hagen, § 906 Rn. 9; Baur/Stürner(註 7), § 25 Rn. 26; Westermann(註 19), § 62 II 2 b; BGHZ 51, 396; BGHZ 54, 56; BGHZ 95, 307.

39) MünchKomm-Säcker, § 906 Rn. 29; Hubmann, *Das Persönlichkeitsrecht,* 2. Aufl., 1967, S. 256ff.

40) BGHZ 64, 178.

는 것도 이것이 외부적으로 공공연하게 드러나지 않는 한 원칙적으로 이웃에 대한 인격침해라고 볼 수 없다고 한다.[41] 이와 달리 독일민법 제226조, 제826조가 적용될 수 있을 것을 것이라는 견해도 있다.[42]

(4) 結 語

소극적 침해와 정신적 침해의 문제는 두 단계로 구분하여 다루어야 한다. 먼저 이러한 침해가 소유권의 침해에 해당하는지 문제되고, 다음으로 이를 긍정하는 경우에 이에 대하여 제217조를 적용할 것인지를 판단하여야 할 것이다. 소극적 침해 또는 정신적 침해가 소유권침해에 해당하지 않는다는 견해를 따르게 되면, 그러한 침해에 대하여는 제217조가 적용되지 않는다고 하게 될 것이다.

먼저 소극적 침해는 소유권침해로 보아야 한다. 햇빛, 공기, 아름다운 자연환경을 향유하고 텔레비전이나 라디오의 전파를 이용하는 것도 소유권의 내용이라고 볼 수 있다. 햇빛, 조망이나 전파 등을 차단하는 것은 소유권의 이용권능을 침해하는 것이고, 소유권의 수익·처분권능에도 부정적인 영향을 미치기 때문이다. 다만 소유권침해로서 방해배제청구권을 행사하려면 일반적인 소유권침해와 유사하다고 평가할 만한 정도의 중대한 침해가 있어야 한다.

그렇다면 이것을 제217조의 규정에 의하여 포섭할 수 있는가? 대법원은 소극적 침해의 경우에도 소유권침해를 인정하고 이익형량을 통하여 수인한도를 정한다고 하지만, 제217조를 적용하는 경우와 어떠한 차이가 있는지는 분명하지 않다. 소극적 침해를 소유권침해로 인정하는 이상, 이것은 제217조에 열거한 경우와 유사하기 때문에, 이러한 경우에도 제217조를 적용 또는 적어도 유추적용하여 수인의무를 정하는 것이 바람직하다. 이 규정이 독일민법 제906조를 본받은 것이기 때

41) Larenz/Canaris, *Lehrbuch des Schuldrechts II/2,* 13. Aufl., 1994, S. 517; BGHZ 95, 307.

42) Medicus, "Zivilrecht und Umweltschutz," *JZ* 1986, 778.

문에 독일의 경우와 동일하게 해석하여야 한다고 생각할 수 있다. 그러나 이 규정에 관한 독일의 해석론을 따를 필요가 없다. 첫째, 우리 민법의 규정은 독일민법의 규정과는 표현이 다르다. 특히 우리 민법 제217조는 독일과 달리 '流入'이라는 용어를 사용하지 않고 있기 때문에, 소극적 침해를 제217조에 의하여 포섭하더라도 문언에 반하는 것은 아니다. 둘째, 독일에서는 오랫동안 소극적 침해를 임미시온 금지에 관한 독일민법 제906조의 적용범위에서 배제해 왔으나, 우리 나라에서는 소극적 침해를 제217조의 적용범위에서 배제한 판례가 없다. 그리하여 우리 나라에서는 제217조를 유연하게 해석하는 데 장애가 없다. 따라서 이웃거주자들의 소유권이 충돌하는 경우에는 적극적 침해든 소극적 침해든 원칙적으로 제217조를 적용하고, 이 규정에 따라 수인한도를 정하여야 할 것이다. 최근에 많이 문제되고 있는 일조권과 조망권을 침해한 경우에도 소극적 침해로 보아 제217조를 적용하여야 할 것이다.

한편 정신적·도덕적·미학적 침해는 인격적 이익을 침해하는 것으로서, 소유권 문제라기보다는 인격권의 문제로 해결하는 것이 바람직하다. 이러한 침해가 발생한 경우에 인격권에 기한 금지청구를 할 수 있으나, 다만 그 침해가 중대한 경우에 한하여 인격권침해를 인정할 수 있을 것이다. 이 때 제217조를 유추적용하여 방지조치의 요건과 한계를 정하여야 한다.

4. 忍容義務－受忍限度論

가. 意　義

제217조 제 2 항은 매연 등에 의한 이웃토지의 사용방해나 이웃거주자의 생활방해가 토지의 통상의 용도에 적합한 것인 때에는 이웃거주자는 이를 인용할 의무가 있다고 규정하고 있다. 이것은 이웃거주자

의 忍容義務를 정하고, 토지의 통상의 용도에 적합한 것인지 여부를 그 기준으로 제시한 것이다. 환경침해의 위법성을 판단하는 기준으로 受忍限度論[43]이 통용되고 있는데, 제217조 제 2 항은 수인한도론을 표현하고 있는 것이다. 따라서 우리 민법에서 수인한도론에 관한 논의는 제217조 제 2 항을 출발점으로 삼아야 한다.

생활방해가 토지의 통상의 용도에 적합한 경우에는 이웃거주자는 토지소유자에게 그 방해를 방지하기 위한 필요한 조치를 청구할 수 없다. 즉 토지를 그 지역에서 통상적인 방식으로 이용함으로써 발생하는 방해는 허용된다. 그러나 생활방해가 토지의 통상의 용도에 적합하지 않은 경우에는 이웃거주자는 그 방지를 위한 필요한 조치를 청구할 수 있다. 생활방해가 토지의 통상의 용도에 적합하다는 점은 소유권침해를 정당화하는 사유이기 때문에, 이에 대한 주장·입증책임은 가해자에게 있다고 보아야 한다.

나. 判斷基準

그렇다면 토지의 통상의 용도에 적당한지 여부를 판단하는 기준은 무엇인가?

(1) 생활방해가 경미한 경우에는 토지의 통상의 용도에 적당한 경우라고 보아야 한다.[44] 독일민법(제906조 제 1 항)에는 가스 등에 의한 방해가

43) 李勇雨, "公害의 違法性," 司法論集 제10집, 1979, 88면 이하; 李勇雨, "受忍限度論 小考," 法曹 제27권 제10호, 1면 이하; 洪天龍(註 5), 16면 이하; 權五乘, "環境訴訟의 效用과 限界," 民法學論叢·第二(厚巖郭潤直先生古稀紀念), 1995, 513면 이하; 金相容, "環境侵害不法行爲," 民法學論叢·第二(厚巖郭潤直先生古稀紀念), 1995, 542면 이하.

44) 大判 1997. 7. 22, 96다56153(공 1997, 2636)은 봉은사 사건에 관한 판결인데, 日照權을 침해했는지도 문제되었다. 原審은 일조에 관한 행정법규가 피신청인이 신축하는 위 각 건물 부지에는 적용되지 아니하고, 또 위 각 건물에 의한 신청인 사찰경내 토지에 대한 일조침해시간이 일출시부터 늦어도 오전 9시 내지 10시 가량으로서 비교적 단기간에 그치는 점에 비추어 보면, 신청인이 위 건물신축으로 일조침해를 받게 되더라도 그 정도가 사회통념상의 수인한도를 초과한다고 볼 수 없다고 판단하였고, 大法院도 이를 지지하였다.

타인의 토지의 이용을 非本質的으로(unwesentlich)[45] 침해하는 경우에는 금지되지 않는다고 규정하고 있는데, 우리 나라에서도 동일하게 해석할 수 있다.[46]

그런데 생활방해가 경미하지 않은 경우에는 일률적인 기준을 제시하기 어렵다. 결국 생활방해의 정도와 기간, 주위토지의 이용상황 등을 고려한 이익형량을 통하여 사회통념상 인용할 수 있는지 여부를 판단하여야 한다. 이 때 이성적인 평균인의 감각이 기준이 된다. 주관적으로 생활방해가 통상의 정도를 넘었다고 느끼는 사람이 있다고 하더라도 사회일반인의 감각에 비추어 객관적으로 통상의 정도를 넘지 않았다면 수인한도 내라고 보아야 한다. 예컨대 원고를 쓰는 작가나 특히 정적을 필요로 하는 병자에게는 현저한 지장을 주는 소음일지라도 보통 사람에게는 별다른 고통이라고 볼 수 없는 경우에는 인용의무가 있다.[47] 그리고 그 지역에서 빈번하게 발생하는 생활방해는 지역에 통상적인 이용이라고 볼 수 있다.

대법원도 '사회관념상 일반적으로 수인하여야 할 정도'에 이르렀는지 여부에 따라 수인의무를 판단하고 있다. 즉 위 한일병원사건[판결 1][48]에서, "종합병원의 경우에 시체실의 설치는 필요불가결한 것이고, 또 그 인접지 거주자인 원고가 그로 인하여 불쾌감 등 고통을 받게 될지라도 그 정도가 사회관념상 일반적으로 수인하여야 할 정도의 것일 때에는 원고로서는 이를 수인함으로써 종합병원의 사회적인 기능과 일

45) 독일민법 제906조에서 '본질적'(wesentlich)이라는 용어는 대체로 '중대한'(erheblich)이라는 용어와 동일한 것으로 이해되고 있다. 좀더 상세한 것은 MünchKomm-Säcker, § 906 .Rn. 11ff.

46) 독일민법에서는 손실보상과 관련하여 본질적 침해인지 여부가 중요한 의미를 가지고 있기 때문에, 침해의 本質性과 地域通常性이라는 두 단계의 판단을 하여야 한다. 그러나 우리 민법 제217조의 규정에 의하면 침해가 본질적인지를 확정할 필요가 없고, 단지 그 침해가 통상의 한도를 넘었는지 여부를 판단하는 것으로 충분하다.

47) 郭潤直(註 11), 314면; 金曾漢 · 金學東(註 7), 271면; 張庚鶴(註 7), 406면.

48) 大判 1974. 12. 24, 68다1489(공 1975, 8267).

반시민의 보건생활에 지장이 없도록 하여야 할 것임은 당연한 사리이다. 그러나 만일 원고가 입는 고통이 위 정도를 초과할 때에는 그 수인의무가 없고 오히려 그 방해사유의 제거 내지 예방을 청구할 수 있으며, 따라서 피고는 그 방해사유의 제거 내지 예방을 위하여 적당한 조치를 할 의무가 있음은 민법 제217조에 비추어 분명하다"고 한 다음, [판결 1]에서 본 바와 같이 여러 사정을 고려하여 사회관념상 일반적으로 요구되는 수인의 정도를 초과한다고 판결하였다.

그리고 대법원은 소유자의 환경이익 침해를 이유로 공사금지청구를 할 수 있는지 문제된 경우에도 제217조에 해당하는지 여부와는 상관 없이 수인한도론에 따라 판단하고 있다.[49] 특히 대법원은 부산대학교 사건[판결 2]에서 "그 침해가 사회통념상 일반적으로 수인할 정도를 넘어서는지 여부는 피해의 성질 및 정도, 피해이익의 공공성과 사회적 가치, 가해행위의 태양, 가해행위의 공공성과 사회적 가치, 방지조치 또는 손해회피의 가능성, 공법적 규제 및 인·허가관계, 지역성, 토지이용의 선후관계 등 모든 사정을 종합적으로 고려하여 판단하여야 할 것"이라고 함으로써 다양한 요소들을 구체적으로 나열하고 있다.[50] 봉은사 사건에 대한 대법원판결도 이러한 태도를 재확인하고 있다. 소유권 침해의 수인한도에 대한 이러한 판단기준은 제217조 제 2 항의 수인한도를 판단할 때에도 적용될 수 있다.

(2) 한편 加害地와 被害地 중 어느 토지가 먼저 이용되기 시작하였

49) 大決 1995. 5. 23, 94마2218(공 1995, 2236).

50) 原審인 釜山高判 1995. 5. 18, 95카합5(下集 1995-1, 50)는 수인한도를 이익형량에 따라 판단하여야 한다고 하고, "피신청인의 위 건축공사는 이로써 이웃토지의 사용을 방해하거나 이웃거주자의 생활에 고통을 주는 것으로서 위 완공될 24층 아파트로 인하여 예상되는 교육환경 등의 침해는 명백하고, 또한 그 건축은 토지의 통상용도에 적당한 것도 아니라고 할 것이어서 사회통념상 수인한도를 초과하는 것으로 보여지므로, 신청인은 그 침해에 대한 위험방지를 위한 필요한 한도 내에서 피신청인에 대하여 그가 시행하는 위 건축공사의 금지청구권을 취득하였다"고 판결하였다.

는지, 즉 선후관계는 인용의무의 유무를 판단하는 데 결정적인 표준은 아니다.[51] 피해자가 그의 토지에 대한 방해가 발생한 이후에 그 토지를 취득했는지 여부도 문제되지 않는다. 환경침해의 경우에 先後關係가 고려될 수밖에 없지만, 이를 지나치게 강조하는 것은 기득권보호에 빠질 우려가 있다.

(3) 제217조 제 2 항의 '이웃토지의 통상의 용도에 적당한 것'인지 여부를 판단할 때 주위토지의 실제 이용현황과 비교하는 것이 필수적이다. 토지의 실제 이용현황은 지적공부나 도시계획과 일치하는 경우가 많지만, 항상 그러한 것은 아니다.

그런데 토지가 주택지에 있는지, 공장지대에 있는지에 따라 지역에 통상적인 이용의 정도가 달라진다. 만일 두 토지가 공업지역에 있다면 공업지역에 통상적인 이용은 허용된다. 이 때 제217조 제 2 항에서 '이웃土地'가 加害地를 가리키는 것인지, 아니면 被害地를 가리키는 것인지 논란이 되고 있다. 예컨대 주거지역과 공업지역이 혼합되어 있는 경우에 공업지역에 있는 토지를 사용함으로써 주거지역에 있는 토지의 사용을 방해한다면, 어느 토지를 기준으로 판단하여야 할 것인지 문제된다. 공업지역을 기준으로 판단한다면 허용범위가 넓게 되고, 주거지역을 기준으로 판단한다면 허용범위가 좁아질 것이다.

이에 관하여는 被害地를 기준으로 해야 한다는 견해,[52] 加害地를 기준으로 해야 한다는 견해,[53] 加害地와 被害地의 사정을 모두 고려하여야 한다는 견해[54]가 있다. 한편 산업시설의 국가경제적 의의, 한정된 토지 안에서 農·工·住가 함께 영위될 수밖에 없는 현실을 고려할 때, 어느 일방만을 기준으로 할 것이 아니라 양자의 조화적 해결을 기

51) 金曾漢 · 金學東(註 7), 271면; 金基善(註 9), 203면; 民法注解(V), 309면(註 19).

52) 金曾漢(註 9), 193면; 李銀榮(註 7), 465면.

53) 郭潤直(註 11), 313면.

54) 民法注解(V), 307면(註 19).

할 필요가 있다고 하면서, 加害地를 기준으로 하여 그에게 통상적인 생활방해에 대하여는 피해자에게 인용의무가 있고, 다만 피해자는 그로 인하여 생기는 손해에 대하여 보상을 청구할 수 있다는 견해가 있다.[55)]

제217조 제 1 항의 '이웃토지'는 被害地를 가리키는 것이 분명하지만, 제217조 제 2 항의 '이웃토지'는 이와 달리 加害地를 가리키는 것이다. 이와 같이 보는 것이 입법연혁[56)]에도 부합한다. 따라서 토지의 이용이 통상의 용도를 초과하고 있는지 여부는 원칙적으로 加害地를 기준으로 판단하여야 한다. 다만 주거지역에 인접한 공업지역의 경우에는 그러한 사정도 고려하여 통상의 용도에 적당한지를 결정하여야 할 것이다. 토지의 통상의 용도에 적당한 것인지는 그 주변토지의 이용상황도 고려하여 판단하여야 하기 때문이다.

(4) 생활방해가 심각하고 이웃토지의 통상의 용도에 적합한 것이 아니더라도 생활방해를 방지하는 조치를 하는 것이 경제적·기술적으로 기대불가능한 때에는 방해제거청구권을 포함하는 적당한 조치를 청구할 수 없다는 견해가 있다.[57)] 제217조 제 1 항의 조치는 '적당한' 조치이므로 그것이 기술적으로 가능한 것일 뿐 아니라 토지소유자(가해자)에게 이러한 조치를 취하는 것이 경제적으로 기대가능한 것이어야 한다는 것이다.[58)] 이러한 견해 중에는 소유자는 이러한 침해를 수인하되 가해자에 대하여 정당한 보상(손실보상)을 청구할 수 있다는 견해도 있는데, 그 근거를 헌법이 규정하는 가해자측의 생존권의 보장 및 헌법 제23조 제 3 항이 규정하는 피해자측의 특별희생의 한계이론에서 찾

55) 金曾漢·金學東(註 7), 270면. 다만 인용의무가 있는 생활방해는 그 생활방해가 불가피한 경우, 즉 가해자와 같은 종류의 시설이용자로서는 그 방해를 저지할 수 있는 조치를 할 것을 기술상 혹은 경제상 기대할 수 없는 경우에 한한다.

56) 독일민법 제906조.

57) 李英俊(註 7), 454-455면; 李銀榮(註 7), 463면.

58) 李英俊(註 7), 454면.

는다.[59)]

그러나 이 견해는 그 근거가 매우 의심스럽다. 첫째, 헌법 제23조 제 3 항 등 헌법규정에서 위와 같은 인용의무를 도출할 수 있을지는 의문이다. 위와 같은 헌법규정은 국가와 국민의 관계를 규정한 것으로 사인간의 소유권에 관한 분쟁에 직접 적용할 수 없기 때문이다. 둘째, 경제적·기술적으로 기대불가능한 경우에는 과실이 없다는 견해가 있으나, 방지조치를 청구하는 것은 과실의 존부와는 관계가 없다. 셋째, 민법 217조 제 2 항의 문언상 그와 같이 수인한도를 확대할 근거가 없다. 넷째, 독일민법에서 위 견해와 비슷한 표현을 찾을 수 있기 때문에, 독일민법의 경우와 비교해 볼 필요가 있는데, 독일민법에서도 위와 같이 인용의무를 확장하고 있지는 않다. 독일민법은 원래 '지역에 통상적인(ortsüblich) 이용으로 인하여 본질적 침해가 발생한 경우'에도 토지소유자가 이를 금지할 수 없다고 규정하였고(구 독일민법 제906조), 이 규정이 우리 민법 제217조 제 2 항의 母胎가 되었다. 그런데 독일민법 제정 후에 제906조는 대규모의 임미시온이 문제되는 현대생활을 규율할 수 없다고 보아 독일의 判例[60)]는 相隣共同體關係의 原則(Grundsatz des nachbarlichen Gemeinschaftsverhältnisses)을 도입했다. 이웃거주자들은 밀접한 생활공간에 거주한다는 특수성이 있기 때문에, 서로 상대방을 고려할 의무가 있다고 한다. 상린관계에서 독일민법 제906조가 적용되는 범위를 확대하는 한편, 본질적인 임미시온이지만 이를 인용하여야 하

59) 李英俊(註 7), 454면. 특별희생설(Sonderopferungstheorie)은 부담평등의 원칙에서 도출된다고 한다. 즉 당해 소유권의 지위와 상황에 비추어 그러한 소유권에 대하여는 모두 평등하게 동일한 제한이 있고 이러한 제한의 효과가 일반적인 성질을 가지는 경우에는 이러한 제한은 소유권의 내용의 침해가 아니라 단순한 사회적 구속에 해당하므로(헌법 제23조 제 1 항 제 2 문) 보상을 하지 않는다. 이에 대하여 당해 소유권의 지위와 상황에 비추어 그러한 제한이 정당화되지 않는데도 당해 소유권에 대하여만 특별히 제한을 부과하고 그 제한의 효과가 개별적인 성질을 가지므로 특별희생에 해당하게 되는 경우에는 소유권의 침해가 있고 이에 대하여는 보상을 하여야 한다는 것이다(헌법 제23조 제 3 항).

60) RGZ 154, 161; 159, 129; 162, 209; BGH NJW 1959, 97; BGHZ 30, 273.

는 경우에는 손실보상을 청구할 수 있다고 하였다. 그 후 독일에서는 1959년 이러한 판례를 수용하여 위 규정을 개정하였는데, 문언상 인용의무의 범위를 축소하였다. 즉 제906조 제 2 항에서 지역에 통상적인 이용으로 인하여 본질적 침해가 발생하고, 이러한 종류의 이용자가 경제적으로 기대할 수 있는 조치를 하여도 그 침해를 방지할 수 없는 때에, 소유자의 忍容義務가 발생한다고 하였다. 다만 이와 같이 소유자가 방해를 忍容해야 하는 경우에, 그 방해가 피해토지의 통상적인 이용 또는 수익을 기대할 수 있는 정도를 넘어 침해하는 때에는, 소유자는 가해토지의 이용자에게 금전보상(Ausgleich in Geld)을 청구할 수 있다고 하였다.[61] 이를 통하여 토지를 이용하는 사람으로 하여금 이웃토지를 침해하지 않도록 좀더 효과적인 기술적 보호조치를 유도할 수 있다고 한다. 이것은 피해자에게 더욱 유리하게 된 것이라고 할 수 있다. 따라서 본질적인 침해라고 하더라도 지역에 통상적인 침해이고 기술적·경제적으로 기대할 수 있는 조치를 하여도 이를 방지할 수 없는 경우에는 이웃토지의 소유자가 이를 인용할 의무가 있게 된다. 지역에 통상적인 침해에 해당하지 않는 경우에는 원칙적으로 인용의무가 발생하지 않는다.[62] 따라서 위의 견해는 비교법적으로도 납득하기 어렵다. 결론적으로 생활방해가 토지의 통상의 용도에 적합하지 않더라도 그 방지조치가 경제적·기술적으로 불가능하다는 이유만으로 제217조 제 2 항에 해당하는지 상관 없이 인용의무를 부과하는 것은 법적인 근거가 없는 것으로 부당하다고 생각된다.

---

61) Baur/Stürner(註 7), § 25 Rn. 29; Schwab/Prütting(註 7), Rn. 338; MünchKomm-Säcker, § 906 Rn. 134f. 그 후 이 규정은 다시 1994. 9. 21. 개정되어 1994. 10. 1.부터 시행되고 있는데, 독일민법 제906조 제 1 항의 본질적 침해여부를 법령이나 행정규칙에 있는 기준치를 초과하고 있는지 여부에 따라서 정해야 한다는 내용을 추가한 것이다.

62) 다만 법률은 不能이나 禁止된 것을 청구할 수 없기 때문에, 방지조치를 하는 것이 법률상 불가능한 경우에는 방해배제청구권이 생기지 않는다. BGHZ 120, 239; LG Hechingen, *NJW* 1995, 971; Schwab/Prütting(註 7), Rn. 336; Vieweg, "Nachbarrecht und Naturschutz," *NJW* 1993, 2570.

다. 受忍限度의 判斷基準과 行政法規

(1) 건축법, 소음·진동규제법 등 행정법규는 건물 사이의 간격, 소음, 진동 등을 규제하고 있는데, 이러한 법규에서 정하고 있는 기준이 수인한도를 판단할 때 어떠한 영향을 미치는지 문제된다.

건축법은 용적률, 건폐율, 건축물의 높이 등 건축에 관한 상린관계를 규정하고 있으나, 이것이 사법상의 청구권과는 무관하다는 견해가 있다.[63] 건축법은 수인한도를 판단할 때 그것은 건물의 과밀화를 막고, 또한 화재 기타의 위험을 막으려는 것이 목적이며, 개개의 건물 내지 주택 상호간의 일조나 채광 또는 통풍 등의 환경보전을 목적으로 하는 것은 아니기 때문이라고 한다. 대법원[64]도 "건축법에 건축과 관련하여 도로에 관한 폭 등의 제한규정이 있다 하더라도 이는 건물신축이나 증·개축허가시 그와 같은 범위의 도로가 필요하다는 행정법규에 불과할 뿐 위 규정만으로 당연히 원고에게 그 반사적 이익으로서 건축법에서 정하는 도로의 폭이나 면적 등과 일치하는 주위토지통행권이 바로 생긴다거나 주위토지의 특정승계인인 피고에게 위 행정법규의 제한을 수인해야 할 사법상의 의무를 승계한다 할 수는 없는 것"이라고 한 바 있다.[65]

63) 郭潤直(註 11), 325면.

64) 大判 1991. 6. 11, 90다12007(공 1991, 1898).

65) 그리고 행정관청의 인가처분에 하자가 있는지 여부와 사법상 공사금지청구권이 발생하는지 여부는 별개의 문제이다. 大決 1995. 5. 23, 94마2218(공 1995, 2236)은 피신청인이 서울특별시 강남구청장으로부터 도시공원법상의 근린공원인 청담공원 내의 피신청인 소유 토지상에 이 사건 골프연습장을 설치할 수 있다는 인가처분을 받은 데 하자가 있다고 하더라도, 그러한 하자가 있다는 점만으로 바로 위 청담공원 인근주민들인 신청인들에게 피신청인에 대하여 위 골프연습장 건설의 금지를 구할 사법상의 권리가 생기는 것이라고는 할 수 없으므로(다만 위 인가처분의 효력을 다투는 행정소송에서 이러한 하자가 있음을 주장할 수 있는가 하는 점은 별개의 문제이다) 신청인들과 피신청인 사이의 이 사건 가처분신청사건에서 위 인가처분의 하자유무를 따져 볼 필요는 없다고 하였다.

그러나 大判 1989.5.9, 88다카4697(공 1989, 890)은 피고들의 건물증축으로 원고의 건물에 햇빛이 차단됨으로써 손해배상청구권이 발생하였는지 문제된 사안에 관한 것인데, 피고들의 행위가 건축법시행령에 규정된 일조권 등을 위한 건축물의 높이제한규정에 위반되는지 여부와 그 정도를 밝혀 이 사건 건물의 증측으로 인하여 원고의 일조권이 구체적으로 어느 정도 침해되었는지에 관하여 심리하여야 한다고 판결하였다.

그리고 대기환경보전법은 가스, 먼지, 매연, 검댕, 악취물질 등 대기오염물질의 배출기준을 정하고 있고, 소음·진동규제법은 공장소음·진동, 생활소음·진동, 교통소음·진동 등 소음·진동의 종류와 소음·진동의 발생시기를 구분하여 각각의 기준치를 정하고 있다. 이와 같은 환경관계법령에서 정한 기준치를 초과하는 생활방해가 발생한 경우에는 원칙적으로 수인한도를 초과한 것으로 볼 수 있다. 그러나 이러한 법률에서 정해진 기준치에 미달한다고 하더라도 언제나 통상의 용도에 적당한 것으로서 허용되는 것은 아니다. 그와 같은 기준치는 단지 일반적인 한계를 정한 것이고, 이에 미달하는 방해라고 하더라도 상린관계의 당사자 사이에서는 지역적 특성에 따라서 인용한도를 넘는 것이 될 수도 있다.[66]

下級審決定 중에 소음·진동규제법에 정한 기준치에 따라 인용의무를 정한 사례가 있다.[67] 피신청인 유원건설주식회사는 피신청인 서울특별시로부터 서울북부 도시고속화도로 제3공구 공사를 공사대금

66) 金曾漢·金學東(註 7), 271면; 民法注解(V), 304면 이하(註 19). 大判 1991.7.23, 89다카1275(공 1991, 2211)는 대기오염에 의한 공해를 원인으로 하는 손해배상책임의 성립여부가 문제되었는데, "피고 공장에서 배출된 아황산가스의 농도가 환경보전법에 의하여 허용된 기준치 이내라 하더라도…그 유해의 정도가 통상의 수인한도를 넘어 원고 농장의 관상수를 고사케 하는 한 원인이 된 이상 그 배출행위로 인한 손해배상책임을 면치 못한다"고 하였다.

67) 서울民地決 1995.1.12, 94카합12282. 筆者는 당시 裁判部의 一員으로서 이 決定에 관여하였다.

1,269억원에 도급받았다. 피신청인 유원건설은 1993. 6.경부터 1993. 12.경까지 TBM공법으로 위 제 3 공구에 있는 이 사건 터널(길이 1,650m)을 뚫고, 1994. 6.경부터 N.A.T.M.공법으로 터널을 확장하는 발파공사를 진행하고 있었다. 신청인들 14명은 위 터널공사 현장부근에 거주하는 주민들인데, 신청인들의 건물들에서 공사현장과 가장 가까운 거리는 약 23.5m 정도이고, 이 사건 공사기간중 위 건물들에 균열이 생겼다. 그리하여 신청인들은 위 발파공사로 인하여 위 건물들에 균열이 발생하고 화약폭발시의 소음으로 생활에 막대한 지장을 받고 있으며, 공사를 계속할 경우 건물이 붕괴될 우려가 있다고 주장하면서, 공사금지가처분신청을 하였다. 法院은 터널공사의 규모, 진행 정도 등에 비추어 공사를 무조건 금지시킬 수는 없다고 보고, 피신청인들이 위 터널공사를 계속하되, 신청인들의 건물 등에 피해가 가지 않도록 진동과 소음을 일정 한도로 제한하였다. 즉 발파진동속도에 관하여는 신청인들의 약속에 따라 허용기준치보다 낮은 0.3cm/sec로 정하였고, 소음에 관하여는 소음·진동규제법 제39조, 제23조, 같은법 시행규칙 제57조, 별표 9, 별표 15에 의하면, 주거지역의 경우 공사장 소음을 '아침·저녁(05:00~08:00과 18:00~22:00) 75dB, 주간(08:00~18:00) 80dB, 심야(22:00~05:00) 65dB'(소음발생시간이 1일 2시간 미만인 경우)[68]로 규제하고 있기 때문에, 이 기준을 초과하는 소음을 내어서는 안 된다고 決定하였다. 소음이나 진동이 소음·진동규제법령에 정한 기준을 초과하는 경우에는 행정상의 제재에 그치는 것이 아니라, 특별한 사정이 없는 한 사법상의 청구권도 행사할 수 있다고 보아야 한다. 왜냐하면 소음·진동규제법에서 위와 같은 기준을 정한 것은 주변에 거주하고 있는 주민을 보호하는 것이 주요한 목적이라고 볼 수 있기 때문이

68) 한편 지하철공사의 경우에는 소음이 계속적으로 발생하기 때문에, 소음에 대한 규제기준이 아침·저녁(05:00~08:00과 18:00 22:00) 65dB, 주간(08:00~18:00) 70dB, 심야(22:00~05:00) 55dB로 되어 있다.

다. 그러나 위에서 본 바와 같이 이와 같은 법령의 기준치는 절대적인 기준은 아니고, 그 밖에도 소음·진동 등의 발생빈도 및 시기, 당사자들과 그 지역의 특수한 사정 등 제반 사정을 고려하여 수인한도를 판단하여야 한다. 예를 들면 어린이가 내는 소음이나 진동은 좀더 관대하게 인용되어야 할 것이다.

(2) 한편 건축업자 등이 국가나 지방자치단체로부터 건축허가를 받아 공사를 진행중에 있는데, 국가기관인 법원이 인근소유자의 청구에 따라 위와 같은 공사를 금지시키는 것은 사회·경제적으로 많은 손실을 초래할 수 있다.[69] 여기에서 1974년에 제정된 독일의 연방임미시온보호법(BImSchG)[70]에 주목할 필요가 있다. 이 법은 포괄적으로 사람, 동물, 식물과 물건을 환경오염으로부터 보호하고 이를 예방하는 것을 목적으로 제정되었다. 특히 법 제14조[71]는 위험한 시설 또는 환경을 침해하는 시설을 설치하려면 관청의 인가(Genehmigung)를 얻어야 하고, 이웃토지 소유자는 관할관청이 인가한 사적 영업의 임미시온을 인용해야 한다고 정하고 있다. 이 제도는 관청의 인가단계에서 환경영향을 엄밀하게 평가하게 함으로써 환경오염을 미리 방지하는 효과를 가지고 있다는 점, 관청의 인가를 받아 시설을 설치하고 영업을 하고 있는 데 법원이 금지시킴으로써 발생하는 사회·경제적 손실을 방지할 수 있다는 점에서 바람직한 것이라고 생각된다. 우리 나라에서도 이를

69) 위에서 본 부산대학교 사건에서 피신청인이 地方自治團體로부터 건축허가 등을 받아 공사를 시행하고 있는데 法院이 國家의 가처분신청에 따라 위 공사를 금지시키고 있다.

70) 이에 관하여는 우선 鄭在吉, "西獨의 '임미시온'보호법," 서울대학교 法學 제22권 제1호(1981.3), 180면 이하 참조.

71) 이 규정은 "어떤 토지에서 이웃토지에 미치는 유해한 간섭을 방지하기 위하여, 특별한 권원에 근거를 둔 것이 아닌 사법상의 청구권에 기해서는 그 인가가 취소될 수 없는 시설의 영업정지를 청구할 수 없고, 단지 유해한 영향을 배제하는 조치만을 청구할 수 있다. 그러한 방지조치가 기술수준에 비추어 실현될 수 없거나 경제적으로 기대될 수 없는 경우에는 단지 손해배상만을 청구할 수 있다"고 규정한다.

도입할 것을 검토하여야 할 것이다.

라. 民法 제217조의 忍容義務와 不法行爲의 違法性

우리 민법에서 생활방해 또는 환경침해에 대한 구제수단은 물권법에 규정된 방해제거 및 예방청구권과 채권법에 규정된 불법행위로 인한 손해배상청구권이다. 환경침해에 대한 구제를 상린관계로 구성하여야 하는지, 아니면 불법행위로 구성하여야 하는지에 관하여 논의되고 있으나,[72] 두 구제수단은 그 기능이 다른 것으로 이러한 논의는 큰 의미가 없다. 오히려 양자의 관계를 어떻게 볼 것인지, 수인한도론이나 인과관계문제 등 성립요건을 통일적으로 구성할 것인지 여부 등이 더욱 중요한 문제이다.

제217조 제 2 항의 인용의무가 불법행위로 인한 손해배상청구권에 어떠한 영향을 미치는지 문제된다. 대법원은 생활방해 또는 환경침해의 경우에 수인한도론에 따라 불법행위의 위법성을 판단하고 있다.

大判 1974. 6. 11, 73다1691(공 1974, 7931)은 불법행위로 인한 손해배상을 인정한 판결인데, 수인한도에 관하여 상세하게 판단하였다. 사안은 다음과 같다. 피고가 학교건물을 건축하면서 원고들 소유의 대지의 경계선과는 한치의 거리도 두지 아니하고, 위 건물의 2층에서 6층까지 각 난간의 끝부분은 원고 A의 대지 0.3홉과 원고 B의 대지 2홉 2작을 각각 침범하였다. 위 건물의 난간의 끝부분에 높이 1m 7cm 정도의 콩크리트막이만을 설치하여 그 난간에서 떨어지는 빗물과 학교에서 버리는 휴지, 칠판지우개, 잉크병, 유리조각, 나무토막 기타 청소시에 생기는 각종 오물이 원고들의 각 지붕과 마당에 떨어지게 되어 지붕의 기와와 장독대가 깨어지기도 하고 이러한 오물들이 언제나 지붕위에 지저분하게 떨어져 있다. 학생들이 원고들의 지붕에도 올라가

72) 具然昌, "環境汚染의 私法的 救濟 再照明," 환경법연구 제11권, 155면 이하 및 그 곳에 인용된 문헌 참조.

고 원고들의 주택을 내려다보고 부녀자들에게 야유와 희롱을 하는 일이 허다하고 심지어 불이 붙은 담배꽁초를 집어던지는 일까지 있었다. 이와 같은 일은 피고가 경영하는 위 학교가 야간학교를 겸하고 있어서 낮부터 밤 9시까지 계속되어 원고들은 밤낮 없이 소음·불면·불안 속에서 생활하고 있었다. 대법원은 원고들 소유의 부동산에 대한 방해의 정도가 위와 같으면, 이것은 이웃토지의 통상의 용도에 적당한 것이라고 할 수 없으므로, 원심이 위와 같은 피고측의 계속되는 소유물 방해와 소음 및 불안상태의 조성은 이른바 수인의 한도를 넘는 불법이라고 판단한 것은 정당하다고 하였다.[73] 이 판결에서 불법행위의 위법성을 판단하면서 '토지의 통상의 용도에 적당한 것인지' 여부에 따라 판단하고 있는데, 이것은 제217조의 기준이 불법행위의 위법성을 판단할 때에도 적용된다는 것을 보여 주는 것이다.

그리고 大判 1997.10.28, 95다15599(공 1997, 3617)는 병원으로 인한 생활방해를 이유로 위자료를 인정한 판결인데, 생활방해가 수인한도를 넘었는지에 관하여 다음과 같이 판단하였다. ① 피고(의료법인)가 운영하는 종합병원의 부지와 원고들이 거주하는 충인빌라의 부지는 모두 도시계획법에 의하여 일반상업지역으로 지정된 지역 내에 있기는 하지만, 그 지역의 현황은 상가 등 근린생활시설과 주택이 혼재되어 있다. ② 위 충인빌라의 전면이 위 병원의 부지 쪽을 향하여 건축된 다음 상당한 기간이 지난 후에 위 병원이 건축되었다. ③ 위 충인빌라 부지와 병원 부지 사이의 경계로부터 위 병원의 3층 산부인과 입원실의 충인빌라 쪽 창문까지의 직선거리는 차면시설의무가 있는 법정거리인 2m에 미치지 못한다. ④ 비록 위 병원이 그 부지의 도시계획상 용도에 적합한 시설이고 위 병원과 같은 종합병원은 공익시설이며 이를 운영하려면 응급실과 영안실의 설치가 필수적이라고 하더라도 위 병원

73) 또한 피고는 원고들 소유의 토지사용을 방해하여 재산권을 침해하였을 뿐만 아니라 원고의 사생활을 침해한 것이라고 하였다.

및 충인빌라의 현황과 그 위치한 지역의 형태, 토지이용의 선후관계, 피고로서는 위 병원의 운영에 지장을 초래하지 않는 범위 내에서 원고들의 생활방해를 방지하거나 감소시키기 위한 조치를 할 수 있었을 것으로 보이는 점 등 제반 사정에 비추어 볼 때, 피고가 위와 같은 조치를 하지 아니함으로써 발생한 이 사건 생활방해는 원고들에게 사회통념상 요구되는 수인의 한도를 넘은 것이라고 봄이 상당하다.[74] 이 사건은 위에서 본 한일병원 사건과 유사하다. 다만 위 한일병원 사건에서는 인근주민이 병원을 상대로 제217조의 적당한 조치를 청구한 것인데 반하여, 이 사건에서는 손해배상을 청구하고 있다.

이와 같이 이웃하고 있는 부동산의 소유권이 충돌하고 있는 경우에는 불법행위의 위법성을 판단할 때, 대법원은 수인한도론에 따라 판단하고 있는데, 그 기준은 민법의 상린관계규정, 특히 제217조이다. 따라서 제217조의 인용의무와 불법행위의 위법성은 원칙적으로 동일한 기준에 의하여 판단하여야 할 것이다.

마. 公共團體 등에 의한 生活妨害問題

국가 등 공공단체가 설치한 주요시설이나 공익상 중요한 시설에서 발생하는 생활방해에 관하여는 이를 넓게 인용하여야 할 것인지 문제된다. 이에 관하여는 독일에서 많이 논의되고 있다. 獨逸의 判例[75]에 의하면, 임미시온이 독일민법 제906조 제 2 항의 인용한도를 초과한 경우라고 하더라도 공공단체가 공법규정에 기하여 임미시온을 유발한 경

74) 그 밖에 수인한도를 넘었다고 보아 손해배상책임을 긍정한 판결로는 大判 1991. 7. 23, 89다카1275(공 1991, 2211)가 있다. 이에 반하여 大判 1994. 6. 28, 93다51539(공 1994, 2089)는 "지하철운행이나 환기구가동시 발생하는 소음과 진동이 원고들이나 이 사건 건물의 입주자들의 수인한도를 넘어 일상생활의 안온상태가 파괴될 정도의 것이라고 인정할 만한 증거를 찾아볼 수 없다"고 하였다.

75) 독일의 판례에 관하여는 우선 Staudinger-Roth, §906 Rn. 29, 42f.; Münch-Komm-Säcker, §906 Rn. 123ff. 참조.

우(예컨대 군비행장의 제트비행기의 이착륙으로 인한 소음 등)와 個人에 의하여 설치되었다고 하더라도 직접적으로 공익에 봉사하는 중요한 시설(예컨대 변전소, 버스노선, 쓰레기매립지 등)[76]이 임미시온을 발생시킨 경우에는 독일민법 제1004조에 기한 소유물방해배제청구권이 발생하지 않는다고 한다. 이러한 경우에는 방해하는 시설을 중대하게 변경시키지 않는 한도에서 임미시온을 방지 또는 감소시키기 위한 조치를 청구하는 것만이 허용되고, 민법상의 인용한도를 넘는 소유권의 제한에 대하여 이웃거주자에게 손실보상이 인정된다.[77]

獨逸의 學說은 처음에 위와 같은 판례에 찬성하는 견해가 많았으나, 최근에는 판례에 반대하는 견해가 많다.[78] 판례에 따른다면 법률상의 근거 없이 시민의 소유권을 침해할 수 있게 된다. 이것은 시민의 자유와 소유권을 침해하려면 법률상의 수권규정이 필요하다는 법치국가의 법률유보원칙에도 배치된다고 한다. 국가 등 공공단체는 토지를 공익을 위하여 이용하는 경우가 많지만, 개인소유자와 완전히 다르게 보아서는 안 되고, 특별한 공법규정이 없는 경우에는 독일민법 제906조가 국가와 개인간의 관계에서도 적용되어야 한다는 것이다.

우리 나라에서 收用類似的 侵害理論이 활발하게 논의되고 있으나,[79] 국가 등 공공단체의 임미시온에 대하여 우리 민법 제214조, 제

---

76) 그러나 개인이 운영하는 신문인쇄소, 사립학교, 테니스장은 이에 속하지 않는다고 한다.

77) 그 이론적 근거를 高權的 侵害의 경우에는 收用 또는 收用類似的 侵害理論, 사법상의 중요한 기업의 경우에는 민법상의 犧牲補償請求權에서 찾는다. 상세한 것은 Staudinger-Roth, §906 Rn. 66ff., 74ff. 참조.

78) MünchKomm-Säcker, §906 Rn. 127ff.; Staudinger-Roth, §906 Rn. 29f., 45f.; E. Wolf, *Lehrbuch des Sachenrechts,* 2. Aufl., 1979, S. 178f.; Papier, "Immissionen durch Betriebe der öffentlichen Hand," *NJW* 1974, 1797ff.; Medicus(註 42), 784.

79) 大判 1993. 10. 26, 93다6409(공 1993, 3173)는 수용유사적 침해이론에 관하여 언급하고 있고, 행정법에서 이 이론의 수용여부에 관하여 많이 논의되고 있다.

217조를 제한적으로 적용해야 한다고 볼 수는 없다. 국가든 개인이든 법률의 근거가 없이 공익이나 공공복리를 이유로 개인의 소유권을 제한하는 것은 허용되지 않는다. 공익상 반드시 필요한 시설이라고 하더라도 법률에 근거를 두어야 한다.

한편 독일에서는 相隣共同體關係理論에서 가해자의 생존이 위협받는 등 극히 예외적인 상황하에서는 생활방해가 인용될 수 있다고 하는데,[80] 이것은 우리 나라에서도 받아들일 수 있다. 다만 이러한 방해도 사회통념상 회피할 수 있는 것으로 인정된다면 허용될 수 없을 것이다.

5. 適當한 措置

제217조 제 1 항은 독일민법 제906조[81]와 스위스민법 제684조 제 2 항[82]의 규정형식과는 달리, 토지소유자가 매연 등으로 "이웃土地의 使用을 妨害하거나 이웃居住者의 生活에 苦痛을 주지 아니하도록 適當한 措處를 취할 義務"가 있다고 함으로써, 토지소유자의 의무를 규정하는 형식으로 되어 있다. 문언에 충실하게 해석한다면, 토지의 이용을 방해당하는 사람 또는 생활에 고통을 받는 이웃거주자는 적극적으로 토지소유자에 대하여 그 방지를 위한 적당한 措置(법규정에는 措處라는 용어를 사용하고 있으나, 이는 措置와 동일한 것이다)를 취할 것을 청구할 수 있다. 그런데 제217조는 제214조의 소유물방해배제청구권을 전제로

80) 이것은 신의칙에서 도출되는 것으로 考慮의 原則(Rücksichtnahmegebot)이라고 설명하기도 한다. Staudinger-Roth, §906 Rn. 210.

81) 독일민법 제906조의 임미시온에 관한 규정은 독일민법 제1004조의 소유물방해배제청구권을 전제로 일정한 경우에 가스 등의 유입에 대한 금지를 청구할 수 없다는 방식으로 규정되어 있다. 그리하여 독일민법 제906조 자체가 청구권의 근거가 되는 것은 아니라고 한다. Staudinger-Roth, §906 Rn. 3.

82) 스위스민법 제684조 제 2 항은 "특히 매연, 증기, 냄새, 소음 또는 진동에 의한 방해가 유해하고 토지의 상태와 성질 또는 지역적 이용에 비추어 정당화되지 않는 때에는 이를 금지한다"고 규정하고 있다.

한 것으로,[83] 이를 補充(제1항) 또는 制限(제2항)하고 있다고 볼 수 있다. 따라서 이웃토지에 대한 방해가 토지의 통상의 용도에 적당한 경우에는, 토지소유자는 제217조 제1항의 적당한 조치를 청구할 수도 없고, 제214조에 기한 방해배제 및 예방을 청구할 수도 없다. 또한 제217조 제1항에 따른 적당한 조치를 취한 경우에는 제214조에 기한 방해배제 청구권도 발생하지 않는다고 보아야 한다. 이러한 의미에서 제217조는 제214조의 특별규정이라고 할 수 있다.

그러나 생활방해가 이웃토지의 소유자가 인용하여야 할 정도를 넘는 경우에, 소유자는 제217조 제1항에 의하여 적당한 조치를 청구할 수 있는데, 방해의 금지 및 예방도 청구할 수 있다.[84] 大判 1974. 12. 24, 68다1489(공 1975, 8267)도 시체실의 설치로 인하여 이웃거주자가 받는 피해와 고통이 사회관념상 일반적으로 요구되는 수인의 정도를 초과하는 경우에는 방해요인의 제거 내지 예방을 청구할 수 있다고 하였다.

適當한 措置의 내용이 무엇인지는 확정되어 있는 것이 아니기 때문에, 법관이 토지의 이용현황, 사용 또는 생활방해의 정도, 기술수준, 방지조치의 경제성 등을 고려하여 결정하여야 한다. 이것에는 생활방해를 방지하거나 감소시키기 위한 조치가 포함된다. 나아가 수인한도를 초과하는 생활방해가 발생한 경우에 방지조치를 취할 의무가 발생

83) 通說은 제217조 위반으로 인한 방해배제청구권의 발생근거로 소유권 기타 물권에 기한 방해배제청구권을 들고 있다. 郭潤直(註 11), 314면; 民法注解(V), 310면(註 11).

그리고 상린관계에 관한 제217조 이하의 규정은 방해배제청구권으로서의 실질을 가지고 있고, 제214조에서 정하는 방해배제청구권을 일정하게 한정된 경우에 구체화하고 보충하는 성질을 갖고 있기 때문에, 준방해배제청구권이라고도 부른다. 제217조 이하의 규정들은 일반규정인 제214조에 대하여 특별규정이라고 할 수 있지만, 제217조 이하의 규정들이 적용되는 경우에 무조건 제214조의 적용이 배제되는 것은 아니다. 民法注解(V), 239면(註 27); Münch-Komm-Medicus, §1004 Rn. 77 참조.

84) 李英俊(註 7), 454면; 李銀榮(註 7), 467면. 한편 이러한 경우에 방해예방을 청구하지 못한다는 견해가 있으나[郭潤直(註 11), 314면], 이는 부당하다.

할 뿐만 아니라, 손해가 발생한 경우에는 제750조에 따라 불법행위책임이 성립할 수 있다.[85)]

한편 토지의 통상적인 이용에 해당하여 수인한도에 속하는 경우에도 독일민법에서와 마찬가지로 손실보상을 인정하여야 할지 논의되고 있다.[86)] 우리 민법의 해석론으로 수용할 수 있을지는 의문이다. 그러나 입법론으로 이와 같은 규정을 도입할 필요가 있다.

Ⅲ. 環境權에 기한 禁止請求權 문제

헌법 제35조 제1항은 "모든 國民은 健康하고 快適한 環境에서 生活할 權利를 가지며, 國家와 國民은 環境保全을 위하여 努力하여야 한다"고 규정하고 있다. 일반 私人들 사이에서도 환경권이 私權으로 인정되는지, 私人들 사이에서 어떠한 방법으로 적용될 수 있는지 논란이 되고 있다.[87)] 대법원은 환경권을 私的 權利로 인정하는 데 소극적이다.

大決 1995. 5. 23, 94마2218(공 1995, 2236)[88)]은 최초로 환경권이 사법상의 권리가 될 수 있는지에 관하여 판단하였다.

85) 다만 불법행위로 인한 손해배상청구권이 발생하려면 損害가 있어야 한다. 大判 1968. 11. 19, 68다1522(집 16-3, 민 190)는 공장에서 나는 매연, 소음 등으로 인하여 생긴 손해의 배상을 청구한 사안에서, 그러한 사정으로 생활의 방해를 입어 그로 인한 정신적·육체적 손해를 배상청구하는 것은 몰라도, 그러한 사정으로 원고 소유의 대지 및 건물의 시가가 하락하였다고 하여 이를 현실적 손해라고 볼 수 없어 손해배상을 청구하는 것은 허용되지 않는다고 하였다.

86) 朴碤雨(註 11), 91면; 金曾漢·金學東(註 7), 270면.

87) 全昌祚, "環境權의 確立," 法과 環境法 硏究, 200면 이하; 千慶松, "環境權," 司法論集 제10집, 1979, 68면 이하; 李勇雨, "公害防止訴訟," 裁判資料 제2집, 1979, 231면.

88) 이 決定에 대한 評釋으로는 尹眞秀, "環境權侵害를 理由로 하는 留止請求의 許容與否," 大法院判例解說 제23호(1995년 하반기), 법원행정처, 1995, 9면 이하 참조.

事案: 피신청인이 청담공원 안에 11,134.9m²를 소유하고 있었는데, 그 중 4,046.94m²에 골프연습장을 설치하였다. 인근주민인 신청인들이 위 골프연습장을 설치 운영함으로 인하여 위 골프연습장에 출입하는 차량에 의한 교통체증과 소음, 골프연습장에서의 골프공 타격소리와 연습장 내 조명 등으로 인근주민들인 신청인들의 환경권과 생활환경을 침해하게 된다는 이유로 공작물설치금지가처분을 신청하였다.

1심과 원심은 위 신청을 받아들이지 않았다. 이에 대하여 신청인들이 재항고를 하였으나, 大法院은 원심결정이 정당하다고 하였는데, 환경권 등에 관하여 다음과 같이 판단하였다.

"헌법 제35조 제 1 항은 모든 국민은 건강하고 쾌적한 환경에서 생활할 권리를 가지며, 국가와 국민은 환경보전을 위하여 노력하여야 한다고 규정하여 환경권을 국민의 기본권의 하나로 승인하고 있으므로, 사법(私法)의 해석과 적용에 있어서도 이러한 기본권이 충분히 보장되도록 배려하여야 할 것임은 당연하다고 할 것이나, 헌법상의 기본권으로서의 환경권에 관한 위 규정만으로서는 그 보호대상인 환경의 내용과 범위, 권리의 주체가 되는 권리자의 범위 등이 명확하지 못하여 이 규정이 개개의 국민에게 직접으로 구체적인 사법상의 권리를 부여한 것이라고 보기는 어렵고, 또 사법적 권리인 환경권을 인정하면 그 상대방의 활동의 자유와 권리를 불가피하게 제약할 수밖에 없는 것이므로, 사법상의 권리로서의 환경권이 인정되려면 그에 관한 명문의 법률규정이 있거나 관계법령의 규정취지나 조리에 비추어 권리의 주체, 대상, 내용, 행사방법 등이 구체적으로 정립될 수 있어야 할 것이다.

그것은 환경의 보전이라는 이념과 산업개발 등을 위한 개인활동의 자유와 권리의 보호라는 상호 대립하는 법익 중에서 어느 것을 우선시킬 것이며 이를 어떻게 조정 조화시킬 것인가 하는 점은 기본적으로 국민을 대표하는 국회에서 법률에 의하여 결정하여야 할 성질의 것이라고 보아야 할 것이기 때문이다.

헌법 제35조 제 2 항에서 "환경권의 내용과 행사에 관하여는 법률로 정한다"고 규정하고 있는 것도 이러한 고려에 근거한 것이라고 여겨진다."89)

89) 또한 이 決定은 공원이용권에 관하여 위 청담공원이 도시공원법상 근린공원으로 지정됨으로 인하여 신청인들과 같은 일반주민들은 다른 사람의 공동사용을 방해하지 않는 한 자유로이 이 사건 청담공원을 이용할 수 있다고 할 것이

이 決定은 환경권에 기한 금지청구를 할 수 있는지에 관하여 다루고 있다. 대법원은 원칙적으로 이를 부정한 것이다. 그 이유로 사법상의 권리로서의 환경권을 인정하기 위한 명문의 법률규정이 없는 점, 관계법령의 규정취지나 조리에 비추어 금지청구권을 인정할 수 없는 점을 들고 있다.[90] 다만 이 판결은 환경관련법령의 규정취지나 조리에 비추어 환경권에 기한 금지청구가 인정될 가능성을 남겨 놓았다고 볼 여지가 있다.[91]

그런데 대법원이 환경권을 사적 권리로 인정하는 데 지나치게 소극적이라는 비판이 상당수 있다. 그러나 비교법적으로 볼 때 환경권을 사적 권리로 인정하는 나라를 발견하기는 힘들다. 日本에서는 환경권이 일본헌법에 명시적으로 규정되어 있지는 않지만 일본헌법 제13조(행복추구권), 제25조(생존권)에 근거를 둔 헌법상의 권리로 인정된다고 하는데, 다수설과 판례는 환경권을 사법상의 권리로 인정하지 않고 있다.[92] 일본의 하급심판결에서도 환경권을 私權으로 인정한 예를 찾기는 힘들고 환경이익이 침해된 경우에 인격권 또는 물권적 청구권에 기하여 금지청구를 인정하고 있는 재판례가 다수 있다.[93] 美國의 법원

지만 그러한 사정만으로 신청인들이 누구에게나 주장할 수 있는 이른바 공원이용권이라는 배타적인 권리를 취득하였다고는 할 수 없고, 위 골프연습장설치인가처분에 하자가 있다는 이유만으로는 피신청인의 이 사건 골프연습장설치가 신청인들에 대한 불법행위가 된다고 할 수도 없다고 판단하였다.

90) 同旨: 大判 1995. 9. 15, 95다23378(공 1995, 3399).

91) 그리하여 淸州地判 1998. 2. 26, 97카합613(法律新聞 제2687호(1998. 4. 20), 12면)은, 피신청인의 공사로 인하여 신청인들의 식수를 오염시킬 가능성이 있는 경우에는 환경권에 기한 공사중지청구가 인정된다고 판결하면서, 이것이 위 대법원판례에 반하는 것이 아니라고 하였다. 다만 이 판결은 부가적으로 위와 같은 환경권이 인정되지 않는다 하더라도, 생존에 있어 필수적인 식수원이 오염되는 이상 이는 사회통념상 수인할 수 있는 한도를 넘어선다고 보아야 하므로 식수오염의 피해를 입은 사람들은 그 수질오염을 시키는 공사에 대하여 민법 제217조에 기하여도 그 중지를 청구할 수 있다고 하였다.

92) 市川正人, "環境訴訟の可能性," ジュリスト, No. 1037(1994. 1. 1), 185면 이하.

93) 潮海一雄, "大阪空港控訴審判決と違法性," 判例時報 제797호, 7면 이하; 市川正人(註 92), 186면 참조.

에서도 위와 유사한 분쟁에서 환경권을 근거로 한 주장은 받아들여지지 않았다고 한다.[94] 獨逸에서도 환경권 또는 환경이익이 독일민법 제823조 제 1 항의 '기타의 권리'에 포함되는지 여부에 관하여 논의가 있으나, 통설과 판례는 이를 부정하고 있다.[95]

인근소유자의 환경침해가 문제되는 경우에는 소유권과 상린관계에 관한 규정으로 해결하면 충분할 것이다.[96] 왜냐하면 이와 같은 문제에 대하여 민법은 제217조 등에서 상세한 규정을 두고 있기 때문이다. 이러한 규정으로 해결할 수 없거나 다른 개념으로 설명하는 것이 보다 적절한 경우에 다른 개념을 승인할 것인지 여부를 고려하여야 한다. 일본에서 환경권설이 유력하게 제기되고 있는데, 일본에는 우리 민법 제217조에 대응하는 규정이 없기 때문에, 환경권설을 포함하여 다양한 이론이 전개되고 있다고 볼 수 있다. 따라서 일본에서의 논의에 주목할 필요는 있으나, 이를 우리 민법의 해석론으로 그대로 받아들일 수

94) 자세한 것은 趙弘植, "美國憲法上의 環境權," 法曹 제479호(1996. 8), 90면 이하 참조.

95) 이에 관하여는 우선 Medicus(註 42), 779f. 참조.

96) 大判 1998. 4. 28, 97다48913(공 1998, 1487)도 이러한 맥락에서 이해할 수 있다. 이 판결은 "어느 토지소유자가 새로이 지하수개발공사를 시행하여 설치한 취수공 등을 통하여 지하수를 취수함으로 말미암아 그 이전부터 인근토지 내의 원천에서 나오는 지하수를 이용하고 있는 인근토지 소유자의 음료수 기타 생활상 필요한 용수에 장해가 생기거나 그 장해의 염려가 있는 때에는, 그와 같은 생활용수방해를 정당화하는 사유가 없는 한 인근토지 소유자는 그 생활용수 방해의 제거(원상회복)나 예방을 청구할 수 있다고 할 것이다"고 하였는데, 그 근거로 소유물방해제거·예방청구권에 관한 민법 제214조의 규정과 용수장해로 인한 용수권자의 손해배상청구권 및 원상회복청구권에 관한 민법 제236조의 규정을 들고 있다. 민법 제236조는 용수장해로 인한 용수권자의 손해배상청구권 및 원상회복청구권을 규정하고 있을 뿐이고, 생활용수의 방해예방청구권을 규정하고 있지는 않다. 그리하여 이 판결은 생활용수의 방해예방청구권의 근거로 소유권방해제거·예방청구권에 관한 제214조도 제시하고 있는 것이다. 생활용수를 이용하는 것도 소유권의 내용에 포함된다. 그리고 용수장해가 발생하리라는 것이 명백한 경우에는 방해예방청구권을 인정하는 것이 분쟁해결에 바람직하고, 원상회복이 불가능하거나 매우 곤란한 경우에는 사후적인 원상회복청구권만으로는 피해자의 구제를 위하여 충분하지 않기 때문에, 방해를 사전에 예방하기 위한 방해예방청구권을 인정한 것은 타당하다.

는 없는 것이다.[97] 환경침해문제로 논의되는 문제 중 일정한 부분은 제217조에 의하여 포섭될 수 있는 것이다. 물론 해양오염과 같이 환경권의 문제로 파악하는 것이 적절한 경우가 있다. 그러나 이 글에서 다루고 있는 사안들은 환경권이 문제되기도 하지만 오히려 「소유권과 소유권의 충돌문제」로 파악하는 것이 적절하다. 이 때 소유자의 환경이익이나 생활이익도 소유권의 내용으로 파악할 수 있고, 두 소유자의 이익을 형량하는 단계에서 이를 고려하여야 할 것이다.

Ⅳ. 結 論

이상에서 생활방해에 관한 제217조를 중심으로 소유권과 환경보호의 문제에 관하여 살펴보았다.

제217조는 원래 토지소유자의 이익을 조정하기 위한 것이지만, 다양한 환경침해를 사전에 방지하기 위한 私法的 救濟手段의 출발점으로 작용하고 있다.[98] 나아가 환경침해로 인한 불법행위를 판단하는 경우에도 이 규정이 영향을 미치고 있다. 현대생활에서는 부족한 공간에서 더 많은 사람이 살아야 하고 기술의 진보로 환경침해가 빈번해지고 있기 때문에, 제217조의 규정은 더욱 중요한 기능을 수행하게 된다.

제217조는 수인한도론을 채택함으로써 환경권을 절대적으로 보호해야 한다는 시대적 요청을 외면하고 있다는 의문이 제기되고 있다. 그러나 환경권도 다른 권리와 충돌할 때에는 이를 조정하여야 하는 것이다. 소음 없는 공간을 기대하는 것은 가능하지도 않고, 바람직하지도

97) 예를 들면 임미시온에 관한 규정을 두고 있는 우리 민법하에서는 불법행위에 기하여 금지청구권을 도출하려는 시도는 실익이 없는 것이다. 民法注解(V), 310면(註 19).

98) 民法注解(V), 290면(註 19)은 이 규정이 포함한 상린관계에 관한 규정들이 공해문제 내지 환경문제를 토지소유권이라는 법적 수단을 이용하여 해결하는 방법으로 생겨난 것이라고 하기도 한다.

않을 것이다. 그리고 이 규정은 '토지의 통상의 용도에 적당한 것' 또는 '적당한 조처'라는 불확정개념을 사용하고 있는데, 이를 판단하는 기준은 경제발전과 환경에 대한 가치관의 변화, 기술의 발달에 따라 달라지게 될 것이다. 최근 민법제정 당시 예상할 수 없는 다양한 환경문제가 발생하고 있는데, 이러한 개념의 해석을 통하여 탄력적으로 대응함으로써 공평타당한 해결책을 모색할 필요가 있다.

한편 사법상의 구제수단은 개인의 법익이 침해되거나 침해될 우려가 있는 경우에 발생하는 것이기 때문에, 일반적인 환경보호에는 한계가 있다. 최근 환경보호와 관련하여 많은 특별법이 제정되고 있고, 공법의 비중은 더욱 커질 것이다. 이 때 환경침해에 대하여 공법적인 규제기준이 사법상의 구제수단과는 아무런 관련이 없게 된다면, 양자의 불일치로 인하여 법적 안정성이 희생될 뿐만 아니라, 사회적 비용도 증대하게 될 것이다. 따라서 환경에 관한 공법상의 규제기준이 사법상의 구제수단과 유기적인 관련을 갖도록 하는 것은 매우 중요한 과제이다.

(韓國民法理論의 發展(李英俊博士華甲紀念), 1999, 306-336면 所載)

6. 占有者의 所有者에 대한 不當利得返還範圍

—민법 제201조와 제748조의 관계를 중심으로—

I. 序　　論

타인이 소유하는 토지 위로 송전선을 설치함으로써 분쟁이 발생하였다고 하자. 토지 소유자에게는 어떠한 구제수단이 있는가? 민법강의 시간에 종종 드는 문제이다. 이것은 소유권에 관한 전형적인 분쟁유형이기 때문이다. 소유자는 두 가지 대응방법을 갖고 있다. 하나는 송전선의 설치로 인하여 자신의 소유권이 침해되었다고 주장하면서, 송전선을 철거하라고 요구하는 것이다. 송전선 가설자는 소유자의 권리행사가 권리남용에 해당한다고 주장하기도 하지만, 이러한 주장은 거의 받아들여지지 않는다.[1)] 또 다른 구제수단은 부당이득의 반환을 청구하거나 불법행위에 기한 손해배상을 청구하는 것이다. 송전선 가설자가 부당이득으로 반환하여야 하는 것은 무엇인가? 이 글에서 다루고자 하는 문제는 여기에서 시작된다.

민법 제748조는 부당이득의 반환범위에 관하여 규정하고 있다. 한편 민법 제201조 내지 제203조는 占有者와 回復者의 관계를 정하고 있다. 이들 규정은 중복되는 내용도 있고 서로 모순되는 내용도 있다.

1) 大判 1994. 6. 14, 94다8341(법고을LX 검색); 大判 1995. 8. 25, 94다27069(공 1995, 3256); 大判 1996. 5. 14, 94다54283(공 1996, 1835); 大判 2001. 2. 23, 2000다65246(공 2001, 757).

그리하여 어느 규정을 우선할 것인지, 경합하여 적용할 것인지 문제된다. 특히 이 규정들은 청구권의 요건과 효과를 다양하게 규정하고 있기 때문에, 이 청구권들의 경합과 충돌문제를 해결하는 것은 매우 어려운 문제이다.

학설이나 실무에서도 소유자가 점유자를 상대로 부당이득반환을 청구하는 경우에 그 반환여부 및 반환범위와 관련하여 견해가 귀일되어 있는 것은 아니다. 이 문제는 善意의 占有者를 중심으로 많이 논의되었고 판례도 축적되어 있다. 부당이득에 관한 민법 제748조 제 1 항에 의하면 선의의 수익자는 현존이익의 범위 내에서 이를 반환하여야 한다. 그러나 아래 Ⅲ에서 보는 바와 같이 민법 제201조 제 1 항에 정한 선의의 점유자에 해당하는 경우에는 과실취득권이 인정되고, 과실에는 사용이익도 포함된다.[2)] 그런데 최근에는 점유자가 惡意인 경우에 부당이득의 반환범위를 어떻게 정할 것인지 여부가 실무상 어려운 문제로 등장하였다. 민법 제748조 제 2 항에 의하면 악의의 수익자는 그 받은 이익에 이자를 붙여 반환하고 손해가 있으면 이를 배상하여야 한다. 이에 반하여 민법 제201조 제 2 항에 의하면 악의의 점유자는 수취한 과실을 반환하여야 하며 소비하였거나 과실로 인하여 훼손 또는 수취하지 못한 경우에는 그 과실의 대가를 보상하여야 한다. 하급심판결 중에는 악의의 점유자는 사용이익에 이자를 붙여서 반환하여야 한다는 사례도 있고,[3)] 사용이익을 반환하는 것으로 충분하다는 사례도 있다.[4)]

2) 대법원은 이러한 사용이익을 과실에 준한다고 하거나, 과실과 동시할 것이라고 한다. 大判 1987. 9. 22, 86다카1996·1997(공 1987, 1622); 大判 1981. 9. 22, 81다233(공 1981, 14377).

3) 예컨대 서울地判 2002. 3. 29, 2000가합47274. "피고가 위 지중송전로를 설치할 때에 전기사업법 등에 의하여 이 사건 토지의 지하부분에 대한 적법한 사용권한을 취득하는 절차를 거치지 아니한 이상 피고는 악의의 수익자라 할 것이고 부당이득에서 악의의 수익자는 그 받은 이익에 이자를 붙여 반환하여야 하는 것"이라고 한다.

4) 예컨대 서울高判 2002. 9. 26, 2001나65023. 일반적인 부당이득 반환범위를 규정한 민법 제748조 이하의 규정은 법률상 원인 없이 손실자의 재산출연행위

이러한 경우에 利子를 부가하여 반환하여야 하는가라는 이「작은」문제는 물권적 청구권과 부당이득반환청구권의 관계를 어떻게 볼 것인지라는 복잡한 문제와 연결되어 있어 그 해결이 쉽지만은 않은 것처럼 보인다.

이 논문은 타인의 물건을 권원 없이 점유하는 경우에 점유자의 소유자에 대한 부당이득의 반환범위를 밝히고자 한다. 특히 물권적 청구권의 부수적 규정인 민법 제201조와 부당이득의 반환범위를 정하고 있는 민법 제748조의 관계를 중심으로 이 문제를 검토하고 그 바람직한 해결방안을 제시하고자 한다. 이에 관한 독일민법의 규정은 우리 민법의 규정과 다르기는 하나, 독일에서 이 문제에 관하여 많이 논의하고 있기 때문에, 이에 관하여 살펴보는 것은 우리 민법의 해석에도 도움을 줄 것이다.

Ⅱ. 獨逸民法에서 所有者와 占有者의 관계

1. 意　　義

독일민법에서 소유자와 점유자의 관계(Eigentümer-Besitzer-Verhältnis: EBV)에 관한 규정은 매우 상세하고, 그 규정방식과 내용이 부당이득과 밀접한 관련을 갖고 있다. 독일민법 제985조는 물권적 반환청

로 인하여 수익자가 급부를 수령한 경우에 적용되는 규정이므로, 수익자가 손실자 소유의 토지 부분을 법률상 원인 없이 점유·사용하여 수익자가 임료 상당의 이익을 부당이득으로 반환하여야 하는 경우와 같이 손실자의 재산출연행위가 없는 점유자와 회복자 사이의 부당이득 반환범위에는 민법 제748조 제2항이 적용되지 않고, 일반적 부당이득 규정의 특칙에 해당하는 민법 제201조가 적용될 뿐이다. 따라서 비록 피고가 악의의 수익자라 할지라도, 피고는 원고들에게 민법 제201조 제2항에 따라 법정과실인 임료 상당의 사용이익을 반환하면 족한 것이지, 별도로 임료 상당의 사용이익에 부당이득의 성격을 지니는 법정이자를 가산하여 지급할 의무는 없다고 한다.

구권에 관하여 규정하고 바로 이어서 제987조 이하에서 점유자의 소유자에 대한 손해배상과 수익반환에 관하여 규정하고 있다. 제987조 이하의 규정은 소유물에 대한 반환관계가 인정되는 경우에 한하여 인정되기 때문에, 소유물반환청구권의 부수적 청구권이라고 한다. 따라서 적법한 점유를 하는 경우에는 소유자와 점유자의 관계에 관한 규정이 적용되지 않는다.[5] 그리고 부수적 청구권은 채권적 청구권에 해당하는 것으로, 물권적 청구권과는 달리 소유자가 아니더라도 행사할 수 있고, 양도의 대상이 된다.[6]

2. 規律目的

소유자와 점유자의 관계에 대한 규정들의 주된 목적은 선의의 점유자를 부당이득반환청구권과 불법행위에 기한 손해배상청구권으로부터 보호하는 데 있다.[7] 물건을 매수한 경우에 정말 그 물건에 대한 소유권을 취득한 것인지는 어느 누구도 확신할 수 없다. 선의취득이 허용되지 않는 경우도 있고,[8] 물권적 합의가 제대로 이루어지지 않았거나 처분권이 제한된 경우도 있기 때문이다. 따라서 많은 점유자들은 경과실만 있더라도 불법행위에 기한 손해배상청구(독일민법 제823조 제 1 항)를 걱정해야 하고, 그러한 귀책사유가 없다고 하더라도 부당이득반환청구를

5) Baur/Stürner, *Sachenrecht,* 17. Aufl., 1999, S. 104; BGHZ 27, 317; BGHZ 34, 122; BGHZ 100, 95.

6) Medicus, *Bürgerliches Recht,* 19. Aufl., 2002, Rn. 452; Staudinger/Gursky (1999), Vorbem zu §§ 987-993, Rn. 32.

7) 이는 독일민법 이유서(Motive)에 있는 것으로서 현재의 통설이다. Mugdan, *Die gesamten Materialien zum Bürgerlichen Gesetzbuch für das Deutsche Reich, Band Ⅲ: Sachenrecht,* 1899, 219; Medicus(註 6), Rn. 574; Staudinger/Gursky, Vorbem zu §§ 987-993, Rn. 4; Schwab/Prütting, *Sachenrecht,* 27. Aufl., 1997, Rn. 526.

8) 독일민법 제935조는 점유이탈물에 관하여 원칙적으로 선의취득을 허용하지 않고 있다.

격정해야 한다. 이러한 점에서 선의의 점유자를 보호할 필요가 있다고 하여 독일민법 제987조 이하의 규정을 두었다는 것이다. 독일의 통설에 의하면 선의의 점유자의 경우에는 부당이득이나 불법행위에 관한 규정은 적용되지 않고, 소유자와 점유자의 관계에 관한 규정만 적용된다. 이에 반하여 악의의 점유자 또는 소송점유자의 책임에 관한 규정은 소유권의 보호를 완벽하게 하기 위한 것이라고 한다.[9]

한편 독일민법 제987조 이하의 규정이 있다고 하더라도 일반적인 불법행위와 부당이득에 관한 규정들이 적용된다는 소수설도 있다.[10] 오히려 이러한 일반 규정들과 더불어 민법 제987조 이하의 규정들이 적용된다고 한다. 그러나 이러한 소수설은 찬동하는 견해를 찾기 힘들다.

3. 規律內容

입법자는 손해배상, 수익반환과 비용배상의 규정에서 선의의 점유자를 악의의 점유자나 불법점유자보다 유리한 입장에 있도록 정할 것을 의도하고 있다. 신뢰받는 자동차회사로부터 자동차등록증을 확인하고 자동차를 구입한 사람은 그 자동차가 나중에 도난차로 밝혀진다고 하더라도 중고차시장에서 자동차등록증을 제시받지도 않고 값싸게 자동차를 구입한 사람과는 다르게 취급되어야 한다는 것이다.[11]

소유자와 회복자의 관계에 대한 규정들은 매우 복잡하다. 한편으로는 점유자가 선의인지, 아니면 악의인지 여부에 따라 구분하고 있고, 금지된 私力이나 범죄행위에 기한 경우나 무상취득의 경우에 대해서는 별도의 규정을 두고 있다. 다른 한편으로는 그 효과와 관련해서도 손해배상, 수익반환 또는 비용상환에 따라 각각 구분하여 규정하고 있다.

9) Staudinger/Gursky, Vorbem zu §§ 987-993, Rn. 4.

10) Pinger, *Funktion und dogmatische Einordnung des Eigentümer-Besitzer-Verhältnisses*, 1973.

11) Baur/Stürner(註 5), S. 99.

(1) **善意의 占有者**(Redlicher Besitzer)

선의의 점유자라 함은 점유권원이 있다고 확신한 경우를 가리키는데, 점유할 권원이 있다고 믿었더라도 권원이 없다는 것을 알지 못한 데 중과실이 있는 경우에는 선의의 점유자에 포함되지 않는다.[12)]

첫째, 선의의 점유자는 정상적인 경영의 규칙에 따라(nach den Regeln einer ordnungsmäßigen Wirtschaft) 수취한 것이라고 인정되는 과실을 반환할 의무가 없다. 선의의 점유자에게 수익을 보유할 권리가 있으나, 무제한적으로 인정되는 것이 아니다. 선의의 점유자라도 통상적인 수익을 초과하는 부분에 대해서는 소유자에게 부당이득 반환규정에 따라 양도하여야 한다.[13)] 이와 같이 過剩果實(Übermaßfrüchte)을 반환하도록 한 이유는 선의의 점유자는 통상적인 과실만을 보유하여야 한다는 형평상의 고려에 근거를 두고 있다.

선의의 점유자에게 수익보유권을 부여하고 있는 것에 대하여는 중대한 예외가 있다. 하나는 독일민법 제988조에 명문으로 규정되어 있는 것으로, 점유자가 無償으로 점유를 취득한 경우에는 소유자에게 소송계속 전에 수취한 수익을 부당이득의 반환에 관한 규정에 따라 반환할 의무를 진다는 것이다. 다른 하나는 학설과 판례에 의하여 승인된 것이다. 독일에서는 대체로 부당이득을 유형론[14)]에 따라 급부부

---

12) Waltjen, "Das Eigentümer-Besitzer-Verhältnis und Ansprüche aus ungerechtfertigter Bereicherung," *AcP* 175, 100f. 독일민법 제932조는 선의취득에 관하여 규정하고 있는데, 그 제 2 항은 물건이 양도인에 속하지 않는다는 것을 알았거나 중과실로 인하여 알지 못한 경우에는 양수인이 선의가 아니라고 규정하고 있다.

13) 독일민법 제993조 제 1 항은 "제987조 내지 제992조에 정해진 요건이 충족되지 아니한 경우에는, 점유자는 수취한 果實(Früchte)을, 그것이 정상적인 경영의 규칙에 따라 물건의 수득으로 인정될 수 있는 것이 아닌 한, 부당이득의 반환에 관한 규정에 따라 반환하여야 한다. 그 외에 그는 수익반환이나 손해배상의 의무를 지지 아니한다"고 규정하고, 제 2 항은 "점유자가 수익을 취득하는 기간 동안에 대하여는 제101조가 점유자에게 적용된다"고 규정하고 있다.

14) 이에 관하여는 아래 Ⅲ. 1. 참조.

당이득, 침해부당이득, 비용부당이득 등으로 구분하고 있는데,[15] 급부부당이득의 경우에는 수익의 반환에 관하여 부당이득에 관한 규정(독일민법 제812조 제 1 항 제 1 문, 제818조)이 적용된다.

둘째, 물건이 훼손된 경우에도 선의의 점유자는 책임을 지지 않는다(독일민법 제993조 제 1 항).

셋째, 비용상환에 관하여는 독일민법 제994조 제 1 항, 제995조 이하의 규정들이 적용된다. 선의의 점유자는 필요비와 유익비를 청구할 수 있다.

(2) 악의의 점유자(Unredlicher Besitzer)

악의의 점유자는 '점유자가 점유취득시에 선의가 아니었던 경우'를 가리킨다. 즉 점유취득시에 점유할 권원이 없다는 것을 알았거나 중대한 과실로 알지 못한 점유자를 말한다(독일민법 제990조 제 1 항 제 1 문, 제932조 제 2 항).[16] 점유자가 나중에 자신에게 점유할 권리가 없음을 알게 된 경우에는 안 때로부터 악의의 점유자와 동일한 책임을 진다(독일민법 제990조 제 1 항 제 2 문).[17]

악의의 점유자에 관하여는 소송계속 후의 점유자[18]와 동일하게 취급하고 있다(독일민법 제990조 제 1 항). 즉 악의의 점유자는 소유자에 대하여 점유취득시부터 소송계속 후의 점유자에 관한 규정(독일민법 987조, 제989조)에 따라 책임을 진다.[19] 악의의 점유자는 수취한 수익(사용이익을 포함한다)을 반

15) 독일민법 제정 당시에는 부당이득을 통일설에 따라 설명하였으나, Wilburg와 von Caemmerer가 주장한 유형론이 통설로 되었다. 그런데 최근에는 유형론을 비판하면서 부당이득제도를 다시 통일적으로 파악하려는 주장이 제기되고 있다. MünchKomm/Lieb(1997), §812 Rn. 1ff.

16) Baur/Stürner(註 5), S. 99.

17) BGHZ 26, 256; BGH JZ 1963, 255.

18) 이를 소송점유자(Der Prozeßbesitzer)라고도 하는데, 물건의 반환에 대한 소를 제기받은 자를 말한다.

19) 독일민법은 우리 민법과는 달리 먼저 소송점유자에 관하여 규정하고, 악의의 점유자에 관해서는 소송점유자에 관한 규정을 준용하는 방식으로 규정하고 있기 때문에, 규정을 개관하기 어려운 점이 있다. 독일에서도 이러한 체제가 바람직한 것은 아니라는 비판이 있다.

환하여야 할 뿐 아니라, 수취하지 아니한 수익이라도 "정상적인 경영의 규칙에 따르다면 수취할 수 있었던" 것에 대하여는 귀책사유가 있으면 이를 전보하여야 한다(독일민법 제987조 제2항).[20] 그런데 이자에 관하여는 아무런 정함이 없다.

악의의 점유자의 책임에 관하여 수익의 반환, 손해배상, 비용상환으로 나누어 살펴보면 다음과 같다.

첫째, 악의의 점유자는 수취한 수익을 소유자에게 반환하여야 하고, 정상적인 경영의 규칙에 따라 수취할 수 있었던 수익을 수취하지 아니한 경우에는, 점유자에게 귀책사유가 있는 한, 소유자에 대하여 상환의무를 진다(제990조 제1항, 제987조).

둘째, 악의의 점유자는 자신의 귀책사유로 인하여 물건이 손상되거나 멸실하거나 또는 다른 이유로 물건을 반환할 수 없게 됨으로써 발생하는 손해에 관하여 소유자에 대하여 책임을 진다(독일민법 제990조 제1항, 제989조). 타인의 물건을 권원 없이 점유하다가 과실로 파손한 경우에 악의의 점유자는 소유자에게 손해배상책임을 진다. 그리고 독일민법 제990조 제2항은 "지체로 인한 점유자의 그 밖의 책임은 영향을 받지 아니한다"고 규정하고 있다. 따라서 악의의 점유자가 채무의 이행을 지체하였으면 손해배상책임에 관한 규정(독일민법 제286조, 제287조)에 따라 책임을 진다. 이러한 경우에는 점유자에게 과실이 있는지 여부와는 상관이 없다.

셋째, 악의의 점유자는 필요비를 청구할 수 있는데, 소유자를 위한 사무관리의 요건이 존재하는 경우에만 이러한 청구가 가능하다. 그러나 유익비는 그것이 가치를 증가시켰는지 여부와 상관 없이 배상청구를 할 수 없다.

(3) **不法占有者**(Der Deliktsbesitzer)

불법점유자는 금지된 私力(verbotene Eigenmacht) 또는 범죄행위를

20) Baur/Stürner(註 5), S. 101; BGHZ 39, 186.

통하여 책임 있는 사유로 점유를 취득한 경우를 말한다.[21] 이것은 점유자가 선의인지, 악의인지 여부와는 관계 없다. 그런데 점유자가 범죄행위를 통하여 점유를 취득한 경우에는 선의라고 할 수 없을 것이다.

첫째, 불법점유자는 불법행위로 인한 손해배상에 관한 규정에 따라 소유자에 대하여 책임을 진다(독일민법 제992조). 그리하여 손해배상에 관한 일반 규정이 적용되는데, 일실이익도 상환하여야 함은 물론이다. 독일민법에서 손해배상에 관하여 원상회복의 원칙을 채택하고 있으므로, 점유자는 소유자에게 "배상할 의무가 있는 사정이 발생하지 않았더라면 있었을 상태"(독일민법 제249조 제1문)에 있도록 하여야 한다. 따라서 소유자가 취득했을 모든—소유권의 할당내용에 속하는—수익을 모두 배상하여야 한다. 그러나 불법점유자는 악의의 점유자보다 유리한 지위에 놓여 있어서는 안 되기 때문에, 불법점유자가 수취한 수익은 소유자가 이를 수취할 수 없었을지라도 모두 배상하여야 한다. 둘째, 불법점유의

[독일민법에서 소유자와 점유자의 관계에 기한 청구권[22]]

1. 점유자에 대한 소유자의 청구권

상 대 방	물건이 훼손되거나 멸실된 경우?	수익상환?
선의의 점유자	책임 無: 제993조 제1항 후단	상환청구불가 예외: 제988조, 제993조 제1항 전단
악의의 점유자와 소송점유자	책임 있는 사유로 멸실·훼손되거나 반환이 불능으로 된 경우의 책임: 제990조, 제989조	모든 수익: 제990조, 제987조
불법점유자	모든 손해에 대한 책임: 제992조, 제823조, 제249조, 제848조	모든 수익

21) Soergel/Mühl, § 992, Rn. 4.
22) Baur/Stürner(註 5), S. 116.

2. 소유자에 대한 점유자의 청구권

청구권자	비　　용?	수 거 권?	유 치 권?
선의의 점유자	a) 필요비: 긍정. 제994조 제 1 항 b) 유익비: 긍정. 제996조 c) 기타 비용: 단지 수거권. 제997조	긍정: 제997조	긍정: 제1000조 제 1 문
악의의 점유자와 소송점유자	필요비만 청구가능, 사무관리의 경우: 제994조 제 2 항, 제683조, 제684조	긍정: 제997조	긍정: 제1000조 제 1 문
불법점유자	위와 같음: 제850조와 제994조 제 2 항	긍정: 제997조	긍정; 예외: 제1000조 제 2 문

경우에 비용상환에 관해서는 소유자와 점유자 관계에 관한 규정이 그대로 적용된다(독일민법 제850조). 그리하여 불법점유자는 비용상환에 관하여 악의의 점유자와 동등하게 취급된다(독일민법 제994조 제 2 항).

4. 所有物返還責任과 不當利得返還責任의 경합문제

⑴ 意　　義

타인의 물건을 권원 없이 점유·사용하여 이득을 얻은 경우에는 부당이득반환청구권이 성립한다. 이러한 경우에 위에서 본 소유자와 점유자 관계에 관한 규정이 적용될 수도 있고, 부당이득반환청구권에 관한 규정(독일민법 제812조 이하)이 적용될 수도 있기 때문에, 양자의 경합문제가 발생한다. 물론 이득자가 점유자가 아닌 경우에는 경합문제가 발생하지 않음은 물론이다.

독일민법에서 양자의 경합문제에 관하여는 학설이 매우 다양하다.[23] 소유물반환책임에 관한 독일민법 제985조 이하의 규정이 배타적으로 적용된다는 견해가 통설이나, 이에는 몇 가지 예외가 인정된다.[24] 이 문제는 단순하게 어느 하나를 우선하는 것으로 해결되지 않고, 따라서 개별적으로 살펴볼 필요가 있다.

(2) 善意의 점유자

(가) 물건 자체와 과잉과실

독일민법 제987조 이하의 규정들은 단지 손해배상과 이익상환에 대한 청구권만을 규율한다. 따라서 물건을 양도하거나 물건 그 자체를 소비한 경우에는 부당이득법이 무제한적으로 적용된다.[25] 즉 선의의 점유자가 물건을 소비하였으면 점유자는 독일민법 제812조 제 1 항 제 1 문, 제818조 제 2 항에 따라 가액을 배상하여야 한다.

독일민법 제993조 제 1 항에 의하면 선의의 점유자는 과잉과실에 관해서는 부당이득법에 따라 반환하여야 한다. 즉 점유자가 물건 그 자체의 손실로 취득한 과실에 관해서는 부당이득법에 따라 배상하여야 한다. 예컨대 점유자가 물건을 소비한 경우에는 종전 소유자는 소비한 사람에게 독일민법 제812조 제 1 항 제 1 문, 제818조에 따라 그 반환을 청구할 수 있다. 이 경우에는 언제나 침해부당이득의 반환청구이고, 특히 점유자가 점유를 소유자 또는 제 3 자의 급부를 통해서 취득한 경우에도 그러하다. 왜냐하면 이러한 소비는 급부의 목적, 즉 점유뿐만 아니라 급부를 통해서 취득하지 않은 소유권을 침해하는 것이기 때문이다.[26]

---

23) Waltjen(註 12), 100f.는 청구권경합을 인정하는 견해, 청구권규범경합을 인정하는 견해, 급부관계의 우선적용을 주장하는 견해, 소유물반환책임에 관한 독일민법 제985조 이하의 규정이 배타적으로 적용된다는 견해로 나누고 있다.

24) Staudinger/Gursky, Vorbem zu §§ 987-993, Rn. 35ff.

25) Mugdan(註 7), Ⅲ 223; Medicus(註 6), Rn. 597; Waltjen(註 12), 127ff.

26) Medicus(註 6), Rn. 727.

(나) 통상의 수익

독일의 통설과 판례는 침해부당이득의 경우에는 독일민법 제993조 제1항 제2문을 근거로 소유물반환관계를 정한 법규정이 배타적으로 적용된다고 한다.[27] 따라서 점유자가 취득한 통상의 수익과 관련해서는 독일민법 제987조 이하가 배타적으로 적용되기 때문에(독일민법 제993조 제1항), 그러한 한도에서 부당이득반환청구는 배제된다.[28] 아래 (다)에서 보듯이 급부부당이득의 경우에는 이 규정이 적용되지 않기 때문에, 이 규정이 적용되는 경우는 침해부당이득에 한정된다.[29] 그러나 이러한 원칙을 엄격하게 적용하면 납득하기 어려운 결과에 이를 것이다. 그리하여 무상으로 점유를 취득한 경우에는 이 원칙에 대한 예외를 인정하고 있다. 점유자가 무상으로 점유를 취득한 경우에는 소유자에 대하여 소송계속 전에 수취한 수익을 부당이득반환에 관한 규정에 따라 반환할 의무를 진다(독일민법 제988조).

(다) 給付不當利得의 문제

위에서 본 바와 같이 부당이득의 유형을 급부부당이득, 침해부당이득, 비용부당이득 등으로 구분할 수 있는데, 이러한 구분은 소유물반환책임과 부당이득책임의 관계에 관해서도 유용하다. 급부부당이득에 관해서는 소유물반환책임에 관한 규정을 적용할 경우에 많은 문제가 발생하기 때문이다.

예를 들어보자. 소유자 E는 물건을 D에게 양도하였는데, 단지 채권행위만 무효라면, 소유자와 점유자 관계가 발생하지 않는다. 소유권과 점유는 동일인, 즉 D에게 있기 때문이다. 따라서 독일민법 제985조 이하의 규정은 적용되지 않는다. E는 D에 대해서 급부부당이득에 기한 청구권을 가진다. 독일민법 제818조 제1항은 부당이득반환청구권

27) RGZ 137, 206; Soergel/Mühl, vor §987, Rn. 14ff.; Waltjen(註 12), 121f.
28) Medicus(註 6), Rn. 600.
29) Larenz/Canaris, *Lehrbuch des Schuldrechts II/2*, 13. Aufl., 1994, S. 345.

의 범위에 관하여 정하고 있는데, D가 취득한 수익도 포함된다. 그에 반해서 물권행위도 무효인 경우에는 소유자와 점유자의 관계가 존재한다. 즉 E는 D에게 물건의 반환을 청구할 수 있기는 하지만, 독일민법 제987조 이하에 따르면 선의의 점유자인 D에 대해서는 수익상환을 청구할 수 없는 것처럼 보인다. 이렇게 되면 E는 수익상환과 관련하여 그가 소유권을 보유하고 있었을 때보다 소유권을 잃어버렸을 때 더 유리한 지위에 있는 것이 될 것이다. 이것은 매우 이상한 결과로서 평가모순이다. 그리하여 급부부당이득의 경우에는 부당이득반환청구권을 인정하여야 한다는 것이다.[30] 그 방법에는 두 가지가 있다.

독일의 판례는 급부부당이득의 경우에 무상점유자의 수익에 관한 민법 제988조를 유추적용함으로써 해결하려고 한다.[31] 독일의 통설[32]은 이에 반대한다. 급부부당이득에서 법적 원인이 없는 것은 무상으로 점유를 취득하는 경우와 유사하지 않기 때문이다. 그리하여 통설은 계약의 무효를 이유로 부당이득반환을 청구하는 경우에는 목적론적 축소(teleologische Reduktion)를 통하여 선의의 점유자에 관한 제993조 제1항 제2문이 적용되지 않는다고 한다. 이 규정의 보호목적은 점유자가 물건을 제3자로부터 취득한 것이 아니라, 소유자 자신으로부터 무효인 계약에 기하여 취득한 경우에는 미치지 않는다. 이러한 경우에는 대가의 반환에 관한 청구권을 주장할 수 있으며 필요한 경우에는 이러한 청구권과 상계할 수 있다. 따라서 급부부당이득의 경우에 부당이득반환청구권은 독일민법 제987조 이하와 경합한다는 것이다. 위 두 견해는 두 사람 사이에서는 동일한 결과에 이르게 되지만, 점유자가

30) Medicus(註 6), Rn. 574.

31) 이것은 독일제국법원 판결에서 확립되었고(RGZ 163, 348), 독일연방대법원도 이를 따르고 있다(가령 BGHZ 32, 76). 이러한 판결들의 태도에 관하여 상세한 것은 Staudinger/Gursky, Vorbem zu §§ 987-993, Rn. 42ff. 참조.

32) Larenz/Canaris(註 29), S. 340, 345; Medicus(註 6), Rn. 600; Staudinger/Gursky, Vorbem zu §§ 987-993, Rn. 44ff.

점유를 제 3 자의 급부를 통해서 취득했다면, 결론은 서로 달라지게 된다.[33)]

결국 법률행위가 무효인 경우에는 부당이득반환청구권이 발생하는데, 이와 같은 급부부당이득의 경우에는 부당이득에 관한 규정이 적용된다. 따라서 선의의 점유자라도 수취한 수익을 반환하여야 한다. 그리고 급부부당이득의 경우에는 소유자와 점유자 관계에 관한 규정에도 불구하고 독일민법 제818조 제 2 항의 가액배상청구권도 아무런 제한 없이 적용된다.[34)]

(3) 惡意의 점유자

독일민법 제818조는 부당이득반환청구권의 범위에 관하여 정하고 있는데, 제 4 항은 소송계속시부터 수령자는 일반규정(allgemeine Vorschriften)에 따라 책임을 진다고 규정하고 있다. 또한 독일민법 제819조는 수령자가 악의인 경우와 법률위반이나 양속위반의 경우에는 소송계속된 경우에 준하여 반환의무를 진다고 규정한다. 결국 악의의 수익자는 일반규정에 따라 책임을 지는데, 독일민법 제292조는 반환의무가 있는 경우에 손해배상, 수익반환 및 비용상환청구권에 관해서 소유자와 점유자의 관계에 관한 규정을 적용하도록 하고 있다. 그러므로 악의의 수익자는 독일민법 제818조가 아니라 소유자와 점유자의 관계에 관한 제987조에 따라 수익을 반환하여야 하고, 제989조에 따라 손해배상을 하여야 한다. 비용상환에 대해서도 독일민법 제818조 제 3 항이 아니라 제994조 제 2 항이 적용된다.[35)]

(4) 結 語

선의의 점유자에 대해서는 부당이득책임이 소유물반환책임보다 더

---

33) 이에 관하여는 Larenz/Canaris(註 29), S. 340; Medicus(註 6), Rn. 600 참조.
34) Larenz/Canaris(註 29), S. 339.
35) Larenz/Canaris(註 29), S. 314.

엄격하다. 그러나 독일민법 제818조 제1항에 의하면 수익은 원칙적으로 항상 반환되어야 한다. 그런데 독일민법 제987조 이하, 제990조에서는 소송점유자와 악의의 점유자, 무상취득의 점유자에 해당하는 경우에만 수익을 반환하여야 한다고 정하고 있다. 한편 독일의 판례는 급부부당이득의 경우에는 무상점유자에 관한 규정을 유추적용하여야 한다. 이에 대하여 학설은 목적론적 축소(teleologische Reduktion)를 통하여 선의의 점유자에 관한 독일민법 제993조 제1항 제2문을 적용하지 않고 부당이득의 반환범위에 관한 독일민법 제818조 제1항을 적용한다. 한편 악의의 점유자에 대해서는 부당이득반환책임에서 소유물반환책임에 따라 정하도록 하기 때문에, 경합문제가 발생하지 않는다.

5. 所有物返還責任과 不法行爲責任의 관계

소유물반환책임이 있는 경우, 즉 물권적 반환청구의 상황이 존재하는 경우에는 소유자와 점유자의 관계에 관한 규정이 적용되고 독일민법 제823조 이하는 적용되지 않는 것이 원칙이다(독일민법 제993조 제1항).[36] 그렇지 않고 불법행위책임을 인정하면, 특히 경과실만 있는 점유자에 대해서는 소유자와 점유자 관계의 보호목적이 충족될 수 없기 때문이다. 그러나 불법행위법의 이러한 보충성에 대하여는 예외가 있다.

첫째, 부적법한 타주점유자는 불법행위에 의한 손해배상책임을 질 수 있다(독일민법 제823조 이하). 그리고 계약을 체결하였으나, 이 계약이 무효인 경우에 불법행위책임이 성립할 수 있다. 이 때 계약이 유효하였다면 계약을 통하여 보호를 받았을 한도에서 손해배상책임이 성립한다. 예를 들어보자. 소유자 E 자신이 주거용 건물을 M에게 임대하였는데, 그 임대차계약은 무효이다. 이 경우에 M이 유리창을 깨뜨렸다고 하자. 이 사례에서 M은 창문을 깨뜨린 것에 대하여 계약에 기한 책임을 지지

36) Staudinger/Gursky, § 992, Rn. 1.

않지만, 불법행위에 기한 손해배상책임을 진다.[37] 이 경우에 M은 자신의 점유권이 실제로 존재했더라면 책임을 지게 되었을 한도에서 손해배상책임을 진다.[38]

둘째, 점유자가 범죄행위나 금지된 사력을 통해서 점유를 취득했다면 불법행위에 기한 손해배상책임이 발생한다(독일민법 제992조). 이러한 경우에도 독일민법 제987조 이하의 규정이 적용될 수 있다. 종전에는 양청구권의 경우에 소멸시효의 기간이 달랐기 때문에 의미가 있었으나,[39] 2002년 1월 1일부터 시행되는 독일채권법 개정으로 두 청구권 모두 독일민법 제195조, 제199조에 따라 3년의 통상 소멸시효기간이 적용된다.

Ⅲ. 우리 民法 제201조와 제748조의 관계

1. 物權的 請求權과 不當利得返還請求權의 관계

부당이득은 법률상의 원인 없이 타인의 재산 또는 노무로 인하여 이익을 얻고 이로 인해서 타인에게 손실을 입힌 자는 그 이득을 반환하여야 한다(민법 제741조). 이득자는 原物을 반환하는 것이 원칙이다. 그러나 이득자가 받은 물건을 소비한 경우 등 원물을 반환할 수 없는 때에는 그 가액을 반환하여야 한다(민법 제747조 제1항). 나아가 민법 제748조는 이득자의 선의·악의에 따라 부당이득의 반환범위를 구분하고 있는데, 이는 서론에서 본 바와 같이 점유자와 회복자에 관한 민법 제201조와 충돌할 수 있다. 그렇다면 민법 제201조와 제748조의 관계를 어떻게 이해

37) 통설이다. Baur-Stürner(註 5), §11, Rn. 32.

38) K. Müller, "Deliktsrechtliche Haftung im Eigentümer-Besitzer-Verhältnis," *JuS* 1983, 516ff.; Medicus(註 6), Rn. 595.

39) Staudinger/Gursky, §992, Rn. 27.

할 것인가?

먼저 물권적 청구권과 부당이득반환청구권의 관계에 관하여 살펴보자. 이득자가 법률상 원인 없이 소유권 등 본권을 취득한 경우에 손실자는 소유권 등 본권에 관한 부당이득반환을 청구할 수 있다. 그런데 소유권 등 본권을 취득하지는 않고 점유만을 취득한 경우에도 부당이득이 성립한다고 한다. 왜냐하면 점유는 점유권을 발생시키고, 이 점유권에 관하여 인정되는 여러 법률효과를 통해서 그 취득자의 법적 지위를 유리하게 하기 때문이다. 이를 占有의 不當利得이라고 한다.[40] 이러한 경우에 소유자는 소유물반환청구권을 행사할 수도 있고, 부당이득반환청구권을 행사할 수도 있다. 이와 같이 소유권 기타의 본권에 의한 물권적 청구권과 점유의 부당이득반환청구권이 경합하는 경우에 다수설은 다음과 같이 설명한다: 이득자가 법률상의 원인 없이 단순히 점유만을 취득한 경우에 이득자와 손실자 사이의 재산적 가치의 이동을 조정하는 제도는 일반적으로 말해서 부당이득이다. 그러나 그 조정이 현물의 반환이라는 형식으로 행해지는 한도에서는 물권적 청구권이라는 특수한 제도를 따라야 한다. 즉 원물반환의 경우에는 소유권이 반환자에게 이전하느냐의 여부[41]를 가릴 것 없이 민법 제201조 내지 제203조의 규정에 따라 반환범위를 정해야 한다. 이것은 민법 제201조 이하를 제748조의 특칙으로 보고, 양자는 법조경합의 관계에 있다는 것이다. 이에 반하여 그 조절이 가격반환이라는 형식으로 행하여지는 경우에는 부당이득의 일반원칙에 따라야 하고, 민법 제201조 내지 제203조는 적용되지 않는다고 한다.[42]

---

40) 상세한 것은 郭潤直, 債權各論, 신정수정판, 2000, 426면 참조.

41) 물권행위의 유인론과 무인론에 따라 이에 관한 설명이 달라진다.

42) 郭潤直, 債權各論(註 40), 450면 이하; 金基善, 韓國債權法各論, 법문사, 1982, 229면; 金顯泰, 新稿 債權法各論, 일조각, 1975, 329면; 金相容, 債權各論(下), 법문사, 1999, 29면, 85면; 金錫宇, 債權法各論, 박영사, 1978, 458면; 朴駿緖 편, 註釋 民法[債權各則(5)], 한국사법행정학회, 제 3 판, 1999, 439면

그러나 부당이득에 관한 유형론을 전제로 민법 제201조는 침해부당이득의 경우에 적용될 뿐이고, 급부부당이득의 경우에는 민법 제201조가 적용되지 않는다는 견해가 유력하게 제기되고 있다. 급부부당이득의 경우에는 계약법의 원리나 부당이득의 법리에 따라 해결하여야 한다는 것이다.[43] 물권적 청구권과 부당이득반환청구권이 적용되는 경우를 엄밀히 구분하여 침해부당이득의 경우에는 민법 제201조 내지 제203조만이 적용되고, 급부부당이득의 경우에는 부당이득의 문제로 다루어야 한다고 설명하기도 한다.[44]

이 문제는 부당이득제도를 어떻게 이해할 것인지 여부와 밀접하게 관련되어 있다. 민법 제741조는 "법률상 원인 없이 타인이 재산 또는 노무로 인하여 이익을 얻고 이로 인하여 타인에게 손해를 가한 자는 그 이익을 반환하여야 한다"라고 규정하고 있다. 따라서 우리 민법은 부당이득제도를 하나의 통일적인 일반적 제도로 규정하고 있다. 종래 多數說[45]은 부당이득의 기초를 統一說, 그 가운데서도 公平說에 따라 설명한다. 위 규정의 '법률상 원인'도 특정의 당사자 사이에서 생긴 재산적 가치의 변동이 당사자들 사이의 관계에서도 정당한 것으로서 유지되어야 한다는 공평의 이념에 바탕을 둔 실질적·상대적 이유라고

(任漢欽 집필부분); 丁玉泰, "不當利得의 返還範圍에 관한 一考察," 民法學論叢(곽윤직교수화갑기념논문집), 1985, 617면 이하.

43) 金曾漢 편, 註釋 債權各則(Ⅲ), 1986, 234면 이하(梁彰洙 집필부분); 郭潤直 편, 民法注解(Ⅳ), 1992, 363면(梁彰洙 집필부분); 朴駿緖 편, 註釋 民法[債權各則(5)], 제 3 판, 1999, 542면(玄炳哲 집필부분); 李英俊, 物權法, 박영사, 1996, 327면; 李銀榮, 債權各論, 제 3 판, 박영사, 1999, 698면; 金疇洙, 債權各論(下), 삼영사, 1989, 554면; 金龍潭, "雙務契約의 無效·取消와 不當利得," 民事裁判의 諸問題 제 3 권, 1985, 124면 이하; 崔相鎬, "善意占有者의 果實取得權," 民法學의 回顧와 展望: 民法典施行三十周年紀念論文集, 韓國司法行政學會, 1993, 229면 이하; 梁亨宇, "占有者와 回復者의 關係," 연세법학연구 제 7 집 제 1 권(2000. 6), 250면 이하; 玄炳哲, "不當利得效果에 관한 一考察," 私法의 諸問題(金洪奎博士華甲紀念論文集 Ⅱ), 1992, 229면.

44) 李銀榮, 債權各論(註 43), 제 3 판, 1999, 683면; 金學東, "物權的 請求權과 不當利得返還請求權과의 관계," 판례월보 제341호(1999. 2), 52면.

45) 郭潤直, 債權各論(註 40), 442면.

한다. 이에 반하여 類型論[46]은 부당이득을 급부부당이득, 침해부당이득, 비용부당이득 등으로 구분하여 설명한다. 먼저 계약에 기한 채무를 이행하기 위하여 급부가 이루어졌을 때 그 계약이 무효이거나 취소된 경우에는 그 급부를 반환하여야 한다. 이와 같이 계약관계를 청산하기 위한 기능을 수행하기 위한 부당이득을 給付不當利得이라고 한다. 侵害不當利得은 타인의 재화를 권한 없이 사용·소비·처분함으로써 소유권 등이 침해된 경우에 성립한다. 그 침해가 권리자의 의사와는 무관하게 발생한다는 점에서 급부부당이득과 구별된다. 費用不當利得은 타인의 채무를 변제하거나 타인 소유의 물건에 비용을 지출하였는데, 비용지출자가 사무관리의 요건을 충족하지 못하는 경우에 문제된다. 비용부당이득의 경우에는 손실자 자신의 행위에 의하여 재산이 이동된다는 점에서 급부부당이득과 같지만, 급부부당이득의 경우에는 그 재산의 이동이 의무의 이행을 위하여 행해짐에 반하여, 비용부당이득의 경우에는 재산의 이동이 자기 자신을 위하여 이루어지거나 혹은 착오로 이루어진다. 여기에서 이 문제를 자세히 다루지는 않겠지만 부당이득의 성립요건을 좀더 명확하게 인식할 수 있고 그 효과에 관해서도 적정한 결론을 도출할 수 있다는 점에서 類型論이 타당하다고 본다.

급부부당이득의 경우에는 계약법의 원리나 부당이득법에 따라 해결하여야 하고, 따라서 점유자와 회복자의 관계에 관한 민법 제201조가 적용되지 않는다. 침해부당이득의 경우에 한하여 민법 제201조가 적용될 수 있다. 독일법에서도 급부부당이득의 경우에는 침해부당이득과는 달리 부당이득청구권과 독일민법 제987조 이하가 경합한다고 보

46) 梁彰洙, "一般不當利得法의 硏究," 서울대 대학원 박사학위논문, 1987, 254면 이하; 崔錦淑, "不當利得에 관한 硏究," 이화여대 대학원 박사학위논문, 1987, 141면; 金載亨, "不當利得에 있어서의 「法律上 原因 없이」에 관한 類型的 考察," 제18기 司法硏修生論文集, 1989, 69면 이하; 金相容, 債權各論(下)(註 42), 25면, 32면; 李銀榮, 債權各論(註 43), 686면; 註釋 民法[債權各則(5)], 430면; 金亨培, 事務管理·不當利得, 박영사, 2003, 76면.

고 있다.

그렇다면 침해부당이득의 경우에는 민법 제201조를 배타적으로 적용하여 해결하여야 하는가? 민법 제201조는 선의의 점유자와 악의의 점유자에 관하여 규정하고 있는데, 두 경우 모두 민법 제201조만을 적용하고 제748조를 배제하여야 하는가? 이에 관한 결론을 내리기에 앞서 선의의 점유자의 경우와 악의의 점유자의 경우로 구분하여 검토할 필요가 있다.

2. 善意의 占有者

부당이득에서 수익자의 반환범위에 관하여 민법 제748조 제 1 항은 선의의 수익자는 그 받은 이익이 현존한 한도에서 반환할 책임이 있다고 규정한다. 여기에서 선의는 자신이 얻은 이익이 법률상 원인 없음을 알지 못한 수익자이다. 그러나 민법 제201조 제 1 항은 선의의 점유자는 점유물의 과실을 취득한다고 규정함으로써, 선의의 점유자에 해당하면 이익의 현존여부와는 상관 없이 과실을 반환할 필요가 없게 된다. 제201조 제 1 항은 부당이득에 관한 제748조 제 1 항에 비하여 선의의 점유자에게 특혜를 부여하고 있다. 이 때 선의의 점유자라 함은 소유권, 지상권, 임차권 등의 과실수취권이 있는 本權이 있다고 오신한 점유자를 말하고, 그와 같은 오신을 함에는 오신할 만한 근거가 있어야 한다.[47] 우리 민법에서 선의는 무과실을 포함하지 않는데도 불구하고 이 경우에는 선의의 의미를 제한하고 있다.

통설과 판례는 선의의 점유자의 경우에는 부당이득의 성립을 부정

47) 大判 1969. 9. 30, 69다1234(集 17-3 민, 162면); 大判 1988. 12. 20, 88다카6709(공 1989, 197); 大判 1992. 12. 24, 92다22114(공 1993, 593); 大判 1995. 8. 25, 94다27069(공 1995, 3256); 金曾漢·金學東, 物權法, 제 9 판, 박영사, 1997, 228면; 金相容, 物權法, 전정판, 법문사, 292면; 尹喆洪, 物權法講義, 박영사, 1998, 162면; 民法注解(Ⅳ), 381면. 이와 달리 선의의 점유자인지 판단하는 것은 過失과는 상관 없다는 견해로는 郭潤直, 物權法, 제 7 판, 박영사, 2002, 155면; 金容漢, 物權法論, 박영사, 1980, 224면; 李英俊(註 43), 372면.

한다.[48] 이것이 민법 제201조 제 1 항의 문언에 충실한 해석이다. 위 규정의 문언이 과실을 취득한다고 규정하고 있기 때문이다. 그러나 현존이익이 있는 경우에는 이를 반환하여야 한다는 주장[49]도 있고, 독일 민법과 마찬가지로 無償으로 점유를 취득한 경우에는 과실취득권을 부정해야 한다는 주장[50]도 있다.

이 규정은 선의의 점유자에게 지나치게 큰 특혜를 부여하고 있다고 볼 수 있다. 그리하여 판례가 선의의 의미를 좁게 해석하고 있는 것도 수긍할 수 있다. 독일에서도 소유자와 점유자의 관계에 관한 규정에서는 부당이득의 경우와 달리 선의의 의미를 제한적으로 파악하여 점유자가 권원 없음을 알지 못한 데 중과실이 있는 경우에는 악의의 점유자로 보고 있다.

그런데 점유자가 민법 제201조 제 1 항의 선의의 점유자에 해당하는 경우에도 불법행위가 성립할 수 있는지 문제되나,[51] 부정하여야 할 것이다. 민법 제201조 제 1 항에서 말하는 선의의 점유자를 본권이 있다고 믿고 이와 같이 믿은 데 근거가 있는 경우로 한정하고 있기 때문에, 과실에 의한 불법행위가 성립할 수 없다고 보아야 한다.[52]

---

48) 大判 1967. 11. 28, 67다2272(集 15-3, 민 338); 大判 1976. 7. 27, 76다661(공 1976, 9315); 大判 1978. 5. 23, 77다2169(공 1978, 10963); 大判 1981. 9. 22, 81다233(공 1981, 14377); 大判 1987. 9. 22, 86다카1996·1997(공 1987, 1622); 大判 1995. 5. 12, 95다573·580(공 1995, 2112); 大判 1996. 1. 26, 95다44290(공 1996, 763); 金相容, 物權法, 전정판, 법문사, 1999, 292면; 金曾漢·金學東(註 47), 230면; 李英俊(註 43), 372면; 民法注解(Ⅳ), 394면; 高翔龍, 物權法, 법문사, 2001, 219면; 尹喆洪(註 47), 162면; 金文洙, "善意占有者의 果實取得權과 不當利得返還義務," 대법원판례해설 제 8 호, 1988, 97면; 李銀榮, 物權法, 개정판, 2000, 359면은 이론구성은 다르지만 동일한 결론이다.

49) 郭潤直, 物權法(註 47), 155면; 金容漢(註 47), 225면; 金亨培(註 46), 168면.

50) 李英俊(註 43), 374면; 崔相鎬(註 43), 244면; 梁亨宇(註 43), 246면 이하.

51) 이를 긍정한 대법원판결이 있다. 즉 大判 1966. 7. 19, 66다994(集 14-2, 민 205)는, 피고가 토지의 선의의 점유자로 그 과실을 취득할 권리가 있다고 하더라도 피고에게 과실이 있으면 불법행위로 인한 손해배상의 책임이 있다고 한다.

52) 상세한 것은 民法注解(Ⅳ), 394면 이하.

한편 물건 자체를 소비하였거나 양도한 경우에는 민법 제747조[53]에 따라 원물을 반환할 수 없다고 보아 그 가액을 반환하여야 한다.[54] 이러한 경우에는 과실을 취득하는 것이 아니기 때문에 선의의 점유자의 과실취득권을 규정한 민법 제201조가 적용되지 않기 때문이다.

3. 惡意의 占有者

민법 제748조 제 2 항은 악의의 수익자는 그 받은 이익에 이자를 붙여 반환하고 손해가 있으면 이를 배상하여야 한다고 규정하고 있다. 이에 반하여 민법 제201조 제 2 항은 악의의 점유자는 수취한 과실을 반환하여야 하며 소비하였거나 과실로 인하여 훼손 또는 수취하지 못한 경우에는 그 과실의 대가를 보상하여야 한다고 규정하고 있다.[55] 민법 제748조 제 2 항이 제201조 제 2 항에 비하여 손실자에게 유리하다고 볼 수 있다. 점유로 인한 과실에 관해서는 제201조 제 2 항이 우선적으로 적용되어야 한다는 견해가 있으나,[56] 이 두 조문의 내용을 개별적으로 분석해 볼 필요가 있다.

(1) 악의의 점유자는 수취한 과실을 반환하여야 하고, 이 과실에는 사용이익이 포함된다. 이 점에서는 두 규정 사이에 차이가 없다. 그러므로 타인의 토지를 점유한 경우에 악의의 점유자는 토지의 사용이익으로 임료 상당액을 지급하여야 한다. 만일 타인의 토지 위에 송전선을 설치하였다면, 토지의 상공에 대한 구분지상권에 상응하는 임료 상당액을 지급하여야 한다.[57] 과실을 수취하였으면 이를 반환하여야 하

53) 민법 제747조 제 1 항은 "수익자가 그 받은 목적물을 반환할 수 없는 때에는 그 가액을 반환하여야 한다"고 규정하고 있다.

54) 註釋 債權各則(Ⅲ), 236면; 李銀榮, 債權各論(註 43), 698면.

55) 악의의 점유자에 관한 제201조 제 2 항은 暴力 또는 隱秘에 의한 점유자에 준용한다(제201조 제 3 항).

56) 郭潤直, 債權各論(註 40), 427면; 金相容, 債權各論(下)(註 42), 85면; 金亨培(註 46), 168면.

57) 大判 1996.5.14, 94다54283(공 1996, 1835) 등 다수.

고 점유자가 이를 소비했는지 여부와는 관계가 없다. 이 점을 민법 제201조 제2항이 명시하고 있다고 볼 수 있다.

(2) 민법 제201조 제2항에서 점유자의 過失로 인하여 果實을 수취하지 못한 경우에는 그 果實의 대가를 보상하여야 한다고 규정하고 있는데, 이는 민법 제748조 제2항에서 정하고 있는 손해배상에 속하는 것으로 볼 수 있다.[58] 大判 1980. 7. 8, 80다790(集 28-2, 민 127)은, 피고시가 원고 소유인 대지를 법률상 원인 없이 도로로 조성하여 점용·사용하고 있음을 이유로 원고가 피고에 대하여 위 대지에 대한 임료 상당액의 반환을 구하는 경우에는 원고는 피고가 받고 있는 이득인 도로로서의 임료 상당액 이외에 민법 제748조 제2항에 의하여 원고가 입고 있는 손해배상까지를 구하고 있는 것이라고 볼 수도 있으므로 피고시는 대지로서의 임료 상당액을 원고에게 반환하여야 한다고 판결한 바 있다. 이러한 경우에는 이득보다 손해가 크기 때문에, 부당이득반환청구만으로는 손해를 회복할 수 없고, 손해배상을 청구할 필요가 있다. 그런데 이 판결은 침해부당이득에 관한 사안인데도 민법 제748조 제2항을 적용하고 있음은 주목할 필요가 있다. 이 판결은 민법 제201조와 제748조의 관계를 의식하지 않았던 것으로 여겨지나, 어느 규정에 따르더라도 동일한 결론에 도달한다.

(3) 果實을 훼손한 경우에는 민법 제201조 제2항이 악의의 점유자를 우대하고 있다. 즉 민법 제201조 제2항에서 과실을 훼손한 것이 점유자의 過失에 기인한 경우에는 그 果實의 대가를 반환하여야 한다고 정하고 있다. 이에 반하여 민법 제748조 제2항에 의하면 원물이 훼손된 경우에는 수익자에게 過失이 없더라도 그 가액반환의 책임이 발생한다.[59] 이러한 경우에는 위 두 조문이 충돌한다고 볼 수 있다.

(4) 민법 제748조 제2항은 '악의의 수익자'의 경우에 받은 이익에

58) 民法注解(Ⅳ), 356면.
59) 註釋 債權各則(Ⅲ), 228면; 李銀榮, 債權各論(註 43), 701면.

이자를 붙여서 반환하고 손해배상을 하도록 규정하고 있다. 이 규정에서 이자의 법적 성격이 명확한 것은 아니지만,[60] 대체로 불법행위에 기한 손해배상으로 파악하고 있다.[61] 그리하여 이자를 반환하도록 한 것은 통상 최소한의 손해배상을 하기 위한 것이라고 한다.[62] 이 규정에 따르면 과실이나 사용이익을 반환하는 경우 이에 덧붙여 이자도 반환하여야 할 것이다.[63] 이에 반하여 점유자와 회복자의 관계를 규정한 민법 제201조 제 2 항에 의하면, 악의의 점유자는 사용이익을 반환하도록 되어 있고, 이자에 관하여 아무런 언급이 없다. 급부부당이득의 경우에는 사용이익에 이자를 붙여 반환하여야 한다는 점에 이견이 없으나,[64] 침해부당이득의 경우에 대해서는 위 I.에서 본 바와 같이 실무상 혼란이 발생하고 있다.[65]

과연 타인 소유의 물건을 점유하는 경우에 점유자는 소유자에게 사용이익과 함께 이자를 부가하여야 하는지 여부라는 문제를 어떻게 해결해야 할 것인가? 악의의 점유자가 수익을 얻은 경우에 그 수익에

60) 독일민법에서는 이자에 관한 언급이 없다.

61) 金曾漢, 債權各論, 박영사, 440면.

62) 註釋 債權各則(Ⅲ), 244면.

63) 가액반환의 경우에 이자를 부가하여 반환하여야 한다는 점은 분명하다. 그런데 원물반환의 경우에도 과실이나 사용이익의 반환만으로 충분한지, 아니면 반환할 원물의 평가액에 대하여 이자를 부가하여 반환하여야 하는지 여부에 관하여는 논란이 있다. 註釋 債權各則(Ⅲ), 245면.

64) 大判 2000.4.11, 99다4238(공 2000, 1165)은, "부당이득의 수익자가 이익을 받은 후 그 이익이 법률상 원인 없음을 안 때에는 그 때부터 받은 이익에 민법 소정의 연 5%의 이자를 붙여 반환하여야 한다"고 판결하였다. 이 판결은 급부부당이득과 침해부당이득을 구분하지 않고 있으나, 사안이 급부부당이득에 관한 것이다. 그리고 大判 2002.2.5, 2001다66369(공 2002, 639)도 급부부당이득에 관한 것인데, 원심은 대출계약이 무효인 경우에 악의의 수익자는 손실자에게 그 대출금 원금에 상당하는 이익에 법정이자를 붙여 반환하여야 할 뿐이고, 이 이자 상당액을 초과하는 손해는 특별한 사정으로 인한 손해로서 소외 새마을금고가 그 사정을 알았거나 알 수 있었다고 볼 수 없는 이상 피고에게 배상할 의무가 없다고 판단하였고, 대법원은 이를 지지하였다.

65) 이것은 일본민법의 규정과 동일한데, 일본 하급심판결 중에는 이자의 반환을 인정한 예가 있다. 日大阪高裁 1974(昭和 49).6.28. 判決(訟務月報 20권 10호, 1면).

이자를 붙여 반환하여야 한다. 그 이유는 무엇보다도 민법 제748조 제 2 항에 따르면 악의의 수익자는 받은 이익에 이자를 붙여 반환하여야 한다고 명시하고 있기 때문이다. 법률문언에 반하는 해석을 하려면 문언에 따른 해석을 배척할 만한 이유가 있어야 할 것이다.

이에 대하여는 다음과 같은 반대논리가 있다. 즉 민법 제201조는 제748조에 대한 특칙이고, 제201조 제 2 항에 따르면 악의의 점유자는 수취한 과실만을 반환하도록 되어 있기 때문에, 악의의 점유자는 '이자를 붙여' 반환할 필요가 없다는 것이다. 그러나 이러한 주장은 타당하지 않다. 민법 제201조 제 2 항에서는 악의의 점유자는 수취한 과실을 반환하여야 한다고 규정하고 있을 뿐이고 수취한 과실에 '이자'를 붙이지 말라고 규정한 것은 아니다. 그러므로 악의의 점유자의 경우에 '이자'에 관하여 민법 제748조 제 2 항과 제201조 제 2 항이 충돌하는 것으로 파악하는 것은 타당하지 않다. 이러한 해석방법이 법률규정은 가급적 충돌되지 않도록 조화롭게 해석하여야 한다는 요청에도 부합한다.

다음으로 타인의 물건을 점유·이용한 경우에는 민법 제201조가 제748조에 대한 특칙이라고 파악하는 것은 두 조문의 관계를 지나치게 일반화한 것이다. 선의의 점유자와 악의의 점유자를 구분하여 살펴보아야 한다. 민법 제201조 제 1 항이 선의의 점유자에게 명시적으로 과실수취권을 부여하고 있기 때문에, 제748조 제 1 항의 선의의 수익자에 관한 규정이 적용되지 않는다. 이것은 악의의 점유자에 관한 규정과는 규정방식이 다르다. 그리고 민법 제201조는 동산의 선의취득에 관한 제249조와도 일맥상통하는 것으로 선의의 점유자를 보호하는 데 중요한 의미가 있는 것이다. 민법 제201조가 악의의 점유자를 조금이나마 보호하기 위한 수단으로 이용되어야 할 근거가 없다. 그러므로 침해부당이득의 경우에도 일반적으로는 민법 제201조와 함께 제748조도 적용된다고 보아야 할 것이고 두 규정의 내용이 충돌하는 경우에 한하여 제201조를 적용하여야 할 것이다.

악의의 점유자는 사용이익을 소유자에게 돌려주었어야 했다. 그런데도 계속 보유함으로써 적어도 이자 상당의 이익을 추가로 얻고 있는 셈이다. 악의의 점유자가 사용이익을 제때 돌려주었더라면 소유자에게 그 이자도 귀속하였을 것이다. 또한 점유자가 소유자와 계약을 체결하여 임차하거나 지상권을 설정받으려면 제때 차임이나 지료를 지급했어야 할 것이다. 그러므로 악의의 점유자가 이자를 반환하지 않아도 된다고 해석함으로써 악의의 점유자를 보호하게 되는 것은 형평에 반한다.

끝으로 불법행위의 경우와 비교해 볼 필요가 있다. 불법행위의 경우에는 명문의 규정이 없는데도 불법행위일부터 지연이자를 붙이고 있다. 악의의 수익자에 해당하는 경우에는 민법 제748조 제 2 항에서 명문으로 이자를 붙여 반환하도록 하고 있는데도 이를 부정하는 결론을 도출하는 것은 납득하기 어렵다. 또한 민법 제201조 제 2 항의 의미를 果實이나 使用利益을 반환하는 것으로 충분하다고 해석하더라도 악의의 무단점유의 경우에 불법행위가 성립할 수 있다.[66] 불법행위로 인한 손해배상에서는 불법행위일부터 지연이자가 발생하기 때문에, 동일한 결론에 도달할 수도 있다. 다만 불법행위의 경우에는 단기의 소멸시효기간이 적용될 수도 있기 때문에, 이에 관한 논란의 여지가 있다. 그러나 이러한 우회를 인정하는 것보다는 직접 이자를 붙여 반환하여야 한다고 해석하는 것이 바람직하다.

한편 점유자의 사용이익반환의무를 기한이 없는 채무로 보고, 원고가 청구한 경우에 한하여 이자 또는 지연손해금을 부가하여 반환하여야 한다고 생각할 수 있다. 그러나 부당이득반환의무가 기한이 없는 채무라고 하더라도 수익자가 악의인 경우에는 불법행위에 준해서 최고 없이 지체에 빠진다고 볼 수 있다.[67]

66) 大判 1961. 6. 29, 4293민상704; 大判 1978. 10. 10, 78다1273.

67) 金亨培(註 46), 280면; 日大判 1927(昭和 2). 12. 26.; 四宮和夫, 事務管理·不當利得·不法行爲(상권), 1981, 96면.

이러한 결론은 獨逸法과 비교해 보더라도 장애가 되지 않는다. 독일법에서도 급부부당이득에 관하여는 소유자와 점유자 관계에 관한 규정이 경합한다고 한다. 그러나 침해부당이득의 경우에는 양자의 경합을 인정해야 한다는 주장도 있기는 하지만, 소유자와 점유자 관계에 관한 규정이 적용된다는 것이 통설이다. 다만 침해부당이득의 경우에도 점유자가 선의인 경우에 한하여 부당이득에 관한 규정이 배제된다. 악의의 점유자인 경우에 관해서는 부당이득과 소유물반환책임이 통일적으로 규정되어 있기 때문이다. 또한 악의의 점유자의 경우에 불법행위가 성립할 수 있음은 물론이다.

Ⅳ. 結 論

이 글의 결론을 간략하게 요약하고자 한다.

(1) 민법 제201조 내지 제203조가 적용되는 것은 소유물반환청구 등 물권적 청구권을 행사할 수 있을 때 적용된다. 그러나 원물반환의 경우에 무조건 제201조 이하의 규정만이 적용되는 것은 아니고, 제748조가 적용될 수도 있다. 물권적 청구권과 부당이득반환청구권에 관한 종래의 다수설은 타당하지 않다.

(2) 급부부당이득의 경우에는 원물반환이 가능하더라도 제201조 이하의 규정은 적용되지 않고 계약법 또는 부당이득법의 법리에 따라 해결하여야 한다. 독일에서도 급부부당이득의 경우에는 부당이득에 관한 규정과 소유물반환책임에 관한 규정이 경합한다고 보고 있다. 그러므로 급부부당이득의 경우에 소유자와 점유자 관계에 관한 규정이 배타적으로 적용될 수 없다는 점은 분명하다.

(3) 제201조 이하의 규정은 타인의 물건을 권원 없이 점유하는 경우, 즉 침해부당이득에 해당하는 경우에 적용될 수 있다. 이 경우에도

물건 자체를 소비하거나 양도한 경우 등 원물 자체를 반환할 수 없는 경우에는 제747조의 규정에 따라 해결하여야 한다.

(4) 침해부당이득에서 과실 또는 사용이익의 반환이 문제되는 경우에는 제748조와 제201조 이하의 규정이 충돌하거나 경합될 수 있다. 이 경우에 제201조 이하의 규정에 따라서 점유자의 소유자에 대한 반환범위를 정해야 하나, 제748조의 적용이 완전히 배제되는 것은 아니다. 이 문제는 선의의 점유자와 악의의 점유자로 구분하여 결론을 내려야 한다.

(5) 선의의 점유자에 해당하는 경우에는 제201조 제 1 항에 따라 과실수취권이 인정되기 때문에, 제748조 제 1 항이 적용되지 않는다는 것이 판례와 다수설이고 이를 수긍할 수 있다. 그러나 입법론으로서는 선의의 점유자에게 과도한 특혜를 부여하고 있는 제201조는 그 요건과 효과를 재정비할 필요가 있다. 독일민법에서는 무상으로 점유를 취득한 경우에는 악의의 점유자와 동일하게 취급하고 있는데, 이러한 규정도 신설할 필요가 있다.

(6) 악의의 점유자에 해당하는 경우에는 가급적 제201조 제 2 항과 제748조 제 2 항이 충돌되지 않도록 해석하여야 한다. 독일법과의 비교를 통해서도 이러한 결론에 장애가 되지 않는다. 독일민법에서는 악의의 점유자의 소유물반환책임에 관한 규정은 부당이득반환범위에 관한 규정과 모순되지 않기 때문에, 우리 민법을 해석하는 데 직접적인 도움이 되지는 않는다. 그러나 독일법은 악의의 점유자를 특별히 보호할 필요가 없다는 점을 시사하고 있다.

(7) 앞에서 본 '이자' 문제는 그 반환을 인정하는 방향으로 해결해야 한다. 즉 타인의 토지를 권원 없이 점유하는 경우에 제748조에 따라 소유자는 점유자에 대하여 토지에 대한 임료 상당액과 함께 이자를 반환하라고 청구할 수 있다. 이렇게 해석하더라도 제201조 제 2 항과 충돌하는 것도 아니다. 제201조 제 2 항은 이자 자체에 관한 언급이 없

고 이자의 반환이 불가능하다고 규정하고 있지 않기 때문이다. 점유자가 소유자와 계약을 체결하여 임차하거나 지상권을 설정받으려면 제때 차임이나 지료를 지급했어야 할 것이다. 이러한 점에서도 악의의 점유자를 보호할 필요가 없다. 이러한 결론은 법률에 관한 문리해석과 목적론적 해석을 통하여 도출된다.

(8) 악의의 점유자가 반환해야 할 범위에 이자가 포함되지 않는다는 견해를 따르더라도 통상 불법행위가 성립할 수 있다. 불법행위의 경우에는 불법행위 성립시부터 이자도 반환하여야 한다.

(法曹 제561호(2003. 6), 47-75면 所載)

[後　　記]

이 논문은 2003년 3월 18일 대법원 비교법실무연구회에서 발표한 내용을 수정·보완한 것이다. 그 후 이 논문에서 다룬 민법 제201조 제 2 항과 제748조 제 2 항의 관계에 관하여 필자의 주장과 동일한 내용의 대법원판결이 나왔다. 大判 2003. 11. 14, 2001다61869(공 2003, 2327)는 "타인 소유물을 권원 없이 점유함으로써 얻은 사용이익을 반환하는 경우 민법은 선의 점유자를 보호하기 위하여 제201조 제 1 항을 두어 선의 점유자에게 과실수취권을 인정함에 대하여, 이러한 보호의 필요성이 없는 악의 점유자에 관하여는 민법 제201조 제 2 항을 두어 과실수취권이 인정되지 않는다는 취지를 규정하는 것으로 해석되는바, 따라서 악의 수익자가 반환하여야 할 범위는 민법 제748조 제 2 항에 따라 정하여지는 결과 그는 받은 이익에 이자를 붙여 반환하여야 한다. 즉 악의 점유자는 과실을 반환하여야 한다고만 규정한 민법 제201조 제 2 항이, 민법 제748조 제 2 항에 의한 악의 수익자의 이자지급의무까지 배제하는 취지는 아니기 때문에, 악의 수익자의 부당이득금 반환범위에 있어서 민법 제201조 제 2 항이 민법 제748조 제 2 항의 특칙이라거나 우선적으로 적용되는 관계를 이루는 것은 아니다. 그리고 위 조문에서 규정하는 이자는 당해 침해행위가 없었더라면 원고가 위 임료로부터 통상 얻었을 법정이자 상당액을 말하는 것이므로 악의 수익자는 위 이자의 이행지체로 인한 지연손해금도 지급하여야 할 것이다. 그럼에도 원심은 민법 제201조 제 2 항이 민법 제748조 제 2 항의 특칙이라는 이유로 임료 상당의 부당이득에 대한 점유일 이후 소장부본 송달일까지의 법정이자 및 그 이자에 대한 지연손해금 청구부분을 배척하고 말았으니 이러한 원심판결에는 부당이득 반환의무의 범위에 관한 법리오해로 인하여 판결결과에 영향을 미친 위법이 있다"라고 판결하였다.

7. 共有物에 대한 保存行爲의 範圍

研究對象判決: 대법원 1995.4.7. 선고 93다54736 판결(공 1995, 1810)

[事實關係 및 判決]

1. 事實關係

가. 이 사건 토지는 원래 소외 망 A의 소유였는데, A는 1966.12.30. 사망하였다. 당시 그 재산상속인으로는 장남인 소외 망 B, 처인 원고 X1, 아들들인 원고 X2, X3, X4, X5, 출가녀인 원고 X6, 소외 C가 있었다.

B는 1984.4.6.경 A로부터 이 사건 토지를 매수한 사실이 없는데도, "1969.12.30. 이를 매수하여 사실상 소유하고 있다"는 내용으로 虛僞의 保證書 및 確認書를 받아 당시 시행중이던 "부동산소유권이전등기 등에 관한 특별조치법"에 의하여 B명의로 所有權移轉登記를 마쳤다.

B는 1990.11.25. 사망하여 그의 처인 피고 Y1과 자녀들인 피고 Y2 내지 Y6이 그의 재산상속인이 되었다.

나. C는 이 사건 訴 중 자신이 원고로 된 부분은 본인의 의사에 의하여 제기되지 않았다는 의사를 밝히면서 이를 取下하였고, 이 사건 소송에 증인으로 나와 피고들의 주장이 사실임을 증언하여 B명의의 소유권이전등기에 이의가 없음을 확실히 하였다.[1)]

1) 이 부분은 대법원이 증거에 의하여 인정한 사실로서, 1심 및 원심판결에는 나와 있지 않다.

2. 當事者의 請求 및 主張

가. 원고들은 B의 상속인인 피고들을 상대로, 이 사건 토지에 대한 B명의의 所有權移轉登記 중 그의 상속지분을 초과하는 나머지 부분은 原因無效의 登記라는 이유로 그 抹消를 구한다.

나. 이에 대하여 피고들은 B명의의 위 소유권이전등기는 실체관계에 부합하는 유효한 등기라고 抗辯한다. 즉 A가 생전에 그 소유의 재산을 아들들에게 분배하면서 이 사건 토지를 B에게 증여하였으며, 그렇지 않다고 하더라도 A가 사망한 후 그의 상속인들인 B, 원고 X1, X2, X3, X4, X5, X6 사이에서 원고 X1을 제외한 나머지 원고들은 답 900평씩을 소유하고, 선대묘소가 있는 임야와 이 사건 토지는 B의 소유로 하기로 하는 내용의 재산분할이 이루어졌다는 것이다.

3. 原審判決(광주地判 1993. 10. 14, 94나1328)

原審은 다음과 같은 이유로 원고들의 청구를 認容하고 있다.

가. 이 사건 토지에 관하여 경료된 B명의의 소유권이전등기는 그의 법정상속지분인 6/26의 지분을 초과하는 나머지 20/26지분에 관한 한 그 원인이 결여된 무효의 등기이다.

나. 피고들의 抗辯, 즉 A가 생전에 이 사건 토지를 B에게 증여하였으며, 그렇지 않다고 하더라도 A가 사망한 후 그의 상속인들 사이에서 이 사건 토지 등은 B의 소유로 하기로 하는 내용의 재산분할이 이루어졌다는 抗辯에 대하여는 이를 인정할 증거가 없다는 이유로 배척하였다.

다. 공유자가 그 공유물에 대하여 아무런 원인 없이 경료된 소유권이전등기의 말소등기절차의 이행을 구하는 것은 共有物에 대한 保存行爲로서 각 공유자가 그의 지분을 넘는 부분에 대하여도 그 말소를 청구할 수 있으므로, 원고들은 공동상속인인 C지분에 대하여도 아울러 抹消를 구할 수 있다.

4. 上告理由

피고들은 상고이유(본 연구와 관련되는 부분에 한정한다)로서, 원고들이 C의 상속지분에 관하여는 共有物의 保存行爲로서 그 등기의 말소를 구할 수 없다고 주장하였다.

즉 공동상속인의 한 사람은 공유자이므로 그 보존행위로서 단독으로 상속재산에 관하여 경료된 원인무효인 등기의 말소를 청구할 수는 있다. 그러나 이 사건에서 C는 이 사건 부동산에 관한 그의 상속지분을 포기하고, 권리를 주장조차 하지 아니하고 있으며, B의 위 특별조치법에 따른 등기를 인정하였다. 원고들은 이 사건 제소시 C의 동의도 없이 원고의 한 사람으로 소장을 제출하였다가 1심 변론시 C부분에 대하여 소를 취하하였다.

공유물의 보존행위를 공유자 단독으로 할 수 있게 한 것은, 공유물의 현상을 유지하기 위한 취지이다. 위와 같이 공유자의 한 사람이 자기의 상속지분을 현 등기권리자에게 귀속시킴으로써 공유물의 현상을 유지하지 않겠다는 의사가 명백함에도 불구하고, 강제로 이미 경료된 소유권이전등기를 말소시켜야 된다는 것은 공유물의 단독보존행위를 규정한 취지에도 어긋나고, 소송경제에도 어긋난다. 왜냐하면 일단 경료된 소유권이전등기가 말소되면, 상속권자인 C는 자기지분을 취득하게 되고, 이 지분을 포기한 C는 또다시 피고들에게 이전등기해야 되는 번거로움이 따르기 때문이다.

5. 大法院判決

이에 대하여 대법원은 다음과 같이 판단[2]하여 원심판결 중 이 사건 부동산에 대한 C의 상속분에 해당하는 부분을 破棄還送하였다.

① 공유물의 보존행위는 공유물의 멸실·훼손을 방지하고 그 현상을 유지하기 위하여 하는 사실적·법률적 행위로서 이러한 공유물의 보존행위를 각 공유자가 단독으로 할 수 있도록 한 취지는 그 보존행위가 긴급을 요하는 경우가 많고 다른 공유자에게도 이익이 되는 것이 보통이기 때문이므로, 어느 공유자가 보존권을 행사하는 때에 그 행사의 결과가 다른 공유자의 이해와 충돌될 때에는 그 행사는 보존행위로 될 수 없다고 보아야 한다.

② C는 이 사건 소 중 자신이 원고로 된 부분은 본인의 의사에 의하여 제기되지 않았다는 의사를 밝히면서 이를 취하하였고, 이 사건 소송에 증인으로 나와 피고들의 주장이 사실임을 증언하여 B명의의 소유권이전등기에 이의가 없음을 확실히 하고 있다. C의 이러한 태도가 단순한 상속지분의 포기가 아니라 B의 증여 또는 상속재산의 협의분할에 의하여 이 사건 부동산의 소유권을 취득하였다는 피고들의 주장이 받아들여지지 않는 경우에도 자신은 이를 인정하거나 자기의 지분을 피고들에게 새롭게 증여하여 그 현상을 유지하겠다는 취지라면, 원고들이 공유물의 보존행위로서 이 사건 부동산 중 C의 지분에 해당

---

2) 대법원은 증여 및 협의분할에 관한 상고이유(위 2.의 나.항과 같음)에 대해서는 다음과 같이 판단하고 있는데, 이는 정당한 것으로 보인다.

즉 "증여는 증여자의 단독행위가 아니라 수증자의 승낙을 요하는 계약이므로 증여자의 일방적 의사표시로는 증여계약이 성립되지 않고 증여자가 수증자에게 자신의 재산을 무상으로 양도하겠다는 의사표시를 하고 수증자가 이를 승낙하여야 한다. 그리고 상속재산의 협의분할은 공동상속인 간의 일종의 계약으로서 공동상속인 전원이 참여하여야 하고 일부상속인만으로 한 협의분할은 무효라고 할 것이다. 이 사건 부동산에 대하여 위와 같은 의미의 증여나 상속재산의 협의분할이 있었음을 인정할 증거가 없다고 인정한 원심의 조치는 정당하다."

하는 부분까지 말소를 구하는 것은 분명 C의 이해와 충돌된다고 아니할 수 없다.

③ 그렇다면 원심으로서는 마땅히 C의 진의가 무엇인지를 따져보아 원고들이 C의 상속분에 대하여도 아울러 말소를 구하는 것이 공유물의 보존행위에 해당하는지 여부를 심리하였어야 함에도 불구하고 이에 이르지 아니한 원심판결에는 공유물의 보존행위에 관한 법리를 오해하고 심리를 미진하여 판결에 영향을 미친 위법이 있다.

[研 究]

Ⅰ. 序 論

1. 민법 제265조[3]는 "共有物의 管理에 관한 사항은 共有者의 持分의 過半數로써 결정한다. 그러나 보존행위는 각자가 할 수 있다"고 규정하고 있다. 우리 민법에 保存行爲에 관한 규정들[4]이 많이 있는데, 주로 논의되고 있는 것은 공유물의 보존행위에 관한 것이다.

通說에 의하면, 共有物의 保存行爲는 공유물의 멸실·훼손을 방지하고 그 현상을 유지하기 위하여 하는 事實的·法律的 行爲를 말한다.[5] 예컨대 공유 건물의 손괴를 방지하기 위하여 수리를 한다든지,

3) 이하에서 民法의 條項을 인용할 때는 條項만을 표시하기로 한다.

4) 제118조 제1호는 권한을 정하지 아니한 대리인이 할 수 있는 행위로서 '보존행위'를 들고 있고, 제272조 단서는 '합유물의 보존행위'에 관하여 규정하고, 제624조, 제625조는 '임대인의 보존행위'에 관하여 규정하고 있다. 또한 제203조 제1항, 제367조, 제626조는 각각 점유자, 저당물의 제3취득자, 임차인이 '보존하기 위하여 지출한 금액 기타 필요비'의 상환청구권을 가진다고 규정하고 있는데, 이 규정들에서 점유자 등이 하는 행위는 보존행위라고 할 수 있을 것이다.

5) 金曾漢, 物權法講義, 1984, 224면; 李英俊, 物權法, 1990, 515면; 金容漢, 物權法論, 再全訂版, 1985, 328면; 金相容, 物權法, 改訂版, 1995, 455면; 民法注解(V), 574면(閔日榮 집필부분).

수선을 하기 위하여 제3자와 수선계약을 체결한다든지, 부패의 염려가 있는 공유물을 매각하여 금전으로 보관하는 것 등이 이에 속한다.[6)]

그런데 判例는 공유물에 관한 방해배제 또는 반환을 청구하는 경우와 소유권이전등기의 말소청구를 하는 경우에도 보존행위에 해당한다고 하여, 保存行爲의 槪念을 擴大適用하여 왔다. 따라서 공유자 중의 한 사람이 '단독으로' 공유물 전체에 관하여 이러한 청구를 할 수 있다고 한다. 판례가 이와 같이 보존행위의 범위를 넓힌 것은 결국 공유물에 대한 제3자의 침해가 있는 경우 共有者의 權利救濟를 쉽게 해 주는 기능을 수행하였다고 볼 수 있다.

學說은 대체로 이러한 청구를 공유자가 단독으로 할 수 있다는 判例의 結論을 지지하고 있으나, 그 根據에 관하여는 견해의 대립이 있다. 또한 共有者 사이의 明渡請求도 보존행위에 해당한다고 보고 있는 판례의 태도에 대해서는 많은 논란이 제기되고 있다.

2. 硏究對象判決(이하 "對象判決"이라고 한다)은 共有物의 保存行爲의 範圍를 한정하고 있다. 즉 "어느 공유자가 보존권을 행사하는 때에 그 행사의 결과가 다른 공유자의 이해와 충돌될 때에는 그 행사는 보존행위로 될 수 없다"고 한 것이다. 그리고 그 근거를 "공유물의 보존행위는 공유물의 멸실·훼손을 방지하고 그 현상을 유지하기 위하여 하는 사실적·법률적 행위로서 이러한 공유물의 보존행위를 각 공유자가 단독으로 할 수 있도록 한 취지는 그 보존행위가 긴급을 요하는 경우가 많고 다른 공유자에게도 이익이 되는 것이 보통이기 때문"이라고 밝히고 있다.

6) 제1순위 저당권이 소멸한 경우에 제2순위 저당권의 準共有者의 1인이 제1순위 저당권등기의 말소를 청구하는 것도 보존행위에 포함된다고 한다. 李英俊(註 5), 515면; 民法注解(V), 574면; 日大判 1940(昭和 15).5.14(民集 19, 840).

이러한 法律論은 종래의 학설[7]을 수용한 것으로서, 획기적인 판결이라고 할 수 있다. 왜냐하면 종래의 대법원판결 중에는 共有者들의 利害가 충돌된다고 보이는 事案에서도 보존행위에 해당한다고 한 경우가 있었기 때문이다. 그리하여 이것이 공유물의 보존행위를 판정하는 消極的 基準으로서 大法院에 의하여 승인된 法理論이라고 할 수 있는가라는 의문이 제기된다.

한편 對象判決은 부동산의 일부 공유자가 원인무효인 소유권이전등기의 전부 말소를 청구하고 있는 사안에 관한 것이다. 이 때 공유자의 한 사람이 위 등기를 인정하고 있다면, 다른 공유자가 위 등기의 전부 말소를 청구할 수 없다고 한다. 對象判決은 이러한 경우에 위 등기를 인정하는 공유자의 지분범위에서는 공유자 간의 이해가 충돌한다는 이유로 보존행위에 해당하지 않는다고 한다. 그러나 결론부터 얘기하면 전부 말소를 청구할 수 없다는 판단에는 찬성하지만, 이러한 경우에까지 保存行爲의 개념을 끌어들여 설명할 필요는 없다고 생각한다.

3. 여기에서는 共有物의 保存行爲에서 共有者 사이의 '利害의 衝突' 문제를 종래의 판결들과 비교하여 검토하고자 한다. 이 문제는 共有物의 引渡請求의 경우와 共有物에 관한 抹消登記請求의 경우에 각각 다른 측면이 있기 때문에, 양자를 나누어 살펴보겠다. 그리고 나서 對象判決의 의미를 명확히 하고, 保存行爲理論에 관하여 몇 가지 의문을 제기하고자 한다.

---

7) 공유자들의 이해가 충돌할 경우에는 보존행위가 아니라는 견해로는 李敦明, "共有物使用管理의 法理에 관한 檢討," 法律實務硏究 제 2 집, 서울통합변호사회, 1981, 25면; 尹載植, "共有者 사이의 共有物의 保存行爲," 민사재판의 제문제 제 8 권, 1994, 159면 등이 있다.

Ⅱ. 共有者들의 '利害의 衝突'과 共有物의 引渡請求

1. 意 義

'어느 공유자가 보존권을 행사하는 때에 그 행사의 결과가 다른 공유자의 이해와 충돌될 때'에는 그 행사는 保存行爲로 될 수 없는가? 공유자의 이해가 충돌하는 경우에는 保存行爲가 될 수 없다고 한다면, 어떠한 경우에 '利害의 衝突'이 있다고 보아야 하는가?

어느 공유자가 다른 공유자에게 일정한 청구를 하는 경우, 다른 공유자가 이를 拒否한다는 것 자체로 이해의 충돌이 있다고 본다면, 이른바 '공유자 사이의 청구'는 보존행위가 될 수 없을 것이다.[8] 그러나 판례는 공유자 간에도 보존행위에 기한 청구를 할 수 있다고 한다. 또한 공유자가 제 3 자에게 일정한 청구를 하는 경우에, 이것이 다른 공유자의 이해와 상반되는 때에도 보존행위에 해당한다고 하고 있다.

2. 判例의 檢討

종래의 판결들 중에서 공유자들 사이의 이해관계가 충돌된다고 볼 수 있는데도 보존행위에 해당한다고 한 사례들은 대체로 공유물의 인도청구에 관한 것으로, 제 3 자에 대한 인도청구와 공유자 간의 인도청구로 나누어 볼 수 있다.

가. 제 3 자에 대한 引渡請求

共有者가 제 3 자에 대하여 제기하는 妨害排除請求나 共有物返還請

---

8) 이러한 입장에 서면, 공유물의 보존행위에 관한 규정은 원칙적으로 제 3 자에 대한 관계에서만 적용된다고 보아야 할 것이다.

求의 訴訟은 必須的 共同訴訟[9]이 아니다.[10] 그리하여 제 3 자가 공유물을 권원 없이 점유하는 경우에, 공유자는 각자 自己에게 그 공유물을 인도하라고 청구할 수 있다.[11]

그런데 공유자가 제 3 자에 대하여 공유물의 인도청구를 하는 것이 다른 공유자의 利害와 衝突하는 경우가 있다. 예컨대 제 3 자가 공유자 중의 1인으로부터 승낙을 받고 공유물을 점유하는 경우가 그러하다. 이와 같은 경우에 공유자가 보존행위로서 제 3 자에게 공유물의 인도를 청구할 수 있는가? 대법원은 대체로 '過半數에 미달하는 持分權者(少數持分權者)가 단독으로 임대한 경우'에는 다른 공유자가 단독으로 공유물의 인도를 청구할 수 있다고 하여 이를 肯定하고 있다.[12] 그러나 過

---

9) 종전에는 필요적 공동소송이라는 용어를 사용하였으나 2002년에 전면개정된 민사소송법 제67조 이하에서 필수적 공동소송이라는 용어를 사용하고 있다.

10) 가령 大判 1970. 3. 24, 70다133(要集, 民商 I-1, 511)에 의하면 공유지분권은 공유물 전부에 효력이 미치므로 다른 지분권자가 공유지분권을 다투거나 침해하였다면 보존행위로서 지분권의 확인 및 방해배제를 청구할 수 있다고 한다. 이것은 공유물의 보존행위에 기한 소송이 필수적 공동소송이 아니라는 것을 전제로 한 것이다.

11) 獨逸에서는 각 공유자는 모든 공유자에게 반환하라고 청구할 수 있고, 다만 다른 공유자가 이에 동의하는 경우 또는 물건을 점유하지 않고자 하거나 점유할 수 없는 경우에만 자기에게 공유물을 인도하라고 청구할 수 있다. Lutz Aderhold, in: *Handkommentar zum Bürgerlichen Gesetzbuch,* Bd. 2, 8. Aufl., §1011 Rn. 1(S. 297); Karsten Schmidt, in: *Münchener Kommentar zum Bürgerlichen Gesetzbuch,* Bd. 4, 2. Aufl., §1011 Rn. 4, 5(S. 1023) 참조.

12) 日本의 判例는 우리의 판례와 결론을 달리하고 있다. 공유자가 다른 공유자와 협의를 거치지 아니하고 낭연히 공유물을 단독으로 점유할 권원을 갖지 않는다고 하더라도, 자기의 지분에 의하여 공유물을 사용·수익할 권한을 갖고 이것에 기하여 공유물을 점유하는 것으로 인정될 수 있기 때문에, 비록 다수지분권자라 할지라도 소수지분권자에 대하여 당연히는 공유물의 명도를 구할 수는 없고, 그 명도를 구하려면 그 이유를 주장·입증하여야 한다고 한다[日最判 1966(昭和 41). 5. 19(民集 20-5, 947)]. 그리고 이것은 공유자의 일부로부터 공유물을 점유·사용할 것을 승인받은 제 3 자와 다른 공유자의 관계에서도 타당하다고 한다[日最判 1988(昭和 63). 5. 20(判例タイムス 668, 128); 日最判 1982(昭和 57). 6. 17(判例時報 1054, 84)]. 日本의 學說은 이러한 판례의 태도를 지지하고 있다. 富越和厚, "共有者の一部の者から共有物の占有使用を承認された第三者に對するその余の共有者からの明渡請求の可否," ジュリ

半數를 넘는 持分權者가 임대한 경우에는 공유물의 관리행위로서 유효하게 될 것이다.

[1] 大判 1962. 4. 4, 62다1(集 10-2, 민 61)

事案: 이 사건 가옥은 원고와 소외 A가 각각 1/2지분을 가진 공유물인데, 공유자의 한 사람인 A가 원고와의 결의 없이 피고들에게 이를 임대하였다. 원고가 위 임대차계약이 무효라고 주장하면서 피고들에게 그 명도를 청구하였다.

원심은 원고의 청구를 배척하였다. A가 단독으로 피고들에게 이 사건 가옥을 임대한 것은 공유자의 내부관계의 규율에 위반한 것에 불과하여 A의 피고들에 대한 임대차계약은 무효가 아니고, 원고의 명도청구는 보존행위가 아니라고 하였다.

대법원은 원고의 명도청구가 공유물의 保存行爲에 해당한다는 이유로, 원심판결을 파기환송하였다. 즉 "공유자가 공유물을 타인에게 임대하는 것과 같은 행위는 공유물의 관리행위라 할 것이고 공유자의 한 사람이 불법점거자에게 대하여 명도나 인도를 청구하는 것은 공유물의 보존행위라 할 것이며, 공유물의 관리행위는 공유자의 지분의 과반수로써 결정함이 민법 제265조(구민법 제252조)의 규정에 의하여 분명하다"고 한 다음, 임대차와 같은 관리행위에 있어서 공유자의 지분의 과반수가 되지 못하는 A의 피고들에 대한 임대계약은 적어도 1/2지분권자인 원고에 대하여서는 무효인 계약임이 자명하다 할 것이고, 원고가 공유자로서 하는 명도청구는 공유물의 보존행위라고 하였다.

이 사건에서 원심이 "타공유자에게 불이익을 초래할 염려가 있거나 또는 긴급을 요하지 아니하는 행위는 보존행위라고 할 수 없다"고 하였지만, 대법원은 이러한 경우에도 保存行爲에 해당한다고 하였다. 이것이 타공유자에게 불이익을 초래할 염려가 있거나 또는 긴급을 요하지 아니하는 행위도 保存行爲에 해당한다는 것인지, 이 판결의 사안은 위와 같은 경우에 해당하지 않는다는 것인지는 불분명하다.

スト, No. 918(1988. 9. 15), 78-79면; 原田純孝, "一部共有者の意思に基づく共有物の占有使用その余の共有者の明渡請求," 判例タイムス, No. 682(1989. 2. 1), 59-65면 참조.

그러나 이 판결은 對象判決과 矛盾되는 면이 있다고 생각한다. 즉 이 판결에서 A와 피고들의 임대계약은 1/2지분권자인 원고에 대하여서는 무효이지만, 원고의 명도청구를 받아들이는 것은 다른 공유자인 A에게 '不利益을 招來할 念慮가 있음'은 명백하다. A가 이 사건 건물을 피고들에게 임대했는데, 피고들이 원고에게 이 사건 건물을 명도하여야 한다면, A가 피고들이 입은 손해를 배상하여야 할 것이기 때문이다. 공유물의 임대는 공유자의 과반수로 결정해야 하는데,[13] A가 단독으로 공유물을 임대한 것이므로, A의 불이익은 공유물의 保存行爲를 판단할 때 고려할 필요가 없다(아래 [4]판결의 보충의견에 따르면 전체적으로 보아 부적법하다고 할 수 있을 것이다)고 생각할 수도 있다. 그러나 원고의 피고들에 대한 명도청구가 받아들여지면, A의 지분범위 내에서는 A의 정당한 이익이 침해된다고 할 수 있다(이 점은 아래 2.항 참조). 왜냐하면 제263조에 의하면 공유자는 공유물 전부를 지분의 비율로 사용·수익할 수 있기 때문이다. 그러므로 이 사건에서 원고의 명도청구는 보존행위에 해당하지 않게 되어 기각해야 할 것이다.

[2] 大判 1962. 12. 27, 62다744(集 10-4, 민 352)

事案: 소외 A가 이 사건 건물을 자기 명의로 拂下를 받아서 소유하고 있을 때인 1956. 5. 25. 피고 Y1과의 사이에 이 사건 건물 중 일부에 관하여 15년간 사용대차계약을 체결하였다. 그 후 A는 이 사건 건물에 대한 지분의 일부를 남에게 이전한 결과 현재로서는 이 사건 건물은 A가 원고를 위시한 그 밖의 3인과 더불어 공유하게 되었다.

원심은 원고의 본건 청구는 공유지분자의 보존소송으로서는 들어줄 수 없다고 하고, 그 이유로서 피고들의 점유가 A와의 정당한 약정에 의거한 까닭이라고 하였다.

대법원은 원심판결을 파기환송하였다. 즉 "한 사람이 물건을 단독으로 소유하고 있을 때에 그 물건의 사용에 대하여 대차관계가 맺어진

13) 大判 1966. 2. 28, 65다2348(要集, 民商 I-1, 523)은 공유임야의 지분과반수(32분의 18)를 가진 공유자가 그 임야를 타인에게 임대한 행위는 달리 특별한 사정이 없는 한 공유물의 관리행위로서 적법하다고 한다.

뒤에 그 물건의 소유자가 그 지분의 일부를 남에게 이전함으로써 그 사람과 더불어 그 물건에 대하여 공유관계에 들어갔을 때에는 그 차주는 이 새로운 공유자에 대하여는 그 사용·수익권으로써 대항할 수 없다고 보아야 할 것이다"라고 한 다음, 이 사건 건물을 A가 단독으로 소유하고 있었을 때에 그 일부분에 관하여 차주가 된 피고 Y1은 그 뒤에 이 사건 건물에 관하여 지분소유권을 취득한 원고에 대하여 그 사용·수익권을 대항할 수 없다고 하였다.[14)]

이 판결에서도 피고 Y1은 사용대차의 목적물에 관하여 지분권을 취득한 원고에 대하여 그 사용·수익권으로 대항할 수 없다.[15)] 그러나 원고가 피고 Y1에게 그 명도를 청구하는 것은 다른 공유자인 A의 利害와 衝突한다고 볼 수 있음은 위 [1]판결과 마찬가지이다.

[3] 大判 1967.12.29, 67다2441(集 15-3, 민 483)

事案: 이 사건 건물은 9인(원고들 5명과 소외 4인) 공유로 소유권 이전등기가 경료되어 있고, 피고가 이 사건 건물의 하층 29평 4합 중 그 판시부분 7평 5합 7작을 이에 대한 관리권이 있는 대한부인회 전북 지부장 A의 승낙을 받아 점유·사용하고 있다. 그런데 위 공유자들은

14) 대법원판결만으로는 종전 소유자 A의 현재 지분이 과반수에 달하는지 여부는 알 수 없으나, 과반수에 미달하였을 것이라고 생각된다. 왜냐하면 과반수 지분권자는 임대행위 등의 관리행위를 단독으로 결정할 수 있기 때문이다.

大判 1966.3.22, 65다2618(集 14-1, 민 130)은 "단독으로 토지를 소유하고 있을 당시에, 그 소유자로부터 그 토지에 대한 사용·수익의 권리를 부여받은 후, 종전의 소유자 외에 그 토지에 대한 공유자가 생겼을 경우, 그 사용·수익이 공유자의 지분의 과반수로써 결정된 것으로 인정될 수 없는 때에는, 종전 단독소유로 있을 당시 그 소유자(현재에는 공유자의 한 사람에 불과)로부터 부여받은 사용·수익권을 가지고, 새로운 공유자에게 주장할 수 없다"고 하였다[同旨: 大判 1990.2.13, 89다카19665(공 1990, 639)]. 위 65다2618 판결이 "단독소유자로부터 임차한 자는 그 소유물이 공유가 된 후에 최소한 과반수 지분권자의 승인이 있어야만 공유자에 대항할 수 있다"고 한 것이라는 견해[李敦明(註 7), 20면]가 있으나, 명확한 것은 아니다.

15) 金容晋, "不動產共有者間의 使用收益權과 保存行爲," 現代民法學의 諸問題(晴軒金曾漢博士華甲紀念), 1981, 297-298면은 "새로 취득한 자의 지분이 과반수에 이르지 못하여 그 사용자와의 대차관계를 해지하지 못하는 한, 피고는 적법하게 취득한 공유물의 사용·수익행위는 불법행위가 될 수 없는 것"이라고 하여, 이 판결의 결론에 반대한다.

> 1967. 8. 1. 이 사건 건물의 관리에 관한 사항을 결정하기 위하여 회의를 소집하였다. 위 회의에 참석한 원고들을 포함한 6인의 공유자가 A의 관리행위를 취소하고 피고가 점유·사용하는 부분을 명도받기로 하는 내용의 결의를 한 다음, 그 결의내용을 그 회의에 불참하였던 A 외 2인의 공유자들에게 통지하였다.
>
> 원심은 위 공유물 관리에 관한 결의는 유효한 것이었다고 단정함으로써, 위 공유자들이 그 결의에 따라 피고에 대하여 어떠한 조치를 취하였는가에 관하여는 아무런 근거를 제시하지 않고 그 결의가 있은 후부터 피고의 위 부분에 대한 점유는 불법점유가 되는 것이라고 판단하였다.
>
> 그러나 대법원은 다음과 같은 이유로 원심판결을 파기환송하였다. 첫째, 위 결의는 위 건물공유자들 간의 내부적인 의사결정에 불과한 것이니만큼 그것이 있었다는 사실만으로 <u>그 결의 전에 적법한 관리권자의 승낙에 의하여 그 건물의 위 부분을 점유·사용하고 있던 제 3 자인 피고</u>가 당연히 불법점유자가 되는 것 같이 판시하였음은 위 결의가 피고에 미치는 효력을 오해한 것이다. 둘째, 위 회의의 소집통지의 장소와 회의장소가 다른 이상 적법한 소집이 있었다고는 할 수 없다.

이 판결은 위 [1], [2] 판결과 배치된다고 생각할 수 있으나, 실제로는 그 내용이 다르다. 이 판결의 사안은 피고가 공유물을 관리권자로부터 적법하게 승낙을 받고 점유·사용한 경우이기 때문에, 공유자들이 내부적인 결의만으로는 제 3 자인 피고에 대하여 그가 점유·사용하는 부분을 명도시킬 수는 없다. 예컨대 제 3 자가 임대차에 기하여 공유물을 점유하는 것이라면, 그 임대차가 적법하게 종료되어야 하는 것이다. 만일 임대차기간이 종료되지 않았다면, 위 임대차에 관한 해지사유가 있어야 할 것이다. 위 [1], [2] 판결은 제 3 자가 그 점유권원을 공유자인 원고에게 대항할 수 없는 경우에 관한 것이다.

한편 제265조는 "공유물의 관리에 관한 사항은 공유물의 지분의 과반수로써 결정한다"고 규정하고 있는데, 이것이 공유자 전원의 회의를 개최하여 지분의 과반수의 결의로써 결정한다는 것인지, 그러한 회의를 개최할 필요 없이 지분의 과반수를 넘는 공유자는 언제든지 관리행위를 결정할 수 있다는 것인지 불분명하다. 이 판결은 공유물의 관리를 결정하기 위한 '회의'를 적법하게 소집했다고 할 수 없다는 점을 파기사유로 들고 있어 제265조에 관하여 전자의 입장에 서 있는 것이 아닌가 한다. 그러나 판례의 주류적 태도는 공유물의 관리에 관한 사항을 결정하기 위하여 회의를 개최할 필요는 없고, 지분의 과반수를 가지고 있는 자는 언제든지 관리행위를 할 수 있다고 한다.[16)]

어쨌든 판례는 제 3 자가 少數持分權者로부터 승낙을 받고 공유물을 점유하는 경우에, 다른 공유자가 보존행위로서 제 3 자에게 공유물의 인도를 청구할 수 있다고 한다. 이러한 태도는 다음 항에서 보는 공유자 사이의 인도청구의 경우와 밀접한 관계가 있다.

나. 共有者 사이의 引渡請求

판례는 少數持分權者가 다른 공유자들과 협의 없이 배타적·독점적으로 공유물을 점유하는 경우에 다른 공유자는 保存行爲에 기하여 공유물 전부에 관하여 방해배제 또는 인도를 청구할 수 있다고 한다.[17)]

---

16) 이에 대하여 李敦明(註 7), 24면은 지분권자 전원에 대한 관리방법결정의 회의절차가 필요하다고 한다. 공유는 일종의 단체적 소유의 형태라고 할 수 있으므로, 단체는 그 의사를 다수결로 결정한다고 하더라도 그 의사결정 전에 소수에 의사반영의 기회가 주어지는 것이 단체의 원리에 적합하고, 회의가 개최되면 소수지분권자의 의견이 과반수 지지를 받을 가능성도 있다는 것이다.

17) 大判 1968. 9. 17, 68다1142·1143(集 16-3, 민 32)은 건물의 명도청구가 방해배제청구에 해당한다고 하면서, "원래 공유자의 지분권은 목적물 전부에 미치는 것이어서 지분권자는 목적물 전부에 대한 방해배제청구권을 가질 수 있는 이치라 할 것이며, 이 방해배제는 방해 없는 상태로의 복귀를 의미하는 것이어서 보존행위에 해당하는 것이라 할 것이므로, 공유자 각자가 건물에 대한 방해배제를 사실행위로나 소송행위로나 청구할 수 있다 할 것이고, 공유자 각자가 가지고 있는 이 방해배제청구권은 공유자 전부 사이에 특약이 있으면 몰라도 그렇지 않고는 소론과 같이 공유자지분 과반수의 결정이 있다고 하여 배제될 수는 없다"고 하였다. 이 판결은 또한 "이는 수인의 임대인과 체결한 임대계약이 종료된 후에도 계속 건물을 점유하는 자에 대하여 원상회복청구로서 건물명도를 청구함이 불가분채권의 성질을 갖는 것이어서 임대인 각자가 이를 청구할 수 있음에 비추어 보아도 상당한 해석"이라고 덧붙이고 있다.

이에 관하여는 全員合議體判決이 있다.

[4] 大判(全) 1994. 3. 22, 93다9392·9408(공 1994, 1297)

事案: 피고는 1986. 12. 24. 중국인인 원고 A와 반반씩 투자하여 이 사건 토지를 경락받고 1987. 2. 12. 피고의 명의로 소유권이전등기를 마쳤다. 원고 A와 피고는 다시 반반씩 투자하여 1988. 9. 5. 위 토지 위에 건축중인 건물도 양수하여 건축공사를 계속하여 이 사건 건물을 완공한 다음, 역시 원고 A 소유의 1/2지분을 피고에게 명의신탁하기로 하여 12. 30. 피고의 단독 명의로 소유권보존등기를 마쳤다.

피고는 1989. 10. 30. 원고 B에게 이 사건 건물 중 용도가 여관으로 건축된 2층부터 4층까지를 임대하였다가, 그 후 1990. 9. 28. 원고 B에 대한 임대보증금 반환채무와 그 밖의 차용금채무 등의 변제에 갈음하여 피고 소유의 이 사건 토지 및 건물에 대한 지분 중 1/2지분(전체의 1/4 지분)을 원고 B에게 양도하기로 약정하고, 그 무렵 그 지분이전등기에 필요한 서류 일체를 교부하였으나, 원고 B는 그 등기이전을 지연한 채 이 사건 여관을 점유·경영하고 있는데, 위 임대차계약은 1990. 10. 31. 기간만료로 종료되었다.

원고들은 피고를 상대로 명의신탁해지를 원인으로 하여 건물에 관한 지분이전등기절차의 이행을 구하였다. 이에 대하여 피고는 반소로써 원고 B를 상대로 위 여관부분의 명도와 임대차 종료 후의 임료 상당의 부당이득의 반환을 구하였다.

원심은 원고 A의 본소청구 중 건물부분만을 인용하고(외국인인 원고 A가 토지의 취득에 대한 허가를 받았음을 인정할 증거가 없고, 원고 B의 본소청구는 원심의 심판대상이 아니었다), 피고의 원고 B에 대한 반소청구 중 명도부분은 전부 인용하고 임료 상당 부당이득금청구는 3/4만 인용하였다.

대법원은 이 사건 여관의 명도청구부분에 관하여는 원고 B의 상고를 기각하였다. 이 판결의 다수의견은 "토지나 건물에 관하여 지분을 소유하고 있는 공유자나 그 지분에 관한 소유권이전등기청구권을 가지고 있는 자라고 할지라도 다른 공유자와의 협의 없이는 공유물을 배타적으로 점유하여 사용·수익할 수 없는 것이므로, 다른 공유권자는 자신이 소유하고 있는 지분이 과반수에 미달되더라도 공유물을 점유하고 있는 자에 대하여 공유물의 보존행위로서 공유물의 인도나 명도를 청구할 수 있다고 보는 것이 당원의 확립된 판례가 취하고 있는 견해"라고 한다. 그리하여 원고 B에 대한 관계에서 이 사건 건물에 대한 1/4의 지분에 관하여 권리를 주장할 수 있는 피고는 공유물의 보존행위로서 이 사건 여관을 배타적으로 점유하고 있는 원고 B에 대하여 그 명도를 청구할 수 있다고 하였다. 이것은 종래의 판례[18]를 따른 것이다.[19]

이에 대하여는 反對意見이 있다. "소수지분권자가 공유물인 건물 등의 전부 또는 일부를 배타적으로 점유·사용함으로써 다른 공유자의 지분의 비율에 따른 사용·수익권을 침해하고 있다고 하더라도, 다른 공유자는 지분의 과반수를 소유하거나 제265조의 규정에 따른 공유물의 관리방법에 관한 결정에 의하지 아니하는 한, 그 소수지분권자에 대하여 공유물의 명도를 청구할 수는 없다는 것이다. 다만 자신이 소유하고 있는 지분의 범위 내에서 그 소수지분권자에 대하여 자신도 공유물을 공동으로 점유하여 사용·수익할 수 있도록 허용할 것을 청구하거나(지분의 비율에 따른 자신의 사용·수익을 방해하지 말라는 부작위의무의 이행을 청구하는 것도 마찬가지일 것이다), 자신의 사용·수익권이 침해된 것에 대한 손해의 배상이나 그 소수지분권자의 지분의 비율을 초과하는 사용·수익에 관한 부당이득의 반환을 청구할 수 있을 뿐이라고 보아야 할 것이다. 이렇게 보는 것이 공유자 사이에 공유물인 건물 등의 관리에 관하여 협의가 되지 않은 상태에서 공유물의 구체적인 사용·

18) 大判 1966. 4. 19, 65다2033(集 14-1, 민 205); 大判 1971. 7. 20, 71다1040(集 19-2, 민 209); 大判 1978. 5. 23, 77다1157(공 1978, 10877); 大判 1979. 6. 12, 79다647(공 1979, 12009); 大判 1983. 2. 22, 80다1280·1281(공 1983, 576); 大判 1991. 1. 15, 88다카19002·19019(공 1991, 730); 大決 1992. 6. 13, 92마290(공 1992, 2358) 등.

19) 그리고 다수의견에 대한 대법관 1인의 補充意見은 "소수지분권자라도 다른 공유자의 사용·수익을 배제하거나 제한하지 아니하고 자신의 지분범위를 넘어서 다른 공유자의 사용·수익을 배제하고 독점적으로 사용·수익한다면, 이러한 소수지분권자의 점유상태는 전체적으로 보아(비록 지분범위 내에서는 사용·수익권이 있으나) 법의 보호를 받을 수 없는 부적법한 것이라 할 수밖에 없고, 따라서 소수지분권자라고 할지라도 이러한 위법상태를 시정하고 공유물의 현상을 적절한 상태로 유지보존하기 위한 필요가 있으면, 공유물을 점유하고 있는 소수지분권자에 대하여 공유물 전부의 명도청구를 할 수 있다고 보는 것이 법질서유지의 관점에서나 민법 제265조 단서의 취지에 비추어 정당한 것"(밑줄은 필자가 그은 것임. 이하 같다)이라고 하였다.

수익방법에 관련되어 발생한 공유자 상호간의 분쟁을 합리적으로 조정·해결하는 가장 타당한 방법이라고 한다. 이와 같은 해결방법에 만족할 수 없는 소수지분권자는 종국적으로 공유물의 분할을 청구하는 방법으로 공유관계를 해소시킬 수밖에 없을 것이다."[20]

학설은 판례와 같이 공유자간의 명도청구가 가능하다는 견해[21]와 이에 반대하는 견해[22]로 나누어 볼 수 있는데, 최근에는 반대하는 견해가 多數說로 되었다. 일본의 판례[23]는 공유자 사이의 인도청구를 원칙적으로 허용하지 않고 있다.

---

20) 反對意見의 논거는 다음과 같다. "제263조에 의하며 공유자는 공유물 전부를 지분의 비율로 사용·수익할 수 있도록 규정되어 있으므로, 소수지분권자가 다른 공유자와의 협의 없이 공유물의 전부 또는 일부를 배타적으로 점유하여 사용·수익하고 있더라도, 아무런 권한도 없이 불법으로 점유하는 경우와는 달라, 적어도 그 자신이 소유하고 있는 지분의 범위 내에서는, 공유물 전부를 사용·수익할 권한이 있어서 그 권한에 기하여 공유물을 점유하고 있는 것으로 인정되기 때문에 적법한 것이고, 다만 그 지분의 비율을 초과하는 한도 내에서만 위법하게 점유(사용·수익)하고 있는 것으로 보아야 할 것이다. 따라서 일부 소수지분권자가 공유물을 독점적·배타적으로 점유하고 있는 위법한 상태를 시정한다는 명목으로 다른 소수지분권자로 하여금 공유물을 점유하고 있는 소수지분권자에 대하여 공유물 전부를 자기에게 명도할 것을 청구할 수 있도록 허용하는 것은, 결국 그 소수지분권자가 가지고 있는 '지분의 비율에 따른 사용·수익권'까지 근거 없이 박탈하고 역시 자신이 소유하고 있는 지분의 범위 내에서만 공유물을 점유할 권한밖에 없는 다른 소수지분권자로 하여금 공유물을 전부 점유하게 하는 부당한 결과를 가져오게 되는 것이므로, 공유물인 건물 등을 점유하고 있는 소수지분권자에 대하여 다른 소수지분권자가 그 건물 등의 명도를 청구하는 것이 공유물의 보존행위에 속한다고 볼 수 없다"는 것이다.

21) 李熙太, "共有物의 管理 및 保存行爲," 司法論集 제10집, 1979, 137면; 韓明洙, "共有者 1인이 共有物을 배타적으로 占有하는 경우 다른 共有者의 明渡請求에 관련된 문제," 判例月報 제291호(1994.12), 291면.

22) 崔栻, "共有持分權者가 持分의 過半數의 決定 없이 한 使用收益의 效力," 司法行政 제13권 제2호(1972.2), 17면 이하; 金榮一, "共有者相互間의 共有物의 保存行爲," 민사재판의 제문제 제4권, 1986, 23면 이하; 尹載植(註 7), 169면 이하; 金英蘭, "共有者相互間의 共有物明渡請求," 민사재판의 제문제 제8권, 1994, 186면 이하; 高毅永, "共有者 사이의 공유물 명도청구," 민사판례연구(XVII), 1995, 32면.

23) 日最判 1966(昭和 41).5.19(民集 20-5, 947).

공유자 사이에는 공유물의 인도청구를 할 수 없다는 견해가 타당하다고 본다. 즉 이 判決의 反對意見이 적절하게 지적하고 있듯이 少數持分權者가 공유물을 배타적으로 점유하고 있는 경우에 다른 공유자가 공유물의 보존행위에 기하여 그 인도를 청구할 수는 없다고 보아야 할 것이다. 이것은 제 3 자가 少數持分權者의 승낙을 받아 공유물을 점유하는 경우(위 가.항의 경우)에도 마찬가지이다.

少數持分權者의 점유가 부적법하다고 하더라도 그 자신의 지분범위 내에서는 공유물 전부를 사용·수익할 수 있으므로, 다른 공유자가 少數持分權者에게 무조건 명도청구를 할 수 있다고 한다면, 少數持分權者의 권리, 즉 '지분의 비율에 따른 사용·수익권'을 박탈하는 결과가 된다. 보존행위는 공유자의 지분을 초과하여 공유물에 관한 권리를 행사할 수 있도록 하지만, 少數持分權者의 정당한 권리까지 박탈할 수 있도록 하는 것은 아니라고 보아야 할 것이다. 對象判決의 입장에서 본다면, 이와 같이 少數持分權者가 다른 少數持分權者에 대하여 명도청구를 하는 것은 공유자들의 이해가 충돌되는 경우에 해당하여 보존행위가 아니라고 할 수 있다.

다수의견의 입장에서 다른 공유자가 자신이 소유하고 있는 지분의 범위 내에서 그 少數持分權者에 대하여 자신도 공유물을 공동으로 점유하여 사용·수익할 수 있도록 허용할 것을 청구하거나, 지분의 비율에 따른 자신의 사용·수익을 방해하지 말라는 부작위의무의 이행을 청구하는 것은 권리행사의 실효성에 문제가 있다고 비판하지만, 권리행사의 실효성이 문제되는 것은 비단 이 경우에만 한정된 것이 아니다. 권리행사의 실효성을 위하여 자기가 가진 권리 이상을 행사할 수도 없고 자신의 정당한 권리가 박탈되어서도 안 된다.

또한 반대의견이 보존행위의 근거를 밝히고 있는 부분은 주목할 필요가 있다. 즉 보존행위라고 하는 것은 공유물의 멸실·훼손을 방지하고 그 현상을 유지하기 위하여 하는 사실적·법률적 행위를 말하는 것으로서, 민법이 이와 같이 공유자 각자로 하여금 공유물 전부에 관한 보존행위를 다른 공유자와의 협의 없이 단독으로 할 수 있게 한 이유는 이와 같은 보존행위는 다른 공유자에게 해롭지 아니하고 오히려 이익이 되는 것이 보통이며 긴급을 요하는 경우가 많기 때문이라고 하였다. 이것은 위 [1]판결의 원심이 보존행위를 제한하기 위하여 사용한 논리였는데, 이 판결의 반대의견도 보존행위의 범위를 제한해야 한다는 주장을 펴면서 다수의견을 비판하기 위하여 이 논리를 사용하고 있다. 그리고 對象判決은 위 반대의견의 위 논리를 그대로 답습하고 있다. 따라서 對象判決이 위 반대의견에 동조하고 있는 것이라고 생각할 수 있다. 이러한 對象判決의 보존행위에 관한 설명은 종래의 통설을 그대로 따른 것이다.

다. 結 語

對象判決은 공유자들의 이해가 충돌하는 경우에는 보존행위가 아니라고 함으로써, 위 [1], [2], [4]판결과 배치되는 것이기 때문에, 전원합의체판결로 선고되어야 하지 않았을까 하는 의문이 든다. 물론 對象判決은 아래 Ⅲ.에서 보듯이 위 [1], [2], [4]판결과는 사안이 다르다고 말할 수도 있다. 그러나 어떤 공유자의 공유물인도청구가 다른 공유자의 정당한 이익을 침해하는 결과를 초래한다면, 공유물의 보존행위가 될 수 없다고 보아야 한다고 생각한다. 왜냐하면 공유물의 보존행위는 다른 공유자의 권리까지 대신 행사하는 측면도 있기 때문이다. 따라서 위 [1], [2], [4]판결은 전원합의체판결로 그 태도를 변경하여야 할 것이다.

3. 合有物의 保存行爲와의 비교

민법은 合有의 경우에도 共有와 마찬가지로 保存行爲에 관한 규정을 두고 있다.[24] 즉 제272조 단서에서 합유물의 보존행위는 합유자 각자가 할 수 있다고 규정한다. 합유물의 보존행위에 관하여는, '합유물의 멸실·훼손을 방지하고, 그 현상을 유지하기 위하여 하는 사실적·법률적 행위'라는 견해[25]와 '사실행위'만을 의미한다는 견해[26]가 있다. 공유의 경우에는 합유의 경우와 달리 보존행위를 넓게 보고 있으므로, 양자의 개념이 동일하다고 볼 수 없을 것이다. 그러나 민법전에 있는 동일한 용어를 달리 해석하는 것은 개념의 혼란을 초래하는 것으로 바람직하지 못한 것이다.

그리고 제706조 제 3 항에 의하면, 組合의 通常事務는 各組合員 또는 各業務執行者가 專行할 수 있으나 그 사무의 완료 전에 다른 組合員 또는 다른 業務執行者의 異議가 있는 때에는 즉시 중지하여야 한다고 규정하고 있다. 그렇다면 합유물의 保存行爲에 관한 제272조 단서와 조합의 通常事務에 관한 제706조 제 3 항은 어떠한 관계에 있는가가 문제된다.[27]

어떤 조합원 또는 업무집행자가 단독으로 통상사무를 처리하는 경우에 다른 조합원 또는 업무집행자가 이의를 할 수 있는 권리를 異議權이라고 할 수 있다. 조합원의 異議權은 조합원의 지위에서 당연히 가지는 권리라고 할 수 있으므로, 어떤 조합원이 보존행위를 단독으로 하는 경우에도 다른 조합원이 이의를 할 수 있다고 보아야 한다. 이와

24) 總有에 관하여는 보존행위에 관한 규정이 없으므로, 공유물의 보존행위에 관한 규정이 총유에는 적용되지 않는다고 보아야 한다. 大判 1975. 5. 27, 73다47(공 1975, 8475); 大判 1972. 8. 22, 72다882(要集, 民商 I-1, 525).

25) 民法注解(V), 609면.

26) 金曾漢(註 5), 236면.

27) 먼저 위 두 조문은 그 내용이 서로 배치되지 않는다는 견해(郭潤直, 債權各論, 新訂版, 1995, 547면)가 있다. 공유물의 보존행위든 조합의 통상사무든 합유자, 즉 조합원이 각자 할 수 있다는 것이다. 그러나 이 견해는 제706조 제 3 항 단서를 염두에 두지 않은 것이다. 합유물의 보존행위이면서 조합의 통상사무에 해당하는 경우에 다른 합유자, 즉 조합원이 이의를 제기할 수 있는지에 관해서는 두 규정이 상충된다고 보아야 할 것이다.

같이 보존행위에 대한 이의가 있으면, 단독으로 보존행위를 하던 조합원은 이를 중단하여야 한다.

이러한 논의가 共有物의 保存行爲에도 적용될 수 있는지 문제된다. 만일 공유자의 이의권을 인정한다면, 어떤 공유자가 다른 공유자에게 보존행위에 기한 청구는 할 수 없다고 해야 할 것이다. 그러나 판례는 공유물의 보존행위를 판단할 때 다른 공유자의 이의여부는 전혀 고려하지 않고 있다.

Ⅲ. 共有物에 관한 抹消登記請求와 保存行爲

1. 판례는 공유자가 原因無效인 登記의 抹消를 청구하는 것도 保存行爲에 해당한다고 보고 있다.[28] 따라서 공유부동산에 관하여 제3자가 소유권이전에 필요한 서류를 위조하여 소유권이전등기를 경료한 경우 공유자의 1인이 그 등기의 전부 말소를 청구할 수 있다.

이러한 結論은 공유자의 지분권침해를 배제하기 위하여 인정되어야 한다. 예컨대 공유자 A, B가 1/2지분씩을 가진 공유부동산에 관하여 아무런 원인 없이 C 단독 명의로 소유권이전등기가 경료되어 있는 경우 A가 C를 상대로 그 말소등기청구를 하였다고 하자. 이 때 A의 지분인 1/2지분에 관해서 C의 등기가 말소되더라도 A로서는 다른 공유자인 B에 대하여 말소된 1/2지분 부분이 자기의 지분이라고 주장할 수 없음은 명백하다. 따라서 공유자는 지분권을 보호하기 위하여 원인무효의 등기를 모두 말소시킬 필요성이 있는 것이다. 이 점은 공유자

28) 大判 1982.3.9, 81다464(공 1982, 427); 大判 1971.11.30, 71다1831(集 30-1, 민 75); 大判 1971.7.27, 71다1265(要集, 民商 I-1, 525); 大判 1972.2.22, 71다2501(要集, 民商 I-1, 525); 大判 1964.4.19, 66다415(要集, 民商 I-1, 524); 大判 1966.7.19, 66다800(集 14-2, 민 173).

의 지분이 표시되는 移轉登記請求[29]와 명백히 다른 점이다.

그리고 공유물에 관하여 원인무효의 등기가 있는 경우 모든 공유자가 항상 그 말소를 구할 수 있는 것은 아니다. 예컨대 공유자의 지분이 등기부에 표시된 공유부동산의 경우에는 '원인무효의 등기로 인하여 그의 지분이 침해된 공유자'만이 그 등기의 말소를 구할 수 있다. 즉 어떤 공유자의 지분에 관하여서만 원인무효의 지분권이전등기가 경료되어 있는 경우 다른 공유자는 위 등기의 말소를 청구할 수 없다고 보아야 할 것이다. 이 점에서도 원인무효의 등기에 대한 말소를 청구하는 것은 지분권과 긴밀한 관련이 있음을 알 수 있다. 따라서 이러한 청구를 지분권에 기한 소송으로 볼 수 있을 것이다.

한편 어떤 공유자가 旣判力에 의하여 그 등기의 말소를 구할 수 없게 되었다면, 그의 지분에 대해서는 다른 공유자도 보존행위를 이유로 말소를 구할 수 없다. 大判 1994. 11. 18, 92다33701(공 1995, 38)은, 공유자의 1인인 소외인이 제 3 자가 피고를 상대로 하여 제기한 소송에 독립당사자참가를 하여 그 부동산이 전부 자신의 소유인데 그 부동산에 관하여 경료된 피고 명의의 소유권이전등기는 원인무효의 등기라고 주장하면서 그 등기의 말소를 청구하였으나 그 청구가 기각되어 확정되었다면, 그 소외인은 확정판결의 기판력에 의하여 피고 및 그 소송의 사실심 변론종결 후에 피고로부터 부동산지분을 일부 매수한 다른 피고를 상대로 부동산 중 자신의 지분에 관하여 피고들 명의의 지분소유권이전등기의 말소를 구할 수 없는 지위에 놓여 있다고 할 것이므로, 원고들이 소외인과 부동산을 공유하고 있다고 하더라도, 위와 같이 더 이상 말소청구가 받아들여질 수 없게 된 소외인의 지분에 관한한, 보존행위로서 피고들 명의의 소유권이전등기의 말소를 구할 수 없

29) 大判 1990. 12. 21, 88다카20026(공 1991, 578)은, 공유자가 "그 지분을 초과하여 부동산 전부에 관하여 진정한 등기명의회복을 위한 소유권이전등기를 구할 수는 없다"고 한다.

다고 한다.[30] 공유물의 보존행위는 공유자 자신의 지분권에 기한 것이라고 할 수 있지만, 다른 공유자의 지분 범위에서는 그의 권리를 다른 공유자가 대위 행사한다고 볼 수 있으므로,[31] 이러한 판결의 태도가 타당하다고 생각된다.[32]

---

30) 同旨: 大判 1982. 3. 9, 81다464(공 1982, 427).

31) 보존행위에 기한 소송은 제3자 소송담당이라고 보는 것이 다수설이지만, 기판력이 모든 공유자에게 미친다고 볼 수는 없다. 보존행위에 기한 소송의 기판력이 어느 범위까지 미치는지에 관하여는 학설대립이 있다.

32) 공유지분권과 관한 소송의 기판력에 관한 전원합의체판결인 大判 1995. 4. 25, 94다17956(공 1995, 1855)을 살펴볼 필요가 있다. 이 판결의 사안은 다음과 같다. 원고는 피고로부터 1필의 토지의 일부를 特定하여 買受하였다고 주장하면서 피고를 상대로 그 부분에 대한 所有權移轉登記請求訴訟을 제기하였으나, 그 목적물이 원고의 주장과 같은 부분으로 특정되었다고 볼 증거가 없다는 이유로 원고의 청구가 기각되어 판결이 확정되었다. 그 후 원고가 다시 피고를 상대로 위 토지 중 일정 持分을 買受하였다고 주장하면서 그 持分에 대한 所有權移轉登記를 구하는 이 사건 訴를 제기하였다.

대법원의 다수의견은 "이와 같은 경우 전소와 이 사건 소는 그 각 청구취지를 달리하여 소송물이 동일하다고 볼 수 없으므로, 전소의 기판력은 이 사건 소에 미칠 수 없다"고 판단하였다(다수의견에 대하여는 대법관 1인의 補充意見이 있다).

이에 반하여 이 판결의 反對意見은 "어떤 토지의 특정부분 전부에 관한 지분권이전등기는 특정부분에 관한 소유권이전등기청구의 분량적 일부임이 분명하므로, 당사자가 토지의 특정부분 전부에 관한 소유권이전등기청구에 승소하였다가 후에 특정부분을 포함한 토지 전부에 관한 지분이전등기를 청구하였다면 그 특정부분에 관한 한 본안에 관하여 나아가 판단할 필요 없이 권리보호의 이익이 없음을 이유로 각하하여야 하고, 거꾸로 특정부분 전부에 관한 소유권이전등기청구를 하였으나 기각되었음에도 불구하고 후에 그 특정부분을 포함한 토지 전부에 관한 지분이전등기를 구하는 경우에는 그 특정부분에 관한 한 기판력에 저촉되어 전소와 다른 판단을 할 수 없을 것이므로 청구가 기각되어야 한다"고 하였다.

반대의견이 이론적으로 명확하다고 생각한다. 통설(金曾漢(註 5), 222면; 郭潤直, 物權法, 新訂版, 1992, 367면)과 判例(大判 1964. 12. 15, 64다824)는 대체로 공유의 법률적 성질에 관하여 1개의 所有權이 分量的으로 분할되어 수인에게 속하는 것으로 보는 量的 分割說을 취하고 있다. 즉 각 공유자는 물건의 전체에 대하여 所有權을 갖지만, 이것이 다른 공유자의 동일한 권리에 의하여 감축되는 데 불과하다. 그러므로 토지 전체에 관한 持分權移轉登記請求權은 特定部分 한도 내에서 前訴인 所有權移轉登記請求權과 訴訟物이 동일하며, 全部請求와 一部請求의 관계에 있다고 할 수 있다. 大判 1974. 9. 24, 73다1874(공 1974, 8056)도, 특정매수 부분의 소유권에 기하여 그 부분의 분할

2. 그런데 共有不動產에 관하여 공유자 1인의 단독 명의로 등기되어 있는 경우 다른 공유자가 원인무효임을 이유로 그 登記 全體의 抹消請求를 할 수 있는지 문제된다.[33)]

대법원은 처음에 전부 말소를 인정하였으나,[34)] 그 후 전원합의체 판결로 태도를 바꾸어 공유자에 대하여 전부말소를 청구할 수 없다고 한다. 즉 공유부동산에 대하여 공유자의 1인이 자기의 단독 명의로 소유권등기를 한 것은 불법이라고 하더라도 그 사람 지분에 관한 한은 實體關係에 부합하는 등기이므로, 그 부분까지 말소등기를 명할 수 없다는 것이다.

[5] 大判(全) 1965. 4. 22, 65다286(集 13-1, 민 125)

원고의 亡父 A와 피고의 亡父 B가 본건 부동산을 공동으로 매수하여 원·피고가 각각 상속하였다. 원심은 본건 부동산이 원·피고의 공유임을 인정하면서도, 피고 단독 명의로 한 소유권회복등기 전부가 실체관계에 부합하지 않는 원인무효의 등기라 하여 그 전부에 대한 말소등기를 할 것을 명하였다.

대법원은 "본건 부동산이 원·피고의 공유라면 피고의 지분에 관한

소유권이전등기를 구하는 청구취지 중에는 지분권이전등기를 구하는 취지도 포함되어 있다고 한 것도 이러한 의미이다. 따라서 이 사건에서 특정부분 전부에 대한 所有權移轉登記請求와 특정부분을 포함한 토지 전부에 관한 持分移轉登記請求는 그 청구취지가 그 특정부분에 관한 한 다르다고 볼 수는 없기 때문에, 이 사건 訴는 '그 특정부분에 관한 한' 前訴인 소유권이전등기청구소송의 기판력에 저촉된다는 이유로 기각되어야 했을 것이다.

한편 건물명도를 명하는 확정판결 등에서 건물이 특정되지 않아 집행이 불가능한 경우에는 다시 건물명도청구의 소를 제기할 수 있는데[大判 1992. 4. 10, 91다45356(공 1992, 1547) 참조], '토지'에 관한 이전등기청구의 경우에는 이러한 문제가 발생할 여지가 없다.

33) 우리 민법에서 이러한 문제가 발생하는 것은 극히 제한적이다. 공유자의 지분이 표시되어 있는 부동산에 관하여는, 부동산등기부가 멸실된 후 공유자 1인이 단독 명의로 회복등기를 하는 경우를 제외하고는 이러한 문제가 거의 발생하지 않는다. 이러한 문제는 주로 상속으로 부동산이 공동상속인들의 공유로 되었지만, 아직 상속등기가 이루어지기 전에 원인무효의 등기가 경료된 경우에 발생한다.

34) 大判 1946. 10. 11, 4279민상32·33(大民原 1, 312).

피고 명의의 본건 소유권회복등기는 실체관계에 부합하는 것이라 할 것이므로, 이 부분의 말소 등기 절차까지 명한 것은 잘못이라 아니할 수 없고, 원심은 원고의 지분에 한하여서만 말소등기절차를 명하였어야 할 것"이라고 하여, 원심판결을 파기환송하였다.

위 판결에서 피고 명의의 회복등기 중 그 공유지분에 대하여는 그 말소를 구할 수 없다는 理由로 '실체관계에 부합'한다는 점을 들고 있다.[35)]

[6] 大判 1986. 8. 19, 86다카549(공 1986, 1223)

원고들 및 피고의 아버지인 소외 망 A가 1940. 7. 1. 이 사건 부동산에 관하여 소유권보존등기를 한 다음 그날 바로 원고들과 피고 및 소외 망 B 등 5형제 이름으로 그 소유권이전등기를 마쳤다. 그 후 피고가 원고들의 승낙을 받음이 없이 마음대로 소관 농지위원들로부터 허위의 확인서 등을 받아 부동산소유권이전등기에관한특별조치법에 의하여 자기의 단독 소유로 이전등기를 하였다.

원심은 이 사건 부동산이 원고들과 피고의 공유라고 보면서도 피고에게 그 이름의 등기 전부에 대하여 말소를 명하였다.

대법원은 "그 등기 가운데 피고의 지분에 관한 한 그 부분은 실체관계에 부합한다고 보아야 할 것인데도 피고의 지분에까지 그 말소를 명한 것은 공유부동산에 있어서의 등기의 실체관계에 관한 법리를 오해했거나 이유불비의 위법이 있다"고 하여, 원심판결을 파기환송하였다.

이 판결은 위 [5] 판결의 입장을 재확인한 것이다.

[7] 大判 1988. 2. 23, 87다카961(공 1988, 580)

이 사건 부동산은 소외 망 A, B 및 원고 3인이 각 1/3지분씩 공동상속한 위 3인의 공유재산이었다. 원고는 이 사건 예비적 청구원인의 하나로서, B가 부정한 방법으로 그 단독 명의의 소유권이전등기절차를 경료하였음을 전제로 하여 공유자의 보존행위로서 B의 상속인들인 피

35) 위 전원합의체판결이 나온 직후의 대법원판결도 마찬가지이다. 大判 1965. 5. 31, 65다690(카 1963); 大判 1965. 6. 16, 65다301(要集, 民商 I-1, 416); 大判 1965. 8. 24, 65다1086(카 1743).

고 C 등 5인에 대하여 A의 상속인들 소유지분인 1/3에 관한 소유권이전등기 말소등기절차의 이행을 구하였다. 원심은 이 부분에 관한 판단을 하지 아니하였다.

대법원은 "부동산의 공유자의 1인은 당해 부동산에 관하여 제3자 명의로 원인무효의 소유권이전등기가 경료되어 있는 경우 공유물에 관한 보존행위로서 제3자에 대하여 그 등기전부의 말소를 구할 수 있는 것인바, 이와 마찬가지로 상속에 의하여 수인의 공유로 된 부동산에 관하여 그 공유자 중의 1인이 부정한 방법으로 공유물 전부에 관한 소유권이전등기를 그 단독 명의로 경료함으로써 타의 공유자가 공유물에 대하여 갖는 권리를 방해한 경우에 있어서는 그 방해를 받고 있는 공유자 중의 1인은 공유물의 보존행위로서 위 단독 명의로 등기를 경료하고 있는 공유자에 대하여 그 공유자의 고유지분을 제외한 나머지 공유지분 전부에 관하여 소유권이전등기 말소등기절차의 이행을 구할 수 있다고 해석함이 상당하다"고 판시한 다음, 원심이 위 예비적 청구부분에 대하여 아무런 판단도 하지 아니한 채 원고의 위 예비적 청구부분을 기각한 것은 판단유탈이라고 하였다.

이 판결도 종래의 판결에 따라 공유부동산에 관하여 공유자 등의 1인이 그 단독 명의로 소유권이전등기를 마친 경우에 그 공유자의 지분을 제외한 부분에 관하여 그 등기의 말소를 청구할 수 있다고 하였다. 그런데 이 판결에서는 등기를 경료하고 있는 공유자의 지분부분에 관하여는 말소를 명할 수 없는 이유가 나와 있지 아니하다. 종래의 판결이유, 즉 실체관계에 부합한다는 것을 당연한 전제로 하고 있는 것으로 보인다.[36)]

한편 이 판결에서 공유자 3인 중 1인이 다른 공유자 1인을 상대로 말소청구를 하는 경우 그 지분을 제외한 나머지 지분에 관하여는 보존행위에 해당한다고 한다. 이러한 경우를 보존행위로 설명한다면,

36) 大判 1974. 9. 24, 73다1874(공 1974, 8056)는 "부동산지분을 매수하여 지분권이전등기를 하였으나 등기부가 멸실하자 전소유자가 소유권보존등기를 한 후 제3자에게 매도하여 이전등기를 한 경우에 지분권자는 지분권 한도 내에서 제3자에게 지분말소를 청구할 수 있다"고 하였다. 이 경우에도 제3자의 등기는 실체관계에 부합한다고 볼 수 있을 것이다.

결국 보존행위는 공유자 전원을 위한 것일 필요는 없다는 것으로 볼 수 있다. 즉 일부 공유자(피고 C 등 5인을 제외한 나머지 공유자)를 위해서도 보존행위를 할 수 있다는 것이다. 이러한 경우에도 공유자 전원에게 이익이 된다고 할 수는 없을 것이다. 따라서 이러한 경우를 보존행위로 설명하는 것은 부적절함을 알 수 있다.

그렇다면 어떤 공유자가 다른 공유자에게 말소등기청구를 하는 경우에, 말소등기청구의 소를 제기한 공유자의 지분 한도 내에서만 그 말소를 인정하여야 하는가? 그러나 이와 같이 해서는 제 3 자에 대한 말소등기청구의 경우와 마찬가지로 그 공유자의 지분이 충분히 회복되지 않게 된다. 예컨대 공유자 A, B, C가 1/3지분씩을 가진 공유부동산에 관하여 아무런 원인 없이 C 단독 명의로 소유권이전등기가 경료되어 있는 경우 A가 C를 상대로 그 말소등기청구를 하였다고 하자. 이 때 A의 지분인 1/3지분에 관해서 C의 등기가 말소되더라도, A로서는 다른 공유자인 B에 대하여 위 말소된 1/3지분 부분이 자기의 지분이라고 주장할 수 없기 때문이다. 따라서 이 판결과 같이 공유자 3인 중 1인이 다른 공유자 1인을 상대로 말소청구를 하는 경우 그 1인의 지분을 제외한 나머지 지분 전부에 관하여 말소를 하여야 하는데, 그 이유는 보존행위에 해당하기 때문이 아니라 '지분권의 회복'을 위한 것이라고 하면 충분할 것이다.

3. 공유지분에 관하여 말소를 명하는 판결이 확정되면 등기절차는 更正登記의 방식에 의하게 된다.[37] 원래 말소등기의 대상이 되는 것은 登記事項의 全部가 부적법한 경우이며, 登記事項의 一部만이 부적법한 때에는 경정등기, 변경등기, 말소회복등기 등의 대상은 되어도, 말소등기의 대상이 아니다.[38]

37) 법원행정처, 등기선례요지집 1, 140면(1981. 12. 15. 등기 576호); 民法注解(V), 562면.

38) 郭潤直, 不動產登記法, 新訂版, 1993, 272면.

Ⅳ. 對象判決의 檢討

대법원은 對象判決의 사안을 "공유자의 일부가 제 3 자의 등기가 원인무효라는 이유로 그 등기 전부의 말소를 청구하고 있는 경우"로 파악하고 있다. 이러한 경우에 다른 공유자가 그 지분을 제 3 자에게 증여하였다면, 그 지분에 관한 부분의 말소를 청구하는 것은 공유자들의 이해가 충돌하는 경우에 해당하여 보존행위로 될 수 없다는 것이다.

그러나 이와 같이 사안의 실체를 파악하는 것은 부적절하다고 생각한다. 즉 사안을 제 3 자에 대한 말소청구가 아니라 공유자간의 말소청구로 파악하는 것이 오히려 간명하다고 본다. 對象判決에서 C는 이 사건 소 중 자신이 원고로 된 부분을 취하했을 뿐 아니라 증인으로 나와 피고들의 주장이 사실이라는 증언까지 하였다. C가 피고측의 증인으로까지 나온 행동을 보면 피고들의 소유권을 인정함은 물론이고 소송에서 피고들의 소유권이 인정되지 않는 경우에는 자기 지분을 증여하겠다는 의사가 있다는 것으로 해석할 수 있을 것이다.[39] 그렇다면 피고들의 등기는 C의 지분범위 내에서는 실체관계에 부합하게 되었다고 볼 수 있다. 따라서 C는 더 이상 공유자라고 할 수 없고, 오히려 피고들이 원고들과 공유자가 되었다고 할 수 있으므로, 원고들이 공유물의 보존행위로서 C의 지분에 대하여도 피고들을 상대로 말소등기를 구할 수는 없다고 할 것이다. 즉 對象判決에서는 원고들이 C의 지분에 관하여 말소등기를 청구하는 것은 아무런 근거가 없는 것이고, 保存行爲에 해당하는지 여부를 따질 필요조차 없다는 것이다.

만일 C의 행위를 단순한 자기 지분의 포기라고 본다면, C의 지분은 다른 共有者에게 각 지분의 비율로 귀속하게 될 것이고(제267조), 다른

39) C의 지분에 관하여도 피고들의 등기를 말소하면, C는 그의 지분에 관하여 피고들에게 소유권이전등기를 경료해 주어야 할 것이다.

共有者들은 등기 전부의 말소를 구할 수 있을 것이다. 이와 같이 보더라도 부동산인 공유물의 지분을 포기할 때 다른 공유자의 지분취득은 등기를 요하지 않는다는 견해[40]를 따른다면, 원고들의 말소청구가 保存行爲에 기한 것으로 볼 수는 없고, C의 지분의 포기로 인해 확장된 자기 지분에 의한 청구가 될 것이다. 그러나 對象判決에서 C가 지분을 포기했다고 보기는 어려울 것이다.

그러므로 登記抹消請求의 경우에는 實體關係에 附合하는지 여부를 판단하면 되는 것이고, 共有者들의 利害關係의 衝突問題가 별다른 중요성이 없다고 볼 수 있다. 공유자들의 이해관계가 충돌하는 경우에는 보존행위가 될 수 없다는 對象判決의 抽象的 法律論은 그 자체로 보면 찬성할 만한 결론으로서, 앞으로 판례의 형성에 상당한 영향력을 행사하리라고 생각한다. 그러나 이것을 구체적 사안과 대비하여 보면 '判例'라고 할 수 있는지는 의문이다.

V. 結　　論

1. 이상에서 공유자간의 이해의 충돌 문제가 공유물의 보존행위에 어떻게 작용하는지에 관하여 살펴보았다. 對象判決의 입장에서 종전의 판결을 살펴보면 많은 모순이 드러난다는 것을 알 수 있다.

그렇다면 공유물에 관한 방해배제 또는 반환청구와 말소등기청구를 보존행위로 보는 판례의 기본적 태도는 정당한가? 학설은 판례의 保存行爲理論을 지지하는 견해[41]도 있지만, 不可分債權類推適用說[42]이 다수설이라고 할 수 있고, 최근에는 持分權說 등이 주장되고 있는

40) 李英俊(註 5), 521면; 民法注解(V), 582-583면은 이에 반대한다.
41) 李熙太(註 21), 137면 이하.
42) 金曾漢(註 5), 227면; 郭潤直(註 32), 372면; 金容漢(註 5), 330면; 金相容(註 5), 458면.

데,[43] 그 내용은 매우 혼란스럽게 보인다. 여기에서는 앞에서 본 바를 기초로 하여 이러한 판례와 학설을 간략하게 검토해 보고자 한다.

먼저 獨逸의 경우를 살펴볼 필요가 있다. 독일민법은 채권편에서 共同(Gemeinschaft)에 관한 규정을 두고 있는데, "각 공동자는 다른 공동자의 동의가 없더라도 목적물에 필요한 조치를 취할 수 있으며, 각 공동자는 다른 공동자가 이러한 조치에 대한 동의를 미리 할 것을 청구할 수 있다"(제744조 제 2 항)고 한다. 이 조문은 우리 민법의 공유물의 보존행위에 상응하는 규정이라고 볼 수 있는데, 여기에서 '목적물에 필요한 조치'는 매우 제한적으로 해석되고 있고, 목적물의 인도청구나 말소등기청구는 이에 해당하지 않게 된다.[44]

독일민법은 공유물의 인도청구권 또는 말소등기청구권을 소유권에 기한 청구권에 해당한다고 보고 있다. 즉 독일민법 제1011조는 "각 공유자는 소유권에 기한 청구권을 제 3 자에게 공유물 전부에 관하여 주장할 수 있다. 다만 반환청구권은 제432조에 따라서만 주장할 수 있다"고 규정하고, 제432조 제 1 항 제 1 문은 "수인이 불가분급부를 청구해야 하는 경우에, 채무자는 전원에 대하여 공동으로만 급부를 할 수 있으며, 또 각 채권자는 전원에 대한 급부만을 청구할 수 있다. 다만 수인이 연대채권자인 경우에는 그러하지 아니하다"고 규정한다.[45] 그

43) 일본에서는 공유물인도청구와 말소등기청구를 구분하여 설명하는 견해도 있으나, 대체로 지분권의 효력으로 설명하는 견해가 다수설이고, 불가분채권에 관한 규정을 유추적용해야 한다는 견해, 판례의 보존행위이론을 지지하는 견해는 소수설이다. 我妻榮·有泉享, 新訂 物權法, 1996, 327-328면; 川井健, 注釋民法(7), 312-313면; 鈴木祿彌, 物權法講義, 四訂版, 1994, 31면; 廣中俊雄, 物權法, 第 2 版, 1982, 438면; 石田喜久夫 外 4人 編, 物權法, 1994, 95-97면; 新田敏, "共有の對外的としての登記請求," 不動產登記をめぐる今日的課題, 1987, 189면 이하 참조.

44) Lutz Aderhold(註 11), §744 Rn. 1ff.(S. 2197f.).

45) 제432조 제 1 항 제 2 문은 "각 채권자는 채무자가 그 부담한 물건을 전채권자를 위하여 공탁할 것 또는 그 물건이 공탁하는 데 적합하지 아니한 때에는 법원에 의하여 선임된 보관자에게 이를 인도할 것을 청구할 수 있다"고 규정한다. 우리 민법에는 이에 관한 규정이 없으나, 立法論上 도입할 필요가 있을 것이다.

리하여 공유물을 제 3 자가 원인 없이 점유하고 있으면, 각 공유자가 제1011조, 제432조에 따라서 그 반환을 구할 수 있게 된다. 그리고 공유자에게 등기정정청구권이 인정되는데, 그 근거를 제1011조에서 찾고 있다. 제741조 이하에 의한 공동권리자, 특히 제1008조 이하에 의한 공유자로서만 잘못 등기된 단독 권리자는 등기정정청구권을 가진다. 공동권리자가 그의 지분이 잘못 기재되어 있는 경우에도 마찬가지이다. 다수의 공유자에게 속하는 등기정정청구권을 그들 각자가 제1011조에 따라서 주장할 수 있는데, 그 청구권은 모든 공유자의 등기에 미친다. 공동상속인은 제2039조에 의하여 모든 공동상속인의 등기에 대한 등기정정청구권을 주장할 수 있다.[46)]

그런데 우리 민법에는 독일민법 제1011조에 상응하는 규정이 없으나, 이러한 청구를 단독으로 할 수 있도록 할 필요성이 있기 때문에, 판례가 공유물의 보존행위에 관한 규정으로 해결하고 있다고 생각된다. 이것은 日本의 판례[47)]도 마찬가지이다.

공유물의 保存行爲는 공유물의 멸실·훼손을 방지하고 그 현상을 유지하기 위하여 하는 사실적·법률적 행위를 말하는 것인데, 공유물의 명도청구나 말소등기청구까지 보존행위에 해당한다고 보는 것은 보존행위의 개념을 지나치게 확대한 것이다. 그리고 판례는 공유자들 사이의 인도청구 등 공유자들 사이에 이해가 충돌하는 경우에도 보존행위라고 본 것은 보존행위를 단독으로 할 수 있도록 한 취지에도 부합하지 않는다. 이와 같이 공유의 경우 보존행위의 개념을 확대함으로써 민법의 다른 보존행위(가령 합유물의 보존행위)와 그 개념이 달라지게 된 것은 바람직하지 못한 것이다.

---

46) Andreas Wacke, in: *Münchener Kommentar zum Bürgerlichen Gesetzbuch*, Bd. 4, 2. Aufl., § 894 Rn. 18(S. 307).

47) 등기말소청구에 관한 것으로는 日最判 1956(昭和 31). 5. 10(民集 10-5, 487) 등이 있고, 공유물의 방해배제청구나 반환청구에 관한 것으로는 日大判 1922(大正 10). 6. 13(民錄 27, 1155) 등이 있다.

또한 공유가 공동으로 물건을 소유하는 것이기 때문에 공유자들 사이의 관계는 어느 정도 단체적 성격을 띠고 있다.[48] 공유자가 공유물을 사용·수익하려면, 다른 공유자와 협의를 하여야 하고, 이러한 협의가 성립하지 않는 경우에는 누구도 배타적으로 공유물을 점유할 수 없다. 이와 같이 공유자의 지분권은 다른 공유자의 지분권에 의하여 제약을 받을 수밖에 없는 것이다. 공동소유는 의사결정을 공동으로 하는 것이 원칙이고, 단독으로 하는 보존행위는 예외적인 것이다. 이러한 점에서도 우리의 판례는 공유물의 보존행위로 지나치게 많은 문제를 해결하고 있다고 볼 수 있다.

不可分債權類推適用說[49]은 주로 공유물의 인도청구에 관한 것이다. 즉 목적물은 1개 불가분이므로 공유자 각자가 가지는 반환청구권의 행사에 관하여 단독으로 할 수 있느냐 또는 전원이 공동으로 하여야 하느냐가 문제되나, 불가분채권의 규정을 유추하여 단독으로 전부의 인도를 청구할 수 있다고 하여야 한다는 것이다. 공유자는 공유물 전체에 대해서 이용할 수 있으므로, 제 3 자에게 인도청구를 하는 경우에는 불가분채권과 유사하다고 할 수 있다. 그러나 공유자 사이의 인도청구의 경우에도 불가분채권으로 설명하는 것은 부적절하며,[50] 말소등기청구권은 지분에 따라서 분할될 수도 있으므로, 공유자의 말소등기청구권이 성질상 불가분채권이라고 할 수도 없는 것이다. 그리고 不可分債權類推適用說은 채권의 성질을 표시하고는 있으나, 그 발생근거를 설명하지는 못한다.

---

48) 민법은 물권편에서 공동소유의 유형으로 공유·총유·합유를 규정하고 있는데, 이것은 가장 전형적인 형태를 규정한 것에 불과하고, 실제로는 다양한 모습을 띠고 있다. 특히 구분소유건물의 공용부분은 구분소유자들의 공유라고 하지만, 이 때에는 공유를 개인주의적 소유형태라고 보기 어려울 정도로 단체적 성격이 강하게 되는 것이다.

49) 郭潤直(註 32), 372면은, 불가분채권의 규정을 유추적용하는 통설이 타당하다고 하면서도, "각 공유자의 반환청구권은 그들의 지분에 기하여 당연히 생기는 것이라고 하여야 한다"고 한다.

50) 尹載植(註 7), 161면.

持分權說[51)]은 지분권의 본질에 의하여 각 공유자는 지분권에 기하여 단독으로 공유물의 방해배제, 인도를 청구할 수 있다고 한다. 즉 持分權은 1개 독립의 소유권인 성질을 갖는 것이고 각 공유자는 지분에 따라 共有物 전부를 사용·수익할 수 있는 권능을 가지고 있기 때문에 공유물에 대하여 사용·수익할 권능이 침해된 때에는 지분권에 기하여 침해행위 전부의 금지를 청구할 수 있다는 것이다.

持分權說이 타당하다고 본다. 즉 제263조는 "공유자는… 공유물 전부를 지분의 비율로 사용·수익할 수 있다"고 규정하여, 공유자의 사용·수익권은 공유물 전부에 미치게 된다. 그리고 지분권은 소유권의 분량적 일부라고 볼 수 있는데, 지분권의 효력은 공유물 전부에 미치므로, 지분권에 기하여 공유물 전부에 관한 방해배제 또는 공유물반환을 청구할 수 있는 것이다. 또한 공유부동산에 관한 지분권을 표상하고 있는 것이 지분등기라고 할 수 있는데, 전술하였듯이 원인무효의 등기가 있는 경우 그 침해를 배제하기 위하여 그 등기 전부에 관하여 말소등기를 청구할 수 있다고 보아야 한다. 물론 공유자가 다른 공유자에게 공유물의 인도를 청구하는 것은 그 공유자의 사용·수익권까지 박탈하는 결과가 되기 때문에 이것을 받아들일 수 없다고 하게 될 것이다. 이와 같이 보면, 지분권에 기한 청구에는 자신의 지분권만이 침해된 경우와 자기의 지분권과 함께 다른 공유자의 지분권도 침해된 경우로 나누어 볼 수 있을 것이다. 어쨌든 자신의 지분권이 침해되어야

51) 金用圭, "共有關係의 對外的 主張," 現代民法學의 諸問題(晴軒 金曾漢博士華甲紀念), 1981, 315면; 尹載植(註 7), 161면. 그리고 "共有持分權者는 지분권에 기하여 단독으로 공유물 전체에 대한 방해배제청구나 인도청구를 할 수 있음은 물론 保存行爲를 이유로 하여서도 이를 청구할 수 있는 것"이라는 견해[李英俊(註 5), 508면]도 있다. 한편 李英俊(註 5), 509면은, "불가분물인 경우에는 不可分債權의 규정을 유추적용함으로써 각 共有者는 전원을 위하여 공탁을 시키든가, 공탁에 부적당한 물건은 법원이 선임하는 관리인에게 인도하라고 청구할 수 있을 뿐"이므로 共有者 1인은 자기에게 물건 전부의 인도를 청구할 수 없다고 하나, 우리 민법에는 독일민법과 달리 위와 같이 볼 근거가 없다. 民法注解(V), 564면 참조.

만 이러한 청구를 할 수 있을 것이다. 그리하여 공유지분의 표시가 있는 경우에는 지분이전등기로 지분권이 침해되고 있는 자만이 원인무효의 등기에 관한 말소등기청구권을 행사할 수 있게 된다.

2. 끝으로 共有에 관한 訴訟을 공유관계에 기한 소송과 지분권에 기한 소송으로 나누어 설명하려는 견해는 재검토할 필요가 있다고 본다.[52)] 공유자는 자기의 지분을 자유롭게 처분할 수 있고, 언제든지 공유물의 분할을 청구할 수 있다. 그리하여 共有는 공동소유의 세 가지 유형 중에서 가장 개인주의적 색채가 강하고, 공유에 관한 법률관계는 조합의 경우와 달리 획일적으로 처리할 필요가 없다고 할 수 있다. 초기의 판례가 공유에 관한 소송을 공유관계에 기한 소송으로 보아 필요적 공동소송이라고 하다가, 점차 지분권에 기한 소송 또는 보존행위에 관한 소송의 범주를 확대하여 공유에 관한 분쟁을 간편하게 처리하려고 하였다. 그런데 持分權에 기한 訴訟으로 공유에 관한 소송을 대부분 해결하고 있는 현단계에서 굳이 共有關係에 기한 訴訟을 종래와 같이 인정할 필요는 없을 것이다.[53)] 공유에 관한 소송을 아무런 조건 없

52) 일반적으로 공유에 관한 소송은 공유관계에 기한 소송과 지분에 기한 소송으로 구분되고, 공유관계에 기한 소송은 필수적 공동소송이지만, 지분권에 기한 소송은 필수적 공동소송이 아니라고 한다. 그러므로 공유에 관한 소송 중에서 지분권에 기하여 인정될 수 있는 경우에는 지분권에 기하여 제기하는 것이 좋을 것이다[방해배제청구에 관하여는, 郭潤直(註 32), 375면 참조]. 또한 당사자가 공유관계에 기해서만 소를 제기한 경우라도, 지분권에 기한 주장이라면 받아들일 수 있는 때에는 법원이 당사자에게 이에 관하여 석명을 하여야 할 것이다.

53) 공유관계에 기한 소송은 지분권에 기한 소송으로 해소될 수 있으므로, 굳이 공유관계에 기한 소송을 인정할 필요가 없다고 생각할 수 있지만, 공유관계에 기한 소송이 무의미하게 된 것은 아니다. 大判 1994. 11. 11, 94다35008(공 1994, 3272)은, “공유자 일부가 제 3 자를 상대로 타공유자의 지분의 확인을 구하는 것은 타인의 권리관계의 확인을 구하는 소에 해당한다고 보아야 할 것이므로 그 타인간의 권리관계가 자기의 권리관계에 영향을 미치는 경우에 한하여 확인의 이익이 있다고 할 것이며, 공유물 전체에 대한 소유관계 확인도 이를 다투는 제 3 자를 상대로 공유자 전원이 하여야 하는 것이지 공유자 일부

이 단독으로 할 수 있는 경우, 단독으로 소를 제기할 수 있으나 공유자들의 결의 또는 다른 공유자의 동의를 필요로 하는 경우, 반드시 공유자 전원이 당사자가 되어야 하는 필수적 공동소송에 해당하는 경우 등으로 유형화하고, 이를 공동소유의 다른 형태인 합유 및 총유와 비교함으로써, 공유에 관한 이론을 재정립하여야 할 것이다.

(判例月報 제305호(1996.2), 9-28면 所載)

만이 그 관계를 대외적으로 주장할 수 있는 것이 아니므로, 이 사건에 있어서와 같이 아무런 특별한 사정이 없이 타공유자의 지분의 확인을 구하는 것은 확인의 이익이 없다"고 하였다.

8. 根抵當權의 被擔保債權에 관한 考察

Ⅰ. 序　論

1. 根抵當權은 주로 계속적인 거래관계에서 발생하는 다수의 채권을 장래의 결산기에서 일정한 한도까지 담보하기 위하여 고안된 담보제도이다. 예컨대 은행과 고객이 당좌대월계약, 어음할인계약, 어음대부계약을 체결하는 경우에, 그러한 계약에 기한 채권은 거래가 종료될 때까지 증감·변동한다. 근저당권은 이와 같이 증감·변동하는 채권을 最高額의 범위 내에서 담보하는 저당권이라는 점에서 特殊한 抵當權의 하나로 취급되고 있다.[1)]

근저당권에 관한 규정은 現行民法 제정시에 비로소 新設된 것으로, 1개의 조문으로 되어 있다. 즉 민법 제2편 제9장에는 저당권에 관한 조문이 17개가 있는데, 그 중 제357조가 '根抵當'에 관하여 규정하고 있을 뿐이다. 그러나 담보의 이용현황을 보면, 현재 근저당권은 物的 擔保 중에서 가장 많이 이용되고 있는 담보수단으로서,[2)] 信用去

1) 郭潤直, 物權法, 新訂版, 博英社, 1992, 650면 이하.

2) 현행 민법이 시행되기 직전인 1959년에는 司法年鑑에 저당권이나 근저당권에 관한 등기건수가 별도로 나와 있지 않았는데, 부동산에 관한 지상권 기타 권리의 설정등기는 접수건수가 44,139건이고, 그 개수는 107,907개인 것(1960년 司法年鑑, 각종 통계표 22면)을 보면 저당권이나 근저당권이 많이 이용되지 않았다는 것을 알 수 있다(위와 같이 접수건수와 그 개수 사이에 차이가 나는 이유는 한 번에 여러 개의 근저당권을 일괄적으로 접수하는 경우가 많기 때문이다).

그런데 1975년 부동산에 관한 '저당권·근저당권설정등기'의 접수건수는 255,473건이고, 그 개수는 618,065개였다(1976년 司法年鑑, 444면). 그로부터 20년 후인 1995년도 부동산에 관한 '저당권·근저당권설정등기'의 접수건수는

來에서 확고한 위치를 차지하고 있다.[3] 根抵當權은 계속적 거래관계에서 발생하는 여러 채무를 한꺼번에 담보하는 데 그 효용이 있으나, 실제로는 계속적 거래관계가 없는 경우에도 당사자들 사이에 근저당권이 설정되고 있고, 그에 따라 抵當權은 점점 자취를 감추어 가고 있다. 去來現實에서는 법률의 규정형식과 달리 根抵當權이 오히려 일반적인 담보수단이 되었다.[4] 이것은 담보에 대한 선호도가 매우 빠르게 변화한다는 것을 보여 주는데, 그 이유는 담보제도를 이용하는 사람들이 대체로 경제적인 이해관계에 민감하게 반응하기 때문이라고 생각된다.[5]

1,587,829건이고 그 개수는 3,168,329개이다(1996년 司法年鑑, 1068면). 이것은 저당권·근저당권설정등기가 대폭 증가하였음을 보여 준다. 현재 법원에서는 저당권과 근저당권을 구분하여 통계를 내지 않고 있기 때문에, 근저당권설정등기가 어느 정도를 차지하고 있는지는 정확히 알 수 없다. 그러나 1996년에 서울 서초구를 관할하는 서울지방법원 등기과에 근저당권설정등기가 14,138건 접수(접수개수는 37,775개)되었는데, 저당권설정등기는 1건밖에 접수되지 않은 점에 비추어 볼 때 저당권은 거의 이용되지 않고 있는 것으로 보인다. 또한 가등기담보도 많이 이용되지 않고 있는데, 이에 관하여는 註 5 참조.

3) 李英俊, 物權法, 全訂版, 博英社, 1996, 860면은 "우리 나라의 저당권제도는 이른바 讓渡擔保나 假登記擔保 등 이른바 '變則的 擔保'에 밀려 담보제도에 있어서의 그 王者的 지위가 퇴색되고 있다"고 한다. 그러나 우리 나라에서 저당권제도는 根抵當權이라는 형태로 擔保制度의 中心을 차지하고 있다.

4) 이와 유사한 현상은 독일의 담보제도에서도 나타난다. 즉 독일민법에 抵當權(Hypothek)에 관한 조문은 79개가 있고 土地債務(Grundschuld)에 관한 조문은 8개밖에 없다. 그런데도 거래계에서는 土地債務만이 이용되고 있다. Clemente, *Die Sicherungsgrundschuld in der Bankpraxis,* Köln, 1985, Vorwort 참조.

5) 이러한 사실은 "假登記擔保 등에 관한 法律"의 제정 전후에 假登記擔保에 관한 이용도의 변화를 통해서도 확인할 수 있다. 1983년 假登記擔保 등으로 인한 폐해를 방지하고자 "假登記擔保 등에 관한 法律"이 제정되어 1984년부터 시행되고 있다. 司法年鑑에 가등기에 관한 통계는 1983년부터 나오고 있는데, 不動產에 관한 '假登記'는 이 법률이 시행되기 직전인 1983년에 접수건수가 94,034건, 접수개수가 182,420개였으나(1984년 司法年鑑, 752면), 1995년에는 접수건수가 24,471건, 접수개수가 45,782개에 불과하다(1996년 司法年鑑, 1068면). 가등기는 청구권을 보전하기 위해서도 사용되고 있으므로 가등기담보는 위 숫자보다 적다고 볼 수 있다. 위 통계를 보면, 현재 假登記擔保가 많이 이용되지 않고 있을 뿐만 아니라, 이 법률 시행 이후에 가등기담보의 이용이 줄어들었다는 것을 알 수 있다. 그 이유로는 이 법률의 시행으로 인하여 실행절차 등과 관련하여 당사자, 특히 채권자측에서 가등기담보를 이용할 利點이 크게 감소한 점 등을 들 수 있다.

이와 같이 근저당권이 많이 이용됨에 따라 점점 더 다양하고 복잡한 법률문제가 발생하고 있지만, 종래의 學說이나 判例는 근저당권의 법률문제에 대하여 적절한 해결방안을 제시하지 못하고 있다. 따라서 우리의 根抵當法은 더 이상 去來現實을 따라 가지 못하고 있다고 말할 수 있다. 그러므로 우리의 담보법에서 근저당권의 법률문제를 정확하게 파악하는 것은 근저당제도의 운용을 위하여 매우 중요한 의미를 가질 뿐만 아니라, 근저당권이 담보제도에서 차지하는 위치에 비추어, 우리의 담보제도의 현황과 문제점을 파악하고 담보제도의 발전방향을 가늠하는 데 반드시 필요한 작업이다.

2. 민법 제357조 제1항 제1문은 "抵當權은 그 擔保할 債務의 最高額만을 정하고 債務의 確定을 將來에 保留하여 이를 설정할 수 있다"고 규정하고 있다. 근저당권은 증감·변동하는 채권을 담보한다는 데 특색이 있기 때문에, 근저당권에서 가장 중요한 것은 根抵當權과 被擔保債權의 관계이다. 즉 근저당권은 어떠한 채권을 담보할 수 있는지, 개개의 근저당권이 어떠한 채권을 담보하고 있는지 여부가 그것이다. 실제로 근저당권이 구체적으로 어떤 채권을 담보하고 있는지를 둘러싸고 근저당권의 이해관계인들, 즉 근저당권설정자, 근저당권자, 후순위담보권자, 일반채권자, 물상보증인 사이에 이해관계가 첨예하게 대립하여 많은 분쟁이 발생하고 있다.

금융거래에서는 특정채권을 담보하기 위하여 근저당권을 설정하는 경우도 있고, 당사자들 사이에 반복·계속되는 거래를 할 때마다 근저당권을 설정하는 번거로움을 피하기 위하여 包括根抵當權을 이용하는 경우가 많다.[6] 근저당권에 관한 학설은 포괄근저당의 유효성 문제를 가

6) 서구에서는 이미 오래 전부터 포괄근저당과 유사한 방식으로 금융거래를 해왔다. 미국에서는 현재와 장래의 모든 채권을 담보한다는 조항을 포괄조항(dragnet clause)이라고 하는데, 이 조항은 원칙적으로 유효라고 한다. 이에

장 중요한 문제로 보고, 이에 관해서만 학설이 심각하게 대립하고 있다. 그러나 법원은 이 문제에 대한 결론은 접어둔 채 구체적인 사안에서 개별적으로 문제되는 채권이 근저당권에 의하여 담보되는 채권인지 여부에 중점을 두어 판결을 내리고 있다. 한편 근저당권의 피담보채권은 유동・교체될 수 있는데, 그러한 상태가 언제 종료되는지 문제된다. 이것이 根抵當權에서 被擔保債權의 確定問題[7]이다. 근저당권의 確定은 어느 시점을 기준으로 피담보채무의 범위를 확정하는 것이기 때문에, 피담보채무의 종적인 결정기준이라고 말할 수 있다.

3. 근저당권에 의하여 담보되는 채권의 범위를 결정하는 문제는 근저당권에서 핵심적인 문제이다. 그리하여 여기에서는 근저당권의 이론적인 측면은 간략하게 다루고, 실제로 많이 문제되는 根抵當權의 被擔保債權을 결정하는 구체적인 기준을 제시하고자 한다. 먼저 어떠한 채권이 근저당권의 피담보채권이 될 수 있는지라는 피담보채권 적격문제, 특히 근저당권이 특정채무를 담보할 수 있는지, 포괄근저당이 유효한지를 간략하게 다루고자 한다(아래 Ⅱ). 그리고 나서 대법원판결의 분석을 통하여 근저당권이 어떤 범위의 채권을 담보하고 있는지를 판단하는 기준, 즉 피담보채권의 범위에 관한 결정기준을 모색해 보고자 한다(아래 Ⅲ). 나아가 근저당권이 언제까지 발생하는 채권을 담보하는지에 관한 문제, 즉 근저당권의 확정문제에 관하여 경매나 회사정리절차와 관련하여 간략하게 다루고자 한다(아래 Ⅳ). 마지막으로 입법론 등 장래의 과제에 관하여 언급하고자 한다(아래 Ⅴ).

관하여는 우선 Nelson/Whitman, *Real Estate Finance Law*, 3rd, West Publishing Co., 1994, 937-943.

7) 이것은 어떤 경우에 根抵當權에서 被擔保債權이 確定되는지에 관한 문제이다. 따라서 '根抵當權의 被擔保債權의 確定'이 좀더 정확한 용어라고 볼 수 있으나, 여기서는 많이 사용되고 있는 '根抵當權의 確定'이라는 용어를 사용하기로 한다.

Ⅱ. 被擔保債權의 適格

1. 意 義

특정채권을 담보하기 위하여 근저당권을 설정할 수 있는가? 한편 근저당권의 피담보채권을 포괄적으로 기재하는 것이 허용되는가? 이것은 어떠한 채권을 근저당권에 의하여 담보할 수 있는가에 관한 것으로, 被擔保債權의 適格問題이다.

2. 被擔保債權의 不特定性 問題

가. 학 설

通說은 根抵當權을 "계속적인 거래관계로부터 발생하는 다수의 不特定債權을 장래의 결산기에 일정한 한도까지 담보하려는 저당권"[8]이라고 정의한 다음, 보통의 저당권과 엄격하게 대비하여 다음과 같이 설명한다.

> "根抵當權은 '장래의 증감·변동하는 不特定의 債權'을 담보하는 것이라는 점에서 보통의 저당권과는 다르다. 우리 민법에는 '將來의 債權'의 담보를 인정하는 규정이 상당히 있다(민법 제26조 제1항, 제206조, 제443조, 제588조 단서, 제639조 제2항, 제662조 제2항). 이들 규정에 의하여 '將來의 債權'의 담보를 위한 보통의 저당권은 얼마든지 설정되므로, 근저당권은 '將來의 債權'의 담보의 일종이지만, 이 점에서 보통의 저당권과 구별되지 않는다. 그러나 위에 든 민법의 규정들은 모두가 장래의 '特定'의 채권의 담보를 위한 저당권의 설정을 인정할 뿐이며, 장래의 '不特定'의 채권을 담보하기 위한 보통의 저당권을 인정하는 규정은 없다. 그런데 근저당권에 의하여 담보되는 '將來의 債權'은

8) 郭潤直(註 1), 650면; 金曾漢, 物權法講義, 博英社, 1984, 442면; 金相容, 物權法, 改訂版, 法文社, 1995, 848면; 民法注解(Ⅶ), 12면 이하(朴海成 집필부분); 註釋 物權法(下), 406면(李英俊 집필부분).

증감·변동하는 '不特定'의 것이며, 이 점에서 근저당권은 보통저당권과 다른 특질을 가진다."[9)]

그리고 피담보채권액이 불확정하다는 것만으로는 보통저당권과 근저당권을 구별하는 징표가 아니라고 하기도 하고,[10)] 근저당권이라고 할 수 있기 위하여는 원본 자체가 불확정이어야 한다고 하기도 한다.[11)] 나아가 단순한 장래채권의 담보로서 특정의 채권을 담보하는 것은 보통의 저당권에 불과하며, 將來의 債權이 불특정한 채권이어야 근저당권으로서의 성질을 갖게 된다고 설명한다. 그리하여 특정의 채권을 담보하기 위하여서도 根抵當權設定登記를 하는 경우가 많이 있는데, 이러한 근저당권설정등기는 등기내용과 달리 단지 보통의 저당권의 성질을 갖게 된다고 한다.[12)]

나. 判 例

通說은 判例[13)]도 동일한 입장이라고 한다. 그러나 대법원은 불확정채무와 불특정채무의 구분을 의식하고 있지 않다.[14)] 오히려 特定債權을 위한 근저당이 문제되는 사안에서, 대법원은 이것이 유효임을 전제로 판결하고 있다.[15)] 경매나 회사정리를 담당하는 재판부에서도 根抵當權設定登記가 있으면 그것이 특정채무를 담보하는 것인지 여부를

9) 郭潤直(註 1), 652면.
10) 郭潤直(註 1), 653면.
11) 李英俊(註 3), 942면.
12) 金相容, 不動產擔保法, 改訂版, 法元社, 1996, 131면.
13) 大判 1962.5.10, 62다138(要集 민상 I-1, 600); 大判 1963.2.7, 62다796(總覽 민법 2-2(A), 703).
14) 大判 1980.4.22, 79다1822(공 1980, 12800)는, "根抵當權은 계속적인 거래관계에서 발생하는 미확정채무를 담보하기 위한 것"이라고 판시한 바 있다. 반면에 大判 1993.3.12, 92다48567(공 1993, 1167)과 大判 1997.9.26, 97다22768(공 1997, 3240)은 당사자 사이의 계속적인 거래관계로부터 발생하는 불특정채권을 채무를 담보하기 위한 것이 근저당권이라고 판결하였다.
15) 大判 1990.6.26, 89다카26915(공 1990, 1568); 大判 1990.7.10, 89다카12152(공 1990, 1684) 등 다수.

조사하지 않고 저당권에 관한 민법 제360조 단서를 적용하지 않고 있다. 그리고 하급심판결[16] 중에는 特定債務를 담보하기 위하여 근저당권설정계약을 체결하고 근저당권설정등기를 마쳤으면 근저당권으로 보아야 한다고 한 예가 있다. 실무상으로는 특정채권을 담보하기 위한 근저당권도 저당권이 아닌 '근저당권'으로서 통용되고 있는 실정이다.

다. 검 토

저당권과 근저당권은 被擔保債權의 範圍에 관하여 두 가지 측면에서 차이가 있다. 즉 根抵當權의 경우에는 보통의 저당권과 달리 ① 被擔保債權의 範圍가 최고액에 의해서 한정되는데, 이자 등이 최고액에 산입되며, ② 민법 제360조 단서가 적용되지 않으므로, 피담보채무에 속하는 지연이자가 1년분으로 한정되지 않게 된다. 따라서 根抵當權의 경우에는 최고액에 의해서 우선변제를 받을 수 있는 범위가 제한되는 반면에, 지연배상에 대한 기한 제한이 없다. 통설에 따르면 특정채권을 담보하기 위하여 근저당권이 설정된 경우에는 그 근저당권은 저당권으로서의 효력을 갖게 되므로, 최고액에 의한 제한을 받지 않는 대신 민법 제360조 단서가 적용된다. 그러나 우리 민법하에서 特定債務를 위해서는 根抵當權을 설정할 수 없다는 견해는 부당하다고 본다. 그 이유는 다음과 같다.

(1) 不特定債務와 不確定債務의 區別問題

通說은 불확정채무와 불특정채무의 엄밀한 구별을 전제로 하고 있다. 채무 자체가 특정되었지만 그 금액이 확정되지 않은 경우를 不確定債務라고 하는 반면, 채무 자체가 특정되지 않은 경우를 不特定債務라고 한다. 따라서 不特定債務라는 개념은 '채무 자체는 특정되었지만 그 금액이 확정되지 않은 경우'를 포함하지 않는다고 할 수 있다. 그러

16) 서울高判 1973.6.14, 72나2727(高集 73, 민 1, 358; 判例月報 36호, 23면).

나 이와 같이 구분하기 어려운 경우가 많고, 따라서 이러한 구분에 따라 근저당권인지 여부를 결정하는 것이 가능한지 의문이다.

⑵ 저당권, 양도담보, 가등기담보 등과의 비교

우리 민법은 불특정채무를 담보하기 위하여 저당권을 설정하는 것도 허용하고 있다. 법원이 不在者의 財産管理人으로 하여금 재산의 관리 및 반환에 관하여 담보를 제공하게 하는 경우(민법 제26조),[17] 점유자가 손해배상의 담보를 청구하는 경우(민법 제206조 제1항)에는 그 담보로서 저당권이 설정될 수 있다. 통설은 이 저당권이 장래의 특정채무를 담보하는 것이라고 설명하지만,[18] 이 저당권은 재산관리인 등이 장래에 부담하게 될 불특정한 채무를 담보한다고 보아야 한다.[19] 또한 대법원[20]은 불특정채무를 담보하기 위한 저당권도 허용하고 있다. 따라서 우리 민법에서 채무의 불특정성을 기준으로 보통의 저당권과 근저당권을 판별할 수는 없다.

그리고 讓渡擔保 또는 假登記擔保의 경우에도 피담보채권이 특정되었는지는 상관 없다. 不特定債務뿐만 아니라 特定債務도 讓渡擔保나 假登記擔保의 피담보채무가 될 수 있다. 근저당권의 경우에는 양도담보 또는 가등기담보의 경우와 다르게 보아야 한다고 하려면 이를 뒷받침하는 법적 근거가 있어야 한다. 먼저 민법 제357조의 규정을 분석해 볼 필요가 있다.

---

17) 가사소송규칙 제46조 제1항은 "가정법원이 재산관리인의 담보제공방법으로서 그 소유의 부동산 또는 선박에 저당권을 설정할 것을 명한 때에는 그 설정등기의 촉탁을 하여야 한다"고 규정하고 있다.

18) 郭潤直(註 1), 652면.

19) 鈴木祿彌, 抵當制度の硏究, 一粒社, 1968, 256면은 재산관리인의 담보(일본민법 제29조), 점유방해의 염려가 있을 때 손해배상의 담보(일본민법 제199조), 후견인이 제공하는 담보(일본의 舊民法 제933조)의 경우 피담보채권이 불특정하다고 한다.

20) 大判 1975. 5. 13, 75다148(공 1975, 8538).

⑶ 民法 제357조의 解釋

근저당권은 불확정채무가 아니라 불특정채무를 담보하기 위한 것이라고 하지만, 이것이 우리의 근저당권에 관한 법률규정과 반드시 일치하는 것은 아니다. 민법의 규정 자체에는 근저당권의 피담보채무가 불특정채무에 한정된다고 볼 근거가 없다.

민법 제357조 제 1 항 제 1 문은 "抵當權은 그 擔保할 債務의 最高額만을 정하고 債務의 確定을 將來에 保留하여 이를 設定할 수 있다"고 규정하고 있다. 위 규정에서 '債務의 確定을 將來에 保留'한다는 것을 어떻게 볼 것인가? 위 규정의 문언상으로는 특정채무의 경우에도 그 금액 등이 확정되지 않았으면, 그 확정을 장래에 보류하여 근저당권을 설정할 수 있다고 보아야 한다. 근저당권에서 중요한 것은 피담보채무의 특정성 여부가 아니라, 채무의 확정을 장래에 보류하였는지 여부이다.

이 규정에 관한 立法過程[21)]을 살펴보아도 특정채무를 위한 근저당권을 배제하고 있다고 단정할 근거는 없다.[22)] 입법자의 의사는 특정채무를 위한 근저당권을 허용하였든지, 아니면 적어도 이를 배제하려는 의사는 없었던 것으로 보인다.

또한 우리 민법에는 근저당권이 거래관계에서 발생하는 채권만을 담보하는 것이라고 규정되어 있지도 않다. 따라서 계속적인 거래관계로부터 발생하지 않은 채권[23)]에 대해서도 근저당권이 설정될 수 있다. 한편 보통저당권이 담보할 수 있는 채무에 관한 민법 규정에서도 확정과 특정이라는 개념구분이 사용되지 않고 있다.

---

21) 張厚永, 現代民法總論, 正音社, 1955, 297면; 民議院 法制司法委員會 民法案審議小委員會 編, 民法案審議錄 上卷, 1957, 213면.

22) 이에 관하여는 金載亨, "根抵當權에 관한 硏究," 서울대 大學院 博士學位論文, 1997, 14면 이하.

23) 예컨대 공장의 폐수로 인한 인근주민의 손해배상채권 등이 이에 속한다.

⑷ 實際運用

통설은 근저당권의 실제운용과도 거리가 있다. 실제 사회에서 계속적인 거래관계로부터 발생하는 채권을 담보하기 위해서 근저당권이 설정되는 경우가 많다. 그러나 계속적인 거래관계에서 발생하지 않는 특정채무를 담보하기 위하여 근저당권이 많이 설정되고 있지만, 이것이 문제된 적이 없다. 만일 특정채무를 담보하기 위한 근저당권이 허용되지 않는다면, 위와 같은 근저당권설정등기는 무효이거나 저당권설정등기로서의 효력만을 가진다고 보아야 할 것이다. 그러나 특정채무를 담보하기 위하여 근저당권을 설정하였다는 이유로 根抵當權設定登記의 말소를 청구하거나, 저당권설정등기로 전환해 달라는 청구를 한 예는 찾을 수 없다. 따라서 근저당권은 특정채무를 담보하기 위해서도 설정된다는 관행이 형성되었다고 볼 수도 있다.

⑸ 후순위담보권자의 이익보호문제

근저당권과 보통의 저당권 중에서 어느 쪽이 당사자들에게 유리한지 문제된다. 근저당권에서 최고액이 통상 실제 채권액보다 높게 설정되고 있기 때문에,[24] 일반적으로 근저당권을 설정받는 것이 채권자측에게 유리하다고 할 수 있다. 그러나 최고액과 실제 채권액이 비슷한 경우에는 근저당권을 설정하는 것이 담보권설정자측에게 유리할 수도 있다. 근저당권의 경우에는 최고액을 초과한 부분은 근저당권에 의하여 담보되지 않기 때문이다. 그리고 後順位擔保權者 등은 담보목적물의 가액에서 先順位根抵當權의 最高額을 공제한 나머지를 자신이 확보할 수 있는 擔保價值로 파악할 것이다. 그런데 선순위근저당권의 피담보채권이 특정되어 있다는 이유로 보통의 저당권이라고 본다면, 후순위담보권자에게 불리하게 되는 경우도 있다. 즉 특정되어 있는 채무의 원본, 이자, 위약금, 채무불이행으로 인한 손해배상(민법 제360조 단서

24) 실제로 근저당권은 실제 채권액의 150% 정도로 설정되는 경우가 많다.

가 적용되어 1년 이상의 지연손해금은 피담보채권의 범위에서 제외될 것이다)의 합계가 최고액을 초과한다면, 저당권의 경우 최고액에 의한 제한을 받지 않으므로 근저당권으로 인정되는 경우보다 피담보채권의 범위가 증가하게 될 것이다. 이것은 後順位擔保權者의 豫測에 반하는 것이다. 또한 특정채무를 담보하기 위하여 근저당권설정등기가 경료된 경우에 후순위담보권자나 일반채권자를 보호하기 위해서 위 규정이 적용된다고 보더라도 실효성이 거의 없을 것이다. 왜냐하면 저당권설정자와 저당권자 이외에는 담보되는 채무가 특정채무인지, 불특정채무인지를 알 수 없기 때문이다. 그리고 근저당권의 경우에는 최고액에 의한 제한이 있기 때문에, 특정채무를 위하여 근저당권을 설정할 수 있도록 하는 것이 크게 부당한 것은 아니다. 讓渡擔保나 假登記擔保의 경우에는 이러한 제한이 없는 것과 비교하면 더욱 그러하다.

(6) 다른 나라의 경우

우리의 근저당권에 관한 규정은 독일의 最高額抵當(Höchstbetragshypothek)과 日本의 根抵當權에 의하여 영향을 받았으므로, 독일과 일본의 경우에 피담보채권의 불특정성에 관하여 어떻게 보고 있는지 살펴볼 필요가 있다.

(가) 獨逸의 最高額抵當

독일의 최고액저당에 관한 규정은 우리 민법의 규정과 동일하다. 즉 最高額抵當이 성립하려면 최고액이 특정되고, 채권의 확정이 유보되어 있어야 한다(독일민법 제1190조). 그런데 最高額抵當은 특정되지 않은(unbestimmt) 채권을 담보하기 위한 것이라고 하지만, 특정채권의 경우에도 채권액이 확정되어 있지 않으면 최고액저당을 설정할 수 있다고 한다.[25)]

25) Staudinger-Scherübl §1190 Rn. 15; MünchKomm-Eickmann §1190 Rn. 6; Erman-Räfle, §1190 Rn. 2; Heck, *Grundriß des Sachenrechts,* Tübingen, 1930, Nachdruck Aalen 1960, S. 408; Scholz/Lwowski, *Das Recht der Kreditsicherung,* 7. Aufl., Berlin, 1994, S. 642.

나아가 債權의 發生原因과 債權額이 특정된 경우에도 그것이 등기승낙서에서 특정되지 않은 것으로 표시되었으면 最高額抵當이 허용된다.[26] 한편 채권 자체가 불특정한 경우에는 원래 보통저당을 설정할 수 없고 最高額抵當을 설정해야 할 것이다. 그러나 이러한 경우에도 보통저당권을 설정할 수 있는데, 이것을 이른바 '隱匿된 最高額抵當'(verdeckte Höchstbetragshypothek)이라고 한다. 따라서 독일에서는 당사자들의 선택에 따라 채권 자체가 불특정인 경우에 대하여 最高額抵當이나 隱匿된 最高額抵當을 설정할 수 있다.

(나) 日本의 根抵當權

일본에서 피담보채권액이 불확정할 뿐만 아니라 피담보채권이 불특정한 경우에도 근저당권을 설정할 수 있는지 문제되었다.[27] 그런데 1971년에 개정된 일본민법 제398조의 2 제 1 항은 根抵當權을 '일정한 범위에 속하는 不特定의 債權'을 極度額의 한도로 담보하기 위하여 설정되는 저당권이라고 규정하고 있다. 그리하여 일본의 通說은 '불확정' 채권과 '불특정'채권을 구별하고 있으나,[28] 특정채권을 담보하기 위하여 설정된 근저당권이 근저당권으로서의 효력을 갖는지, 저당권에 불과한 것인지, 아니면 무효인지에 관하여 논란이 되고 있다. 그러나 우리 민법의 규정은 일본민법의 규정과 달리 불특정채권이라는 용어를 사용하지 않고 있다.

라. 결 어

요컨대 우리 민법에서 特定債權을 담보하기 위해서는 반드시 저당

26) Staudinger-Scherübl §1190 Rn. 16; MünchKomm-Eickmann §1190 Rn. 6.

27) 鈴木祿彌(註 19), 314면 이하; 椿壽夫 編, 擔保物權法, 法律文化社, 1991, 118면(伊藤進 집필부분).

28) 일본의 개정민법은 근저당의 본질적인 특징이 피담보채권액의 '불확정성'이 아니라, 피담보채권의 '불특정성'이라는 입장을 채택하였다. 여기에서 '불특정'이라고 하는 것은 피담보채권에 교체가능성이 있는 것을 의미한다. 鈴木祿彌, 根抵當法槪說, 新版, 新日本法規, 1993, 527면.

권을 이용하여야 한다는 명문의 규정이 없기 때문에, 보통의 저당권을 설정할 것인지, 근저당권을 설정할 것인지 여부는 당사자들의 선택의 문제에 불과하다고 보아야 한다. 즉 특정채권을 담보하기 위하여도 채권의 확정을 유보하고 근저당권을 설정하는 것이 허용된다.

3. 包括根抵當權의 有效性 問題

가. 의 의

1986.10.13. 전국은행연합회 여신전문위원회에서 저당권관계약정서 표준서식을 채택하였는데, 저당권설정형식 중 근저당권을 限定根抵當權[29]과 包括根抵當權[30]으로 구분하고 있다. 최근 근저당권설정계약서의 양식을 변경하여 표현을 좀더 명확하게 하였다. 그리하여 근저당권의 피담보채무를 정할 때 특정근담보, 한정근담보, 포괄근담보로 구분하고 있다. 그런데 이른바 한정근저당권을 설정하는 경우에는 거래의 종류를 매우 포괄적으로 열거하고 있어 실제 문제에서는 대부분 포괄근저당이 설정된 경우와 별다른 차이가 없다. 이와 같이 근저당권의 피담보채권이 포괄적으로 기재되어 있는 경우에 그러한 근저당권은 유

29) 당시 시중은행에서 사용하고 있는 한정근저당권을 설정하는 양식을 보면, 피담보채무의 범위에 관하여 "① 채무자가 채권자(본·지점)에 대하여 일정한 거래약정서(연월일 기재)에 의한 거래로 말미암아 현재 및 장래에 부담하는 모든 채무, ② 채무자가 채권자(본·지점)에 대하여 일정한 거래(예: 어음할인거래)로 말미암아 현재 및 장래에 부담하는 모든 채무, ③ 채권자(본·지점)가 제3자와의 여신에 관한 거래로 말미암아 취득한 어음 또는 수표상의 채무자가 부담하는 채무"라고 기재되어 있다. 근저당권설정자가 물상보증인인 경우에는 이 한정근저당권을 설정한다.

30) 당시 시중은행에서 사용하고 있는 포괄근저당권을 설정하는 양식을 보면, 피담보채무의 범위에 관하여 "채무자가 채권자(본·지점)에 대하여 현재 및 장래에 부담하는 어음대출, 증서대출, 당좌대출, 지급보증(사채보증 포함), 매출채권거래, 상호부금거래, 유가증권대여, 외국환 기타의 여신거래로 말미암은 채무, 보증채무, 어음 또는 수표상의 채무, 이자채무, 지연배상금채무, 채무자나 설정자가 부담할 제비용, 보험료 등의 부대채무, 기타 여신거래에 관한 모든 채무"라고 기재되어 있다.

효한가?

나. 學 說

포괄근저당권의 유효성 문제는 우리 나라의 근저당법에서 가장 중요한 문제로 되어 있다.

(1) 限定的 有效說(制限的 有效說)

먼저 포괄근저당을 단순히 유효 또는 무효라고 할 수는 없고 한정적으로 유효하다는 견해가 있다.[31] 즉 "당사자 사이의 일체의 채권을 담보한다"는 것과 같은 純粹한 包括根抵當權은 무효이지만, 당사자 사이의 거래로 인하여 발생하는 채권을 담보한다는 정도의 포괄근저당권은 유효하다고 한다.

한편 포괄근저당은 거래와 관계없는 모든 채권을 담보하는 것은 아니지만 거래와 일정한 관계에서 발생하는 불법행위에 기한 채권과 부당이득채권을 담보한다는 견해[32]가 있다.[33]

(2) 單純有效說

이것은 아무런 제한 없이 '일체의 채권'을 담보한 포괄근저당권도 유효하다는 견해이다.[34] 즉 한정적 유효설에서와 같이 포괄근저당을 기교적으로 설명하는 것보다는 오히려 피담보채권의 발생원인을 묻지

31) 郭潤直(註 1), 661면 이하; 孫智烈, "包括根抵當約款의 解釋," 民事判例硏究(Ⅳ), 1984, 74면 이하; 金相容, 826면 이하; 朴在允, "包括根抵當約款의 解釋," 大法院判例解說 제 3 호, 1988, 23면; 民法注解(Ⅶ), 17면(朴海成 집필부분); 南潤鎬, "包括根抵當權," 司法行政 제192호(1976. 12), 47면.

32) 李英俊(註 3), 960면.

33) 李銀榮, 民法總則, 新版, 博英社, 1995, 490면은, 이 견해를 '확대 한정적 유효설'이라고 칭한다.

34) 金曾漢(註 8), 446면; 張庚鶴, 物權法, 法文社, 1985, 852면; 金容漢, 物權法論, 再全訂版, 博英社, 1985, 591면; 李根植, "包括根抵當," 法政, 제20권 제12호(1965. 12), 9면; 金錫宇, "根抵當權에 관한 硏究," 漢陽大 大學院 博士學位論文, 1973, 59면 이하; 朴運吉, "包括根抵當에 관한 硏究," 淸州大 大學院 博士學位論文, 1991, 54면; 權龍雨, 物權法, 法文社, 1993, 554면.

않고 '장래의 일정한 시기'에 최고액의 범위 내에서 '특정'될 수 있는 이상 그것을 담보하는 포괄근저당도 유효한 것으로 보는 것이 분명하고도 합리적인 해석론이 된다고 한다.

(3) 無 效 說

이 견해는 포괄근저당이 저당권의 부종성원칙을 무의미하게 하고, "約款의 規制에 관한 法律"(이하 "約款規制法"이라고 약칭한다) 시행 이후에 근저당권설정계약이 包括根抵當條項이 있는 약관으로 체결된 경우에는 위 조항이 約款規制法 제 6 조 제 1 항의 신의성실의 원칙에 반하여 공정을 잃은 조항으로서 무효라는 견해가 있다.[35)]

다. 判　　例

학설은 판례가 포괄근저당을 허용한다는 견해[36)]도 있고, 그렇지 않다는 견해[37)]도 있다. 判例[38)]가 與信去來에서 발생하는 채무를 담보하는 포괄근저당을 유효라고 보고 있음은 분명하나,[39)] 순수한 포괄근저당도 유효로 보고 있다고 단정할 수는 없다. 그리고 포괄근저당에 관한 많은 판결들에서 법원은 包括根抵當의 有效性에 관하여 명시적인 판단 없이 사건을 해결하고 있다. 따라서 포괄근저당에 관한 대법원판결을 無效說 또는 有效說에 맞추어 파악하려는 태도는 큰 의미가 없다.

35) 李珣徹, "物上保證人의 責任," 現代財産法의 諸問題(金基善博士古稀紀念), 法文社, 1987, 187면; 李珣徹, "約款法과 物上保證人의 책임," 司法行政 제325호(1988. 1), 100면; 裵炳日, "例文解釋과 約款의 規制에 관한 法律," 法律新聞 제2529호, 1996, 15면.

36) 李英俊(註 3), 860면; 李銀榮(註 33), 490면; 金錫宇(註 34), 51면.

37) 金相容(註 8), 826면에 의하면, 포괄근저당의 유효성을 인정하는 판례가 극단적인 포괄근저당까지 인정한 것이 아니라 은행거래와 같이 피담보채권의 발생가능성을 객관적으로 특정할 수 있는 범위 내로 한정한 포괄근저당권이었다고 한다.

38) 大判 1994. 9. 30, 94다20242(공 1994, 2852); 大判 1990. 11. 27, 90다카10077(공 1991, 203) 등 다수. 특히 위 두 판결은 포괄근저당이라는 용어를 사용하고 있다.

39) 大判 1994. 9. 30, 94다20242(공 1994, 2852).

한편 포괄근저당에 관한 무효설(한정적 유효설 포함)이 의미가 있으려면, 포괄근저당이라는 이유만으로 무효라고 할 수 있어야 한다. 그러나 법원은 포괄근저당이라는 이유만을 들어 포괄근저당을 무효라고 선언한 예가 전혀 없다. 피담보채무의 범위를 제한한 사례도 포괄근저당약관의 내용과 다른 개별약정이 있다고 본 것이므로, 한정적 유효설을 채택하였다고 볼 수 없다.

라. 檢　討

결론적으로 包括根抵當을 유효라고 보는 견해에 찬성한다. 그 이유는 다음과 같다.

(1) 附從性 문제

한정적 유효설이나 무효설은 포괄근저당의 유효성 문제를 근저당권의 부종성 문제와 연결시킨다. 즉 우리 민법에서 부종성을 엄격하게 요구하고 있는데, 근저당권은 消滅 및 存續에 관한 附從性만이 완화 또는 소멸되어 있을 뿐이고, 成立에 관한 附從性은 유지되고 있다고 한다. 따라서 포괄근저당을 인정하면 부종성 원칙을 포기하는 결과가 된다는 것이다. 다만 限定的 有效說은 부종성 원칙에 비추어 이론적으로는 포괄근저당이 무효이지만, 거래계의 혼란을 피하기 위하여 지금 우리 나라 은행들이 설정·이용하는 정도의 포괄근저당권은 유효라고 본다.

그러나 根抵當權에 대하여는 민법 제357조 제 1 항 후단에 "이 境遇에는 그 確定될 때까지의 債務의 消滅 또는 移轉은 抵當權에 影響을 미치지 아니한다"고 규정되어, 消滅에 관한 附從性을 배제하고 있다. 그렇다면 근저당권 설정 당시에 기본적인 법률관계가 반드시 존재하고 있어야 하는가? 이것이 성립 내지 발생에 관한 부종성 문제라고 할 수 있다. 우리 민법 제357조는 '債務의 確定을 將來에 保留'하고 근저당권을 설정할 수 있다고 되어 있다. 채권담보를 전제로 하지 않는 근저당권은 성립할 수 없지만, 根抵當權設定契約을 체결하고 그 등기를 한 경우에는 당사자들에게는 根抵當權으로 어떤 채권을 담보하게 하려는 의사가 있다고 보아야 할 것이다. 물론 그 채권이 성립한 것인지 여부는 상관 없다. 구체적으로 채권을 지정할 필요 없이 어떤 채권을 담보하기 위하여 근저당권을 설정한다는 의사로 근저당권설정계약을 체결했으면 그 계약은 유효하다고 보아야 한다.[40] 따라서 根抵當權에서 附從性이라는 것은 어떤 채권을 담보한다는 점, 根抵當權實行時에 채권이 존재하여야 한다는 점에 있다고 해석할 수 있고, 근저당권 설정시에 기본계약이 존재하여야 할 필요는 없다. 따라서 성립에 관한 부종성도 요구되지 않는다고 보아야 한다. 또한 根抵當權設定登記申請書에 단지 '根抵當權設定契約'이라고만 기재하고 있고(부동산등기법 제140조 제 2 항), 기본관계가 존재한다는 점을 밝힐 필요는 없다. 근저당권 설정의 전제로서 당좌대월계약서, 어음거래약정서 등을 작성하지 않아도 된다. 따라서 근저당권설정계약서에서 피담보채권의 범위를 열거하지 않고 '일체의 채권'을 담보하기 위하여 근저당권을 설정한다고 하여도 그러한 등기신청이 수리되지 못할 이유가 없다. 즉 우리 나라에서는 등기실무상 이른바 순수한 포괄근저당도 얼마든지 설정될 수 있다.[41]

한편 포괄근저당의 유효성 문제는 피담보채권의 범위를 포괄적으로 하는 근저당권을 설정하는 것이 가능한지 여부에 관한 문제이다. 따라서 이 문제는 근저당권에서의 부종성 문제에 관한 입장에 따라 결론이 달라지는 것은 아니다. 이것은 후술하듯이 독일의 최고액저당과 일본의 근저당권을 보면 알 수 있다.

---

40) 실제로 채권을 담보하려는 의사가 없는 상태에서 근저당권을 설정하는 경우는 거의 없을 것이다.

41) 그러나 우리의 금융실무상 그러한 순수한 포괄근저당이 설정되는 일은 거의 없었으며, 따라서 포괄근저당권설정등기신청의 수리여부가 문제된 일도 없다.

⑵ 包括根抵當의 妥當性 問題

한정적 유효설이나 무효설은 이와 같이 포괄근저당을 인정한다면 경제적 약자인 根抵當權設定者에게 지나치게 불리한 결과가 발생한다고 한다.[42] 특히 포괄근저당조항이 있는 약관으로 근저당권설정계약이 체결되는 경우에는 더욱 그러하다. 그러나 이것은 구체적인 포괄근저당권이 설정된 경우 그 피담보채권의 범위를 결정하는 단계에서 해결하면 된다. 한정적 유효설에서는 피담보채권의 범위를 결정하는 문제에 별로 주의를 기울이지 않고 있는데, 이것은 근저당권설정자에게 불리한 결과를 초래할 수 있다. 즉 근저당권의 피담보채권의 범위를 포괄근저당의 유효성 문제로 해결할 수 있다는 견해[43]를 따른다면, 피담보채권의 범위가 일률적으로 결정됨으로써 근저당권설정자로서는 뜻하지 않은 손해를 입을 수 있다.

⑶ 다른 나라의 경우

한정적 유효설과 무효설은 비교법적으로 보아도 포괄근저당을 유효라고 할 수 없다고 한다. 과연 그러한가?

㈎ 獨逸의 最高額抵當權

독일에서는 最高額抵當을 부종성이 있는 保全抵當權의 일종으로 규정하고 있지만, '채권자와 채무자 사이에 발생하는 일체의 채권'을 담보할 수 있다고 본다. 최고액저당에서 피담보채권의 범위에 관하여 계속적 거래관계와 같은 기초관계(거기에서 개별적인 채권이 나온다)가 기재될 수 있다. 그러나 최고액저당은 채무의 발생원인을 기재하지 않고 채권자의 설정자 또는 제 3 자에 대한 현재와 장래의 모든 채권에 대하여 포괄적으로도 설정될 수 있다.[44] 이와 같이 모든 채권이 담보

42) 포괄근저당이 무효라고 한다면, 근저당권설정자가 대기업으로서 채권자보다 경제적 우위에 있는 경우에는 오히려 등기비용이 과다하게 발생하는 등 많은 손실이 발생할 것이다.

43) 李英俊(註 3), 960면 이하.

44) BGH WM 1960, 919; Soergel-Baur §1190 Rn. 15f.; Erman-Räfle, §1190

될 경우에는 등기부에 피담보채권의 범위를 기재할 필요가 없다고 한다.[45] 독일에서는 채권의 범위를 포괄적으로 기재한 경우 최고액저당이 유효한가라는 문제에 관하여 거의 논란이 되지 않고 있다. 또한 이 문제를 최고액저당의 부종성 문제와 관련하여 다루고 있지도 않다.

(나) 日本의 根抵當權

일본민법 개정 전에서는 포괄근저당의 문제를 주로 부종성과의 관계에서 다루었다. 그 이유는 당시에는 근저당권에 관한 근거조문이 없었기 때문에, 저당권의 부종성과 관련하여 포괄근저당권의 유효성 문제를 검토할 필요가 있었다고 볼 수 있다. 그러나 당시에도 包括根抵當 有效說이 다수설이었고, 하급심판결은 포괄근저당이 유효라는 입장을 취하였다.[46] 그 후 1971년 일본민법을 개정하여 근저당권에 관한 규정을 신설함으로써, 근저당권에는 發生·存續·消滅에 관한 附從性이 필요하지 않게 되었다. 그러나 정책적인 이유로 包括根抵當을 명문으로 부정하였다. 한편 일본에서 去來包括根抵當을 인정하지 않은 것에 대하여는 반대하는 견해가 많다.[47]

그러나 우리 민법 제357조에서 피담보채무의 범위에 관한 아무런 제한을 두고 있지 않으므로, 포괄근저당을 설정하려는 의사의 합치가 있었다면 포괄근저당을 유효하다고 보아야 할 것이다.

Rn. 4; Palandt-Bassenge §1190 Rn. 4; Müller, *Sachenrecht,* 3. Aufl., Köln, Berlin, Bonn, München, 1993, S. 626; Brink/Petereit/Reinecker/Scheerer, *Kreditsicherheiten in europäischen Ländern, Teil I, Bundesrepublik Deutschland,* Berlin, 1976, S. 146; Schwab/Prütting, *Sachenrecht,* 26. Aufl., München, 1996, S. 337; Wieling, *Sachenrecht,* 2. Aufl., Berlin, Heidelberg, New York, 1994, S. 425; Westermann/Eickmann, *Sachenrecht, Ein Lehrbuch, Band II, Immobiliarsachenrecht,* Heidelberg, 6. Aufl., 1988, S. 309.

45) Staudinger-Scherübl §1190 Rn. 19.

46) 東京高決 1957(昭和 32). 7. 17(高民集 10권 5호, 292면).

47) 中馬義直, "根抵當權の設定と被擔保債權," 擔保法大系 第2巻, 金融財政事情硏究會, 1985, 12면; 長谷川憲一, "根抵當權の設定と被擔保債權," 現代民事裁判の課題, 新日本法規, 1990, 319면.

마. 結 語

결론적으로 포괄근저당 유효설이 타당하다고 본다. 따라서 당사자가 포괄근저당을 설정하기로 합의했고 그에 따라 등기가 되었다면, 포괄근저당이 성립한다고 보아야 한다. 이것은 한정근저당이든 순수한 포괄근저당이든 마찬가지이다. 그러나 근저당권설정계약서에 포괄근저당을 설정하기로 기재되어 있다고 하더라도, 당사자에게 그러한 의사가 없었다면, 그 문언에 따른 효력이 발생하지 않을 것이다.

包括根抵當의 有效性 문제가 현재 담보법의 중요문제로 되어 있는 나라는 우리 나라밖에 없는 것으로 보인다. 그러나 그 유효성 문제가 중요한 것이 아니라, 포괄근저당이 유효하다고 볼 경우에 개개의 근저당권의 파담보채권을 결정하는 기준이 무엇인지, 실제로 포괄근저당을 설정할 의사가 있었는지, 약관의 형식을 띠고 있는 경우에 이에 관한 내용통제를 어떻게 할 것인지가 더욱 중요하다. 다음 Ⅲ.에서 이 문제를 다룬다.

Ⅲ. 被擔保債權의 範圍에 관한 決定基準

1. 意 義

가. 위 Ⅱ.에서는 근저당권이 어떤 채권을 담보할 수 있는가라는 근저당권설정 가능성 문제를 다룬 것이고, 여기에서는 어떤 근저당권이 설정되었을 때 그 근저당권이 담보하는 채권이 구체적으로 어느 것인가라는 被擔保債權의 範圍決定問題를 다루고자 한다.

근저당권이 설정된 경우에 그 근저당권은 구체적으로 어떤 채권을 담보하는지 문제된다. 가령 채권자와 채무자 사이에 與信去來로 인하여 발생하는 모든 채권을 담보하기로 하는 내용의 근저당권[48]이 설정되어 있다고 하자. 그 후 채무자의 채권자에 대한 보증채무가 발생하였다면, 그 보증채무는 위 근저당권에 의하여 담보되는가? 부당이득반환채무 또는 불법행위로 인한 손해배상채무는 위와 같은 근저당권의 피담보채무에 속하는가? 한편 근저당권 설정 당시에 채무자와 채권자 사이에 이미 발생한 대출채무는 위와 같은 근저당권에 의하여 담보되는가? 이러한 문제들이 피담보채권의 범위를 결정하는 문제이다. 이것은 근저당권에서 실질적으로 가장 중요한 문제이다.

그런데 종래의 학설은 포괄근저당의 유효성 문제에 중점을 두고 있을 뿐이고, 피담보채권의 범위를 결정하는 문제를 별도로 다루지 않고 있다. 그 이유는 포괄근저당이 유효인지, 무효인지 여부만 결정되면 피담보채권의 범위도 자동적으로 결정된다는 전제에 서 있었기 때문이라고 추측된다. 사실 포괄근저당이 무효라는 입장을 취하면, 근저당권의 피담보채권의 범위가 포괄근저당조항에 따라 결정되지 않게 된다는 점은 명백하다. 그러나 이것은 이러한 한도에서만 소극적인 의미를 가질 뿐이다. 포괄근저당에 관한 한정적 유효설은 여신거래에서 발생하는 모든 채무를 담보하기로 하는 근저당권을 유효라고 본다. 그러나 예컨대 보증채무가 위 근저당권에 의하여 담보되는지는 별개의 문제인 것이다. 포괄근저당이 유효라는 입장을 취한다고 하더라도 그 점만으로 근저당권이 구체적으로 채권자와 채무자 사이에서 발생하는 모든 채무를 담보한다고 단정할 수는 없다. 따라서 피담보채무의 범위를 결정하는 문제는 포괄근저당의 유효성에 관한 종래의 학설 중 어느 하나를 선택한다고 해서 그것만으로 완전히 해결될 수 있는 것은 아니다.

나. 그렇다면 피담보채권의 결정기준은 무엇인가? 근저당권은 물권에 해당하므로, 物權法定主義(민법 제185조)와 관련하여 근저당권의 내용인 피담보채권의 범위도 법률에 의하여 일의적으로 결정되어야 한다고 생

48) 이를 한정근저당이라고 하기도 하고, 포괄근저당이라고 하기도 한다.

각해 볼 수 있다. 그러나 근저당권의 피담보채권에 관하여는 등기부에 채권최고액을 기재하고 있을 뿐이고 피담보채권의 구체적인 범위를 公示하지 않고 있다.49) 따라서 피담보채권의 구체적인 범위는 근저당권설정계약의 내용에 따라 결정할 수밖에 없다.

그런데 根抵當權設定契約은 대부분 미리 작성해 둔 약관이나 일정한 문구가 인쇄된 표준계약서를 이용하여 체결된다. 특히 금융기관 등은 통일된 양식을 이용하여 근저당권을 설정받고 있다. 따라서 이와 같은 약관이나 표준계약서에 있는 피담보채무에 관한 조항을 어떻게 해석할 것인지는 중요한 문제이다. 종래 위와 같은 약관에 대하여 例文解釋으로 해결하기도 하였는데, 현재는 約款規制法이 적용될 수 있다. 따라서 約款規制法이 적용되는 사안에서는 이 법률에 따라 피담보채권에 관한 약관조항을 해석하고, 약관의 내용이 부당한 경우에는 약관에 대한 내용통제를 하여야 할 것이다.

우리의 判例는 피담보채권의 범위를 결정하는 문제를 '當事者의 意思'를 확정하는 방식으로 해결하고 있다. 약관에 의하여 근저당권설정계약이 체결된 경우에는 포괄근저당조약에 대하여 約款規制法이 적용된다고 하기도 한다. 그러나 대법원판결에서 근저당권의 피담보채권의 범위를 결정하는 일관된 판단기준을 발견할 수 없다. 즉 법원은 그때 그때의 형평감각에 따라 비슷한 사안에서 상반되는 결론을 내림으로써, 근저당권에 관한 문제를 더욱 모호하고 혼란스럽게 만들어 버렸다.

그리하여 피담보채권의 범위를 결정하는 구체적이고 실질적인 기준을 마련함으로써 이러한 혼란을 제거할 필요가 있다. 여기서는 대법원판결들에 대한 엄밀한 분석을 토대로 그 기준을 모색해 보고자 한다.

49) 근저당권설정등기에는 채무자와 근저당권자, 최고액, 등기원인이 표시되는데, 등기원인으로는 근저당권설정계약이라고만 기재한다(부동산등기법 제140조 제2항).

2. 被擔保債權의 範圍에 관한 判例의 分析

가. 抽象的 法律論과 그 限界

(1) 抽象的 法律論

대법원이 근저당권의 피담보채권의 범위를 판단할 때 들고 있는 추상적인 법률론을 보면 다음과 같다.

문제가 된 채권이 被擔保債權의 範圍에 속한다고 판단하는 경우에는 根抵當權設定契約書가 處分文書라는 점을 근거로 들고 있다. 즉 "처분문서인 근저당권설정계약서는 그 성립의 진정함이 인정되는 이상, 법원은 반증이 없는 한 그 기재내용에 의하여 그 의사표시의 존재 및 내용을 인정하여야 하고, 특별한 합리적 이유 없이는 이를 배척할 수 없다 함이 당원의 판례"[50]라고 한다. 이러한 법률론은 約款을 이용하여 근저당권이 설정된 경우에도 마찬가지이다. 즉 "근저당권설정계약서는 일반거래약관의 형태를 취하고는 있으나 진정성립이 인정되는 처분문서이므로 특별한 사정이 없는 한 그 계약문언대로 의사표시의 존재와 내용을 인정하여야 한다"는 것이다.[51]

그러나 처분문서의 기재내용과 다른 명시적·묵시적 약정이 있거나 처분문서와 달리 해석할 만한 특별한 사정이 있으면, 다르게 보아야 한다고 판시한다.[52] 특히 근저당권설정계약서가 약관을 이용하여 체결된 경우에는 좀더 상세한 법률론을 전개하고 있다. 즉 약관조항에서 피담보채무의 범위가 포괄적으로 기재되어 있는 경우에, 특별한 사정이 있으면 약관의 일부가 예문에 불과하다는 이유로 약관의 구속력을 배제할 수 있다. 이와 같이 포괄근저당 문언의 구속력을 배제하려

---

50) 大判 1982.12.14, 82다카413(공 1983, 276); 大判 1987.4.28, 86다카1760(공 1987, 879); 大判 1982.12.14, 82다카413(공 1983, 27682); 大判 1982.7.27, 81다카1117(集 30-2, 민 237; 공 1982, 813) 등 다수.

51) 大判 1990.11.27, 90다카10077(공 1991, 203); 大判 1997.6.24, 95다43327(공 1997, 2260).

52) 大判 1987.5.26, 85다카1046(공 1987, 1046).

면 근저당권설정계약 체결의 경위와 목적, 채무의 성립 경위 및 채무액과 그 근저당권의 채권최고액과의 관계, 근저당권설정자와 채무자 및 채권자의 상호관계 등 기타 여러 사정에 비추어 인쇄된 계약문언대로 피담보채무의 범위를 해석하면 오히려 금융기관 등의 일반대출관례에 어긋난다고 보이고 당사자의 의사가 당해 대출금채무만을 그 근저당권의 피담보채무로 약정한 취지라고 해석하는 것이 합리적이어야 한다.[53] 결국 당사자의 의사가 계약서 문언과는 달리 일정한 범위 내의 채무만을 피담보채무로 약정한 취지라고 해석하는 것이 합리적이라고 인정되는 경우에 당사자의 의사에 따라 그 담보책임의 범위를 제한할 수 있다는 것이다.[54]

⑵ 抽象的 法律論의 限界

대법원의 이러한 태도에 대하여는 여러 가지 상반되는 반응이 있는데,[55] 대법원의 위와 같은 법률론에 의하더라도 어떠한 경우에 근저당권설정계약서의 내용과 다른 약정이나 특별한 사정이 인정되는지에 관하여 그 구체적인 판단기준을 찾기 힘들다. 이러한 법률론은 피담보채권의 범위를 결정하는 데 지나치게 '추상적'이다. 또한 대법원판결은 근저당권에서 피담보채권의 범위가 문제되기만 하면, 장황하게 처분문서의 해석문제이나 약관의 해석문제에 관한 일반론을 펼치고 있는데, 그것이 형식적인 이유에 그치는 경우가 많다. 나아가 대법원판결에서 피담보채권의 범위가 문제되지도 않는데도 장황하게 위와 같은 추상적 법률론을 나열하는 경우도 있다. 특히 피담보채무가 현실적으로 발생하지 않은 사안에서 그와 같은 추상적 법률론을 전개하는

53) 大判 1990. 7. 10, 89다카12152(공 1990, 1684); 大判 1997. 5. 28, 96다9508(공 1997, 1973); 大判 1997. 9. 26, 97다22768(공 1997, 3240).

54) 大判 1996. 9. 20, 96다27612(공 1996, 3160).

55) 피담보채권의 범위를 제한적으로 본 대법원판결을 적극 지지하는 견해(朴在允(註 33), 25면 이하)와 피담보채권의 범위를 넓게 본 판결을 지지하는 견해(李俊相, 金融判例硏究(1982-1991), 育法社, 1992, 353면 이하)가 있다.

것[56]은 전혀 의미가 없는 것이다.[57]

---

56) 大判 1996. 4. 26, 96다2286(공 1996, 1710).

사안: 소외 A회사(주식회사 신한유통)가 1991. 9.경 피고(청안농업협동조합)로부터 돼지를 외상으로 공급받으려고 하였다. 원고는, A회사가 피고에게 장래 부담하게 될 위 돼지 외상대금 채무를 담보하기 위하여 1991. 9. 26. 피고 앞으로 이 사건 부동산에 관하여 근저당권설정등기(채권최고액 금 450,000,000원) 및 지상권설정등기를 경료하여 주었다. 근저당권설정계약서상에는 피담보채무를 "소외 회사가 피고에 대하여 현재 및 장래에 부담하는 어음할인·증서대출·당좌대출·매출채권거래·기타의 여신거래로 말미암은 채무와 보증채무 어음 또는 수표상의 채무 및 그 부대채무"로 기재하였다. A회사는 1991. 10. 5. 피고와 사이에 그 날부터 1992. 10. 5.까지 1년간 1일 100 내지 200두의 돼지를 외상 공급받기로 하는 축산물 출하계약을 체결하였다. 그러나 그 뒤 피고는 A회사에게 추가담보의 제공을 요구하면서 위 축산물 출하계약에 기한 돼지 공급을 전혀 하지 않았다. 원고는 피고를 상대로 위 근저당권설정계약 등을 해지하고 위 근저당권설정등기 등의 말소등기절차를 구하였다.

원심은 다음과 같은 이유로 원고의 청구를 받아들였다. 피고가 A회사와의 위 축산물 출하계약에 따른 돼지공급을 전혀 하지 아니함에 따라 위 근저당권의 피담보채무는 발생하지 아니하였고 위 근저당권 및 지상권 설정의 기초가 되는 A회사와 피고 간의 축산물 출하계약은 그 기간이 종료되었을 뿐만 아니라 위 축산물 출하계약일로부터 4년여가 지난 지금까지도 위 출하계약에 기한 돼지 공급이 없는 점에 비추어 보면 더 이상 A회사와 피고 사이에 위 축산물 출하계약에 기한 거래가 있을 가능성이 없다. 그러므로 원고로서는 위 근저당권 및 지상권설정계약을 해지할 수 있다는 것이다.

대법원은 다음과 같이 판결하였다. ① "근저당권설정계약서는 처분문서이므로 특별한 사정이 없는 한 그 계약문언대로 해석하여야 함이 원칙이나, 근저당권설정계약서가 금융기관 등에서 일률적으로 일반거래약관의 형태로 부동문자로 인쇄해 두고 사용하는 계약서인 경우에 그 계약조항에 피담보채무의 범위를 그 근저당권설정으로 공급받는 계속적인 물품공급거래로 인한 대금채무 외에 기존의 채무나 장래에 부담하게 될 다른 원인에 의한 모든 채무도 포괄적으로 포함하는 것으로 기재하였다고 하여도, 당사자의 의사는 당해 물품공급거래로 인한 대금채무만을 그 근저당권의 피담보채무로 약정한 취지라고 해석하는 것이 합리적인 때에는 위 계약서의 피담보채무에 관한 포괄적 기재는 부동문자로 인쇄된 일반거래약관의 예문에 불과한 것으로 보아 그 구속력을 배제하는 것이 타당하다"(大判 1992. 11. 27, 92다40785; 大判 1990. 7. 10, 89다카12152; 大判 1990. 6. 26, 89다카26915 참조). ② 비록 이 사건 근저당권설정계약서에 피담보채무의 범위를 소외 회사와 피고 간의 여신거래로 말미암은 일체의 채무를 포함하는 것으로 기재하였다 하더라도 앞서 본 사실관계에 비추어 위 계약서의 기재는 인쇄된 예문에 불과하다고 봄이 경험칙에 합당하고 당사자인 소외 회사와 피고의 의사는 이 사건 근저당권의 피담보채무의 범위를 소외 회사가 피고와 사이에 체결한 위 축산물 출하계약에 따라 장차 피

나. 具體的인 判斷基準의 摸索

그리하여 피담보채권의 범위가 문제된 대법원판결들을 債權의 發生原因에 따라 분석하여 피담보채권의 범위를 판단하는 데 고려되는 요소를 추출하고 이러한 요소들이 서로 어떻게 작용하는지를 검토함으로써 피담보채권의 범위를 결정하는 구체적 · 실질적인 기준을 모색할 필요가 있다. 먼저 대법원판결에서는 문제되는 채권이 근저당권에 의하여 담보된다고 긍정한 사례가 이를 부정한 사례보다 두 배 정도 많았다. 그 이유는 무엇보다도 처분문서인 根抵當權設定契約書나 담보에 관한 설문서 등에 피담보채권의 범위가 포괄적으로 기재되어 있다는 점을 들 수 있다. 그렇다면 어떠한 경우에 피담보채권의 범위를 제한적으로 보고 있는가? 피담보채권의 범위를 판단할 때 당사자에게 근저당권으로 어떤 채권을 담보하려는 의사가 있었는지가 가장 중요하다. 그러나 피담보채권의 범위에 관한 분쟁이 발생하였을 때 당사자의 의사가 명확하지 않은 경우가 많다. 이와 같이 당사자의 의사가 명확하지 않은 경우 당사자의 의사가 무엇인지를 탐구해야 한다. 이 때 債權의 發生原因이 무엇인지, 根抵當權設定者가 物上保證人인지, 根抵當權

고에 대하여 부담하게 될 돼지 외상대금 채무에 한정한 것이라고 해석함이 상당하다. ③ 원심이 원·피고 간의 이 사건 근저당권 및 지상권설정계약이 적법하게 해지되었다 하여 피고는 원고에게 이 사건 부동산에 관하여 위 근저당권 및 지상권설정등기의 말소등기절차를 이행할 의무가 있다고 판단한 것은 그 이유가 부적절하나 그 결론에 있어 정당하다.

이 판결에서 근저당권에 의하여 담보된다고 볼 만한 채권이 발생하지 않았다. 따라서 대법원판결 중 위 ① 부분은 무의미한 것이다. 오히려 원심판결의 내용과 같이 근저당권설정계약의 해지여부만을 판단하면 충분한 것이다. 이 사안은 오히려 근저당권의 확정청구에 관한 사례로 보아야 했다. 가령 大判 1966. 3. 22, 66다68(集 14-1, 148)은 근저당권의 피담보채권이 모두 소멸하고 채무자가 거래를 계속할 의사가 없는 경우에는 그 결산기가 도래하기 전이라도 근저당권의 말소청구를 할 수 있다고 한다.

57) 大判 1996. 10. 29, 95다2494(공 1996, 3509)도 前註의 판결과 동일한 법률론을 전개하고 있으나, 이것이 사안의 해결에 의미가 있는 것은 아니다.

設定 이전에 이미 발생한 채권인지에 따라 피담보채권의 범위에 속하는지 여부가 달라지고 있다.[58)]

(1) 債權의 發生原因

(가) 채무자와 근저당권자 사이의 직접적인 信用去來로부터 발생한 채권은 원칙적으로 근저당권에 의하여 담보된다. 이러한 경우는 다시 (ㄱ) 대출채권 등과 같이 채무자가 직접 금융의 이익을 얻는 경우와, (ㄴ) 보증채무와 같이 채무자가 금융의 이익을 얻지 못하는 경우로 나누어 볼 수 있다. 대출채권 등과 같이 채무자가 직접 금융의 이익을 얻는 경우에는 대체로 피담보채권의 범위에 속한다고 말할 수 있다.[59)] 특히 채무자가 담보를 제공한 경우에는 후술하는 物上保證을 한 경우와 달리 거래채권이 피담보채권에서 제외되는 사례가 없었다.

그런데 채무자가 금융의 이익을 직접 얻는 경우에도 구상금채권은 다르게 취급되고 있다. 구상금채권은 다른 채권과 거래의 태양이 동일하지 않다. 왜냐하면 채무자가 제3자에게 자신의 채무를 이행하지 않는 등으로 어떤 문제가 발생하였을 때 근저당권자가 보증계약에 따라 채무자를 대위하여 제3자에게 채무를 변제한 이후에 구상금채권이 현실화되기 때문이다. 그리하여 근저당권자의 구상금채권을 피담보채권으로 한 근저당권이라는 이유로 그 근저당권이 다른 대출채권 등을 담보하지 않는다고 본 사례들[60)]이 있었다.

한편 보증채무의 경우에는 채무자가 직접 금융의 이익을 얻지는 못하고 있지만, 대법원은 보증채무인지 여부를 판단의 기준으로 삼고

---

58) 대법원판결에 관한 유형별 분석에 관하여는 金載亨(註 22), 146면 이하 참조.

59) 大判 1965.4.20, 64다1698(大民原 91, 266); 大判 1987.4.28, 86다카1760(공 1987, 879); 大判 1987.9.29, 87다카215(大民原 355, 673); 大判 1990.11.27, 90다카10077(공 1991, 203).

60) 大判 1970.7.21, 70다760(大民原 153, 42); 大判 1987.5.26, 85다카1046(공 1987, 1046).

있지 않다.[61] 그러나 보증채무인지 여부가 문제될 여지는 충분히 있다. 예컨대 보증인 A가 주채무자 B를 위하여 채권자 C에게 보증채무를 지고, 이를 담보하기 위하여 근저당권을 설정하였다고 하자. B가 다시 D의 C에 대한 채무에 관하여 보증채무를 지는 경우(이른바 二重保證의 경우)에 A는 B의 보증채무에 대하여도 보증채무를 부담한다고 볼 수 있다. 그러나 이러한 경우에는 A가 B의 보증채무에 대해서도 보증채무를 부담하게 될 것이라고 예상할 수 없기 때문에, 통상 위 근저당권에 의하여 B의 보증채무에 대한 보증채무가 담보된다고 볼 수 없을 것이다.

(나) 근저당권자가 제 3 자로부터 취득한 채권에는 제 3 자로부터 교부받은 어음·수표에 기한 채권과 讓受金債權이 있다. 이와 같이 근저당권자가 제 3 자로부터 취득한 채권은 與信去來로 인하여 발생한 채권이라고 볼 수 없을 것이므로, 원칙적으로 피담보채권에서 배제될 것이다. 대법원은 근저당권자가 제 3 자로부터 어음채권을 취득한 사안에서 위 어음채권이 근저당권에 의하여 담보되는지 여부에 관하여 부정하는 판결과 긍정하는 판결이 있다.[62] 이것은 위와 같은 채권을 배제하기로

61) 문제된 보증채무가 근저당권에 의하여 담보되고 있는지에 관하여 긍정하고 있는 판결로는 大判 1970. 9. 22, 70다1611(集 18-3, 79); 大判 1982. 12. 14, 82다카413(공 1983, 276); 大判 1995. 2. 28, 94다8952(공 1995, 1445) 등이 있고, 부정하고 있는 판결로는 大判 1990. 7. 10, 89다카12152(공 1990, 1684)가 있다.

62) 大判 1994. 11. 25, 94다23463(공 1995, 90)은 "따라서 위 근저당권의 피담보채무에 속하기 위하여는 적어도 채무자인 소외 회사와 채권자인 피고 사이에 여신거래로 인하여 발생한 채무일 것이 요구된다고 할 것인데, 이 사건 어음은 채권자인 피고가 채무자인 위 주식회사 대윤공영과의 여신거래로 취득한 것이 아니라 위 소외 회사가 물품대금조로 소외 주식회사 대양에게 발행, 교부한 것을 위 주식회사 대양이 어음할인을 위하여 피고에게 배서, 양도함으로써 피고가 취득하게 된 것이므로 이 사건 어음금채무는 채무자인 위 주식회사 대윤공영과 채권자인 피고와의 사이의 여신거래로 발생한 채무라고 할 수 없다고 할 것이고, 따라서 이 사건 어음금채무는 위 근저당권의 피담보채무에 포함된다고 할 수 없다"(밑줄은 필자가 그은 것임. 이하 같다)고 판단하였다.
이에 반하여 大判 1999. 7. 23, 97다45952(공 1999, 1719)는 근저당권자가

하는 약정이 있는지 여부에 따라 결론이 달라진 것으로 볼 수 있다.

(다) 不當利得返還債權이나 不法行爲로 인한 損害賠償債權이 피담보채권의 범위에 속하는지 문제된다. 이것도 결국 당사자의 의사에 달려 있다고 볼 수 있다. 그런데 근저당권설정계약서에는 피담보채권으로 부당이득반환채권이나 불법행위로 인한 손해배상채권이 명시되어 있지 않은 경우가 많다. 이러한 채권이 피담보채권에 속한다고 보면 근저당권설정계약서의 명시적인 내용보다 피담보채권의 범위가 확장되는 것이다.[63] 대법원판결 중에는 이러한 채권도 피담보채권에 속한다고 본 사례가 있었는데, 모두 거래와 관련하여 발생한 채권에 관한 것이었다.

부당이득제도의 기초에 관하여는 학설의 대립[64]이 있는데, 給付不當利得, 侵害不當利得, 費用不當利得으로 나누어 볼 수 있다. 부당이득반환채권의 경우에 어느 유형에 속하는지에 따라 근저당권에 의하여 담보되는지 여부가 달라질 수 있다. 결론적으로 給付不當利得은 그 이득이 당사자들의 의사에 기하여 발생하므로 이를 근저당권으로 담보하

제 3 자로부터 취득한 우회어음채무까지도 근저당권의 피담보채무에 포함된다고 판결하였다. 은행여신거래기본약관의 해석상 은행이 채무자가 발행한 어음을 제 3 자와의 여신거래로 취득한 우회어음채무까지도 근저당권의 피담보채무에 포함되는 것으로 볼 수 있다는 것이다.

63) 저당권의 경우에도 피담보채무를 본래의 채무보다 넓게 본 사례가 있다. 大判 1975. 5. 13, 75다148(공 518, 8538)은 "원고가 매년 불입하여야 할 계미를 불입하지 아니할 경우의 담보를 위하여 이 사건 저당권을 설정한 것이라면, 다른 특별한 사정이 없는 한 이 저당권은 계가 파계되어 그에 따른 청산절차에서 원고가 부담하게 될 계미지급 의무까지도 포함하여 담보하는 것이라고 봄이 상당하다"고 하고, "이는 결국 저당권설정에 관한 당사자 의사표시의 해석문제라 할 것"이라고 판단하였다. 이 판결은 저당권의 내용도 의사표시의 내용에 따라 달라질 수 있음을 보여 준다. 저당권의 피담보채무액이 등기부에 공시되지만, 채권의 종류나 발생원인이 공시되지 않기 때문에, 그것은 결국 저당권설정계약에 따를 수밖에 없다.

64) 統一說이 다수설이나(郭潤直, 債權各論, 新訂版, 博英社, 1995, 603면 이하), 類型論이 유력하게 제기되고 있다(梁彰洙, "一般不當利得法의 硏究," 서울대 大學院 博士學位論文, 1987, 254면 이하).

려는 의사가 있는 경우가 많을 것이다.[65] 그러나 侵害不當利得이나 費用不當利得의 경우에는 손실자의 의사와는 무관하게 부당이득반환채권이 발생하므로, 이러한 채권을 근저당권에 의하여 담보하려는 의사가 있다고 보기 어려울 것이다.

불법행위는 행위의 성질을 기준으로 去來的 不法行爲[66]와 事實的 不法行爲[67]로 나누어 볼 수 있다.[68] 거래적 불법행위는 당사자의 거래관계와 밀접한 관련이 있으므로 그로 인한 손해배상채권이 근저당권에 의하여 담보될 가능성이 높다. 그러나 사실적 불법행위는 당사자가 근저당권 설정 당시 예측할 수 없는 경우가 대부분이므로, 그로 인한 손해배상채권이 근저당권에 의하여 담보될 가능성이 거의 없다고 볼 수 있다.

⑵ 物上保證

대법원판결에서 어떤 채권이 근저당권자에 의하여 담보되는지 문제된 사례는 대부분 物上保證에 관한 것이다. 이것은 물상보증의 경우에 근저당권의 피담보채권의 범위를 둘러싸고 분쟁이 빈발한다는 것을

65) 예컨대 大決 1968.1.11, 67마576(集 16-1, 민 1)은 "본건 근저당권설정계약서 기재에 의하면 재항고인은 소사리 농업협동조합이 채권자인 대한민국(서울 체신청장)에게 부담하게 될 일체의 채무와 그 불이행으로 인하여 발생하는 일체의 손해배상금 채무를 담보하기 위하여 금 80만원정을 한도로 하여 본건 부동산에 제1번의 근저당권을 설정할 것을 약정하고 있으므로, 소사리 농업협동조합이 상위단위가 되는 군농업협동조합이 아닌 서울 체신청장으로부터 본건 금원을 차입하였다 하여도 본건 근저당권은 이 차입행위가 무효로 되므로 인하여 발생하는 부당이득반환채무를 담보로 하는 것으로 보는 것이 앞서 말한 근저당권설정계약서의 취지에 비추어 타당하다"고 결정하였다.

66) 거래관계는 상대방에 대한 신뢰에 기초를 두고 이루어지는데, 이러한 거래관계에 불법행위가 개재됨으로써 피해자의 손해를 발생한 경우를 去來的 不法行爲라고 한다.

67) 거래관계나 법률관계를 전제로 하는 것이 아니라 순수한 사실행위로서 이루어지는 경우를 事實的 不法行爲라고 한다. 이에는 자동차사고, 폭행, 강간 등이 포함된다.

68) 이에 관하여는 金載亨, "使用者責任의 成立要件으로의 '事務執行關聯性'에 관한 判例硏究," 서울대 大學院 碩士學位論文(1991.2); 金載亨, "使用者責任에서의 事務執行關聯性," 法曹 제465호(1995.6), 제466호(1995.7) 참조.

보여 준다. 또한 근저당권설정 이후에 발생한 채권이 근저당권에 의하여 담보되지 않는다고 본 사례는 모두 물상보증에 해당하는 것이었다.[69] 物上保證의 경우에도 근저당권으로 어떤 채권을 담보할 것인지는 당사자의 의사에 의하여 결정하여야 하는데, 피담보채권의 범위를 제한적으로 본 예는 오히려 드물다. 왜냐하면 근저당권설정계약서에 피담보채권의 범위가 포괄적으로 기재되어 있으므로, 계약서의 내용과 다른 약정이 있다는 점을 物上保證人이 입증하여야 하기 때문이다.

어쨌든 피담보채권의 범위를 결정할 때 채무자가 근저당권을 설정해 준 경우와 채무자 이외의 제 3 자가 근저당권을 설정해 준 물상보증의 경우를 구분할 필요가 있다. 債務者는 어차피 채무를 변제해야 하므로 채무의 존부가 중요할 뿐이고, 피담보채권의 범위에 대하여는 실질적인 이해관계는 없으므로, 그 범위를 제한적으로 해석할 필요성이 거의 없다. 따라서 근저당권설정자와 채무자가 동일인인 경우에는 피담보채권의 범위를 넓게 보는 경향이 있다고 볼 수 있다. 이에 반하여 物上保證의 경우에는 物上保證人이 직접 채무를 부담하지 않기 때문에, 채무자의 채무가 근저당권의 피담보채무에 속하는지에 따라서 그의 책임범위가 달라진다.[70] 따라서 물상보증인은 피담보채무의 범위에 대하여 중대한 이해관계를 갖는다. 물상보증의 경우는 실제로도 채무자가 담보를 제공하는 경우에 비하여 담보의 범위를 제한하는 경우가 많을 것이다. 물론 물상보증의 경우를 채무자가 담보를 제공한 경우와 완전히 다르게 규율할 수는 없다. 그렇지만 물상보증인은 담보의 범위

69) 大判 1990. 6. 26, 89다카26915(공 1990, 1568).

70) 이와 같이 物上保證人을 채무자 겸 근저당권설정자와 다르게 취급하는 것은 최고액과 관련해서도 나타난다. 근저당권이 확정된 후에 실제 채권액이 최고액을 초과하는 경우에 근저당권설정자 겸 채무자는 최고액과 집행비용만을 변제하고 근저당권의 말소를 청구하지 못한다[大決 1972. 1. 26, 71마1151(集 20-1, 민 2); 大判 1981. 11. 10, 80다2712(공 1982, 42) 등]. 이와 달리 물상보증인이 부담하는 채무액은 확정된 채무액 중 최고액을 한도로 한다[大判 1974. 12. 10, 74다998(공 1975, 8249)].

를 제한하려는 의사를 가지고 있는 경우가 많기 때문에, 포괄근저당약관의 내용과 다른 개별약정이 있는지를 판단하는 과정에서 이 점을 고려하여야 할 것이다. 특히 채무자가 물상보증인을 대리하여 근저당권을 설정하는 경우에는 근저당권자가 피담보채권의 범위에 관한 물상보증인의 의사를 확인했는지 등을 심리할 필요가 있을 것이다.

(3) 債權의 發生時期

근저당권 설정 이전에 발생한 채권이든, 이후에 발생한 채권이든 당사자들이 근저당권에 의하여 담보하기로 약정하였다면 그에 따른다.[71] 그러한 의사가 있는지 불명확한 경우에는 채권의 발생시기가 중대한 의미를 지닌다. 먼저 근저당권 설정 이전에 이미 발생한 채권은 설정 이후에 발생하는 채권에 비하여 피담보채권에 속하지 않는다고 인정한 사례가 많다. 또한 금융기관에서는 근저당권 설정시에 이미 채권이 발생하고 있는 경우에는 최고액을 실제채권액의 150% 정도로 설정하는 것이 보통이라고 한다. 그런데 대법원은 '근저당권 설정 이전에 발생한 기존의 채권'과 '근저당권 설정시에 발생한 대출금채권'을 합산하면 실제의 채권액이 최고액을 초과하는 경우에는 담보취득의 관례에 어긋난다고 한다.[72] 그러니 채권액과 최고액의 비율이 금융기관의 통상의 담보비율을 초과하지 않고 있다가 나중에 추가로 채권이 발생하여 실제 채권액이 최고액을 초과하더라도 이는 금융기관의 담보취득 관례상 이례적인 것이 아니라고 한다.[73] 근저당권의 경우에는 실제의 채권액이 근저당권의 최고액을 초과하게 되더라도, 최고액을 한도로 하여 담보한다. 그러므로 위와 같이 추가채무의 발생으로 채무총액이 근저당권의 최고액을 초과한다고 하더라도 이것이 은행의 담보취득관

71) 大判 1970. 4. 28, 70다103(集 18-1, 민 362); 大判 1996. 9. 20, 96다27612(공 1996, 3160).

72) 大判 1984. 6. 12, 83다카2159(集 32-3, 민 77); 大判 1994. 11. 25, 94다8969(공 1995, 83).

73) 大判 1987. 4. 28, 86다카1760(공 1987, 879).

례에 있어서 이례에 속한다고 볼 수 없다. 결국 실제 채권액과 최고액을 비교하는 방법이 의미를 갖는 것은 근저당권 설정 이전에 발생한 채권이 문제되는 경우라고 할 수 있다.

근저당권 설정 이전에 발생한 채권의 경우에는 최고액이 채권액에 미치지 못하면 그러한 채권을 담보범위에서 제외하려는 의사가 있었던 것으로 보아야 할 것이다. 따라서 근저당권자가 근저당권 설정 이전에 발생한 기존의 채권이 근저당권에 의하여 담보된다고 주장하는 경우에, 근저당권설정자 등이 위 채권과 근저당권 설정시에 발생한 채권액의 합계가 최고액을 초과한다는 점을 입증한다면 위 기존의 채권은 피담보채권의 범위에서 배제될 것이다. 당사자들은 근저당권 설정 당시 이미 발생한 채권을 근저당권에 의하여 담보하게 할 것인지 여부를 분명하게 결정할 수 있다. 이와 같은 경우에 실제채권액과 최고액의 관계가 중요한 고려요소가 되고 있음을 알 수 있다.[74]

그러나 근저당권 설정 이후에 발생한 채권, 예컨대 추가대출의 경우에는 그로 인하여 실제 채권액이 최고액을 넘게 되었다고 하더라도 근저당권의 피담보채권에 포함되는 것으로 보아야 할 것이다. 근저당권의 최고액이 아직 남아 있는 경우에 추가대출을 하면서 그로 인하여 실제채권액이 최고액을 초과하였다고 하더라도, 당사자에게 최고액의 범위 내에서 추가대출금을 근저당권에 의하여 담보하려는 의사가 있다고 보아야 할 것이다. 만일 근저당권설정자가 추가대출금을 종전의 근저당권에 의하여 담보되지 않는다고 주장하려면, 그 점에 관하여 주장·입증하여야 할 것이다. 결국 근저당권자와 채무자 사이의 여신거래로 발생하는 채권이 근저당권 설정 이후에 발생한 경우에는 피담보채권으로 인정될 가능성이 매우 높다고 볼 수 있다.

---

74) 그러나 당사자가 기존의 채권도 근저당권에 의하여 담보하게 하려는 의사를 명백히 한 경우에는 최고액이 실제채권액을 초과하는지 여부는 아무런 상관이 없다.

Ⅳ. 根抵當權의 確定

1. 確定의 意義

근저당권은 '그 담보할 채무의 최고액만을 정하고 債務의 確定을 將來에 保留하여' 설정된다(민법 제357조 제1항 제1문). 그리하여 근저당권에 의하여 담보되는 채권이 소멸하더라도 근저당권은 계속 존속하고 피담보채권의 범위에 속하는 채권이 새로이 발생하면 근저당권에 의하여 담보된다. 이와 같이 근저당권의 피담보채권은 유동·교체될 수 있는데, 그러한 상태가 종료되는 것을 根抵當權의 確定 또는 被擔保債權의 確定이라고 한다. 결국 근저당권의 확정은 어느 시점을 기준으로 피담보채권의 범위를 정하는 것이다.

그렇다면 근저당권은 언제 어떤 사유가 발생한 경우에 확정되는가? 그리고 근저당권이 확정될 경우 그 효과는 무엇인가? 前者는 根抵當權의 確定事由와 그 時期에 관한 것이고, 後者는 確定의 效果에 관한 것이다.

2. 根抵當權의 確定事由

근저당권의 확정사유는 당사자의 의사에 기한 확정사유와 당사자의 의사와 무관한 확정사유로 나눌 수 있는데, 여기서는 많이 문제되고 있는 전자에 속하는 근저당권자의 경매신청과 후자에 속하는 회사정리절차에 관해서만 살펴보기로 한다.[75)]

75) 우리 민법에는 根抵當權의 確定에 관하여 아무런 규정을 두고 있지 않다. 그리하여 根抵當權의 確定問題는 理論에 맡겨져 있는데, 결국 당사자의 이해를 조정하는 방식으로 해결하여야 할 것이다. 일본에서는 1971년 민법 개정시에 근저당권의 확정에 관하여 상세한 규정(日本民法 제398조의 20 등)을 두었다. 근저당권의 확정에 관하여 상세한 것은 金載亨(註 22), 236면 이하 참조.

(1) 根抵當權者의 競賣申請

(가) 판례는 근저당권자가 피담보채무의 불이행을 이유로 경매신청한 경우에 피담보채권이 확정된다고 한다.[76] 그렇다면 채무자가 채무불이행 상태에 있지 않았는데도 근저당권자가 일방적으로 경매신청을 한 경우에는 어떠한가? 담보권을 실행하기 위한 경매를 신청하려면 '담보권이 있다는 것을 증명하는 서류'를 내야 한다.[77] 담보권실행을 위한 경매를 신청하는 데 피담보채권의 존재나 그 변제기의 도래에 대한 증명이 요구되지는 않는다.[78] 왜냐하면 담보권실행을 위한 경매신청시에 피담보채권의 존재나 그 변제기의 도래에 대한 증명을 요구하는 규정이 없기 때문이다. 舊民事訴訟法에서 담보권실행을 위한 경매를 強制競賣와 마찬가지로 간이·신속하게 진행할 수 있도록 하였는데, 위와 같이 보는 것이 양자의 절차를 근접시키는 것이라는 이유를 들기도 한다.[79] 그러나 피담보채권의 변제기가 도래하여야 한다는 것은 담보권실행의 실체법적 요건에 해당하므로 경매신청서의 기재나 그 첨부서류에 의하여 변제기가 도래하지 않은 사실이 분명한 경우에는 그 경매신청은 부적법한 것으로 각하되어야 한다.[80] 따라서 근저당권자의 경매신청으로 근저당권이 확정된다는 것은 채무자의 채무불이행

76) 大判 1988.10.11, 87다카545(공 1988, 1400). 同旨: 大判 1989.11.28, 89다카15601(공 1990, 146); 大判 1991.9.10, 91다17979(공 1991, 2516); 大判 1997.12.9, 97다25521(공 1998, 220).

77) 경매법이 폐지되기 전에는 신청인은 담보권 및 피담보채권의 존재와 채무자의 이행지체를 소명하여야 한다는 견해가 통설이었다(金鼎鉉, 新稿 競賣實務要論(上), 1975, 99면 이하). 경매법을 폐지하고 담보권실행을 위한 경매절차를 민사소송법에 흡수할 당시 민사소송법 제724조 제1항은 '담보권의 존재를 증명하는 서면'을 첨부하여야 한다고 규정하였다. 다시 이 조항은 2002년 제정된 민사집행법 제264조 제1항으로 대체되었는데, '담보권이 있다는 것을 증명하는 서류'를 내야 한다고 규정한다.

78) 註釋 強制執行法(Ⅳ), 韓國司法行政學會, 1993, 570면(李在性 집필부분); 法院實務提要 強制執行(上), 改訂增補版, 法院行政處, 1992, 582면 이하; 朴斗煥, 新強制執行法, 增補改訂版, 考試界, 1993, 499면.

79) 註釋 強制執行法(Ⅳ), 570면 이하(註 78).

80) 註釋 強制執行法(Ⅳ), 584면(註 78)

을 전제로 한 것으로 생각된다. 만일 근저당권자가 아무런 이유 없이 경매신청을 한 경우에는 근저당권이 확정되었다고 볼 수 없을 것이다. 그리고 경매신청이 각하되거나 취하된 경우에는 근저당권이 확정되지 않는다고 하는데,[81] 이것도 이러한 맥락에서 이해할 수 있을 것이다. 그러나 근저당권자의 경매신청이 받아들여져 競賣節次가 開始된 뒤에는 종국적 환가에 이르기 전에 경매신청이 취하되더라도 확정의 효력에는 영향이 없다.[82]

한편 근저당권자가 경매신청을 실제로 한 것이 아니고, 다만 경매신청을 하려는 태도를 보인 데 그친 것이라면 이로써 근저당권이 확정되었다고 볼 수 없다.[83]

그리고 근저당권자가 채무자에 대하여 파산신청 또는 회사정리신청을 한 경우에도 거래를 종료하려는 의사를 표시하였다는 점에서 경매신청과 동일하게 볼 수 있다. 이러한 경우에도 근저당권의 확정에 관하여 경매신청의 경우와 동일하게 볼 수 있을 것이다.

(나) 1990. 1. 13. 민사소송법이 개정되었는데, 당시의 민사소송법하에서 根抵當權을 실행하기 위하여 경매신청을 한 후에 배당기일까지 청구금액을 확장할 수 있는지 문제되었다. 大判 1994. 1. 25, 92다50270 (공 1994, 792)[84]은 "경매채권자가 피담보채권의 일부에 대하여만 담보권을 실행하겠다는 취지로 경매신청서에 피담보채권의 원금 중 일부만을 청구금액으로 하여 경매를 신청하였을 경우에는 경매채권자의 청구금액은 그 기재된 채권액을 한도로 확정되고 경매채권자는 배당단계

81) 民法注解(Ⅶ), 23면(朴海成 집필부분). 일본민법 제398조의 20 제1항 제2호는 근저당권의 확정사유로 "근저당권자가 저당부동산에 관하여 경매를 신청한 때"를 들면서 "경매절차가 개시된 때에 한한다"고 규정하고 있다.

82) 大判 1989. 11. 28, 89다카15601(공 1990, 146).

83) 大判 1993. 3. 12, 92다48567(공 1993, 1167).

84) 근저당권자인 원고가 경매신청을 하면서 청구채권을 "금 10억원정, 채무자가 1991. 1. 18. 채권자에게 발행한 각서 금 12억 5천만원 중 위 금액"이라고 기재하였다. 경매신청 이후 배당단계에서 청구금액을 확장할 수 있는지 문제되었다.

에서 채권계산서에 청구금액을 확장하여 제출하는 방법에 의하여 청구금액을 확장할 수는 없다"고 한다. 그 근거로 구 민사소송법 제728조, 제601조 제 3 호, 구 민사소송규칙 제204조 제 2 호 및 제 4 호의 각 규정의 취지가 "경매신청의 단계에서 경매신청인에게 경매신청의 원인이 되는 피담보채권을 특정시키기 위한 것일 뿐만 아니라 경매채권자의 청구채권액을 그 신청서에 표시된 금액을 한도로 하여 확정시키기 위한 것"이라는 점을 든다. 그 후에 나온 大判 1995. 2. 28, 94다8952(공 1995, 1445)도 위 판결과 동일하게 판시한 다음, "이 사건에서 동화은행은 제 1 순위 근저당권의 피담보채권 중 일부채권만으로 경매를 신청하였으므로 그 근저당권은 그 청구금액을 담보하는 것으로 확정되어 그 후의 청구금액 확장이 허용되지 않는 것"이라고 판결하였다.[85] 이러한 법리는 피담보채권 중 일부 채권의 변제기가 도래하지 아니한 경우에도 그대로 적용되고 있다.[86]

이 문제는 深重한 論議가 필요하나,[87] 결론만을 말하자면 경매신청 후에도 청구금액을 확장할 수 있다는 肯定說에 찬성한다. 이 문제

85) 同旨: 大判 1997. 2. 28, 95다22788(공 1997, 886). 한편 大判 1997. 1. 21, 96다457(공 1997, 600)은 根抵當權者는 경매신청서에 기재된 청구채권을 다른 채권으로 교환적으로 변경하여 그 다른 채권에 대하여 배당을 구하는 내용의 채권계산서 등을 제출하는 방법으로 그 다른 채권에 대하여 배당을 받을 수 있고, 다만 변경 후의 피담보채권액이 경매신청서에 기재되어 있는 청구채권액을 초과하는 때에는 그 초과하는 부분에 대하여는 배당받을 수 없다고 한다.

나아가 大判 1997. 2. 28, 96다495(공 1997, 902)는 근저당권자가 경매신청서에 피담보채권 중 일부만을 청구금액으로 기재하여 담보권의 실행을 위한 경매를 신청한 후 청구금액을 확장한 채권계산서를 제출하였을 뿐 달리 경락기일까지 이중경매를 신청하는 등 필요한 조치를 취하지 아니한 채 그대로 경매절차를 진행시켜 경매신청서에 기재된 청구금액을 기초로 배당표가 작성, 확정되고 그에 따라 배당이 실시되었다면, 신청채권자가 청구하지 아니한 부분의 해당 금원이 후순위채권자들에게 배당되었다 하여 이를 법률상 원인이 없는 것이라고 볼 수는 없다고 하여 부당이득반환청구권을 인정하지 않는다.

86) 大判 1995. 6. 9, 95다15261(공 1995, 2383).

87) 이에 관한 최근의 상세한 논의에 관하여는 比較法實務硏究會 編, 判例實務硏究(I), 博英社, 1997, 553면 이하에 게재된 논문들 참조.

는 근저당권의 성질 자체로부터 결론이 도출되는 것은 아니다. 또한 구 민사소송법 제728조, 제601조 및 구 민사소송규칙 제204조의 문언만으로는 경매신청의 단계에서 경매채권자의 청구채권액이 그 신청서에 표시된 금액을 한도로 확정된다고 볼 수는 없다. 근저당권자가 목적 부동산에 대한 경매절차에서 만족을 얻지 못하면 근저당권자가 가지는 우선변제권도 소멸하므로 그 경매절차에서 권리를 행사할 수 있도록 하는 것이 바람직하다. 따라서 강제경매의 경우와 동일하게 보아야 하는 것은 아니다. 경매신청서에 기재되지 않은 채권도 여전히 근저당권에 의하여 담보되고 있는데도 청구금액을 청구하지 못하게 하는 것은 實體法的인 權利를 節次法에 의하여 과도하게 제한하는 것이라고 볼 수 있다. 그러한 제한을 하려면 명문의 규정이 있어야 하나, 구 민사소송법의 위 규정들이 그에 해당한다고 볼 수 없다. 그리고 다른 배당요구권자는 구 민사소송법 제653조 제1항에 의하여 경락기일까지 그 채권의 원금, 이자, 비용 기타 부대채권의 계산서를 제출할 수 있다. 따라서 경매신청을 한 근저당권자도 다른 배당요구채권자와 동일하게 경락기일까지는 청구금액을 확장할 수 있다고 보는 것이 형평에 맞는다.[88] 청구금액의 확장을 허용하면 후순위채권자 등의 신뢰를 해치게 된다고 하지만, 경매신청인 이외의 근저당권자는 경락기일까지 채권계산서를 제출할 수 있으므로, 후순위담보권자 등은 경매신청인 이외의 근저당권자가 어느 정도의 채권에 관하여 배당요구를 할 것인지에 따라 여전히 불안한 지위에 있게 된다. 또한 변제기가 아직 도래하지 않은 채권에 대해서까지 경매신청 단계에서 모두 경매신청서에 기재하여야 한다. 구상금채권이나 보증채권의 경우에는 근저당권자가 경매신청단계에서 이러한 채권을 정확히 알 수 없는 경우도 있으므로, 부정설은 경매신청을 한 근저당권자에게 가혹한 결과를 초래할 수도 있다.

88) 위 대법원판결 이후에도 경매법원에서 이자 등의 부수채권에 관하여 청구금액의 확장을 허용하는 예가 있었다.

⑵ 會社整理節次開始決定

㈎ 問 題 點

會社整理制度는 재정적 궁핍으로 파탄에 빠졌으나, 經濟的으로 更生의 價値가 있는 株式會社에 관하여 법원의 감독 아래 채권자, 주주 기타 이해관계인의 이해를 조정하며 회사사업의 정리재건을 도모하는 것을 목적으로 한다.[89] 會社整理節次(이하 “整理節次”라고 한다)가 개시된 주식회사에 대하여 채권이나 담보권을 가지고 있는 자는 권리행사가 금지되거나 제한되고, 整理債權者[90] 또는 整理擔保權者[91]로서 정리절차 내에서 그의 권리를 행사하게 된다. 整理會社[92]에 대하여 정리절차개시 전에 근저당권을 가지고 있는 자도 정리담보권자에 해당하게 되는데, 會社整理節次에서 根抵當權을 어떻게 처리할 것인지를 둘러싸고 많은 분쟁이 발생하고 있다.

89) 주식회사가 파탄에 빠진 경우에 파산절차에 들어가는 것이 원칙이지만, 이러한 주식회사를 곧바로 해체하는 것이 주주나 회사채권자 등 이해관계인들에게는 물론 사회경제적으로 큰 손실을 초래할 수도 있다. 그리하여 재정적 궁핍으로 파탄에 직면하였으나 갱생의 가망이 있는 주식회사의 정리재건을 목적으로 회사정리법이 제정되었다. 그런데 1998년 개정된 회사정리법에서는 갱생의 가망성이라는 개념이 너무 모호하다는 비판을 수용하여 회사정리의 대상을 ‘財政的 窮乏으로 破綻에 直面하였으나 經濟的으로 更生의 價値가 있는 株式會社’로 修正하고, 정리절차개시신청의 기각사유인 ‘更生의 可望이 없는 때’를 ‘會社를 淸算할 때의 價値가 會社를 계속 存續시킬 때의 價値보다 큰 경우’로 改正하였다. 이에 관하여는 우선 金載亨, “會社整理法, 和議法, 破産法의 改正內容과 將來의 課題,” 韓國法學院報 제78호(1990. 5), 4면 이하 참조.

90) 회사정리법 제102조는 “會社에 대하여 整理節次開始前의 原因으로 생긴 財産上의 請求權은 이를 整理債權으로 한다”고 규정하고 있다. 채무자 회생 및 파산에 관한 법률 제118조도 회생채권에 관하여 같은 취지로 규정하고 있다.

91) 회사정리법 제123조 제 1 항은 “整理債權 또는 整理節次開始前의 原因으로 생긴 會社 이외의 자에 대한 財産上의 請求權으로서 整理節次 開始當時 會社財産上에 存在하는 留置權, 質權, 抵當權, 讓渡擔保權, 假登記擔保權, 傳貰權 또는 優先特權 등으로 擔保된 範圍의 것은 整理擔保權으로 한다. 다만 利子 또는 債務不履行으로 인한 損害賠償이나 違約金의 請求權에 관하여는 整理節次 開始決定 前日까지 생긴 것에 한한다”고 규정하고 있다. 위 단서는 1996년 회사정리법 개정시에 삽입된 것인데, 이로 인하여 정리담보권의 범위가 상당히 축소되었다.

92) 정리절차가 개시된 주식회사를 가리킨다.

채무자 또는 물상보증인에 대하여 정리절차가 개시된 경우 회사가 설정한 근저당권이 확정되는지 여부가 문제된다.[93] 이에 관하여는 민법이나 회사정리법에 아무런 규정이 없다. 당사자들이 會社整理節次의 개시를 근저당권의 확정사유로 약정한 경우에는 그 약정에 따라 근저당권이 확정된다. 그렇다면 이에 관한 아무런 약정이 없는 경우에 근저당권이 언제 확정되는가? 이에 관하여는 학설이 대립하고 있고, 법원의 실무도 어느 견해를 따를 것인지 통일되어 있지 아니하여 혼선을 빚고 있다.[94]

㈏ 確 定 說

확정설은 회사정리절차가 개시되면 근저당권이 확정된다는 견해이다.[95] 이 견해는 정리절차개시를 기준으로 법률관계를 명확히 구분하고, 그 이전의 법률관계를 청산한다는 회사정리제도의 성격에서 이러한 결론을 도출한다.

㈐ 不確定說

불확정설은 정리절차가 개시되더라도 근저당권이 당연히 확정되는 것은 아니라고 한다.[96] 따라서 근저당권이 정리절차개시 후에 발생하는 채권도 담보할 수 있다고 한다. 이 견해는 확정설을 취할 법률규정

93) 이 문제는 정리담보권의 확정문제와는 다른 것이다. 정리담보권의 확정문제에 관하여는 회사정리법에 명문의 규정이 있다(회사정리법 제123조 이하).

94) 서울지방법원이 확정설에 따른다고 하였으나(邊在承·李太燮·李光萬·李敏杰·金載亨, "서울民事地方法院의 會社整理事件 處理實務," 司法論集 제25집, 法院行政處, 1994, 307면, 349면), 그 후에도 수원지방법원은 불확정설에 따라 처리한 적이 있었던 것으로 보인다(愼庸珞, "會社整理節次開始決定과 根抵當權의 確定時期," 司法論集 제26집, 法院圖書館, 1995, 114면 이하).

95) 林采洪, 會社整理法概說, 考試界, 1985, 335면; 蔡元植, "會社整理節次開始와 根抵當確定의 有無에 관한 考察," 司法行政 제298호(1985. 9), 88면 이하; 吳昌錫, "會社整理法上 整理擔保權者의 地位," 現代商法의 課題와 展望(梁承圭教授華甲紀念), 三知院, 1994, 195면 이하; 邊在承 외 4인(註 94), 307면, 349면.

96) 法院行政處, 會社整理處理實務, 裁判資料 第28輯, 1985, 338면; 韓國產業銀行, 會社整理法解說, 1982, 295면, 449면; 民法注解(VII), 25면(朴海成 집필부분); 愼庸珞(註 94), 120면 이하.

이 없다고 한다. 그리고 회사정리는 회사의 존속을 전제로 하는 것으로 파산과는 성격이 다르고, 근저당권이 최고액의 범위 내에서 정리절차개시 후의 거래도 계속 담보하도록 하는 것이 회사의 갱생에 유익하다고 한다.

㈃ 結 語

이상에서 본 학설의 내용과 그 비판은 대체로 일본의 학설에 영향을 받은 것이다. 따라서 이 문제에 관한 일본의 학설을 살펴볼 필요가 있다. 일본에서도 會社整理節次開始가 근저당권의 확정에 어떠한 영향을 미치는지에 관하여는 아무런 규정을 두고 있지 않다. 1971년 일본민법 개정 전에는 確定說이 다수설이었다.[97] 그런데 일본민법 개정시에 근저당권의 확정사유에 관하여 상세한 규정을 두었으나, 회사정리절차개시에 관하여는 아무런 규정을 두지 않았다. 그리하여 민법개정 직후 이러한 점을 들어 회사정리절차가 개시되더라도 근저당권이 확정되지 않는다는 不確定說이 다수설이 되었다.[98] 그러나 최근에는 確定說[99]을 취하는 견해가 많아지고 있다.

우리 나라에는 법률에서 근저당권의 확정사유를 규정하고 있지 않다. 정리절차개시뿐만 아니라 경매절차개시나 파산선고에 근저당권이

97) 이에 관하여는 山內八郎, "會社更生手續開始と根抵當確定の有無(上)," ジュリスト 第616號(1976. 7. 1), 107면.

98) 三ヶ月章 外 5人, 條解會社更生法(中), 弘文堂, 1973, 524면; 宮脇幸彦 外 2人 編, 注解 會社更生法, 青林書院, 1986, 436면; 野田宏, "根抵當權の確定," 金融擔保法講座 Ⅱ 卷 根抵當權·特殊抵當, 筑摩書房, 1986, 41면; 近江幸治, 擔保物權法, 新版, 弘文堂, 1993, 236면; 高木多喜男, 268면; 堀內仁, 37면; 時岡泰, "更生手續と根抵當取引," 金融·商事判例 第554號, 75면. 그리고 東京地判 1982(昭和 57). 7. 13(金融法務事情 1017호, 35면)은, 후순위근저당권자가 정리담보권확정의 소를 제기하여 선순위담보권의 범위가 문제되었는데, 不確定說을 취하였다.

99) 松田二郎, 會社更生法, 新版, 有斐閣, 1976, 227면; 山內八郎, "會社更生手續開始と根抵當確定の有無(下)," ジュリスト 第617號(1976. 7. 15), 135면 이하; 山內八郎, 實務會社更生法, 第三版, 一粒社, 1977, 305면; 川井健, 擔保物權法, 青林書院新社, 1975, 172면; 岸田雅雄, "會社更生と擔保," 裁判實務大系 14 擔保關係訴訟法, 青林書院, 1991, 708면.

확정된다는 내용의 규정이 없다. 따라서 정리절차개시로 근저당권이 확정된다는 규정이 없다는 이유만으로 불확정설을 취할 수는 없다. 이는 결국 어느 견해를 따르는 것이 좀더 바람직한지에 따라 결론을 내릴 수밖에 없다.

會社整理節次에서는 정리절차개시의 시점을 기준으로 근저당권의 피담보채무의 범위를 확정시킴으로써 법률관계를 명확하게 할 필요가 있다. 이해관계인들도 자신의 법률관계를 명확하게 인식한 상태에서 정리절차개시에 대한 동의여부를 결정할 수 있어야 한다.[100] 不確定說은 관리인이 정리절차개시 후 사업경영에 필요한 자금을 얻는 데 용이하다고 한다. 그러나 정리회사가 물상보증인인 경우에는 회사의 재산만 감소될 뿐이다. 또한 회사의 갱생에 필요한 자금을 조달한다는 명목으로 후순위담보권자의 지위를 불리하게 할 수는 없다. 따라서 確定說이 타당하다고 본다. 그리고 불확정설에 따르면 정리담보권의 확정문제 등이 지나치게 복잡하게 된다. 이러한 문제는 확정설을 따를 때 간명하게 처리할 수 있고 이해관계인의 불만도 거의 없게 된다.[101] 만일 정리절차개시 전에 설정된 근저당권을 이용하여 추가로 대출을 받고자

100) 불확정설에서는 선순위 근저당권자가 채권최고액을 모두 활용하는 결과가 발생하더라도 이로써 후순위근저당권자가 더 불리하게 된다고 할 수 없다고 하지만, 선순위근저당권자가 최고액까지 우선변제를 받게 될 수 있다는 것은 정상적인 거래관계가 지속되는 경우에 인정되는 것이고, 회사정리절차가 개시된 상태에서도 동일하게 볼 수는 없다.

101) 근저당권의 확정문제는 정리계획작성시에도 문제된다. 회사정리법 제241조는 "整理計劃認可의 決定이 있은 때에는 정리계획의 규정 또는 본법의 규정에 의하여 인정된 권리를 제외하고 會社의 財產上에 있던 모든 擔保權은 消滅한다"고 규정하고 있다. 이 규정에 따라 정리계획안에서 기존의 담보권을 계속 유효하게 존속하는 것으로 정하고 있다. 확정설에 따른다면 이러한 경우에도 기존의 채권최고액과는 관계 없이 '권리변경 후의 채권을 피담보채권으로 한 담보권'으로서만 존속하는 것으로 보게 된다. 또한 정리계획안에 "기존의 담보권이 공익채권의 담보로서도 有效하다"는 규정을 둘 수 있는지가 문제된다. 최근의 실무에서는 후순위담보권자를 보호하고 향후 발생할 수도 있는 분쟁을 미연에 방지하기 위해서는 확정설이 타당하다고 보아 "공익채권의 담보로서도 유효하다"는 조항을 삭제하고 있다. 邊在承 외 4인(註 94), 349면 참조.

한다면, 無效登記의 流用問題로 해결해야 한다. 따라서 후순위담보권자 등 이해관계 있는 제 3 자가 있는 경우에는 그의 동의를 얻어야 한다.

3. 根抵當權 確定의 效果

가. 근저당권의 확정은 그 피담보채권이 확정되는 것을 말한다. 근저당권이 확정되면, 그 이후 동일한 거래관계로부터 채권이 발생하더라도 그 채권은 피담보채권에 포함될 수 없다. 이것이 確定前의 根抵當權과 確定後의 根抵當權의 본질적인 차이점이다.[102] 근저당권이 확정될 당시 피담보채무가 존재하지 않는다면 저당목적물의 소유권을 취득한 제 3 자도 근저당권자에 대하여 그 근저당권의 소멸을 청구할 수 있다.[103] 피담보채무가 존재하는 경우에는 근저당목적물의 제 3 취득자는 최고액을 변제하고 근저당권의 말소를 청구할 수 있다.[104] 한편 근저당권은 피담보채권과 함께 양도할 수 있는데, 확정 후에는 저당권과 동일한 방법으로 양도할 수 있을 것이다.

그렇다면 근저당권이 확정되면 보통의 저당권으로 전환되는가? 근저당권이 확정되면 부종성 · 수반성을 취득하여 보통의 저당권과 같은 취급을 받게 된다.[105] 그리하여 다수설[106]은 근저당권이 확정되면 보통의 저당권으로 전환된다고 설명한다. 이에 대하여 근저당권이 확정되었다는 것은 단순히 담보할 원본채권이 새로이 발생하지 않게 되어 그것이 모두 특정되었음을 의미하는 것이지 결코 근저당권이 그 성질을 바꾸어 보통 저당권으로 전환되는 것은 아니라는 견해[107]가 있다.

102) 民法注解(Ⅶ), 26면(朴海成 집필부분).
103) 大判 1993. 12. 14, 93다17959(공 1994, 358).
104) 大判 1971. 4. 6, 71다26(集 19-1, 민 320).
105) 民法注解(Ⅶ), 26면(朴海成 집필부분).
106) 郭潤直(註 1), 658면.
107) 權誠, "根抵當權設定契約의 解止," 民事判例硏究(Ⅷ), 1986, 81면; 李英俊(註 3), 946면; 民法注解(Ⅶ), 26면(朴海成 집필부분); 註釋 物權法(下), 418면(李英俊 집필부분).

대법원판결[108]은 근저당권이 확정되면 보통의 저당권으로 전환된다고 한다. 그러나 대법원의 태도가 근저당권이 확정되면 보통의 저당권과 동일하게 보아야 한다는 것을 전제로 한 것인지는 의문이다. 한편 근저당권이 확정된 후에도 지연손해금은 최고액 범위에서 담보된다는 대법원판결[109]이 있는데, 이것은 근저당권이 확정된 후에도 보통의 저당권에 관한 제360조가 적용되지 않는다고 본 것이다.

나. 근저당권이 확정되더라도 보통저당권으로 전환되는 것은 아니라고 보아야 한다. 근저당권이 확정된 이후에 발생한 원본채권은 근저당권에 의하여 담보되지 않는다. 그러나 확정한 원본채권으로부터 생기는 이자 기타 부수채권은 근저당권이 실행되기까지 발생한 것이라도 최고액의 범위 내에서 담보된다. 근저당권이 확정된다는 것은 그 확정시에 채권원본이 특정되고 그 이후 발생한 채권원본은 근저당권에 의하여 담보되지 않는다는 것을 의미한다. 그렇다고 하더라도 피담보채권을 최고액을 한도로 담보한다는 성질은 여전히 가지고 있으므로 확정으로 인하여 근저당권이 보통의 저당권으로 전환된다는 표현은 적절하지 않다. 따라서 근저당권의 확정 후에도 피담보채권이 유동·교체하지 않는다는 점을 제외하고는 근저당권으로서의 성질을 갖는다고 보아야 할 것이다.

---

108) 大判 1962.5.10, 62다138은 "근저당권은 장래 채권의 발생을 기대할 수 있는 기본적 법률관계에 있음을 그 요건으로 하는 것이나 그 기본관계가 종료하여 피담보채권이 확정된 때에는 보통의 저당권과 아무 차이가 없다"고 한다. 그러나 근저당권은 확정되더라도 최고액의 범위에서 담보한다는 점 등에서 보통의 저당권과 다르다.

그리고 大判 1963.2.7, 62다796(要集, 민 I-1, 600)은 "근저당권의 경우에 있어서도 피담보채권이 확정된 때에는 일반저당권으로 전환된다"고 표현한다. 그러나 근저당권이 확정 이전과 그 확정 이후에 본질이 달라지는 것이 아니므로, 특히 '전환'된다고 표현할 필요가 없고 이러한 표현은 마치 무효행위가 유효행위로 전환되는 것 같은 오해를 불러일으킬 뿐이다. 註釋 物權法(下), 418면(李英俊 집필부분).

109) 大判 1957.1.10, 4289민상401(總覽 2-2(A), 701)은 민법 제360조 단서의 적용을 부정하고 있다.

V. 結　論

이상에서 根抵當權을 둘러싸고 발생하는 법률문제를 해결하기 위하여 근저당권의 피담보채권을 중심으로 학설과 판례를 분석하고, 이를 토대로 근저당권을 적절하게 규율할 수 있는 방안을 모색해 보았다.

현재 근저당권은 담보물권 중에서 가장 많이 이용되고 있고, 우리의 담보제도에서 매우 중요한 위치를 차지하고 있다. 근저당권이 남용되고 있다고 생각할 수도 있으나, 근저당제도가 나름대로 합리적인 면을 가지고 있다는 점을 주목할 필요가 있다. 예컨대 고액의 대출을 담보하기 위하여 저당권이 이용되는 경우에 많은 등기비용이 소요되는데, 근저당권은 이러한 비용을 절감하게 하는 기능도 수행하고 있는 것이다.[110)]

어쨌든 근저당권이 많이 이용되고 있는 만큼 그 분쟁도 매우 다양한 모습을 띠고 있다. 그리하여 근저당권에 관한 법률문제를 현재와 같이 1개의 조문으로 처리하는 것은 무리이다. 근저당권에 관한 학설과 판례가 많이 나오고 있지만, 근저당권에 관한 법률관계를 명확하게 규율하지 못하고 있다. 근저당권에 관한 금융기관의 약관도 여러 차례 바뀌었으나, 현재도 해석상 논란이 계속되고 있다. 따라서 이에 관하여는 장차 근본적으로 근저당권에 관한 민법 규정을 개정함으로써 그 법률관계를 좀더 명확히 하고, 근저당권에 관한 이해관계인들의 이해를 적정하게 조정할 필요가 있다.

그런데 1984년에 이미 민법의 근저당권에 관한 개정안[111)]이 마련된 적이 있다. 이것은 현행 민법 제357조를 삭제하고 제10장으로 '근

110) 독일에서 보전토지채무가 많이 이용되는 근거의 하나로 등기비용을 들고 있다. Stürner, "Das Grundpfandrechtzwischen Akzessorietät und Abstraktheit und die europäische Zukunft," *Festschrift für Rolf Serick zum 70. Geburtstag*, Heidelberg, 1992, S. 380.

111) 黃迪仁 編, 民法教材 Ⅱ-2(物權法各論), 1987, 152면 이하에 수록되어 있다.

저당'에 관한 장을 두어 20개 조문을 新設한다는 것인데,[112] 日本의 根抵當制度를 거의 그대로 번역한 것이다. 위 개정안은 받아들여지지 않았으나, 그 후에도 위 개정안과 비슷한 주장이 계속되고 있다.[113] 우리 민법에서 근저당권에 관한 규정을 개정하는 데 일본민법의 규정이 참고가 될 것지만, 일본민법과 동일하게 개정하는 것이 바람직한지는 의문이다. 담보제도는 합리적 사고가 낳은 산물이라는 일반적인 통념과는 달리, 거래현실과 법률제도에 따라서 매우 다양한 모습을 띠고 발전해 왔다. 법률을 개정하고 새로운 제도를 도입하려면, 먼저 기존의 제도를 명확히 인식하고, 새로운 제도에 어떠한 기능을 담당하게 할 것인지를 분명히 해야 한다. 이러한 점을 고려하지 않고 선진제국의 제도를 그대로 도입하는 것은 많은 혼란을 초래할 것이다. 또한 자본주의사회에서는 신용과 그 담보수단은 복잡할 수밖에 없다.[114] 따라서

---

112) 위 개정안 중 제372조의 2와 제372조의 3을 보면 다음과 같다.

제372조의 2(근저당권의 피담보채권) ① 저당권은 설정행위로써 정한 바에 의하여 일정의 범위에 속하는 불특정의 채권을 극도액의 한도에서 담보하기 위하여 설정할 수 있다. ② 제 1 항의 저당권(이하 "근저당권"이라 한다)의 담보할 불특정의 채권의 범위는 채무자와의 특정의 계속적 거래계약에 인하여 발생하는 것에 한정하여 약정하여야 한다. ③ 특정의 원인에 기한 채무자와의 사이에 계속하여 발생하는 채권 또는 어음상 당좌수표의 청구권은 담보할 채권으로 할 수 있다.

제372조의 3(우선변제의 범위) ① 근저당권자는 확정한 원본 및 이자 기타 정기금과 채무의 불이행으로 인하여 발생한 손해의 배상의 전부에 대하여는 극도액을 한도로 하여 그 근저당권의 실행을 할 수 있다. ② 채무자와의 거래에 의하지 아니하고 취득한 어음 또는 당좌수표상의 청구권을 근저당권의 담보할 채권으로 한 경우에 채무자가 지급을 정지한 때, 채무자에 대한 파산, 화의개시, 정리개시 또는 특별청산개시의 신청이 있는 때나 저당부동산에 대한 경매신청 또는 체납처분에 인한 압류가 있는 때에는 그 전에 취득한 것에 한하여 그 근저당권을 실행할 수 있다. 다만 그 사실을 알지 못하고 취득한 것에 대하여도 이의 실행을 할 수 있다.

113) 金滉植, "物權法의 改正方向," 民事判例硏究(Ⅶ), 1985, 346면; 朴運吉(註 34), 101면; 金相容(註 12), 737면 이하.

114) Stürner(註 110), S. 378에 의하면, "죽은 경제(tote Wirtschaft)하에서만 신용제도와 그 담보제도가 단순하게 되어 있다. 이것은 舊 동독의 ZGB를 보면 명백하다"고 한다.

담보에 관한 규정을 지나치게 단순화하려는 시도는 바람직하지도 않고 실패할 수밖에 없는 것이 아닌가 생각된다.

근저당권에 관하여 구체적인 입법안을 제시하는 것은 좀더 깊은 검토를 필요로 하지만, 이상에서의 논의를 토대로 근저당권에 관한 개정논의를 간략하게 검토해 보고자 한다.

첫째, 근저당권의 피담보채권을 不特定債權에 한정하여야 할 것인가? 不確定債權과 不特定債權을 구별하는 것은 어려운 문제이고, 양자를 엄격하게 준별하는 것은 혼란만을 초래할 것이다. 우리 나라의 학설이 특정채무를 담보하기 위한 근저당권이 허용되지 않는다고 하고 있지만, 이것은 거래현실에 부합하지 않는 것이다. 따라서 特定債務를 담보하기 위해서도 根抵當權을 허용하는 것이 바람직하다고 생각한다.

둘째, 包括根抵當權을 허용할 것인가? 일본민법은 포괄근저당을 전면적으로 부정하였다. 그러나 이에 대하여는 많은 비판이 제기되고 있다. 또한 포괄저당권을 부정한 입법목적이 달성되고 있는지 의문이다. 우리 나라에서는 일본에서와 같이 법률로써 피담보채권의 자격을 제한함으로써 포괄근저당을 부정할 필요는 없다. 최소한 여신거래에서 발생하는 채무를 포괄적으로 담보하는 去來包括根抵當은 허용되어야 한다. 근저당권은 정도의 차이는 있지만, 포괄적으로 채무를 담보한다는 성격을 가지는 것이고, 包括根抵當과 根抵當權을 구별하는 기준도 모호할 수밖에 없기 때문이다. 이 때 근저당권자가 지나치게 많은 담보가치를 선취하게 된다는 문제점이 발생할 수 있다. 그리하여 근저당권설정자의 이익이 침해되고 담보목적물의 담보가치가 충분히 활용되지 못할 가능성이 있다. 그러나 이러한 문제는 가령 最高額減額請求制度 등 채권최고액을 규제하는 방안을 모색함으로써 해결하여야 하고, 포괄근저당을 부정하는 방식으로 해결하는 것은 바람직하지 않다고 생각된다.

셋째, 被擔保債權의 發生原因을 登記할 것인지 검토할 필요가 있다. 다양한 종류의 채권이 根抵當權에 의하여 담보될 수 있고, 그 범위도 천차만별이다. 당사자는 피담보채권의 종류와 범위를 자유롭게 선택할 수 있다. 그런데 근저당권설정자와 근저당권자 사이에 피담보채권의 범위를 둘러싸고 많은 분쟁이 발생하고 있고, 후순위담보권자 등은 선순위근저당권의 피담보채권의 범위를 알 수 없게 되는 문제점도 있다. 그러므로 당사자들이 객관적으로 피담보채권의 범위를 예측할 수 있는 기준을 마련할 필요가 있다. 그 손쉬운 방법이 피담보채권을 등기하는 것이다. 물론 피담보채권의 범위를 등기한다고 하더라도, 이로써 피담보채무의 결정문제가 완전히 해결될 수는 없다. 그러나 이와 같이 피담보채권을 등기함으로써 이것을 둘러싸고 발생하는 분쟁을 어느 정도 막을 수는 있다.

넷째, 物上保證人을 보호하기 위한 규정을 두어야 한다. 판례에 의하면 근저당권의 확정 후에 물상보증인이 최고액에 상당한 금원을 변제하고 말소할 수 있다고 하는데, 이에 관해서도 명확한 근거규정을 둘 필요가 있다.

다섯째, 어떠한 사유가 발생한 경우에 근저당권이 확정되는지, 근저당권이 확정되는 사유가 발생한 경우에 그 확정시기를 언제로 볼 것인지는 이론적으로 해결하기 곤란한 문제이다. 근저당권설정계약에서 확정사유와 그 시기를 명시하면 별다른 문제가 없다. 그러나 당사자들이 계약에서 근저당권의 확정에 관하여 명시적인 조항을 두는 경우는 드물다. 그리하여 당사자의 의사와 무관하게 근저당권이 확정된다고 보아야 할 경우가 많이 있는데, 이러한 경우에 확정사유와 그 시기를 결정하는 것은 매우 어려운 문제이다. 이 문제는 결국 입법적으로 해결하여야 한다. 특히 競賣節次나 會社整理節次에서 언제 根抵當權이 확정되는지에 관하여 명확한 규정을 두어야 한다.

(판례월보 제335호(1998. 8), 37-64면 所載)

[後　　記]

이 논문은 필자의 박사학위논문 "根抵當權에 관한 硏究"(1997.2)를 요약하고 판례를 다소 보충한 것이다. 그 후 위 박사학위논문을 수정·보완하여 "根抵當權硏究"(박영사, 2000)를 펴냈다. 최근에 근저당권의 피담보채권에 관하여 중요한 판결이 많이 나왔는데, 그 중 대표적인 판결은 다음과 같다.

(1) 大判(全) 2001.3.15, 99다48948(공 2001, 873)에서는, 부동산 매매대금의 지급을 담보하기 위하여 당사자 간의 합의에 의하여 소유권이전등기를 매수인에게 경료하지 않은 상태에서 목적 부동산 위에 근저당권자를 매도인이 지정하는 제 3 자로, 채무자를 매도인으로 하는 근저당권을 설정한 경우, 그 근저당권설정등기가 담보물권의 부수성에 반하여 무효인지 여부가 문제되었다.

다수의견은 일정한 요건하에서 이를 긍정하였다. 즉 "근저당권은 채권담보를 위한 것이므로 원칙적으로 채권자와 근저당권자는 동일인이 되어야 하지만, 제 3 자를 근저당권 명의인으로 하는 근저당권을 설정하는 경우 그 점에 대하여 채권자와 채무자 및 제 3 자 사이에 합의가 있고, 채권양도, 제 3 자를 위한 계약, 불가분적 채권관계의 형성 등 방법으로 채권이 그 제 3 자에게 실질적으로 귀속되었다고 볼 수 있는 특별한 사정이 있는 경우에는 제 3 자 명의의 근저당권설정등기도 유효하다고 보아야 할 것이고, 한편 부동산을 매수한 자가 소유권이전등기를 마치지 아니한 상태에서 매도인인 소유자의 승낙 아래 매수부동산을 타에 담보로 제공하면서 당사자 사이의 합의로 편의상 매수인 대신 등기부상 소유자인 매도인을 채무자로 하여 마친 근저당권설정등기는 실제 채무자인 매수인의 근저당권자에 대한 채무를 담보하는 것으로서 유효하다고 볼 것인바, 위 양자의 형태가 결합된 근저당권이라 하여도 그 자체만으로는 부종성의 관점에서 근저당권이 무효라고 보아야 할 어떤 질적인 차이를 가져오는 것은 아니라 할 것이다. 그리고 매매잔대금 채무를 지고 있는 부동산 매수인이 매도인과 사이에 소유권이전등기를 경료하지 아니한 상태에서 그 부동산을 담보로 하여 대출받는 돈으로 매매잔대금을 지급하기로 약정하는 한편, 매매잔대금의 지급을 위하여 당좌수표를 발행·교부하고 이를 담보하기 위하여 그 부동산에 제 1 순위 근저당권을 설정하되, 그 구체적 방안으로서 채권자인 매도인과 채무자인 매수인 및 매도인이 지정하는 제 3 자 사이의 합의 아래 근저당권자를 제 3 자로, 채무자를 매도인으로 하기로 하고, 이를 위하여 매도인이 제 3 자로부터 매매잔대금 상당액을 차용하는 내용의 차용금증서를 작성·교부하였다면, 매도인이 매매잔대금 채권의 이전 없이 단순히 명의만을 제 3 자에게 신탁한 것으로 볼 것은 아니고, 채무자인 매수인의 승낙 아래 매매잔대금 채권이 제 3 자에게 이전되었다고 보는 것이 일련의 과정에 나타난 당사자들의 진정한 의사에 부합하는 해석일 것이므로, 제 3 자 명의의 근저당권설정등기는 그 피담보채무가 엄연히 존재하고 있어 그 원인이 없거나 부종성에 반하는 무효의 등기라고 볼 수 없다."

이에 대하여 반대의견은 "매도인이 부동산을 매도하면서 잔대금 채권의 지급확보를 위하여 매도인과 제 3 자 사이에 아무런 금전 대차관계가 없음에도 불구하고 형식상 제 3 자로부터 금전을 차용한다는 내용의 차용금증서를 작성하고 그 제 3 자 명의의 근저당권을 설정하였다면, 아무리 당사자들의 일련의 행위를 종합적으로 파악하더라도 이를 가리켜 '매도인이 차용금증서를 작성·교부하는 방법으로 매매잔대금 채권을 제 3 자에게 양도하고 채무자는 그 양도를 승낙함으로써 그 매매잔대금 채권이 제 3 자에게 이전'되었다고 해석할 수는 없다 할 것이다. 한편 근저당권설정등기에 '본래 채권자라고 되어야 할 소유자인 자가 채무자로 되는 것'을 허용하게 되면 이는 마치 우리 민법이 채택하지 않은 독일민법의 유통저당권이나 토지채무제도를 승인하는 것과 같은 결과로 되므로, 이 때에는 부종성의 관점에서 그 근저당권을 무효라고 보아야 하고 이를 유효로 하는 것은 비록 당사자 간의 의사의 합치가 있다 하더라도 그에 의한 새로운 제도의 창설을 금지하는 물권법의 대원칙인 물권법정주의에 반하게 되어 허용될 수 없다 할 것이다. 그리고 다수의견이 채권자 아닌 제 3 자를 근저당권 명의로 하여 근저당권을 설정하는 경우 그 점에 대하여 채권자와 채무자 및 제 3 자 사이에 합의가 있고, 채권이 제 3 자에게 이전 또는 실질적으로 귀속되었다고 볼 수 있는 특별한 사정이 있으면 제 3 자 명의의 설정등기도 유효하다고 보는 것은 "부동산실권리자명의등기에 관한 법률"이 규정한 부동산 물권에 관한 명의신탁금지를 잠탈하는 것으로 보아야 할 것이다"라고 하였다.

이 판결에 관하여는 상세하게 다룰 필요가 있으나, 다수의견은 근저당권에 관한 해석론의 한계를 벗어난 것으로 기본적으로 반대의견이 타당하다고 생각한다. 근저당권에서 근저당권자와 채권자가 일치해야 할 뿐만 아니라, 근저당권설정등기상의 채무자와 근저당권설정계약상의 채무자도 일치되도록 하여야 한다(이에 관하여는 위 根抵當權硏究, 218-230면 참조).

(2) 大判 2002. 5. 24, 2002다7176(공 2002, 1492)은 피담보채권의 확정문제에 관하여 대법원의 입장을 포괄적으로 밝히고 있다. 즉 ① "근저당권이라 함은 그 담보할 채권의 최고액만을 정하고 채무의 확정을 장래에 유보하여 설정하는 저당권을 말하고, 이 경우 그 피담보채무가 확정될 때까지의 채무의 소멸 또는 이전은 근저당권에 영향을 미치지 아니하므로, 근저당부동산에 대하여 소유권을 취득한 제 3 자는 피담보채무가 확정된 이후에 그 확정된 피담보채무를 채권최고액의 범위 내에서 변제하고 근저당권의 소멸을 청구할 수 있다고 할 것이며, 피담보채무는 근저당권설정계약에서 근저당권의 존속기간을 정하거나 근저당권으로 담보되는 기본적인 거래계약에서 결산기를 정한 경우에는 원칙적으로 존속기간이나 결산기가 도래한 때에 확정되지만, 이 경우에

도 근저당권에 의하여 담보되는 채권이 전부 소멸하고 채무자가 채권자로부터 새로이 금원을 차용하는 등 거래를 계속할 의사가 없는 경우에는, 그 존속기간 또는 결산기가 경과하기 전이라 하더라도 근저당권설정자는 계약을 해지하고 근저당권설정등기의 말소를 구할 수 있고, 한편 존속기간이나 결산기의 정함이 없는 때에는 근저당권의 피담보채무의 확정방법에 관한 다른 약정이 있으면 그에 따르되 이러한 약정이 없는 경우라면 근저당권설정자가 근저당권자를 상대로 언제든지 해지의 의사표시를 함으로써 피담보채무를 확정시킬 수 있다." ② "피담보채무를 확정시키는 근저당권설정자의 근저당권설정계약의 해제 또는 해지에 관한 권한은 근저당부동산의 소유권을 취득한 제 3 취득자도 원용할 수 있다고 할 것인데, 제 3 취득자가 명시적인 해지의 의사표시를 하지는 아니하였지만 근저당권자에게 저당목적 부동산을 취득하였음을 내세우면서 앞으로 대위변제를 통하여 채권최고액 범위 내에서 피담보채무를 소멸시키고 근저당권의 소멸을 요구할 것이라는 전제에서 채무자의 피담보채무에 대하여 채무를 일부 변제하기 시작하는 등 제 3 취득자가 기존 근저당권설정계약의 존속을 통한 피담보채무의 증감변동을 더 이상 용인하지 아니하겠다는 의사를 파악할 수 있는 어떤 외부적·객관적 행위를 하고, 채권자도 그러한 사정 때문에 그 계약이 종료됨으로써 피담보채무가 확정된다고 하는 점을 객관적으로 인식할 수 있었던 경우라면, 제 3 취득자는 근저당권설정계약을 해지하는 묵시적인 의사표시를 한 것으로 볼 수 있으므로, 근저당권의 피담보채무는 그 설정계약에서 정한 바에 따라 확정된다." ③ "저당부동산의 제 3 취득자가 피담보채무를 인수한 경우에는 그 때부터는 제 3 취득자는 채권자에 대한 관계에서 채무자의 지위로 변경되므로 민법 제364조의 규정은 적용될 여지가 없을 것이다. 다만 민법 제364조를 둔 취지가, 저당권설정자가 제 3 취득자로부터 매매목적물의 대가 전액을 받고서도 저당권자에 대한 피담보채무를 변제하지 않는 경우에 저당권의 실행으로 말미암아 제 3 취득자의 권리가 상실될 위험이 있으므로, 제 3 취득자로 하여금 대가 전액을 저당권설정자에 대하여 지급하고 다시 저당권설정자가 그 피담보채무를 변제하게 할 것이 아니라 저당권자에게 직접 담보된 채권을 변제하도록 하게 함으로써 제 3 취득자의 보호를 도모하고자 한 것이라는 점을 감안해 볼 때, 저당부동산에 관한 매매계약을 체결하는 당사자 사이에 매매대금에서 피담보채무 또는 채권최고액을 공제한 잔액만을 현실로 수수하였다는 사정만을 가지고 언제나 매수인이 매도인의 저당채권자에 대한 피담보채무를 인수한 것으로 보아 제 3 취득자는 채권자에 대한 관계에서 제 3 취득자가 아니라 채무자와 동일한 지위에 놓이게 됨으로써 저당부동산의 제 3 취득자가 원래 행사할 수 있었던 저당권소멸청구권을 상실한다고 볼 수는 없고, 오히려 이러한 매매대금 지급방법상의 약정은 다른 특별한 사정이 없는 한 매매당사자 사이에서는 매수인이 피담보채무 또는 채권최고액에 해당하는 매매대금 부분을 매도인에게 지급하는 것이 아니라 채권자에게 직접 지급하기로 하여 그 매매목적 부동산에 관한 저당권의 말소를 보다 확실하게 보장하겠다고 하는 취지로 그런 약정을 하게 된 것이라고 볼 것이다."

(3) 大判 2001. 6. 1, 99다66649(공보불게재)는 "근저당권이 설정된 뒤 채무자 또는 근저당권설정자에 대하여 회사정리절차개시결정이 내려진 경우, 그 근저당권의 피담보채무는 회사정리절차개시결정시점을 기준으로 확정되는 것으로 보아야 하므로, 그 이후 근저당권자가 정리회사 또는 정리회사의 관리인에게 그 사업의 경영을 위하여 추가로 금원을 융통하여 줌으로써 별도의 채권을 취득하였다 하더라도, 그 채권이 위 근저당권에 의하여 담보될 여지는 없다"고 판단하였다. 회사정리절차가 개시된 경우에 근저당권의 피담보채권이 확정되는지에 관하여 논란이 많았으나, 이 판결은 確定說(本書, 275면)을 밝힌 것으로 종래의 논란을 불식시킬 것으로 판단된다.

9. 根抵當權에 관한 改正方案*

Ⅰ. 序　　論

근저당권에 관한 규정은 현행민법 제정시에 비로소 신설된 것이다. 민법 제정 당시 학계에서는 舊民法時代의 判例에 의하여 발달되어 온 根抵當制度를 成文化한 것이라는 이유로 그 도입에 찬성하였을 뿐만 아니라,[1] 이를 '現行民法 制定過程에서 거둔 法社會學的 成果'라고 평가하기도 하였다.[2]

그런데 우리 민법은 근저당권을 저당권의 예외적인 형태로 보아 근저당권에 관하여 1개의 조문만을 두고 있다. 즉 민법 제 2 편 제 9 장에는 저당권에 관한 조문이 17개가 있는데, 그 중 제357조[3]가 '根抵當'에 관하여 규정하고 있을 뿐이다. 그러나 담보의 이용현황을 보면, 현재 근저당권은 物的擔保 중에서 가장 많이 이용되고 있는 담보수단으로서,[4] 信用去來에서 확고한 위치를 차지하고 있다. 근저당권은 원

* 이 논문은 2000년 12월 16일 한국민사법학회 2000년 동계학술대회에서 발표한 내용을 수정 · 보완한 것이다.

1) 民事法硏究會, 民法案意見書, 一潮閣, 1957, 12면, 129면(金曾漢 집필부분).

2) 張庚鶴, 新物權法各論 下卷, 考試學會, 1960, 752면.

3) 民法 第357條는 "抵當權은 그 擔保할 債務의 最高額만을 정하고 債務의 確定을 將來에 留保하여 이를 設定할 수 있다. 이 境遇에는 그 確定될 때까지의 債務의 消滅 또는 移轉은 抵當權에 影響을 미치지 아니한다"고 규정하고 있다.

4) 현행 민법이 시행되기 직전인 1959년에는 司法年鑑에 저당권이나 근저당권에 관한 등기건수가 별도로 나와 있지 않았는데, 부동산에 관한 지상권 기타 권리의 설정등기는 접수건수가 44,139건이고, 그 개수는 107,907개인 것(1960년 司法年鑑, 각종 통계표 22면)을 보면 저당권이나 근저당권이 많이 이용되지 않았다는 것을 알 수 있다(위와 같이 접수건수와 그 개수 사이에 차이가

래 계속적 거래관계에서 발생하는 여러 채무를 한꺼번에 담보하는 데 그 효용이 있으나, 실제로는 계속적 거래관계가 없는 경우에도 근저당권을 설정하고 있고, 그에 따라 抵當權은 점점 자취를 감추어 가고 있다. 去來現實에서는 법률의 규정형식과 달리 根抵當權이 오히려 일반적인 담보수단이 되었다.[5] 이것은 擔保에 대한 選好度가 매우 빠르게 변화한다는 것을 보여 주는데, 그 이유는 擔保制度를 이용하는 사람들이 대체로 경제적인 이해관계에 민감하게 반응하기 때문이라고 생각한다.[6]

나는 이유는 한번에 여러 개의 근저당권을 일괄적으로 접수하는 경우가 많기 때문이다).

그런데 1975년 부동산에 관한 '저당권 · 근저당권설정등기'의 접수건수는 255,473건이고, 그 개수는 618,065개였다(1976년 司法年鑑, 444면). 그로부터 20년 후인 1995년도 부동산에 관한 '저당권 · 근저당권설정등기'의 접수건수는 1,587,829건이고 그 개수는 3,168,329개이다(1996년 司法年鑑, 1068면). 이것은 저당권 · 근저당권설정등기가 대폭 증가하였음을 보여 준다. 현재 법원에서는 저당권과 근저당권을 구분하여 통계를 내지 않고 있기 때문에, 근저당권설정등기가 어느 정도를 차지하고 있는지는 정확히 알 수 없다. 그러나 1996년에 서울 서초구를 관할하는 서울지방법원 등기과에 근저당권설정등기가 14,138건 접수(접수개수는 37,775개)되었는데, 저당권설정등기는 1건밖에 접수되지 않은 점에 비추어 볼 때 저당권은 거의 이용되지 않고 있다는 것을 알 수 있다.

5) 이와 유사한 현상은 독일의 담보제도에서도 나타난다. 즉 독일민법에 抵當權(Hypothek)에 관한 조문은 79개가 있고 土地債務(Grundschuld)에 관한 조문은 8개밖에 없다. 그런데도 거래계에서는 土地債務만이 이용되고 있다. Clemente, *Die Sicherungsgrundschuld in der Bankpraxis,* Köln, 1985, Vorwort 참조.

6) 이러한 사실은 "假登記擔保 등에 관한 法律"의 제정 전후에 假登記擔保에 관한 이용도의 변화를 통해서도 확인할 수 있다. 1983년 假登記擔保 등으로 인한 폐해를 방지하고자 "假登記擔保 등에 관한 法律"이 제정되어 1984년부터 시행되고 있다. 司法年鑑에 가등기에 관한 통계는 1983년부터 나오고 있는데, 不動産에 관한 '假登記'는 이 법률이 시행되기 직전인 1983년에 접수건수가 94,034건, 접수개수가 182,420개였으나(1984년 司法年鑑, 752면), 1995년에는 접수건수가 24,471건, 접수개수가 45,782개에 불과하다(1996년 司法年鑑, 1068면). 가등기는 청구권을 보전하기 위해서도 사용되고 있으므로 가등기담보는 위 숫자보다 적다고 볼 수 있다. 위 통계를 보면, 현재 假登記擔保가 많이 이용되지 않고 있을 뿐만 아니라, 이 법률 시행 이후에 가등기담보의 이용이 줄어들었다는 것을 알 수 있다. 그 이유로는 이 법률의 시행으로 인하여 실행절차 등과 관련하여 당사자, 특히 채권자측에서 가등기담보를 이용할 利點이 크게 감소한 점 등을 들 수 있다.

이와 같이 근저당권이 많이 이용됨에 따라 점점 더 다양하고 복잡한 법률문제가 발생하고 있지만, 종래의 학설이나 판례는 근저당권의 법률문제에 대하여 적절한 해결방안을 제시하지 못하고 있다. 따라서 우리의 根抵當法은 더 이상 去來現實을 따라가지 못하고 있다고 말할 수 있다. 현행 근저당제도는 몇 가지 중요한 문제점을 내포하고 있다. 첫째, 포괄근저당이 지나치게 많이 이용되고 있다. 둘째, 근저당권의 피담보채권을 결정하는 기준이 모호하여 많은 분쟁이 발생하고 있다. 셋째, 물상보증인을 보호하기 위한 장치가 미흡하다. 넷째, 금융거래에서 담보권부채권을 유통시킬 필요성이 높은데도 담보권의 중추를 차지하고 있는 근저당권을 양도하는 것이 매우 곤란하다. 다섯째, 근저당권의 피담보채권이 확정되는 사유와 시기가 모호하다.

그리하여 민법개정작업의 일환으로 근저당권에 관한 규정을 대폭 개정하기로 한 것은 환영할 일이라고 할 수 있다.[7)] 법무부 민법개정위원회에서의 논의를 토대로 최근 근저당권에 관한 改正案[8)]이 발표되었는데, 민법 제357조를 그대로 두고, 그 다음에 10개의 조문을 신설하자는 것이다. 위 改正案을 토대로 현재 개정작업이 진행중이지만[9)] 이

7) 1984년에 이미 민법의 根抵當權에 관한 改正案이 마련된 적이 있다. 이것은 현행 민법 제357조를 삭제하고 제10장으로 '根抵當'에 관한 章을 두어 20개 조문을 新設한다는 것인데, 일본의 根抵當制度를 거의 그대로 번역한 것이다. 그러나 이 改正案은 — 다행스럽게도 — 받아들여지지 않았다.

이와 같이 근저당권에 관한 규정을 다수 신설할 경우에 별도의 장을 신설할 것인지 문제된다. 현행 민법 제357조 다음에 근저당권에 관한 규정을 다수 신설하면 법전의 체계가 기형적인 모습을 띨 수 있기 때문에, 근저당권에 관한 규정을 저당권에 관한 규정 다음으로 옮기는 것을 고려할 필요가 있다. 그러나 근저당권에 관한 장을 신설하여 저당권과는 별개의 장으로 규정하는 것은 바람직하지 못하다. 왜냐하면 근저당권과 저당권은 그 성질이 동일한 것인 데다가, 근저당권에 관한 장을 신설할 경우 저당권에 관한 대부분의 규정을 적용 또는 준용한다고 규정해야 하기 때문이다.

8) 李相京, "根抵當權改正에 관한 立法論的 硏究," 法曹 2000년 8월호, 48-87면. 이 논문에는 근저당권에 관한 改正案이 제시되어 있는데, 이하에서 改正案으로 인용하는 것은 이 논문에 있는 것을 가리킨다.

9) 법무부 민법개정위원회 제1소위원회에서 위 改正案을 수정하여 改正假案을

를 검토하는 것도 좀더 바람직한 법개정의 방향을 모색하는 데 의미가 없지 않다고 여겨진다.

Ⅱ. 根抵當權의 被擔保債權

1. 改 正 案

⑴ 改正案 제357조의 2(根抵當權의 被擔保債權)

"① 前條의 抵當權(이하 "根抵當權"이라고 한다)에 의하여 擔保되는 債權의 範圍는 債務者와의 하나 또는 다수의 特定의 繼續的 去來契約으로부터 發生하는 債權 기타 債務者와의 一定한 種類의 去來로부터 發生하는 債權에 限定하여 이를 定할 것을 要한다.

② 하나 또는 다수의 特定의 原因에 기하여 債務者와의 사이에 繼續하여 發生하는 債權 및 어음상 및 手票上의 請求權은 前項의 規定에도 불구하고 根抵當權에 의하여 擔保되는 債權으로 할 수 있다. 다만 債務者와의 去來에 의하지 아니하고 取得한 어음상 또는 手票上의 請求權을 根抵當權으로 擔保할 債權으로 한 때에는 債務者가 支給停止를 받는 때, 債務者에 대하여 破産, 和議開始, 整理節次開始 또는 抵當不動産에 대하여 競賣의 申請 또는 滯納處分에 의한 押留가 있을 때에는 그 전에 取得한 것에 대하여서만이 그 根抵當權을 行使할 수 있다. 그러나 그 事實을 알지 못하고 取得한 것에 대하여서는 이를 행사할 수 있다."

⑵ (修正假案) 제357조의 2(根抵當權의 被擔保債權)

"根抵當權에 依하여 擔保되는 債權의 範圍는 다음 各號의 어느 하나의 債權이어야 한다.

작성하고 있는데, 이 논문의 원고를 완성한 후(2000. 12. 15) 改正假案을 볼 수 있었다. 이 改正假案이 확정된 것도 아니고 수정작업을 진행중이지만, 좀더 실질적인 논의를 위하여 修正假案이라는 항목으로 소개해 둔다. 修正假案이 없는 부분은 종전 改正案과 동일한 부분이다.

1. 債務者와의 特定의 繼續的 去來契約으로부터 發生하는 債權
2. 債務者와의 一定한 種類의 去來로부터 發生하는 債權
3. 特定의 原因에 기하여 債務者와의 사이에 繼續하여 發生하는 債權”

2. 根抵當權의 被擔保債權을 不特定債權이라고 규정할 것인지 여부

(1) 學 說

근저당권은 “계속적인 거래관계로부터 발생하는 다수의 不特定債權을 장래의 결산기에 일정한 한도까지 담보하려는 저당권”[10]이라고 한다. 이 때 피담보채권액이 불확정하다는 것만으로는 普通抵當權과 根抵當權을 구별하는 징표가 아니고,[11] 근저당권이라고 할 수 있기 위하여는 원본 자체가 확정되지 않아야 한다고 한다.[12] 그리고 특정의 채권을 담보하기 위하여서도 根抵當權設定登記를 하는 경우가 많이 있는데, 이것은 등기내용과 달리 단지 저당권의 성질을 갖는다는 견해가 있다.[13] 여기에서 나아가 근저당권과 최고액저당권을 구분하여 근저당권은 최고액저당권과 달리 불확정저당권의 성질을 갖는다는 견해도 있다.[14]

10) 郭潤直, 物權法, 新訂修正版, 博英社, 1999, 487면; 金曾漢, 物權法講義, 博英社, 1984, 441면; 金曾漢·金學東, 物權法, 제 9 판, 博英社, 1997, 563면; 金容漢, 物權法論, 再全訂版, 博英社, 1985, 584면; 金相容, 物權法, 全訂版, 法文社, 1999, 750면; 郭潤直 編, 民法注解(Ⅶ), 博英社, 1992, 12면 이하(朴海成 집필부분); 註釋 物權法(下), 韓國司法行政學會, 1993, 406면(李英俊 집필부분).

11) 郭潤直, 物權法, 新訂版, 1992, 653면. 다만 1999년의 개정판(註 10)에서는 이에 관한 설명을 삭제하였다.

12) 李英俊, 物權法, 全訂版, 博英社, 1996, 942면.

13) 金相容, 不動產擔保法, 改訂版, 法元社, 1996, 131면; 金相容(註 10), 752면.

14) 우리의 근저당은 금융실무에서 최고액저당권으로만 취급되고 있고, ‘근저당이 최고액저당으로 왜곡되어 있는 실정’이라고 지적하며, 최고액저당은 저당권에 의하여 담보되는 채무액이 등기된 최고액의 한도 내라는 점만을 말하고 있을 뿐이고, 근저당권은 계속적 계약으로부터 발생할 장래의 불확정한 채무를 담보하는 불확정저당권으로서의 성질을 갖는다고 한다. 이 견해는 근저당이

그러나 우리 민법에는 현행 일본민법과는 달리 근저당권의 피담보채권을 불특정채권으로 한정하고 있지 않기 때문에, 해석론으로 통설이 타당한지는 의문이다. 근저당권이 불특정채권을 담보할 수 있다는 점에 중요한 특징이 있으나, 피담보채권의 불특정성을 기준으로 근저당권과 저당권을 구분하는 징표로 삼을 수 없다고 생각한다.[15] 우리 민법은 일본민법과는 달리 부동산물권변동에 관하여 등기주의, 즉 성립요건주의를 채택하고 있으므로, 저당권과 근저당권의 구분도 원칙적으로 등기의 내용을 기준으로 하여야 할 것이다. 또한 우리의 근저당권에 관한 규정은 최고액저당에 관한 독일민법 제1190조를 수용한 것으로, 근저당권을 독일의 최고액저당과는 동떨어진 제도로 설명하는 것은 타당하지 않다.

(2) 判　例

근저당권이 미확정채무 또는 불특정채무를 담보한다고 한 대법원 판결들이 있으나,[16] 대법원이 이 문제에 관한 명확한 견해를 밝히고 있지는 않다. 오히려 特定債權을 위한 근저당이 문제되는 사안에서, 대법원은 이것이 유효임을 전제로 판결하고 있다.[17] 경매나 회사정리를 담당하는 재판부에서도 根抵當權設定登記가 있으면 그것이 특정채권을 담보하는 것인지 여부를 조사하지 않고 저당권에 관한 민법 제360조

등기된 최고액의 한도 내에서만 담보한다는 점은 근저당의 법률관계 중 일부에 지나지 않음에도 불구하고 마치 근저당과 최고액저당이 같은 것인 양 오해되고 있다고 한다. 李銀榮, "根抵當權에 관한 研究," 저스티스 제30권 제 1 호, 42면. 이와 비슷한 견해로는 洪性載, 物權法, 현암사, 1998, 397면.

15) 상세한 것은 金載亨, "根抵當權에 관한 研究," 서울대 대학원 법학박사학위논문, 1997, 85-110면; 金載亨, 根抵當權研究, 博英社, 2000, 73-96면.

16) 大判 1962.5.10, 62다138(要集 민상 I-1, 600); 大判 1963.2.7, 62다796(總覽 민법 2-2(A), 703); 大判 1980.4.22, 79다1822(공 1980, 12800); 大判 1993.3.12, 92다48567(공 1993, 1167); 大判 1997.9.26, 97다22768(공 1997, 3240).

17) 大判 1990.6.26, 89다카26915(공 1990, 1568); 大判 1990.7.10, 89다카12152(공 1990, 1684) 등 다수.

단서를 적용하지 않고 있다. 그리고 하급심판결[18] 중에는 特定債務를 담보하기 위하여 根抵當權設定契約을 체결하고 根抵當權設定登記를 마쳤으면 根抵當權으로 보아야 한다고 한 예가 있다. 실무상으로는 특정채권을 담보하기 위한 근저당권도 저당권이 아닌 '근저당권'으로서 통용되고 있는 실정이다.

⑶ 立 法 論

㈎ 抵當權과 根抵當權의 차이

저당권과 근저당권은 피담보채권의 범위에 관하여 두 가지 측면에서 차이가 있다. 즉 根抵當權에서는 보통의 저당권과 달리 ① 被擔保債權의 範圍가 최고액에 의해서 한정되는데, 이자 등이 최고액에 산입되며, ② 민법 제360조 단서가 적용되지 않으므로, 피담보채무에 속하는 지연이자가 1년분으로 한정되지 않는다. 따라서 根抵當權의 경우에는 최고액에 의해서 우선변제를 받을 수 있는 범위가 제한되는 반면에, 지연배상에 대한 期限 제한이 없다. 통설에 따르면 특정채권을 담보하기 위하여 근저당권이 설정된 경우에도 그 근저당권은 저당권으로서의 효력을 갖게 되므로, 최고액에 의한 제한을 받지 않는 대신 민법 제360조 단서가 적용될 것이다.[19]

㈏ 被擔保債權의 不特定性 문제

입법론으로 특정채권을 담보하기 위하여 근저당권을 이용하는 것을 규제해야 하고, 이러한 경우에도 민법 제360조 단서가 적용되도록 하여야 한다고 생각할 수 있다. 그러나 이와 같이 규정하더라도 피담보채권의 불특정성을 기준으로 저당권인지, 아니면 근저당권인지를 판별할 수는 없다. 우리 민법은 不特定債權을 담보하기 위하여 저당권을

18) 서울高判 1973. 6. 14, 72나2727(高集 73 민 1, 358; 判例月報 36호, 23면).

19) 讓渡擔保 또는 假登記擔保의 경우에는 피담보채권이 특정되었는지는 상관없다. 不特定債務뿐만 아니라 特定債務도 讓渡擔保나 假登記擔保의 피담보채무가 될 수 있다. 양도담보나 가등기담보에는 민법 제360조 단서가 적용되지 않기 때문에, 이러한 구분은 큰 의미가 없다고 볼 수도 있다.

설정하는 것도 허용하고 있기 때문이다. 예컨대 법원이 不在者의 財産管理人으로 하여금 재산의 관리 및 반환에 관하여 담보를 제공하게 하는 경우(민법 제26조),[20] 점유자가 손해배상의 담보를 청구하는 경우(민법 제206조 제1항)에는 그 담보로서 저당권이 설정될 수 있다. 通說은 이러한 규정에서 말하는 저당권이 장래의 特定債務를 담보하는 것이라고 설명하지만,[21] 이 저당권은 財産管理人 등이 장래에 부담하게 될 불특정한 채무를 담보한다고 보아야 한다.[22] 또한 대법원[23]은 不特定債務를 담보하기 위하여 저당권을 설정하는 것을 허용하고 있다.

(다) 다른 나라의 경우

우리 민법의 근저당권에 많은 영향을 미친 독일과 일본의 경우를 살펴보자.

독일의 最高額抵當에 관한 규정은 우리 민법의 규정과 동일하다. 즉 최고액저당이 성립하려면 최고액이 특정되고, 채권의 확정이 유보되어 있어야 한다(독일민법 제1190조). 그런데 최고액저당은 특정되지 않은(unbestimmt) 채권을 담보하기 위한 것이라고 하지만, 특정채권의 경우에도 채권액이 확정되어 있지 않으면 최고액저당을 설정할 수 있다고 한다.[24] 나아가 債權의 發生原因과 債權額이 특정된 경우에도 그것이 등기승낙서에서 특정되지 않은 것으로 표시되었으면 최고액저당이 허용

20) 가사소송규칙 제46조 제1항은 "가정법원이 재산관리인의 담보제공방법으로서 그 소유의 부동산 또는 선박에 저당권을 설정할 것을 명한 때에는 그 설정등기의 촉탁을 하여야 한다"고 규정하고 있다.

21) 郭潤直(註 10), 488면.

22) 鈴木祿彌, 抵當制度の硏究, 一粒社, 1968, 256면은 재산관리인의 담보(일본민법 제29조), 점유방해의 염려가 있을 때 손해배상의 담보(일본민법 제199조), 후견인이 제공하는 담보(일본의 舊民法 제933조)의 경우 피담보채권이 불특정하다고 한다.

23) 大判 1975. 5. 13, 75다148(공 1975, 8538).

24) Staudinger-Scherübl, §1190 Rn. 15; MünchKomm-Eickmann, 1190 Rn. 6; Erman-Räfle, §1190 Rn. 2; Heck, *Grundriß des Sachenrechts,* Tübingen, 1930, Nachdruck Aalen 1960, S. 408; Scholz/Lwowski, *Das Recht der Kreditsicherung,* 7. Aufl., Berlin, 1994, S. 642.

된다.[25] 이와 반대로 채권 자체가 불특정한 경우에는 원래 보통저당을 설정할 수 없고 최고액저당을 설정해야 할 것이다. 그러나 이러한 경우에도 보통저당권을 설정할 수 있는데, 이것을 이른바 '隱匿된 最高額抵當'(verdeckte Höchstbetragshypothek)이라고 한다. 따라서 독일에서는 당사자들의 선택에 따라 채권 자체가 불특정인 경우에 대하여 最高額抵當이나 隱匿된 最高額抵當을 설정할 수 있다.

한편 일본민법이 1971년 개정되기 전에는 근저당권에 관한 규정이 없었기 때문에, 우리 민법의 근저당권을 설명하면서 그 당시의 일본학설을 그대로 따를 수는 없다. 1971년에 개정된 일본민법 제398조의 2 제1항은 根抵當權을 '일정한 범위에 속하는 不特定의 債權'을 極度額의 한도로 담보하기 위하여 설정되는 저당권이라고 규정하고 있다. 이 때 특정채권을 담보하기 위하여 설정된 근저당권이 근저당권으로서의 효력을 갖는지, 저당권에 불과한 것인지, 아니면 무효인지 문제된다. 일본의 하급심판결[26] 중에는 특정채권을 담보하기 위하여 설정된 근저당권설정등기를 무효라고 본 것이 있으나, 이에 관하여는 논란이 제기되고 있다.[27]

(라) 結　語

근저당권의 피담보채권을 不特定債權에 한정하는 것은 일본민법의 규정에 따르는 것인데, 일본에서도 그 의미에 관하여 견해가 대립하고 있나. 우리 민법에서 특정채권을 담보하기 위한 근저당권설정등기가 무효라고 한다면, 기존에 행해지고 있는 많은 근저당권을 무효라고 해야 할 것이다. 이것은 거래실무에 중대한 영향을 미칠 것이다. 만일 위와 같은 근저당권설정등기를 저당권으로서 효력이 있다고 해석한다면, 근저당권설정등기에 피담보채권액이 기재되지도 않은 상태에서 저당권

25) Staudinger-Scherübl § 1190 Rn. 16; MünchKomm-Eickmann § 1190 Rn. 6.
26) 盛岡地判 1989(平成 元年). 9. 28(判例タイムズ 714, 184).
27) 상세한 것은 金載亨, 根抵當權研究(註 15), 84면 이하 참조.

으로서 효력이 있다고 하는 것이 될 것이다. 이것도 많은 혼란을 불러 일으킬 것임이 분명하다. 이러한 견해는 근저당권이 피담보채권의 확정 후에 저당권으로 전환된다는 설명[28)]과 일맥상통한다고 볼 여지가 있다. 그러나 아래에서 보듯이 피담보채권의 확정 후에도 근저당권은 새로운 채권을 담보하지 않을 뿐이고 근저당권으로서의 성질을 그대로 간직한다고 보아야 한다.

(4) 改正案의 검토

우리 民法改正案 제357조의 2 제 1 항은 일본민법 제398조의 2 제 1 항·제 2 항과 달리 '불특정의 채권'이라는 표현을 사용하지 않고 있는데, 이것은 바람직한 것이라고 할 수 있다. 개정이유에서도 특정채권을 담보하거나, 특정채권과 함께 장래 발생할 어떤 채권을 담보하기로 하는 근저당권설정계약이 허용되는지는 논란이 있으므로, 이 문제는 장래의 학설과 판례에 맡기고 있다.[29)]

다만 改正案에서는 근저당권의 피담보채권의 범위를 "債務者와의 하나 또는 다수의 特定의 繼續的 去來契約으로부터 發生하는 債權, 기타 債務者와의 一定한 種類의 去來로부터 發生하는 債權"과 "하나 또는 다수의 特定의 原因에 기하여 債務者와의 사이에 繼續하여 發生하는 債權 및 어음상 및 手票上의 請求權"에 한정하고 있다. 이와 같이 정한다면 근저당권의 피담보채권을 특정채권과 함께 장래 발생할 채권이라고 기재하는 것은 허용되지 않을 것이다. 이러한 경우에는 당사자 사이에 '계속적 거래계약'도 없고 '일정한 종류의 거래'도 없기 때문에, 이러한 채권이 "債務者와의 하나 또는 다수의 特定의 繼續的 去來契約으로부터 發生하는 債權, 기타 債務者와의 一定한 種類의 去來로부터 發生하는 債權"에 포함된다고 보기 어렵다. 그리고 개정안 제357조의

28) 郭潤直(註 10), 493면; 金曾漢(註 10), 444면; 金容漢(註 10), 587면; 金相容(註 10), 756면.

29) 李相京(註 8), 54면.

2 제 2 항에서 “하나 또는 다수의 特定의 原因에 기하여 債務者와의 사이에 繼續하여 發生하는”이라는 표현이 채권만을 수식하는지, 어음상 및 수표상 채권도 수식하는지 여부가 모호한데,[30] 前者라면 특정의 어음, 수표상의 채권도 근저당권의 피담보채권이 될 수 있을 것이다.

3. 包括根抵當을 금지할 것인지 여부

(1) 概 說

우리 나라에서 포괄근저당의 유효성에 관하여 학설이 심각하게 대립하고 있고, 많은 분쟁이 발생하였다. 1986. 10. 13. 전국은행연합회 여신전문위원회에서는 저당권관계약정서 표준서식을 채택하였는데, 저당권설정형식 중 根抵當權을 限定根抵當權[31]과 包括根抵當權[32]으로 구분하고 있다. 최근 근저당권설정계약서의 양식이 변경되었는데,[33] 근저당권설정자가 특정근담보, 한정근담보, 포괄근담보의 세 유형 중에서 하나를 선택하여 피담보채무의 범위를 정할 수 있도록 하였다.

---

30) 金載亨, 根抵當權硏究(註 15), 176면 이하 참조.

31) 당시 시중은행에서 사용하던 한정근저당권을 설정하는 양식을 보면, 피담보채무의 범위에 관하여 “① 채무자가 채권자(본·지점)에 대하여 일정한 거래약정서(연월일 기재)에 의한 거래로 말미암아 현재 및 장래에 부담하는 모든 채무, ② 채무자가 채권자(본·지점)에 대하여 일정한 거래(예: 어음할인거래)로 말미암아 현재 및 장래에 부담하는 모든 채무, ③ 채권자(본·지점)가 제 3 자와의 여신에 관한 거래로 말미암아 취득한 어음 또는 수표상의 채무자가 부담하는 채무”라고 기재되어 있다. 근저당권설정자가 물상보증인인 경우에는 이 한정근저당권을 설정한다.

32) 당시 시중은행에서 사용하던 포괄근저당권을 설정하는 양식을 보면, 피담보채무의 범위에 관하여 “채무자가 채권자(본·지점)에 대하여 현재 및 장래에 부담하는 어음대출, 증서대출, 당좌대출, 지급보증(사채보증 포함), 매출채권거래, 상호부금거래, 유가증권대여, 외국환 기타의 여신거래로 말미암은 채무, 보증채무, 어음 또는 수표상의 채무, 이자채무, 지연배상금채무, 채무자나 설정자가 부담할 제 비용, 보험료 등의 부대채무, 기타 여신거래에 관한 모든 채무”라고 기재되어 있다.

33) 이 양식에 관하여는 金載亨, 根抵當權硏究(註 15), 294면 참조.

(2) 學　說

包括根抵當權의 有效性에 관하여는 크게 세 가지 견해가 있다.

첫째, 限定的 有效說(制限的 有效說)에서는 당사자 사이의 일체의 채권을 담보하기로 하는 純粹한 包括根抵當은 무효이지만, 당사자 사이의 거래로 인하여 발생하는 채권을 담보한다는 정도의 포괄근저당은 유효하다고 한다.[34] 포괄근저당이 거래와 관계 없는 모든 채권을 담보하지는 않지만 거래와 일정한 관계에서 발생하는 불법행위에 기한 채권과 부당이득채권을 담보한다는 견해[35]도 있다.[36]

둘째, 單純有效說은 아무런 제한 없이 '일체의 채권'을 담보한 包括根抵當도 유효하다는 견해이다.[37] 즉 限定的 有效說에서와 같이 包括根抵當을 기교적으로 설명하는 것보다는 오히려 被擔保債權의 發生原因을 묻지 않고 '장래의 일정한 시기'에 최고액의 범위 내에서 '특정'될 수 있는 이상 그것을 담보하는 包括根抵當도 유효한 것으로 보는 것이 분명하고도 합리적인 解釋論이라고 한다.

셋째, 無效說은 包括根抵當이 저당권의 부종성 원칙을 무의미하게 하고, "約款의 規制에 관한 法律"(이하 "約款規制法"이라고 한다) 시행 이후에 根抵當權設定契約이 包括根抵當條項이 있는 약관으로 체결된

34) 郭潤直(註 11), 661면 이하(다만 1999년의 개정판(註 10), 494면 이하에서는 그 근거의 일부를 삭제하고 포괄근저당권을 무효라고 보아야 하나, "해석을 통하여 피담보채권의 범위를 줄임으로써, 보통의 근저당권으로서의 효력을 인정"하여야 한다고 하였다); 金相容(註 10), 765면 이하; 孫智烈, "包括根抵當約款의 解釋," 民事判例硏究(Ⅵ), 1984, 74면 이하; 朴在允, "包括根抵當約款의 解釋," 大法院判例解說 제 3 호, 1988, 23면; 民法注解(Ⅶ), 17면(朴海成 집필부분); 南潤鎬, "包括根抵當權," 司法行政 제192호(1976. 12), 47면.

35) 李英俊(註 12), 960면.

36) 李銀榮, 民法總則, 新版, 博英社, 1995, 490면은, 이 견해를 '확대 한정적 유효설'이라고 칭한다.

37) 金曾漢(註 10), 446면; 張庚鶴, 物權法, 法文社, 1985, 852면; 金容漢(註 10), 591면; 李根植, "包括根抵當," 法政 제20권 제12호(1965. 12), 9면; 金錫宇, "根抵當權에 관한 硏究," 漢陽大 大學院 博士學位論文, 1973, 59면 이하; 朴運吉, "包括根抵當에 관한 硏究," 淸州大 大學院 博士學位論文, 1991, 54면; 權龍雨, 物權法, 法文社, 1993, 554면.

경우에는 위 조항이 約款規制法 제 6 조 제 1 항의 신의성실의 원칙에 반하여 공정을 잃은 조항으로서 무효라고 한다.[38] 약관에 의한 포괄근저당은 약관규제법 위반을 이유로 무효이나, 개별약정에 의한 포괄근저당은 한정적으로 유효하다는 견해도 있다.[39]

(3) 判 例

학설은 판례가 포괄근저당을 허용한다고 보는 견해[40]도 있고, 그렇지 않다는 견해[41]도 있다. 판례[42]가 여신거래에서 발생하는 채무를 담보하는 포괄근저당을 유효라고 보고 있음은 분명하나,[43] 순수한 포괄근저당도 유효로 보고 있다고 단정할 수는 없다. 그리고 포괄근저당에 관한 많은 판결들에서 법원은 포괄근저당의 유효성에 관하여 명시적인 판단 없이 사건을 해결하고 있다. 실제 사건에서 포괄근저당을 유효로 볼지 여부에 따라 피담보채권의 범위가 달라지는 사건은 거의 없기 때문이다. 따라서 포괄근저당에 관한 대법원판결을 무효설 또는 유효설에 맞추어 파악하려는 태도는 큰 의미가 없다. 포괄근저당에 관한 무효설(한정적 유효설 포함)이 의미가 있으려면, 포괄근저당이라는 이유만으로 이를 무효라고 할 수 있어야 한다. 그러나 법원은 포괄근저당이라는 이유만을 들어 포괄근저당을 무효라고 선언한 예가 전혀

38) 李珦徹, "物上保證人의 責任," 現代財産法의 諸問題(金基善博士古稀紀念), 法文社, 1987, 187면; 李珦徹, "約款法과 物上保證人의 책임," 司法行政 제325호(1988. 1), 100면; 裵炳日, "例文解釋과 約款의 規制에 관한 法律," 法律新聞 제2529호, 1996, 15면.

39) 李銀榮, 物權法, 改訂版, 博英社, 2000, 807면.

40) 李英俊(註 12), 860면; 金錫宇(註 37), 51면.

41) 金相容(註 10), 826면에 의하면, 포괄근저당의 유효성을 인정하는 판례가 극단적인 포괄근저당까지 인정한 것이 아니라 은행거래와 같이 피담보채권의 발생가능성을 객관적으로 특정할 수 있는 범위 내로 한정한 포괄근저당권이었다고 한다.

42) 大判 1994. 9. 30, 94다20242(공 1994, 2852); 大判 1990. 11. 27, 90다카10077(공 1991, 203) 등 다수. 특히 위 두 판결은 포괄근저당이라는 용어를 사용하고 있다.

43) 大判 1994. 9. 30, 94다20242(공 1994, 2852).

없다. 피담보채무의 범위를 제한한 사례도 포괄근저당약관의 내용과 다른 개별약정이 있다고 본 것이므로, 한정적 유효설을 채택하였다고 볼 수 없다. 등기실무에서는 이른바 순수한 포괄근저당도 허용하고 있다.

(4) 立 法 論

(가) 附從性 문제

근저당권에서 소멸에 관한 부종성은 문제되지 않는다. 그런데 성립 내지 발생에 관한 부종성에 관하여는 논란의 여지가 있다. 이것은 근저당권설정 당시에 기본적인 법률관계 또는 기본거래관계가 반드시 존재하고 있어야 하는가라는 문제이다. 채권담보를 전제로 하지 않는 근저당권은 성립할 수 없지만, 구체적으로 채권을 지정할 필요 없이 어떤 채권을 담보하기 위하여 근저당권을 설정한다는 의사로 根抵當權設定契約을 체결했으면 그 契約은 유효라고 보아야 한다.[44] 근저당권설정계약을 체결하고 그 등기를 한 경우에는 당사자들에게는 근저당권으로 어떤 채권을 담보하게 하려는 의사가 있다고 보아야 할 것이기 때문이다. 물론 그 채권이 성립한 것인지 여부는 상관 없다. 따라서 根抵當權에서 附從性이라는 것은 어떤 채권을 담보한다는 점, 근저당권 실행시에 채권이 존재하여야 한다는 점에 있다고 해석할 수 있고, 근저당권설정시에 기본계약이 존재하여야 할 필요는 없다. 따라서 성립에 관한 부종성도 요구되지 않는다고 보아야 한다. 또한 根抵當權設定登記申請書에 단지 '根抵當權設定契約'이라고만 기재하면 충분하고 (부동산등기법 제140조 제2항), 기본관계가 존재한다는 점을 밝힐 필요는 없다. 근저당권설정의 전제로서 당좌대월계약서, 어음거래약정서 등을 제출할 필요가 없다.

포괄근저당에 관한 한정적 유효설이나 무효설을 채택하는 견해는

44) 실제로 채권을 담보하려는 의사가 없는 상태에서 근저당권을 설정하는 경우는 거의 없을 것이다.

근저당권의 부종성과 관련하여 이 문제를 다룬다. 그러나 포괄근저당의 유효성 문제는 피담보채권의 범위를 포괄적으로 하는 근저당권을 설정하는 것이 가능한지 여부에 관한 문제이다. 따라서 이 문제는 근저당권에서의 부종성 문제에 관한 입장에 따라 결론이 달라지는 것은 아니다.

(나) 다른 나라의 경우

비교법적으로 보아 包括根抵當을 유효라고 할 수 없다는 견해가 있으나, 이는 의문이다.

獨逸에서는 最高額抵當을 부종성이 있는 保全抵當權의 일종으로 규정하고 있지만, '채권자와 채무자 사이에 발생하는 일체의 채권'을 담보할 수 있다고 본다. 최고액저당에서 被擔保債權의 範圍에 관하여 계속적 거래관계와 같은 기초관계(거기에서 개별적인 채권이 나온다)가 기재될 수 있다. 그러나 最高額抵當은 채무의 발생원인을 기재하지 않고 채권자의 설정자 또는 제 3 자에 대한 현재와 장래의 모든 채권을 포괄적으로 담보하는 방식으로도 설정될 수 있다.[45] 이와 같이 모든 채권이 담보될 경우에는 등기부에 被擔保債權의 範圍를 기재할 필요가 없다고 한다.[46] 독일에서는 현재 최고액저당 등 저당권은 거의 이용되지 않고, 대부분 토지채무(Grundschuld)만이 이용되고 있다. 채권을 담보할 목적으로 이용되는 토지채무를 보전토지채무라고 하는데, 그 경우에도 채무의 범위를 포괄적으로 기재할 수 있고, 금융실무에서 양수금 채권 등도 담보하는 것으로 기재하고 있다.

45) BGH WM 1960, 919; Soergel-Baur 1190 Rn. 15f.; Erman-Räfle, § 1190 Rn. 4; Palandt-Bassenge, § 1190 Rn. 4; Müller, *Sachenrecht,* 3. Aufl., Köln, Berlin, Bonn, München, 1993, S. 626; Brink/Petereit/Reinecker/Scheerer, *Kreditsicherheiten in europäischen Ländern, Teil I, Bundesrepublik Deutschland,* Berlin, 1976, S. 146; Schwab/Prütting, *Sachenrecht,* 26. Aufl., München, 1996, S. 337; Wieling, *Sachenrecht,* 2. Aufl., Berlin, Heidelberg, New York, 1994, S. 425; Westermann/Eickmann, *Sachenrecht, Ein Lehrbuch, Band II, Immobiliarsachenrecht,* Heidelberg, 6. Aufl., 1988, S. 309.

46) Staudinger-Scherübl, § 1190 Rn. 19.

美國에서는 담보권인 Mortgage를 설정할 때 피담보채권의 범위를 포괄적으로 기재할 수 있다. 이와 같이 현재와 장래의 모든 채권을 담보한다는 조항을 포괄조항(dragnet clause)이라고 하는데, 이 조항은 원칙적으로 유효라고 한다.[47] 이와 달리 프랑스민법에서는 포괄근저당이 허용되지 않는다.[48]

日本에서 民法 개정 전에는 포괄근저당의 문제를 주로 부종성과의 관계에서 다루었다. 그 이유는 당시에는 근저당권에 관한 근거조문이 없었기 때문에, 저당권의 부종성과 관련하여 포괄근저당권의 유효성 문제를 검토할 필요가 있었다고 볼 수 있다. 그러나 당시에도 포괄근저당 유효설이 다수설이었고, 하급심판결은 포괄근저당이 유효라는 입장을 취하였다.[49] 그 후 1971년 日本民法을 개정하여 근저당권에 관한 규정을 신설함으로써, 근저당권에는 발생, 존속, 소멸에 관한 부종성이 요구되지 않게 되었다. 그러나 정책적인 이유에서 包括根抵當을 명문으로 부정하였다. 일본에서 去來包括根抵當을 인정하지 않은 것에 대하여는 반대하는 견해가 많다.[50]

---

47) Nelson/Whitman, *Real Estate Finance Law,* 3rd, West Publishing Co., 1994, 937-943.

48) 프랑스민법 제2132조는 "약정저당권은 피담보금액이 증서에 의하여 특정된 때에만 그 효력이 생긴다. 채무로 인하여 생긴 채권이 조건부채권이거나, 그 가액이 특정되지 아니한 경우에는 채권자는 자기가 명백히 신고한 평가액의 한도 안에서만 저당권의 등기를 신청할 수 있다. 다만 채무자는 필요한 경우에는 그 평가액을 감액할 권리가 있다"고 규정하고 있으므로, 불특정채권을 담보하기 위해서도 저당권을 설정하게 된다. 그러나 여러 채권을 한꺼번에 담보하기 위해서는 저당권을 설정할 수 없다고 한다. Ferid/Sonnenberger, *Das Französische Zivilrecht Band 2,* 2. Aufl., Heidelberg, 1986, S. 729ff.; Reinecker/Petereit, *Recht der Kreditsicherheiten in europäischen Ländern, Teil II, Frankreich,* Berlin, 1978, S. 229f.

49) 東京高決 1957(昭和 32). 7. 17(高民集 10권 5호, 292면).

50) 中馬義直, "根抵當權の設定と被擔保債權," 擔保法大系 第 2 卷, 金融財政事情研究會, 1985, 12면; 長谷川憲一, "根抵當權の設定と被擔保債權," 現代民事裁判の課題, 新日本法規, 1990, 319면.

(다) 經濟的 弱者保護 문제

한정적 유효설이나 무효설은 이와 같이 포괄근저당을 인정한다면 경제적 약자인 채무자 또는 근저당권설정자에게 지나치게 불리한 결과가 발생한다고 한다. 특히 포괄근저당조항이 있는 약관으로 근저당권 설정계약이 체결되는 경우에는 더욱 그러하다. 그러나 이것은 구체적인 포괄근저당권이 설정된 경우 그 피담보채권의 범위를 결정하는 단계에서 해결하면 된다.[51] 이러한 관점에서 대법원판결을 세밀하게 분석해 보면 포괄근저당을 부정하든 긍정하든 실제 결과에서 큰 차이가 없다는 것을 알 수 있다. 이 때 피담보채권의 범위가 불확실하다는 문제가 있는데, 그 기준을 정립하기 위한 노력과 함께 피담보채권의 범위를 등기하도록 함으로써 어느 정도 해결할 수 있다.

그리고 根抵當權을 둘러싼 당사자들의 이해관계를 보면, 채무자는 어차피 채무를 변제해야 하기 때문에 피담보채무의 범위에 관하여 큰 이해관계가 없다.[52] 근저당권의 피담보채권의 범위를 둘러싸고 분쟁이 발생하는 것은 오히려 선순위근저당권자와 후순위권리자 사이에서 많이 나타난다. 그런데 선순위근저당권자와 근저당권설정자가 피담보채권을 높이거나 그 범위를 변경하면 후순위저당권자 등이 파악하는 담보가치도 변경된다. 따라서 後順位擔保權者는 담보목적물의 실제가액 중에서 先順位根抵當權의 최고액을 공제한 나머지를 남아 있는 담보가치로 파악할 것이다. 즉 후순위권리자는 선순위근저당권자에 의하여

51) 한정적 유효설에서는 피담보채권의 범위를 결정하는 문제에 별로 주의를 기울이지 않고 있는데, 이것은 근저당권설정자에게 불리한 결과를 초래할 수 있다. 즉 근저당권의 피담보채권의 범위를 포괄근저당의 유효성 문제로 해결할 수 있다는 견해를 따른다면, 피담보채권의 범위가 일률적으로 결정됨으로써 근저당권설정자로서는 뜻하지 않은 손해를 입을 수 있다.

52) 인적 보증의 경우에는 보증책임의 범위가 제한되는 경우가 많이 있다. 이러한 법리가 근저당권의 피담보채권의 범위에 대하여도 적용되어야 한다고 생각할 수 있다. 그러나 근저당권에서는 보증책임과는 달리 책임재산이 한정되어 있고, 책임한도도 최고액으로 제한되어 있다는 점에서 중요한 차이가 있다.

최고액까지 가치를 선취당하는 것을 각오하고 행동하는 것이 통상이다. 또한 후순위담보권자가 선순위근저당권자에 비하여 경제적 약자라고 볼 수도 없을 것이다. 그러므로 채무자가 자신이 소유한 부동산에 관하여 근저당권을 설정한 경우에는 포괄근저당조항으로 인한 폐해는 크지 않을 것이다.

그러나 物上保證人은 피담보채무의 범위에 대하여 중대한 이해관계를 갖는다. 물상보증의 경우는 실제로도 채무자가 담보를 제공하는 경우에 비하여 담보의 범위를 제한하는 경우가 많을 것이다. 대법원판례에서 피담보채권의 범위가 문제된 사례의 대부분이 물상보증에 관한 것이었다. 물상보증의 경우를 채무자가 담보를 제공한 경우와 완전히 다르게 규율할 수는 없다. 그렇지만 물상보증인은 담보의 범위를 제한하려는 의사를 가지고 있는 경우가 많기 때문에, 포괄근저당약관의 내용과 다른 개별약정이 있는지를 판단하는 과정에서 이 점을 고려하여야 할 것이다. 그러나 이것도 물상보증인을 보호하기 위한 해석론이나 입법론을 전개할 일이지, 포괄근저당을 부인하여야 할 이유가 되지는 못한다.

포괄근저당조항을 제한적으로 인정해야 한다고 하면서도 포괄근저당을 금지함으로써 포괄근저당이 지니고 있는 경제적 효용을 무력화시키는 결과로 되어서는 안 될 것이라는 견해[53]를 주목할 필요가 있다. 상사회사나 대상인과 은행간의 계속적 거래와 관련된 담보에서는 포괄근저당의 효력을 전면 인정하는 것이 마땅하며 그 밖의 경우라도 필요가 있다면 널리 포괄근저당을 인정해야 할 것이라고 한다. 또한 저당증권제도나 투자저당제도가 인정되지 않는 현실에서 포괄근저당을 이용하는 것을 비합리적인 것으로 볼 수만은 없다. 예컨대 고액의 대출을 담보하기 위하여 저당권이 이용되는 경우에 많은 등기비용이 소요되는데, 포괄근저당은 이러한 비용을 절감하게 하는 기능도 수행하고

53) 孫智烈(註 34), 86면.

있는 것이다.[54)]

㈑ 讓渡擔保, 假登記擔保와의 비교

우리 나라에서 양도담보나 가등기담보를 설정할 때 피담보채권의 범위를 포괄적으로 기재하는 것을 막는 규정은 그 어디에도 없다. 양도담보나 가등기담보의 경우에는 최고액을 정하지도 않는 점과 비교하면, 근저당의 경우에는 최고액을 정한다는 점에서 합리적이다. 그런데도 양도담보나 가등기담보와 달리 포괄근저당을 규제하여야 할 것인지는 의문이다. 민법에서 포괄근저당을 부정할 경우에 거래계에서 이러한 규제를 회피하려는 양상이 발생할 수 있고, 이것은 불합리한 결과를 초래할 수 있다.

⑸ 改正案의 검토

㈎ 改正案에서는 근저당권의 피담보채권의 범위를 "債務者와의 하나 또는 다수의 特定의 繼續的 去來契約으로부터 發生하는 債權, 기타 債務者와의 一定한 種類의 去來로부터 發生하는 債權"과 "하나 또는 다수의 特定의 原因에 기하여 債務者와의 사이에 繼續하여 發生하는 債權 및 어음상 및 手票上의 請求權"에 한정하고 있다. 이것은 包括根抵當을 부정한 일본민법 제398조의 2 제 2 항 · 제 3 항을 수용한 것이다. 이 改正案에 따르면, 근저당권을 설정하려면 특정의 계속적 거래계약을 정하여야 한다.[55)] 한편 改正案은 '기타 債務者와의 一定한 種類의 去來로부터 發生하는 債權'이라는 표현을 사용하고 있는데, 계속적

54) 독일에서 보전토지채무가 많이 이용되는 근거의 하나로 등기비용을 들고 있다. Stürner, "Das Grundpfandrecht zwischen Akzessorietät und Abstraktheit und die europäische Zukunft," *Festschrift für Rolf Serick zum 70. Geburtstag*, Heidelberg, 1992, S. 380.

55) 다만 '하나 또는 다수의 특정의 계속적 거래계약'이라는 표현을 사용하고 있으나, 이 표현은 법률규정으로는 어색하기 때문에 '일정한 계속적 거래계약'이라고 정하면 충분하리라고 생각된다. 이와 같이 정하더라도 여러 개의 계속적 거래계약을 정하는 경우에도 이 조항에 포함될 수 있을 것이다. 이것은 제 2 항 전단의 '하나 또는 다수의 특정의'라는 표현도 마찬가지이다.

거래계약에 기한 것이 아니라고 하더라도 '채무자와의 일정한 종류의 거래'에서 발생하는 채권은 담보될 수 있다. 일정한 종류의 거래란 매매거래, 어음대부거래뿐만 아니라 은행거래[56] 등도 포함된다.[57] 그러나 채권자와 채무자 사이의 거래에서 발생하는 모든 채권으로 정하는 것은 위 규정에 포섭되지 않는다. 즉 거래포괄근저당은 이에 포함되지 않는다.

改正案을 제안하는 이유에는 "被擔保債權適格의 範圍를 기본계약뿐만 아니라 양 당사자가 豫測可能한 範圍 내의 去來나 原因으로부터 發生하는 債權까지로 限定함으로써 去來當事者의 利益均衡을 이루고 아울러 純粹한 包括根抵當을 排除하도록 입법하는 것이 타당"[58]하다고 되어 있고, 위 조항의 취지는 "基本契約 내지는 基本去來의 존재를 전제로 하지 아니한 包括根抵當權의 設定을 禁止"[59]하는 것이라고 밝히고 있다. 그러나 위 조항의 내용에 따르면 순수한 포괄근저당뿐만 아니라 거래포괄근저당도 부정한 것이고, 기본거래가 존재하는 포괄근저당이라고 하더라도 기본거래가 어느 정도 특정되지 않으면 안 된다.

그러나 우리의 학설에서 포괄근저당을 부정하는 것이 통설인 것도 아니고, 등기실무나 경매실무에서는 오히려 포괄근저당의 유효를 전제로 하고 있다. 그리고 포괄근저당을 부정하는 것이 세계적인 추세도 아니다. 다만 1971년에 개정된 일본민법에서 포괄근저당을 정책적인 이유로 부정하였다. 2000년대에 우리 민법을 개정하면서 굳이 일본에서 30년 전에 채용한 제도를 그대로 수용하여야 할 것인가? 포괄근저

56) 日最判 1993(平成 5).1.19(金融法務事情 1344號, 14면)은 피담보채권의 범위를 '信用金庫去來에 의한 채권'이라고 설정한 근저당권의 피담보채권에는 신용금고의 근저당채무자에 대한 보증채무도 포함된다고 하였다. 이것은 '銀行去來에 의한 채권'이라고 정한 경우에도 마찬가지일 것이다. 상세한 것은 金載亨, 根抵當權研究(註 15), 207면 이하 참조.

57) 일본에서는 商去來는 그것을 特定할 수 없어 여기에 포함될 수 없다고 한다.

58) 李相京(註 8), 52면.

59) 李相京(註 8), 53면.

당, 특히 거래포괄근저당을 부정한 것에 대하여는 일본에서도 비판이 제기되고 있고, 包括根抵當을 부정한 입법목적이 달성되고 있는지도 의문이다. 또한 포괄근저당을 금지하더라도 적어도 금융기관의 근저당거래에 미치는 영향도 크지 않다. 금융거래에서 이용되는 포괄근저당권은 여신거래에서 발생하는 채권을 담보하는 것으로 정하고 있기 때문이다. 따라서 포괄근저당을 금지함으로써 금융기관의 횡포를 막으려는 의도를 달성할 가능성은 전혀 없다고 해도 과언이 아니다. 이에 반하여 금융거래에서 담보권의 유통성을 확보하는 것이 중요하고도 어려운 과제로 등장하였는데,[60] 포괄근저당을 부정하는 것은 근저당권의 유통성을 해칠 위험을 내포하고 있다.

또한 포괄근저당권을 허용하더라도 피담보채권의 범위에 침해부당이득에 기한 채권, 순수한 불법행위채권은 포함되지 않는다. 근저당권설정계약의 해석을 통하여 이러한 결론을 도출할 수 있다.[61] 공간된 대법원판결 중에서 근저당권자가 위와 같은 채권이 근저당권에 의하여 담보된다고 주장한 예를 찾을 수 없다. 위와 같은 채권을 근저당권에서 배제하기 위하여 포괄근저당을 부정하는 것은 아무런 의미가 없는 일이다.

한편 대법원은 급부부당이득에 기한 채권[62]이나 거래적 불법행위

60) 이 문제를 해결하기 위하여 改正案에서 근저당권의 양도에 관한 규정을 신설하고 있으나, 이것만으로 충분하지 않음은 물론이다.

61) 상세한 것은 金載亨, 根抵當權硏究(註 15), 180-192면 참조.

62) 大決 1968. 1. 11, 67마576(集 16-1, 민 1)은 "본건 근저당권설정계약서 기재에 의하면 재항고인은 소사리 농업협동조합이 채권자인 대한민국(서울 체신청장)에게 부담하게 될 일체의 채무와 그 불이행으로 인하여 발생하는 일체의 손해배상금 채무를 담보하기 위하여 금 80만원정을 한도로 하여 본건 부동산에 제 1 번의 근저당권을 설정할 것을 약정하고 있으므로, 소사리 농업협동조합이 상위단위가 되는 군농업협동조합이 아닌 서울 체신청장으로부터 본건 금원을 차입하였다 하여도 본건 근저당권은 이 차입행위가 무효로 됨으로 인하여 발생하는 부당이득반환채무를 담보로 하는 것으로 보는 것이 앞서 말한 근저당권설정계약서의 취지에 비추어 타당하다"(밑줄은 필자가 그은 것임. 이하 같다)고 하였다. 同旨: 大決 1968. 2. 7, 67마1312(總覽 민법 2-2(A), 704-2).

에 기한 채권[63]이 근저당권에 의하여 담보된다고 한 바 있다.[64] 그런데 改正案과 같이 포괄근저당을 부정하는 법률규정을 둘 경우 이러한 채권이 근저당권의 피담보채권에서 배제될 여지도 있을 것이다. 이것이 "特定의 繼續的 去來契約으로부터 發生하는 債權 기타 債務者와의 一定한 種類의 去來로부터 發生하는 債權"에 포함되는지는 명확하지 않기 때문이다. 예컨대 소비대차계약의 무효, 취소로 인하여 발생하는 부당이득반환채권을 '거래로부터 발생하는 채권'이라고 할 수 있을까? 또는 어음거래와 관련하여 발생한 어음위조로 인한 불법행위채권을 '거래로부터 발생하는 채권'이라고 할 수 있을까? 물론 改正案에 의하더라도 종전과 같이 해석할 수도 있다. 改正案을 제안한 이유에서도 基本契約이나 基本去來로부터 發生하는 債權과 同一性을 유지하는 給付不當利得이나 去來的 不法行爲로 인한 損害賠償請求權을 排除하지 아니할 수도 있으므로 이 점은 추후 학설·판례의 몫이라고 설명하고 있다.[65] 그러나 改正案의 문언에 따른다면 급부부당이득이나 거래적 불법행위로 인한 손해배상이 근저당권의 피담보채권에서 배제되는 것으로 볼 여지가 많게 될 것이고, 이는 괜한 논란을 불러일으키는 결과를 초래할 것이다.

---

63) 大判 1987. 4. 28, 86다카2458(공 1987, 886)은 "매수인의 매도인에 대한 매매대금채무의 담보를 위하여 설정된 근저당권은 그 매매계약이 매수인의 기망에 의한 것이라 하여 취소된 경우에 매수인이 위 기망행위로 인하여 매도인에게 입힌 손해의 배상채무도 담보하는 것이라고 봄이 상당하다"고 판결하였다. 여기에서 매수인의 위 손해배상채무가 어떠한 성질을 갖는지 문제된다. 매도인은 위 매매계약이 매수인의 사기에 의한 의사표시에 해당한다는 이유로 적법하게 취소하였으므로, 매매계약상의 대금지급채무도 소멸되었다. 따라서 계약이 유효하게 존속함을 원칙으로 하는 채무불이행책임이 문제될 여지는 없다. 이와 같이 매도인이 위 매매계약을 취소한 경우에도 매수인에 대하여 불법행위를 원인으로 한 손해배상청구권을 행사할 수 있다. 그러므로 이 판결은 불법행위로 인한 손해배상채무가 근저당권에 의하여 담보된다고 한 점에 중요한 의미가 있다. 거래적 불법행위에 관하여는 우선 金載亨, "使用者責任에서의 事務執行關聯性," 法曹 제465호(1995. 6), 제466호(1995. 7) 참조.

64) 상세한 것은 金載亨, 根抵當權研究(註 15), 180면 이하 참조.

65) 李相京(註 8), 54면.

일본에서와 같이 법률로써 피담보채권의 자격을 제한함으로써 포괄근저당을 부정할 필요는 없다. 적어도 거래에서 발생하는 채무를 포괄적으로 담보하는 포괄근저당은 허용되어야 한다. 이것까지 부정하는 것은 담보제도의 발전방향과도 배치된다. 근저당권은 정도의 차이는 있지만, 포괄적으로 채무를 담보한다는 성격을 가지는 것이고, 포괄근저당과 근저당권을 구별하는 기준도 모호할 수밖에 없다. 이 때 근저당권자가 지나치게 많은 담보가치를 先取하게 된다는 문제점이 발생할 수 있다. 그리하여 근저당권설정자의 이익이 침해되고 담보목적물의 담보가치가 충분히 활용되지 못할 가능성이 있다. 그러나 이러한 문제는 가령 최고액감액청구제도 등 채권최고액을 규제하는 방안을 모색함으로써 해결하여야 하고, 포괄근저당을 부정하는 방식으로 해결하는 것은 바람직하지 않다고 생각한다.

(나) 한편 개정안 제357조의 2 제 2 항 전단에서 정한 "하나 또는 다수의 特定의 原因에 기하여 債務者와의 사이에 繼續하여 發生하는 債權"에는 예컨대 債務者 소유 공장의 계속적 폐수방출로 인한 損害賠償債權 또는 債務者 소유 공장으로부터 술의 반출로 인한 酒稅債權 등을 들 수 있다.

제 2 항 후단에서 정한 '어음상 및 手票上의 請求權'에는 어음·수표의 發行人 또는 引受人에 대한 채권, 背書人에 대한 소구권 등이 포함된다. 채무자가 발행·배서 또는 보증한 어음·수표가 유통되다가 근저당권자가 이를 소지하게 되는 경우가 있다. 이러한 경우에 근저당권자가 채무자에 대하여 어음·수표상의 권리를 취득하지만, 이 권리는 원칙적으로 근저당권자와 채무자의 직접거래에 의하여 취득한 것이라고는 말할 수 없다. 따라서 피담보채권을 당사자 사이의 去來債權에 한정한다면, 이러한 어음·수표에 기한 채권은 피담보채권으로 될 수 없을 것이다.[66] 그러나 위 改正案은 일본민법 제398조의 2 제 3 항과

66) 大判 1994.11.25, 94다23463(공 1995, 90)은 "따라서 위 근저당권의 피담

마찬가지로, 어음·수표에 관하여는 그 유통성, 거래의 실정 등을 고려하여 근저당권설정자와의 합의에 의하여 이것을 피담보채권으로 하는 것을 인정한 것이다.

그런데 모든 어음·수표채권에 대하여 피담보채권자격을 인정하면, 근저당채무자의 자력이 악화되어 있는 경우에 근저당권자는 채무자가 발행·배서한 어음·수표를 제 3 자로부터 염가로 양수하여 그 어음상의 채권을 근저당을 이용하여 회수함으로써 부당한 이익을 얻는 폐해가 생길 수 있다. 改正案 제357조의 2 제 2 항 단서는 이러한 폐해를 방지하기 위한 것이다. 그러나 일본에서는 어음의 배서일자를 대부

보채무에 속하기 위하여는 적어도 채무자인 소외 회사와 채권자인 피고 사이에 여신거래로 인하여 발생한 채무일 것이 요구된다고 할 것인데, 이 사건 어음은 채권자인 피고가 채무자인 위 주식회사 대윤공영과의 여신거래로 취득한 것이 아니라 위 소외 회사가 물품대금조로 소외 주식회사 대양에게 발행·교부한 것을 위 주식회사 대양이 어음할인을 위하여 피고에게 배서·양도함으로써 피고가 취득하게 된 것이므로 이 사건 어음금채무는 채무자인 위 주식회사 대윤공영과 채권자인 피고와의 사이의 여신거래로 발생한 채무라고 할 수 없다고 할 것이고, 따라서 이 사건 어음금채무는 위 근저당권의 피담보채무에 포함된다고 할 수 없다"고 판단하였다.

그러나 大判 1999.7.23, 97다45952(공 1999, 1719)는 다른 방식으로 판단하고 있다. 이 사건 근저당권설정계약체결에 사용된 근저당권설정계약서 제 1 조 제 2 항에는 피담보채무의 범위로서 "채무자가 채권자에 대하여 현재 및 장래에 부담하는 어음대출·어음할인·증서대출·당좌대월·지급보증(사채보증 포함)… 외국환 기타의 여신거래로 말미암은 채무·보증채무·어음 또는 수표상의 채무·이자채무… 보험료 등의 부대채무·기타 여신거래에 관한 모든 채무"로 기재되어 있었다. 대법원은 "은행여신거래기본약관의 이들 조항에 의하면, 채무자는 채권보전상 필요가 있을 때에는 은행의 요구에 의하여 담보를 제공할 의무가 있고, 이와 같은 담보제공 의무는 채무자가 은행과의 여신거래에 의하여 채무를 부담하게 되는 경우뿐만 아니라, 은행이 채무자가 발행한 어음을 제 3 자와의 여신거래로 취득하여 채무자가 은행에 대하여 어음채무를 부담하게 되는 이른바 우회어음의 경우에도 적용되는 것인바, 이러한 점에 비추어 볼 때, 은행의 담보제공요구에 따라 근저당권설정자가 은행여신거래기본약관을 승인하고서 채무자를 위하여 근저당권을 설정하였고, 그 근저당권설정계약서에 근저당권의 피담보채무로서 채무자의 은행에 대한 어음채무가 명시되어 있는 이상, 이들 근저당권의 피담보채무에는 은행이 채무자가 발행한 어음을 제 3 자와의 여신거래로 취득한 우회어음채무까지도 포함되는 것으로 해석함이 상당하다"고 하였다.

분 기재하지 않은 채로 어음할인을 하기 때문에, 근저당권자가 어음취득 후에 임의로 배서일자를 기입할 수 있다. 따라서 이 폐해방지책은 실효성이 없어 위 규정이 사실상 形骸化되어 있다고 한다. 그리하여 전전 유통되는 어음·수표채권을 근저당권의 피담보채권으로 인정하는 것은 근저당권설정자에게 불리하게 되고, 위 방지책도 위와 같은 문제점이 있기 때문에, 입법정책으로서는 타당성이 없다는 견해가 있다.[67]

Ⅲ. 根抵當權設定登記의 記載內容

根抵當權設定契約을 체결하고 그 등기를 하여야 근저당권의 효력이 발생한다(민법 제186조). 그런데 根抵當權의 被擔保債權에 관하여는 등기부에 채권최고액을 기재하고 있을 뿐이고 피담보채권의 구체적인 범위를 公示하지 않고 있다.[68] 따라서 피담보채권의 구체적인 범위는 根抵當權設定契約의 內容에 따라 결정할 수밖에 없다. 그런데 독일의 최고액저당(위 Ⅱ. 참조)과 일본의 근저당권(日本 부동산등기법 제117조 제2항)에서는 그 피담보채권을 등기부에 기재하고 있다.

필자는 근저당권의 被擔保債權을 登記하여야 한다고 주장한 바 있다.[69] 다양한 종류의 채권이 근저당권에 의하여 담보될 수 있고, 그 범위도 천차만별이다. 당사자는 피담보채권의 종류와 범위를 자유롭게 선택할 수 있다. 그런데 근저당권설정자와 근저당권자 사이에 피담보채권의 범위를 둘러싸고 많은 분쟁이 발생하고 있고, 後順位擔保權者

67) 長谷川 憲一, "根抵當權の設定と被擔保債權," 現代民事裁判の課題, 新日本法規, 1990, 330면.

68) 근저당권설정등기에는 채무자와 근저당권자, 최고액, 등기원인이 표시되는데, 등기원인으로는 근저당권설정계약이라고만 기재한다(부동산등기법 제140조 제2항).

69) 金載亨, "根抵當權에 관한 研究"(註 15), 285면.

등은 先順位根抵當權이 담보하는 채권의 범위를 알 수 없는 문제점도 있다. 그러므로 당사자들이 객관적으로 피담보채권의 범위를 예측할 수 있는 기준을 마련할 필요가 있다. 그 손쉬운 방법이 피담보채권을 등기하는 것이다. 물론 피담보채권의 범위를 등기한다고 하더라도, 이로써 피담보채권의 결정문제가 완전히 해결될 수는 없다. 그러나 이와 같이 피담보채권을 등기함으로써 이것을 둘러싸고 발생하는 분쟁을 어느 정도 막을 수는 있다.

이것은 改正案 제357조의 2에서 被擔保債權의 範圍를 법정하는 것과는 아무런 관계가 없다. 즉 근저당권에 관한 현행 규정하에서도 不動產登記法 제140조 제 2 항을 개정하여 피담보채권의 범위를 등기사항으로 추가할 수 있다. 근저당권의 피담보채권을 등기하는 것은 근저당거래에 미치는 영향이 매우 크기 때문에, 부동산등기법을 개정하고 그에 따른 등기예규를 마련해야 할 것이다.[70] 다만 구체적으로 피담보채권의 범위에 관한 등기를 어떠한 방식으로 할 것인지는 좀더 검토할 필요가 있다.

Ⅳ. 被擔保債權의 範圍, 債務者, 最高額의 變更

1. 改 正 案

(1) 改正案 第357條의 3(被擔保債權의 範圍 등의 變更)

"① 원본의 確定前에는 根抵當權이 擔保하여야 할 債權의 範圍를 變更할 수 있다. 債務者의 變更에 관하여는 역시 같다.

70) 李相京(註 8), 57면은 근저당권에 관한 민법개정과 함께 부동산등기법의 위 규정을 개정하는 것이 가장 바람직하겠지만, 비록 그와 같은 개정이 있기 전이라도 節次法上의 登記事項임을 명백히 하기 위하여 登記例規 제832호를 개정하는 것이 좋을 것이라고 한다.

② 前項의 變更을 함에는 後順位權利者 기타 第3者의 承諾을 要하지 아니한다."

改正案 第357條의 4(債權最高額의 變更)

"根抵當權의 債權最高額의 變更은 利害關係人의 承諾을 얻지 아니하면 이를 할 수 없다."

(2) (修正假案) 第357條의 3(被擔保債權의 範圍 등의 變更)

"① 根抵當權에 의해서 擔保되는 債權의 範圍는 元本의 確定 前에 變更할 수 있다. 債務者의 變更에 關하여도 역시 같다.

② 第1項의 變更을 함에는 後順位權利者 그 밖의 第3者의 承諾을 要하지 아니한다."

(修正假案) 第357條의 4(債權最高額의 變更)

"根抵當權의 債權最高額은 利害關係人의 承諾을 얻어 變更할 수 있다."

2. 被擔保債權의 範圍와 債務者의 變更

改正案 제357조의 3은 근저당권의 피담보채권이 확정되기 전에는 근저당권자와 근저당권설정자의 합의로 피담보채권의 범위와 채무자를 변경할 수 있다는 것이다. 제3자의 승낙을 받을 필요가 없다고 하고 있는데, 이들은 이미 채권최고액이 공시된 이상 그 범위까지의 근저당권의 부담을 수인할 것을 알고 거래관계를 맺는 자들이므로 예측할 수 없는 별도의 손해를 입는 것은 아니기 때문이라고 한다. 改正案의 위 규정은 근저당권이 채권최고액을 한도로 목적물을 지배할 수 있는 권리라는 성격을 더욱 명백하게 하는 것이라고 볼 수 있다.

이 규정을 도입하는 것 자체는 찬성하나, 예컨대 '원본의 확정'이라는 용어를 사용하는 것이 바람직한 것인지 등 그 표현에는 의문의 여지가 있다. 일본민법이 元本의 確定이라는 용어를 사용하고 있으나, 우리 민법 제357조 제 1 문은 '債務의 確定을 將來에 保留하여'라고 하여 채무의 확정이라는 용어를 사용하고 있고, 제357조 제 2 문의 '그 確定될 때까지'에서 '그'가 가리키는 것도 '채무'라고 보아야 한다. 그리고 자산유동화법 제 7 조의 2에서 근저당권의 피담보채권의 확정을 위한 통지제도를 신설하였는데, "… 채권은 확정된 것으로 본다"라는 표현을 사용하고 있다. 改正案에서 '원본의 확정'이라는 표현이 의미가 없는 것은 아니나, 용어의 통일성을 해치는 것이라고 생각한다.

그리고 피담보채권의 범위를 변경하면서 특정채권을 담보하기로 하였다면 근저당권의 피담보채권의 변경과 함께 근저당권의 피담보채권은 확정된다. 이에 반하여 피담보채권의 범위를 포괄적으로 한 경우에는 포괄근저당을 부정하는 改正案에 따르면 피담보채권의 범위 변경은 효력이 없게 될 것이다.

일본민법 제389조의 3은 위와 같은 변경의 경우에 원본의 확정 전에 등기를 하지 아니한 때에는 그 변경을 아니한 것으로 간주한다는 규정이 있으나, 이 조항을 계수하지 않는다고 한다.[71] 우리 민법은 일본민법과는 달리 성립요건주의를 취하고 있으므로 위와 같은 변경은 당연히 민법 제186조 소정의 근저당권인 물권의 내용의 변경에 해당되어 등기하지 아니하면 효력이 없으므로, 이를 등기하여야 한다는 조문을 별도로 둘 필요가 없다는 것이다. 다만 근저당권설정계약상의 채무자와 등기부상의 채무자가 일치하지 않는 경우에 근저당권이 누구의 채무를 담보하는 것인지에 관하여 대법원판결이 명확한 것은 아니다. 이러한 근저당권이 무효라고 한 판결도 있으나,[72] 근저당권설정등기상의 채무자 아닌 자에 대한 채무를 피담보채무로 본 판결들도 있다.[73]

71) 李相京(註 8), 59면.
72) 大判 1981. 9. 8, 80다1468(공 1981, 14320).
73) 大判 1980. 4. 22, 79다1822(공 1980, 12800); 大判 1996. 12. 23, 96다43348(공 1997, 525). 또한 大判 1987. 12. 8, 87다카2008(공 1988, 276)도 참조.

이러한 경우에 근저당권이 담보하는 채권의 채무자는 등기부에 기재된 채무자를 기준으로 정하여야 할 것이나,[74] 위 改正案에 따라 입법을 한 이후에도 이에 관한 논란이 재현될 가능성은 있다.

3. 最高額의 變更

改正案 제357조의 4는 근저당권설정계약의 당사자가 채권최고액을 변경하려면 이해관계인의 승낙을 얻도록 하였다. 이 규정에서는 改正案 제357조의 3에서 '後順位權利者 기타 第3者'라는 표현을 사용한 것과는 달리 이해관계인이라는 용어를 사용하고 있다. 이 조항에서 이해관계인은 채권최고액의 확대 또는 감소로 인하여 법률상 불이익을 받게 되는 자라고 한다. 먼저 확대의 경우의 이해관계인으로서는 동순위·후순위저당권자 및 저당부동산의 압류채권자 등을 들 수 있고, 감소의 경우에는 당해 근저당권의 피담보채권의 압류채권자, 피담보채권의 질권자 등을 들 수가 있다.

V. 根抵當權의 讓渡와 共有

1. 改 正 案

(1) 第357條의 5(根抵當權의 讓渡)

"① 根抵當權者는 원본의 確定前에 그 擔保할 債權과 함께 根抵當權設定者의 承諾을 얻어 그 根抵當權을 讓渡할 수 있다.

② 根抵當權者는 그 根抵當權을 2개 이상의 根抵當權으로 分割하여 그 하나 또는 수개를 前項의 規定에 따라 讓渡할 수 있다. 이 경우

74) 金載亨, 根抵當權硏究(註 15), 219-224면.

에 있어서는 그 根抵當權을 목적으로 하는 權利는 讓渡한 [根]抵當權에 관하여 消滅한다. 本項에 의한 讓渡를 함에 있어서 그 根抵當權을 目的으로 하는 權利를 가진 者의 承諾을 요한다.

③ 根抵當權者는 원본의 確定前에 그 擔保할 債權과 함께 根抵當權設定者의 承諾을 얻어 그 根抵當權의 一部讓渡를 하여 이를 讓受人과 共有할 수 있다.

④ 根抵當權의 共有者는 各自의 債權比率에 따라 辨濟를 받는다. 그러나 원본의 確定前에 그와 다른 比率을 約定하거나 또는 어떤 자가 먼저 辨濟받기로 約定한 때에는 그 約定에 따른다.

⑤ 根抵當權의 共有者는 다른 共有者의 同意를 얻어 1項의 規定에 따라 그 權利를 讓渡할 수 있다."

⑵ (修正假案) 第357條의 5(根抵當權의 讓渡)

"① 根抵當權者는 元本의 確定前에 그 擔保할 債權과 함께 根抵當權 또는 그 持分을 讓渡할 수 있다.

② 根抵當權者는 그 根抵當權을 2개 以上의 根抵當權으로 分割하여 第1項의 規定에 따라 讓渡할 수 있다."

(修正假案) 제357條의 6(根抵當權의 共有)

"① 根抵當權의 共有者는 各自의 債權比率에 따라 辨濟를 받는다. 그러나 元本의 確定前에 그와 다른 比率을 約定하거나 또는 어떤 者가 먼저 辨濟받기로 約定한 때에는 그 約定에 따른다.

② 根抵當權의 共有者는 다른 共有者의 同意를 얻어 그 權利를 讓渡할 수 있다."

2. 根抵當權의 全部讓渡

근저당권은 피담보채권이 확정된 후에는 이를 양도할 수 있다. 그러나 확정 전에는 근저당권을 양도하는 것이 곤란하다.[75] 물론 현행법

75) 그리하여 2000년 1월 "資産流動化에 관한 法律"을 개정하여 근저당권부채권의 양도를 원활하게 하기 위하여 확정에 관한 특례를 규정하였다(제7조의 2).

에서도 근저당권의 기초인 기본계약과 함께 근저당권을 양도할 수 있다. 이것은 구채권자(근저당권자), 신채권자(양수인), 채무자 사이의 3면계약이 필요하다. 근저당권설정자가 물상보증인인 경우에도 그의 동의를 얻을 필요가 없다.[76)]

改正案은 근저당권을 기본계약이 아니라 그것에서 나오는 피담보채권과 함께 양도하도록 하였다. 그러나 피담보채권을 양도하였다고 하여 당연히 근저당권이 이전되는 것이라고 볼 수는 없고, 피담보채권과 함께 근저당권도 양도한 경우에 한하여 적용된다. 그런데 이러한 경우에 근저당권설정자의 승낙을 얻도록 한 것은 근저당권의 유통성을 지나치게 제약하는 것으로, 기본계약과 함께 근저당권을 양도하는 경우에도 근저당권설정자의 동의를 얻을 필요가 없다는 것과 비교하더라도 균형이 맞지 않는다.

그런데 근저당권을 피담보채권과 함께 양도하는 경우에 장래 채권의 양도성에 관하여 검토할 필요가 있다. 대법원은 장래채권의 양도가 유효하려면 채권의 특정가능성과 발생가능성이 있어야 한다고 한다. 장래의 채권은 양도 당시 기본적 채권관계가 어느 정도 확정되어 있어 그 권리의 특정이 가능하고 가까운 장래에 발생할 것임이 상당 정도 기대되는 경우에는 이를 양도할 수 있다는 것이다.[77)] 그 중 양도채권의 특정성에 관하여 "채권양도에 있어 사회통념상 양도 목적 채권을

76) 金載亨, 根抵當權硏究(註 15), 231면. 대법원예규에 따르면 근저당권의 피담보채권이 확정되기 전에 근저당권의 기초가 되는 기본계약상의 채권자 지위가 제 3 자에게 전부 또는 일부 양도된 경우, 그 양도인 및 양수인은 '계약양도'(채권자의 지위가 전부 제 3 자에게 양도된 경우), '계약의 일부 양도'(채권자의 지위가 일부 제 3 자에게 양도된 경우) 또는 '계약가입'(양수인이 기본계약에 가입하여 추가로 채권자가 된 경우)을 등기원인으로 하여 근저당권이전등기를 신청할 수 있다. 위 등기를 신청함에 있어서 근저당권설정자가 물상보증인이거나 소유자가 제 3 취득자인 경우에도 그의 승낙서를 첨부할 필요가 없다고 한다.

77) 大判 1991. 6. 25, 88다카6358(공 1991, 1993); 大判 1996. 7. 30, 95다7932(공 1996, 2621).

다른 채권과 구별하여 그 동일성을 인식할 수 있을 정도이면 그 채권은 특정된 것으로 보아야 할 것이고, 채권양도 당시 양도목적 채권의 채권액이 확정되어 있지 아니하였다 하더라도 채무의 이행기까지 이를 확정할 수 있는 기준이 설정되어 있다면 그 채권의 양도는 유효한 것으로 보아야 할 것"이라고 하였다.[78] 근저당권에 의하여 담보되는 채권은 장래에 발생할 특정되지 않은 채권인 경우가 많다. 이러한 채권을 양도할 수 있는지 문제되는데, 그 유효성을 넓게 인정하여야 할 것이다.

한편 피담보채권 중 특정채권을 근저당권과 함께 양도하는 경우에는 피담보채권이 확정된다. 그리고 양수인이 근저당권과 함께 양도받은 채권 이외의 채권은 근저당권에 의하여 원칙적으로 담보되지 않고, 이러한 채권도 담보하려면 피담보채권의 범위와 채무자를 변경하여야 할 것이다.

3. 根抵當權의 分割讓渡

근저당권의 분할양도는 한 개의 근저당권을 2개 이상의 근저당권으로 분할하여 양도하는 것을 말한다. 복수의 근저당권은 순위가 동일한 별개의 근저당권이다. 이 경우에도 기본계약의 일부가 이전되는 것은 아니고, 단지 피담보채권의 양도와 함께 근저당권을 양도하는 것이다.

일본에서는 근저당권을 2개로 분할하는 것은 양도를 전제로 하여서만 허용된다. 그런데 우리 민법 改正案에서 2개 이상의 근저당권으로 분할한 다음 그 중 2개를 동일인에게 양도하거나, 하나만 양도하고

78) 大判 1997.7.25, 95다21624(공 1997, 2653). 이 판결은 매매계약의 해제로 인한 대금반환채권을 양도하는 경우에 그 채권액을 확정할 수 있는 기준이 있는 이상 특정된 것으로 보았다.

2개의 근저당권을 근저당권자가 보유하는 것이 허용되는지 문제된다. 위 改正案의 문언에 따르면 허용된다고 볼 수도 있으나, 이것은 복잡한 법률관계를 발생시킬 것이기 때문에, 그 표현을 수정할 필요가 있다.

4. 根抵當權의 一部讓渡

근저당권의 일부양도는 양도인과 양수인 사이에 근저당권의 공유관계를 발생시키는 것으로, 근저당권 전부에 대한 일부 지분을 양도하는 것을 말한다. 이 경우에도 피담보채권과 함께 근저당권의 지분을 양도하여야 한다. 그러므로 위 2.에서 본 바와 같이 일부양도시에도 '근저당권설정자의 승낙'을 얻도록 할 필요가 없을 것이다. 그리고 근저당권의 분할양도와 구별하기 위하여 근저당권의 일부양도라는 표현보다는 근저당권의 지분양도로 하는 것이 어떨까 한다.

한편 근저당권자가 다른 사람과 합의로 근저당권을 합유하기로 하는 것도 허용될 수 있을 것이다. 이러한 경우에는 합유에 관한 규정이 준용될 것이다.

5. 被擔保債權의 讓渡를 전제로 하지 않는 根抵當權의 讓渡

근저당권만 양도하는 것을 허용할 것인가? 일본의 경우에는 근저당권을 피담보채권과는 별도로 근저당권만을 양도할 수 있도록 하였다(일본민법 제398조의 12). 이것은 1971년 일본의 근저당권에 관한 입법의 가장 중요한 동기였다고 한다. 그러나 우리 민법 改正案에서는 이를 수용하지 않고 근저당권을 피담보채권과 함께 양도하는 것만 허용하고 있다.[79]

---

79) 우리 민법은 일본민법과는 달리 근저당권을 완전한 유통저당, 독립가치지배권으로 인정하지 아니하고 피담보채권의 발생가능성의 존재를 전제로 하여야

근저당권의 양도는 근저당권이 담보하는 채권의 채권자가 변경되는 것으로 파악할 수도 있다. 근저당권에서 채무자변경이 허용되는데, 채권자를 변경하지 못할 이유가 없다고 생각할 수 있다. 예컨대 A(근저당권설정자)가 그 채무를 담보하기 위하여 B(근저당권자) 앞으로 근저당권을 설정하여 주었다고 하자. 그런데 A의 C(양수인)에 대한 채무를 담보하고자 하는 경우에, B는 C에게 근저당권을 양도하고, A의 승낙을 받으면 충분하지 않을까. 改正案과 마찬가지로 근저당권을 피담보채권과 함께 양도하여야 한다고 하더라도 근저당권설정자 A가 동의하는 경우라면 위와 같은 규정은 얼마든지 잠탈될 수 있다. 근저당권과 함께 극히 일부의 채권만을 양도하고, 피담보채권의 범위를 변경하여—改正案 제357조의 3에 따라—양수인 C의 A에 대한 채권을 포함시킬 수 있기 때문이다. 피담보채권과는 별도로 근저당권을 양도하는 것은 독일의 토지채무나 저당증권 등과는 별다른 관계가 없다. 이 문제는 보전저당의 일종인 근저당권의 유통성을 어느 정도 확보할 것인지와 관련된 문제일 뿐이다. 그리고 우리 금융실무에서 근저당권의 유통성을 확보하는 것이 중요한 관심사로 되어 있는데, 근저당권을 피담보채권과 분리하여 양도하는 것을 허용할 필요가 있다.

6. 根抵當權의 共有

근저당권의 공유(준공유)가 발생하는 경우는 다양하고, 이러한 경우에 공유에 관한 규정이 준용된다. 改正案 제357조의 5 제 4 항은 根抵當權의 共有者가 원칙적으로 各自의 債權比率에 따라 辨濟를 받도록 하고, 確定前에 그와 다른 約定을 할 수 있다고 하였다.

하기 때문에(민법 제357조, 개정안 제357조의 2) 근저당권만의 양도는 효력이 없고, 그 근저당권으로 담보될 피담보채권과 함께 양도하여야 하기 때문에 피담보채권의 양도에 관한 요건과 근저당권의 양도에 관한 요건(이전의 부기등기)을 모두 갖추어야만 그 효력이 생긴다고 한다. 李相京(註 8), 63면.

민법 제263조에 의하면 공유지분을 자유롭게 처분할 수 있으나, 改正案 제357조의 5 제 5 항은 그 예외로서 근저당권의 공유자가 공유지분을 처분하는 데는 다른 공유자의 동의를 받도록 하였다.

Ⅵ. 債權讓渡, 債務引受와 根抵當權

1. 改正案 제357조의 6(債權讓渡, 債務引受와 根抵當權)

"① 원본의 確定前에 根抵當權者로부터 債權을 取得한 자는 그 債權에 관하여 根抵當權을 行使할 수 없다. 원본의 確定前에 債務者를 위하여 또는 債務者를 代位하여 辨濟한 者도 또한 같다.

② 원본의 確定前에 債務의 引受가 있는 때에는 根抵當權者는 引受人의 債務에 관하여 根抵當權을 行使할 수 없다."

2. 學說과 判例

근저당권이 담보하는 채권이 확정되기 전에 이미 발생한 채권이 제 3 자에게 양도되거나 대위변제된 경우에 근저당권도 이전되는지에 관하여는 견해가 대립한다. 肯定說은 개별 채권이 양도되거나 대위변제되면 근저당권의 일부가 이전하여 양도인과 양수인이 근저당권을 準共有하게 된다고 한다.[80] 否定說은 근저당권에서 피담보채권의 유동·교체는 문제되지 않고, 채권양도로 인하여 그 채권은 피담보채권의 범위로부터 이탈되므로, 확정 전에 이미 발생한 개개의 채권이 양도 또는 대위변제된 경우 근저당권은 이전되지 않는다고 한다.[81]

80) 金錫宇, "根抵當權의 處分에 관한 小考," 407면; 李英俊(註 12), 951면; 民法注解(Ⅶ), 1992, 29면(朴海成 집필부분).

81) 郭潤直(註 10), 493면; 張庚鶴(註 37), 848면; 金相容(註 10), 756면. 한편 우리 민법 제정 이후에 개정된 일본민법 제398조의 7 제 1 항은 "원본의 확정

判例[82]는 부정설을 따르고 있다. 즉 "거래가 종료하기까지 채권은 계속적으로 증감변동되는 것이므로, 근저당거래관계가 계속중인 경우, 즉 근저당권의 피담보채권이 확정되기 전에 그 채권의 일부를 양도하거나 대위변제한 경우 근저당권이 양수인이나 대위변제자에게 이전할 여지가 없다"고 한다. 등기실무에서도 근저당권의 피담보채권이 확정되기 전에 그 피담보채권이 양도 또는 대위변제된 경우에는 이를 원인으로 하여 근저당권이전등기를 신청할 수는 없다고 한다.[83]

否定說이 타당하다. 근저당권은 근저당거래가 종료될 때까지 그 사이에 발생하는 모든 채권을 최고액의 범위 내에서 담보하는 것이다. 특히 우리 민법 제357조 제1항 제2문에 의하면 근저당권에서 "그 確定될 때까지의 債務의 消滅 또는 移轉은 抵當權에 影響을 미치지 아니한다"고 규정하고 있다. 이러한 문언에 비추어 확정 전의 채권양도나 대위변제로 채권자가 변경되더라도 근저당권에는 아무런 영향이 없다고 보아야 한다.[84]

3. 改正案의 필요성

改正案은 학설의 대립이 있으므로, 이를 명확히 하기 위한 것이라고 한다. 그러나 판례와 실무에 의하여 이 문제는 해결된 것으로 볼 수 있기 때문에 입법을 할 필요성이 크지는 않다. 특히 우리 민법 제357조 제1항 제2문은 이 문제에 관한 근거규정이라고 할 수 있다. 일본에서는 우리 민법의 위 규정과 같은 규정이 없기 때문에, 우리 改

전에 근저당권자로부터 채권을 취득하는 자는 그 채권에 관하여 근저당권을 행사할 수 없고, 원본의 확정 전에 채무자를 위하여 또는 채무자에 갈음하여 변제한 자도 역시 같다"고 규정함으로써 移轉否定說을 채택하였다.

82) 大判 1996.6.14, 95다53812(공 1996, 2165).

83) 1997.9.9. 제정된 대법원등기예규 제880호(근저당권에 관한 등기사무처리지침).

84) 金載亨, 根抵當權研究(註 15), 233면.

正案과 동일한 내용의 규정을 두고 있으나, 우리 민법은 제357조 제1항 제2문을 두고 있는 상태에서 다시 이 문제에 관한 규정을 두는 것은 바람직하지 않다. 적어도 改正案에서는 민법 제357조 제1항 제2문과 改正案 제357조의 6의 관계를 명확히 하여야 할 것이다.

Ⅶ. 相續과 根抵當權

1. 改 正 案

(1) 改正案 第357條의 7(相續과 根抵當權)

"① 원본의 確定前에 根抵當權者에 있어서 相續이 개시된 때에는 根抵當權은 相續開始時에 存在하는 債權 外에 相續人과 根抵當權設定者 사이의 合意에 의하여 정한 相續人이 相續開始 後에 取得한 債權을 擔保한다.

② 원본의 確定前에 債務者에 있어 相續이 開始된 때에는 根抵當權은 相續開始時에 存在하는 債務 外에 根抵當權者와 根抵當權設定者와의 合意에 의하여 定한 相續人이 相續開始 後에 負擔하는 債務를 擔保한다.

③ 前 2項의 合意의 경우에 法 第357條의 3 第2項의 規定을 準用한다.

④ 第1項·第2項의 合意에 있어서 相續開始 後 6個月 以內에 登記하지 아니한 때에는 擔保하여야 할 원본은 相續開始時에 確定된 것으로 看做한다."

(2) (修正假案) 第357條의 8(相續과 根抵當)

"① 元本의 確定前에 根抵當權者에게 相續이 開始된 때에는 根抵當權은 相續開始時에 存在하는 債權 外에 相續人과 根抵當權設定者 사이의 合意에 의하여 定한 相續人이 相續開始 後에 取得한 債權을 擔保한다.

② 元本의 確定 前에 債務者와 根抵當權設定者와의 合意로 定한 相續人이 相續開始 後에 負擔하는 債務를 擔保한다.

③ 第 1 項과 第 2 項의 合意 境遇에 第357條의 3 第 2 項의 規定을 準用한다.

④ 第 1 項 및 第 2 項의 合意에 있어서 相續改始 後 6個月 以內에 登記를 하지 아니한 때에는 擔保하여야 할 원본은 相續開始時에 確定된 것으로 看做한다."

2. 改正案의 검토

(1) 우리 나라의 學說은 근저당권자 또는 채무자가 사망하고 상속이 개시된 경우 근저당거래가 계속된다고 보았다. 근저당권의 피담보채권이 확정되기 전에 근저당권자가 사망한 때에 근저당권과 그 피담보채권이 상속인에게 상속된다. 그런데 상속인과 근저당권설정자 사이의 합의로 상속인이 상속개시 후에 취득한 채권을 담보할 수 있다. 확정 전에 채무자가 사망한 때에도 근저당권자와 근저당권설정자의 합의로 상속인이 상속개시 후에 부담하는 일정한 채무를 담보하는 것으로 할 수 있다.

(2) 改正案 제357조의 7 제 1 항 · 제 2 항 · 제 3 항은 표현이 다소 다르지만 위와 같은 취지를 명시한 것이라고 볼 수 있다. 다만 상속개시시에 존속하는 채권이나 채무는 근저당권에 의하여 담보된다는 것이 명백하기 때문에 이를 명시할 필요는 없다. 이것을 삭제한다면 규정이 좀더 간명하게 될 수 있을 것이다.

제 4 항은 위와 같은 합의에 따라 변경된 내용을 상속개시 후 6개월 이내에 등기하지 아니한 때에는 상속개시시에 채권이 확정된 것으로 간주한다고 규정하고 있는데, 이것은 이해관계인에게 중요한 의미를 갖는다. 근저당거래는 당사자 상호간의 신뢰를 기초로 형성되기 때문에, 상속인과 계속 근저당거래를 할 경우에는 명시적인 합의와 그 등기가 필요하다고 본 것이다.

Ⅷ. 合併과 根抵當權

1. 改 正 案

(1) 改正案 第357條의 8(合併과 根抵當權)

"① 원본의 確定前에 根抵當權者에 있어서 合併이 있는 때에는 根抵當權은 合併時 存在하는 債務 外에 合併 後에 存續하는 法人 또는 合併으로 인하여 設立된 法人이 合併 後에 取得하는 債權을 擔保한다.

② 원본의 確定前에 債務者에게 있어서 合併이 있는 때에는 根抵當權은 合併時에 存在하는 債務 外에 合併 後에 存續하는 法人 또는 合併에 의하여 設立되는 法人이 合併 後에 負擔하는 債務를 擔保한다.

③ 前 2項의 境遇에 있어서 根抵當權設定者는 負擔하여야 할 원본의 確定을 請求할 수 있다. 그러나 前項의 境遇에 債務者가 根抵當權設定者인 때에는 그러하지 아니하다.

④ 前項의 請求가 있는 때에는 擔保하여야 할 원본은 合併時에 確定된 것으로 看做한다.

⑤ 第3項의 청구는 根抵當權設定者가 合併이 있었음을 안 날부터 2週間이 經過한 때에는 이를 行使할 수 없다. 合併의 日로부터 1個月이 經過한 때에도 또한 같다."

(2) (修正假案) 第357條의 9(合併과 根抵當權)

"① 元本의 確定 前에 根抵當權者와 債務者에게 合併이 있는 때에는 根抵當權은 合併時에 存在하는 債務 外에 合併 後에 存續하는 法人 또는 合併으로 因하여 設立된 法人이 合併 後에 取得하는 債權 또는 負擔하는 債務를 擔保한다.

② 第1項의 境遇에 있어서 根抵當權設定者는 負擔하여야 할 元本의 確定을 請求할 수 있다. 그러나 債務者에게 合併이 있는 境遇에 債務者가 根抵當權設定者인 때에는 그러하지 아니하다.

③ 第2項의 請求가 있는 때에는 擔保하여야 할 元本은 合併時에 確定된 것으로 看做한다.

④ 第3項의 請求는 根抵當權設定者가 合併이 있었음을 안 날로부터 2週間이 經過한 때에는 이를 行使할 수 없다. 合併日로부터 1個月이 經過한 때에도 또한 같다."

2. 改正案의 검토

法人의 合併도 상속과 같이 포괄승계에 속하지만, 상속과는 달리 당연히 합병 후에 발생하는 채권도 근저당권에 의하여 담보되는 것으로 정하고 있다. 법인의 경우에는 자연인의 경우와는 달리 기본계약이나 근저당권설정계약에 일신전속적 성질이 없기 때문이다. 合併時에 存在하는 債務는 근저당권에 의하여 담보된다는 점은 당연한 것이기 때문에, 이 부분도 삭제하고 표현을 수정하는 것이 바람직하다.

합병의 경우에도 개정안 제357조의 8 제3항에서 근저당권설정자에게 확정청구권을 부여하고 있다는 점이 중요하다. 근저당권자나 채무자인 법인의 합병으로 인하여 그 자산상태, 신용상태 등 경제적 사정이 변경되므로 근저당권설정자에게 예기치 않은 손해가 발생할 수 있기 때문에 형평상 근저당권설정자에게 근저당거래를 종료시킬 수 있는 권리를 주어야 한다는 것이다. 그러나 채무자가 근저당권설정자인 경우에는 이러한 확정청구권을 부여한다면, 스스로 합병한 다음 거래관계를 종료시킬 수 있는 권리를 부여하는 셈이 된다. 이것은 채무자겸 근저당권설정자에게 일방적으로 아무런 이유 없이 근저당권자의 이익을 해하면서 그가 임의로 합병을 인위적으로 하여 그 거래를 종료시키는 권리를 부여하는 것이 된다. 그리하여 채무자인 근저당권설정자에게는 확정청구권을 배제하고 있다.[85]

85) 李相京(註 8), 72면.

Ⅸ. 被擔保債權의 確定請求

1. 改正案 제357조의 9(원본의 確定請求)

"① 根抵當權設定者는 根抵當權設定時로부터 3年이 經過한 때에는 擔保하여야 할 원본의 確定을 請求할 수 있다. 그러나 擔保하여야 할 원본의 確定期間을 約定한 때에는 그러하지 아니한다.

② 前項의 請求가 있는 때에는 擔保하여야 할 원본은 그 請求時로부터 2週間이 經過함으로써 確定된다."

2. 根抵當權에서 被擔保債權의 確定請求權

근저당권의 피담보채권의 확정청구는 근저당권설정자가 근저당거래를 종료시키고 근저당권의 피담보채권을 확정시키는 것이다. 근저당권의 존속기간을 약정하지 않은 때에는 다른 특약이 없는 한 일정한 요건하에서 근저당권설정자가 확정을 청구할 수 있다고 보아야 한다.[86)] 특히 根抵當權設定者가 物上保證人인 경우 사정변경을 이유로 피담보채권의 확정을 청구할 필요성이 클 것이다.[87)] 또한 근저당목적물의 제3취득자에게도 이러한 확정청구권을 인정하여야 할 것이다. 결산기가 정하여져 있는 경우에도 채무자가 그 기간이 도래하기 전에 특별한 사정의 변경이 있다면 근저당권의 확정을 구할 수 있다.[88)] 언제 이러한 사정변경이 있다고 볼 수 있는지는 구체적인 경우에 따라 판단할 문제

86) 판례도 근저당권의 존속기간이 약정되지 아니한 경우 해지권을 배척하는 특약이 없는 한 당사자는 기본계약 또는 설정계약을 해지할 수 있다고 한다. 大判 1965.12.7, 65다1617(要集 민 I-1, 600면); 大判 1962.3.22, 4294민상1149(集 10-1, 민 239).

87) 郭潤直(註 10), 492면; 張庚鶴(註 37), 847면; 民法注解(Ⅶ), 23면(朴海成 집필부분).

88) 權誠, "根抵當權設定契約의 解止," 民事判例硏究(Ⅷ), 1986, 85면.

이나, 기본계약에 기한 거래가 장기간 중단되었거나 거래관계를 종료시킴이 형평의 원칙상 타당한 경우는 이를 인정하여야 할 것이다. 大判 1966.3.22, 66다68(集 14-1, 148)은 "근저당권에 의하여 담보되는 채권이 전부 소멸하고 채무자가 채권자로부터 새로이 금원을 차용하는 등 거래를 계속할 의사가 없는 경우에는 근저당 또는 그 기초되는 계약에 존속기간의 정함이 있고, 아직 그 기간경과 전이라 하더라도 근저당권설정자는 위 기초되는 계약을 해제하고, 근저당권설정등기의 말소를 구할 수 있다고 해석하는 것이 조리에 합당하다"고 하였다.[89] 그리고 피담보채무가 존재하고 있다고 하더라도 앞으로 거래를 계속할 수 없는 사정이 있는 경우에는 근저당권의 확정청구를 허용해야 할 것이다.[90]

3. 改正案의 검토

改正案은 확정기간을 약정하지 않은 경우에 근저당권설정시로부터 3년이 경과하면 근저당권설정자가 확정청구권을 행사할 수 있다고 정하고 있다. 근저당권설정자 또는 근저당목적물의 제 3 취득자를 보호하기 위한 것으로 찬성한다. 다만 조항의 위치를 확정에 관한 일반적인 규정인 제357조의 10 다음에 두거나 두 조문을 합쳐서 규정하는 것도 검토할 필요가 있다.

---

89) 이에 대하여 根抵當權의 確定請求를 엄격한 요건하에 인정해야 한다는 견해가 있다. 權誠(註 88), 86면.

90) 大判 1990.6.26, 89다카26915(공 1990, 1568)는 "피담보채무의 현존여부와 상관 없이 상당기간 거래가 없어 새로운 채무의 발생이 없고 또한 앞으로도 계속적인 거래관계를 유지할 수 없는 사정이 있다면, 근저당설정자도 근저당권을 소멸시키는 확정청구가 가능하다"고 하였다.

X. 被擔保債權의 確定事由와 確定時期

1. 改正案

(1) 改正案 第357條의 10(원본의 確定事由와 確定時期)

"① 다음의 境遇에는 根抵當權이 擔保하여야 할 원본이 確定된다.

1. 擔保하여야 할 債權의 範圍의 變更, 去來의 終了, 其他 事由로 因하여 擔保하여야 할 원본이 더 이상 發生하지 아니한 것으로 된 때

2. 根抵當權者가 抵當不動產에 관하여 競賣의 申請 또는 第370條에 의하여 準用되는 第304條[제342조의 오기임]에 의한 押留를 申請한 때, 다만 競賣節次의 開始 또는 押留가 있는 때에 限한다.

3. 根抵當權者가 抵當不動產에 대하여 滯納處分으로 인한 押留를 한 때

4. 根抵當權者가 抵當不動產에 대한 競賣節次의 開始 또는 滯納處分으로 인한 押留가 있었음을 안 때로부터 2週間이 經過한 때

5. 債務者 또는 根抵當權者가 破產宣告를 받을 때

② 第4號의 競賣節次의 開始 또는 押留 및 第5號의 破產宣告의 效力이 消滅한 때에는 擔保하여야 할 원본은 確定되지 아니한 것으로 본다. 그러나 원본이 確定된 것으로 하여 그 根抵當權 또는 그것을 目的으로 하는 權利를 取得한 자가 있는 때에는 그러하지 아니한다."

(2) (修正假案) 第357條의 11(元本의 確定事由와 確定時期)

"① 다음 各號의 境遇에는 根抵當權이 擔保하여야 할 元本이 確定된다.

1. 擔保하여야 할 元本이 더 이상 發生하지 아니하게 된 때

2. 根抵當權者가 抵當不動產에 관하여 競賣의 申請 또는 物上代位에 의한 押留를 申請한 때, 다만 競賣節次의 開始 또는 押留가 있는 때에 限한다.

3. 抵當權者가 抵當不動產에 대하여 滯納處分으로 因한 押留를 한 때

4. 根抵當權者가 抵當不動產에 대한 競賣節次의 開始 또는 滯納處

分으로 因한 押留가 있었음을 안 때로부터 2週間이 經過한 때

5. 債務者 또는 根抵當權者가 破產宣告를 받은 때

② 第2項 第4號의 競賣節次의 開始 또는 押留 및 第5號의 破產宣告의 效力이 消滅한 때에는 擔保하여야 할 元本은 確定되지 아니한 것으로 본다. 그러나 元本이 確定된 것으로 하여 그 根抵當權을 取得한 者가 있는 때에는 그러하지 아니하다."

2. 改正案의 검토

(1) 어떠한 사유가 발생한 경우에 根抵當權이 確定되는지, 根抵當權이 확정되는 사유가 발생한 경우에 그 確定時期를 언제로 볼 것인지는 이론적으로 해결하기 곤란한 문제이다.[91] 근저당권설정계약에서 확정사유와 그 시기를 명시하면 별다른 문제가 없다. 그러나 당사자들이 계약에서 근저당권의 확정에 관하여 명시적인 조항을 두는 경우는 드물다. 그리하여 당사자의 의사와 무관하게 근저당권이 확정된다고 보아야 할 경우가 많은데, 이러한 경우에 확정사유와 그 시기를 결정하는 것은 매우 어려운 문제이다. 이 문제는 결국 입법적으로 해결하여야 한다. 특히 競賣節次나 會社整理節次에서 언제 근저당권이 확정되는지에 관하여 명확한 규정을 두어야 한다.

(2) 改正案은 확정사유와 확정시기를 정한 것이다. 제1항 제1호와 제3호는 해석상 인정되고 있는 것을 명문화한 것이다. 채무자가 채무를 이행하지 아니하여 근저당권자가 경매신청을 하면 근저당권의 피담보채권이 확정된다는 것은 판례상 명백하다. 그런데 제1항 제2호에 따르면 채무불이행을 전제로 하지 않는 경매나 압류의 신청도 확정사유가 될 수 있게 되어 문제가 있다. 그리고 근저당권자가 채무자에 대하여 파산신청을 하는 것도 확정사유로 보아야 할 것인데, 이를

91) 근저당권의 확정에 관하여 상세한 것은 金載亨, 根抵當權研究(註 15), 236-277면.

규정하고 있지는 않다.

한편 개정안 제357조의 10 제 1 항 제 4 호는 제 3 자가 경매신청 등을 한 경우에 관한 것이다. 제 3 자에 의한 저당부동산에 대한 경매절차의 개시 또는 체납처분에 의한 압류가 있는 경우에 근저당권자가 그 사실을 안 날로부터 2주간이 경과하면 확정된다고 규정하고 있다(改正案 제357조의 10 제 1 항 제 4 호). 제 3 자에 의한 경매절차의 개시 또는 압류가 있는 때에 그 확정시기에 관하여 경매개시결정시라는 견해, 경락대금납부시라는 견해, 근저당권자가 경매개시 또는 압류가 있음을 안 때라는 견해가 있고, 대법원[92]은 경락대금완납시에 확정된다고 판결하였으나, 많은 문제점이 있다. 결국 이 문제는 입법에 의하여 해결해야 할 문제인데, 改正案이 확정시점을 명백히 하였다.

그리고 채무자 또는 근저당권설정자가 破産宣告를 받은 경우(改正案 제357조의 10 제 1 항 제 5 호)를 확정사유로 규정하고 있다. 현행법하에서도 파산선고를 확정사유로 볼 수 있으므로, 이를 명확히 한 것으로 볼 수 있다. 다만 회사정리절차의 개시가 확정사유인지에 관하여 학설상 논란이 있으나, 최근 실무는 확정설을 따르고 있다.[93] 대규모 회사에 대하여 회사정리절차가 개시되는 경우가 많아 이 문제가 점점 중요한 문제로 되고 있는데, 회사정리절차개시도 확정사유로 규정하는 것이 바람직하다고 생각한다.[94]

92) 大判 1999. 9. 21, 99다26085(공 1999, 2200).

93) 金載亨, 根抵當權硏究(註 15), 265면.

94) 위 민법개정위원회의 제 1 소위원회에서도 회사정리절차의 개시를 확정사유로 규정하기로 하였다고 한다.

XI. 債權最高額의 減額請求

1. 改 正 案

⑴ 改正案 第357條의 11(債權最高額의 減額請求)

"① 원본의 確定 後에는 根抵當權設定者는 그 根抵當權의 債權最高額을 現存하는 債務額과 이후 1年間 發生할 利子 其他 定期金 및 債務不履行으로 인한 損害賠償으로 減額할 것을 請求할 수 있다.

② 원본의 確定 前에도 根抵當權設定者는 債權最高額이 被擔保債權으로부터 發生이 예상되는 債權額을 顯著히 超過하는 때에는 그 豫想額의 範圍로 減額을 請求할 수 있다."

⑵ (修正假案) 第357條의 12(債權最高額의 減額請求)

"① 元本의 確定 前에 根抵當權設定者는 債權最高額이 被擔保債權으로부터 發生이 豫想되는 債權額을 不當히 過多한 때에는 그 豫想額의 範圍로 減額을 請求할 수 있다.

② 元本의 確定 後에도 根抵當權設定者는 그 根抵當權의 債權最高額에 대하여 現存하는 債務額과 以後 1年間 發生할 利子 그 밖의 定期金 및 債務不履行으로 因한 損害賠償으로 減額할 것을 請求할 수 있다."

2. 確定 후의 最高額減額請求의 필요성

근저당권은 확정 후에도 저당권으로 전환되는 것은 아니고, 확정 후의 새로운 채권이 근저당권에 의하여 담보되지 않을 뿐이다.[95] 그리하여 확정 후에 발생하는 이자, 지연이자도 최고액을 한도로 근저당권에 의하여 담보된다. 따라서 확정 후에 근저당권설정자가 저당권으로 전환하여 달라는 청구를 할 수는 없다. 그런데 확정 후의 피담보채권액이 최고액에 미치지 못하는 경우에 그 부동산의 담보가치가 사장되

95) 金載亨, 根抵當權硏究(註 15), 276면.

고 있다고 볼 수 있다. 그리하여 改正案 제357조의 11은 근저당권설정자에게 최고액감액청구권을 인정하고 있다. 특히 "資産流動化에 관한 法律"(제7조의 2)에서 근저당권자가 피담보채권의 확정을 통지할 수 있는 제도를 신설하였는데,[96] 이러한 경우에 적어도 근저당권설정자에게 최고액감액청구를 인정하여야 할 것이다.

감액청구의 범위는 감액청구시에 현존하는 피담보채권과 그 때로부터 1년간[97]에 생기는 이자, 지연이자를 더한 액으로 감액할 수 있도록 하였다. 이 때 1년간이라는 기간이 적절한지는 경매실무와 관련하여 검토할 필요가 있다.

3. 確定 전의 最高額減額請求의 문제점

改正案 제357조의 11 제2항에 의하면 확정 전에도 근저당권설정자는 채권최고액이 피담보채권으로부터 발생이 예상되는 채권액을 현저히 초과하는 때에는 그 예상액의 범위로 감액을 청구할 수 있다. 장래에 발생할 채권액을 지나치게 초과한 액을 최고액으로 정함으로써 설정자의 이익을 해할 우려가 있으므로 이와 같은 폐단을 방지하기 위한 것이라고 한다. 경제현실에 있어 근저당권자는 은행 등 경제적 강자이고 설정자는 일반서민 등 경제적 약자인 경우가 보통이고 지나치게 과다한 액의 최고액을 설정하여 두는 것이 관례임에 비추어 이러한 경제적 약자 보호를 위하여 신설한 규정이다. 다만 어떠한 경우에 현저한 것인지는 추후 판례와 학설에 맡기기로 하고 구체적으로 이를 규정함은 입법기술상의 어려움이 있어 다소 불확정한 개념을 사용한 것

96) 이 규정의 문제점에 관하여는 金載亨, "資産流動化에 관한 法律의 現況과 問題點," 人權과 正義 2001년 1월호, 104면 참조.

97) 日本民法의 경우는 2년으로 되어 있는데, 抵當權規定과 관련된 것이다. 우리 민법 제360조 단서는 지연배상은 1년분에 한하므로 이와의 조화를 위하여 1년간으로 정한 것이라고 한다.

이라고 한다.[98)]

이러한 규정을 둘 경우에 근저당권설정자와 근저당권자 사이에 많은 분쟁이 발생할 우려가 있다. 개정이유에서 근저당권을 설정할 때 지나치게 과다한 액의 최고액을 정하는 것이 관례라고 한다. 통상 금융기관에서 실제 대출금의 150%를 최고액으로 정한다고 하는데, 이것이 지나치게 과다하게 최고액을 정한 것이라고 볼 수 있는지 의문이다. 그리고 改正案의 규정이 불명확하여 신의칙이나 민법 제103조나 제104조를 적용함으로써 해결하는 것과 비교하여 크게 다를 것이 없는 것으로 생각된다. 좀더 신중하게 검토할 필요가 있는 조항이다.

Ⅻ. 結　　論

우리 민법전이 외국의 입법례를 본받은 것은 어쩔 수 없었던 일이기도 하지만, 민법 제정 당시 신설된 조문을 볼 때마다 그 유래가 어디에 있든지 상관 없이 소중함을 느낀다. 근저당권에 관한 제357조도 그러한 규정들 중의 하나이다. 우리 민법의 근저당권에 관한 규정을 개정하면서 1971년에 신설된 일본민법의 규정에 지나치게 의존할 필요는 없다. 擔保制度는 합리적 사고가 낳은 산물이라는 일반적인 통념과는 달리, 거래현실과 법률제도에 따라서 매우 다양한 모습을 띠고 발전해 왔다. 법률을 개정하고 새로운 제도를 도입하려면, 먼저 기존의 제도를 명확히 인식하고, 새로운 제도에 어떠한 기능을 담당하게 할 것인지를 분명히 해야 한다. 이러한 점을 고려하지 않고 선진제국의 제도를 그대로 도입하는 것은 많은 혼란을 초래할 것이다. 또한 자본주의사회에서는 신용과 그 담보수단은 복잡할 수밖에 없다.[99)] 따라서

98) 李相京(註 8), 84면.

99) Stürner(註 54), S. 378에 의하면, "죽은 경제(tote Wirtschaft)하에서만 신

담보에 관한 규정을 지나치게 단순화하려는 시도는 바람직하지도 않고 실패할 수밖에 없다고 생각한다.[100)]

근저당권에서 근저당권자, 근저당권설정자, 채무자, 후순위저당권자 등의 이해관계가 대립하게 된다. 이들의 이해관계를 어떻게 조정할 것인지는 해석론이든 입법론이든 매우 중요한 문제이다. 근저당권에서 피담보채권의 범위를 가급적 제한적으로 보아야 한다는 견해에는 根抵當權者가 근저당권설정자에 비하여 經濟的 強者라는 인식이 깔려 있다. 그리하여 근저당권자의 횡포로부터 근저당권설정자를 보호해야 한다는 것이다. 그러나 근저당권을 지나치게 규제하는 것은 근저당권의 효용을 떨어뜨리는 결과를 초래할 수 있다. 개정위원회는 근저당권에 관한 개정에서 유념해야 할 원칙으로 채무자와 근저당권설정자를 근저당권자의 횡포로부터 보호하고, 근저당권의 이용에 대한 지나친 제약이 되지 않도록 채무자측과 근저당권자간의 이해를 조정하며, 후순위담보권자, 제 3 취득자 등 제 3 자와 관련하여 거래의 동적 안정을 고려한다는 것을 들고 있다.[101)] 이러한 원칙에 찬성한다. 다만 기본원칙이 구체적인 改正案에서 실현되고 있는지는 항상 처음으로 돌아가 熟考를 거듭할 문제이다.

(저스티스 제34권 제 1 호(2001. 2), 107-138면;
民事法學 제20호(2001. 7), 91-135면 所載)

용제도와 그 담보제도가 단순하게 되어 있다. 이것은 舊 동독의 민법전(ZGB)을 보면 명백하다"고 한다.

100) 金載亨, 根抵當權硏究(註 15), 286면.

101) 李相京(註 8), 49면.

10. 物權法 改正에 관한 意見
—2001년 民法改正試案을 중심으로—

I. 序　　論

우리 民法은 1958년 2월 22일 제정·공포되어 1960년 1월 1일부터 시행되고 있다. 그 후 가족법 부분은 여러 차례 개정되었지만, 재산법 부분은 1984년에 전세권과 구분지상권에 관한 규정이 개정된 것에 불과하여 큰 변화가 없었다. 민법은 우리 사회의 틀을 형성하는 기본법이기 때문에, 이를 개정함에 신중을 기한 것이라고 볼 수 있다. 그러나 우리 사회는 지난 40여 년 동안 급격하게 변화하여 왔다. 법은 사회현실을 반영하는 것이고, 사회현실을 반영하지 못하는 법은 규범력을 잃게 된다. 사회현실에 맞도록 민법을 개정하여 민법이 현실규범력을 갖도록 하여야 한다.

법무부는 1999년 2월 민법 중 재산법 부분에 관한 개정작업에 착수하여 각계의 의견을 수렴하고 법무부 산하 민법개정특별분과위원회를 구성하여 민법개정시안을 마련하였다.[1] 이 안은 2001년 11월 발표되었고, 2001년 12월 13일과 14일에는 민법(재산편)개정 공청회가 개

1) 이번 민법개정작업과 관련하여 민법개정위원들의 글이 발표된 바 있다. 물권법과 관련해서는 李銀榮, "物權法改正의 草案," 民事法學 제19호, 2001, 116면 이하; 李相京, "根抵當權改正에 관한 立法論的 硏究," 法曹 2000년 8월호, 48면 이하; 李英俊, "民法改正方向," 人權과 正義 2001년 2월호, 21면 이하 참조.

최되었다.[2] 개정시안이 민법개정에 관한 요청을 충분히 수용하고 있는 것은 아니지만, 종래의 우리 민법개정작업과 비교해 보면 이번 민법개정작업은 그 포괄성으로 인하여 매우 중대한 의미를 가질 것이다.

여기에서는 민법개정시안에 포함된 내용 중에서 물권법 부분에 관하여 개별적으로 검토하고자 한다. 개정시안에 관하여 조금이라도 의문을 제기하는 것이 좀더 나은 민법전을 마련하는 데 보탬이 되리라는 기대에서 생각나는 대로 의문을 제기하고자 한다. 다만 개정시안에 찬성하거나 문제점을 찾지 못한 부분에 관하여는 의견을 밝히지 않았다.

Ⅱ. 假登記의 效力

개정시안은 민법 제187조의 2를 신설하여 '假登記의 效力'이라는 표제로 "假登記 이후에 이루어진 目的物에 대한 處分은 그 가등기에 의하여 保全되는 權利를 侵害하는 한도에서 효력이 없다"고 규정할 것을 제안한다.

우리 나라에서 가등기와 그 효력에 관하여는 부동산등기법 제3조, 제6조 제2항에서 규정하고 있다. 특히 부동산등기법 제6조 제2항은 본등기 후의 가등기의 효력에 관하여 "假登記를 한 경우에 本登記의 順位는 假登記의 順位에 의한다"고 규정하고 있다. 그러나 본등기 전의 가등기의 효력에 관하여는 아무런 규정을 두지 않고 있다. 이것은 일본의 부동산등기법을 따른 것이다. 그런데 본등기 전의 가등

2) 法務部에서 2001년 12월에 발행한 '民法(財産編)改正 公聽會'라는 책자에 개정시안과 이에 관한 발표 및 토론요지가 실려 있다. 당시 필자는 한국민사법학회의 추천을 받아 위 개정시안 중 물권편에 관한 지정토론을 하였는데, 그 요지가 위 책자(146-163면)에 실려 있다. 이 글은 당시의 토론내용을 수정·보완한 것이다.

기의 효력에 관해서도 독일민법 제883조 제 2 항[3)]과 동일한 규정을 두어야 한다는 주장이 제기되었다.[4)] 위 개정시안은 위와 같은 주장을 받아들인 것이라고 볼 수 있다. 이러한 규정을 신설하는 것에는 찬성한다. 독일에서는 위 규정을 保全의 效力(Sicherungswirkung)을 정한 것으로 이해하고 있다. 즉 부동산에 가등기를 하였다고 하더라도 그 소유자는 처분권을 보유하지만, 그 처분은 가등기권리자에 대해서는 상대적으로 무효이다. 물론 가등기에 의하여 보전되는 권리를 침해하는 한도에서 무효이기 때문에, 그러한 권리를 침해하지 않는 처분은 유효하다.[5)] 우리 나라에서도 가등기에 관하여 위와 동일하게 해석하고 있으나, 이에 관한 명문의 근거규정을 두는 것이 바람직할 것이다.

그러나 법체계상 본등기 후의 가등기의 효력에 관한 규정, 즉 현행 부동산등기법 제 6 조 제 2 항의 규정도 민법에 포섭하는 것이 바람직하다고 생각한다. 본등기 전의 가등기의 효력에 관한 규정이든, 본등기 후의 가등기의 효력에 관한 규정이든 가등기의 효력에 관한 규정으로서 서로 매우 밀접한 관련성이 있다. 그런데도 다른 법률에 분산하여 규정하는 것은 법체계의 통일성에 배치된다. 그리고 위 두 규정은 물권행위의 효력에 관한 것이기 때문에 주로 등기절차법에 관한 규정으로 구성된 부동산등기법에 두는 것은 바람직하지 않다.

또한 개정시안의 문구도 좀더 다듬을 필요가 있다. 개정시안 제187조의 2에서 '목적물'은 부동산등기법 제 3 조에서 '제 2 조 각호의 어느 하나에 해당하는 권리'(각호: 소유권, 지상권, 지역권, 전세권, 저당

---

3) 이 규정은 "가등기 후에 부동산이나 권리에 관하여 한 처분은 청구권을 좌절시키거나 침해하는 한도에서 효력이 없다"고 규정하고 있다.

4) 郭潤直, "假登記制度," 서울대학교 法學 제22권 제 1 호(1981. 3), 33면(同, 厚巖民法論集, 박영사, 1991, 420면). 다만 이 견해는 이를 청구권보전의 효력이라고 설명하나, 李英俊, 物權法, 신정판, 2001, 218면은 이를 상대적 효력을 정한 데 불과하다고 한다.

5) Baur/Stürner, Lehrbuch des Sachenrechts, 1992, § 20 Ⅳ.

권, 권리질권, 임차권)에 상응하는 것인데, 이와 같이 다른 용어를 사용하는 것이 바람직한 것인지 의문이다. 특히 목적물은 물건을 의미하는 것으로 생각될 수 있으나, 가등기에 의하여 보전되는 권리에는 부동산뿐만 아니라 부동산 위에 설정된 권리를 포함하기 때문이다. 그리고 '이루어진'이라는 용어가 수식하는 것이 '처분'이라는 용어를 가리키는데도 '목적물'이라는 용어 앞에 놓여져 있어 문장이 매끄럽지 못하다.

Ⅲ. 占有制度

1. 占有의 態樣

(1) 改正試案은 민법 제197조 제 1 항을 "占有者는 善意, 平穩 및 公然하게 占有한 것으로 推定한다"고 수정하고, 제 2 항을 신설하여 "占有者는 所有의 意思로 占有한 것으로 推定한다. 그러나 占有者가 所有權取得의 原因이 될 수 있는 要件이 없음을 알면서 占有를 開始한 때에는 그러하지 아니하다"라고 규정할 것을 제안한다.

(2) 개정시안은 취득시효에 관한 대법원판례를 수용한 것이다. 대법원 1997.8.21. 선고 95다28655 전원합의체판결(공 1997, 2501)은 "점유자가 점유개시 당시에 소유권취득의 원인이 될 수 있는 법률행위 기타 법률요건이 없이 그와 같은 법률요건이 없다는 사실을 잘 알면서 타인 소유의 부동산을 무단점유한 것임이 입증된 경우에는 특별한 사정이 없는 한 점유자는 타인의 소유권을 배척하고 점유할 의사를 갖고 있지 않다고 보아야 할 것이므로 이로써 소유의 의사가 있는 점유라는 추정은 깨어졌다"고 판결하였다. 이 판결은 취득시효가 지나치게 넓게 인정되는 것에 대한 반성에서 부동산에 관한 점유취득시효를 엄격하게 인정하려는 것이다. 이 판결의 이론구성에 관하여 논란은 있으나, 결론

에 대하여는 대체로 찬성하는 견해가 압도적이다.[6] 개정시안 제197조 제2항 단서는 이 판결의 문언을 다소 수정하여 마련된 것이다. 그런데 이 판결의 내용을 그대로 입법하는 것은 재고할 필요가 있다.

(3) 먼저 악의의 무단점유를 타주점유로 보아야 하는지에 관하여는 논란의 여지가 있다. 악의의 무단점유자에게는 소유의 의사가 없다고 볼 수 있는 경우가 대부분이지만, 항상 소유의 의사가 없는 것은 아니다. 즉 악의의 무단점유와 타주점유는 논리적으로 구분될 수 있다.[7] 예컨대 절도범이 훔친 물건을 점유하는 경우에 악의의 무단점유이지만 자주점유에 속한다.

한편 개정시안은 악의의 무단점유의 경우에는 소유의 의사에 관한 추정이 깨질 뿐이라고 규정하고 있기 때문에, 악의의 무단점유임에도 불구하고 소유의 의사가 있다는 점에 관하여는 점유자에게 입증할 여지가 있다고 해석할 수도 있을 것이다. 그런데 이와 같은 입증책임의 분배가 적절한지는 의문이다. 오히려 부동산의 소유자가 점유자의 점유가 무단점유라는 것을 입증하면 소유의 의사에 관한 추정이 깨어지는 것으로 하고, 점유자가 무단점유라는 점을 몰랐다는 점을 입증하도록 하는 것이 바람직할 것이다. 위 전원합의체판결은 민법 제197조 제1항에서 소유의 의사를 추정하고 있기 때문에, 악의의 무단점유의 경우에 소유의사의 추정이 깨어진 것이라고 한 것이다. 그러나 민법을 개정하는 단계에서는 좀더 나은 다른 선택을 할 수도 있는 것이다.

---

6) 李東明, "90年代 物權法 判例 回顧," 民事判例硏究 제22집, 2000, 711면; 金載亨, "2001年度 民法判例의 動向," 人權과 正義 2001년 5월호, 65면.

7) 李英俊(註 4), 2001, 454면; 宋德洙, "惡意의 無斷占有와 取得時效," 人權과 正義 1996년 11월호, 37면. 위 전원합의체판결의 소수의견도 악의의 무단점유와 소유의 의사는 직접적인 관련이 없다고 한다. 즉 점유취득시효에서는 점유자가 선의임을 그 요건으로 삼지 않고 있어 악의의 점유자도 자주점유라면 시효취득을 할 수 있는 것이므로, 위와 같은 법률요건이 없다는 사실을 잘 알면서 점유한다는 것은 그 점유가 악의의 점유라는 것을 의미하는 것일 수는 있어도 그 점유가 자주 또는 타주점유인지 여부와는 직접적인 관련이 없다는 것이다.

(4) 다음으로 위 대법원전원합의체 판결은 부동산의 점유취득시효에 관한 것이나, 개정시안은 악의의 무단점유의 경우에 소유의 의사에 관한 추정을 깨뜨리는 방식으로 규정하고 있다. 개정시안에 따르면 동산의 경우에도 악의의 무단점유의 경우에는 소유의 의사가 없는 것으로 된다. 따라서 동산에 관한 취득시효나 무주물선점[8]에 관해서도 개정시안의 위 규정이 적용될 것이다. 따라서 개정시안 제197조 제 2 항 단서에 따르면 무주의 동산에 관하여 소유권취득의 원인이 될 수 있는 요건이 없음을 알면서 점유를 개시한 경우에는 소유의 의사가 추정되지 않는 결과가 된다. 그러나 무주동산의 경우에는 악의의 무단점유라고 하더라도 소유의 의사를 인정하여 무주물선점을 인정해야 할 것이다.[9]

그리하여 부동산 점유취득시효에 관한 제245조 제 1 항에 '선의이며 과실 없이'라는 요건을 추가하는 방안[10] 또는 선의를 추가하는 방안[11]이 나은 것이 아닌가 생각된다. 성립요건주의를 취하는 현행 민법 아래에서는 등기 없이는 자신이 소유자라는 데 대한 선의나 무과실은 성립하기 어렵다. 이 점을 고려하여 개정위원회에서 점유취득시효의 요건에 선의, 무과실을 추가하는 방안을 채택하지 않았다고 한다.[12] 부동산 점유취득시효의 경우에 선의, 무과실을 추가하면 점유취득시효가 인정되는 범위가 좁아질 것이다. 그러나 입법정책적으로 부동산에

8) 민법 제252조 제 1 항은 "無主의 動産을 所有의 意思로 占有한 자는 그 所有權을 取得한다"고 규정하고 있다.

9) 무주물점유와 관련된 문제를 지적하고 있는 것으로는 李英俊(註 1), 22면; 姜台星, "占有權 · 所有權에 관한 民法改正方向," 民事法學 제20호, 2001, 502면.

10) 李銀榮, "物權法 改正案에 관한 主題發表," 법무부 편, 民法(財産編)改正公聽會(2001. 12), 86면에 의하면, 이 방안이 개정위원회에서 소수의견이었다고 한다.

11) 民法改正方向에 관한 座談會, 人權과 正義 2001년 1월호, 30면(安法榮 발언 부분).

12) 尹眞洙, "민법 중 법인, 물건 및 소멸시효, 취득시효에 관한 개정예비안," 民事法學 제19호, 2001, 55면; 李銀榮(註 1), 129면.

관하여 등기된 소유자가 있는데도 점유취득시효를 인정하는 것은 극히 예외적으로만 인정하여야 할 것이다.

(5) 만일 현행 개정방안을 고수하더라도 '所有權取得의 原因이 될 수 있는 要件'이라는 표현은 어색하다. 학설과 판례에서 소유의 의사는 점유권원의 성질에 따라 판단하여야 한다고 하는데, 권원이라는 표현을 사용하는 것이 좋으리라고 생각한다. 개정시안은 점유개시시에 악의의 무단점유인 경우에만 소유의사의 추정을 번복하고 있다. 그러나 논리적으로 보면 점유를 개시한 경우에만 문제되는 것은 아니기 때문에, '점유를 개시한'이라는 표현도 수정하여야 한다. 그리하여 '所有權取得의 原因이 될 수 있는 要件이 없음을 알면서 占有를 開始한 때'라는 표현을 수정하여 '소유권을 취득할 수 있는 권원이 없는 때'(소유자가 무단점유를 입증하면 소유의 의사가 깨진다는 입장을 채택할 경우)라고 개정하든지, 아니면 '소유권을 취득할 수 있는 권원이 없음을 알면서 점유하는 때'(소유자가 악의의 무단점유를 입증하면 소유의 의사가 깨진다는 입장을 채택할 경우)라고 개정하는 것이 바람직하다.

2. 占有物收去의 忍容

(1) 改正試案은 제204조의 2를 신설하여 '占有物收去의 忍容'이라는 표제 아래 다음과 같이 규정할 것을 제안한다. "① 物件이 占有者의 지배를 벗어나 타인이 점유하는 부동산에 있는 경우에 그 물건에 대한 점유가 성립하지 아니한 한 그 不動產의 占有者는 그 物件의 占有者가 이를 收去하는 것을 忍容하여야 한다. 그러나 그 부동산의 점유자가 그 收去로 인하여 그 占有 또는 生活의 安穩을 妨害받을 憂慮가 있거나 그 밖에 收去를 拒絶할 상당한 이유가 있는 경우에는 그러하지 아니하다. ② 제 1 항의 경우에 不動產의 占有者는 그 收去로 인하여 입은 損害의 補償을 청구할 수 있다."

(2) 어떤 물건이 점유자의 지배에서 벗어났지만 그 물건에 관하여 다른 사람의 점유가 성립하지 않은 경우에 그 물건의 점유자는 그 물건을 회수할 수 있어야 한다. 개정시안은 그러한 물건이 타인의 부동산에 있는 경우에 그 부동산의 점유자에게 수거에 관한 인용의무를 부과한 것으로, 독일민법 제867조에서 정한 점유자의 추급권(Verfolgungsrecht)을 수용한 것이다.[13] 예컨대 축구를 하다가 축구공이 이웃토지에 들어간 경우, 마당에 쌓아둔 모래가 이웃토지 안으로 들어간 경우에, 토지소유자의 점유가 성립하기 전에는 이 규정에 따라 토지소유자는 점유자가 축구공이나 모래를 가져가는 것을 인용하여야 한다는 것이다.[14]

위와 같은 유형의 분쟁이 법적으로 문제되는 경우가 드물기 때문에, 실제적인 필요성은 매우 적다. 따라서 이 개정시안의 의미는 학설의 대립을 해소하고 이론적인 완결성을 도모하는 데 있다고 볼 수 있다. 그런데 개정시안에는 표현이나 내용과 관련하여 몇 가지 문제가 있다. 첫째, 문장을 이해하기 힘들다. 둘째, '점유자의 지배를 벗어나'라는 표현은 점유자가 점유를 상실한 것으로 생각될 수 있다. 셋째, 어떤 물건이 타인의 '동산'에 들어간 경우도 있을 수 있기 때문에, '부동산'이라는 표현이 반드시 적확한 것은 아니다. 이 개정시안이 입법화되면 동산의 경우에 유추적용될 것이다. 넷째, 물건을 점유하고 있지 않은 소유자 사이에서 위와 같은 문제가 발생할 수도 있다. '물건의 점유자'가 물건을 회수하지 않는 경우에 소유자는 아무런 조치를 취할 수 없는지, '부동산의 점유자'는 회수에 반대하지 않는데, 부동산의 소유자가 이를 막을 경우에 어떻게 해야 하는지에 관하여 위 개정시안은 해결책을 제시하지 못한다. 다섯째, 부동산의 점유자가 개정시안 제204조의

13) 독일민법은 소유권에 관한 장에서도 추급권에 관한 규정을 두고 있다(제1005조). 姜台星(註 9), 507면은 이 수거권을 점유권에 관한 장뿐만 아니라 본권(특히 소유권)에 관한 장에서도 규정하는 것이 타당하다고 한다.

14) 이에 관한 학설 대립에 관하여는 郭潤直, 民法注解(V), 1992, 191면 이하(梁彰洙 집필부분)와 그 곳에 인용된 문헌 참조.

2 제 1 항 단서의 상당한 이유가 있다는 이유로 수거를 거절하는 경우에 해결책이 없다.

(3) 점유자의 수거권은 소유자뿐만 아니라 점유자에게도 인정할 필요가 있으므로 점유권에 관한 장에서 규정한 것이라고 한다. 그러나 이것은 상린관계에서 발생하는 문제와 매우 유사하기 때문에, 소유권에 관한 장에 규정을 두고, 점유자에게는 이를 유추적용하도록 하는 것이 바람직하다고 생각된다. 이러한 시각에서 다음과 같은 개정시안을 제시하고자 한다. 소유물방해배제청구에 관한 제214조의 다음이나 인지사용청구권에 관한 제216조 다음에 조문을 신설하여, 제 1 항으로 "소유자는 그 소유에 속한 물건이 놓여 있는 부동산의 점유자에 대하여 그 물건의 수거를 위하여 필요한 범위 내에서 그 부동산의 사용을 청구할 수 있다.[15] 그러나 이로 인한 손해가 가장 적은 방법을 선택하여야 한다"[16]고 규정하고, 제 2 항으로 "제 1 항은 소유자가 그 물건의 점유를 상실한 경우에는 적용하지 아니한다"고 규정하는 것이다. 이것은 민법 제216조를 참고하여 만들어 본 것이다.

Ⅳ. 所有制度

1. 生活妨害의 禁止

(1) 改正試案은 제217조의 표제를 '생활방해의 금지'로 수정하고, 그 내용을 다음과 같이 수정할 것을 제안하고 있다. "① 土地所有者는 煤煙, 熱氣體, 液體, 音響, 振動 其他 이에 類似한 것으로 이웃土地의

15) 현행 개정안대로 점유에 관한 장에서 규정한다면, "물건의 점유자는 그 물건이 놓여 있는 부동산의 점유자에 대하여 위 물건의 수거를 위하여 필요한 범위 내에서 그 부동산의 사용을 청구할 수 있다"고 규정할 수 있을 것이다.

16) 아니면 "그러나 이웃사람의 승낙이 없으면 그 주거에 들어가지 못한다."

使用을 妨害하거나 이웃居住者의 生活에 苦痛을 주지 아니하도록 適當한 措處를 할 義務가 있다. 토지의 占有者도 그가 스스로 그 措處를 취할 수 있는 境遇에는 前文에서 정하는 義務를 진다. ② 이웃居住者는 제 1 항의 事態가 그 土地의 通常의 用途에 적당하고 사회통념상 상당한 것인 때에는 이를 忍容할 義務가 있다. ③ 이웃토지의 居住者는 생활의 방해를 받을 염려가 있는 때에는 그 예방을 위하여 특정한 행위를 하지 아니할 것을 청구할 수 있다."

(2) 개정시안 제217조 제 1 항 제 2 문은, "토지의 점유자가 스스로 그 措處를 취할 수 있는 境遇에는 이웃거주자의 생활을 방해하지 않도록 적당한 조처를 할 의무를 진다"고 규정하고 있다. 토지의 점유자에게도 민법 제217조가 적용 또는 적어도 유추적용될 수 있기 때문에,[17] 이와 같은 규정을 할 필요가 있는지 의문이다.[18] 그리고 토지의 점유자가 아니라도 위와 같은 의무를 질 수도 있기 때문에 이 개정시안이 적절하지도 않다. 또한 민법 제217조 제 1 항에서 '조처'는 어감상 '조치'로 수정하는 것이 좋다고 생각한다. 개정시안을 유지할 경우에도 제 1 항 후문에서 '토지의 占有者도 그가'는 '토지의 점유자가'로 수정해도 될 것이다.

(3) 제 2 항을 개정하여 '이웃居住者는 제 1 항의 事態가 그 土地의 通常의 用途에 적당하고 사회통념상 상당한 것인 때'에 인용의무가 있다고 규정하고 있다. 이것은 인용의무에 관한 현재의 기준, 즉 '이웃토지의 통상의 용도에 적당한 것인 때'보다 더욱 엄격한 기준을 제시하고 있다. 그러나 현재보다 생활방해에 관한 인용의무의 요건을 더 엄격하게 할 필요가 있는지는 의문이다. 좁은 공간에서 더욱 많은 사람이 살아가야 하는 현대생활에서 점점 더 많은 생활방해가 불가피해지

17) 金載亨, "所有權과 環境保護—民法 제217조의 意味와 機能에 대한 檢討를 중심으로—," 韓國民法理論의 發展, 박영사, 1999, 308면.

18) 姜台星(註 9), 515면.

고 있다. 오히려 토지의 통상의 용도에 적당하지 않더라도 '사회통념상 상당한 것인 때'에는 인용의무를 인정해야 할 필요가 있다. 이 규정이 적용되는 생활방해의 범위를 어떻게 파악할 것인지에 관하여 논란이 되고 있지만,[19] 대법원판결에서도 토지의 통상의 용도라는 기준을 고수하기보다는 좀더 넓게 인용의무를 인정한 것으로 파악하고 있다. 따라서 이에 관하여 이번에 위와 같은 방식으로 개정하는 것은 바람직하지 않다.

한편 독일민법 제906조에서는 본질적 침해, 즉 중대한 침해에 대해서 소유자의 인용의무를 부과하고 손실보상으로 해결하고 있는데, 이러한 손실보상제도를 도입하는 것도 고려할 필요가 있다.

(4) 개정시안 제217조 제 3 항은 "이웃토지의 居住者는 생활의 방해를 받을 염려가 있는 때에는 그 예방을 위하여 특정한 행위를 하지 아니할 것을 청구할 수 있다"고 규정하고 있다. 이웃토지의 거주자는 제 1 항에 따라 토지의 사용을 방해하거나 생활에 고통을 주지 않도록 적당한 조치를 할 것을 청구할 수 있고, 위와 같은 방해예방을 위한 부작위청구도 이에 속하기 때문에, 굳이 이와 같은 규정을 할 필요가 없다. 개정시안과 같이 규정할 경우에 토지소유권에 기한 방해배제청구권과의 관계에 관하여 혼란을 불러일으킬 수도 있다. 또한 위와 같은 규정을 두더라도 제214조의 경우와 마찬가지로 "그 예방이나 손해배상의 담보를 청구할 수 있다"는 방식으로 규정해야 할 것이다.

2. 境界를 침범한 建築

개정시안 제242조의 2는 '境界를 침범한 建築'이라는 표제 아래 다음과 같이 규정하고 있다. "① 건축된 건축물이 그 건축시행자 또는 그 건물의 소유권을 취득하는 자의 故意 또는 重過失 없이 이웃토지의

19) 金載亨(註 17), 320면 이하.

경계를 침범한 경우에, 이웃토지의 소유자 그 밖의 권리자는 경계가 침범된 후 1년 내에 그에 대하여 異議를 提起하지 아니한 때에는 이를 忍容하여야 한다. 그러나 그 건물의 완성 후 제280조 제1항에서 정한 기간이 경과한 때에는 그러하지 아니하다. ② 제1항 본문의 경우에 이웃토지의 소유자는 건물의 소유자에게 경계가 침범된 토지 부분에 대하여 지료 상당의 보상 또는 그 매수를 청구할 수 있다."

이 개정시안은 독일민법 제912조의 越境建物에 대한 受忍義務를 다소 수정하여 도입한 것이다. 그런데 제1항 본문의 문장이 길어졌는데, 본문에서 '경계가 침범된 후 1년 내에 그에 대하여 異議를 提起하지 아니한 때에는'을 삭제하고, 이를 단서에 포함시키는 것이 나으리라고 여겨진다. 그리고 이 개정시안에서 '중과실'이라는 표현을 사용하고 있는데, 용어의 통일을 위하여 '중대한 과실'로 수정할 필요가 있다. 왜냐하면 우리 민법과 상법 등의 규정 중 중과실이 문제되는 경우에 모두 '중대한 과실'이라는 표현을 사용하고 있기 때문이다(민법 제514조, 제518조 단서; 어음법 제10조 단서, 제16조 제2항 단서 등).

V. 地 上 權

1. 地上權의 設定

(1) 개정시안 제279조의 2는 '地上權의 設定'이라는 표제 아래 "동일한 소유자에게 속하는 土地와 그 地上建物이 그 所有者를 달리하게 되는 때에는 그 建物所有者를 위하여 存續期間을 정하지 아니한 地上權設定契約이 체결된 것으로 推定한다"고 규정하고 있다.

(2) 관습상의 법정지상권은 동일인에게 속하였던 토지와 건물 중 어느 하나가 매매 기타의 원인으로 각각 소유자를 달리하게 된 때에,

그 건물을 철거한다는 특약이 없으면, 건물 소유자가 당연히 취득하게 되는 지상권이다. 이러한 법정지상권은 법률의 규정에 의한 물권취득이므로 등기를 요하지 아니하고, 토지소유자나 토지소유권을 전득한 제3자에 대하여도 등기 없이 지상권을 주장할 수 있고, 다만 이를 등기하지 아니하면 처분할 수 없다.

그러나 개정시안은 위와 같은 판례이론을 수정하여 지상권설정'계약'이 체결된 것으로 '추정'한다고 규정하고 있다. 당사자가 위와 같이 추정된 지상권설정계약에 따라 지상권설정등기를 한 경우에만 물권적 효력을 인정받을 수 있다고 한다. 이는 등기 없는 법정지상권을 최소화하고 당사자가 등기를 함으로써 공시방법을 갖추도록 유도하기 위한 것이라고 한다.[20)]

(3) 개정시안에 의하면 매매 등으로 토지와 건물의 소유자가 달라지는 경우에 지상권설정계약이 체결된 것으로 추정될 뿐이다. 위와 같이 지상권설정계약이 체결된 것으로 추정된 후 토지가 양도되느냐 혹은 지상건물이 양도되느냐에 따라서 지상권설정계약의 이행가능여부가 달라지게 되고, 이에 따라서 지상건물의 운명도 달라지게 될 것이다.

첫째, 동일인 소유의 건물과 토지에 대하여 그 소유 명의를 달리하게 된 후 토지의 소유권이 제3자에게 양도된 경우에는 건물의 소유자는 토지의 새로운 소유자에게 지상권설정계약의 효력을 주장할 수 없고, 지상권설정계약은 이행불능에 빠질 것이다. 제3자에게 지상권설정계약에 대하여 고의가 있는 경우에도 토지 소유권의 양도가 반사회적 행위로서 무효이거나, 불법행위가 성립할 가능성은 거의 없을 것이다.

둘째, 동일인 소유의 건물과 토지에 대하여 그 소유 명의를 달리하게 되는 사정이 발생한 후 건물의 소유권이 양도된 경우에는 통상 건물과 함께 지상권을 양도하기로 하는 채권적 계약이 있는 것으로 볼 수 있으므로, 건물양수인은 양도인을 대위하여 토지소유자에 대하여

20) 李銀榮(註 10), 93면.

지상권설정등기절차의 이행을 청구할 수 있을 것이다.

위와 같이 추정된 지상권설정계약 후 토지가 양도되느냐 혹은 건물이 양도되느냐에 따라서 지상건물의 운명이 완전히 달라지는 것이 타당한 것인지 의문이다.

(4) 개정시안에서 '동일한 소유자에게 속하는 土地와 그 地上建物이 그 所有者를 달리하게 되는 때'라는 표현을 사용하고 있는데, 소유자를 달리하게 된 원인이 매매 등 어떠한 것이든지 간에 동조의 적용을 받게 될 것이다. 종래의 판례에 의하면 강제집행, 공매처분으로 토지와 건물이 소유자가 달라지는 경우에는 관습법상의 법정지상권이 성립하는데, 이러한 경우에는 지상권설정계약이 없다는 것이 명백하기 때문에, 위와 같은 추정을 받지 못한다. 이러한 경우에는 민법 제366조의 경매의 개념을 확장해석함으로써 법정지상권에 흡수시키는 것이 바람직하다는 견해가 있다.[21] 그러나 현재 판례는 위와 같은 경우에도 관습상의 법정지상권이 성립한다고 보고 있기 때문에, 위와 같은 의도라면 강제집행 등의 경우에도 민법 제366조를 준용하도록 명시하는 것이 바람직하다.

그리고 개정시안의 규성은 매우 포괄적이어서 민법 제366조("저당물의 경매로 인하여 토지와 그 지상건물이 다른 소유자에 속한 경우에는 토지소유자는 건물소유자에 대하여 지상권을 설정한 것으로 본다") 등의 법정지상권의 요건을 포함하기 때문에 적절하지 않다. 따라서 위 개정시안을 유지하려면 요건을 한정하여 '동일한 소유자에게 속하는 土地와 그 地上建物이 매매 그 밖의 법률행위로 인하여 그 所有者를 달리하게 되는 때'라고 규정하여야 할 것이다.

(5) 매매 등으로 토지와 그 지상 건물의 소유자가 달라지는 경우에 지상권설정등기에 필요한 서류를 교부받는 것이 어려운 경우가 많을 것이다. 이러한 경우에 대비하여 손쉽게 지상권설정등기를 할 수 있는

21) 李英俊(註 4), 636면.

방안이 필요하지 않을까. 또한 위와 같이 지상권설정등기를 하지 못한 상황에서의 법률관계도 위 (3)에서 지적하였듯이 여전히 의문이다.

민법 제662조에 의하면 건물의 소유를 목적으로 한 토지임대차는 이를 등기하지 아니한 경우에도 임차인이 그 지상 건물을 등기한 때에는 제 3 자에 대하여 임대차의 효력이 생긴다고 규정하고 있다. 토지임대차의 경우에도 건물등기가 있으면 대항력을 갖는데, 개정시안대로 지상권설정계약을 한 것으로 추정되는 경우에는 건물에 관한 등기가 이루어져 있으므로 대항력이 있다고 규정하는 것이 균형이 맞을 것이다.

지상권설정등기가 이루어지지 않은 상황에서 위와 같이 추정된 지상권설정계약이 종료된 경우에 지상권자의 갱신청구권과 매수청구권에 관한 민법 제283조가 적용되지 않을 것이다. 그러나 이 규정이 유추적용될 것인지 문제될 수 있다. 건물 등의 소유를 목적으로 하는 토지임대차의 기간이 만료한 경우에 민법 제283조가 준용되는데, 지상권설정계약상의 채권자에게도 갱신청구권과 매수청구권을 인정하여야 할 것이다. 이에 관한 명시적인 규정을 두는 것이 바람직할 것이다. 또한 그 밖의 지상권에 관한 규정들이 지상권설정자의 채권자에게 적용될 것인지도 검토할 필요가 있다.

(6) 이 개정시안은 판례이론[22]을 토대로 성문화한 것이라고 볼 수 있다. 그러나 조문화하는 과정에서 판례이론을 지나치게 많이 수정한 결과가 되었다. 더군다나 관습법상의 법정지상권에 관해서도 지상권의 존속기간에 관한 민법 제281조가 적용되는데, 아래 2.항에서 보는 바와 같이 지상권의 존속기간이 대폭 단축되기 때문에, 관습상의 법정지상권제도는 대폭 수정된다. 이것은 현재의 부동산 권리관계에 매우 큰

22) 李銀榮(註 1), 135면은 大判 1986.5.27, 86다카62(공 1986, 813)를 들고 있다. 이 판결은 "토지와 지상 건물이 동일인의 소유에 속해 있다가 각각 그 소유자를 달리하게 되는 경우에 성립하는 관습상의 지상권은, 그 경우 당사자 사이에 건물을 철거하기로 하는 등의 특별조건이 없다면 토지소유자는 지상 건물 소유자에게 그 건물소유를 위한 지상권을 설정하여 주기로 한 의사가 있었던 것이라고 해석하여 인정되는 권리"라고 한다.

영향을 미치므로, 이에 관하여는 좀더 면밀한 검토를 한 후에 입법을 하여야 한다.

2. 地上權의 存續期間

(1) 민법 제280조는 제 1 항에서 지상권의 존속기간을 각호에서 정한 기간보다 단축하지 못한다고 하고, 제 2 항에서 그보다 단기간을 정한 경우에는 위 각호에서 정한 기간까지 기간을 연장하고 있다. 개정시안은 제280조 제 2 항 단서를 신설하여 지상권설정시에 건물 그 밖의 공작물이나 수목이 존재하는 경우에는 제 2 항의 적용을 배제하고 있다.[23)]

종래의 규정이 지나치게 경직되어 있었기 때문에 이를 개정할 필요는 있다. 그러나 개정시안에 의하면 지상권설정시에 건물이 있는 경우와 그렇지 않은 경우 사이에 차이가 지나치게 크다. 특히 신축 건물인 경우에는 건물이 없는 경우와 구분할 필요가 전혀 없다.

(2) 개정시안은 존속기간을 약정하지 않고 최단존속기간의 보장도 되지 않는 경우에는 지상권의 소멸통고를 함으로써 6 월 내지 2 년의 유예기간이 지나면 지상권이 소멸되도록 제안하고 있다(개정시안 제281조 제 1 항 단서 · 제 3 항 · 제 4 항). 이러한 개정시안에 의하면 관습법상의 지상권의 경우에는 지상권의 성립 당시 건물이 존재하여야 하므로, 최단존속기간이 보장되지 않아 많은 혼란이 초래될 우려가 있다.

한편 지상권이 소멸한 경우에 건물 기타 공작물이나 수목이 현존하는 때에 지상권자의 갱신청구권이 발생하는데(민법 제283조 제 1 항), 위 개정시안에 따른다면 지상권설정계약을 갱신하는 경우에는 최단존속기간을

23) 이 개정안은 제280조 제 2 항에 대한 단서로 규정되어 있으나, 제 1 항에 대한 단서로서의 의미도 있기 때문에, 입법기술상 제 1 항과 제 2 항 두 조문의 적용을 배제하는 방식으로 정해야 할 것이다. 즉 제280조 제 3 항을 신설하여 지상권설정시에 건물 그 밖의 공작물이나 수목이 존재하는 경우에는 제 1 항과 제 2 항을 적용하지 아니한다고 규정하는 것이 바람직하다.

보장하지 않는 것이 논리적으로 수미일관한 태도일 것이다. 그런데도 민법 제284조가 지상권설정계약을 갱신하는 경우 지상권의 최단존속기간을 보장하고 있는 것은 부당한 결과가 될 것이다. 따라서 개정시안의 의도를 관철한다면 제284조를 삭제하여야 할 것이나,[24] 개정시안에는 이 규정에 관하여 아무런 언급이 없다.

Ⅵ. 根抵當權

1. 概說 — 근저당권에 관한 기본시각의 문제

현재 저당권은 거의 이용되지 않고 근저당권만이 이용되고 있다고 해도 과언이 아니다. 그런데도 민법전에 근저당권에 관한 조문은 1개밖에 없기 때문에, 근저당권에 관한 여러 규정을 도입하는 것은 환영할 일이다. 筆者는 근저당권에 관한 개정방안에 관하여 종전에 이미 의견을 발표한 바 있다.[25] 그 후에 나온 개정시안이 다소 변경되었지만, 근본적인 태도가 바뀌지는 않았다.[26] 따라서 여기에서는 간략하게 개정시안 중 중요한 내용에 관해서만 의견을 밝히고자 한다.

근저당권에서 가장 핵심적인 것은 근저당권과 피담보채권의 관계이다. 개정시안을 마련하는 과정에서도 근저당권과 피담보채권의 관계를 어떻게 파악할 것인지에 관하여 민법개정위원들이 진지하게 논의하였다고 한다. 특히 피담보채권 없는 근저당권을 인정하여 독일식의 유통저당제도로 갈 것인지 아니면 피담보채권의 부종성과 수반성을 요구

24) 李銀榮(註 1), 135면.

25) 金載亨, "根抵當權에 관한 改正方案," 저스티스 제34권 제1호, 107면 이하(民事法學 제20호, 91면 이하에 수록. 이하의 인용은 이에 따른다).

26) 다만 李相京(註 1), 48면 이하와 李銀榮(註 10), 96면 이하를 비교해 보면, 개정안의 취지에 관한 설명이 대부분 비슷하지만 개별적인 내용에는 다소 차이가 있다.

함으로써 현행 저당권제도의 근간을 유지할 것인지를 검토한 결과, 후자의 입장을 취하기로 하였다고 한다.[27] 나아가 개정시안 제357조의 5는 근저당권의 양도를 피담보채권의 양도와 함께 하는 경우에 한해서 허용하고 있는데, 이를 담보물권의 수반성의 원칙을 관철하려는 것이라고 설명한다.[28]

그러나 근저당권에 관한 이러한 인식은 납득할 수 없다. 첫째, 피담보채권이 없는 근저당권을 인정한다고 해서 독일식의 유통저당제도를 도입하는 것이 아니다. 현재에도 근저당권이 담보하는 채권이 확정전에 일시적으로 소멸하더라도 근저당권은 유효하게 존속한다. 근저당권에 관한 민법 제357조의 규정은 일본의 근저당권 규정이 아니라 독일민법 제1190조의 最高額抵當(Höchstbetragshypothek)에 관한 규정을 본받은 것이다. 그런데 독일의 최고액저당은 유통저당이 아니라 保全抵當(Sicherungshypothek)에 속한다.[29] 둘째, 현행 민법의 근저당권에서 實行에 관한 부종성은 인정되지만, 소멸에 관한 부종성뿐만 아니라 성립 내지 발생에 관한 부종성도 문제되지 않는다.[30] 셋째, 우리 민법에서 근저당권에서 피담보채권이 확정되기 전에는 수반성이 인정되지 않는다. 개정시안 제357조의 7도 이를 명시한 것이다. 그 모델이 된 일본민법 제398조의 7에 관해서도 근저당권의 隨伴性을 부정한 것이라고 설명하고 있다.[31]

그리고 개정시안에 관한 설명을 보면, 일회적인 융자와 같은 특정한 채권을 목적으로 하는 근저당권은 그 등기 여하에 불구하고 보통지당권으로 파악하였다고 한다.[32] 이와 같이 본다면 현재의 금융실무에

27) 李銀榮(註 10), 96면.
28) 李銀榮(註 10), 101면.
29) 독일의 최고액저당에 관하여는 우선 金載亨, 根抵當權硏究, 박영사, 2000, 21-34면 참조.
30) 상세한 것은 金載亨(註 29), 114-117면 참조.
31) 我妻榮, 新訂 擔保物權法, 岩波書店, 1972, 500면.
32) 李銀榮(註 10), 96면.

커다란 영향을 미칠 것이다. 그런데도 이러한 경우에 당사자들이 저당권으로의 경정등기를 신청할 수 있다는 것인지, 근저당권설정등기는 무효로서 말소하고 새로이 저당권설정등기를 하여야 한다는 것인지, 근저당권설정등기를 유지하되, 다만 저당권설정등기로서 유효하다는 것인지 여부에 관하여는 아무런 설명이 없다.

2. 根抵當權의 被擔保債權

(1) 개정시안 제357조의 2는 '根抵當權의 被擔保債權'이라는 표제 아래 "根抵當權에 의하여 擔保되는 債權의 範圍는 特定의 繼續的 去來契約, 그 밖의 일정한 종류의 거래로부터 발생하는 債權 또는 特定의 原因에 기하여 繼續的으로 발생하는 債權에 한정된다"고 정하고 있다.

改正試案은 包括根抵當을 부정한 일본민법 제398조의 2 제 2 항·제 3 항을 수용한 것이다. 그리하여 근저당권의 피담보채권을 채권자와 채무자 사이의 거래에서 발생하는 모든 채권으로 정하는 것, 즉 거래포괄근저당도 허용되지 않는다. 그리고 일본민법 제398조의 2 제 3 항에서는 어음·수표상의 채권에 관하여는 그 유통성, 거래의 실정 등을 고려하여 근저당권설정자와의 합의에 의하여 이것을 피담보채권으로 하는 것을 인정하였으나, 개정시안에서는 어음·수표상의 채권을 피담보채권의 범위에 포함시키지 않고 있다.

(2) 결론부터 말하자면 일본민법의 위 규정을 도입할 필요가 없다고 생각한다. 따라서 이 규정을 삭제하거나 이를 유지하더라도 최소한 去來包括根抵當을 허용하는 방식으로 수정할 것을 제안한다.[33]

(가) 종래 근저당권에 관한 이론은 포괄근저당의 유효성에 집중되어 있었다. 아무런 제한 없이 '일체의 채권'을 담보한 包括根抵當도 유효

33) 이하의 내용은 金載亨(註 25), 100-114면을 요약하고 보완한 것이다.

하다는 單純有效說[34]과 당사자 사이의 일체의 채권을 담보하기로 하는 純粹한 包括根抵當은 무효이지만, 당사자 사이의 거래로 인하여 발생하는 채권을 담보한다는 정도의 포괄근저당은 유효하다는 限定的 有效說(制限的 有效說)[35]이 대립하고 있다. 포괄근저당은 무효라는 소수설[36]도 있다. 한정적 유효설도 거래포괄근저당을 허용하고 있기 때문에, 위 개정시안은 단순유효설뿐만 아니라 한정적 유효설도 배척하는 것이다. 현재의 해석론을 완전히 뒤엎어야 할 이유가 어디에 있는 것일까? 이 물음에 대한 대답은 아래 (다)항과 (바)항에서 보는 바와 같이 일본민법의 절대적인 영향을 빼고는 설명할 수 없다.

(나) 근저당권에서 소멸에 관한 부종성은 문제되지 않는다. 그런데 성립 내지 발생에 관한 부종성에 관하여는 논란의 여지가 있다. 이것은 근저당권설정 당시에 기본적인 법률관계 또는 기본거래관계가 반드시 존재하고 있어야 하는가라는 문제이다. 채권담보를 전제로 하지 않

---

34) 金曾漢, 物權法講義, 박영사, 1984, 446면; 金曾漢 · 金學東, 物權法, 제 9 판, 박영사, 1997, 569면; 金容漢, 物權法論, 再全訂版, 博英社, 1985, 591면; 權龍雨, 物權法, 法文社, 1993, 554면; 張庚鶴, 物權法, 法文社, 1985, 852면; 李根植, "包括根抵當," 法政 제20권 제12호(1965. 12), 9면; 金錫宇, "根抵當權에 관한 硏究," 漢陽大 法學博士學位論文, 1973, 59면 이하; 朴運吉, "包括根抵當에 관한 硏究," 淸州大 法學博士學位論文, 1991, 54면; 金載亨(註 29), 114-120면. 한편 李英俊(註 4), 874면은 한정적 유효설을 비판하면서 포괄근저당의 유·무효 문제는 실제로는 피담보채권의 범위의 문제로 귀착된다고 한 다음, 피담보채권에 거래상 생기는 채권 및 이러한 채권의 채무불이행에 의한 손해배상채권이 포함된다고 한다. 이 견해는 단순유효설과 거의 유사한 것으로 볼 수 있다.

35) 郭潤直, 物權法, 신정수정판, 박영사, 1999, 494면 이하; 金相容, 物權法, 전정판, 법문사, 1999, 765면 이하; 孫智烈, "包括根抵當約款의 解釋," 民事判例硏究(Ⅵ), 1984, 74면 이하; 朴在允, "包括根抵當約款의 解釋," 大法院判例解說 제 3 호, 1988, 23면; 民法注解(Ⅶ), 17면(朴海成 집필부분); 南潤鎬, "包括根抵當權," 司法行政 제192호(1976. 12), 47면.

36) 李珣徹, "物上保證人의 責任," 現代財産法의 諸問題(金基善博士古稀紀念), 법문사, 1987, 187면; 李珣徹, "約款法과 物上保證人의 책임," 司法行政 제325호(1988. 1), 100면; 裵炳日, "例文解釋과 約款의 規制에 관한 法律," 法律新聞 제2529호, 1996, 15면.

는 근저당권은 성립할 수 없지만, 구체적으로 채권을 지정할 필요 없이 어떤 채권을 담보하기 위하여 근저당권을 설정한다는 의사로 根抵當權設定契約을 체결했으면 그 契約은 유효라고 보아야 한다.37) 근저당권설정계약을 체결하고 그 등기를 한 경우에는 당사자들에게는 근저당권으로 어떤 채권을 담보하게 하려는 의사가 있다고 보아야 할 것이기 때문이다. 물론 그 채권이 성립한 것인지 여부는 상관 없다. 따라서 根抵當權에서 附從性이라는 것은 어떤 채권을 담보한다는 점, 근저당권실행시에 채권이 존재하여야 한다는 점에 있다고 해석할 수 있고, 근저당권설정시에 기본계약이 존재하여야 할 필요는 없다. 따라서 성립에 관한 부종성도 요구되지 않는다고 보아야 한다. 또한 根抵當權設定登記申請書에 단지 '根抵當權設定契約'이라고만 기재하면 충분하고(부동산등기법 제140조 제2항), 기본관계가 존재한다는 점을 밝힐 필요는 없다. 근저당권설정의 전제로서 당좌대월계약서, 어음거래약정서 등을 제출할 필요가 없다.

포괄근저당에 관한 한정적 유효설이나 무효설을 채택하는 견해는 근저당권의 부종성과 관련하여 이 문제를 다룬다. 그러나 포괄근저당의 유효성 문제는 피담보채권의 범위를 포괄적으로 하는 근저당권을 설정하는 것이 가능한지 여부에 관한 문제이다. 따라서 이 문제는 근저당권에서의 부종성 문제에 관한 입장에 따라 결론이 달라지는 것은 아니다.

(다) 비교법적인 관점에서도 包括根抵當을 금지할 이유는 없다.

獨逸에서는 最高額抵當을 부종성이 있는 保全抵當權의 일종으로 규정하고 있지만, '채권자와 채무자 사이에 발생하는 일체의 채권'을 담보할 수 있다고 본다. 최고액저당에서 被擔保債權의 範圍에 관하여 계속적 거래관계와 같은 기초관계(거기에서 개별적인 채권이 나온다)가

37) 실제로 채권을 담보하려는 의사가 없는 상태에서 근저당권을 설정하는 경우는 거의 없을 것이다.

기재될 수 있다. 그러나 最高額抵當은 채무의 발생원인을 기재하지 않고 채권자의 설정자 또는 제3자에 대한 현재와 장래의 모든 채권을 포괄적으로 담보하는 방식으로도 설정될 수 있다.[38] 이와 같이 모든 채권이 담보될 경우에는 등기부에 被擔保債權의 範圍를 기재할 필요가 없다고 한다.[39] 독일에서는 현재 최고액저당 등 저당권은 거의 이용되지 않고, 대부분 토지채무(Grundschuld)만이 이용되고 있다. 채권을 담보할 목적으로 이용되는 토지채무를 보전토지채무라고 하는데, 그 경우에도 채무의 범위를 포괄적으로 기재할 수 있고, 금융실무에서 양수금채권 등도 담보하는 것으로 기재하고 있다.

美國에서는 담보권인 Mortgage를 설정할 때 피담보채권의 범위를 포괄적으로 기재할 수 있다. 이와 같이 현재와 장래의 모든 채권을 담보한다는 조항을 포괄조항(dragnet clause)이라고 하는데, 이 조항은 원칙적으로 유효라고 한다.[40]

日本에서 民法 개정 전에는 포괄근저당의 문제를 주로 부종성과의 관계에서 다루었다. 그 이유는 당시에는 근저당권에 관한 근거조문이 없었기 때문에, 저당권의 부종성과 관련하여 포괄근저당권의 유효성 문제를 검토할 필요가 있었다고 볼 수 있다. 그러나 당시에도 포괄근저당 유효설이 다수설이었고, 하급심판결은 포괄근저당이 유효하다고 보았다.[41] 그 후 1971년 日本民法을 개정하여 근저당권에 관한 규정

38) BGH WM 1960, 919; Soergel-Baur §1190 Rn. 15f.; Erman-Räfle, §1190 Rn. 4; Palandt-Bassenge §1190 Rn. 4; Müller, *Sachenrecht,* 3. Aufl., 1993, 626; Brink/Petereit/Reinecker/Scheerer, *Kreditsicherheiten in europäischen Ländern, Teil I, Bundesrepublik Deutschland,* 1976, 146; Schwab/Prütting, *Sachenrecht,* 26. Aufl., 1996, 337; Wieling, *Sachenrecht,* 2. Aufl., 1994, 425; Westermann/Eickmann, *Sachenrecht, Ein Lehrbuch, Band II, Immobiliarsachenrecht,* 6. Aufl., 1988, 309.

39) Staudinger-Scherübl §1190 Rn. 19.

40) Nelson/Whitman, *Real Estate Finance Law,* 3rd, West Publishing Co., 1994, 937-943.

41) 東京高決 1957(昭和 32). 7. 17(高民集 제10권 제5호, 292면).

을 신설함으로써, 근저당권에는 발생·존속·소멸에 관한 부종성이 필요하지 않게 되었다. 그러나 정책적인 이유에서 包括根抵當을 명문으로 부정하였다. 그러나 일본에서 去來包括根抵當을 인정하지 않은 것에 대하여는 반대하는 견해가 많다.[42)]

㈑ 한정적 유효설이나 무효설은 이와 같이 포괄근저당을 인정한다면 경제적 약자인 채무자 또는 근저당권설정자에게 지나치게 불리한 결과가 발생한다고 한다. 특히 포괄근저당조항이 있는 약관으로 근저당권설정계약이 체결되는 경우에는 더욱 그러하다. 그러나 이것은 구체적인 포괄근저당권이 설정된 경우 그 피담보채권의 범위를 결정하는 단계에서 해결하면 된다.[43)] 이러한 관점에서 대법원판결을 세밀하게 분석해 보면 포괄근저당을 부정하든 긍정하든 실제 결과에서 큰 차이가 없다는 것을 알 수 있다. 이 때 피담보채권의 범위가 불확실하다는 문제가 있는데, 그 기준을 정립하기 위한 노력과 함께 피담보채권의 범위를 등기하도록 함으로써 어느 정도 해결할 수 있다.

그리고 根抵當權을 둘러싼 당사자들의 이해관계를 보면, 채무자는 어차피 채무를 변제해야 하기 때문에 피담보채무의 범위에 관하여 큰 이해관계가 없다.[44)] 근저당권의 피담보채권의 범위를 둘러싸고 분쟁이 발생하는 것은 오히려 선순위근저당권자와 후순위권리자 사이에서 많

42) 中馬義直, "根抵當權の設定と被擔保債權," 擔保法大系 第2卷, 金融財政事情研究會, 1985, 12면; 長谷川憲一, "根抵當權の設定と被擔保債權," 現代民事裁判の課題, 新日本法規, 1990, 319면.

43) 한정적 유효설에서는 피담보채권의 범위를 결정하는 문제에 별로 주의를 기울이지 않고 있는데, 이것은 근저당권설정자에게 불리한 결과를 초래할 수 있다. 즉 근저당권의 피담보채권의 범위를 포괄근저당의 유효성 문제로 해결할 수 있다는 견해를 따른다면, 피담보채권의 범위가 일률적으로 결정됨으로써 근저당권설정자로서는 뜻하지 않은 손해를 입을 수 있다.

44) 근보증 또는 계속적 보증의 경우에는 보증책임의 범위를 제한하는 판결례가 있다. 이러한 법리가 근저당권의 피담보채권의 범위에 대하여도 적용되어야 한다고 생각할 수 있다. 그러나 근저당권에서는 보증책임과는 달리 책임재산이 한정되어 있고, 책임한도도 최고액으로 제한되어 있기 때문에, 양자를 동일평면에서 다루어서는 안 된다.

이 나타난다. 그런데 선순위근저당권자와 근저당권설정자가 피담보채권을 높이거나 그 범위를 변경하면 후순위저당권자 등이 파악하는 담보가치도 변경된다. 따라서 後順位擔保權者는 담보목적물의 실제 가액중에서 先順位根抵當權의 최고액을 공제한 나머지를 남아 있는 담보가치로 파악할 것이다. 즉 후순위권리자는 선순위근저당권자에 의하여 최고액까지 가치를 先取당하는 것을 각오하고 행동하는 것이 통상이다. 또한 후순위담보권자가 선순위근저당권자에 비하여 경제적 약자라고 볼 수도 없을 것이다. 그러므로 채무자가 자신이 소유한 부동산에 관하여 근저당권을 설정한 경우에는 포괄근저당조항으로 인한 폐해는 크지 않을 것이다.

그러나 物上保證人은 피담보채무의 범위에 대하여 중대한 이해관계를 갖는다. 물상보증의 경우는 실제로도 채무자가 담보를 제공하는 경우에 비하여 담보의 범위를 제한하는 경우가 많을 것이다. 대법원판례에서 피담보채권의 범위가 문제된 사례의 대부분이 물상보증에 관한 것이었다. 물상보증의 경우를 채무자가 담보를 제공한 경우와 완전히 다르게 규율할 수는 없다. 그렇지만 물상보증인은 담보의 범위를 제한하려는 의사를 가지고 있는 경우가 많기 때문에, 포괄근저당약관의 내용과 다른 개별약정이 있는지를 판단하는 과정에서 이 점을 고려하여야 할 것이나. 그러나 이것도 물상보증인을 보호하기 위한 해석론이나 입법론을 전개할 일이지, 포괄근저당을 부인하여야 할 이유가 될 수는 없다.

포괄근저당조항을 제한적으로 인정해야 한다고 하면서도 포괄근저당을 금지함으로써 포괄근저당이 지니고 있는 경제적 효용을 무력화시키는 결과로 되어서는 안 될 것이라는 견해[45]를 주목할 필요가 있다. 상사회사나 대상인과 은행간의 계속적 거래와 관련된 담보에서는 포괄근저당의 효력을 전면 인정하는 것이 마땅하며 그 밖의 경우라도 필요

45) 孫智烈(註 35), 86면.

가 있다면 널리 포괄근저당을 인정해야 할 것이라고 한다. 또한 저당증권제도나 투자저당제도가 인정되지 않는 현실에서 포괄근저당을 이용하는 것을 비합리적인 것으로 볼 수만은 없다. 현재 포괄근저당은 등기비용과 시간을 절감하게 하는 기능도 수행하고 있는 것이다. 개정시안에 의하면 이미 발생한 채권을 앞으로 발생할 다른 종류의 채권과 함께 근저당권의 피담보채권으로 삼을 수 없게 될 것이다.

(마) 우리 나라에서 양도담보나 가등기담보를 설정할 때 피담보채권의 범위를 포괄적으로 기재하는 것을 막는 규정은 그 어디에도 없다. 양도담보나 가등기담보의 경우에는 최고액을 정하지도 않는 점과 비교하면, 근저당권의 경우에는 최고액을 정한다는 점에서 합리적이다. 그런데도 양도담보나 가등기담보와 달리 포괄근저당을 규제하여야 할 것인지는 의문이다. 민법에서 포괄근저당을 부정할 경우에 거래계에서 이러한 규제를 회피하려는 양상이 발생할 수 있고, 이것은 불합리한 결과를 초래할 수 있다.

(바) 위에서 보았듯이 우리의 학설에서 포괄근저당을 부정하는 것이 다수설인 것도 아니고, 더군다나 거래포괄근저당을 부정하는 견해는 매우 드물다. 등기실무나 경매실무에서는 오히려 포괄근저당의 유효를 전제로 하고 있다. 그리고 포괄근저당을 부정하는 것이 세계적인 추세도 아니다. 다만 1971년에 개정된 일본민법에서 포괄근저당을 정책적인 이유로 부정하였다. 2000년대에 우리 민법을 개정하면서 굳이 일본에서 30년 전에 채용한 제도를 그대로 수용하여야 할 것인가? 포괄근저당, 특히 거래포괄근저당을 부정한 것에 대하여는 일본에서도 비판이 제기되고 있다. 또한 포괄근저당을 금지하더라도 적어도 금융기관의 근저당실무가 실질적으로 바뀔 가능성은 크지 않다. 금융거래에서 이용되는 포괄근저당권은 여신거래에서 발생하는 채권을 담보하는 것으로 정하고 있고, 위 규정을 회피하기 위한 수단이 등장할 것이기 때문이다. 따라서 포괄근저당을 금지함으로써 금융기관의 횡포를 막으려

는 의도를 달성할 가능성은 전혀 없다고 해도 과언이 아니다. 이에 반하여 금융거래에서 담보권의 유통성을 확보하는 것이 중요하고도 어려운 과제로 등장하였는데, 포괄근저당을 부정하는 것은 근저당권의 유통성을 해칠 위험을 내포하고 있다.

일본에서와 같이 법률로써 피담보채권의 자격을 제한함으로써 포괄근저당을 부정할 필요는 없다. 적어도 거래에서 발생하는 채무를 포괄적으로 담보하는 포괄근저당은 허용되어야 한다. 이것까지 부정하는 것은 담보제도의 발전방향과도 배치된다. 근저당권은 정도의 차이는 있지만, 포괄적으로 채무를 담보한다는 성격을 가지는 것이고, 포괄근저당과 근저당권을 구별하는 기준도 모호할 수밖에 없다. 이 때 근저당권자가 지나치게 많은 담보가치를 先取하게 된다는 문제점이 발생할 수 있다. 그리하여 근저당권설정자의 이익이 침해되고 담보목적물의 담보가치가 충분히 활용되지 못할 가능성이 있다. 그러나 이러한 문제는 가령 최고액감액청구제도 등 채권최고액을 규제하는 방안을 모색함으로써 해결하여야 하고, 포괄근저당을 부정하는 방식으로 해결하는 것은 바람직하지 않다고 생각한다.

(3) 개정위원회에서 개정안을 마련하는 기본방침 중 몇 가지를 들어보자. 현행법의 해석에 관하여 학설의 대립이 있는 사항을 입법에 의해 어느 한 방향으로 치우치도록 하는 것을 피한다. 대법원판례가 확고한 입장을 취하는 경우에 입법으로써 대법원의 판시내용을 뒤집지 않는다. 외국의 입법례를 참고로 하되 외국의 예를 맹종하지 않는다.[46] 그러나 이러한 방침이 이 규정에 관한 개정시안과 관련해서는 관철되지 않고 있다. 포괄근저당이 유효라는 견해가 여전히 많고, 대법원판례와 금융 및 등기실무가 포괄근저당, 적어도 거래포괄근저당을 유효로 보고 있다. 개정시안은 일본의 입법례를 거의 그대로 따른 것이지만, 독일과 미국에서는 포괄근저당을 유효로 보고 있다. 따라서 포괄근저

46) 李銀榮(註 10), 82면.

당을 금지하는 개정시안은 개정위원회의 기본방침에 어긋난다. 이 개정시안이 그대로 통과될 경우에 입법의도가 실현될 것인지 여부도 알 수 없다. 아마도 근저당권이 설정되고 있는 많은 경우에 다른 편법이 동원될 수도 있을 것이다.

(4) 根抵當權의 被擔保債權에 관하여는 등기부에 채권최고액을 기재하고 있을 뿐이고 피담보채권의 구체적인 범위를 公示하지 않고 있다.[47] 筆者는 부동산등기법을 개정하여 근저당권의 경우에도 피담보채권을 등기하여야 한다고 주장하였다.[48] 다양한 종류의 채권이 근저당권에 의하여 담보될 수 있고, 그 범위도 천차만별이다. 당사자는 피담보채권의 종류와 범위를 자유롭게 선택할 수 있다. 그런데 근저당권설정자와 근저당권자 사이에 피담보채권의 범위를 둘러싸고 많은 분쟁이 발생하고 있고, 後順位擔保權者 등은 先順位根抵當權이 담보하는 채권의 범위를 알 수 없는 문제점도 있다. 그러므로 당사자들이 객관적으로 피담보채권의 범위를 예측할 수 있는 기준을 마련할 필요가 있다. 그 손쉬운 방법이 피담보채권을 등기하는 것이다. 물론 피담보채권의 범위를 등기한다고 하더라도, 이로써 피담보채권의 결정문제가 완전히 해결될 수는 없다. 그러나 이와 같이 피담보채권을 등기함으로써 이것을 둘러싸고 발생하는 분쟁을 어느 정도 막을 수는 있다.

그런데 근저당권의 피담보채권에 관한 규정을 두는 이유가 근저당권의 피담보채권을 등기부에 기재하는 근거를 마련하기 위한 것이라고 생각할 여지가 있다. 그러나 근저당권의 피담보채권을 등기부에 기재하는 것은 改正試案 제357조의 2에서 被擔保債權의 範圍를 법정하는 것과는 아무런 관계가 없다.[49] 근저당권에 관한 현행 규정하에서도 不

47) 근저당권설정등기에는 채무자와 근저당권자, 최고액, 등기원인이 표시되는데, 등기원인으로는 '근저당권설정계약'이라고만 기재한다(부동산등기법 제140조 제 2 항).

48) 金載亨, "根抵當權에 관한 硏究," 서울대 법학박사학위논문, 1997, 285면; 金載亨(註 29), 288면.

49) 金載亨(註 25), 114면.

動産登記法 제140조 제2항을 개정하여 피담보채권의 범위를 등기사항으로 추가할 수 있다. 근저당권의 피담보채권을 등기하는 것은 근저당거래에 미치는 영향이 매우 크기 때문에, 부동산등기법을 개정하고 그에 따른 등기예규를 마련해야 할 것이다.[50] 다만 구체적으로 피담보채권의 범위에 관한 등기를 어떠한 방식으로 할 것인지는 좀더 검토할 필요가 있다.

3. 根抵當權의 讓渡

(1) 改正試案은 제357조의 5를 신설하여 '根抵當權의 讓渡'라는 표제 아래 다음과 같이 정할 것을 제안한다. "① 根抵當權者는 元本의 確定 前에 그 擔保할 債權과 함께 根抵當權 또는 그 持分을 讓渡할 수 있다. ② 根抵當權者는 그 根抵當權을 2개 이상의 根抵當權으로 分割하여 제1항의 규정에 따라 讓渡할 수 있다."

(2) 근저당권은 피담보채권이 확정된 후에는 이를 양도할 수 있다. 그러나 확정 전에는 근저당권을 양도하는 것이 곤란하다. 물론 현행법에서도 근저당권의 기초인 기본계약과 함께 근저당권을 양도할 수 있다. 이것은 구채권자(근저당권자), 신채권자(양수인), 채무자 사이의 3면계약이 필요하다. 근저당권설정자가 물상보증인인 경우에도 그의 동의를 얻을 필요가 없다.

改正試案은 근저당권을 기본계약이 아니라 그것에서 나오는 피담보채권과 함께 양도하도록 하였다. 그런데 피담보채권의 양도는 계약양도의 성격을 가지므로, 채무자의 동의를 요한다고 한다.[51] 이러한

50) 李相京(註 1), 57면은 근저당권에 관한 민법개정과 함께 부동산등기법의 위 규정을 개정하는 것이 가장 바람직하겠지만, 비록 그와 같은 개정이 있기 전이라도 節次法上의 登記事項임을 명백히 하기 위하여 登記例規 제832호를 개정하는 것이 좋을 것이라고 한다.

51) 李銀榮(註 10), 101면.

태도는 근저당권의 피담보채권을 한정한 위 개정시안(제357조의 2)과 수미일관된 것이라고 볼 수 있으나, 현재보다 나아진 것이 거의 없다고 볼 수 있다. 특히 자산유동화를 위하여 확정 전에 근저당권부채권을 양도할 필요성이 높은데,[52] 이러한 거래계의 요구를 충족시킬 수 없게 된다.

(3) 근저당권만 양도하는 것을 허용할 것인가? 일본의 경우에는 근저당권을 피담보채권과는 별도로 근저당권만을 양도할 수 있도록 하였다(일본민법 제398조의 12). 이것은 1971년 일본의 근저당권에 관한 입법의 가장 중요한 동기였다고 한다. 그런데 우리 민법 改正試案에서는 이를 수용하지 않고 근저당권을 피담보채권과 함께 양도하는 것만 허용하고 있다. 그러나 근저당권의 양도는 근저당권이 담보하는 채권의 채권자가 변경되는 것으로 파악할 수도 있다. 근저당권에서 채무자변경이 허용되는데, 채권자를 변경하지 못할 이유가 없다고 생각할 수 있다. 예컨대 A(근저당권설정자)가 자신의 채무를 담보하기 위하여 B(근저당권자) 앞으로 근저당권을 설정하여 주었다고 하자. 그런데 A의 C(양수인)에 대한 채무를 담보하고자 하는 경우에, B는 C에게 근저당권을 양도하고, A의 승낙을 받으면 충분하지 않을까. 改正試案과 마찬가지로 근저당권을 피담보채권과 함께 양도하여야 한다고 하더라도 근저당권설정자 A가 동의하는 경우라면 위와 같은 규정은 얼마든지 잠탈될 수 있다. 근저당권과 함께 극히 일부의 채권만을 양도하고, 피담보채권의 범위를 변경하여 — 改正試案 제357조의 3에 따라 — 양수인 C의 A에 대한 채권을 포함시킬 수 있기 때문이다. 피담보채권과는 별도로 근저당권을 양도하는 것은 독일의 토지채무나 저당증권 등과는 별다른 관계가 없다. 이 문제는 보전저당의 일종인 근저당권의 유통성을 어느 정도 확

52) 그리하여 아래에서 보는 바와 같이 2000년 1월 "資産流動化에 관한 法律"(이하 "자산유동화법"이라 한다)을 개정하여 근저당권부채권의 양도를 원활하게 하기 위하여 확정에 관한 특례를 규정하였다(제 7 조의 2).

보할 것인지와 관련된 문제일 뿐이다. 그리고 우리 금융실무에서 근저당권의 유통성을 확보하는 것이 중요한 관심사로 되어 있는데, 근저당권을 피담보채권과 분리하여 양도하는 것을 허용할 필요가 있다.[53)]

4. 債權讓渡, 債務引受 등과 根抵當權

改正試案 제357조의 7은 '債權讓渡, 債務引受 등과 根抵當權'이라는 표제로 다음과 같이 규정하고 있다. "① 元本의 確定 前에 根抵當權者로부터 債權을 取得한 자는 그 債權에 관하여 根抵當權을 行使할 수 없다. 元本의 確定 前에 債務를 辨濟하여 債權者를 代位하는 자도 같다. ② 元本의 確定 前에 債務의 引受가 있는 때에는 根抵當權者는 引受人의 債務에 관하여 根抵當權을 行使할 수 없다."

이것은 근저당권의 수반성을 부정한 것이다. 그런데 판례와 실무에 의하여 이 문제는 해결된 것으로 볼 수 있기 때문에, 개정시안은 입법을 할 필요성이 크지는 않다. 특히 우리 민법 제357조 제2문은 이 문제에 관한 근거규정이라고 할 수 있다. 일본에서는 우리 민법의 위 규정과 같은 규정이 없기 때문에, 위 개정시안과 동일한 내용의 규정을 두고 있다. 그러나 우리 민법은 제357조 제2문을 두고 있는데, 이러한 상태에서 다시 이 문제에 관한 규정을 두는 것은 바람직하지 않다. 적어도 개정시안에서는 민법 제357조 제2문과 개정시안 제357조의 7과의 관계를 명확히 하여야 할 것이다.

5. 合併과 根抵當權

改正試案 제357조의 9에서 合併과 根抵當權에 관하여 규정하고 있다. 그런데 1998년 12월 28일 개정된 상법(제530조의 2 내지 12)에 포함된 분할,

53) 金載亨(註 25), 121면.

분할합병의 경우에 관해서도 규정할 것인지를 검토하여야 할 것이다. 분할, 분할합병의 경우에도 합병에 관한 규정을 준용하는 방식을 생각할 수 있으나, 합병의 경우보다 다소 복잡한 문제가 있다.

6. 債權最高額의 減額請求

(1) 改正試案 제357조의 12는 '債權最高額의 減額請求'라는 표제로 다음과 같이 정할 것을 제안한다. "① 元本의 確定 前에 根抵當權設定者는 債權最高額이 被擔保債權으로부터 발생이 豫想되는 債權額을 不當히 過多하게 超過한 때에는 그 豫想額의 범위로 減額을 청구할 수 있다. ② 元本의 確定 後에 根抵當權設定者는 債權最高額을 現存하는 債權額과 以後 1년간 발생할 利子 그 밖의 定期金 및 債務不履行으로 因한 損害賠償額의 범위로 減額할 것을 청구할 수 있다."

(2) 개정시안 제357조의 12 제 1 항에 의하면 확정 전에도 근저당권설정자는 채권최고액이 피담보채권으로부터 발생이 예상되는 채권액을 부당히 과다하게 초과하는 때에는 그 예상액의 범위로 감액을 청구할 수 있다.

이러한 규정을 둘 경우에 근저당권설정자와 근저당권자 사이에 많은 분쟁이 초래될 우려가 있다. 더군다나 이 규정에 의한 감액청구를 하는 경우에 등기하지 않아도 효력을 발생한다고 설명한다.[54] 이와 같이 되면 등기된 채권최고액을 믿고 거래를 할 수 없게 된다. 이 조항은 그 의도가 아무리 좋다고 하더라도 많은 손실을 초래할 것이다. 따라서 이 조항은 삭제되어야 할 것이다.

(3) 개정시안 제357조의 12 제 2 항에서 확정 후 근저당권설정자의 최고액감액청구권을 인정한 것에 대해서는 찬성한다. 특히 자산유동화법(제7조의 2)에서 근저당권자가 피담보채권의 확정을 통지할 수 있는 제도

54) 李銀榮(註 10), 112면.

를 신설하였는데,[55] 이러한 경우에 적어도 근저당권설정자에게 최고액 감액청구를 인정하여야 할 것이다.

감액청구로 인한 채권최고액을 감액청구시에 '현존하는 채무액과 이후 1년간 발생할 이자 그 밖의 정기금 및 채무불이행으로 인한 손해배상액'으로 감액할 수 있도록 하였다. 이 규정으로 말미암아 근저당권의 피담보채권의 범위가 실제로 제한되는 결과가 된다. 또한 감액청구한 때로부터 1년 후에 변제기가 도래하는 경우에는 지연손해금은 전혀 담보되지 않을 것이다. 그리하여 근저당권을 설정받은 금융기관으로서는 대손충당금을 적립해야 하는 부담이 증가할 것이기 때문에, 금융기관으로서는 자산건전성 기준을 충족시키기 위하여 이 문제에 대한 준비를 하여야 할 것이다.

개정시안에서는 1년간의 이자 등으로 한정한 것은 저당권에 관한 민법 제360조와 균형을 맞추기 위한 것이다. 그런데 민법 제360조에서 이자나 위약금에 관하여는 기간을 한정하지 않고 있고, 지연배상에 대해서만 1년분으로 한정하고 있기 때문에, 개정시안의 문언을 수정할 필요가 있다. 그리고 1년이라는 기간이 적절한지 여부를 금융거래관행이나 경매실무에 비추어 너무 짧다고 생각한다. 채무자가 채무를 변제하지 않는 경우에도 근저당권자가 곧바로 근저당권의 실행을 위한 경매절차에 착수하는 경우는 오히려 거의 없다. 근저당권자가 경매절차를 신청한 경우에도 경매목적물에 관한 시가감정, 임차인조사 등 제반절차를 거쳐야 하는 데다가 경매목적물이 유찰되는 경우도 많다. 채무자 등 이해관계인의 항고, 재항고로 인하여 절차가 지연되기도 한다. 이로 말미암아 경매절차가 1년 안에 완료되기 어려운 경우가 많은데

55) 이 규정의 문제점에 관하여는 金載亨(註 29), 246면; 金載亨, "「資産流動化에 관한 法律」의 現況과 問題點," 民事判例硏究(XXIII), 2001, 733면 이하. 원래 이 규정은 일본에서 1998년에 제정된 "근저당권부채권양도의 원활화를 위한 임시조치법"에 있는 규정을 받아들인 것이나, 일본의 위 법률은 한시법으로서 2001년 3월 31일에 효력을 상실하였다.

도 지연배상을 1년분에 한정한 것은 부당하다. 더군다나 채무의 이행을 하지 않고 있는 채무자를 보호한다는 명목으로 근저당권자의 희생을 강요할 아무런 이유가 없다.[56)]

7. 結　　語

우리 민법 제357조는 독일민법의 최고액저당제도를 계수한 것이나, 이번 개정시안은 일본민법의 근저당제도를 추가로 계수한 것으로 양자가 혼합된 형태라고 할 수 있다. 일본민법에서는 우리 민법보다 10여 년 늦은 1971년에 근저당권에 관한 여러 규정을 도입하였는데 당시 독일의 최고액저당에 관하여는 신중한 검토를 하지 않았다. 그리하여 일본의 근저당제도는 우리 나라의 근저당권과는 달리 독일의 최고액저당제도를 계수한 것이 아니라 당시의 실무관행을 토대로 금융계와 산업계의 타협의 산물이라고 설명한다.[57)] 개정시안이 그대로 통과된다면 우리의 근저당제도는 독일의 최고액저당제도보다는 일본의 근저당제도에 더욱 유사한 모습이 될 것이다. 그런데 일본의 근저당제도가 우리 근저당제도가 안고 있는 문제를 가장 적절하게 해결할 수 있는 모델이 될 수 있는지, 아니 우리 나라의 근저당제도보다 우수하다고 단정할 수 있는지에 대해서도 다시 생각해 볼 문제이다. 나아가 개정시안에서 근저당권의 양도나 최고액감액청구에 관한 규정은 일본민법을 토대로 한 것이지만 일본의 그것보다 낙후된 것이다.

자산유동화법을 제정할 당시 재정경제부 案에서는 근저당권의 피담보채권이 확정되기 전에 그 피담보채권 일부의 양도가 있는 경우 자산양도의 등록이 있은 때에 유동화전문회사 등이 근저당권을 취득하도

56) 同旨: 한상호, "物權法 改正案에 관한 討論意見," 법무부 편, 民法(財産編) 改正公聽會(2001. 12), 126면.
57) 金載亨(註 29), 38-57면 참조.

록 한 규정이 있었으나, 심의과정에서 삭제되었다.[58] 근저당권의 양도에 관한 규정을 자산유동화법에 신설하는 것은 바람직하지 않고, 민법의 개정을 통하여 해결하여야 한다. 근저당권에 관한 양도를 허용할 필요성이 있으나, 이것은 자산유동화에 특유한 문제는 아니기 때문이다. 만일 자산유동화법 등에서 이러한 특례를 인정한다면 그 법의 적용을 받는 금융기관 등에게 특혜를 주는 결과가 된다. 그러나 민법개정시안은 자산유동화를 포함한 근저당권의 양도에 관한 수요를 충족시키지 못하고 있다.

한편 저당권이 이용되지 않고 근저당권만 이용되고 있는 현실을 타개하기 위하여 근저당권을 규제하는 방식으로 문제를 해결하는 것은 본말이 전도된 것이다. 저당권에 관한 규정이 이용되지 않는 이유를 찾아 이를 보완하는 작업이 필요하다. 민법 제360조 단서가 1년분의 지연배상에 대해서만 저당권을 행사할 수 있도록 규정하고 있으나, 금융실무나 경매실무를 고려하여 그 기간을 늘림으로써 금융기관 등 채권자로 하여금 일정한 경우에는 저당권을 이용하더라도 불편이 없도록 유인할 필요가 있다. 그리고 우리 담보제도에서 가장 중요한 문제 중의 하나는 抵當證券制度를 도입하는 것이다. 그렇지 않고는 자산유동화 등에서 제기되는 여러 문제를 해결할 수 없다. 저당권의 유통성을 확보하는 것은 현재의 금융현실에서 더 이상 미룰 수 없는 중대한 문제이다.

Ⅶ. 結　論

이번 민법개정작업에 거는 기대는 클 수밖에 없다. 민법개정시안

58) 鄭泰容, "資産流動化에 관한 法律," 法制(1998. 10), 45면; 金載亨(註 55), 733면.

에는 민법전을 개선하기 위한 노력이 결실을 거두고 있는 부분도 상당수 있지만, 여전히 해결해야 할 문제도 남아 있다. 입법은 그 어떤 과제보다도 어려운 일이다. 현행법에 내포된 문제점을 발견했다고 하더라도 이를 메우기 위한 새로운 입법이 적절한 것인지, 그로 말미암아 어떠한 결과가 발생할 것인지 예측하기가 어렵기 때문이다.

민법개정시안은, 특히 물권법의 영역에 한정한다면, 우리의 판례나 학설을 반영한 것이지만, 그 바탕에는 독일법과 일본법에 의하여 많은 영향을 받고 있다. 우리 민법전이 일본을 통하여 대륙법을 계수하였다는 태생적인 한계를 가지고 있기 때문에, 그 문제점을 보완하는 방안도 독일법이나 일본법에서 쉽게 찾을 수 있었을 것이라고 생각한다. 그러나 우리 법학의 지향점은 우리 법현실을 가장 적절하게 규율하는 틀을 만드는 것이다. 다른 나라의 법제도를 연구하고 이를 수용하는 것은 권장되어야 하지만, 특정 국가의 법에 지나치게 의존하는 것은 지양되어야 한다. 많은 학자와 실무가들이 우리 현실에 맞는 법이론을 정립하기 위하여 노력해 왔고 앞으로도 이러한 노력은 계속될 것이다. 이를 위해서는 우리 민법도 새로운 사회적 요청에 적극적으로 대응하고 이를 수용하는 것이 필요하다. 이를 통하여 더 나은 민법으로 발전해 갈 것이다.

그리고 우리 나라에서 민법에 의하여 해결할 사항에 관하여 민사특별법이 제정되는 경우가 많다. 민법분야에서 특별법이 양산되고 있다는 비판이 있다. 그러나 지금 이 순간에도 특별법을 추진하는 측에서는 민법개정을 기다릴 수 없다고 한다. 민사특별법을 민법전에 흡수하는 과제는 이번 민법개정작업에서 포함시키지 않기로 하였다고 하는데, 이에 앞서서 불필요한 특별법이 나오지 않도록 하는 것이 더욱 중요하다. 제도는 모든 사람이 이용할 수 있도록 틀을 짜는 것이 바람직하다. 그렇지 않으면 配分的 正義에 다가가기는커녕 分配의 歪曲을 심화시킬 것이다. 특별법이 불가피한 경우도 있고, 모든 특별법이 특정

집단에 특혜를 주는 것은 아니다. 그러나 특별법은 성질상 일반법에 수용할 수 없거나 일반법에 수용하기 어려운 급박한 사정이 있는 경우에 한하여 예외적으로 도입하여야 한다. 그리고 특별법에 있는 내용을 일반법에 수용하기 위한 노력을 게을리해서는 안 된다.

(Jurist 제377호(2002. 2), 35-41면; 제378호(2002. 3), 25-33면 所載)

11. 擔保法에서의 擔保目的物의 擴張問題

── 工場抵當과 集合物讓渡擔保를 중심으로 ──

Ⅰ. 序　　論

物權은 하나의 물건 위에 성립한다는 것이 원칙이다(一物一權主義). 따라서 원칙적으로 物件의 集團 위에 하나의 물권이 성립할 수 없다. 보통 하나의 물건 위에 하나의 물권을 인정하면 충분하고 물건의 집단 위에 하나의 물권을 인정할 필요가 없으며, 물건의 집단 위에 하나의 물권을 인정할 필요가 있다고 하더라도 이를 공시하는 것이 기술적으로 곤란하기 때문이다. 그러나 복수의 물건이 단일한 경제적 목적에 봉사하고 있는 경우에는 이를 하나의 물건처럼 다룰 필요가 있다. 또한 물건의 집단이 어느 정도 특정되어 있어서 적당한 공시방법을 갖출 수 있다면, 그 한도에서 하나의 물권의 성립을 인정하여도 좋을 것이다.[1)]

工場抵當法과 鑛業財團抵當法은 복수의 물건에 하나의 담보권을 설정할 수 있도록 하였다는 점에 특징이 있다.[2)] 이 법률들에서 인정되는 財團抵當制度(공장재단저당과 광업재단저당)는 기업경영을 위한 토지, 건물, 기계, 기구, 기타의 물적 설비나 공업소유권 등을 한데 묶어

1) 郭潤直, 民法總則, 新訂版, 博英社, 1990, 297면; 郭潤直, 物權法, 新訂版, 博英社, 1994, 27-28면.

2) 공장저당법과 광업재단저당법은 2009. 3. 25. 개정으로 공장 및 광업재단 저당법으로 통합되었다. 또한 "立木에 관한 法律"은 토지에 부착된 樹木의 集團을 하나의 부동산으로 보고, 그 위에 하나의 소유권 또는 저당권의 성립을 인정하고 있다(법 제 2 조, 제 3 조).

하나의 재단을 구성하고, 그 위에 하나의 저당권을 설정할 수 있도록 한 것이다. 그리고 공장저당법은 공장재단저당과 별도로 狹義의 工場抵當을 인정하고 있는데, 이것은 공장이 속하는 토지나 건물에 설정된 저당권의 효력이 미치는 목적물의 범위를 공장의 기계, 기구 등에도 미치도록 한 것이다. 이러한 제도는 모두 부동산 담보에 관한 것이다. 반면에 복수의 동산을 한꺼번에 담보로 제공할 수 있도록 하는 법률은 없다. 그러나 개개의 동산은 擔保價値가 작지만 여러 동산을 합하면 커다란 담보가치가 있는 경우가 많기 때문에, 복수의 동산에 하나의 담보권을 설정할 필요성이 부동산의 경우보다 더욱 크다고 할 수 있다. 거래계에서 사용되고 있는 이른바 集合物讓渡擔保는 이러한 필요를 충족시키기 위하여 발전된 것이다. 이러한 제도들은 담보목적물의 확장[3]이라는 점에서 중요한 의미를 갖는다. 왜냐하면 모든 재화를 저렴한 비용으로 담보화하고 담보권의 실행 후에도 목적물의 가치가 손상되지 않도록 하는 것은 담보법의 중요한 목적이기 때문이다.

현재 우리 나라에서 재단저당제도는 거의 이용되지 않고, 협의의 공장저당과 집합물양도담보가 어느 정도 이용되고 있는데, 이에 관한 연구는 미미한 실정이다. 그리고 최근 유망한 중소기업, 특히 벤처기업을 육성하기 위하여 "벤처企業育成에 관한 特別措置法"이 제정되었는데,[4] 제 5 조는 기술신용보증기금이 벤처기업에 대하여 우선적으로 신용보증을 하여야 한다고 규정하고 있다. 그러나 이와 같이 정책적으로 신용대출을 유도하는 것은 한계가 있을 수밖에 없다. 왜냐하면 아무런 담보 없이 대출하는 것은 합리적인 경제인에게 기대할 수 없는 것이기 때문이다. 그리하여 부동산이 적은 중소기업 등이 금융기관으로부터

3) 我妻榮, 擔保物權法, 新訂版, 岩波書店, 1972, 259면은 近代抵當權의 한 특색으로 담보목적물의 범위가 확장되어 재단이나 기업에까지 미치게 되었다는 점을 들고 있다.

4) 이 법은 1997년에 제정되어 2007년까지 효력을 가지는 한시법의 성격을 띠고 있다.

신용을 제공받을 수 있는 방안, 예컨대 동산이나 채권, 나아가 기업 자체를 용이하게 담보로 제공하는 방안을 검토할 필요가 있다.

이 글은 담보목적물의 확장과 관련된 담보법의 현황과 문제점을 파악하기 위한 것이다. 특히 최근 문제가 되고 있는 工場抵當과 集合物讓渡擔保에 관하여 해석론을 중심으로 살펴보고자 한다. 나아가 담보목적물의 확장에 관한 입법론적인 과제를 간략하게 언급하고자 한다.

Ⅱ. 工場抵當

1. 概 說

공장에 속하는 토지 또는 건물 및 이에 부가하여 비치된 기계, 기구 등 공장에서 사용하는 물건 등은 모두 일체가 되어야만 비로소 기업시설로서의 특수한 가치를 발휘하게 된다. 공장저당은 위와 같은 특수한 가치를 파악하여 담보화하려는 데 목적이 있다.[5]

공장저당법은 공장을 목적으로 하는 저당권에 관하여 협의의 공장저당과 공장재단저당으로 나누어 규정하고 있다. 여기에서 工場은 영업을 위하여 ① 물품의 제조, 가공 또는 인쇄나 촬영의 목적에 사용하는 장소, ② 방송의 목적 또는 전기나 가스의 공급의 목적에 사용하는 장소라고 규정되어 있다(법 제2조). 공장저당법은 이와 같은 생산공업에 속하는 기업의 자금조달을 도모하기 위한 것인데, 공장의 범위를 이와 같이 제한적으로 열거하는 것보다는 포괄적으로 규정하는 것이 바람직하다고 생각된다.

5) 狹義의 工場抵當의 目的에 관하여는 大決 1979.12.17, 79마348(공 1980, 12416).

2. 狹義의 工場抵當

가. 意　義

협의의 공장저당은 공장에 속하는 토지 또는 건물을 목적으로 하는 저당권이다. 이것은 공장재단을 구성하여 전체로서의 공장을 담보에 제공하는 것은 아니다. 그러나 협의의 공장저당은 저당권의 효력이 미치는 목적물의 범위가 확장되어 있다는 점에 특징이 있다. 즉 민법 제358조는 "抵當權의 效力은 抵當不動産에 附合된 物件과 從物에 미친다. 그러나 法律에 特別한 規定 또는 設定行爲에 다른 約定이 있으면 그러하지 아니하다"라고 규정하고 있다. 그런데 공장저당법 제 4 조는 "工場의 所有者가 工場에 屬하는 土地에 設定한 抵當權의 效力은 建物을 除外한 그 土地에 附加되어 이와 一體를 이루는 物件과 그 土地에 設置된 機械, 器具, 其他의 工場의 供用物에 미친다"(밑줄은 필자가 그은 것임. 이하 같다)고 규정하고,* 제 5 조는 위 규정을 공장의 소유자가 공장에 속하는 건물에 설정한 저당권에 준용하고 있다.** 이와 같이 공장저당권은 '토지 또는 건물에 설치된 기계, 기구, 기타의 공장의 공용물'에까지 저당권의 효력이 확장되어 있는 점에서 민법상의 저당권과 구별된다.

공장저당법 제 4 조, 제 5 조는 원래 현행 민법 제358조에 해당하는 舊民法 제370조[6]에 상응하는 규정이다. 현행 민법 제정시에 민법 제358조에서 저당권의 효력이 종물에도 미친다는 점을 명시하였을 뿐만 아니라, 舊民法 제370조의 '부가되어 이와 일체를 이루는 물건'이라는 문언을 '부합된 물건'으로 수정하는 등 표현을 상당 부분 수정하였

* 공장 및 광업재단 저당법 제 3 조.

** 공장 및 광업재단 저당법 제 4 조.

6) 이 규정은 "抵當權은 抵當地 위에 존재하는 建物을 제외한 그 목적인 不動産에 附加하여 이와 一體를 이루는 物件에 미친다. 그러나 設定行爲에 특별한 약정이 있는 경우와 民法 제424조(현행 민법 제406조에 해당함)의 규정에 의하여 債權者가 債務者의 行爲를 取消할 수 있는 경우에는 그러하지 아니하다"고 되어 있었다.

다.[7)] 따라서 공장저당법 제 4 조를 해석할 때 위와 같은 입법경위를 참조할 필요가 있고, 입법론적으로는 그 표현을 민법 제358조에 맞추어 개정하여야 한다.[*]

나. 目的物과 그 範圍

(1) 工場에 속하는 土地 또는 建物

공장저당권은 공장의 토지 또는 건물에 설정되는 것이다. 그리하여 풀장과 물탱크 등으로 되어 있는 水泳場施設에 설정된 공장저당권은 무효이다.[8)]

그런데 공장부지로 이용되지만, 공장건물이나 기계, 기구 등이 없는 토지를 공장에 속하는 토지라고 볼 수 있는지 문제된다. 대법원[9)]은 두 필지의 토지 중 한 필지의 토지 위에만 공장건물이 있는 사안에서 "공장저당의 목적물이 된 토지 위에 공장에 속하는 것이라 볼 수 있는 건물 또는 기계, 기구 등이 설치되어 있지 않다 하더라도 그 토지가 공장의 부지로 상용되고 있는 것으로 사회통념상 인정될 수 있는 경우에는 이를 공장건물이 서 있는 토지와 마찬가지로 보아 동 건물 및 이에 설치된 기계, 기구 등과 분리하여 분할경매를 할 수 없다고 해석함이 상당하다"고 한다. 이에 반하여 기계, 기구 등이 설치되지 아니한 토지나 건물에 관한 공장저당은 성립하지 않는다는 견해[10)]가 있다. 기

7) 民法草案에는 저당권의 효력이 從物에도 미친다는 점은 규정되어 있지 않았으나, 심의과정에서 이와 같이 규정하면 저당권의 효력이 부합물에만 미치고, 종물 특히 저당권설정 후 종물이 된 물건에 대하여는 저당권이 미치지 않는 것으로 해석될 염려가 있으므로 스위스민법 제805조 제 1 항 등의 입법례에 따라 종물도 저당권의 효력이 미치는 범위에 포함시켰다. 民議院 法制司法委員會 民法案審議小委員會, 民法案審議錄 上卷, 1957, 214면.

* 2009년 공장 및 광업재단 저당법(제 3 조)에서 부합물에 관한 부분은 필자의 주장과 같이 개정되었다.

8) 大判 1995. 9. 15, 94다25902(공 1995, 3369).

9) 大決 1979. 12. 17, 79마348(공 1980, 12416).

10) 郭潤直 편집대표, 民法注解(Ⅶ), 253면(田桂元 집필부분); 韓國產業銀行調査部 編, 特殊擔保制度, 韓國產業銀行, 1984, 18면.

계나 기구 등이 설치되어 있지 않은 공장부지도 공장저당의 목적물이 된다고 보아야만 공장의 경제적 가치를 유지할 수 있다고 볼 수 있으므로, 판례의 태도가 타당하다고 본다.

그리고 대법원은 공장저당권에 기하여 경매를 할 경우에는 등기부상 건물이 서 있는 것으로 기재되지 않은 토지라도 그것이 사실상 기계가 설치된 공장의 부지로 사용되고 있는 것이라고 사회통념상 인정될 수 있는 이상 이를 건물 및 기계와 분리하여 경매될 수 없는 것이라고 한다.[11]

한편 여러 필지의 토지 또는 여러 동의 건물이 동일 공장에 속하고 있는 경우에는 각각 개별적으로 공장저당의 목적물이 된다. 각각의 공장저당권의 효력은 다른 토지 및 건물에 미치지 아니한다. 따라서 동일 공장에 속하는 수 개의 부동산으로 동일 채권을 담보하기 위해서는 공동저당의 형태를 취하여야 할 것이다.[12]

(2) 土地 또는 建物에 附加되어 이와 一體를 이루는 物件

이것은 附加物이라고도 하는데, 민법 제358조의 附合物과 동의어로 해석되고 있고,[13] 아래 (3)항에서 후술하는 공용물과 달리 기계, 기구목록에 등기할 필요가 없다.

그런데 공장저당권의 효력이 從物에도 미치는지 문제된다. 민법상의 저당권에 관하여는 위 가.항에서 본 바와 같이 현행 민법 제정시에 종물에도 저당권의 효력이 미친다고 규정하였으나, 공장저당법 제정시

11) 大決 1969.11.28, 69마908(集 17-4, 민 119).

12) 郭潤直 편집대표, 民法注解(VII), 169면(曺大鉉 집필부분); 金泰佑, "工場抵當의 目的物과 一括競賣," 判例硏究(I), 釜山判例硏究會, 1991, 393면; 梁慶旭, "工場抵當法上 工場의 土地와 建物의 抵當을 둘러싼 諸問題," 司法硏究資料 제12집, 法院行政處, 1985, 17면.

이에 반하여 趙悅來, "工場抵當에 관한 몇 가지 問題點," 司法論集 제11집, 法院行政處, 1980, 144면은 "土地와 建物의 양자가 각 그 所有者를 달리한다 하더라도 同一債權을 위하여 일개의 工場抵當權이 성립하는 데는 아무런 지장도 없다"고 한다.

13) 趙悅來(註 12), 145면; 金鼎鉉, 新稿 競賣實務要論(上), 韓國司法行政學會, 1975, 292면.

에 이를 간과한 것으로 보인다. 공장저당법 제 4 조가 민법 제358조에 정해진 목적물의 범위를 확장한 것인 점에 비추어 공장저당권의 효력이 종물에도 미친다고 보아야 할 것이다.[14] 이와 같이 보는 것이 공장의 일체성을 유지하고자 하는 공장저당법의 목적에도 부합할 것이다.

⑶ 土地 또는 建物에 설치된 기계, 기구, 기타 工場의 供用物

㈎ 공장에 속한 토지와 건물에 설정한 저당권은 그 토지 또는 건물에 설치된 기계, 기구, 기타 공장의 공용물에 미친다. 그런데 공장저당법 제 7 조 제 1 항은 "工場에 속하는 土地나 建物에 대한 抵當權設定의 登記를 申請하는 경우에는 그 土地나 建物에 設置한 機械, 器具, 其他의 工場의 供用物로서 제 4 조와 제 5 조의 규정에 의하여 抵當權의 目的이 되는 것의 目錄을 提出하여야 한다"고 규정하고 있다.* 공장저당권의 등기가 있는 경우에는 제 7 조의 기계·기구목록을 등기부의 일부로 보고 그 기재를 등기로 보고 있다(제 7 조 제 2 항, 제47조).

이 기계·기구목록에 기재되지 않은 물건에 공장저당권의 효력이 미치는지 문제된다.

㈀ 學　說

통설[15]은 기계·기구목록의 기재를 공장저당의 성립요건 또는 효력요건으로 보고 있다. 소수설[16]은 위 목록의 기재를 공장저당의 성립요건이라고 볼 수 없다고 한다. 일본에서는 위 목록의 기재를 대항요건으로 보는데, 이는 등기를 물권변동의 대항요건으로 보는 것에 상응

14) 일본에서 공장저당권의 효력이 從物에 미친다는 견해로는 우선 我妻榮(註 3), 259-260면.

* 공장 및 광업재단 저당법 제 6 조 제 1 항.

15) 金鼎鉉(註 13), 297면; 金顯泰, "工場抵當法 第 7 條 目錄記載의 效力," 司法行政 제242호(1981. 2), 35면; 金泰佑(註 12), 395-397면; 趙悅來(註 12), 155면; 田桂元, "工場抵當法 제 7 조 目錄과 그 記載의 變更登記," 法曹 제34권 제 1 호(1985. 1), 127면은 목록의 기재를 제 3 자에 대한 대항요건으로 보았으나, 그 후 改說하여 판례를 따르고 있다. 民法注解(Ⅶ), 254면(註 10).

16) 朴殷秀, "工場 및 工場財團抵當權의 實行에 관한 諸問題," 裁判資料 제36집, 法院行政處, 1987, 568면 이하; 梁慶旭(註 12), 50면.

하는 것이다.

(ㄴ) 判　例

대법원은 부가물이나 공용물이 공장저당권이 설정된 이후에 부가되었거나 설치되었더라도 저당권의 효력이 미친다고 하였다.[17] 특히 大判 1976.3.9, 76다29(民判原 219상, 359)는 기계, 기구, 기타 공용물이 공장저당법 제7조 소정의 목록에 기재되지 아니하였다 할지라도 공장저당권의 효력이 이에 미친다는 점을 명백히 하였다.

그러나 大判 1988.2.9, 87다카1514·1515(공 1988, 508)는 "공장저당법 제4조, 제5조, 제7조, 제47조, 제53조 및 민법 제186조 등의 규정을 종합하여 보면, 공장의 토지 또는 건물에 설치된 기계, 기구, 기타 공장의 공용물은 공장저당법 제7조 소정의 기계·기구목록에 기재하여야만 공장저당의 효력이 미친다고 해석하여야 한다"고 판결하였다. 그 후 이 판결을 따르는 다수의 대법원판결이 나왔다.[18] 따라서 종전의 판례는 전원합의체판결로 변경하는 것이 좀더 바람직하겠지만 사실상 변경된 것으로 생각된다.

(ㄷ) 結　語

현행 민법이 不動産物權變動에 관하여 登記主義를 채택하고 있고(민법 제186조), 공장저당법 제7조에서 기계·기구목록의 기재를 등기로 보고 있다. 그러므로 위와 같은 목록의 기재를 요하는 공용물의 경우에는 위 목록에 기재되어야만 공장저당권의 효력이 미친다고 보아야 한다. 한편 토지나 건물의 부합물은 기계·기구목록에 기재하는 것이

17) 大決 1968.7.24, 68마610(民決集 38(중), 284).
그리고 大決 1969.11.26, 69마1086(民決集 49, 358)은 경매목적물 중 기계목록에 쓰여 있는 물건들이 비록 저당권설정시에 설치된 것이 아니라 하더라도 그 저당권의 효력은 이러한 물건에게도 미치고, 기계류에 대하여 경매개시결정을 하지 아니하였다 하더라도 그 기본된 토지와 건물에 관하여 경매개시결정이 있으면 그 효력은 그 기계 등에 미친다고 보아야 한다고 한다. 이 決定에 대한 評釋으로는 金顯泰(註 15), 34면 이하가 있다.

18) 同旨: 大決 1993.4.6, 93마116(공 1993상, 1356); 大判 1995.6.29, 94다6345(공 1995, 2514); 大判 1995.6.29, 94다20174(공 1995, 2520).

요구되지 않기 때문에 위 목록에 기재되지 않더라도 공장저당권의 효력이 미친다고 보아야 할 것이다. 또한 기계・기구목록에 기재된 기계, 기구 등에 부합된 것이거나 위 기계 등의 종물인 경우에도 구체적인 기재가 없더라도 효력이 미친다고 보아야 할 것이다.[19]

그리고 기계, 기구 등에 대한 공장저당권의 순위는 공장저당권에 관한 등기를 기준으로 할 것인지, 아니면 그 목록의 제출 또는 기재를 기준으로 할 것인지 문제되는데, 후자를 기준으로 하여야 한다.[20]

한편 위와 같이 위 기계・기구목록을 성립요건으로 보는 것은 공장저당법의 입법취지, 즉 공장에 속하는 토지 또는 건물과 그에 설치된 공용물 등을 일체로 파악하려는 것과 배치되는 것이 아닌가 하는 의문이 든다.[21] 입법론적인 검토가 필요한 부분이다.

(나) 어떤 시설이 공용물에 해당하는지, 아니면 독립된 건물인지 판단하기 곤란한 경우가 있다. 大判 1990. 7. 27, 90다카6160(공 1990, 1788)은 공장 울안에 공장건물과 인접하여 설치된 저유조가 그 설치된 장소에서 손쉽게 이동시킬 수 있는 구조물이 아니고 그 토지에 견고하게 부착시켜 그 상태로 계속 사용할 목적으로 축조된 것이며 거기에 저장하려고 하는 원유, 혼합유 등을 풍우 등 자연력으로부터 보호하기 위하여 둥그런 철근콘크리트 및 철판벽면과 삿갓모양의 지붕을 갖추고 있는 경우, 그 저유조는 유류창고로서의 기능을 가진 독립된 건물로 보아야 한다고 판결하였다.

(4) 從된 權利 등

공장저당의 효력이 미치는 목적물에는 유체물만 포함되는지, 아니면 종된 권리나 공업소유권 등의 권리도 포함되는지 문제된다. 공장저당법 제15조에서 공장재단저당에 대하여서는 유체물 이외에 특수한 권

---

19) 趙悅來(註 12), 155면.
20) 民法注解(Ⅶ), 256면(註 10).
21) 金顯泰(註 15), 36면.

리도 구성물로 열거하고 있음에 반하여, 협의의 공장저당에 관하여서는 이러한 규정이 없는 점에 비추어 공장저당의 공용물은 유체물이어야 한다는 견해[22]와 이에 반대하는 견해[23]가 있다.

협의의 공장저당권의 효력이 공업소유권에 미치지 않음은 분명하다. 그러나 공장저당의 효력이 종된 권리에도 미치는지 여부는 민법상의 저당권의 경우와 비교해 볼 필요가 있다. 판례는 민법 제358조의 규정은 저당부동산에 종된 권리에도 유추적용되어 건물에 대한 저당권의 효력은 그 건물의 소유를 목적으로 하는 지상권[24] 또는 임차권[25]에도 미친다고 한다. 나아가 구분건물의 전유부분에 설정된 저당권의 효력은 대지사용권의 분리처분이 가능하도록 규약으로 정하는 등의 특별한 사정이 없는 한 그 전유부분의 소유자가 사후에라도 대지사용권을 취득함으로써 전유부분과 대지권이 동일소유자의 소유에 속하게 되었다면 그 垈地使用權에까지 미치고 여기의 대지사용권에는 지상권 등 용익권 이외에 대지소유권도 포함된다고 한다.[26] 위와 같은 판례이론이 공장건물에 공장저당권이 설정된 경우에도 적용될 수 있다. 예컨대 임차대지 위에 있는 공장 또는 구분소유건물에 있는 공장에 공장저당권이 설정된 경우에 공장저당권의 효력은 임차권이나 대지사용권에도 미친다.

---

22) 金鼎鉉(註 13), 294면; 趙悅來(註 12), 148면; 朴殷秀(註 16), 578면. 일본의 하급심판결로는 東京地判 1954(昭和 29). 6. 3.이 있다.

23) 梁慶旭(註 12), 31-32면.

24) 大判 1992. 7. 14, 92다527(공 1992, 2391).

25) 大判 1993. 12. 10, 93다42399(공 1994, 353).

26) 大判 1995. 8. 22, 94다12722(공 1995, 3232); 大決 1997. 6. 10, 97마814(공 1997, 2253). 大判 1996. 12. 20, 96다14661(공 1997, 352)은 "구분건물과 함께 그 대지지분을 매수한 자로서 매도인에게 매매를 원인으로 하여 그 대지지분에 관하여 가지는 소유권이전등기청구권과 같은 것은 여기의 대지사용권에 해당하지 아니하는 것"이라고 판결하였다. 그러나 大判(全) 2000. 11. 16, 98다45652·45669(공 2001, 39)는 위 판결을 폐기하고 위와 같은 대지지분의 매수인이 갖는 권리가 대지사용권에 해당한다고 판결하였다.

(5) 工場所有者와 기계, 기구 등의 所有者가 다른 경우

최근 공장소유자가 공장의 중요한 기계 등을 리스거래로 조달하거나 소유권유보부매매에 의하여 취득하는 경우가 많은데, 대금완납 전에 이러한 기계 등에 관한 소유권을 취득하지 못한다. 기계, 기구 등이 공장소유자의 소유에 속하지 않는 경우에도 공장저당권의 효력이 이에 미칠 수 있는지 문제된다. 공장저당법 제17조에 의하면 타인의 권리의 목적인 물건 등은 공장재단을 구성하지 못한다고 규정하고 있으나, 협의의 공장저당에는 이에 관한 규정은 없다.

(가) 學 說

통설은 공장저당의 목적으로 하기 위해서는 그 목적물인 '토지 또는 건물'의 소유자와 '기계, 기구, 기타 공장의 공용물'의 소유자가 동일인이어야 한다는 것이다.[27] 나아가 공장의 소유자가 그 기계, 기구를 제 3 자에게 양도담보로 제공하였다든가 또는 타인 소유의 기계를 임차하여 공장에 설치한 경우에 저당권자가 선의로 이러한 기계가 공장소유자의 소유에 속한다고 믿고 저당권을 설정하여도 저당권의 효력은 기계, 기구에 미치지 않는다고 한다.

그 이유는 ① 공장저당법 제 4 조와 제 5 조에 규정된 '工場의 所有者'라는 표현은 공장의 토지 또는 건물과 그에 설치한 기계, 기구를 소유하고 있는 자를 의미한다고 보는 것이 합리적이라는 점, ② 부합물과 비교하여 볼 때 기계, 기구 등도 토지나 건물의 소유자와 동일인이어야 한다고 보는 것이 타당하다는 점, ③ 기계, 기구의 소유자가 동의한 경우에 한하여 공장저당권의 효력이 이에 미친다고 보는 것은 물권법정주의에 관한 민법 제185조와 배치되고, 이와 같은 소유자의 동의를 공시할 수 있는 방법이 없어 거래의 안전을 위협한다는 점 등을 들고 있다.

---

27) 趙悅來(註 12), 153면; 金顯泰(註 15), 37-38면; 梁慶旭(註 12), 35-37면; 朴殷秀(註 16), 580-581면; 金鼎鉉(註 13), 291면.

이에 대하여 예외적으로 기계, 기구 등의 소유자가 등기부상 채무자로 되어 있는 경우에는 저당권의 효력이 이에 미친다는 견해[28)]가 있다.

일본의 통설도 우리 나라의 통설과 마찬가지이나, 타인의 소유물이라고 하더라도 그 소유자의 동의를 얻고 있는 때에는 공장저당권의 효력은 당연히 여기에도 미친다고 보아야 한다는 견해[29)]가 있다. 이것은 현실적으로 공장에 속하는 부동산과 기계, 기구 등의 소유자가 다른 경우뿐 아니라, 공장소유자 이외의 자가 소유하는 기계, 기구 등이 함께 섞여 있는 경우도 상당히 많을 것이므로, 소유자의 승낙이 있더라도 공장저당의 목적물로 할 수 없다는 이론은 실제 거래에서 큰 불편을 주기 때문이다.

㈏ 判　　例

㈀ 먼저 大決 1979. 12. 17, 79마348(공 1980, 12416)[30)]을 살펴볼 필요가 있다. 이 결정은 甲소유인 A토지와 甲이 대표이사로 있는 乙주식회사의 소유인 B토지와 그 지상 건물, 기계, 기구 등의 공장시설에 관하여 丙은행 앞으로 공장저당법에 의한 근저당권이 설정된 사안에 관한 것이다. 대법원은 "비록 공장저당법에 의한 공장저당목적물의 일부가 각기 그 소유자를 달리한다 하더라도 공장저당의 목적물이 된 이상 이를 일괄경매하여야 한다"고 하였다.

이것은 위의 통설과는 달리 공장에 속하는 부동산과 이에 설치된 기계, 기구 등의 소유자가 다른 경우, 공장저당권의 효력이 기계, 기구 등에도 미친다는 내용으로 이해할 여지가 있다. 그러나 동일 공장에 속하는 수 개의 부동산 위에는 별개의 공장저당권이 설정되어야 한다.

28) 金泰佑(註 12), 394면.
29) 我妻榮(註 3), 570면.
30) 이에 관한 판례평석으로는 趙悅來, "工場抵當權의 實行과 一括競賣," 法曹 제29권 제 5 호, 100면 이하; 金泰佑(註 12), 390면 이하가 있다. 모두 대법원의 판결에 찬성하는 내용이다.

즉 이 사건에서 A토지, B토지와 건물에 각각 공장저당권이 설정되어야 하고, 위 공장저당권은 공동저당의 관계에 있을 뿐이라고 보아야 한다. 따라서 이 결정은 공장에 속하는 부동산과 이에 설치된 기계, 기구 등의 소유자가 다른 경우에도 공장저당권이 설정될 수 있는지에 관한 판단을 한 것이라고 볼 수는 없다.

한편 일본의 판례[31]는 건물소유자와 다른 사람이 소유하고 있는 기계, 기구를 일괄하여 공장저당의 목적으로 하는 계약이 무효가 아니라고 보고 있다. 즉 일본의 공장저당법 제2조(우리 공장저당법 제4조, 제5조에 해당함)에 의하여 저당권의 효력이 미치는 기계, 기구 등은 저당부동산과 그 소유자가 동일함을 요하는 것이 원칙이라고 한 다음, "개인회사의 대표이사가 개인 소유의 건물과 건물 내에 설치되어 있는 회사 소유의 기계, 기구에 공장저당법 제2조에 의한 근저당권을 설정할 것을 승낙하고 위 대표이사가 담보제공자 겸 보증인으로서 은행과 회사채무의 담보를 위하여 공장저당법 제2조에 의한 근저당권설정계약을 체결하여 그 등기를 한 때에는 동법 제2조의 적용을 받아 근저당권의 효력은 위 기계, 기구에도 미친다"고 한다.

(ㄴ) 한편 大決 1992. 8. 29, 92마576(공 1992, 2838)은 "공장저당법 제4조, 제5조의 규정에 의하여 저당권의 목적이 되는 것으로 목록에 기재되어 있다고 하더라도 그것이 저당권설정자가 아닌 제3자의 소유인 경우에는 위 저당권의 효력이 미칠 수 없는 것"이라고 하였다.

(ㄷ) 大判 1995. 12. 22, 94다37103(공 1996, 468)의 사안은 좀 특이하다. 원고가 A회사에 공장기계 등을 소유권유보부로 판매하였는데, A회사가 위 기계 등에 관한 매매대금을 완납하지 않은 상태에서 위 기계 등을 공장저당에 포함시켜 피고에게 담보로 제공하였다. 대법원은 "원고가 소외 회사로 하여금 피고로부터 금융의 편의를 받도록 도와줄 목적으로 이 사건 기계 등의 매매대금을 전액 영수하였다는 내용

31) 日最判 1962(昭和 37). 5. 10(訟務月報 제8권 제5호, 956면).

의 세금계산서를 발급하여 준 것이라면 원고로서는 피고가 신뢰할 수 있는 외관을 스스로 만들어 내었다 할 것이며, 피고가 이를 신뢰한 나머지 그것을 기초로 이 사건 담보권설정 및 대출행위를 하게 된 것으로 그 과정에서 피고에게 어떠한 잘못이 있었던 것으로 보이지 아니하는 이상, 원고가 이제 와서 이 사건 기계 등이 자신의 소유라고 주장하면서 위 담보권의 효력을 다투는 것은 피고의 신뢰를 배반하여 피고에게 회복할 수 없는 손해를 입히는 것이어서 형평의 원리 및 정의관념에 현저히 반한다"고 판결하였다.

이 판결은 공장의 토지나 건물의 소유자와 기계 등의 소유자가 다른 경우에 공장저당권은 그러한 기계 등에는 미치지 않는 것을 전제로, 기계 등의 소유자가 적극적으로 저당권자가 신뢰할 수 있는 외관을 창출한 경우에는 신의칙을 적용하여 기계 등의 소유권에 관한 주장을 배척한 것이다.

㈐ 結　語

통설과 판례의 입장이 타당하다고 본다. 공장저당법은 기계, 기구 등의 소유자가 공장소유자와 일치한 경우에만 공장저당권의 효력이 기계, 기구 등에도 미칠 수 있나는 점을 전제로 하고 있기 때문이다.

⑹ 기계 등의 일부가 다른 사람의 토지 위에 있는 경우

공장부지에 관하여 공장저당권을 설정하였는데, 공장의 기계 등의 일부가 다른 사람의 토지에 걸쳐 있는 경우가 있다. 예컨대 A는 甲토지 위에 공장을 소유하고 있는데, B은행으로부터 5억원을 대출받고 위 토지에 관하여 공장저당권을 설정하여 주었다. 그런데 기계 중의 일부가 C가 소유하는 토지 위에 있다. 위와 같은 기계에도 위 공장저당권의 효력이 미치는지 문제된다.

大判 1996. 3. 8, 95다14060(未公刊)을 살펴보자. 사실관계를 보면 다음과 같다. 즉 피고가 소외 A의 원고에 대한 채무를 보증하면서, 원

고와 사이에 "당해 시설설치완료 후 추가담보취득하여 본보증 우선 해지할 것"이라는 특약사항과 원고가 위 특약사항을 위반하였을 때에는 보증채무의 전부 또는 일부에 대하여 책임을 지지 아니한다는 면책사항을 신용보증서에 기재하였다. 그런데 기계 2대가 저당부동산 내에 설치되어 있지 아니하였다. 대법원은 원고의 귀책사유로 위 기계 2대에 대한 물적 담보를 취득하지 못하여 피고의 보증책임이 면책되었다고 판단하였는데, 그 이유 중에서 공장저당과 관련된 부분만을 보면 "원고가 위 기계 2대가 이 사건 부동산 내에 설치되어 있지 아니하여 공장저당권의 효력이 미치지 아니함을 알았다면 A가 이를 이 사건 부동산 내로 옮길 때만을 기다릴 것이 아니라, 적극적으로 이에 대하여 따로 양도담보나 질권 등의 담보권을 취득하여야 하고, 또한 어렵지 않게 그러한 담보권을 취득할 수가 있었다고 보여짐에도 불구하고, A로부터 위와 같은 내용의 각서만을 받고 아무런 조치를 취하지 아니하여 담보권을 취득하지 못한 것이라면, 이는 원고의 귀책사유로 인하여 물적 담보를 취득하지 못하여 후에 피고가 보증책임을 이행하더라도 A에 대하여 가지게 될 구상권을 확보할 수 없게 되었다고 할 것이므로 피고의 보증책임은 위 특약에 따라 위 기계 2대의 담보가치만큼 면책되었다고 봄이 상당하다"고 판결하였다. 이 판결은 토지에 관한 공장저당권은 다른 사람의 토지 위에 있는 기계 등에는 그 효력이 미치지 않는다는 점을 전제로 하고 있다.

그런데 이 판결 이후에 선고된 大判 1997. 10. 10, 97다3750(공 1997, 3415)은 이와 배치되는 듯한 내용을 담고 있다. 원고가 이 사건 공장토지인 대지에 관하여 공장저당법에 의하여 근저당권을 취득하였는데, 이 사건 신폐수처리시설이 위 대지와 이 사건 공장토지가 아닌 소외 A 소유의 임야 및 소외 B 소유의 과수원상에 걸쳐서 설치되어 있었다. 이 사건에서 원고의 공장저당권의 효력이 이 사건 신폐수처리시설에도 미치는지 문제되었다. 대법원은 "그것(필자 주: 신폐수처리시설을 가리킴)이 설치된 토지에 부합되었다고 보기보다는, 기록에 나타난 그 구조, 형태 또는 기능 등에 비추어 볼 때, 이 사건 공장에 속하는 토지와 건물 및 기계, 기구와 함께 일체를 이루는 기업시설로서 이 사건 공장 소유자의 소유에 속한다고 봄이 상당하다"는 이유로, 이 사건 공장에 속하는 토지와 건물 및 기계, 기구 위에 설정된 이 사건 공장저당권의 효력은 이 사건 신폐수처리시설에도 미친다고 판단하였다. 이 판결은 신폐수처리시설의 일부가 공장저당권이 설정된 토지 밖에 설치되어 있는 경우에도 공장저당권의 효력이 미칠 수 있다고 보았으나, 이와 같이 보는 근거가 무엇인지 의문이다. 또한 위 대법원 1996.3.8. 판결과의 관계도 명확하게 밝혀져야 할 것이다.

(7) 工場抵當權의 實行

공장저당의 목적이 된 토지 또는 건물과 그곳에 설치된 기계, 기구 등은 이를 분할하여 경매할 수 없다.[32] 그런데 공장의 토지와 건물 및 공장저당법 제7조에 의한 목록 기재의 물건들에 대하여 경매개시결정을 하였다가 그 목록 기재 물건들의 소재를 알 수 없어 추급권의 행사 없이 당초 경매개시결정을 경정하지 아니하고 위 공장의 토지와 건물에 대하여서만 경매절차를 진행하여 경락허가결정을 하였음은 적법하다고 한다.[33]

토지, 건물 및 기계, 기구 등이 일단 공장시설로서 공장저당의 목적이 된 이상, 저당권자의 보호를 위해서뿐만 아니라 채무자 또는 소유자를 위하여서도 그 공장저당의 목적물인 토지와 건물 및 기계, 기구 등이 분리되지 않고 일괄경매가 됨으로써 일체를 이루고 있는 그 특수한 가치를 보유하게 될 것이고, 또 이것이 사회적·경제적으로도

32) 大決 1969.12.9, 69마920(集 17-4, 민 173); 大決 1971.2.19, 70마935(集 19-1, 민 80); 大決 1979.12.17, 79마348(공 1980, 12416); 大決 1992.8.29, 92마576(공 1992, 2838).

33) 大決 1966.7.27, 66마714(集 14-2, 민 244).

유익하다.[34] 따라서 공장저당법에 의한 목적물의 일부가 그 소유자를 달리한다고 하더라도 위와 같은 성질의 공장저당의 목적물에 관하여는 이를 일괄경매를 하여야 한다.[35]

3. 工場財團抵當

가. 意　義

공장의 소유자가 공장으로 공장재단을 설립하여 저당권의 목적으로 하는 것을 공장재단저당이라고 한다.[36] 따라서 이것은 협의의 공장저당에 비하여 법률관계가 명확하다는 장점이 있다. 그러나 공장재단저당은 협의의 공장저당보다 많이 이용되지 않고 있다. 그 이유로는 공장재단저당을 설정하려면 재단의 소유권보존등기와 재단에 관한 저당권설정등기라는 두 단계의 등기절차를 거쳐야 하는 등 설정절차가 번거롭고, 비용과 시간이 많이 든다는 점, 공장재단의 목적물은 소유권과 저당권 이외의 권리의 목적이 될 수 없고, 다만 저당권자의 동의가 있는 경우에 한하여 임대차의 목적이 될 수 있는 점 등을 들 수 있다. 그러나 대규모 공장의 경우에는 공장재단저당이 더 편리하기 때문에, 이를 적극적으로 이용할 필요가 있다.

나. 工場財團의 設立

공장의 소유자는 1개 또는 수 개의 공장으로 공장재단을 설정하여 저당권의 목적으로 할 수 있다(법 제11조 제1항 제1문). 수 개의 공장이 각각 다른 사람의 소유에 속하는 경우에도 1개의 공장재단을 설정할 수 있으

34) 大決 1979. 12. 17, 79마348(공 1980, 12416).

35) 大決 1979. 12. 17, 79마348(공 1980, 12416); 大決 1985. 3. 14, 84마718(集 33-1, 민 112).

36) 공장저당법 중 공장재단에 관한 규정은 광업재단저당에 준용된다.

나(법 제11조 제1항 제2문), 1개의 공장에 대하여 2개의 재단을 설정할 수는 없다(법 제11조 제2항).

공장재단은 재단을 구성한 것을 표시한 공장재단목록을 등기소에 제출하고, 공장재단등기부에 소유권보존등기를 함으로써 설정된다(법 제39조, 제12조, 제13조). 이와 같이 성립한 공장재단은 1개의 부동산으로 간주되어 소유권이나 저당권의 목적이 될 수 있다(법 제14조).

다. 工場財團의 構成物

공장재단은 공장에 속하는 토지와 공작물, 기계, 기구, 전주, 전선, 배치제관, 軌條, 기타의 부속물, 지상권 및 전세권, 임차권(임대인의 동의가 있는 경우에 한함), 공업소유권 등으로 구성된다(법 제15조). 공장저당법은 재단의 구성에 관하여 당연소속주의가 아니라 선택주의를 채택하고 있다. 그리하여 공장소유자는 위의 물건과 권리의 전부로써 공장재단을 구성할 수도 있고 그 중의 일부만을 선택하여 이를 구성할 수도 있다.

타인의 권리의 목적인 물건 또는 압류, 가압류, 가처분의 목적인 물건은 공장재단을 구성하지 못한다(법 제17조). 대법원은 공장저당법 제4조에 의한 저당권이 설정된 부동산 및 이에 비치될 기계 등은 제17조에 의하여 공장재단의 구성물로 할 수 없고 이를 공장재단구성물로 한 공장재단 소유권보존등기는 무효이므로 그 보존등기에 불구하고 대상물에 대하여 경락을 허가하는 결정을 할 수 없다고 하였다.[37]

동산에 관하여는 그러한 사실의 유무를 판정하는 것이 곤란하므로, 공장재단의 소유권보존등기의 신청이 있을 때에 등기공무원은 공장재단을 구성할 동산에 관하여 권리를 가지는 자는 일정한 기간 내에 신고할 것을 공고하기로 하고(법 제41조), 이 기간 내에 권리의 신고가 없는 때에는 그 권리는 존재하지 않는 것으로 간주된다(법 제42조).

37) 大決 1964. 4. 7, 63마150(民決集 12(상), 81).

공장재단에 속하는 것은 이를 양도하지 못한다(법 제18조). 그러나 재단 자체를 한데 묶어서 양도하는 것은 상관 없다. 그리고 재단저당권자의 동의 없이 재단에서 분리된 물건에 대하여는 저당권이 그대로 존속한다.

Ⅲ. 集合物讓渡擔保

1. 概 說

가. 意 義

양도담보의 목적물은 매우 다양하다. 하나의 동산이나 부동산에 관하여 양도담보가 설정되는 것이 원칙이지만, 실제의 금융거래에서는 동산의 집합체에 관하여 양도담보를 설정하는 경우도 있다.[38] 이와 같이 여러 동산을 일괄하여 담보로 제공하여 자금을 융통하는 방법을 集合物讓渡擔保 또는 集合動産讓渡擔保라고 한다.

동산양도담보, 특히 集合物讓渡擔保는 담보목적물을 확장시키는 기능을 담당한다. 상인이나 기업가는 담보로 제공할 만한 부동산이 없으면 저당권 등을 이용할 수 없다. 개별동산은 가치가 너무 적어 담보를 설정하기에 부적절한 경우가 많이 있다. 이러한 경우에 생산시설이나 원재료, 상품 등 다수의 동산을 일괄하여 담보로 제공하고 자금을 마련할 필요가 있다. 원료 등은 항상 일정한 수량이 일정한 장소에 있기 때문에 재산적 가치가 계속 유지된다. 이와 같이 재산적 가치가 있는 물건을 담보목적물로 함으로써 사회경제적인 요청에 부응할 수 있

38) 그 밖에 부동산의 지분, 채권, 주식, 점포권, 영업권, 기업권, 아파트입주권 등 양도할 수 있는 모든 재산권이 양도담보의 목적물이 될 수 있다. 실제 거래에서 건축중인 건물을 양도담보로 제공하는 경우도 있고, 다수의 채권에 관하여 양도담보를 설정하는 경우도 있는데, 후자는 集合債權讓渡擔保라고 한다.

다. 그리고 양도담보의 경우에는 담보권자가 占有改定[39]에 의하여 채무자로 하여금 담보목적물을 점유하게 함으로써 관리상의 위험과 불편을 덜 수 있고, 생산이나 영업에 사용되는 시설이나 판매중에 있는 상품도 담보로 제공할 수 있게 된다.

나. 利用現況

(1) 集合物讓渡擔保는 매우 다양한 형태로 이용된다. 이를 다음의 세 종류로 나누기도 한다.[40]

(가) 確定集合動産讓渡擔保

예컨대 하나의 도서관에 있는 장서 전부 또는 식당에 있는 가구나 식기 전부 등과 같이 내용이 변동하지 않는 물건 전체를 양도담보로 하는 경우이다. 담보설정자가 새로운 물건 등을 취득하는 경우에 그것이 당연히 양도담보의 목적물이 되는 것이 아니고 별도의 양도담보설정계약을 체결해야 한다.

(나) 流動集合動産讓渡擔保

이것은 기업의 경영활동에 따라 내용이 끊임 없이 변동하는 집합물을 일괄하여 양도담보로 하는 경우이다. 예컨대 특정한 창고나 점포내에 있는 상품, 재고품 등과 같이 구성물이 계속 변동하는 경우에 많이 이용된다. 이것은 남보권설정 후에 담보설정자가 새로이 취득한 물건도 양도담보의 목적물이 된다는 약정을 함으로써 성립한다.

---

39) 민법 제189조는 점유개정에 관하여 "動産에 관한 物權을 讓渡하는 경우에 當事者의 契約으로 讓渡人이 그 動産의 占有를 繼續하는 때에는 讓受人이 引渡받은 것으로 본다"고 규정하고 있다. 예컨대 甲이 乙에게 매각한 물건을 다시 乙로부터 차용하는 경우와 같이, 양도인 甲이 양도한 후에도 양수인 乙의 직접점유자로서 목적물의 점유를 계속하려는 때에는, 甲과 乙이 양수인이 간접점유를 취득하게 되는 법률관계를 합의하면, 이 합의에 의하여 乙은 인도를 받은 것이 된다.

40) 金在協, "集合動産讓渡擔保," 司法硏究資料 제16집, 法院行政處, 1989, 76면 이하.

(다) 變質集合動產讓渡擔保

원재료와 같이 개개의 동산이 생산, 가공, 판매과정에서 반제품, 제품, 포장된 제품 등으로 변형, 변질되는 일련의 집합물을 담보로 제공하는 경우이다.

(2) 위 (가)의 경우에는 굳이 집합물양도담보 개념을 끌어들일 필요가 없다. 그리고 위 (나)와 (다)의 경우를 구별할 필요도 없다고 생각된다.

2. 有 效 性

집합물을 양도담보의 목적물로 하는 것은 일물일권주의, 즉 물권은 하나의 물건에 설정되어야 한다는 원칙에 배치되는 것이 아닌가 하는 의문이 제기된다.

가. 判　例

판례는 集合物讓渡擔保를 유효라고 보고, 그 이론구성에 관하여 集合物論을 채택하고 있다. 즉 일정한 점포 내의 상품과 같이 증감변동하는 상품 일체도 이른바 '집합물에 대한 양도담보권'으로서 그 목적물을 종류, 장소, 수량지정 등의 방법에 의하여 특정할 수만 있다면 그 집합물 전체를 하나의 재산권으로 하는 담보의 설정이 가능하다고 한다. 대법원은 1988년에 최초로 集合物讓渡擔保를 인정하였다.

大判 1988. 10. 25, 85누941(공 1988, 1484)

사안: 소외 A회사(일신제강주식회사)가 1977. 4. 26. 이래 원고(한국외환은행)와 어음대출, 어음할인 등 금융거래를 하면서 그 채무의 담보로 연열코일 등 반입자재에 관하여 한도액 50억원의 양도담보계약을 체결하고 占有改定의 방법으로 이를 원고 은행에 인도하였으나 그 담보목적물은 A회사가 가공하여 2-3개월 이내에 이미 매도되었다. 위 양도담보계약시 그 후 A회사가 새로이 반입하는 연열코일 등 반입자재와 換置되는 자재 등도 그 담보목적으로 하기로 특약하였다.

이 사건에서 양도담보계약 이후에 반입된 자재가 양도담보의 목적물이 되는지 문제되었다.41) 대법원은 원심과 달리 위 자재가 양도담보의 목적물이라고 판단하였다. 그 이유는 다음과 같다.

① "제강회사가 제품생산에 필요하여 반입하는 원자재를 일정기간 계속하여 채권담보의 목적으로 삼으려는 소위 집합물양도담보권 설정계약에 있어서는 목적 동산의 종류와 수량의 범위가 지정되고 그 소재장소가 특정되어 있으면 그 전부를 하나의 재산권으로 보아 담보권의 설정이 가능하다고 보아야 할 것이고 그러한 경우 양도담보권자는 담보권 설정계약 당시 존재하는 원자재를 점유개정에 의하여 그 점유를 취득하면 제 3 자에 대하여 그 동산의 소유권(담보권)을 주장할 수 있는 것이고 그 후 새로이 반입되는 개개의 물건에 대하여 그 때마다 점유개정의 표시가 있어야 하는 것은 아니라고 할 것이다."

② 이 사건에서 원고와 A회사 사이에 체결한 동산양도담보계약서에 의하면, 채무자가 담보물건의 전부 또는 일부를 바꾸거나 또는 장래 신규로 반입할 경우에는 원고 은행의 승낙을 받겠으며 그 새로 바꾼 물건과 반입물에 대하여도 따로 계약할 것 없이 전부 그 소유권을 채권자인 원고 은행에 양도하기로 특약한 사실을 엿볼 수 있고 담보물의 일부 또는 전부를 바꾸거나 새로 반입추가하는 경우에 채권자의 승낙을 받기로 특약하였다고 하여 채권자의 승낙이 있기 전에는 채권자가 그 담보물의 담보권을 취득할 수 없는 것이 아니다.42)

---

41) A회사는 법인세 등을 납부할 의무가 있었는데, 과세관청인 피고는 원고가 A회사의 위 재산에 관한 양도담보권자라는 이유로 양도담보권자의 물적 납세의무(2차 납세의무)를 규정한 국세기본법 제42조(동조 제 1 항 본문은 "납세자가 국세가산금 또는 체납처분비를 체납한 경우에 그 납세자에게 양도담보재산이 있는 때에는 그 납세자의 다른 재산에 대하여 체납처분을 집행하여도 징수할 금액에 부족한 경우에 한하여 국세징수법이 정하는 바에 의하여 그 양도담보재산으로써 납세자의 국세가산금과 체납처분비를 징수할 수 있다"고 규정하고 있다)에 의하여 부과처분을 하였다. 이에 원고는 피고를 상대로 법인세 등 부과처분의 취소청구를 하였다.

원심은, 양도담보설정계약 후에 반입되는 원자재가 담보목적물로 되려면 원고의 양도담보목적물에로의 특정의 절차가 필요한데 그 특정의 절차가 없었기 때문에 원고를 위 채무자 회사가 이 사건 과세처분 당시 점유하고 있던 원자재에 대한 담보권자라고 볼 수 없다는 이유로 피고의 과세처분을 취소하였다.

42) 그러나 대법원은 위 계약에 의하여 1977. 8. 26.에 A회사 소유의 연열코일 등 원자재에 대하여 양도담보권을 취득한 것이고 피고가 납세의무자 A회사에

그 후 대법원[43]은 비슷한 사안에서 "재고상품, 제품, 원자재 등과 같은 집합물을 하나의 물건으로 보아 이를 일정기간 계속하여 채권담보의 목적으로 삼으려는 이른바 집합물에 대한 양도담보권 설정계약에 있어서는 그 목적 동산을 그 종류, 장소 또는 수량지정 등의 방법에 의하여 특정할 수만 있으면 그 집합물 전체를 하나의 재산권으로 하는 담보권의 설정이 가능하다 할 것이므로 그에 대한 양도담보권 설정계약이 이루어지면 그 집합물을 구성하는 개개의 물건이 변동되거나 변형되더라도 한 개의 물건으로서의 동일성을 잃지 아니한 채 양도담보권의 효력은 항상 현재의 집합물 위에 미치는 것이고, 따라서 그러한 경우에 양도담보권자가 담보권 설정계약 당시 존재하는 집합물을 점유개정의 방법으로 그 점유를 취득하면 그 후 양도담보설정자가 그 집합물을 이루는 개개의 물건을 반입하였다 하더라도 그 때마다 별도의 양도담보권 설정계약을 맺거나 점유개정의 표시를 하여야 하는 것은 아니라 할 것이다"라고 판결하였다.

나. 學 說

(1) 集合物論

집합물을 그 구성요소인 개별동산의 변동에도 불구하고 개별동산과는 별개, 독립된 하나의 권리객체로 보아 집합물 자체를 양도담보의 객체로 보는 견해이다.[44] 집합물의 소유권은 양도담보권자에게 양도되며, 개별동산은 집합물의 구성부분으로서 그 집합물에 속하는 한 양도

대하여 징수할 세금의 납기는 원고가 양도담보권을 취득한 일자보다 5년이나 뒤인 1983.5.13.이라고 하는 것이므로 국세기본법 제42조 제1항 단서의 규정에 따라 원고에게 제2차 납세의무가 없다고 판단하였다.

43) 大判 1988.12.27, 87누1043(공 1989, 244).

44) 金曾漢·金學東, 民法總則, 제9판, 博英社, 1995, 236면; 李在洪, "集合動産의 讓渡擔保," 判例月報 제177호(1985.6), 34면; 金在協(註 40), 84-85면; 李正九, "集合物에 대한 讓渡擔保," 法曹 제398호(1989.11), 85-86면; 李俊相, 金融判例硏究(1982-1991), 育法社, 1992, 468면.

담보권의 지배를 받는다고 한다. 한편 개별동산은 원래 유체물로서 독자성을 잃지 않고, 집합물로부터 이탈하면 독자적으로 경제적·법적 운명에 따르며, 설정자의 영업행위에 의하여 유효하게 제3자에게 이전된다고 한다.

그리고 현재의 사회에서 이용되고 있는 집합물의 양도담보에 관하여 물권의 형식이론에 치우쳐 그 개념을 부정하거나 당사자의 의사를 무시하고 집합물을 구성하는 개개의 동산으로 분해하여 개개의 물건에 대응하는 복수의 양도담보가 설정되고 이것들이 일괄하여 효력을 발생하는 것이라고 보는 것은 타당하다고 할 수 없고, 물건이 집합하여 객관적으로 단일한 경제적 가치를 가지고 거래상으로 일체로서 다루어지는 경우에는 법적으로 이를 하나의 물건으로 다룰 수 있는 것이라고 한다.[45] 그리하여 "개개의 물건은 집합물의 구성부분의 관계에서는 집합물 그 자체의 법률적 변동에 좇고, 개개의 물건으로서 독립성을 가지는 관계에서는 독립한 법률적 변동에 좇는다고 하고, 이원성을 가진다고 해야 할 것"이라고 한다.[46]

(2) 한편 집합물론에 반대하는 견해가 있다.[47] 그 이유로 우리 민법은 집합물이라는 개념을 인정하지 않고 있는 점, '事前占有改定約定'(antezipiertes Besitzkonstitut)이라는 개념으로 集合物讓渡擔保에 관한 문제를 해결할 수 있다는 점을 든다.[48] 양도담보설정계약에서 미리 담보권자가 '특정점포에 새로 반입되는 물건'에 대하여 소유권을 취득하

45) 李正九(註 44), 85-86면.

46) 金曾漢·金學東(註 44), 236면.

47) 黃迪仁, 現代民法論(II), 全訂版, 博英社, 1987, 382면; 黃迪仁, "集合物擔保와 企業擔保," 民法·經濟法論集, 法元社, 1995, 327면; 梁彰洙, "內容이 變動하는 集合的 動產의 讓渡擔保와 그 產出物에 대한 效力," 저스티스 제30권 제1호(1997.3), 115면 이하; 韓國產業銀行調査部 編, 特殊擔保制度, 1984, 228면 이하. 한편 李英俊, 物權法, 全訂版, 博英社, 1996, 250-251면은 위와 같이 설명하고 있지만, 同書, 988면은 집합물이라는 개념이 인정되는 것처럼 서술하고 있다.

48) 특히 梁彰洙(註 47), 115-116면.

기로 하는 물권적 합의를 하고, 담보설정자가 새로 취득하게 되는 물건을 담보권자를 위하여 보관하기로 하는 점유매개관계를 약정하였다고 볼 수 있다. 이와 같이 미리 포괄적인 사전점유개정약정을 한 경우에는 실제로 담보설정자가 제 3 자로부터 물건을 인도받으면, 담보권자가 바로 간접점유의 취득과 아울러 양도담보권자가 된다. 이와 같이 보면 양도담보계약시에 구비된 담보의 대세적 효력이 담보설정자가 나중에 취득한 동산에 '자동적으로' 미치게 할 수 있고, 물권적 합의와 점유이전이 특정된 물건에 대하여만 행하여질 수 있다는 원칙은 集合動產讓渡擔保에 대하여도 유지된다는 것이다.

다. 檢　討

어느 견해를 따르든 集合物讓渡擔保의 유효성을 인정하는 점에 관하여는 별다른 차이가 없지만, 이론구성상 중요한 문제를 내포하고 있다. 우리 나라의 集合物論은 일본의 학설[49]과 판례[50]의 영향을 받은 것으로 볼 수 있는데, 일본에서는 集合物讓渡擔保에 관한 다양한 논의가 전개되고 있다.[51] 일본의 집합물론은 我妻榮의 견해[52]에 그 근원을 두고 있는데, 그의 견해는 당시의 독일의 학설의 영향을 받은 것이다.[53] 그런데 현재 독일에서는 양도담보설정자가 장래에 취득할 개개

49) 高木多喜男, 擔保物權法, 新版, 有斐閣, 1994, 358면.

50) 日最判 1979(昭和 54). 2. 15(民集 제33권 제 1 호, 51면); 日最判 1987(昭和 62). 11. 10(民集 제41권 제 8 호, 1559면).

51) 일본에서는 분석론, 집합물론, 가치범위론 등이 주장되고 있다. 일본의 학설에 관하여는 우선 金在協(註 40), 71면 이하 참조.

52) 我妻榮, 近代法における債權の優越的地位, 有斐閣, 1953, 151면 이하; 我妻榮(註 3), 657면 이하.

53) 我妻榮, 近代法における債權の優越的地位, 有斐閣, 1953, 181면 이하에 의하면, 그의 이론구성에서 Hans Oppikofer, *Das Unternehmensrecht in geschichtlicher, vergleichender und rechtspolitischer Betrachtung*, 1927에 의하여 영향을 받았다고 한다.

한편 프랑스에서는 1909. 3. 17.의 "영업재산의 매각 및 담보화에 관한 법률"을 제정하여 영업재산(fonds de commerce)의 담보문제를 입법적으로 해결하

의 동산, 특히 재고상품(Warenlager)도 양도담보로 제공할 수 있다고 하는데, 그 방법은 事前占有改定約定에 의하여 가능하다고 하고,[54] 민법상의 특정의 원칙에 따라 集合物(Sachgesamtheit; Sachinbegriff)이라는 개념을 인정하지 않고 있다.[55]

집합물론을 따를 경우 하나의 물건이 두 가지 권리의 객체가 되는 결과가 된다. 예컨대 어떤 창고에 있는 냉장고 전체를 양도담보로 제공하였다고 하자. 그 창고 안에는 약 100대의 냉장고가 들어 있는 경우에 냉장고 한 대는 1개의 물건으로서 매매목적물이 될 수 있을 뿐만 아니라, 창고에 있는 냉장고 전체는 하나의 집합물로서 하나의 양도담보의 객체가 되는 것이다. 이러한 경우 냉장고 한 대가 하나의 물건인가, 아니면 냉장고 전체가 집합물로서 하나의 물건인가? 냉장고 한 대가 하나의 물건이라고 보아야 하고 냉장고에 있는 물건 전체가 양도담보약정에 따라 단일한 담보목적에 봉사하고 있는 것으로 보아야 할 것이다. 따라서 집합물론은 우리 민법하에서 받아들이기 곤란하다고 본다.

3. 成立要件

가. 目的物範圍의 特定

(1) 양도담보권은 물권이기 때문에, 양도담보권의 효력이 미치는 동산의 구체적인 범위를 정해야 한다. 그렇지 않으면 채무자가 피담보

였다. 이에 관하여는 Reinecker/Petereit, *Recht der Kreditsicherheiten in europäischen Ländern, Teil II, Frankreich,* 1978, S. 165ff.

54) Serick, *Eigentumsvorbehalt und Sicherungsübertragung, Band II, Die einfache Sicherungsübertragung - Erster Teil,* 2, unveränd. Aufl., Heidelberg, 1986, S. 148; Baur/Stürner, *Lehrbuch des Sachenrechts,* 16. Aufl., Müchen, 1992, S. 622ff.; Scholz/Lwowski, *Das Recht der Kreditsicherung,* 7. Aufl., Berlin, 1994, S. 446ff.; Quack, in: *Münchener Kommentar zum Bürgerlichen Gesetzbuch,* Band 4, 3. Aufl., 1997, § 930 Rn. 29ff.

55) Baur/Stürner, S. 233(註 54).

채권을 이행하지 아니할 경우 담보권을 실행할 수 없게 될 수도 있고, 제 3 자에게 불측의 손해를 입힐 수 있기 때문이다. 그리하여 集合物讓渡擔保의 경우 그 목적 동산이 담보설정자의 다른 물건과 구별될 수 있도록 그 종류, 장소 또는 수량지정 등의 방법에 의하여 특정되어 있어야 한다.[56] 예컨대 일정한 창고 내에 있는 상품 전부라고 지정하면 목적물이 특정되었다고 볼 수 있다. 그러나 위와 같은 물건 중 절반이라고 지정하는 경우에는 특정되었다고 볼 수 없다.

(2) 목적물의 특정과 관련하여 大判 1990. 12. 26, 88다카20224(공 1991, 601)를 살펴볼 필요가 있다.

사안: A는 1985. 3. 20. 원고에게 원고에 대한 현재 및 장래의 채무를 금 14억원을 한도로 담보할 목적으로 위 양만장 내에 있던 뱀장어를 약 1,000,000마리로 추산하여 이를 일괄하여 양도담보로 제공하면서 다음과 같이 약정하였다. 즉 ① A가 원고에게 위 뱀장어에 관한 소유권을 양도하고, 점유개정의 방법으로 A가 계속하여 위 뱀장어를 점유하고 관리·사육하면서 원고의 승낙하에 이를 처분할 수 있다. ② 장래에 위 양만장에 입식하는 뱀장어도 1,000,000마리의 한도 내에서 위 담보의 목적으로 되어 원고가 그 소유권을 갖기로 한다. ③ 위 뱀장어는 치만(새끼뱀장어)을 구입하여 양만장에 입식시킨 후 약 1년 내지 1년 6월 정도 사육한 성만이 되었을 때가 그 성장도와 경제성에 비추어 상품으로서의 가치가 가장 높아 그 때에 처분하여야 하고, 또한 이를 위하여는 계속적으로 치만을 구입하여 양만장에 입식시켜야 하는데 A도 위 양만장 내에 있던 뱀장어 중 적정크기의 뱀장어를 원고의 승낙하에 처분하여 그 대금을 채무변제와 인건비, 사육비 및 치만구입비 등에 사용하기로 한다.

그런데 피고들이 A에 대한 각 채무명의(2002년 제정된 민사집행법

56) 大判 1988. 12. 27, 87누1043(공 1989, 244)과 大判 1990. 12. 26, 88다카20224(공 1991, 601). 이것은 장소를 지정하지 않는 경우에도 수량만 지정하는 경우 또는 그 반대의 경우에도 특정된다고 볼 수 있다고 한 것이다. 한편 大判 1988. 10. 25, 85누941(공 1988, 1484)은 목적물의 '종류, 소재장소 및 양적 범위를 지정하는 등 방법에 의하여' 集合物讓渡擔保의 목적물을 특정하여야 한다고 하고 있다.

에서 '집행권원'이라는 용어로 바꾸었음)에 기하여 위 뱀장어와 그 환가대금에 대하여 가압류 또는 강제집행을 하자, 원고가 위 뱀장어의 소유자라는 이유로 제 3 자이의의 소를 제기하였다. 이에 원심은 원고의 청구를 받아들었다.[57] 피고들이 상고하였으나, 대법원은 원심이 이 사건 뱀장어 1,000,000마리만을 양도담보의 목적으로 한 듯이 설시한 점은 잘못이라 하겠으나 이 사건 양도담보계약이 유효하다고 보아 위 환가대금에 대한 피고들의 가압류 내지 강제집행을 부당하다고 본 결론은 정당하다고 하였다. 그 이유는 다음과 같다.

① "일반적으로 일단의 증감변동하는 동산을 하나의 물건으로 보아 이를 채권담보의 목적으로 삼으려는 이른바 집합물에 대한 양도담보설정계약체결도 가능하며 이 경우 그 목적 동산이 담보설정자의 다른 물건과 구별될 수 있도록 그 종류, 장소 또는 수량지정 등의 방법에 의하여 특정되어 있으면 그 전부를 하나의 재산권으로 보아 이에 대해 유효한 담보권의 설정이 된 것으로 볼 수 있다."

② 양도담보계약서 중 양도물건목록에는 소재지란에 담양군 금성면 대곡리 646 등, 보관창고명란에 대수개발양만장, 물건의 종별란에 위 양만장 내 뱀장어, 수량 약 백만 마리라고 기재되어 있다. 증인들이 위 양도담보계약의 목적물로 계약 당시 위 양만장 내의 모든 뱀장어수를 약 1,000,000마리로 추산하여 그 전부를 목적물로 하였다는 취지로 증언하고 있다. 이 사건에서 위 양도담보계약서에 기재된 수량은 단순히 위 계약 당시 위 양만장 내에 보관되고 있던 뱀장어 등의 수를 개략적으로 표시한 것에 불과하고 오히려 당사자는 위 양만장 내의 뱀장어 등 어류 전부를 그 목적으로 하였다고 봄이 당사자의 의사에 합치된다고 할 것이다.

③ "그렇다면 비록 성상을 계속하는 어류일지라도 기본적으로는 원

57) 원심은 원고와 A 사이의 위 양도담보계약의 목적물은 A의 다른 재산과 구별되는 위 양만장 내의 뱀장어 1,000,000마리로 한정되어 있고, 또한 위 뱀장어는 위 양만장 내의 개개의 뱀장어를 떠난 1,000,000마리의 한도 내에서 증감변동하는 집합동산으로서 계속적으로 단일한 경제적 가치가 유지되어 양도담보계약은 유효한 계약이라 할 것이고, 따라서 피고들이 위와 같이 강제집행할 당시의 위 양만장 내의 뱀장어 약 26,500킬로그램 상당은 원고의 소유이며 이를 환가한 위 금 176,875,500원 역시 원고의 소유라 할 것이므로 피고들이 A에 대한 각 채무명의에 기하여 원고소유의 위 뱀장어 및 금원에 대하여 한 위 각 강제집행은 부당하다고 판결하였다.

자재, 제품의 원료, 재고상품과 달리 볼 아무런 이유가 없어 집합물양도담보의 대상이 될 수 있다 할 것이어서 위 양만장 내의 뱀장어 등 전부에 대한 위 당사자간의 이 사건 양도담보계약은 그 담보목적물이 특정되었다 할 것이므로 그 담보계약은 유효하게 성립하였다고 할 것이며, 이러한 집합물에 대한 양도담보권 설정계약이 이루어지면 그 집합물을 구성하는 개개의 물건이 변동되거나 변형되더라도 한 개의 물건으로서의 동일성을 잃지 아니한 채 양도담보권의 효력은 항상 현재의 집합물 위에 미치는 것이고, 따라서 양도담보권자가 담보권 설정계약 당시 존재하는 집합물을 점유개정의 방법으로 그 점유를 취득하면 그 후 양도담보설정자가 그 집합물을 이루는 개개의 물건을 반입하였다 하더라도 그 때마다 별도의 양도담보권 설정계약을 맺거나 점유개정의 표시를 하여야 하는 것은 아니라고 할 것이다."

이 판결에서 양도담보설정계약서의 양도물건목록에는 소재지란에 담양군 금성면 대곡리 646 등, 보관창고명란에 대수개발양만장, 물건의 종별란에 위 양만장 내 뱀장어, 수량 약 백만 마리라고 기재되어 있었다. 그러나 위 양도담보계약서에 기재된 수량은 단순히 위 계약 당시 위 양만장 내에 보관되고 있던 뱀장어 등의 수를 개략적으로 표시한 것에 불과하고 위 양만장 내의 뱀장어 등 어류 전부를 양도담보의 목적으로 하였다고 보는 것이 당사자의 의사에 합치된다는 것이다. 따라서 위 양도담보계약은 集合物讓渡擔保에 관한 것으로 볼 수 있다는 것이다.

(3) 한편 大判 1996. 9. 10, 96다25463(공 1996, 3012)은 集合物讓渡擔保가 문제되지 않았지만, 集合物讓渡擔保에 관한 사안이라고 볼 수도 있다.

사안: 원고는 소외 A에게 합계 금 60,000,000원을 대여하였다. A는 1993. 7. 29. 원고에 대한 위 대여금채무를 담보하기 위하여 경기 평택군에 있는 돈사(豚舍)에 있던 돼지(연령 1년 6개월된 웅돈 10두, 1년된 모돈 90두, 2개월된 자돈 280두, 3개월 이상 된 육성돈 300두)의 소유권을 원고에게 양도하되, 위 돼지는 점유개정의 방법으로 A가 계속

하여 점유·관리·사육하기로 하는 양도담보계약을 체결하였다. 피고 조합은 1994. 7. 27. 위 돈사에 있던 A소유의 돼지(웅돈 5두, 모돈 60두, 자돈 250두, 육성돈 450두)에 대하여 압류집행을 하였다. 일반적으로 웅돈(종모돈, 수퇘지종돈, 씨돈)은 생후 10개월부터 약 3년까지 그 역할을 하고, 모돈(새끼를 낳는 암퇘지)은 생후 8개월부터 약 2년 내지 2년 6개월까지 그 역할을 하기 때문에, 그 기간이 지나면 출하처분하고, 자돈(생후 2개월까지의 돼지) 및 육성돈은 생후 5개월 내지 6개월이 되면 생돈으로 출하처분한다. 그리하여 피고 조합이 위 압류집행을 할 당시 A가 원고에게 양도담보로 제공한 위 돼지 중 자돈 및 육성돈은 이미 성장하여 출하·처분되고 웅돈 및 모돈은 새끼돼지를 출산한 후 일부는 출하·처분된 상태였다. 결국 피고 조합이 압류집행한 돼지는 원고에게 양도담보로 제공했던 웅돈 및 모돈의 일부 및 위 모돈이 출산한 새끼돼지가 성장한 자돈 및 육성돈이다.

원고는, 피고 조합이 원고에게 이미 양도담보로 제공된 원고 소유 돼지에 대하여 압류한 것이라는 이유로, 강제집행의 배제를 구하는 제3자이의의 소를 제기하였다.

원심은 다음과 같은 이유로 원고의 청구를 인용하였다. "모돈이 출산한 새끼돼지는 그 모돈의 천연과실로서 그 소유권은 특별한 사정이 없는 한 원물인 모돈의 소유자에게 귀속한다 할 것이므로 달리 양도담보된 모돈으로부터 출산된 새끼돼지의 소유권원에 대한 주장·입증이 없는 이 사건에 있어서는 양도담보로 제공된 모돈으로부터 출산된 새끼돼지가 성장한 자돈 및 육성돈에게도 양도담보의 효력은 미친다 할 것이고, 따라서 피고 조합의 압류는 원고에게 이미 양도담보로 제공된 원고 소유 돼지에 대하여 한 것"이 된다.

대법원은 다음과 같은 이유로 원심판결을 파기환송하였다.

"일반적으로 물건을 양도담보의 목적으로 양도한 경우 특별한 사정이 없는 한 목적물에 대한 사용수익권은 양도담보설정자에게 있는 것이고(당원 1988. 11. 22. 87다카2555 참조), 더군다나 이 사건에 있어 갑 제3호증(양도담보부금전소비대차계약공정증서)의 기재에 의하면 채권자인 원고와 채무자인 위 A 사이에 위 A가 이 사건 양도담보목적물인 돼지를 점유하는 동안 이를 무상으로 사용·수익하기로 약정한 사실을 인정할 수 있는바, 그렇다면 양도담보목적물로서 원물인 돼지가 출산한 새끼돼지는 천연과실에 해당하고 그 천연과실의 수취권은 원물인 돼지의 사용수익권을 가지는 양도담보설정자인 위 A에게 귀속되는 것이므로, 달리 원·피고 사이에 특별한 약정이 없는 한 천연과실인 위 새끼돼지에 대하여는 양도담보의 효력이 미치는 것이라고 할 수 없다.

그럼에도 불구하고 원심이 천연과실인 위 새끼돼지에 대하여도 양도담보의 효력이 미친다고 판단한 것은 양도담보목적물의 사용·수익 및 천연과실의 수취권에 대한 법리를 오해한 것이라고 아니할 수 없다."

민법 제102조 제1항은 "天然果實은 그 元物로부터 分離하는 때에 이를 收取할 權利者에게 屬한다"고 규정하고 있는데, 위 새끼돼지는 천연과실에 해당한다. 그리고 양도담보의 경우에는 양도담보설정자가 과실수취권을 가진다. 양도담보의 특징은 담보설정자가 담보목적물을 계속 점유하고 사용·수익할 수 있다는 점에 있기 때문이다.[58] 따라서 대법원의 판단은 법이론적으로 당연한 것이라고 볼 수 있다. 그런데 이 사건에서 양도담보의 목적물이 양도담보설정계약 당시의 A의 돈사에 있었던 돼지라고 보는 것은 의문이다. 오히려 양도담보의 목적물은 A의 돈사에 있던 돼지라기보다는 돼지의 변동과 상관 없이 A의 돈사에 있는 돼지 전체라고 보아야 할 것이다.[59] 즉 이 사건 양도담보는 集合物讓渡擔保라고 볼 수 있다. 이와 같이 본다면 압류 당시 A의 돈사에 있던 새끼돼지도 양도담보의 목적물이 되고, 원고는 양도담보권자로서 제3자 이의의 소를 제기할 수 있다.[60]

---

58) 大判 1988.11.22, 87다카2555(공 1989, 21).

59) 梁彰洙(註 47), 119면 이하; 金在協, "集合動產讓渡擔保와 果實收取權," 法曹 제486호(1997.3), 159면 이하.

일본의 東京地判 1994(平成 6).3.2.는 養豚場 내에 현재 및 장래 존재하는 돼지를 목적물로 하는 집합동산양도담보권의 성립을 인정하고 있다. 이 판결에 관한 評釋으로는 角紀代惠, "養豚場で飼育中の豚について流動集合動產讓渡擔保權の成立を認めた事例," 法律時報(別冊): 私法判例リークス 제11권(1995.7), 56면 참조.

60) 大判 1994.8.26, 93다44739(공 1994, 2514)는 "동산에 관한 양도담보계약이 이루어지고 원고가 점유개정의 방법으로 인도를 받았다면 그 청산절차를 마치기 전이라도 목적물에 대한 사용수익권은 없지만 제3자에 대한 관계에 있어서는 그 물건의 소유권을 주장하고 그 권리를 행사할 수 있다"고 하여, 동산에 관한 양도담보권자가 제3자 이의의 소를 제기할 수 있다고 한다.

(4) 대법원판결에서 集合物讓渡擔保의 목적물이 특정되었다고 본 사례를 보면, 대체로 담보목적물이 ① 제강회사가 제품생산에 필요하여 반입하는 연열코일 등 원자재,[61] ② 공장에 있는 철강제품과 원자재,[62] ③ '일정한 양만장 내에 있는 뱀장어 등 어류 전부'[63]라고 되어 있으면 담보목적물이 특정되었다고 보고 있다.

우리 나라에서 集合物讓渡擔保의 목적물이 특정되지 않았다고 본 사례를 찾을 수 없다. 일본에서는 ① 각 가정에 배치되어 있는 프로판가스용 10kg들이 원통용기 700개,[64] ② 창고에 보관하고 있는 식용건조파 44톤 중 28톤,[65] ③ 특정건물 내에 납치하는 주류, 식료품, 운반구, 집기, 비품, 가재일체로서 주류, 식료품판매업자 소유에 속하는 것[66]이라고 되어 있는 경우에는 양도담보목적물이 특정되지 않았다고 하였다. 그리고 독일에서는 몇 kg의 돼지라고 약정한 경우에는 특정된 것이 아니라고 하였다.[67]

나. 公示方法

(1) 占有改定

集合物讓渡擔保의 공시방법은 점유개정이다.[68] 集合物讓渡擔保가 성립하려면 점유개정에 의한 점유이전이 있어야 한다. 집합물을 이중으로 양도담보로 제공하면 나중의 양도담보는 무효가 된다.[69] 그러나

61) 大判 1988. 10. 25, 85누941(공 1988, 1484).
62) 大判 1988. 12. 27, 87누1043(공 1989, 244).
63) 大判 1990. 12. 26, 88다카20224(공 1991, 601).
64) 日岡山地判 1969(昭和 44). 6. 2(判例時報 제575호, 69면).
65) 日最判 1979(昭和 54). 2. 15(民集 제33권 제1호, 53면).
66) 日最判 1982(昭和 57). 10. 14(判例時報 제1060호, 78면).
67) BGH NJW 1984, 803.
68) 李正九(註 44), 83면.
69) 大判 1988. 12. 27, 87누1043(공 1989, 244).
사안: A회사(일신제강주식회사)가 1977. 7. 10. 소외 B은행(한국상업은행)에 회사의 공장에 있는 철강제품과 원자재를 양도담보로 제공하였다. 그 후 A회

입법론적으로는 집합물의 담보가치를 충분히 활용할 수 있는 방안을 강구하여야 할 것이다.

(2) 明認方法

集合物讓渡擔保의 공시방법을 점유개정으로 하는 경우에는 제 3 자에게 뜻밖의 손해를 입힐 우려가 있고, 제 3 자의 선의취득으로 양도담보권자가 권리를 상실하게 될 수도 있다. 그리하여 일본에서는 관습법상의 명인방법이 있어야 한다는 견해가 있다.70)

우리 나라에서도 목적물이 보관되어 있는 창고, 점포, 가옥 등의 입구에 어느 범위의 동산이 누구의 어떠한 채권을 위하여 언제부터 담보목적물로 되어 있는지를 표시한 표찰 등을 누구나 쉽게 볼 수 있는 방법으로 부착하는 명인방법이 그 공시방법이 될 수 있을 것이라는 견해가 있다.71) 이 견해는 그러한 명인방법이 集合物讓渡擔保의 성립요건이 아니라 제 3 자에 대한 대항요건이라고 봄이 타당하다고 한다.

그러나 공시방법을 물권변동에 관한 성립요건이라고 보는 우리 민법하에서 명인방법을 대항요건으로 볼 수는 없다.

사가 1980. 6. 9. 원고(주식회사 충청은행)에게 4억 5천만원을 차용하고 이를 담보하기 위하여 위 재산을 양도담보로 제공하였다. 과세관청인 피고는 원고가 위 재산에 관한 양도담보권자로서 물적 납세의무자에 해당한다는 이유로 법인세 등의 부과처분을 하였다.

원심은 원고와 소외 A회사 사이에 맺어진 양도담보계약의 목적물이 판시 원자재 등의 집합물이고 그것이 이미 소외 B은행(한국상업은행)과 A회사 사이에 맺어진 양도담보의 목적이 되었으므로, 이와 같이 같은 집합물에 대하여 B은행보다 후에 원고가 A회사와 이중으로 이 사건 양도담보계약을 체결한 바에야 특별한 사정이 없는 한 원고로서는 그 담보권을 적법히 취득할 수 없다고 한 다음, 원고 은행이 A회사에 대한 양도담보권자임을 전제로 한 피고의 이 사건 과세처분은 위법하다고 판단하였다. 피고가 상고하였으나, 대법원은 상고를 기각하였다.

70) 吉田眞澄, "集合動産擔保," 擔保法大系 第 4 卷, 金融財政事情硏究會, 1985, 673면. 한편 川井健, 擔保物權法, 靑林書院, 1975, 252면은 입법론으로 재고대장, 상업장부 등에 기재하고 이를 열람하는 제도 혹은 등록제도를 도입해야 한다고 주장한다.

71) 金在協(註 59), 178면.

Ⅳ. 將來의 課題

이상에서 工場抵當과 集合物讓渡擔保에 관하여 해석론을 중심으로 살펴보았는데, 끝으로 입법론과 관련된 문제를 언급하고자 한다.

담보법의 발전과정을 보면, 담보목적물은 계속 확장되어 왔다. 현행 민법 제정시에 민법 제358조에서 종물이 저당권의 효력이 미치는 목적물에 포함되었고, 공장저당법 제 7 조에 의하여 기계, 기구 등 공용물에도 공장저당권의 효력이 미쳤으며, 財團抵當制度와 集合物讓渡擔保에 의하여 담보목적물이 더욱 다양하게 되었다고 볼 수 있다.

이와 같이 工場抵當과 集合物讓渡擔保는 담보목적물의 확장이라는 사회적 필요를 충족시키는 측면이 있지만, 해결해야 할 많은 문제점을 내포하고 있다. 공장저당에서 기계, 기구목록의 기재를 성립요건으로 규정한 것이 타당한 것인지, 타인 소유의 물건에도 공장저당의 효력이 미치도록 할 필요성이 있는데, 이를 부정하는 것이 타당한지, 공장시설의 일부가 임차토지 등 다른 사람 소유의 토지에 걸쳐 있는 경우에도 공장저당의 효력이 미치도록 할 것인지 문제된다. 또한 공장저당권의 효력이 종물에도 미친다는 점을 명시하는 것이 타당하고, 재단저당의 목저을 공장에 한정할 것이 아니라 그 범위를 확장할 필요성이 있다. 그리고 集合物讓渡擔保는 동산의 담보수단으로서 매우 중요한 의미가 있는데, 이에 관하여도 좀더 명확한 공시방법을 마련하는 등 입법론적인 검토가 필요하고,[72] 집합채권양도담보 등 복수의 채권을 담보로 제공하는 방법도 중요한 문제이다.

그러나 財團抵當制度나 集合物讓渡擔保는 기업 자체의 담보화라는 관점에서 불충분하다. 재단저당제도나 협의의 공장저당을 이용할 수

72) "가등기담보 등에 관한 법률"은 부동산의 양도담보에 대해서만 적용되고, 동산양도담보에 관하여는 적용되지 않는다(제 1 조).

있는 산업이 한정되어 있고, 재단을 구성할 수 있는 대상물건도 한정되어 있다. 英美法系에서는 浮動擔保(Floating Charge)제도가 많이 이용되고 있는데, 이것은 회사의 총재산에 담보권을 설정하는 제도이다. 회사의 재산에서 분리되는 재산은 담보목적물에서 이탈하고 장래의 재산은 담보목적물로 된다. 한편 日本은 1958년 영국의 浮動擔保制度를 일부 도입하여 企業擔保法을 제정하였다. 이것은 주식회사의 총재산을 일체로서 담보로 제공할 수 있도록 한 것으로, 기업경영에 수반하여 재산의 내용에 변동이 있을 때에는 그 변동된 상태에서의 모든 재산을 담보목적으로 하게 된다. 그런데 일본의 企業擔保法은 피담보채무를 원칙적으로 그 회사가 발행하는 社債에 한정하였고(제1조, 부칙 제2조), 기업담보권자는 현재 회사에 속하는 총재산에 대하여 우선변제권을 갖지만, 회사의 개별재산에 대한 강제집행 또는 담보권실행을 위한 경매의 경우에는 이러한 우선변제권이 인정되지 않는다(제2조). 일본의 기업담보제도는 재단저당제도의 결점을 보완하기 위한 것이나, 금융계와 산업계의 타협의 산물로 이용범위가 매우 한정되어 있고, 많이 이용되지 않고 있다.[73] 우리 나라에서 담보목적물을 확장하고 담보설정에 관한 사회적 비용을 줄이기 위하여 浮動擔保制度 또는 企業擔保制度의 도입을 검토할 필요가 있을 것이다. 그러나 이러한 제도는 기업의 재무구조가 안정되고, 기업재산에 대한 객관적인 평가를 할 수 있는 경우에만 효용을 발휘할 수 있다. 그리고 이러한 제도를 도입하는 것은 담보제도 전반에 중대한 영향을 미치는 것이기 때문에, 기존의 담보제도와의 관계를 명확히하고 그 충돌을 최소화하여야 할 것이다.

(法曹 제498호(1998. 3), 63-97면 所載)

---

73) 이에 관하여는 우선 執行秀幸, "企業擔保權の行方," 現代金融擔保法の展開(高島平藏教授還曆記念), 成文堂, 1982, 195면 이하 참조.

12. 「資産流動化에 관한 法律」의 現況과 問題點

Ⅰ. 序 論

1. 資産流動化는 '자산을 유동화, 즉 현금화하는 것'이다. 1998년 이전에도 우리 나라 금융기관에서 자산유동화를 추진한 적이 있으나, 실제로 자산유동화거래가 이루어지지는 않았다. 1997년 말 국제통화기금(IMF)의 구제금융을 받게 됨에 따라 기업의 구조조정을 촉진하고, 금융기관이 국제결제은행(BIS)의 기준에 따른 자기자본비율을 제고하는 것이 중요한 과제로 등장하였다. 특히 금융기관의 부실채권을 정리하기 위하여 자산유동화를 촉진하여야 한다는 주장이 제기되었다.[1] 그리하여 1998년 4월 14일 정부는 '금융·기업구조개혁 촉진방안'을 발표하였는데, 기업구조조정방안의 일환으로 자산담보부증권의 발행을 위한 특별법을 제정하기로 하였다. 재정경제부는 1998년 5월 28일 자산유동화에 관한 법률안에 관하여 입법예고를 하였고, 1998년 6월 2일 법률안에 대한 공청회를 열었으며,[2] 별도로 추진되던 주택저당채권

---

1) 우리 나라에 금융위기가 도래하기 전에도 자산유동화제도를 도입하여야 한다는 주장이 있었다. 예컨대 송웅순·김상만, "금융자산의 증권화에 대한 고찰," 법률업무가이드초록집, 한국수출입은행 법규부(1993. 7), 330면 이하; 신성환·배철호, 우리나라 은행 자산의 증권화에 관한 연구, 한국금융연구원 연구보고서, 1995; 이종구·오규택, "국제증권화와 금융혁신," 산업경제 제93호(1997. 11. 15), 한국산업은행, 1면 이하; 김건식·이중기, "금융자산의 증권화," 상사법연구 제17권 제 2 호, 한국상사법학회, 1998, 75면 이하 등.

2) 당시의 발표와 토의내용은 박훤일, "자산유동화에 관한 법률," 월간 경영법

의 유동화[3]도 통합적으로 규율하기로 하였다.[4] 이 작업은 매우 신속하게 진행되어 1998년 9월 16일 "資産流動化에 관한 法律"(이하 "자산유동화법"이라고 한다)이 제정되었다. 그러나 자산유동화법 제정 당시의 방침을 바꾸어 자산유동화법에 의한 유동화전문회사가 장기채권인 주택저당채권을 유동화하기에 부적절하다는 이유로 1999년 1월 29일 住宅抵當債權流動化會社法을 제정하였다.[5] 그 후 법률의 시행과정에서 드러난 문제점을 보완하기 위하여 2000년 1월 21일 위 두 법률을 개정하였다.

자산유동화는 원래 美國에서 1970년대 이후에 비로소 발전한 것인데, 영국을 비롯하여 유럽의 여러 나라에서도 자산유동화거래가 행해지고 있다. 아시아 지역에서는 최근의 금융위기와 함께 자산유동화가 주목을 받고 있고, 특히 일본과 태국에서는 자산유동화를 촉진하기 위한 법률을 제정하였다.[6] 우리의 자산유동화법은 미국의 자산유동화 실무와 판례이론뿐만 아니라, 일본과 태국의 法律에 의해서도 많은 영향을 받은 것이다.[7]

우리 나라의 자산유동화법은 **증권화방식 자산유동화, 즉 資產**의

무 제52호, 48면 이하와 尹勝漢, 資産流動化의 理論과 實務, 삼일세무정보주식회사, 1998, 77면 이하에 소개되어 있다.

3) 주택저당채권유동화제도를 도입하여야 한다는 주장에 관하여는, 예컨대 韓國住宅銀行 調査部, 주요국의 주택저당채권유동화제도, 조사자료 90, 1988; 金相列·權柱顏·申東洙, 주택금융활성화를 위한 주택저당채권유동화제도의 연구(1998.5); 金相列·權柱顏·申東洙·吳圭澤·尹富讃, 유동화중개기관을 통한 주택저당채권 유동화 방안, 주택산업연구원(1998.7) 등 참조.

4) 국회재정경제위원회, 자산유동화에 관한 법률안 심사보고서(1998.9), 6면.

5) 국회재정경제위원회, 주택저당채권유동화회사법안 심사보고서(1998.12), 5면.

6) 日本은 1992년 "특정채권 등에 관련된 사업의 규제에 관한 법률"을 제정하였고, 1998년 "특정목적회사에 의한 특정자산의 유동화에 관한 법률"을 제정하였는데, 후자는 2000년 "자산의 유동화에 관한 법률"로 개정되었다. 泰國은 1997년 "증권화를 위한 특수목적법인에 관한 법률"을 제정하였다.

7) 이것은 특히 IMF의 구제금융을 받은 이후에 사회전반에서 뚜렷한 징표를 보이고 있는 世界化, 특히 美國化의 한 현상, 나아가 美國法의 繼受라고 파악할 수 있다.

證券化(Asset Securitization)를 규정한 것으로, 재산적 가치(시장가치)가 있지만 유동성이 상대적으로 떨어지는 자산을 증권화함으로써 그 유동성을 높이는 것을 말한다.[8] 구체적으로 말하자면 "금융기관 등이 보유하고 있는 대출채권, 매출채권, 부동산, 유가증권, 주택저당대출채권 등 資產(이를 "流動化資產"이라고 한다)을 담보로 流動化證券을 발행하여 금융시장에서 유통시키는 방법으로 조기에 현금화하는 일련의 행위"라고 할 수 있다. 유동화증권의 발행주체는 당해 금융기관 등이 아니라 유동화전문회사(SPC)[9] 또는 신탁회사이며, 유동화증권을 발행하여 조달된 자금으로 금융기관 등에 자산양도대금을 지급한다. 유동화증권은 흔히 資產擔保附證券(Asset-Backed Securities: ABS)이라고도 하는데, 유동화전문회사 등이 금융기관 등으로부터 양도 또는 신탁받은 유동화자산을 기초로 발행하는 유가증권이기 때문이다.

한편 주택저당채권담보부증권(Mortgage Backed Securities: MBS)은 원래 금융기관이 주택을 담보로 하여 대출을 해 준 주택저당대출채권을 기초로 발행된 유동화증권을 총칭하는 용어로 사용된다. 우리 나라에서는 주택저당대출채권에 터잡아 자산유동화법에 의한 유동화증권을 발행하거나 주택저당채권유동화회사법에 의한 주택저당채권담보부채권(MBB) 또는 주택저당증권을 발행할 수도 있기 때문에, 주택저당채권담보부증권(MBS)은 이 두 가지를 포함하는 것이다. 그렇지만 이것은

8) 미국과 유럽에서도 자산의 증권화는 시장성이 없는 개별적인 채권들을 모아 이를 담보로 하여 새로운 증권을 발행·유통시킴으로써 경제적 담보로 된 기초자산, 즉 유동화자산보다 유동성이 향상된 새로운 금융상품을 창출하는 선진적인 금융기법이라고 하나, 그 개념을 명확하게 정의하기가 어렵다고 한다. Gehring, *Asset-Backed Securities im amerikanischen und im deutschen Recht,* 1999, 1; Kravitt, "Introduction," Baums & Wymeerschin(ed.), *Asset-backed Securitization in Europe,* 1996, 2; Schenker/Colletta, "Asset Current Issues and New Frontiers," 69 *Tax. L. Rev.* 1368, 1374-1375.

9) 이것은 특수목적기구, 즉 SPV(special purpose vehicle) 또는 SPE(special purpose entity)에 해당한다. 특수목적기구의 형태가 회사인 경우를 SPC(special purpose company)라고 한다.

일반적으로는 주택저당채권유동화회사법에 따른 유동화증권을 가리키는 것으로 사용하고 있다.

2. 자산유동화법 시행 이후 자산유동화시장이 급격하게 성장하고 있다. 1999년에 6조 7,709억원(32건)의 유동화증권이 발행되었고, 2000년에는 7.3배가 증가하여 49조 3,832억원(154건)에 이르러, 1999년 1월부터 2000년 12월까지 총 56조 1,541억원(186건)의 유동화증권이 발행되었다. 현재 자동차할부채권, 리스채권, 부동산담보채권, 대출채권, 카드할부채권, 유가증권 등 다양한 유형의 유동화자산을 담보로 하여 사채, 출자증권, 수익증권 등 다양한 형태의 유동화증권이 발행되고 있다.

이와 같이 유동화시장이 급격하게 성장한 것은 1998년부터 시작된 금융구조조정 과정에서 금융기관 등이 BIS비율 및 유동성 제고, 재무구조개선, 무수익대출채권 처분 등을 위해 자산유동화를 적극적으로 활용하였고, 한국자산관리공사는 공적 자금의 조기회수를 위해 금융기관으로부터 매입한 부실채권을 대상으로 적극적으로 자산유동화증권을 발행하였기 때문이다. 최근에는 투신권의 구조조정, 채권시가평가제도의 도입에 따라 유동화증권의 일종인 CBO(Collateralized Bond Obligations)[10]의 발행이 폭발적으로 증가하였다. 나아가 일반기업이 부채비율 감축계획에 따라 회사채 발행이 격감하고 투자자들이 안전성을 중시함에 따라 자산유동화시장이 기존의 회사채시장을 급격히 대체하고 있다. 자산유동화는 금융기관 등 자산보유자에게는 재무구조의 개선,[11] 유동성 제고, 금융비용의 감소 등의 利點이 있고, 투자자에게는 안전성 있는 고수익 투자상품을 제공하는 역할을 하기 때문이다. 또한 신용평가기관, 회계법인, 법률가, 증권회사, 은행 등이 적극적으로 자산유동화

10) 社債를 유동화자산으로 한 것이 CBO이다.

11) 자산유동화의 경우 자산보유자의 대차대조표에서 위험자산을 제거하는 부외처리(off-balance sheet)를 할 수 있게 된다.

업무영역에 참가하고 있고, 채권수요자인 기관투자자도 유동화증권을 적극적으로 인수하고 있으므로 자산유동화시장은 향후 급속히 성장할 것으로 전망되고 있다. 특히 우리 나라의 자산유동화법은 자산유동화를 활성화하기 위한 여러 특례조항을 두고 있는데,[12] 금융기관 등은 다른 금융거래를 이용하는 것보다 자산유동화거래를 이용하는 것이 매우 유리한 경우가 많다. 이것도 우리 나라에서 자산유동화거래가 급속하게 증가하는 중요한 이유라고 생각한다.

3. 자산유동화법은 IMF 체제를 극복하는 과정에서 마치 금융혁명의 구세주처럼 등장하였고, 현재 금융실무에서 자산유동화법에 따른 자산유동화가 많이 이용되고 있다. 그러나 이 법률에 관하여 연구는 거의 행해지지 아니하여 그 의미와 내용이 아직 명확하게 밝혀져 있지 않다. 그리하여 자산유동화에 관한 법률의 내용을 밝히고 그 문제점을 검토하여 좀더 바람직한 자산유동화제도를 마련하기 위한 연구를 할 필요가 있다. 자산유동화의 전체적인 모습을 파악하려면 자산유동화법에 의하지 아니한 자산유동화[13]도 살펴보아야 할 것이다. 그러나 이것은 해외에서 유동화증권을 발행하는 경우를 제외하고는 국내에서 당분간 실현가능성이 낮기 때문에, 여기에서는 자산유동화법을 이해하는데 필요한 한도에서 다루고자 한다. 그리고 주택저당채권유동화회사법에 의한 채권유동화도 자산유동화의 일종이고 그 기본구조와 규율내용이 자산유동화법의 그것과 매우 유사하므로, 관련되는 부분에서 간략하게 언급하고자 한다.

---

12) 자산유동화법에 의한 자산유동화의 경우에는 채권양도와 저당권이전에 따른 특례가 인정되고, 세제상의 혜택을 받을 뿐만 아니라, 유동화증권을 발행하여 유통시키는 데도 많은 이점이 있다.

13) 자산유동화법 제 2 조 제 1 호는 '자산유동화'에 속하는 경우를 열거하고 있으나, 이것은 자산유동화법이 적용되는 자산유동화를 정한 것에 불과하다.

Ⅱ. 資產流動化의 概念과 基本構造

1. 資產流動化의 概念

가. 자산유동화의 개념은 매우 모호하고 그 정의도 다양하다. 자산유동화법은 제 2 조 제 1 호에서 자산유동화에 관한 정의규정을 두고 있는데, 이것은 자산유동화가 이루어지는 구조를 중심으로 자산유동화법의 적용범위를 정한 것이다. 법률이 정하고 있는 자산유동화의 기본구조는 크게 세 유형으로 구분된다.

(1) 첫번째 유형은 流動化專門會社가 유동화자산을 취득한 후 이를 기초자산으로 하여 그 회사의 지분(equity) 또는 부채(debt)를 표창하는 증서를 발행하여 유통시키는 구조이다. 자산유동화법은 "유동화전문회사가 자산보유자로부터 유동화자산을 양도받아 이를 기초로 유동화증권을 발행하고, 당해 유동화자산의 관리·운용·처분에 의한 수익이나 차입금 등으로 유동화증권의 원리금 또는 배당금을 지급하는 일련의 행위"라고 규정하고 있는데, 이 규정에서 유동화전문회사에는 자산유동화업무를 전업으로 하는 외국법인도 포함된다(제 2 조 제 1 호 가목). 이것이 자산유동화의 가장 기본적인 방식이라고 할 수 있다.[14)]

---

14) 住宅抵當債權流動化會社法(제 2 조 제 1 항 제 1 호)은 '債權流動化'라는 용어를 사용하고 있는데, 이는 자산유동화의 일종으로 유동화자산이 주택저당채권인 경우를 가리킨다. 그런데 이 법은 주택저당채권유동화회사의 설립을 전제로 한다는 점에서 자산유동화법과 차이가 있다. 그리하여 채권유동화는 "住宅抵當債權流動化會社가 金融機關으로부터 住宅抵當債權을 讓渡받아 이를 擔保로 하여 住宅抵當債權擔保附債券을 발행하고 元利金을 지급하는 행위"와 "住宅抵當債權流動化會社가 金融機關으로부터 住宅抵當債權을 讓渡받아 이를 기초로 住宅抵當證券을 발행하고 그 住宅抵當債權의 관리·운용 및 처분에 의한 收益을 分配하는 행위"라고 한다.

[표 1] 자산유동화의 기본구조

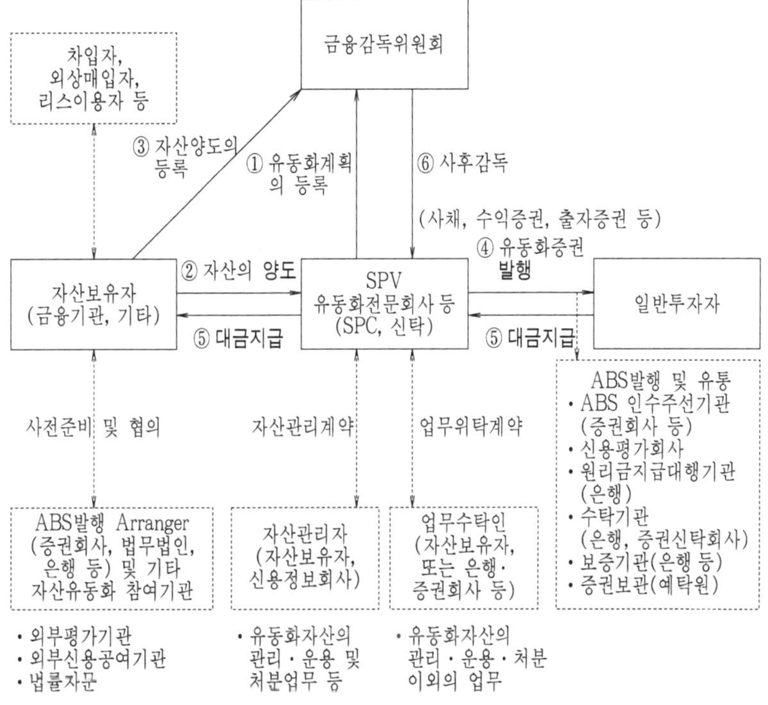

(2) 두 번째 유형은 信託을 이용한 자산유동화로 신탁회사가 유동화자산을 기초로 수익증권을 발행하는 구조이다. 이것은 신탁회사가 자산보유자로부터 유동화자산을 신탁받은 것인지, 아니면 신탁회사가 유동화증권을 발행하여 투자자로부터 금전을 신탁받은 것인지에 따라 두 가지 방식이 있다. 하나는 신탁업법에 의한 신탁회사(신탁업무를 겸영하는 은행을 포함한다. 이하 "신탁회사"라 한다)가 자산보유자로부터 유동화자산을 신탁받아 이를 기초로 유동화증권을 발행하고, 당해 유동화자산의 관리·운용·처분에 의한 수익이나 차입금 등으로 유동화증권의 수익금을 지급하는 일련의 행위(제2조 제1호 나목)이다. 다른 하나는 신탁

회사가 유동화증권을 발행하여 신탁받은 금전으로 자산보유자로부터 유동화자산을 양도받아 당해 유동화자산의 관리·운용·처분에 의한 수익이나 차입금 등으로 유동화증권의 수익금을 지급하는 일련의 행위(제2조 제1호 다목)이다. 신탁을 이용한 유동화방식도 유동화전문회사를 이용한 유동화방식과 기본구조는 동일하다고 볼 수 있다.

(3) 세 번째 유형은 2중의 유동화 또는 다단계 특수목적기구에 의한 유동화구조이다.

2000년 1월 21일 개정된 자산유동화법에서 자산유동화의 定義에 "유동화전문회사 또는 신탁회사가 다른 유동화전문회사 또는 신탁회사로부터 유동화자산 또는 이를 기초로 발행된 유동화증권을 양도 또는 신탁받아 이를 기초로 하여 유동화증권을 발행하고 당초에 양도 또는 신탁받은 유동화자산 또는 유동화증권의 관리·운용·처분에 의한 수익이나 차입금 등으로 자기가 발행한 유동화증권의 원리금·배당금 또는 수익금을 지급하는 일련의 행위"(제2조 제1호 라목)를 포함시켰다. 다단계 SPC를 이용한 자산유동화가 법개정 전에도 이용되었는데, 이를 명문화한 것이다.

나. 결국 자산유동화는 자산보유자가 유동화전문회사 등에 자산을 양도 또는 신탁함으로써 자산을 자산보유자로부터 분리한 다음, 자산의 집단(pool)을 담보로 증권을 발행하는 것이다. 이것은 자산보유자의 신용상태가 좋지 않더라도 수익성이 높은 자산의 집단을 담보로 증권을 발행함으로써 자금조달의 비용을 줄일 수 있다는 장점이 있다.

우리 나라의 자산유동화제도는 미국법을 수용한 것이지만, 자산유동화는 원래 獨逸의 저당은행이 발행하는 저당권담보부증권(Hypothekenpfandbriefe; Pfandbriefe)제도에 기원을 둔 것이기 때문에,[15] 독일의 위 제도와 비교해 볼 필요가 있다. 독일의 저당권담보부증권제도는

15) Ihle, "Germany," Baums & Wymeersch(ed.), *Asset-backed Securitization in Europe*, 1996, 87.

① 부동산의 소유자가 단독으로 등기공무원으로부터 土地債務[16]를 설정하고(이를 "소유자토지채무"라고 한다) 土地債務證券을 발급받아 이를 抵當銀行에 양도한 다음, ② 저당은행은 토지채무를 모아 이를 담보로 다시 抵當權擔保附證券을 발행하여 투자자에게 매각하는 것이다. 저당은행이 토지채무자에게 대출을 하고 저당권이나 토지채무를 취득한 것이든, 저당권이나 토지채무를 양도받은 것이든 상관 없다. 우리 나라에서는 독일의 저당은행과 달리 서류상의 회사에 불과한 유동화전문회사를 설립하여 유동화증권을 발행할 수 있도록 하였다. 그리고 대출채권을 가지고 있는 금융기관 등 자산보유자가 직접 유동화증권을 발행할 수 없고, 부동산을 소유하는 개인이 유동화전문회사 등에 직접 부동산을 양도 또는 신탁하는 것이 허용되지 않는다. 또한 유통저당이나 토지채무가 허용되지 아니하여 자산의 양도에 관한 절차가 복잡하고 비용이 많이 들기 때문에, 자산유동화법에서 여러 특례를 규정하고 있다.

다. 자산유동화법은 자산유동화거래를 열거하고 있는데, 이것은 법의 적용범위를 명확히 하기 위한 것으로 여겨진다. 특히 자산의 양도와 신탁을 엄격하게 구분하고 있고, 거래구조를 일일이 나열하고 있다. 그러나 자산유동화거래는 매우 다양하게 발전할 수 있는데, 이와 같은 방식으로 규정하는 것은 자산유동화거래의 발전에 장애가 될 수 있다. 특히 아래에서 보는 바와 같이 現物出資에 의한 자산유동화가 곤란하게 될 수 있다. 입법론으로는 자산유동화의 개념을 좀더 포괄적으로 규정하는 것이 바람직할 것이다.

2. 流動化資産의 範圍

가. 유동화자산이라 함은 자산유동화의 대상이 되는 '채권·부동산

16) 독일의 부동산담보권은 저당권, 토지채무, 정기토지채무로 구분되는데, 대부분 토지채무를 이용하고 있다. 저당권에는 보전저당권과 유통저당권이 있는데, 유통저당권만이 저당권담보부증권의 담보로 이용될 수 있다.

기타의 재산권'을 말한다(자산유동화법 제2조 제3호). 따라서 유동화자산의 범위에 제한이 없다.[17] 社債뿐만 아니라 저작권, 특허권 등 지적재산권도 유동화자산이 될 수 있다. 유동화증권의 투자자는 유동화자산에서 발생하는 미래의 현금흐름(cash flow)에서 만족을 얻는다. 따라서 미래에 원활한 현금흐름을 창출할 수 있는 자산만이 유동화자산이 될 수 있다는 견해가 있다.[18] 그러나 미래에 현금흐름을 창출할 수 없는 재산을 자산유동화의 대상으로 하더라도 법률에 반하는 것은 아니다.

모든 재산권이 유동화자산이 된다고 하여 유동화의 방식이 동일한 것은 아니다. 각각의 재산에 관하여 가장 효율적이고 적합한 유동화거래를 발전시키는 것이 필요하다.

나. 한편 자산유동화는 자산의 양도 또는 신탁을 전제로 하므로, 양도 또는 신탁을 할 수 없는 재산권은 유동화자산이 될 수 없다. 예컨대 채권의 경우에도 채권의 성질이 양도를 허용하지 아니하는 경우(민법 제449조 제1항 단서) 또는 당사자들이 양도금지의 약정을 한 경우(민법 제449조 제2항 본문)에는 양도하지 못한다. 다만 민법 제449조 제2항 단서는 채권양도를 금지하는 약정을 한 경우에도 선의의 제3자에게 대항하지 못한다고 규정하고 있으나, 판례는 제3자가 채권양도금지를 알고 있는 경우는 물론 이를 알지 못한 데에 중대한 과실이 있는 경우에도 그 채권양도금지로써 대항할 수 있다고 하였다.[19]

---

17) 住宅抵當債權流動化會社法에 의한 경우에는 주택을 담보로 한 대출채권, 즉 주택저당채권이 유동화의 대상이 되는 자산이다.

18) 李美賢, "資産流動化에 관한 法律에 대한 考察," 人權과 正義 제275호 (1999. 7), 128면.

19) 大判 1996. 6. 28, 96다18281(공 1996, 2364); 大判 1999. 2. 12, 98다49937 (공 1999, 534); 大判 1999. 12. 28, 99다8834(공 2000, 362). 한편 獨逸民法 (제399조 후단)도 채권자와 채무자가 채권양도를 금지하는 약정을 한 경우에는 채권을 양도할 수 없다고 한다. 그러나 1994년 7월 25일 신설된 독일상법 제354a조는 채권양도를 금지하는 약정을 하였다고 하더라도 일정한 경우, 특히 채권을 발생시킨 법률행위가 두 당사자에게 상거래에 해당하는 경우에는 채권양도가 유효라고 하였다. 다만 채무자는 종전 채권자에게 유효하게 변제할 수 있다고 한다.

그리고 將來의 債權이 유동화자산이 될 수 있는지 문제되는데, 이것은 민법상 장래채권의 양도[20]를 어느 범위에서 허용할 것인지, 집합채권의 양도를 인정할 것인지와 관련된 것이다. 법률행위가 성립하려면 원칙적으로 그 목적 또는 내용이 특정되거나 특정될 수 있어야 한다.[21] 채권양도도 법률행위에 의한 채권의 이전이므로, 양도목적물인 채권이 특정되거나 특정할 수 있는 경우에 이를 양도할 수 있다.

판례는 장래채권의 양도가 유효하려면 채권의 특정가능성과 발생가능성이 있어야 한다고 한다. 장래의 채권은 양도 당시 기본적 채권관계가 어느 정도 확정되어 있어 그 권리의 특정이 가능하고 가까운 장래에 발생할 것임이 상당 정도 기대되는 경우에는 이를 양도할 수 있다는 것이다.[22] 그 중 양도채권의 특정성에 관하여 "채권양도에 있어 사회통념상 양도목적 채권을 다른 채권과 구별하여 그 동일성을 인식할 수 있을 정도이면 그 채권은 특정된 것으로 보아야 할 것이고, 채권양도 당시 양도목적 채권의 채권액이 확정되어 있지 아니하였다 하더라도 채무의 이행기까지 이를 확정할 수 있는 기준이 설정되어 있다면 그 채권의 양도는 유효한 것으로 보아야 할 것"이라고 하였다.[23] 대법원판례의 기준에 따르면 장래채권을 양도할 수 있는 범위가 지나

20) 기한부채권이나 조건부채권을 양도할 수 있음은 물론이다. 이것은 아직 변제기가 도래하지 않거나 조건이 성취하시 않았지만, 채권이 이미 존재하고 있는 경우에 해당하기 때문에 장래의 채권에 해당한다고 볼 수 없을 것이다. 채권액이 정확하게 확인되지 않은 경우에도 채권을 양도할 수 있다. 예컨대 건축도급계약을 체결하였으나 수급인이 건물을 완공하지 않은 경우에도 공사대금채권을 양도할 수 있고, 매매대금에 관하여 동시이행항변권을 행사할 수 있는 경우에도 매도인은 매매대금채권을 양도할 수 있다.

21) 상세한 것은 金載亨, "法律行爲 內容의 確定과 그 基準," 서울대학교 法學 제41권 제 1 호(2000. 6), 241면 이하 참조.

22) 大判 1991. 6. 25, 88다카6358(공 1991, 1993); 大判 1996. 7. 30, 95다7932(공 1996, 2621).

23) 大判 1997. 7. 25, 95다21624(공 1997, 2653). 이 판결은 매매계약의 해제로 인한 대금반환채권을 양도하는 경우에 그 채권액을 확정할 수 있는 기준이 있는 이상 특정된 것으로 보았다.

치게 제한될 우려가 있고, 이는 거래의 현실에 부합하지 않는다.

물론 장래의 모든 채권을 양도하는 계약은 허용되지 않는다. 양도인이 사용자에 대하여 갖게 되는 장래의 모든 임금채권[24)]을 양도하는 경우도 마찬가지이다. 그러한 채권양도는 양도인의 생존을 위협하는 것이기 때문에, 민법 제103조의 반사회적 법률행위에 해당하여 무효라고 보아야 한다.[25)] 그러나 양도하는 장래의 채권을 한도액과 발생시기를 정하여 이를 특정할 수 있으면 채권양도를 유효라고 보아야 할 것이다.

자산유동화와 관련하여 계속적 공급계약에 기한 채권, 상품대금채권, 신용카드대금채권, 할부판매대금채권, 리스채권, 수출대금채권 등을 양도할 수 있는지 문제되는데, 이를 특정할 수 있는 것으로 보아 양도할 수 있다고 보아야 할 것이다. 그리고 장래에 발생할 전기료, 통신요금, 방송중계료 등도 이를 확정할 수 있다면 채권양도의 대상으로 될 수 있을 것이다. 이러한 채권을 양도하는 경우에 그 대항요건을 갖추는 것이 어려운 문제이다.[26)] 그러나 채권양도의 대항요건을 갖추는 것이 어렵다고 하여 채권양도의 효력을 부정해서는 안 된다.

3. 資産保有者의 資格

자산유동화법은 유동화자산의 범위를 제한하지 않는 반면에 자산보유자(Originator)를 엄격하게 한정하고 있다. 즉 자산유동화를 할 수 있는 자산보유자는 은행 · 증권 · 보험 · 투신 등 금융기관,[27)] 공공성이

24) 원칙적으로 근로자는 임금채권을 양도할 수 있다. 大判 1988. 12. 13, 87다카2803(공 1989, 97).

25) 독일 등 유럽의 경우에 관하여는 Kötz, *Europäisches Vertragsrecht I,* 1996, 412ff. 참조. 스위스 채무법 제325조 제 2 항(1991년 7월 시행)은 장래의 임금채권을 양도하는 것이 채무의 담보를 위하여 행해진 경우에는 무효라고 한다.

26) 集合債權讓渡擔保에 관한 논의가 여기에서도 적용된다.

27) 한국산업은행법에 의한 한국산업은행, 한국수출입은행법에 의한 한국수출입

강한 한국자산관리공사(종전의 성업공사) 등,[28] 신용도가 우량한 법인,[29] 기업구조조정투자회사와 이에 준하는 자로서 대통령령이 정하는 자로 한정한다(법 제2조 제2호). "자산유동화에 관한 법률시행령" 제2조는 보유자산을 유동화할 수 있는 자산보유자의 범위에 예금보험공사 및 정리금융기관, 중소기업진흥공단, 주택저당채권유동화회사, 신탁업자, 기업구조조정전문회사, 신용보증기금, 기술신용보증기금, 대한주택보증주식회사, 지방공기업, 협동조합, 농업협동조합자산관리회사 등 자산유동화업무를 수행할 필요성이 크다고 인정되는 법인을 포함시켰다(2000. 4. 1. 공포·시행, 그 후 여러 차례 개정되었음). 그 후 금융감독위원회는 "자산유동화업무처리에 관한 규정"을 두 차례에 걸쳐 개정하였는데, 자산유동화를 할 수 있는 일반법인[30]의 범위를 확대하였다. 즉 2000. 4. 28. 개정에서는 일반법인이 해외에서 증권을 발행한 실적이 없더라도 자산유동화를 할 수 있도록 하였고, 2000. 6. 23. 개정에서는 주권상장법인

은행, 중소기업은행법에 의한 중소기업은행, 은행법에 의한 인가를 받아 설립된 은행(동법 제5조 및 제59조의 규정에 의하여 은행으로 보는 자를 포함한다), 장기신용은행법에 의한 장기신용은행, 자본시장과 금융투자업에 관한 법률에 따른 투자매매업자·투자중개업자·집합투자업자 또는 종합금융회사, 보험업법에 의한 보험사업자, 자본시장과 금융투자업에 관한 법률에 의한 증권회사와 위탁회사, 상호저축은행법에 의한 상호저축은행, 여신전문금융업법에 의한 여신전문금융회사가 이에 속한다.

28) "금융기관부실자산 등의 효율적 처리 및 한국자산관리공사의 설립에 관한 법률"에 의한 한국자산관리공사(이하 "한국자산관리공사"라 한다), 한국토지공사법에 의한 한국토지공사(이하 "한국토지공사"라 한다), 대한주택공사법에 의한 대한주택공사, 주택법에 의한 국민주택기금을 운용·관리하는 자(2003. 5. 29. 개정)가 이에 속한다.

29) 자산유동화법에 "신용도가 우량한 법인(외국법인과 당해 외국법인이 설립하는 국내법인을 포함한다)으로서 금융감독위원회가 미리 정하는 기준에 따라 당해 법인이 보유하는 자산에 대하여 자산유동화의 필요성이 있다고 금융감독위원회가 인정하는 법인"이라고 되어 있다. 종전에는 '국제적 신인도가 높은 법인'이라는 표현을 사용하였으나, 2000년 1월 21일 개정에서 '신용도가 우량한 법인'이라고 수정하였다.

30) 일반법인이 유동화증권을 발행한 사례로는 1999. 12. 현대산업개발이 아파트 분양대금채권 등을 담보로 2,278억(선순위 1,900억)원의 ABS사채를 발행한 적이 있다.

및 협회등록법인의 경우에는 투자적격(신용평가등급 BBB-이상) 요건을 폐지하여 모든 주권상장법인 및 협회등록법인에 대하여 ABS를 발행할 수 있도록 하였고, 금감위 등록법인인 비상장・비등록법인의 경우에도 투자적격요건을 갖출 경우 유동화증권을 발행하는 것을 허용하기로 하였다.

자산유동화법에서 자산보유자의 범위를 제한적으로 열거하고 있는 것이 타당한지 문제된다. 법률 제정 당시 자산유동화에 부여되는 특례조항이 야기할 수 있는 사회적 부작용을 최소화하기 위하여 위와 같이 자산보유자를 제한하였다고 한다. 만일 일반기업에 저당권 또는 소유권에 관한 등기특례를 인정할 경우에 이중양도 또는 탈세목적의 양도 등에 악용되어 사회적 혼란을 야기할 우려가 있다는 것이다.[31)]

태국의 "증권화를 위한 특수목적법인에 관한 법률"(1997년)은 자산보유자를 금융기관 등으로 한정하고 있으나(제10조 제1항), 일본의 "특정목적회사에 의한 특정자산의 유동화에 관한 법률"(1998년)에서는 자산보유자의 범위를 제한하지 않고 있다. 우리 나라에서 자산유동화법에 의한 특례의 부작용을 피하기 위하여 자산보유자의 범위를 엄격하게 제한하는 것은 금융기관 등에 지나친 특혜를 부여한 것일 수 있다. 그 후 법률개정 등을 통하여 자산보유자의 범위를 확대한 것은 그 자체만을 보면 바람직한 방향이라고 볼 수 있다. 다만 자산보유자의 범위가 일반법인 등에 확대됨으로써 자산유동화법의 특례조항들이 많은 문제를 발생시킬 가능성이 점점 높아지고 있다. 자산유동화를 활성화할 필요가 있다고 하더라도 후술하듯이 여러 특례조항을 두는 것은 바람직하지 않기 때문에, 이러한 규정을 개정할 필요가 있고, 자산보유자의 범위도 확대하거나 이를 폐지하여야 할 것이다.

---

31) 자산유동화실무연구회, 금융혁명-ABS: 자산유동화의 구조와 실무(이하 "금융혁명-ABS"라고 인용한다), 한국경제신문사, 1999, 302면.

4. 流動化證券

유동화증권은 유동화자산을 기초로 하여 자산유동화계획에 따라 발행되는 출자증권·사채·수익증권 기타의 증권 또는 증서를 말한다(자산유동화법 제2조 제3호). 자산유동화법에서는 증권의 종류에 대한 제한이 없다. 다만 출자증권이나 사채는 유동화전문회사가 발행하는 것이고, 수익증권은 신탁회사가 발행하는 것이다.

한편 주택저당채권유동화회사(MBS 회사)는 住宅抵當債權擔保附債券(Mortgage Backed Bond: MBB)과 住宅抵當證券을 발행할 수 있다(주택저당채권유동화회사법 제2조 제1항 제3호·제4호). 住宅抵當債權擔保附債券은 주택저당채권유동화회사가 금융기관으로부터 다수의 주택저당채권을 양도받아 이를 담보로 발행하는 회사채(제2조 제3호)이고, 住宅抵當證券은 주택저당채권유동화회사가 금융기관으로부터 다수의 주택저당채권을 양도받아 이를 기초로 발행하는 수익증권이다.

5. 資産流動化의 媒介機關

특수목적기구는 자산유동화를 매개하는 기관이라고 할 수 있는데, 특수목적기구로는 민법상 조합, 신탁, 회사[32]의 형태가 있고, 회사 중에는 주식회사, 유한회사 등이 이용될 수 있다. 그러나 자산유동화법은 회사형과 신탁형을 정하고 있고, 회사형으로는 有限會社로 할 것을 정하고 있다. 즉 자산유동화의 매개기관으로 유동화전문회사, 신탁업법에 의한 신탁회사(신탁회사를 겸영하는 은행 포함)와 자산유동화업무를 전업으로 하는 외국법인[33]을 들고 있다. 최근 자산유동화거래는 유동화

32) 회사형의 특수목적기구를 특수목적회사, 즉 SPC(special purpose company)라고 한다. 자산유동화법에서는 유동화전문회사라는 용어를 사용하고 있으나, '專門'이라는 표현은 적확한 것이라고 볼 수 없다.

33) 외국신탁회사는 유동화중개기관이 될 수 있는지 문제되는데, 자산유동화법에 따른 자산유동화를 할 수 없다고 보아야 한다. 李美賢(註 18), 126면.

전문회사를 설립하는 방식이 대부분을 차지하고 있으며, 은행신탁계정을 이용한 신탁방식도 이용되고 있다.

그 외에 자산유동화거래에는 자산관리사, 업무수탁인, 자산유동화 발행주선자, 신용평가기관 등 다양한 기관이 관여한다.

Ⅲ. 資產流動化의 節次와 그 法的 問題

1. 流動化計劃의 作成과 登錄

(1) 必要的 記載事項

자산유동화법은 자산유동화전문회사 등이 자산유동화계획을 작성하여 이를 금융감독위원회에 등록하도록 하고 있다.[34] 자산유동화계획에 포함되어야 할 필수적 기재사항은 다음과 같다(제4조). ① 유동화전문회사 등의 명칭, 사무소의 소재지 등에 관한 사항, ② 자산보유자에 관한 사항, ③ 자산유동화계획기간, ④ 유동화자산의 종류·총액 및 평가내용 등 당해 유동화자산에 관한 사항, ⑤ 유동화증권의 종류·총액·발행조건 등에 관한 사항, ⑥ 유동화자산의 관리·운용 및 처분에 관한 사항, ⑦ 제10조 제1항의 규정에 의한 자산관리자에 관한 사항, ⑧ 기타 대통령령이 정하는 사항이 그것이다.

(2) 資產流動化計劃의 登錄

유동화전문회사·자산유동화업무를 전업으로 하는 외국법인 및 신탁회사(이하 "유동화전문회사 등"이라 한다)는 자산유동화에 관하여 이 법의 적용을 받고자 하는 경우에는 유동화자산의 범위, 유동화증권의 종류, 유동화자산의 관리방법 등 자산유동화에 관한 계획(이하 "자산유

34) 住宅抵當債權流動化會社法 제4조는 채권유동화계획의 등록에 관하여 규정하고 있다.

동화계획"이라 한다)을 금융감독위원회에 등록하여야 한다(제3조 제1항 제1문). 유동화전문회사 등은 자산유동화계획을 등록하고자 하는 경우에는 금융감독위원회가 정하는 서류를 갖추어야 한다(제3조 제3항). 유동화전문회사·자산유동화업무를 전업으로 하는 외국법인이 금융감독위원회에 등록할 수 있는 자산유동화계획은 1개에 한한다. 그러나 신탁회사는 복수의 유동화계획을 등록할 수 있다(제3조 제2항).

금융감독위원회는 자산유동화계획의 등록을 拒否하거나 그 내용의 變更을 요구할 수 있는데, ① 등록신청서류에 허위의 기재가 있거나 필요한 기재를 하지 아니한 경우, ② 자산유동화계획의 내용에 법령을 위반한 사항이 포함되어 있는 경우, ③ 유동화전문회사의 설립에 관하여 법령에 위반한 사항이 있는 경우에 그러하다(제5조).

이와 같이 자산유동화계획을 금융감독위원회에 등록하도록 하고, 금융감독위원회에 등록을 거부하거나 그 내용의 변경을 요구할 수 있는 권한을 부여한 것은 자산유동화법의 중요한 특색이다. 이것은 자산유동화제도의 도입으로 인한 폐해, 특히 자산양도 등에 관한 많은 특례로 인한 사회적 부작용을 줄이기 위하여 사전에 자산유동화거래를 규제하려는 시각이 반영된 것이다.

⑶ 資產流動化計劃의 變更

자산유동화계획을 변경하고자 하는 경우에도 자산유동화계획을 등록하는 경우와 마찬가지로 자산유동화계획의 변경을 등록하여야 한다. 다만 대통령령이 정하는 경미한 사항을 변경하는 경우에는 그러하지 아니하다(제3조 제1항 제2문과 단서). 자산유동화법에는 자산유동화계획을 변경할 수 있는 시기, 요건 등에 관하여 아무런 규정을 하고 있지 않다. 그러나 자산유동화계획을 변경하는 것은 투자자의 이익과 배치될 수도 있다. 따라서 자산유동화계획의 변경이 투자자 등 이해관계인의 의사와 이익을 반영할 필요가 있을 것이다.

2. 流動化資産의 讓渡와 登錄

(1) 資産讓渡의 方式

(가) 意 義

유동화자산이 자산보유자의 파산위험에서 차단하여 자산보유자가 파산하더라도 유동화증권의 투자자에게 영향을 미치지 않도록 할 필요가 있다('bankruptcy remote'). 만일 자산보유자가 파산하는 경우에 유동화자산이 자산보유자의 파산재단에 속하게 된다면, 유동화증권은 자산보유자의 신용에 의하여 영향을 받게 된다. 예컨대 자산보유자가 유동화전문회사에 담보목적으로 자산을 양도하였다고 하자. 자산보유자의 도산절차에서 유동화전문회사는 자산보유자에 대하여 담보권자에 불과하다. 담보권자는 파산절차 등에서 別除權(구 파산법 제84조; 구 화의법 제44조)* 을 행사할 수 있으나, 그 권리행사절차에 법률상의 제한이 있다.[35] 특히 자산보유자가 회사정리절차에 들어가면 양도담보권자는 정리담보권자로서,[36] 정리절차에 따라서만 그 권리를 행사하여야 한다. 그러므로 자산보유자의 신용과 무관하게 자산을 유동화하기 위해서는 유동화자산의 소유권을 자산보유자로부터 유동화전문회사로 이전하여야 한다.

---

* 채무자 회생 및 파산에 관한 법률 제441조, 제586조.

35) 상세한 것은 民法論 Ⅲ, 254면 이하 참조. 한편 구 화의법 하에서 화의개시의 결정이 있더라도 별제권자에 대하여는 아무런 효력이 미치지 못하였다. 그런데 별제권자가 회사의 중요한 재산에 대하여 경매신청을 하는 경우에 화의법상의 보전처분으로 경매절차를 중지시킬 수 있는지 문제되었다. 일본에서는 2000년 4월 화의법을 폐지하고 民事再生法을 제정하였는데, 종전의 화의법하에서 담보가 충분하여 별제권자에게 실질적 불이익이 발생하지 않거나 발생하더라도 보증 등을 통하여 별제권자가 보호될 수 있고, 채무자가 성실하고 화의가 성립할 가능성이 있으며 목적재산이 화의채무자의 영업활동에 필수불가결한 경우에 한하여 제한적으로 별제권행사를 중지시킬 수 있다는 유력한 견해가 있었다. 麻上正信・谷口安平 編, 注解和議法, 改訂版, 1993, 320면(山田治男); 山本和彦, "倒産手續における擔保權の實行," 現代倒産法・會社法をめぐる諸問題, 1995, 409면 이하.

36) 大判 1992.10.27, 91다42678(공 1992, 3249). 1998년에 개정된 회사정리법 제123조는 이를 명확히 하였다.

자산유동화법 제13조는 유동화자산의 양도방식을 정하고 있는데,[37) 이것은 미국의 실무에서 발전된 '眞正한 讓渡'(true sale)라는 개념을 명문화한 것이다. 물론 미국에서는 자산양도의 방식이 법률에 확정되어 있는 것이 아니고 실무상 통용되고 있는 것에 불과하다. 그러나 우리 나라에서는 유동화증권의 안전성을 확보하는 것이 자산유동화제도를 정착시키고 투자자를 보호하기 위한 선결문제라고 보아 위와 같이 명문의 규정을 둔 것이라고 한다.[38) 그러나 자산의 신탁에 의한 유동화(제 2 조 제 1 호 나목)의 경우에는 자산을 양도하는 것이 아니므로, 이 규정이 적용되지 않는다.[39)

(나) **資產讓渡의 要件**

자산유동화법 제13조에서 정하고 있는 자산양도의 요건을 구체적으로 살펴보면 그 내용이 모호하여 불명확한 점이 많다.

(ㄱ) 첫째, 유동화자산의 양도는 賣買 또는 交換에 의하여야 한다고 규정하고 있다(제13조 제 1 호). 종전에는 유동화자산의 양도방식으로 매매만을 정하고 있었으나, 2000년 1월 21일 법률을 개정하여 교환도 포함시켰다. 이 경우 매매 또는 교환은 '진정한 양도'를 의미하는 것이고, 담보목적의 양도를 포함하지 않는다.

그런데 자산보유자가 유동화전문회사에 現物出資하는 것이 허용되는지 문제된다. 자산보유자가 자산을 양도하거나 신탁하는 방법으로

---

37) 住宅抵當債權流動化會社法 제 5 조의 2도 동일한 취지이다.

38) 1997년에 제정된 태국의 위 특수목적법인법 제20조도 진정한 자산양도의 경우에는 파산법 제114조가 적용되지 않는다고 규정하고, 진정한 양도에 해당하기 위한 요건을 정하고 있다. 즉 공정한 시장가격으로 대가를 지급하고, 특수목적법인이 자산에 대한 위험을 인수하고 자산으로부터 발생하는 수익을 수취하며, 특수목적법인이 양수한 자산 자체에 대한 권리를 취득하는 것을 말한다. 다만 증권거래위원회(Securities Exchange Commission)는 위 요건에 부가하여 별도의 요건을 정할 수 있다고 한다.

39) 다만 신탁회사에 의한 자산유동화라고 하더라도 신탁회사가 투자자로부터 금전을 신탁받아 자산을 유동화하는 경우(제 2 조 제 1 호 다목)에는 자산의 양도가 필요하므로 제13조의 규정이 적용된다.

자산유동화를 하여야 하고(제2조 제1호), 양도의 방식을 매매 또는 교환으로 규정하고 있다(제13조 제1호). 현물출자는 금전 이외의 재산을 목적으로 하는 출자를 가리키는 것으로 쌍무계약의 일종으로 파악할 수 있다. 따라서 현물출자도 자산유동화법 제2조 제1호 가목의 '자산의 양도'에 포함할 여지도 있으나, 제13조 제1호에서 자산양도의 방식을 '매매 또는 교환'으로 규정하고 있으므로, 자산유동화법에서 정하고 있는 자산양도에는 현물출자가 포함되지 않는다고 보아야 할 것이다. 하나의 법률에서 동일한 법률용어를 다르게 해석하는 것은 바람직하지 않기 때문이다.

그러나 출자증권도 유동화증권으로 인정하고 있으며(제2조 제4호), 자산보유자가 유동화증권을 취득하는 것을 금지하고 있지 않다. 따라서 자산보유자가 유동화자산을 유동화전문회사에 매각한 후 유동화전문회사가 발행하는 출자증권을 취득하는 것을 막을 수 없다. 그리하여 이와 같은 번거로운 절차를 거칠 필요 없이 현물출자에 의한 자산유동화를 허용하여야 한다.[40] 법률의 개정방향으로는 자산양도의 방법으로 현물출자를 포함시키는 방법보다는 제2조 제1호에서 정한 자산유동화의 개념을 포괄적으로 정하는 방법이 더욱 바람직하다고 생각한다.

(ㄴ) 둘째, 유동화자산에 대한 受益權 및 處分權은 양수인이 가져야 한다고 규정하고 있다(제13조 제2호 본문). 자산의 양도를 이유로 소유권이 양수인에게 이전되면, 양수인이 자산의 수익권과 처분권을 취득한다. 따라서 이 본문은 당연한 규정에 불과하고 但書에 중요한 의미가 내포되어 있다. 즉 제13조 제2호 단서는 "그러나 양수인이 당해 자산을 처분하는 때에 양도인이 이를 우선적으로 매수할 수 있는 권리를 가지는 경우에도 수익권 및 처분권을 양수인이 가진 것으로 본다"고 규정하고 있다. 양도인이 자산을 양수인에게 처분하면서 단지 '우선적으로 매수할 권리', 즉 우선매수권(right of first refusal)을 가지고 있더라도 양수인의 처분권을 본질적으로 제한하는 것은 아니라고 본 것이다. 다만

40) 李美賢(註 18), 130면; 금융혁명-ABS, 371면.

우선매수권의 조건에 관하여는 아무런 언급이 없으나, 양도인의 우선매수권은 시가에 따른 것이어야 한다. 양도인이 시가보다 낮은 가격으로 매수할 수 있는 우선권를 갖는 것은 양수인의 처분권이 제한되는 경우에 해당하여 허용되지 않는다.

(ㄷ) 셋째, 양도인은 유동화자산에 대한 반환청구권을 가지지 아니하고, 양수인은 유동화자산에 대한 대가의 반환청구권을 가지지 아니하여야 한다고 규정하고 있다(제13조 제3호).

위와 같은 청구권이 있으면 실질적으로 자산이 양도되었다고 볼 수 없다는 것이나, 이 조항의 의미도 명확한 것은 아니다. 예컨대 계약의 무효 또는 취소로 인하여 유동화자산에 대한 부당이득반환청구권이나 계약의 해제로 인하여 원상회복청구권이 발생한다. 위 조항이 이러한 부당이득 또는 원상회복청구권을 배제하려는 취지는 아닐 것이다. 그리고 양도계약에서 계약의 무효, 취소로 인한 부당이득반환청구권에 관한 조항이나 해제 또는 해지에 관한 조항을 두는 것이 허용되는지, 특히 해제 또는 해지의 요건을 완화하는 특약을 하는 것이 허용되는지 문제된다. 원칙적으로 이러한 약정을 배제할 이유가 없으리라고 생각되나, 그 요건을 과도하게 완화하는 것은 위 조항에 배치될 우려가 있다.

특히 제13조 제2호·제3호와 관련하여 양도인에게 양도자산에 대한 還買權을 부여하는 것이 허용되는지 문제된다. 특히 리스자산을 유동화하는 경우에 환매약정을 할 필요성이 있다. 그러나 환매약정이 양수인의 자산에 대한 관리지배권을 근본적으로 제한하는 한에서는 허용되지 않는다고 한다.[41)]

(ㄹ) 넷째, "양수인이 양도된 자산에 관한 危險을 引受할 것. 당해 유동화자산에 대하여 양도인이 일정기간 그 위험을 부담하거나 하자담보책임(채권의 양도인이 채무자의 자력을 담보한 경우에는 이를 포함한다)을 지는 경우에는 그러하지 아니하다"고 규정하고 있다(제13조 제4호).

41) 금융혁명-ABS, 374면.

자산을 양도하기로 하는 계약을 체결하고 그 계약에 따라 소유권 기타 권리가 양수인에게 이전된 경우에는 양수인이 그 위험을 부담한다. 따라서 위 본문은 당연한 것을 규정한 것이고, 이 규정의 의미도 두 가지 예외를 규정한 단서에 있다. 그러나 이 규정은 매우 모호하여 위험이 무엇을 가리키는지, 단서의 의미가 무엇인지를 확정하기 어렵다. 이 규정은 법률문장으로서 매우 불완전하므로 적어도 표현을 고쳐야 할 것이다.

먼저 이 규정에서 '危險'과 '危險을 負擔한다'는 표현을 어떻게 파악할 것인지 문제된다. 이 규정에서 말하는 '危險'이 민법 제537조, 제538조의 危險負擔[42]과 어떠한 관계가 있는지 살펴보아야 한다. 민법의 위험부담에서 말하는 위험은 물건이 우연히 멸실 또는 훼손됨으로써 발생하는 위험을 종국적으로 부담해야 하는 불이익한 법적 상태라고 한다.[43] 자산유동화법 제13조 제4호의 경우에도 위험을 이와 유사하게 파악하는 것이 자연스러울 것이다. 그리하여 자산유동화법에서 정하는 위 위험에 관하여는 채권의 담보가 되는 부동산의 목적물이 불가항력적인 사유로 멸실되거나 경제적 가치를 상실한 경우를 의미한다는 견해가 있다.[44] 이에 반하여 이 규정에서 위험은 양도된 자산의 멸실·훼손·노후화 등으로 그 경제적 가치를 상실할 가능성이라고 파악하는 견해도 있다.[45] 자산유동화실무에서 말하는 위험(risk)은 신용위험, 채무불이행위험, 유동화자산의 가치하락위험, 재투자위험, 유동화관련기관의 신용위험, 혼합위험 및 법률적 위험 등을 포함하는 의미로 사용된다.[46] 따라서 자산유동화법에서 말하는 위험은 민법의 위험부담에서

42) 민법 제537조는 위험부담에 관하여 "쌍무계약의 당사자 일방의 채무가 당사자 쌍방의 책임 없는 사유로 이행할 수 없게 된 때에는 채무자는 상대방의 이행을 청구하지 못한다"고 규정하고 있다.

43) 郭潤直 편, 民法注解(XIII), 박영사, 1997, 42면(崔秉祚 집필부분).

44) 尹勝漢(註 2), 289면.

45) 금융혁명-ABS, 378면.

46) 尹勝漢(註 2), 148면 이하.

말하는 위험과는 다른 의미를 가지는 것으로 보아야 할 것으로 생각되나, 위 규정에서 위험이 무엇을 가리키는지는 매우 불분명하다.

그리고 자산유동화법 제13조 제4호는 본문에서 위험의 인수에 관하여 규정하고, 단서에서 하자담보책임에 관하여 규정하고 있다. 우리 민법에서 '하자담보책임'(제580조)은 매매의 목적물에 하자가 있는 경우에 발생하는 매도인의 책임으로, 위험부담(제537조, 제538조)과는 관계가 없는 것이다. 따라서 자산유동화법 제13조 제4호 본문의 위험이라는 의미는 민법의 위험부담에서 정하고 있는 위험보다 넓은 의미로 이해해야 한다는 주장이 가능하다. 즉 이 위험에는 위험부담에서 정하고 있는 위험뿐만 아니라, 채무불이행위험 등을 포함하는 개념이라고 볼 여지가 있는 것이다.

다음으로 자산유동화법 제13조 제4호 단서의 '그러하지 아니하다'라는 표현도 혼란을 초래할 수 있다. 위 단서의 문구에 따른다면 '양도인이 일정기간 그 위험을 부담하거나 하자담보책임을 지는 경우'에는 양수인이 위험을 인수하지 않은 것에 해당하기 때문에 이것이 허용되지 않는다고 생각할 수 있다. 그러나 이것은 입법취지에 반한다. 따라서 양수인이 위험을 인수하였으면 양도인이 위와 같은 책임을 지더라도 상관 없다는 것으로 보아야 한다. 이러한 맥락에서 위 단서의 '일정기간'은 합리적인 범위 내에서의 일시적인 기간이라는 견해[47]를 수긍할 수 있다.

또한 '瑕疵擔保責任'은 민법 제580조, 제581조에 정해진 物件의 하자로 인한 담보책임을 가리키는 것으로, 통상 權利의 하자로 인한 담보책임과 구별된다. '채권의 매도인이 채무자의 자력을 담보하는 때'(민법 제579조 제1항), 즉 채권매매에서의 매도인의 담보책임은 權利의 하자로 인한 담보책임으로 분류된다. 만일 하자담보책임이 권리의 하자를 이유로 한 담보책임을 포함하는 것이라면, 자산유동화법 제13조 제4호

47) 금융혁명-ABS, 378면.

에서 하자담보책임이 제579조 제 1 항의 경우를 포함한다는 규정을 둘 필요가 없을 것이다.

그렇다면 양도인이 권리의 하자로 인한 담보책임(예컨대 민법 제570조, 제572조 내지 제578조)을 부담한다면 이것이 위 규정에 위반하는 것인지 문제된다. 양도인이 권리의 하자로 인한 담보책임을 지는 경우를 배제할 필요가 없다. 이를 배제하는 것은 양도인이 하자담보책임을 지는 경우와 비교하더라도 균형이 맞지 않는다. 양도인이 권리의 하자로 인한 담보책임을 부담하더라도 자산유동화법 제13조 제 4 호에 위반된다고 볼 수 없다고 생각한다.

㈐ 資産保有者의 信用補強 문제

자산유동화거래에서 유동화자산에 대한 신용보강(credit enhancement)의 방법으로 유동화증권을 선순위와 후순위로 발행하고 자산보유자가 후순위 유동화증권을 인수하는 경우가 많다. 이 경우 자산보유자가 유동화증권을 통하여 유동화자산에서 나오는 이익을 향수하게 되므로, 제 2 호의 규정을 위반한 것인지 문제된다. 그러나 제 2 호의 收益權은 유동화자산에 대한 직접적인 수익을 취득하는 것을 말하고, 제 4 호의 위험은 자산 그 자체의 위험을 의미하므로, 자산보유자가 후순위 유동화증권을 인수하는 것이 제 2 호·제 4 호의 규정을 위반한 것이 아니라고 한다.[48)]

㈑ 讓渡方式을 違反한 讓渡約定의 效力

자산의 양도가 자산유동화법 제13조에 정한 방식을 충족하지 못하면, 자산유동화계획이 제 5 조 제 1 항의 '자산유동화계획의 내용에 법령을 위반한 사항이 포함되어 있는 경우'에 해당하여 자산유동화계획의 등록거부사유에 해당한다.[49)] 그런데 자산양도가 위 방식을 충족하지

48) 재정경제부 1998년 12월 2일자 질의회신(금정 41207-441).

49) 자산유동화업무처리에 관한 규정 제 4 조 제 1 항 제 3 호는 계획등록신청서에 기재하여야 하는 사항으로서 유동화자산의 양도 등의 방식 및 세부계획을 열거하고 있다.

못한 경우에 그 사법상 효력은 어떻게 되는가?

먼저 제13조의 문언을 살펴볼 필요가 있다. 이 규정은 "유동화자산의 양도는 자산유동화계획에 따라 다음 각호의 방식에 의하여야 한다. 이 경우 이를 담보권의 설정으로 보지 아니한다"고 규정하고 있다.[50] 제13조 본문이 "… 방식에 의하여야 한다"고 정하고 있기 때문에, 제13조의 방식에 위반한 양도를 무효라고 생각할 수 있다. 이와 같이 본다면 유동화전문회사는 부당이득을 이유로 讓渡代金의 返還을 청구할 수 있고, 자산보유자는 資產의 返還을 청구할 수 있으며, 두 채무는 동시이행관계에 있게 될 것이다. 그러나 이러한 해석은 유동화전문회사에 결코 유익하지 않은 결과를 초래한다.

그리하여 제13조의 방식에 따르지 아니한 자산양도도 유효라고 보아야 한다.[51] 이러한 의미로 규정하려면, 제13조에서 "… 방식에 의하여야 한다"라는 표현을 없애고, 제13조의 요건을 갖춘 경우에는 담보권을 설정한 것이 아니라고 규정하면 충분할 것이다.[52]

어떠한 자산의 양도가 담보목적의 양도에 해당하고, 어떠한 경우에 소유권의 이전에 해당하는지는 계약의 해석 문제이다. 다만 제13조는 자산의 양도가 진정한 양도인지, 담보권설정인지에 관한 하나의 표준을 정하고 있을 뿐이다. 따라서 제13조의 요건을 충족하면 담보권의 설정이 아니다. 그러나 위 요건이 충족되지 않았다고 해서 무조건 소

50) 재정경제부 안에서는 "자산유동화계획에 따른 자산의 양도가 다음 각목의 요건을 갖춘 경우에는 이를 담보권의 설정으로 보지 아니한다"고 규정되어 있었으나, 법제처 심사과정에서 "유동화자산을 자산유동화계획에 따라 양도하는 때에는 다음 각호의 방식에 의하여야 한다"라고 수정되었다가, 다시 국회에서 재정경제부 안과 법제처 심사안을 혼합하여 현행 규정으로 확정하였다.

51) 금융혁명-ABS, 385면은 제13조가 진정한 양도의 대표적인 징표를 열거한 것일 뿐이고, 이 규정에 따른 요건을 모두 갖추지 못하였다고 하더라도 무조건 진정한 양도가 부정되는 것은 아니라고 한다. 그러나 진정한 양도가 부정되는 경우에 그 양도가 무효인지 여부에 관하여는 언급하고 있지 않다.

52) 그리하여 제13조를 "자산유동화계획에 따른 유동화자산의 양도가 다음 각호의 요건을 갖추는 경우에는 이를 담보권의 설정으로 보지 아니한다"고 규정하여야 한다는 改正案이 나오기도 하였다.

유권이 자산보유자에게 남아 있는 것은 아니다. 나아가 담보권을 설정하려는 목적으로 자산을 양도하는 것이 무효라고 할 수는 없을 것이다.

㈒ **重疊的 資產流動化에서 資產讓渡**

중첩적 자산유동화, 즉 다단계 유동화전문회사를 이용한 자산유동화에서 자산보유자가 최초의 유동화전문회사에 자산을 양도하는 경우(제1단계 자산양도)에 제13조가 적용된다. 그런데 유동화전문회사 등이 다른 유동화전문회사에 자산을 양도하는 경우(제2단계 자산양도)에도 자산양도의 방식을 정한 제13조의 규정이 적용되는지 문제된다. 제13조의 문언을 보면 이러한 경우에도 적용되는 것처럼 보인다. 그러나 자산보유자가 최초의 유동화전문회사에 자산을 양도하거나 신탁하여 자산보유자가 파산하더라도 최초의 유동화전문회사에 아무런 영향이 없다면, 최초의 유동화전문회사가 다시 다른 유동화전문회사에게 자산을 담보로 제공하였다고 하더라도 유동화거래의 목적을 달성하는 데 지장이 없다. 따라서 제2단계 자산양도에는 제13조가 적용되지 않는다고 보아야 한다. 그와 같이 보더라도 유동화자산이 자산보유자로부터 분리되었다고 볼 수 있기 때문이다.

⑵ **資產讓渡의 登錄**

㈎ 자산유동화계획에 따른 유동화자산[53]의 양도·신탁 또는 반환이나 유동화자산에 대한 질권 또는 저당권의 설정이 있은 때에는 지체없이 그 사실을 금융감독위원회에 登錄하여야 한다(제6조 제1항). 자산보유자 또는 유동화전문회사 등이 그 등록을 하여야 하는데, 누가 등록을 하여야 할지에 관하여 자산양도 등의 형태와 과정에 따라 상세하게 정하고 있다(제6조 제1항 제1호·제2호).[54]

53) 유동화자산을 제3자가 점유하고 있는 경우 그 제3자에 대한 반환청구권을 포함한다.

54) 住宅抵當債權流動化會社法 제5조는 주택저당채권의 양도 등의 등록에 관하여 규정하고 있다.

(나) 제6조 제1항 제2호 다목은 "유동화전문회사 등이 자산유동화계획에 따라 유동화증권의 투자자를 위하여 제3자에 유동화자산에 대한 질권 또는 저당권을 설정하거나 해지한 경우" 유동화자산에 대한 질권 또는 저당권의 설정을 금융감독위원회에 등록하여야 한다고 규정하고 있다. 그런데 이 규정에서 유동화전문회사 등이 투자자를 위하여 제3자에 질권 또는 저당권을 설정하는 것이 담보명의의 신탁을 허용한 것인지 문제된다.

우리 민법에서 채권자와 담보권자가 일치할 것을 요구하고 있기 때문에, 투자자를 위하여 제3자에게 질권 또는 저당권을 설정할 수 없다. 판례[55]도 채권과 저당권, 나아가 근저당권이 그 주체를 달리할 수 없다고 하였다. 따라서 채권자는 등기부에 근저당권자로 기재되어 있는 사람과 일치하여야 한다.

그러나 대법원은 채권자 아닌 제3자 명의로 설정된 根抵當權을 유효하다고 본 듯한 사례가 있다. 大判 1995. 9. 26, 94다33583(공 1995, 3514)[56]은 "채권과 그를 담보하는 저당권은 담보물권의 부수성에 의하여 원칙적으로 그 주체를 달리할 수 없으나, 채권담보를 위하여 저당권을 설정하는 경우 제3자 명의로 저당권등기를 하는 데 대하여 채권자와 채무자 및 제3자 사이에 합의가 있었고, 나아가 제3자에게 그 채권이 실질적으로 귀속되었다고 볼 수 있는 특별한 사정이 있는 경우에는 제3자 명의의 저당권등기도 유효하다고 보아야 할 것이다"(당원 1995. 2. 10. 선고 94다18508 판결 참조)라고 전제한 다음, "A회사가 원고와의 합의하에 피고 명의로 근저당권설정등기를 경료할 때, 피고에게 위 채권의 귀속과 그 행사를 위임함으로써 피고에게 채권을 이전하고, 원고가 그 이전을 승

55) 大判 1986. 1. 21, 84다카681(공 1986, 373); 大判 1963. 3. 14, 62다918.

56) 그 외 擔保名義를 신탁한 경우로 볼 수 있는 판결로는, 大判 1990. 5. 25, 89다카13384(공 1990, 1359); 大判 1994. 2. 8, 93다19153·19160(공 1994, 1001); 大判 1995. 2. 10, 94다18508(공 1995, 1293)이 있다. 그러나 이러한 판결들은 "不動産實權利者名義登記에 관한 法律" 시행 후에는 유지될 수 없을 것이다.

낙함으로써 피고에게 위 채권이 실질적으로 귀속되었다고 볼 수 있으므로, 피고 명의로 경료된 위 근저당권설정등기는 유효하다"(밑줄은 필자가 그은 것임)고 판결하였다. 이 판결에서 원래의 채권자(A회사)가 根抵當權者인 피고에게 債權을 완전히 이전한 것인지, 아니면 담보명의만을 신탁한 것인지 불분명하지만, 채권 자체를 讓渡한 것으로 보는 것이 타당하다고 생각된다. 따라서 피고에게 위 채권이 실질적으로 귀속되었다는 표현은 부적절한 것으로 보인다. 이와 같이 본다면 債權者와 根抵當權者가 동일인이 되었으므로 담보물권의 부수성에 어긋나지 않는다. 만일 이 사건에서 담보명의만을 신탁한 것이라고 본다면, 이는 담보물권의 부수성을 해치는 결과가 되어 무효라고 해야 한다. 근저당권자와 채권자가 다르더라도 근저당권이 유효하다면, 경매절차에서 배당액을 채권자에게 배당하여야 할 것인지, 아니면 근저당권자에게 배당해야 할 것인지를 정해야 할 것이다. 이러한 경우 채권자와 근저당권자 중 누구에게 배당하더라도 복잡한 문제가 발생한다. 특히 "不動產實權利者名義登記에 관한 法律"은 원칙적으로 명의신탁약정과 이에 따른 등기를 무효라고 하고 있기 때문에(법 제4조), 저당권자 또는 근저당권자를 채권자 아닌 제3자 명의로 등기하는 것은 허용되지 않는다고 보아야 한다.[57]

그러므로 자산유동화법 제6조 제1항 제2호 다목의 규정이 적용되는 것은 담보부사채신탁법에 따라 담보부사채를 발행하는 경우[58]를 제외하고 적용되지 않을 것이다.

(다) 2000년 1월 21일에 개정된 자산유동화법 제6조 제2항은 유동화자산의 양도·신탁 또는 반환이나 유동화자산에 대한 질권 또는 저당권의 설정에 관한 사항의 등록을 하고자 하는 경우에는 등록신청

57) 金載亨, 根抵當權研究, 박영사, 2000, 230면.

58) 담보부사채신탁법 제60조 제1항은 "신탁계약에 의한 물상담보는 신탁증서에 기재한 총사채를 위하여 신탁업자에게 귀속한다"고 규정하고 있다.

서와 유동화자산의 양도 등에 관한 계약서를 금융감독위원회에 제출하여야 한다고 정하고 있다. 그리고 등록신청서에 기재할 사항을 상세하게 정하고 있고, 유동화자산의 명세를 전자기록 기타 이에 준하는 방법으로 작성하여 제출하도록 하였다(제6조 제3항). 그리고 유동화전문회사 등은 유동화자산의 양도 등에 관한 계약서, 등기필증, 등록증 기타 증빙서류를 대통령령이 정하는 바에 따라 보관·관리하여야 하며, 금융감독위원회 또는 당해 유동화증권에 투자한 자로부터 열람의 요구가 있는 경우에는 이에 응하여야 한다(제6조 제4항).

(라) 자산양도는 법률행위의 일종이므로, 이에는 법률행위 일반에 관한 이론이 적용된다. 한편 자산유동화계획으로 등록된 것과 달리 자산양도 등의 거래를 한 경우 그 거래의 효력은 어떻게 되는지 문제된다. 이것은 후술하는 자산유동화법 제22조에 위반한 법률행위의 효력에 관한 것이다.

(3) 債權讓渡의 對抗要件에 관한 特例

민법 제450조는 채권양도의 대항요건에 관하여 규정하고 있다. 이것은 채권양도를 채무자와 제3자에게 대항하려면 채무자의 관여(통지 또는 승낙)가 필요하고, 채권양도를 제3자에게 대항하려면 항상 그 채권양도를 채무자에게도 대항할 수 있어야 한다. 채권양도가 제3자 및 채무자에 대항할 수 있는 때에는 양수인만이 채무자에 내하여 채권을 행사할 수 있고, 또한 채무자는 양수인에게 채무를 변제해야만 면책된다. 양도인이 양도통지만을 한 때에는 채무자는 그 통지를 받은 때까지 양도인에 대하여 생긴 사유로써 양수인에게 대항할 수 있다(민법 제451조 제2항).

그러나 다수의 지명채권 양도에 관하여 민법상 대항요건을 갖추도록 한다면 절차적으로 매우 번거로울 뿐만 아니라 통지가 채무자에게 도달함으로써 대항요건을 확실히 갖추었는지를 일일이 확인하기 어려운 경우도 생길 수 있다.[59] 그리하여 자산유동화법 제7조는 자산유동화를 촉진하기 위하여 채권양도의 대항요건에 관한 특례를 규정하였다.[60]

㈎ **債務者에 대한 對抗要件**

㈀ **讓渡通知人의 확대**

민법은 채권을 양도하는 경우 讓渡人이 채무자에게 통지하거나 채무자의 승낙을 받아야 채무자에게 대항할 수 있다고 규정하고 있다(제450조 제1항). 따라서 양도인이 채권양도의 통지를 하여야 하나, 자산보유자가 유동화전문회사에 채권을 양도하고 채권양도통지에 관한 대리권을 수여할 수도 있다.[61] 그러나 자산보유자가 파산이나 회사정리절차에 들어가는 경우에 유동화전문회사가 대리권을 행사할 수 없다.[62] 왜냐하면 파산의 경우에는 파산재단에 대한 관리처분권이 파산관재인에게 속하고(파산법 제7조), 회사정리절차의 경우에는 정리절차의 개시로 인하여 회사재산에 대한 관리처분권은 관리인에게 전속(회사정리법 제53조)하기 때문이다.[63]

자산유동화법 제7조 제1항 본문은 "자산유동화계획에 따른 채권의 양도·신탁 또는 반환은 양도인(위탁자를 포함한다. 이하 같다) 또는 양수인(수탁자를 포함한다. 이하 같다)이 채무자에게 통지하거나 채무자가 승낙하지 아니하면 채무자에게 대항하지 못한다"고 규정함으로써, 讓渡人뿐만 아니라 讓受人도 채권양도 등을 통지할 수 있다고 하였다.

---

59) 예컨대 신용카드채권은 소액·단기채권이 대부분이므로, 이를 기초로 만기가 장기인 유동화증권을 발행한 경우에 기간 불일치로 인하여 총액 등을 유지하기 위하여 수시로 채권을 양도하여야 한다. 추가로 채권을 양도할 때마다 대항요건을 갖추는 것은 매우 곤란하다. 자산유동화법이 적용되는 경우에도 이러한 문제는 여전히 남아 있다.

60) 住宅抵當債權流動化會社法 제6조도 마찬가지이다.

61) 채권양수인이 양도인의 사자 또는 대리인으로 통지할 수 있다. 大判 1994. 12. 27, 94다19242(공 1995, 123).

62) 林采洪·白昌勳, 會社整理法(상), 한국사법행정학회, 1998, 311면; 李英俊, 民法總則, 전정판, 박영사, 1995, 522면.

63) 그러나 화의절차가 개시되더라도 채무자에게 재산에 관한 관리처분권이 남아 있으므로, 종전 채무자는 대리권을 행사할 수 있을 것이다.

이러한 입법에 반대하는 견해[64]가 있다. 채무자는 양수인이 채권을 양도받았는지 알 수 없기 때문에, 양수인으로부터 채권양도통지를 받더라도 양수인이 실제로 채권을 양도받지 않았다면 이중으로 채무를 변제할 위험에 빠질 수 있다는 것이다. 채무자가 이중지급위험을 면하려면 양도인인 채권자에게 그 사실을 확인한 후에 지급할 수밖에 없는데, 이것은 불합리하다는 것이다.

채권의 양도인은 일반적으로 채권양도통지를 할 이익이 크지 않기 때문에, 원칙적으로 양도인 이외에 讓受人에게도 채권양도의 통지를 하도록 하는 것이 바람직하다.[65] 프랑스민법(제1690조 제1항), 스위스채무법(제167조), 그리스민법(제460조) 등 외국의 여러 민법에서도 양도인뿐만 아니라 양수인에게도 통지권을 부여하고 있다. 그러나 우리 민법에서 채권양도의 통지권자를 양도인으로 한정하고 있는데도 불구하고, 자산유동화법에서 채권양도의 통지권자에 양수인을 포함한 것은 혼란을 초래할 우려가 있다. 그리하여 채권양도 통지에 관한 민법규정을 개정하여 양수인도 채권양도통지를 할 수 있도록 개정하는 것이 바람직하다.

그리고 현행 자산유동화법에서 이와 같은 방식을 규정한 것은 일반적인 상황에서는 별 실익이 없다. 왜냐하면 자산보유자가 제한되어 있는데, 자산보유자가 채권양도의 통지를 게을리할 가능성이 적고, 자산보유자가 유동화전문회사의 위임을 받아 자산을 관리하는 경우에는 양도인 명의로 채권양도의 통지를 하는 것이 간명하기 때문이다.

㈁ 公告에 의한 通知

① 제7조 제1항 단서는 부실채권 등의 경우 현실적으로 채무자의 소재불명 등으로 통지 및 승낙이 불가능한 경우에 대비하여 新聞公告에 의한 채권양도통지를 허용하고 있다. 양도인 또는 양수인이 당해

64) 李美賢(註 18), 133면.
65) 徐敏, 債權讓渡에 관한 硏究, 經文社, 1985, 118면 이하; 郭潤直, 債權總論, 신정판, 박영사, 1994, 420면; 郭潤直 編, 民法注解(X), 박영사, 1995, 581면(李尙勳 집필부분).

채무자에게 당해 저당권의 등기부 또는 등록부에 기재되어 있는 채무자의 주소[66] 또는 최후 주소[67]로 2회 이상 내용증명우편으로 채권양도(채권의 신탁 또는 반환을 포함한다. 이하 이 조에서 같다)의 통지를 발송하였으나, 소재불명 등으로 반송된 경우에 그러하다. 이러한 경우에는 채무자의 주소지를 주된 보급지역으로 하는 2개 이상의 일간신문(전국을 보급지역으로 하는 일간신문이 1개 이상 포함되어야 한다)에 채권양도사실을 公告할 수 있다. 이와 같이 하면 그 공고일에 채무자에 대한 채권양도의 통지를 한 것으로 간주된다.

채권양도에서 통지나 승낙은 채무자의 보호를 위하여 중요한 의미를 갖는다. 공고에 의한 통지가 이루어진 후에 채무자가 채권양도사실을 전혀 모르는 상태에서 채무자가 양도인에게 채무를 변제하더라도 면책되지 않을 수 있다. 또한 채무자는 채권자인 양도인에 대하여 상계권, 기타의 항변권을 가질 수 있으나, 공고에 의한 통지 이후에는 이러한 권리를 갖지 않음에도 불구하고 채권양도사실을 모르는 채무자는 이러한 권리를 보유하고 있는 것으로 믿고 거래를 계속할 우려가 있다.

자산유동화법은 너무 쉽게 채무자에 대한 대항요건을 갖출 수 있도록 하였다는 점에 문제가 있다. 이것을 민법 제113조의 공시송달에 의한 의사표시에 관한 규정과 비교해 보자. 민법 제113조는 “표의자가 과실 없이 상대방을 알지 못하거나 상대방의 소재를 알지 못하는 경우에는 의사표시는 민사소송법 공시송달의 규정에 의하여 송달할 수 있다”고 규정하고 있고, 민사소송법 제194조 내지 제196조(2002년 개정 전 민사소송법 제179조 내지 제181조)에서 공시송달의 절차와 효력에 관

66) (등기부 또는 등록부에 기재되어 있는 주소가 채무자의 최후 주소가 아닌 경우 양도인 또는 양수인이 채무자의 최후 주소를 알고 있는 때에는 그 최후 주소를 말한다).

67) (당해 저당권의 등기부 또는 등록부에 채무자의 주소가 기재되어 있지 아니하거나 등기부 또는 등록부가 없는 경우로서 양도인 또는 양수인이 채무자의 최후 주소를 알고 있는 때에는 그 최후 주소).

하여 정하고 있다. 민법 제113조의 규정은 의사표시에 관한 규정이나, 관념의 통지에 해당하는 채권양도의 통지에도 유추적용될 것이다. 따라서 자산유동화법 제 7 조 제 1 항 단서는 통지권자의 과실여부를 불문하고 공고에 의한 통지를 할 수 있다고 규정하였으므로, 민법 제113조에 대한 특례조항이라고 볼 수 있다. 다만 자산유동화법에 의한 자산양도의 경우에 양도인이나 양수인이 민법 제113조에 따른 공시송달방법을 이용할 수도 있을 것이다. 자산유동화법의 규정이 민법 제113조를 배제한 것이라고 볼 수는 없기 때문이다.

② 그렇다면 신문공고에 의한 통지를 하기 위한 요건은 무엇인가? 자산유동화법의 제 7 조 제 1 항 단서의 규정내용에는 몇 가지 의문이 있다. 첫째, 내용증명우편으로 한 채권양도의 통지가 '소재불명 등으로 반송된 때'에 공고에 의한 통지를 할 수 있다고 규정되어 있는데, 이것에는 소재불명 이외에 이사불명, 폐문부재도 포함되는지 문제된다. 둘째, 양도인이나 양수인이 채무자의 주소를 알지 못한 데 과실, 특히 중과실이 있는 경우에도 채무자의 최후 주소에 통지를 한 후 신문공고에 의한 통지를 할 수 있는지 문제된다. 셋째, 양도인이 채무자의 주소 또는 최후 주소를 알고 있으나, 양수인이 이를 모르고 있는 경우에 양수인이 채권양도를 위 규정에 따라 등기부에 기재된 주소 또는 최후 주소로 통지한 후 공고할 수 있는지 문세된다.

이러한 규정은 명확한 내용으로 개정하여야 할 것이나, 현재로서는 해석을 통하여 확정하여야 한다. 자산유동화를 위하여 채권을 대량으로 양도하는 경우에 신속하게 양도의 통지를 할 필요성이 있으나, 공고를 위한 통지제도가 예외적인 제도이고 채무자의 이익을 침해할 우려가 있기 때문에 가급적 엄격하게 해석하여야 한다. 따라서 양도인이나 양수인이 채무자의 주소를 알고 있는 경우, 나아가 양도인이나 양수인이 조금만 조사해 보면 쉽게 채무자의 주소를 알 수 있는 경우에는 공고에 의한 통지가 허용되지 않는다고 보아야 할 것이다.

③ 신문공고에 의한 통지를 한 경우 채무자는 양수인에게 변제하여야 한다. 그런데 신문공고에 의한 통지 후에 채무자가 원래의 채권자, 즉 양도인에게 채무를 변제하면 채무가 소멸하는가? 신문공고에 의한 통지를 한 경우 채무자는 채권양도사실을 알 수 없기 때문에, 원래의 채권자에게 채무를 변제하려고 할 것이다.[68] 채무자가 원래의 채권자에게 변제하더라도 채무가 소멸하지 않는다면 채무자에게 가혹한 결과를 초래한다. 따라서 자산유동화의 이익과 채무자의 보호라는 대립하는 이익을 적절하게 조정하여야 한다. 자산유동화법에 특별한 규정이 없는 현재로서는 債權의 準占有者에 대한 변제(민법 제470조)가 적용될 수 있다. 즉 채권양도의 통지가 공고에 의하여 이루어진 경우에 채무자가 선의이며 과실 없는 때에 한하여 변제의 효력이 있을 것이다.

㈏ 제 3 자에 대한 對抗要件

자산유동화계획에 따라 행하는 채권의 양도·신탁 또는 반환에 관하여 자산유동화법 제 6 조 제 1 항의 규정에 의한 등록을 한 때에는 당해 유동화자산인 채권의 채무자(유동화자산에 대한 반환청구권의 양도인 경우 그 유동화자산을 점유하고 있는 제 3 자를 포함한다. 이하 같다) 외의 제 3 자에 대하여는 당해 채권의 양도에 관하여 제 6 조 제 1 항의 규정에 의한 登錄이 있은 때에 민법 제450조 제 2 항의 규정에 의한 대항요건을 갖춘 것으로 본다(자산유동화법 제 7 조 제 2 항).[69] 자산유동화를 위한 채권양도의

68) 아래에서 보듯이 자산유동화를 위한 채권양도의 경우에 제 3 자에 대한 대항요건을 갖추기 위하여 채무자에 대한 통지 등이 반드시 요구되지는 않기 때문에, 이러한 경우가 발생할 수도 있을 것이다.

69) 일본에서는 1992년 "특정채권 등에 관련된 사업의 규제에 관한 법률"에서 특정채권(리스채권, 신용카드채권)을 양도한 경우에는 통상산업부장관에 대한 서면의 제출을 수반하는 채권양도의 公告를 함으로써 확정일자 있는 증서에 의한 통지가 있는 것으로 보았다.

그 후 제정된 "채권양도의 대항요건에 관한 민법의 특례 등에 관한 법률"(1998년 6월 12일 공포, 1998년 10월 1일 시행)은 法人의 指名金錢債權讓渡의 대항요건에 관한 민법의 특례를 정하였다. 즉 법인이 채권(지명채권으로서 금전의 지급을 목적으로 하는 것에 한함)을 양도한 경우 채권양도등기 파일

경우에 제 3 자에 대한 대항요건으로 확정일자 있는 통지를 필요로 하지 않는다고 하였기 때문에, 이것은 실질적으로 매우 중요한 의미를 갖는다. 이 규정에 의하면, 채무자에 대한 채권양도의 통지 또는 채무자의 승낙이 없는 상태에서 법 제 6 조 제 1 항에 따라 금융감독위원회에 채권양도의 등록을 한 경우에는 채권양도를 채무자에게는 대항할 수 없고 제 3 자에게는 대항할 수 있게 된다.

민법에서 채권양도의 대항요건에 관한 규정(제450조)에 따르면 채권양도를 채무자와 제 3 자에게 대항하려면 채무자의 관여(통지 또는 승낙)가 필요하고, 채권양도를 제 3 자에게 대항하려면 항상 그 채권양도를 채무자에게도 대항할 수 있어야 한다. 그러나 자산유동화법에서는 이에 대한 예외를 정한 것이다.

만일 채권자가 채권을 이중으로 양도하고 한쪽은 자산유동화법 제 6 조 제 1 항에 따른 登錄을 하고, 다른 한 쪽은 민법규정에 따른 확정일자 있는 통지 또는 승낙을 하였다면, 시간적 선후에 따라 우열관계가 결정된다.

(4) 根抵當權附債權의 讓渡와 債權의 確定通知制度의 신설

(가) 根抵當權附債權의 讓渡

(ㄱ) 근저당권의 기초인 기본계약과 함께 근저당권을 양도할 수 있다. 이것은 계약인수에 해당하기 때문에, 구채권자(근저당권자), 신채권자(양수인), 채무자 사이의 3면계약이 필요하다.[70] 그리고 여러 개의

(file)에 채권양도의 등기를 하면, 채무자 이외의 제 3 자에 대하여 일본민법 제467조(우리 민법 제450조에 해당)의 규정에 의한 확정일부 있는 증서에 의한 통지가 있는 것으로 본다. 양도인 또는 양수인은 등기관으로부터 채권양도에 관한 등기사항증명서를 발급받아 이를 채무자에게 통지하거나 채무자가 이를 승낙한 때에는 채무자에 대해서도 대항할 수 있다(제 2 조 제 1 항 · 제 2 항). 채권양도등기에 관한 사무는 부동산등기와 마찬가지로 법무부장관이 지정하는 법무국 또는 지방법무국, 그 지국이나 출장소가 등기소로서 담당한다(법 제 3 조).

70) 郭潤直, 物權法, 신정수정판, 박영사, 1999, 493면; 金曾漢 · 金學東, 物權法,

기본계약 중 일부에 관한 채권자의 지위를 양도하면서 근저당권의 일부를 이전할 수도 있다.[71] 그러나 자산유동화전문회사가 근저당권의 기초인 기본계약을 인수하는 것은 자산유동화전문회사의 업무범위를 벗어나는 결과를 초래하기 때문에 원칙적으로 허용되지 않는다.

(ㄴ) 재정경제부 案에서는 근저당권의 피담보채권이 확정되기 전에 그 피담보채권 일부의 양도가 있는 경우 자산양도의 등록이 있은 때에 유동화전문회사 등이 근저당권을 취득하도록 한 규정이 있었으나, 자산유동화법 제정시에 이를 삭제하였다.[72]

근저당권이 담보하는 채권이 확정되기 전에 이미 발생한 채권이 제 3 자에게 양도되거나 대위변제된 경우에 근저당권도 이전되는지에 관하여는 견해가 대립한다. 肯定說은 개별 채권이 양도되거나 대위변제되면 근저당권의 일부가 이전하여 양도인과 양수인이 근저당권을 準共有하게 된다고 한다.[73] 否定說은 근저당권에서 피담보채권의 유동·교체는 문제되지 않고, 채권양도로 인하여 그 채권은 피담보채권의 범위로부터 이탈되므로, 확정 전에 이미 발생한 개개의 채권이 양도 또는 대위변제된 경우 근저당권은 이전되지 않는다고 한다.[74] 判例[75]는 부정설을 따르고 있다. 즉 "근저당권이라고 함은 계속적인 거래관계로

제 9 판, 박영사, 1997, 568면; 金錫宇, "根抵當權의 處分에 관한 小考," 現代民法學의 諸問題(晴軒金曾漢博士華甲紀念), 博英社, 1981, 409면; 郭潤直 編, 民法注解(Ⅶ), 박영사, 1992, 31면(朴海成 집필부분).

71) 金錫宇(註 70), 410면 이하; 1997. 9. 9. 제정된 대법원등기예규 제880호(근저당권에 관한 등기사무처리지침).

72) 鄭泰容, "資產流動化에 관한 法律," 法制(1998. 10), 45면.

73) 金錫宇, "根抵當權의 處分에 관한 小考," 407면; 李英俊, 物權法, 전정판, 박영사, 1996, 951면; 郭潤直 편, 民法注解(Ⅶ), 1992, 29면(朴海成 집필부분).

74) 郭潤直(註 70), 493면; 張庚鶴, 物權法, 법문사, 1985, 848면; 金相容, 物權法, 전정판, 법문사, 1999, 756면. 한편 우리 민법 제정 이후에 개정된 일본민법 제398조의 7 제 1 항은 "원본의 확정 전에 근저당권자로부터 채권을 취득하는 자는 그 채권에 관하여 근저당권을 행사할 수 없고, 원본의 확정 전에 채무자를 위하여 또는 채무자에 갈음하여 변제한 자도 역시 같다"고 규정함으로써 移轉否定說을 채택하였다.

75) 大判 1996. 6. 14, 95다53812(공 1996, 2165).

부터 발생하고 소멸하는 불특정다수의 장래채권을 결산기에 계산하여 잔존하는 채무를 일정한 한도액의 범위 내에서 담보하는 저당권이어서, 거래가 종료하기까지 채권은 계속적으로 증감변동되는 것이므로, 근저당 거래관계가 계속중인 경우, 즉 근저당권의 피담보채권이 확정되기 전에 그 채권의 일부를 양도하거나 대위변제한 경우 근저당권이 양수인이나 대위변제자에게 이전할 여지가 없다"고 한다. 등기실무에서도 근저당권의 피담보채권이 확정되기 전에 그 피담보채권이 양도 또는 대위변제된 경우에는 이를 원인으로 하여 근저당권이전등기를 신청할 수는 없다고 한다.[76] 否定說이 타당하다. 근저당권은 근저당거래가 종료될 때까지 그 사이에 발생하는 모든 채권을 최고액의 범위 내에서 담보하는 것이다. 특히 우리 민법 제357조 제1항 제2문에 의하면 근저당권에서 "그 確定될 때까지의 債務의 消滅 또는 移轉은 抵當權에 影響을 미치지 않는다"고 규정하고 있다. 확정 전의 채권양도가 이 규정의 '移轉'에 포함된다는 것은 명확하다. 따라서 근저당권의 피담보채권이 확정되기 전에 채권이 양도 또는 이전되더라도 근저당권에는 아무런 영향이 없다고 보아야 한다.[77]

(ㄷ) 근저당권이 담보하는 채권이 확정된 후에 채권과 함께 근저당권을 양도할 수 있다. 이 경우에는 근저당권이전등기를 하여야 할 뿐만 아니라, 채권양도에 관한 규정이 적용되므로 채무자 기타 제3자에 대항하려면 양도인이 채무자에게 통지하거나 또는 채무자가 승낙하여야 한다(민법 제450조 참조). 그리고 확정채권액의 일부 또는 전부를 양도하는 경우에 근저당권도 일부 또는 전부가 이전된다.[78] 근저당권자가 피담보채권의 일부를 양도하고 근저당권도 일부 이전한 때에는 근저당권의 불가분성으로 인하여 근저당권은 그 채권액의 비율로 양도인과 양수인

76) 1997.9.9. 제정된 대법원등기예규 제880호(근저당권에 관한 등기사무처리 지침).

77) 金載亨(註 57), 233면.

78) 金錫宇(註 70), 405면 이하.

의 準共有로 된다.[79)]

㈏ 根抵當權의 被擔保債權의 確定을 위한 通知制度

㈀ 意　　義

자산보유자가 유동화전문회사 등에 근저당권부 채권을 양도하기 위해서는 근저당권이 담보하는 채권을 확정할 필요가 있다.[80)] 기본계약이 종료되기 전에 근저당권의 피담보채권을 확정시키기 위해서는 채무자의 승낙을 받아야 한다. 자산유동화를 위하여 집합된 채권의 수가 많기 때문에, 이에 대한 승낙을 모두 받는 것은 현실적으로 곤란하다. 그리하여 2000년 1월 21일 자산유동화법을 개정하여 근저당권이 담보하는 채권의 확정통지제도를 신설하였다. 제 7 조의 2는 "資産流動化計劃에 의하여 讓渡 또는 信託하고자 하는 流動化資産이 根抵當權에 의하여 擔保된 債權인 경우에는 資産保有者가 債務者에게 根抵當權에 의하여 擔保된 債權의 금액을 정하여 추가로 債權을 발생시키지 아니하고 그 債權의 전부를 讓渡 또는 信託하겠다는 의사를 기재한 通知書를 內容證明郵便으로 發送한 때에는 通知書를 發送한 날의 다음 날에 당해 債權은 확정된 것으로 본다. 다만 債務者가 10일 이내에 異議를 제기한 때에는 그러하지 아니하다"라고 규정하고 있다.[81)]

㈁ 通知의 相對方

제 3 자(물상보증인)가 채무자를 위하여 근저당권을 설정하여 준 경우에 근저당권자가 채무자에게 위 통지를 할 것인지, 아니면 근저당권설정자에게 통지할 것인지 문제된다. 이러한 경우에도 근저당권자는 채무자에게 통지하면 충분하다. 근저당거래를 계속하려는 이익은 근저당권설정자보다는 채무자에게 있기 때문이다. 이 때 확정통지를 구두

79) 郭潤直(註 70), 480면; 李英俊(註 73), 951면; 張庚鶴(註 74), 827면; 金錫宇(註 70), 406면.

80) 근저당권에서 피담보채권의 확정에 관하여 상세한 것은 金載亨(註 57), 236-277면 참조.

81) 또한 주택저당채권유동화회사법 제 6 조의 2도 마찬가지이다.

로 하는 것은 허용되지 않고 반드시 서면으로 작성하여 내용증명우편으로 보내야 한다.

㈐ 債務者의 異議

제 7 조의 2 단서에 따라 이의를 제기할 수 있는 사람은 채무자이고, 근저당권설정자가 아니다. 채무자가 이의를 제기하는 경우에 서면으로 할 필요는 없고 구두로 할 수도 있을 것이다. 다만 채무자가 근저당권에서 피담보채권을 확정하면 더 이상 근저당거래를 할 수 없다는 것을 모르고 이의를 하지 않는 경우가 발생할 것이다. 이러한 폐해를 막기 위하여 이 규정에 따른 확정통지를 할 때 확정의 의미를 알려주는 것이 바람직하다.

근저당권의 피담보채권이 확정되는 시기는 확정통지서를 발송한 다음 날이고, 채무자의 이의 없이 10일이 경과한 후에 확정되는 것이 아니다. 채무자가 이의한 경우에는 확정의 효과가 소급적으로 소멸하는 것으로 보아야 한다.

㈑ 確定의 效果

이 규정에 따라 근저당권이 피담보채권의 확정통지를 하면 피담보채권 전체가 확정된다. 근저당거래를 유지하면서 이 규정에 따라 근저당권이 담보하는 채권 중 일부만을 확정하여 이 부분만 양도하는 것은 허용되지 않는다. 근저당권에서 피담보채권의 확정은 전체로서 확정되는지 여부를 판단하여야 하기 때문이다.

만일 확정통지를 한 후에 자산유동화계획에 따른 자산양도를 하지 않은 경우에는 확정의 효력이 발생하는가? 자산유동화법에 따른 확정통지제도는 자산유동화를 위한 경우에만 적용되는 것이기 때문에, 위와 같은 경우에는 확정의 효력을 부정해야 할 것이다.

자산보유자가 위 규정에 따라 채권의 확정통지를 하고 유동화전문회사 등에 근저당권과 채권을 함께 양도하였으나, 채무자가 이의를 하였으면 피담보채권이 확정되지 않고 근저당권양도와 채권양도는 모두 효력이 발생하지 않을 것이다. 그러나 자산보유자와 유동화전문회사 등이 근저당권의 이전과 상관 없이 채권을 양도하려는 의사가 있었다고 판단되는 경우에는 채권만을 양도하였다고 볼 수 있다.

(ㅁ) **問 題 點**

그러나 이 규정에는 많은 문제점이 있다. 채무자가 근저당권을 설정하는 경우에는 이를 이용하여 거래를 계속할 수 있는 권리를 갖게 되는데, 이 규정은 근저당권자가 자산의 유동화를 위하여 채무자의 위와 같은 권리를 사실상 침해하는 결과를 초래할 수 있다. 이 규정에서 채무자가 10일 이내에 이의를 제기하면 확정의 효력이 발생하지 않는다고 하여 채무자를 보호하는 규정을 두고 있다고 볼 수 있다. 그러나 이 규정만으로는 불완전하다. 채무자가 이의를 제기하면, 금융기관 등 채권자가 채무자와 대출 등의 거래를 종래와 같이 계속하지 않고자 하거나 채무자를 불리하게 취급할 수 있다. 따라서 채무자가 이의를 자유롭게 할 수 없을 것이다. 특히 실제 채권액이 최고액보다 현저하게 적은 경우에, 채무자는 그 차액에 해당하는 부분을 이용할 수 없게 된다.[82] 일본에서도 1998년에 제정된 "근저당권부채권양도의 원활화를 위한 임시조치법"이 채권양도시 채무자에 대하여 추가채권을 발생시키지 않겠다는 의사를 통지하면 근저당권의 피담보채권액은 확정된다고 규정하고 있다. 우리 나라의 자산유동화법의 확정통지제도는 일본의 위 규정을 본받은 것이나, 우리 나라에서는 일본과는 달리 최고액 감액청구가 허용되지 않는다는 점을 주의하여야 한다. 일본민법에는 最高額減額請求制度를 두고 있기 때문에, 위와 같은 규정을 두더라도 채무자와 근저당권자의 이익이 어느 정도 조정되어 있다고 볼 수 있다.

근저당권에 관한 양도를 허용할 필요성이 있으나, 이것은 자산유동화에 특유한 문제는 아니다. 따라서 근저당권의 양도에 관한 규정을 자산유동화법에 신설하는 것은 바람직하지 않고, 민법의 개정을 통하

82) 金載亨(註 57), 246면.

여 해결하여야 한다. 근저당권의 피담보채권이 확정되기 전에도 근저당권의 양도를 허용하고 그 법률관계를 명확히 하는 규정을 민법에 신설하여야 한다. 그리고 근저당권에서 피담보채권이 확정되는 경우에 최고액감액청구제도도 도입하여야 한다.

(5) 抵當權 등의 取得에 관한 特例

부동산에 관한 법률행위로 인한 물권의 득실변경은 登記하여야 그 효력이 발생한다(민법 제186조). 자동차·항공기에 대한 소유권, 저당권의 득실변경과 건설기계에 대한 저당권의 득실변경도 각 등록원부에 登錄하여야 효력이 발생한다. 그리고 질권의 이전에는 민법 제188조 이하에 따른 引渡를 필요로 한다.

그런데 자산유동화법에서는 질권 또는 저당권과 소유권의 이전에 관하여 예외규정을 두고 있다.[83]

(가) 質權 또는 抵當權의 취득

자산유동화계획에 따라 양도 또는 신탁한 채권이 質權 또는 抵當權에 의하여 담보된 채권인 경우 유동화전문회사 등은 제6조 제1항의 규정에 의한 등록이 있은 때에 그 질권 또는 저당권을 취득한다(제8조 제1항).[84]

---

83) 재정경제부 案 제8조는 "제7조에 의한 공고 및 등록이 마쳐진 때에는 유동화자산 중 담보로 제공된 물권이나 자산보유자로부터 취득한 소유권의 경우 그 등록일자에 민법 제187조의 규정에도 불구하고 등기를 한 것으로 본다"고 정하고 있었다. 이에 대하여 비판이 제기되었다. 첫째, 법률의 규정에 의한 물권변동의 경우에도 당해 권리를 처분할 때에는 반드시 등기를 하도록 하고 있는 민법의 기본원칙에 반한다. 둘째, 권리의 이전 및 처분이 전혀 등기와 관계없이 이루어지게 되면 기존의 권리공시체계에 혼란이 초래될 것이다. 셋째, 저당권의 경우 이를 다시 처분하는 사례가 드물 것이어서 저당권이전의 경우에 대한 특례만 인정하더라도 충분하다. 법제처에서 심사하는 과정에서 공고 및 등록을 하면 이전등기를 한 것으로 간주하는 규정을 법률에 의한 물권변동의 하나로 보는 내용으로 수정하고, 소유권이전의 특례는 공공성이 인정되고, 부동산의 대량처분이 요구되는 한국토지공사와 한국자산관리공사에 한하여 인정하였다. 鄭泰容(註 72), 45면.

84) 住宅抵當債權流動化會社法 제7조도 마찬가지이다.

(ㄱ) 意 味

저당권양도의 효력은 민법 제186조에 따라 저당권이전의 부기등기를 하여야 발생하고, 질권양도의 효력은 민법 제188조 이하에 따라 인도를 하여야 발생한다. 그러나 자산유동화법에서는 금융감독위원회에 자산양도등록을 함으로써 질권 또는 저당권을 취득하도록 하였다. 다만 유동화전문회사가 유동화자산인 저당권부채권을 제 3 자에게 양도하는 경우에는 민법 제187조에 따라 유동화전문회사로 저당권이전의 부기등기를 한 후 다시 제 3 자 앞으로 부기등기를 하여야 한다. 그런데 유동화전문회사가 저당권부채권을 다시 다른 유동화전문회사에 양도하는 경우에는 제 6 조 제 1 항에 의한 자산양도등록을 하면 될 것이다.

(ㄴ) 問 題 點

이것은 저당권이전절차에 따른 시간과 비용을 줄이기 위한 것이나, 금융기관 등에 이와 같은 혜택을 부여하는 것이 바람직한 것인지 의문이다. 부동산등기제도는 부동산물권에 관한 통일적인 공시를 통하여 권리관계를 명확히 하고 거래안전을 확보하는 데 중요한 기능을 수행한다. 하나의 물권에 관하여 부동산등기와 금융감독위원회 등록이라는 二重의 公示方法을 정함으로써 양자를 확인하는 데 드는 비용 등 去來費用이 증가할 것이다. 그리고 부동산등기는 법원등기소 관할에 속하고, 자산양도등록은 금융감독위원회에 해야 하기 때문에, 공시제도의 집중과 통일에도 배치된다. 시간과 비용을 줄이는 공시제도를 마련하는 것은 바람직하나, 그보다 더 중요한 이익, 즉 권리관계의 확정과 거래의 안전을 해치지 않도록 해야 할 것이다.

또한 이중양도로 인한 폐해를 발생시킬 우려가 있다. 예컨대 저당권부채권을 유동화전문회사에 양도하고 이를 자산유동화법에 의한 등록을 하고, 다시 이 채권을 제 3 자에게 양도할 수도 있을 것이다. 저당권자의 채권자가 가압류, 압류명령 또는 전부명령을 받으려는 경우에 반드시 금융감독위원회의 등록을 살펴보아야 한다. 특히 근저당권부채권을 일부 양도하는 경우에는 복잡한 법률문제를 발생시킨다. 또한 저당권부채권이 자산유동화전문회사에 양도된 후에는 채무자의 변경절차, 유동화전문회사 이외의 다른 담보권자에 의한 경매절차 등에서 혼란을 초래할 수 있다.

이러한 문제점을 해결하기 위하여 부동산등기부에 저당권의 이전내용을 간편하게 공시하는 방안을 마련해야 할 것이고, 근본적으로는 저당증권을 발행하고, 배서·교부를 통하여 저당권을 양도하는 제도를 도입할 필요성이 있다. 이러한 방법이 ― 미국의 대부분의 주에서 부동산물권변동의 공시를 위하여 이용되는 레코딩 시스템(recording system: 權原證書의 登錄制度)과는 다른 ― 우리 나라의 부동산등기제도의 장점을 살리면서 저당권의 유동화를 원활하게 하는 방안이다.

㈏ 所有權의 취득

韓國資産管理公社(종전의 성업공사) 또는 韓國土地公社가 금융기관의 부실자산정리, 부실징후기업의 자구계획지원 및 기업의 구조조정을 위하여 취득한 부동산을 자산유동화계획에 따라 유동화전문회사 등에 양도 또는 신탁한 경우 유동화전문회사 등은 제 6 조 제 1 항의 규정에 의한 등록이 있은 때에 그 부동산에 대한 소유권을 취득한다(제 8 조 제 2 항).

이 규정은 부동산에 관한 물권변동을 위하여 민법 제186조에 따른 소유권이전등기를 하는 대신 금융감독위원회에 자산양도를 등록하는 공시방법을 선택할 수 있도록 하였다. 다만 한국자산관리공사와 한국토지공사가 유동화전문회사 등에 부동산을 양도 또는 신탁하는 경우에 한하여 소유권이전등기를 하지 않고 금융감독위원회에 등록을 한 때에 소유권을 취득한다. 소유권이전등기에 관한 예외를 저당권과 마찬가지로 넓게 인정하게 되면, 저당권의 경우와 달리 이중양도의 위험이 높기 때문에, 신용도가 높은 두 公社에만 특례를 인정한 것이다.

과연 한국자산관리공사와 한국토지공사가 소유하고 있는 부동산을 담보로 유동화증권을 발행하기 위하여 소유권이전등기의 예외를 인정할 필요가 있는지 의문이다. 두 公社의 신용도에 비추어 파산의 위험이 거의 없기 때문에, 유동화전문회사 등을 통하여 자산을 두 公社로부터 분리할 필요성도 적을 것이기 때문이다. 그리고 위 규정의 요건도 문제가 있다. 위 두 公社가 "금융기관의 부실자산정리, 부실징후기업의 자구계획지원 및 기업의 구조조정을 위하여 취득한 부동산"이라고 한정하고 있는데, 이러한 목적과 무관하게 취득한 부동산에 관하여는 이 규정이 적용되지 않는다. 그러나 이것은 소유권취득의 효력을 불분명하게 할 우려가 있는 것으로 매우 부당하다.

(6) 施設貸與契約 등의 變更 또는 解止

(가) 施設貸與契約 등의 變更 또는 解止의 禁止

리스계약에서 발생하는 리스채권을 유동화한 후 리스업자가 리스계약을 변경하여 리스료를 인하하거나 이를 해지하면, 유동화계획에 차질이 생긴다. 특히 리스업자가 파산선고 또는 회사정리절차개시결정을 받은 경우에 리스계약이 미이행쌍무계약에 해당하는지, 파산관재인이나 관리인이 이행선택권(구 파산법 제50조; 구 회사정리법 제103조)* 을 행사할 수 있는지 논란의 여지가 있다. 관리인에게 이행선택권을 인정하는 경우에 유동화전문회사는 불안정한 지위에 있게 된다. 그리하여 리스계약에 관하여 별도의 규정을 둘 필요가 있다는 주장이 있었다.

제14조 제 1 항 제 1 문은 "자산보유자가 자산유동화계획에 따라 유동화전문회사 등에게 施設貸與契約 또는 延拂販賣契約에 의한 채권을 양도 또는 신탁한 경우 당해 자산보유자는 자산유동화계획에 의하지 아니하고는 당해 시설대여계약 또는 연불판매계약을 변경 또는 해지할 수 없다"고 규정하고 있다.[85] 제14조 제 1 항 제 2 문은 "파산법·

* 채무자 회생 및 파산에 관한 법률 제119조, 제335조.

85) 재정경제부 案에서는 "자산보유자는 자산유동화계획에 의하지 아니하고는 양도한 자산 및 이에 관한 권리에 영향을 미치는 변경 또는 처분을 할 수 없다"고 규정하여 지나치게 포괄적으로 규정하고 있다는 문제점이 있었다.

화의법 또는 회사정리법에 의하여 선임된 자산보유자의 관재인·보전관재인·관리인·보전관리인 기타 이와 유사한 직무를 행하는 자도 또한 같다"고 정하였다.

이 규정은 파산선고나 회사정리절차의 개시여부를 떠나 리스채권을 양도한 후에는 자산유동화계획에 따라서만 계약을 변경 또는 해지할 수 있도록 하였다. 이 규정의 문언에 채무불이행을 이유로 解除할 수 있는지 여부는 불분명하나, 자산유동화계획에 이 점을 명확히 정하는 것이 바람직하다.

(나) 施設貸與契約 등의 變更 또는 解止의 效力

제14조 제2항은 "시설대여계약 또는 연불판매계약에 의한 채권의 채무자가 자산보유자로부터 자산유동화계획에 따라 당해 채권을 유동화전문회사 등에게 양도 또는 신탁한 사실을 통지받거나 이를 승낙한 경우 당해 자산보유자가 제1항의 규정에 위반하여 행한 시설대여계약 또는 연불판매계약의 변경 또는 해지는 그 효력이 없다"고 규정한다. 따라서 위와 같은 채권의 채무자가 채권의 양도 또는 신탁사실을 통지받거나 이를 승낙한 경우에만 자산보유자가 제1항에 위반하여 한 계약의 변경 또는 해지의 효력이 없다고 보아야 한다. 채무자가 양도통지를 받지 않고 승낙을 하지도 않은 경우에는 자산보유자가 제1항에 위반하여 시설대여계약 등을 변경 또는 해지하더라도 이를 유효라고 보아야 한다.

그리고 공고에 의한 채권양도통지(제7조 제1항 단서)의 경우에는 채권양도의 통지를 한 것으로 간주하고 있기 때문에, 채권양도의 공고 후에 행해진 시설대여계약 등의 변경 또는 해지는 이 규정에 따라 효력이 없게 될 것이다. 그러나 이러한 채권양도통지를 하지 않고 채권양도의 등록만 한 경우에는 제6조 제2항이 적용되지 않고 시설대여계약 등의 변경 또는 해지는 유효하게 될 것이다.

⑺ 借賃債權

자산보유자가 차임채권을 유동화전문회사 등에 양도한 후 자산보유자가 파산선고를 받았다고 하자. 이러한 경우에 파산법 제54조를 적용한다면 파산선고시의 當期 및 次期의 借賃을 제외하고는 그 양도를 파산채권자에게 주장할 수 없게 된다. 자산보유자에 대하여 회사정리절차가 개시된 경우에도 마찬가지 문제가 발생한다(회사정리법 제106조). 파산법 제54조와 회사정리법 제106조는 임대인이 임차인 또는 제 3 자와 통모하여 차임채권을 사전에 처분하였거나 미리 지급하였다고 주장함으로써 파산재단 또는 회사재산의 감소를 초래하는 것을 방지하기 위한 것이다.

그러나 이 규정들은 차임채권의 유동화에 장애가 될 수 있다. 유동화전문회사가 차임채권을 양도받더라도 자산보유자가 파산 또는 회사정리절차에 들어가면 자산보유자의 채권자에게 차임채권의 양도를 주장할 수 없기 때문이다. 특히 리스채권이 차임채권과 유사하기 때문에, 이 규정들이 리스채권에도 적용되는지 논란이 될 수 있다. 이것은 부정해야 할 것으로 생각되나, 리스채권 등을 유동화할 경우에 따르는 위험을 막기 위하여 자산유동화법에 명문의 규정을 두었다. 즉 자산유동화법 제15조는 차임채권[86]에 관하여 파산법 제54조와 회사정리법 제106조의 적용을 배제하였다.[87]

3. 流動化專門會社 등

⑴ 流動化專門會社의 形態

유동화전문회사는 자산유동화법 제17조, 제20조의 규정에 의하여

86) 이 규정은 지료채권의 경우에도 유추적용된다고 보아야 한다.

87) 제15조는 "자산보유자가 파산하거나 자산보유자에 대하여 회사정리절차가 개시되는 경우 유동화자산 중 차임채권에 관하여는 파산법 제54조 및 회사정리법 제106조의 규정을 적용하지 아니한다"고 규정하고 있다.

설립되어 자산유동화업무를 영위하는 회사를 말한다.[88] 법 제17조는 유동화전문회사의 형태를 有限會社로 하였고,[89] 유동화전문회사에 관하여는 이 법에 달리 정함이 있는 경우를 제외하고는 유한회사에 관한 상법 제3편 제5장의 규정을 적용한다. 다만 유동화전문회사의 사원의 수에 관하여는 상법 제545조의 규정을 적용하지 아니하므로(제18조), 사원이 1인일 수도 있다. 이것은 회사의 설립, 운영 및 해산을 용이하게 하기 위한 것이다. 그리고 증권투자회사[90]와 마찬가지로 영업소나 직원을 둘 수 없다. 유동화전문회사의 사원총회의 결의는 상법 제577조 제1항 및 제2항의 규정에 불구하고 총사원의 동의가 없는 경우에도 서면으로 할 수 있다(제19조 제1항). 그러나 자산유동화계획에 반하거나 유동화증권을 소지한 자의 권리를 해하는 사원총회의 결의는 효력이 없다(제19조 제2항).[91]

한편 자산유동화법에 유한회사의 자본총액에 관한 상법 규정(제546조 제1항)을 배제하고 있지 않기 때문에, 유동화전문회사의 최저자본금은 1,000만원이다. 이에 대하여 유동화전문회사는 서류상의 회사에 불과하고 자산유동화증권이 장기채로 발행될 경우 장기간 자본금이 사장될 수 있으므로, 최저자본금을 내폭 낮추어야 한다는 견해가 있다. 또한 자산보유자가 자본금을 출자하면 유동화전문회사의 독립성에 문제가 있기

88) 유동화전문회사는 유동화를 전문적으로 하는 회사가 아니라 유동화를 위하여 설립된 회사이므로, 유동화'전문'회사라는 명칭보다는 유동화'목적'회사라는 용어가 더 적절한 표현이라고 생각된다.

89) 독일에서는 자산유동화를 위한 법률이 있는 것은 아니지만, SPV로서 유한회사를 이용하는 것이 효율적이라고 한다. Ihle(註 15), 90.

90) 증권투자회사법 제4조 제2항.

91) 주택자금의 대출은 그 성격상 동질적이고 안정적이며 대규모로 이루어지기 때문에, 채권의 매입, 증권발행 및 보증업무를 지속적으로 수행할 수 있는 별도의 상설기관이 필요하다는 이유로 住宅抵當債權流動化會社法을 제정하였다. 이 법에 의한 住宅抵當債權流動化會社는 株式會社의 형태를 취하고 자본금이 250억원 이상이어야 하며 자기자본비율이 일정비율 이상이어야 하는데, 채권유동화업무를 영위하고자 하는 자는 금융감독위원회의 認可를 받아야 한다(제3조).

때문에, 자산보유자가 다른 사람을 내세워 그 사람 명의로 자본금을 출자하는 것이 번거로울 뿐만 아니라 유동화전문회사를 대표할 이사가 되려는 사람이 적기 때문에, 유동화전문회사의 설립에 어려움이 있다고 한다.

⑵ 流動化專門會社 등의 業務制限

㈎ 자산유동화법에 따라 국내에 설립되는 유동화전문회사의 경우

유동화전문회사는 자산유동화계획에 관련된 업무만을 수행할 수 있다(자산유동화법 제22조). ① 유동화자산의 양수·양도 또는 다른 신탁회사에의 위탁, ② 유동화자산의 관리·운용 및 처분, ③ 유동화증권의 발행 및 상환, ④ 자산유동화계획의 수행에 필요한 계약의 체결, ⑤ 유동화증권의 상환 등에 필요한 자금의 일시적인 차입,[92] ⑥ 여유자금의 투자, ⑦ 위 업무에 부수하는 업무. 유동화전문회사는 1개의 유동화계획의 수행을 목적으로 설립되고 그 유동화계획이 완료되면 해산하게 된다. 유동화전문회사는 위 업무 외의 업무를 할 수 없다(제20조 제1항). 제22조의 규정에 위반하여 자산유동화계획에 의하지 아니하고 자금을 차입하거나 여유자금을 투자한 자는 형사처벌을 받고(제40조 제2호), 금융감독위원회로부터 제35조에 따른 업무개선명령을 받을 수 있다.

이와 같은 규정을 둔 이유는 유동화전문회사의 파산을 방지하기 위한 것이다. 유동화전문회사는 오로지 導管으로서의 기능과 역할을 충실히 하여야 한다는 것이다. 만일 유동화전문회사가 유동화계획과 관련 없는 업무를 수행한다면 투자자들이 예측할 수 없는 위험이 발생할 우려가 있다. 그리고 유동화전문회사는 유한회사이기 때문에, 감사 또는 사원이 유한회사에 관한 규정에 따라 법령 및 정관위반행위에 대하여 留止請求權을 행사할 수 있고,[93] 일정한 출자좌수를 가진 사원이

92) 일본법에도 이와 같은 규정이 있었으나, 2000년 개정법에서 자산유동화계획에 미리 기재되어 있으면 유동화대상자산을 취득하기 위한 차입을 할 수 있다고 하였다.

93) 이사가 법령 또는 정관에 위반한 행위를 하여 이로 인하여 회사에 회복할

대표소송을 제기할 수 있다.[94)]

그런데 유동화전문회사가 위 규정에 위반하여 제22조에 정해지지 않은 업무를 한 경우에 그 사법상 효력을 어떻게 볼 것인지 문제된다. 이 규정은 사법상의 효력에는 영향을 미치지 않는 단속규정이라는 견해가 있다.[95)] 유동화전문회사의 업무는 유동화계획을 검토하여야만 비로소 파악할 수 있으므로, 이 규정을 효력규정으로 본다면 유동화전문회사의 거래상대방이 유동화계획을 확인하여야 하기 때문에, 거래질서가 심각하게 저해된다고 한다. 또한 이러한 업무제한위반에 대한 제재조치로서 금융감독위원회의 업무개선명령과 형사처벌을 통하여 투자자의 보호를 위하여 유동화전문회사의 업무를 제한하고자 하는 입법목적은 어느 정도 달성된다고 한다.

그러나 유동화전문회사가 한 행위의 내용에 따라 권리능력을 벗어난 행위로서 무효라고 보아야 하는 경우도 있다. 유동화전문회사가 유동화계획과 아무런 관련이 없는 업무를 한 행위에 대하여 업무개선명령이나 형사처벌만으로는 입법목적을 달성할 수 없을 것이다. 유동화전문회사는 오로지 자산유동화를 목적으로 하는 특수목적회사로 다른 법인보다 권리능력이 대폭 제한되어 있다. 유동화전문회사와 거래하는 상대방도 이를 쉽게 확인할 수 있으므로, 거래의 안전보다도 유동화증권의 투자자를 보호할 이익이 더욱 크다고 보아야 한다.

㈏ 외국에 설립된 유동화전문법인의 경우

외국법인이 유동화업무를 수행하는 경우에도 법 제20조, 제22조가 적용되는지가 문제된다. 자산유동화업무를 전업으로 하는 외국법인은

수 없는 손해가 생길 염려가 있는 경우에는 감사 또는 자본총액의 100분의 3 이상에 해당하는 출자좌수를 가진 사원은 회사를 위하여 이사에 대하여 그 행위를 留止할 것을 청구할 수 있다(상법 제564조의 2).

94) 자본의 총액의 100분의 3 이상에 해당하는 출자좌수를 가진 사원은 회사에 대하여 이사의 책임을 추궁할 소의 제기를 청구할 수 있고, 그 절차는 주식회사에 관한 규정이 준용된다(상법 제565조 제 1 항 · 제 2 항).

95) 李美賢(註 18), 127면.

자산유동화에 관하여 이 법의 적용을 받고자 하는 경우에는 금융감독위원회에 등록을 하여야 한다(법 제3조 제1항). 이러한 외국법인도 위 규정에 의한 업무만을 하여야 한다는 견해가 있다.[96] 외국법인과 내국법인 사이의 형평을 고려하여 위 규정이 외국법인에도 유추적용된다고 한다. 그런데 위 규정에 위반한 경우에 형사처벌을 받을 수 있는데, 이러한 형사처벌규정을 유추적용할 수 있는지는 의문이다. 이에 관하여는 명문의 규정을 두어야 할 것이다.

(3) 信託會社

신탁회사를 통한 자산유동화의 경우에 신탁법이 적용되나, 자산유동화법 제16조는 특례규정을 두고 있다.

4. 資産의 管理 등의 위탁

(1) 資産管理의 委託

유동화전문회사는 직원을 고용할 수 없기 때문에(제20조 제2항), 유동화전문회사를 위하여 채권의 추심 기타 관리업무를 수행할 資産管理者(servicer)가 필요하다.

유동화전문회사는 자산관리자와 자산관리위탁계약을 체결하여 유동화자산의 관리를 위탁하여야 하는데, 자산보유자, 신용정보업자(신용정보의 이용 및 보호에 관한 법률 제4조 제3항 제1호 내지 제3호의 업무를 허가받아야 함), 기타 자산관리업무를 전문적으로 수행하는 자로서 대통령령이 정하는 요건을 갖춘 자[97]가 자산관리자가 될 수 있다(제10조 제1항).

96) 李美賢(註 18), 128면.

97) 자산유동화법 시행령 제5조가 법 제10조 제1항 제3호에서 '대통령령이 정하는 요건을 갖춘 자'에 관하여 상세하게 규정하고 있는데, 주요한 내용을 보면 자본금이 10억원 이상이고, 변호사, 공인회계사 또는 감정평가사 등 전문인력이 5인 이상 포함된 20인 이상의 관리인력을 갖춘 법인이어야 한다는 것이다.

미국에서는 자산보유자가 자산관리업무를 맡은 경우에 진정한 매매가 부인될 우려가 크다고 한다. 그러나 우리 나라의 자산유동화법은 자산보유자가 자산관리자가 될 수 있다고 규정하고 있고, 자산관리자가 유동화자산에 관하여 가장 잘 알고 있기 때문에, 자산보유자가 자산관리자로 되는 것이 대부분이다.[98] 종래 금융실무에서 자산관리자는 당해 유동화대상이 된 자산을 보유하고 있는 자일 필요는 없고 자산유동화법 제 2 조 제 2 호에 의한 자산보유자에 해당하면 충분한 것으로 보았으나, 이는 법규정에 반하는 것이다. 2000. 1. 21. 자산유동화법 제10조 제 1 항 제 3 호를 신설하여 '기타 자산관리업무를 전문적으로 수행하는 자로서 대통령령이 정하는 요건을 갖춘 자'도 자산관리자가 될 수 있다고 한 후에는 위와 같이 해석할 필요성이 없어졌다. 다만 은행 등 자산보유자가 될 수 있는 경우에도 위 요건을 충족하는 경우에 한하여 자산관리자가 될 수 있다고 보아야 한다. 그런데도 자산유동화실무에서 자산보유자가 될 수 있는 금융기관이 자산관리자로 되는 경우가 많이 있는데, 이는 시정되어야 할 것이다.

한편 信託會社는 채권추심 기타 자산관리업무를 수행할 능력이 있으므로, 신탁회사를 통하여 자산유동화거래를 하는 경우에는 제 3 자에게 자산관리를 위탁하도록 강제하고 있지 않다. 그러나 신탁회사도 제 3 자와 자산관리위탁계약을 체결할 수 있다.

유동화전문회사 등은 자산관리위탁계약을 해지한 경우 이로 인하여 자산관리자의 변제수령권한이 소멸되었음을 이유로 하여 유동화자산인 채권의 채무자에 대하여 대항할 수 없다. 다만 채무자가 자산관리자의 변제수령권한이 소멸되었음을 알았거나 알 수 있었을 경우에는 그러하지 아니하다.[99]

---

98) 자산보유자인 자산관리자는 "신용정보의 이용 및 보호에 관한 법률" 제 6 조 제 3 호의 규정에 의한 채권추심업무를 수행할 수 있다(제10조 제 2 항).

99) 자산유동화법 제10조 제 3 항.

(2) 資産의 區分管理

자산관리자가 유동화자산을 관리하는 도중 자산관리자가 파산을 한 경우 자산관리자의 파산으로부터 유동화자산이 영향을 받지 않도록 하여야 한다.

(가) 區分管理

자산관리자는 유동화전문회사 등으로부터 관리를 위탁받은 유동화자산과 이를 관리·운용·처분함에 따라 취득하는 금전 등의 재산권을 그의 고유재산과 구분하여 관리하여야 한다(제11조 제1항).[100] 유동화자산의 구분관리는 유동화자산과 고유재산을 물리적으로 구분하고 증빙서류를 별도로 보관하여 관리하는 것이고, 금전의 구분관리는 별도의 계정을 설치하여 관리하는 것이라고 한다.[101]

자산관리자는 유동화자산의 관리에 관한 장부를 별도로 작성·비치하여야 한다(제11조 제2항).[102] 이것은 유동화자산에 대하여 별도의 관리대장(장부 및 기록)을 유지하는 것을 말한다. 이 경우 관련업무를 전산시스템을 이용하여 처리하는 경우에는 고유재산과 신탁재산을 구분할 수 있도록 하는 것을 말한다.[103]

(나) 還取權 등

자산관리자가 파산하는 경우 위탁관리하는 유동화자산과 이를 관리·운용·처분함에 따라 취득하는 금전 등의 재산권은 자산관리자의 파산재단을 구성하지 아니하며, 유동화전문회사 등은 그 자산관리자 또는 파산관재인에 대하여 유동화자산 등의 인도를 청구할 수 있다(제12조 제1항). 이 규정은 화의법에 의한 화의절차 또는 회사정리법에 의한 회사정리절차가 개시된 경우에 관하여 이를 준용한다(제12조 제2항). 유동화전

100) 신탁법 제30조도 마찬가지이다.

101) 자산유동화업무규정 제17조 제1항.

102) 신탁회사가 자산관리업무를 수행하는 경우에 관하여는 신탁법 제33조에 의한 장부비치의무가 있다.

103) 자산유동화업무처리 규정 제17조 제2항.

문회사가 자산관리자에 대하여 금전채권만을 가지고 있는 경우에도 인도청구권을 인정한 것이다. 다만 자산관리자가 유동화자산 등과 고유재산을 구분관리하고 있는 경우에 한하여 위와 같은 인도청구권이 인정될 것이다.

자산관리자가 제10조 제 1 항의 규정에 의하여 위탁관리하는 유동화자산 등은 자산관리자의 채권자가 이를 강제집행할 수 없으며, 파산법·화의법 또는 회사정리법에 의한 보전처분 또는 중지명령의 대상이 되지 아니한다(제12조 제 3 항).[104]

그러나 자산보유자가 동시에 자산관리자인 경우에 자산보유자가 유동화자산을 유동화전문회사 등에 양도하기 전에 이미 위 유동화자산에 저당권 등 담보권이 설정되어 있는 때에는 그 담보권자의 담보권실행이 금지되지 않는다.[105]

(3) 業務受託人

유동화전문회사는 자산관리자에게 자산관리를 위탁하여야 할 뿐만 아니라, 유동화전문회사의 관리·운영에 관한 업무도 자산유동화계획이 정하는 바에 따라 자산보유자 기타 제 3 자에게 위탁하여야 한다. 그러나 사원총회의 의결을 받아야 하는 사항, 이사의 회사대표권에 속하는 사항, 감사의 권한에 속하는 사항, 유동화자산의 관리에 관한 사항, 기타 위탁하기에 부적합한 사항으로서 대통령령이 정하는 사항은 그러하지 아니하다(제23조).

제23조에 따라 유동화전문회사로부터 업무를 위탁받은 자를 業務受託人이라고 하는데(자산유동화업무처리에 관한 규정 제17조 제 3 항), 자산관리자가 업무수탁인을 겸직할 수도 있는데, 자산보유자 또는 은행이 업무수탁인이 되는 경우가 많다.

---

104) 신탁법 제21조는 신탁재산에 대하여 강제집행을 금지하고 있다.
105) 금융혁명-ABS, 364면.

5. 流動化證券의 發行

유동화증권의 발행에 관하여는 상법, 증권거래법 기타 관계법령을 따라야 하나, 자산유동화법에 예외 규정을 두고 있다(제27조). 즉 出資證券의 발행(제28조 내지 제30조) 社債의 발행(제31조), 受益證券의 발행(제32조)에 관하여 규정하고 있다. 유동화전문회사의 회사형태는 유한회사인데, 유한회사는 상법상 社債를 발행할 수 없다는 것이 통설이다.[106] 그러나 자산유동화법 제31조는 유동화전문회사가 사채를 발행할 수 있다고 한다. 그리고 유동화증권인 사채권, 수익증권, 출자증권은 증권거래법상 有價證券에 해당한다.[107] 또한 2000년 1월 개정법은 유동화전문회사가 출자증권을 토대로 전환사채와 신주인수권부사채를 발행할 수도 있다는 점을 명확히 하였다(제30조 제 2 항).

그리고 주식회사의 사채발행총액은 순자산액의 4배로 되어 있으나(상법 제470조), 이 규정이 유동화전문회사에 적용되지 않는다(자산유동화법 제30조 제 1 항). 발행한도를 순자산액을 기준으로 제한하면 회사의 자본금을 늘려야 하기 때문이라고 한다. 그러나 사채의 투자자를 보호하기 위하여 유동화증권의 발행총액은 양도 또는 신탁받은 유동화자산의 매입가액 또는 평가가액의 총액을 한도로 한다(자산유동화법 제33조 본문).

[유동화증권의 구분]

특별목적기구가 민법상 조합인 경우에 투자자가 취득하는 증권은 조합의 지분이므로 자동이체식 증권[108]에 속한다. 이것은 유동화자산이 특수목적기구를 통하여 투자자에게 이전된다는 뜻인데, 유동화자산에서 나오는 현금흐름에서 수수료 등의 비용을 공제하고 투자자에게 배분된다. 유동화자산을 신탁회사에 양도하고 신탁회사가 투자자에게 수익증권을 판매하는 경우에도 수익증권은 자동이체식 증권에 속한다. 이에

106) 崔基元, 新會社法論, 第10大訂版, 2000, 751면.

107) 증권거래법 제 2 조 제 1 항 제 4 호, 제 2 조 제 1 항 제 9 호, 증권거래법 시행령 제 2 조의 3 제 1 의 제 2 호, 제 3 의 제 2 호, 제 3 의 제 3 호.

108) 이를 패스 쓰루형 증권(pass-through securities)이라고 하기도 한다.

반하여 자산유동화를 위하여 특수목적회사가 이용되는 경우에는 회사가 출자증권 또는 社債를 발행하는데, 이것은 원리금 이체식 증권[109]이다. 즉 원리금 이체식 증권은 유동화자산에 대한 직접적인 권리를 표시하는 증권이 아니라, 특수목적회사(예컨대 유동화전문회사)에 대한 청구권을 표시하는 증권이다. 이 경우에는 유동화자산에서 나오는 원리금이 특수목적회사를 통하여 지급되는데, 유동화자산의 소유권은 특수목적회사가 보유하고 유동화증권은 투자자의 특수목적회사에 대한 청구권을 표시한다.

자산유동화실무에서는 주로 사채를 발행하는 경우가 대부분인데, 2000년에 유동화전문회사(SPC)의 회사채 형태로 발행한 채권(ABS사채)이 47조 377억원으로 유동화증권의 95.3%를 차지하고, 투기등급회사채 등을 기초로 발행한 CBO[110]가 27조 7,227억원으로 전체 ABS사채의 58.9%를 차지하고 있다.[111] 2000년 8월에는 LG증권을 주간사로 하여 1조 5,500억원 규모의 우리 나라 최초의 '발행시장 CBO'(Primary CBO)[112]를 발행하였다. 당시 CBO발행에 참여한 중견기업 60개 회사의 신용평가등급은 B등급(BB-등급부터 BBB+등급까지)이고, 그 기업들이 발행예정인 2년 만기 회사채 1조 5,500억원을 LG증권이 시장수익률로 총액인수하여 이를 4개의 유동화전문회사에 양도한 후, 유동화

109) 이를 페이 쓰루형 증권(pay-through securities)이라고도 한다.

110) CBO(Collateralized Bond Obligation)는 사채(주로 Junk Bond)를 기초로 발행되는 유동화증권을 말하며, CBO Fund는 투자신탁상품의 하나로 투자자를 대상으로 자금(Fund)을 조성하여 약관에 따라 그 중 25% 이상을 CBO 후순위채에 투자(펀드운용)하도록 하고 있는 신탁상품을 말한다. CBO Fund에 대해서는 공모주청약시 우선청약권 부여, 수익자에 대한 세금감면 등의 혜택이 있다.

111) 2000년에 전체 ABS사채 중 공모발행된 ABS사채의 비중이 87.24%(40조 9,944억원)로서 사실상 ABS시장의 주류를 이루고 있으며, ABS 중 가장 큰 비중을 차지하는 CBO의 경우 99.5%인 27조 5,922억원이 공모로 발행되었다. 상환형태별로는 선순위증권이 72.8%, 후순위증권이 27.2%를 차지한다.

112) 이것은 다수의 기업이 자금조달을 위하여 신규로 발행하는 회사채(주로 B등급)를 모아서 이를 기초로 하여 발행하는 채권담보부증권(CBO)이다. 종래 투신사 등이 활발히 발행하고 있는 CBO는 '유통시장 CBO'(Secondary CBO)로서, 이는 이미 발행되어 유통되고 있는 회사채를 기초로 발행하는 것이다.

전문회사들이 이를 기초로 1조 5,500억원 규모의 ABS사채를 발행하였다. 그 후 이러한 발행시장 CBO의 발행이 계속 증가하여 2000년 말에 7조 3,073억원(17건)에 이르렀다.

Ⅳ. 資產保有者에 대한 債權者를 保護하기 위한 수단 ―流動化證券에 대한 投資者와의 利益衝突 문제

유동화전문회사를 설립한 다음 자산을 양도받아 이를 담보로 유동화증권을 발행하는 것은 투자자가 유동화증권에 안심하고 투자할 수 있도록 투자자를 보호하기 위한 장치라고 볼 수 있다. 그리고 "유동화전문회사 등은 유동화자산의 양도 등에 관한 계약서 등의 서류를 투자자로부터 열람의 요구에 응할 의무가 있고"(제6조 제4항), 등록신청서를 허위로 작성하거나 공시서류를 허위로 작성하는 경우에는 형사처벌을 받는다(제39조 제1호). 그 밖에 투자자를 보호하기 위하여 금융감독원장이 유동화전문회사 등, 업무수탁자와 자산관리자에게 자료의 제출을 요청하거나 업무 및 재산을 조사할 수 있고(제34조), 금융감독위원장은 유동화전문회사 등, 자산관리자의 업무운영이 투자자의 이익을 해할 우려가 있으면 업무개선명령을 할 수 있다(제35조). 또한 자산보유자 또는 유동화전문회사 등은 당해 유동화자산인 채권의 채무자의 지급능력에 관한 정보를 투자자 등에게 제공할 수 있다(제37조).

그런데 자산보유자가 유동화전문회사 등에 자산을 양도 또는 신탁하는 것이 자산보유자의 책임재산을 감소시킴으로써 자산보유자에 대한 채권자의 이익을 해칠 우려가 있다. 그리하여 자산보유자에 대하여 채권을 가지고 있는 사람이 어떠한 조치를 취할 수 있는지 살펴볼 필요가 있다.

1. 法人格否認論의 문제

유동화전문회사는 서류상의 회사이기 때문에, 법인격이 부인[113)]될 여지가 있다. 자산유동화법에 유동화전문회사의 설립근거를 명시하고 있기 때문에, 자산유동화를 위하여 유동화전문회사를 설립하였다는 이유만으로 법인격이 부인된다고 볼 수는 없다.[114)] 그러나 자산보유자가 자산관리자로서 유동화전문회사의 자산을 관리하면서 자산보유자의 고유자산과는 구분하여 관리하지 않고, 자산보유자가 유동화전문회사의 출자지분을 전부 또는 대부분 인수한 경우에는 법인격이 부인될 여지가 있다.

그리고 미국의 파산절차에서 실질적 연결의 이론이 인정되고 있는데,[115)] 우리 나라에서도 유동화전문회사의 법인격을 부인하는 데까지 나아가지 않고 자산보유자와 자산유동화전문회사를 실질적인 단일체로 보아야 하는 것이 아닌가 하는 의문이 제기될 수 있다. 특히 자산보유자가 유동화전문회사에 출자를 할 뿐만 아니라 설립을 주도하는 경우에는 이러한 위험이 더욱 클 것이다.

2. 債權者取消權

채무자가 채권자를 해함을 알고 재산권을 목적으로 한 법률행위를 한 때에는 채권자는 채권자취소권을 행사할 수 있다(민법 제406조). 이것은

113) 법인격 부인에 관한 일반적인 설명은 우선 崔基元(註 106), 53면 이하 참조.
114) 일본에서도 특수목적회사가 법인격부인의 대상이 될 수 있는지 논의되고 있다. 부정설로는 小野傑, "資産流動化・證券化に對する法的視点," ジュリスト 第1072號(1995. 7), 52면.
115) 미국의 파산법상 실질적 연결이론(doctrine of substantive consolidation)은 서로 다른 개체들의 자산 및 부채가 마치 단일한 개체가 보유하고 부담하는 자산 및 부채인 것처럼 통합되어 취급하는 것이라고 한다. Sargent, "Bankruptcy Remote Finance Subsidiaries: The Substantive Consolidation Issue," *The Business Lawyer,* Vol. 44(1989), 1223; 李美賢(註 18), 135면 이하.

채권의 공동담보가 되는 채무자의 일반재산을 채무자가 부당하게 감소시키는 행위를 한 경우에, 채권자가 그 행위의 효력을 부인하고 채무자의 일반재산으로부터 일탈한 재산을 원상회복시켜 채무자의 일반재산을 보전하는 것을 목적으로 하는 권리이다. 채권자취소권은 객관적 요건으로 피담보채권의 존재와 사해행위를 필요로 하며, 주관적 요건으로 채무자 및 수익자 또는 전득자의 악의를 필요로 한다. 이 때 사해행위, 즉 채권자를 해한다는 것은 변제자력의 부족을 초래하는 것을 말하므로, 채무자의 일반재산을 감소시켜 채권자에게 충분한 변제를 할 수 없는 재산상태를 만드는 것을 뜻한다. 그러므로 채무초과상태에 있는 기업 등이 부동산 등을 처분한 경우에 채권자취소권의 대상이 될 수 있다. 부동산 기타의 재산을 무상양도하거나 염가로 매도하는 행위는 채무자의 총재산의 감소를 가져오므로 사해행위가 된다. 그러나 부동산을 시가 상당의 적정가격으로 매도한 경우에는 견해의 대립이 있다. 판례는 채무자가 자기의 유일한 재산인 부동산을 매도하여 소비하기 쉬운 금전으로 바꾸는 행위는 공동담보의 효력을 감소시켜 채권자를 해하기 때문에, 다른 채권자에 대한 정당한 변제에 충당하기 위하여 위와 같은 부동산을 상당한 가격으로 매도하는 등 특별한 사정이 없는 한, 항상 채권자에게 사해행위가 되고, 채무자의 사해의사가 추정된다고 한다.[116] 이에 반하여 다수설은 상당한 대가에 의한 매각은 사해행위가 되지 않는다고 한다.[117] 한편 채무자가 채무가 재산을 초과하는 상태에서 채권자 중 한 사람과 통모하여 그 채권자만 우선적으로 채권의 만족을 얻도록 할 의도로, 채무자 소유의 부동산을 그 채권자

116) 大判 1966.10.4, 66다1535(集 14-3, 민 138); 大判 1997.5.9, 96다2606 (공 1997, 1722).

117) 郭潤直, 債權總論, 신정수정판, 1999, 193면. 그 근거로는 적정가격에 의한 부동산 매도는 재산의 소유형태가 부동산에서 금전으로 바뀔 뿐이어서 총재산의 가액에는 변동이 없고, 매각의 목적에 따라 사해행위의 성부를 결정하는 것은 거래의 안전을 해할 염려가 있으며, 채무자가 부동산을 환가하여 유용하게 이용함으로써 경제적 갱생을 꾀할 수 있다는 점 등을 들고 있다.

에게 매도하고 위 매매대금채권과 그 채권자의 채무자에 대한 채권을 상계하는 약정을 하였다면, 가사 매매가격이 상당한 가격이거나 상당한 가격을 초과한다고 할지라도, 채무자의 매각행위는 다른 채권자를 해할 의사로 한 법률행위에 해당한다.[118]

자산보유자가 이미 채무초과상태에 있는 경우 유동화전문회사에 자산을 양도하는 것은 사해행위에 해당하는지 문제될 수 있다. 자산유동화는 일반적으로 자산의 유동성을 높이고 좀더 효율적인 기업금융을 위한 것이므로 사해의사가 없는 경우가 많을 것이다. 그러나 자산양도가 저렴한 가격으로 이루어졌다거나 파산 직전에 고의로 다른 채권자를 해할 의사로 이루어진 경우에는 사해행위에 해당하여 채권자취소권 행사의 요건이 충족될 것이다.

3. 否 認 權

자산보유자가 유동화전문회사 등에 유동화자산을 양도한 것이 부인권의 대상이 될 수 있는지 검토할 필요가 있다.

파산선고가 있으면 파산재단의 관리처분권은 파산관재인에게 속하고(파산법 제7조), 파산자가 재단에 속한 재산에 관하여 한 법률행위는 파산채권자에게 대항할 수 없다(제44조). 파산관재인은 파산재단을 위하여 파산자가 파산선고 전에 파산채권자를 해함을 알고 한 행위, 파산자가 지급정지 또는 파산신청이 있은 후에 한 담보의 제공, 채무의 소멸에 관한 행위 기타 파산채권자를 해하는 행위 등의 효력을 부인할 수 있는데, 이를 부인권이라고 한다(파산법 제64조 이하). 회사정리절차에서도 회사정리절차개시 전에 정리회사가 整理債權者 또는 整理擔保權者를 害하는 것을 알고 한 행위나 다른 정리채권자 등과의 평등을 害하는 변제, 담보의 제공 등의 행위를 한 경우에 정리절차개시 후에 관리인이 회사재산

118) 大判 1994. 6. 14, 94다2961·2978(공 1994, 1956).

을 위하여 위와 같은 행위의 효력을 부인할 수 있다(회사정리법 제78조 이하). 화의채권자도 일정한 경우에 부인권을 행사할 수 있다(화의법 제33조). 파산절차 등에서 부인권은 민법의 채권자취소권과 비슷한 성질과 기능을 갖고 있다.

자산보유자가 유동화전문회사 등에 유동화자산을 양도 또는 신탁한 것도 위 법률들에 따른 부인권행사의 요건을 충족하면 부인권의 대상이 될 수 있다. 따라서 채무초과상태에 있는 기업이 자산유동화를 위하여 자산을 양도한 후에 도산하게 되면, 파산관재인이나 회사정리절차의 관리인이 부인권을 행사할 수 있는 것이다. 부인권을 허용하면 투자자에게 불이익하게 되나, 이것은 자산보유자의 원래 채권자를 보호하기 위한 것이다. 그러므로 부인권의 대상이 되지 않도록 사전에 조치를 취해야 할 것이다.

Ⅴ. 結 論

우리 담보법의 세 가지 과제로 根抵當權 등 현행 담보제도의 정비문제, 擔保目的物의 확장문제,[119] 投資抵當制度의 도입문제를 들 수 있다. 그 중 세 번째 과제와 관련하여 종래 민법학에서 저당권의 유동화를 위하여 독일의 선진적인 담보제도를 도입하여야 한다는 주장이 제기되었다. 그러나 이러한 주장은 입법화되지 않은 상태에서 저당권 부채권을 포함한 다양한 형태의 자산을 유동화할 수 있는 자산유동화법이 도입되었다.

그런데 자산유동화법에 관하여는 극단적인 평가가 엇갈린다. 한쪽에서는 자산유동화는 금융, 증권, 법률, 조세, 회계 등을 넘나드는 일종의 종합예술이라고 한다. 이와 정반대로 자산유동화법은 행정편의적인

119) 이에 관하여는 우선 金載亨, "擔保法에서의 擔保目的物의 擴張問題—工場抵當과 集合物讓渡擔保를 중심으로—," 法曹 1998년 3월호, 63-97면 참조.

천하의 악법이라고 하기도 한다. 그 이유는 무엇보다도 이 법이 우리의 법체계에 생소한 점이 많고 여러 특례규정을 두고 있기 때문이다. 우리는 여기에서 大陸法과 英美法의 충돌을 볼 수 있다. 그리하여 이질적인 법제도의 충돌을 적절하게 조정하는 체계를 구축하는 것이 중요한 과제로 등장한다.

자산유동화거래는 자산의 양도 또는 신탁이라는 契約과 유동화매개기구의 證券發行을 통하여 이루어진다. 자산유동화를 위한 계약에도 私的自治의 원칙, 특히 契約自由의 원칙이 적용된다. 그런데 자산유동화법은 그 계약의 내용과 방식을 규제할 뿐만 아니라, 자산유동화계획과 자산양도를 금융감독위원회에 등록하도록 하고 있다. 자산유동화법은 자산유동화의 활성화라는 명목하에 금융기관 등에 특혜를 주는 반면, 그 폐해를 방지하기 위하여 자산유동화거래에 대한 감독과 규제를 하고 있는 것이다. 사법상의 거래에 대한 감독과 규제는 필요한 경우에 최소한에 그쳐야 한다. 그렇지 않으면 감독과 규제는 거래비용을 증가시킬 것이고 경제적 활동의 자유를 제약하는 결과를 초래한다.

자산유동화가 확고하게 뿌리를 내리려면 자산유동화거래를 뒷받침하는 채권양도·저당권·파산제도 등 여러 제도를 발전시키는 것이 필요하다.[120] 그와 함께 현재의 자산유동화법에서 인정하고 있는 각종 특례는 發展的으로 解體하는 방향으로 개선하는 한편, 자산유동화거래에 대한 규제와 감독도 점차 완화시켜야 할 것이다. 이를 통하여 좀더 효율적이고 공정한 자산유동화거래의 토대가 마련될 것이다.

(民事判例硏究(XXIII), 2001, 702-756면 所載)

120) 대량의 채권을 양도하는 경우에 등록제도를 도입하는 것도 한 예이다. 이것은 자산유동화를 전제로 하는 것은 아니고, 집합채권양도담보를 위해서도 이용될 수 있기 때문에 다양한 신용거래가 폭넓게 발전할 수 있는 토대가 될 것이다.

13. 根抵當權附債權의 流動化에 관한 法的 問題*

— 住宅抵當債權流動化會社法을 中心으로 —

Ⅰ. 序 論

우리 나라에서 1980년대 말부터 자산유동화제도를 도입하여야 한다는 주장이 있었으나,[1] 이것이 실현되지는 않았다. 그러던 중 1997년 말 국제통화기금(IMF)의 구제금융을 받게 되었고, 금융위기를 타개하기 위한 방안의 하나로 자산유동화제도를 도입하였다. 1998년 9월 16일 "資産流動化에 관한 法律"(이하 "자산유동화법"이라고 한다)이 제정되었고, 장기채권인 주택저당채권의 유동화를 촉진하기 위하여 1999년 1월 29일 "住宅抵當債權流動化會社法"(이하 "채권유동화회사법"이라 한다)을 제정하였다.[2] 그 후 법률의 시행과정에서 드러난 문제점을 보완하기 위하여 2000년 1월 21일 위 두 법률을 개정하였다.

자산유동화는 자산을 유동화, 즉 현금화하는 것이다. 재산적 가치가 있는 자산을 증권화함으로써 그 유동성을 높이는 것이기 때문에,

* 이 글은 2001년 12월 7일 KoMoCo 창립 2주년 기념 법률세미나에서 발표한 내용을 수정·보완한 것이다.

1) 韓國住宅銀行 調査部, 주요국의 주택저당채권유동화제도, 조사자료 90, 1988.

2) 당시의 입법경과에 관하여는 金載亨, "「資産流動化에 관한 法律」의 現況과 問題點," 民事判例硏究(XXⅢ), 2001, 702-703면 참조.

資產의 證券化(Asset Securitization)라고도 한다. 자산보유자는 특수목적기구에 자산을 양도 또는 신탁함으로써 자산을 자산보유자로부터 분리한 다음, 자산의 집단(pool)을 담보로 증권을 발행한다. 자산을 기초로 증권을 발행하는 주체는 자산보유자가 아니라 특수목적기구[3]이다. 따라서 특수목적기구를 설립하고 자산보유자가 특수목적기구에 자산을 양도하는 절차가 필요하다. 이와 같은 복잡한 거래구조를 상정한 이유는 유동화증권을 자산보유자의 파산위험으로부터 차단하기 위한 것이다. 이와 같은 거래구조를 통하여 자산보유자의 신용상태가 좋지 않더라도 수익성이 높은 자산의 집단을 담보로 증권을 발행하면 자금조달의 비용을 줄일 수 있기 때문에, 자산유동화는 물적 담보제도보다 한 단계 발전된 금융조달수단으로 볼 수 있다.

자산유동화법은 자산유동화에 관한 일반법이라는 성격을 갖고 있다. 유동화자산에는 금융기관 등이 보유하고 있는 대출채권, 매출채권, 부동산, 유가증권, 주택저당대출채권 등 모든 資產이 포함된다. 債權流動化會社法에서 규정하고 있는 채권유동화는 자산유동화의 일종이나, 주택을 담보로 한 대출채권, 즉 주택저당채권이 유동화의 대상이 되는 자산이라는 점에 특징이 있기 때문에, 債權流動化會社法은 '債權流動化'라는 용어를 사용하고 있다.[4] 그리고 자산유동화법에 따른 유동화증권의 발행주체는 유동화전문회사(SPC) 또는 신탁회사이지만, 채권유동화회사법에서는 채권유동화를 위한 기구로서 주택저당채권유동화

3) 특수목적기구는 SPV(special purpose vehicle) 또는 SPE(special purpose entity)에 해당하는데, 특수목적기구의 형태가 회사인 경우를 SPC(special purpose company)라고 한다.

4) 채권유동화의 기본구조는 두 가지이다. 첫번째 유형은 住宅抵當債權流動化會社가 금융기관으로부터 住宅抵當債權을 양도받아 이를 담보로 하여 住宅抵當債權擔保附債券을 발행하고 元利金을 지급하는 행위(제 2 조 제 1 항 제 1 호 가목)이다. 두 번째 유형은 住宅抵當債權流動化會社가 금융기관으로부터 住宅抵當債權을 양도받아 이를 기초로 住宅抵當證券을 발행하고 그 주택저당채권의 관리·운용 및 처분에 의한 수익을 분배하는 행위(제 2 조 제 1 항 제 1 호 나목)이다.

[표 1] 주택저당증권(MBS) 발행의 기본구조

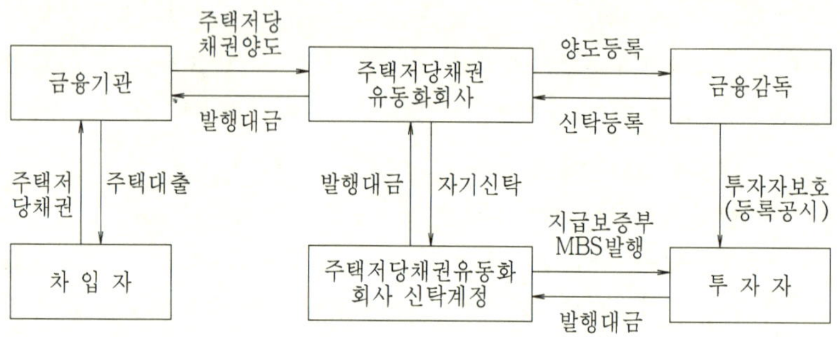

[표 2] 주택저당채권담보부채권(MBB) 발행의 기본구조

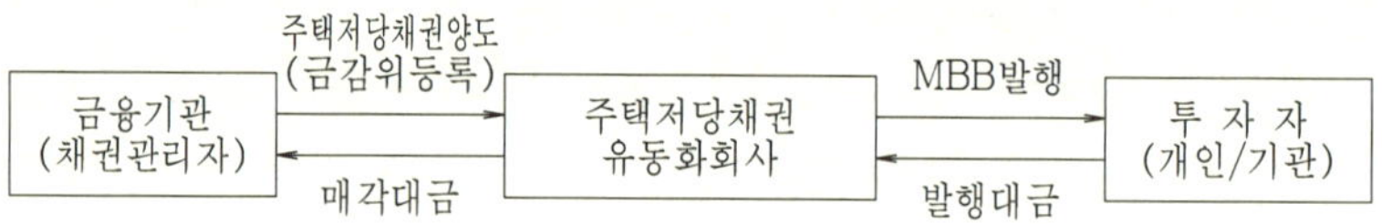

회사를 설립하여야 한다고 규정하고 있다.[5)] 다만 위 두 법률에는 동일한 규정이 많은데, 입법형식상 이러한 규정에 관하여는 준용하는 방식으로 규정하는 것이 나았으리라고 여겨진다.

자산유동화법 시행 이후 자산유동화시장이 급격하게 성장하고 있다. 1999년에 6조 7,709억원(32건), 2000년에는 49조 3,832억원(154건),

5) 유동화증권은 흔히 資産擔保附證券(Asset-backed Securities: ABS)이라고도 하는데, 유동화전문회사 등이 금융기관 등으로부터 양도 또는 신탁받은 유동화자산을 기초로 발행하는 유가증권을 말한다. 한편 주택저당채권담보부증권(Mortgage-backed Securities: MBS)은 원래 금융기관이 주택을 담보로 하여 대출을 해 준 주택저당대출채권을 기초로 발행된 유동화증권을 총칭하는 용어로 사용된다. 우리 나라에서는 주택저당대출채권에 터잡아 자산유동화법에 의한 유동화증권을 발행하거나 채권유동화회사법에 의한 주택저당채권담보부채권(MBB) 또는 주택저당증권을 발행할 수도 있기 때문에, 주택저당채권담보부증권(MBS)은 이 두 가지를 포함하는 것이지만, 일반적으로는 채권유동화회사법에 따른 유동화증권을 가리키는 것으로 사용하고 있다.

2001년에는 50조 9천억원의 유동화증권이 발행되어 총 107조 883억원(380건)에 이르고 있다. 특히 2001년에 발행된 유동화증권의 기초자산을 보면 대출채권, 카드매출채권, 기업매출채권 등 債權이 41조 4천억원(81.3%), 회사채 등 유가증권이 8조 7천억원(17%), 부동산이 8,811억원(1.7%)을 차지하고 있는데, 채권을 기초로 한 유동화증권이 계속 증가할 것으로 전망된다. 한편 주택저당채권유동화회사법에 따라 설립된 한국주택저당채권유동화 주식회사(KoMoCo)는 2000년 4월 이래 국민주택기금에 의한 주택저당대출채권을 기초로 다섯 차례에 걸쳐 2조 263억원 규모의 MBS를 발행하였으며, 2002년 1월에는 민간기업이 보유하고 있는 주택저당채권을 기초로 180억원 규모의 MBS를 발행하였다. 유동화거래는 당분간 그 성장세가 지속될 것으로 전망되고, 유동화증권의 대부분은 기관투자자에 의하여 인수되고 있다. 다만 유동화증권의 유통시장이 제대로 형성되어 있지 않은 상태에서 이와 같이 대량으로 유동화증권을 발행하는 것은 문제의 소지가 있다.

채권유동화회사법은 주택저당채권을 유동화하는 것인데, 이러한 채권을 담보하기 위하여 이용되는 담보수단은 거의 모두 根抵當權이다. 민법에 저당권이 일반적인 담보권으로 되어 있으나, 이것은 이용되지 않는다. 그런데 근저당권이 유통에 적합한 것이 아니기 때문에, 근저당권부채권을 유동화하는 경우에 많은 법률적인 문제점이 발생한다. 그리하여 여기에서는 근저당권부채권을 유동화하는 경우에 발생하는 문제점에 관하여 채권유동화회사법을 중심으로 살펴보고 그 해결방안을 제시하고자 한다. 이러한 논의는 자산유동화법에 따라 근저당권부채권을 유동화하는 경우에도 상당부분 공통된 것이기 때문에, 자산유동화법에 관련된 문제도 언급하고자 한다.

Ⅱ. 住宅抵當債權의 讓渡와 관련된 問題

1. 債權의 讓渡性

자산유동화는 자산의 양도 또는 신탁을 전제로 하므로, 양도 또는 신탁할 수 없는 자산을 유동화할 수 없다. 채권양도에 관하여는 민법 제449조 이하의 규정이 적용되는데, 특히 將來債權[6]의 양도를 어느 범위에서 허용할 것인지, 그 대항요건을 어떻게 구비할 것인지 문제된다. 거래계에서도 계속적 공급계약에 기한 채권, 상품대금채권, 신용카드대금채권, 할부판매대금채권, 리스채권, 수출대금채권 등을 양도하는 경우가 있고, 장래에 발생할 전기료, 통신요금, 방송중계료 등도 회수가능성이 높기 때문에, 채권양도를 통한 자금회수의 출구를 열어둘 필요가 있다.

대법원판결에 의하면 장래채권의 양도가 유효하기 위해서는 채권의 특정가능성과 발생가능성이 있어야 한다고 한다. 장래의 채권은 양도 당시 기본적 채권관계가 어느 정도 확정되어 있어 그 권리의 특정이 가능하고 가까운 장래에 발생할 것임이 상당 정도 기대되는 경우에는 이를 양도할 수 있다는 것이다.[7] 그러나 판례의 위 기준에 따르면

6) 기한부채권이나 조건부채권을 양도할 수 있음은 물론이다. 이것은 아직 변제기가 도래하지 않거나 조건이 성취되지 않았지만, 채권이 이미 존재하고 있는 경우에 해당하기 때문에 장래의 채권에 해당한다고 볼 수 없을 것이다. 채권액이 정확하게 확인되지 않은 경우에도 채권을 양도할 수 있다. 예컨대 건축도급계약을 체결하였으나 수급인이 건물을 완공하지 않은 경우에도 공사대금채권을 양도할 수 있고, 매매대금에 관하여 동시이행항변권을 행사할 수 있는 경우에도 매도인은 매매대금채권을 양도할 수 있다.

7) 大判 1991. 6. 25, 88다카6358(공 1991, 1993); 大判 1996. 7. 30, 95다7932(공 1996, 2621); 大判 1997. 7. 25, 95다21624(공 1997, 2653). 이러한 판례는 일본의 판례에 의하여 영향을 받은 것이나, 일본에서는 이러한 판례의 기준을 완화하려는 노력이 행해지고 있다.

장래채권을 양도할 수 있는 범위가 지나치게 제한될 우려가 있고, 장래채권의 양도에 관한 거래계의 수요를 충족시킬 수 없다.

법률행위가 성립하려면 원칙적으로 그 목적 또는 내용이 특정되거나 특정될 수 있어야 한다.[8] 채권양도도 이와 다르게 볼 이유는 없다. 채권양도도 법률행위에 의한 채권의 이전이므로, 양도목적물인 채권이 특정되어 있거나 특정될 수 있는 경우에 이를 양도할 수 있다고 보아야 할 것이다. 채권이 가까운 장래에 발생할 것임이 상당 정도 기대된다는 기준은 장래채권양도의 유효성을 판단하는 기준으로는 지나치게 모호하다. 채권이 장래에 실제로 발생할 것인지, 그로 인한 위험은 어떻게 부담할 것인지 여부는 거래당사자에게 맡겨 두더라도 충분할 것이다. 따라서 장래의 채권의 경우에 한도액과 발생시기를 정하여 이를 특정할 수 있으면 채권양도를 유효라고 보아야 할 것이다. 이 때 장래채권을 양도하면서 특정하는 방식으로는 예컨대 '채권자가 일정한 채무자에 대하여 3년 동안 취득할 매출채권 중 일정한 금액'이라고 표시하면 충분할 것이다. 다만 장래채권을 양도하는 경우에 그 대항요건을 갖추는 것이 어려운 문제이다. 이것은 결국 입법을 통하여 대량의 장래채권양도를 공시하는 방안을 마련함으로써 해결해야 할 문제이나, 채권양도의 대항요건을 갖추는 것이 어렵다고 하여 채권양도의 효력을 부정해서는 안 된다.[9]

한편 채권유동화회사법상 채권유동화의 경우에는 유동화의 대상이 住宅抵當債權인데, 이것은 주택법(구 주택건설촉진법) 제 2 조의 규정에 의한 주택의 구입 또는 건축에 소요된 대출자금(주택의 구입 및 건축에 소요된 자금을 보전하기 위한 대출자금을 포함한다)과 이 자금의 상환을 위한 대출자금에 대한 채권으로서 당해 주택에 설정된 저당권에 의하

8) 상세한 것은 金載亨, "法律行爲 內容의 確定과 그 基準," 서울대학교 法學 제41권 제 1 호(2000. 6), 241면 이하 참조.

9) 金載亨(註 2), 710-712면.

여 담보된 채권을 말한다(제2조 제1항 제2호). 주택저당채권은 양도될 수 있다는 점에 이론이 없으므로, 채권의 양도성과 관련해서는 별다른 문제가 없다.

2. 住宅抵當債權의 讓渡方式

(1) 讓渡의 方式

(가) 意 義

자산유동화에서 유동화자산을 자산보유자의 도산위험으로부터 차단하는 것이 필요하다("bankruptcy remote"). 이것은 자산보유자가 도산하더라도 유동화증권의 투자자에게 영향을 미치지 않도록 하기 위한 것이다. 자산유동화법 제13조에서 유동화자산의 양도방식을 정하고 있는데, 이것은 미국의 실무에서 발전된 '眞正한 讓渡'(true sale)라는 개념을 명문화한 것이다. 물론 미국에서는 자산양도의 방식이 법률에 확정되어 있는 것은 아니고 실무상 통용되고 있는 것에 불과하다. 그러나 우리 나라에서는 유동화증권의 안전성을 확보하는 것이 자산유동화제도를 정착시키고 투자자를 보호하기 위한 선결문제라고 보아 위와 같이 명문의 규정을 둔 것이다.[10)]

한편 채권유동화회사법 제정 당시에는 자산유동화법 제13조에 상응하는 규정이 없었으나, 2000년 1월 21일 채권유동화회사법 개정 당시 제5조의 2를 신설하였다. 그 내용은 자산유동화법 제13조와 동일하기 때문에, 이에 관한 논의[11)]가 여기에 거의 그대로 적용될 수 있다.

---

10) 1997년에 제정된 태국의 "증권화를 위한 특수목적법인에 관한 법률" 제20조도 진정한 자산양도의 경우에는 파산법 제114조가 적용되지 않는다고 규정하고, 진정한 양도에 해당하기 위한 요건을 정하고 있다. 즉 공정한 시장가격으로 대가를 지급하고, 특수목적법인이 자산에 대한 위험을 인수하고 자산으로부터 발생하는 수익을 수취하며, 특수목적법인이 양수한 자산 자체에 대한 권리를 취득하는 것을 말한다. 다만 증권거래위원회(Securities Exchange Commission)는 위 요건에 부가하여 별도의 요건을 정할 수 있다고 한다.

11) 이에 관하여는 金載亨(註 2), 717면 이하 참조.

(나) 住宅抵當債權의 讓渡方式

채권유동화회사법 제5조의 2에서 정하고 있는 주택저당채권양도의 방식은 다음과 같다.

(ㄱ) 첫째, "賣買 또는 交換에 의할 것"(제1호). 이 경우 매매 또는 교환은 '진정한 매매'를 의미하는 것이고, 담보목적의 양도를 포함하지 않는다.

(ㄴ) 둘째, "讓受人이 住宅抵當債權에 대한 收益權 및 處分權을 가질 것. 이 경우 讓受人이 당해 住宅抵當債權을 처분하는 때에 讓渡人이 이를 우선적으로 買受할 수 있는 權利를 가지는 경우에도 收益權 및 處分權은 讓受人이 가진 것으로 본다"(제2호).

채권양도로 채권이 양수인에게 이전되면, 양수인이 채권에 대한 수익권과 처분권을 취득한다. 따라서 이 본문은 당연한 규정에 불과하고 오히려 但書에 중요한 의미가 내포되어 있다. 단서는 양도인이 채권을 양수인에게 양도하면서 단지 '우선적으로 매수할 권리', 즉 우선매수권(right of first refusal)을 가지고 있더라도 양수인의 처분권을 본질적으로 제한하는 것은 아니라고 본 것이다. 다만 우선매수권의 조건에 관하여는 아무런 언급이 없으나, 양도인의 우선매수권은 시가에 따른 것이어야 한다. 양도인이 시가보다 낮은 가격으로 매수할 수 있는 우선권을 갖는 것은 양수인의 처분권이 실질적으로 제한되는 경우에 해당하여 허용되지 않는다.

(ㄷ) 셋째, "讓渡人은 住宅抵當債權에 대한 返還請求權을 가지지 아니하고, 讓受人은 住宅抵當債權에 대한 代價의 返還請求權을 가지지 아니할 것"(제3호). 이는 위와 같은 청구권이 있으면 실질적으로 채권이 양도되었다고 볼 수 없다는 것이나, 그 의미가 명확한 것은 아니다. 예컨대 계약의 무효 또는 취소로 인하여 부당이득반환청구권이 발생하거나 계약의 해제로 인하여 원상회복청구권이 발생할 수 있다. 위 조항이 이러한 부당이득 또는 원상회복청구권을 배제하려는 취지는 아닐

것이다. 그리고 양도계약에서 계약의 무효·취소로 인한 부당이득반환청구권에 관한 조항이나 해제 또는 해지에 관한 조항을 두는 것이 허용되는지, 특히 해제 또는 해지의 요건을 완화하는 특약을 하는 것이 허용되는지 문제된다. 원칙적으로 이러한 약정을 배제할 이유가 없으리라고 생각되나, 그 요건을 과도하게 완화하는 것은 위 조항에 배치될 우려가 있다.

(ㄹ) 넷째, "讓受人이 讓渡된 資產에 관한 위험을 引受할 것. 다만 당해 住宅抵當債權에 대하여 讓渡人이 일정기간 그 위험을 부담하거나 瑕疵擔保責任(債權의 讓渡人이 債務者의 資力을 擔保한 경우에는 이를 포함한다)을 지는 경우에는 그러하지 아니하다"라고 규정하고 있다(제4호). 자산유동화법 제13조 제 4 호도 이와 동일하다.

자산을 양도하기로 하는 계약을 체결하고 그 계약에 따라 소유권 기타 권리가 양수인에게 이전된 경우에는 양수인이 그 위험을 부담한다. 따라서 위 본문은 당연한 것을 규정한 것이고, 이 규정의 의미도 두 가지 예외를 규정한 단서에 있다. 그러나 이 규정은 매우 모호하여 위험이 무엇을 가리키는지, 단서의 의미가 무엇인지를 확정하기 어렵다. 이 규정은 법률문장으로서 매우 불완전하므로 적어도 표현을 고쳐야 할 것이다.

먼저 이 규정에서 '危險'과 "危險을 負擔한다"는 표현을 어떻게 파악할 것인지 문제된다. 이 규정에서 말하는 '危險'이 민법 제537조, 제538조의 危險負擔[12]과 어떠한 관계가 있는지 살펴보자. 민법의 위험부담에서 말하는 위험은 물건이 우연히 멸실 또는 훼손됨으로써 발생하는 위험을 종국적으로 부담해야 하는 불이익한 법적 상태라고 한다.[13] 자산유동화법이나 채권유동화회사법의 경우에도 위험을 이와 유사하게

12) 민법 제537조는 위험부담에 관하여 "쌍무계약의 당사자 일방의 채무가 당사자 쌍방의 책임 없는 사유로 이행할 수 없게 된 때에는 채무자는 상대방의 이행을 청구하지 못한다"고 규정하고 있다.

13) 郭潤直 편, 民法注解(XIII), 박영사, 1997, 42면(崔秉祚 집필부분).

파악하는 것이 자연스러울 것이다. 그리하여 자산유동화법에서 정하는 위 위험에 관하여는 채권의 담보가 되는 부동산의 목적물이 불가항력적인 사유로 멸실되거나 경제적 가치를 상실한 경우를 의미한다는 견해가 있다.14) 이에 반하여 이 규정에서 위험은 양도된 자산의 멸실·훼손·노후화 등으로 그 경제적 가치를 상실할 가능성이라고 파악하는 견해도 있다.15) 자산유동화실무에서 말하는 위험(risk)은 신용위험, 채무불이행위험, 유동화자산의 가치하락위험, 재투자위험, 유동화관련기관의 신용위험, 혼합위험 및 법률적 위험 등을 포함하는 의미로 사용된다.16) 따라서 자산유동화법이나 채권유동화회사법에서 말하는 위험은 민법의 위험부담에서 말하는 위험과는 다른 의미를 가지는 것으로 보아야 할 것으로 생각한다.

그리고 이 규정도 자산유동화법 제13조 제 4 호와 마찬가지로 본문에서 위험의 인수에 관하여 규정하고, 단서에서 하자담보책임에 관하여 규정하고 있다. 우리 민법에서 '하자담보책임'(제580조, 제581조)은 매매의 목적물에 하자가 있는 경우에 발생하는 매도인의 책임으로,17) 위험부담(제537조, 제538조)과는 관계가 없다. 이러한 점에서도 자산유동화법이나 채권유

14) 尹勝漢, 자산유동화의 이론과 실무, 삼일세무정보주식회사, 1998, 289면.

15) 자산유동화 실무연구회, 금융혁명-ABS, 한국경제신문사, 378면.

16) 尹勝漢(註 14), 148면 이하.

17) '瑕疵擔保責任'은 민법 제580조, 제581조에 정해진 物件의 하자로 인한 담보책임을 가리키는 것으로, 통상 權利의 하자로 인한 담보책임과 구별된다. '채권의 매도인이 채무자의 자력을 담보하는 때'(민법 제579조 제 1 항), 즉 채권매매에서의 매도인의 담보책임은 權利의 하자로 인한 담보책임으로 분류된다. 만일 하자담보책임이 권리의 하자를 이유로 한 담보책임을 포함하는 것이라면, 위 규정에서 하자담보책임이 제579조 제 1 항의 경우를 포함한다는 규정을 둘 필요가 없을 것이다.

그렇다면 양도인이 권리의 하자로 인한 담보책임(예컨대 민법 제570조, 제572조 내지 제578조)을 부담한다면 이것이 위 규정에 위반하는 것인지 문제된다. 양도인이 권리의 하자로 인한 담보책임을 지는 경우를 배제할 필요가 없다. 이를 배제하는 것은 양도인이 하자담보책임을 지는 경우와 비교하더라도 균형이 맞지 않는다. 양도인이 권리의 하자로 인한 담보책임을 부담하더라도 위 규정에 위반된다고 볼 수 없다고 생각한다.

동화회사법상의 위험이라는 용어는 민법의 위험부담에서 정하고 있는 위험보다 넓은 의미로 이해해야 한다고 볼 여지가 있다. 즉 여기에서 말하는 위험에는 위험부담에서 정하고 있는 위험뿐만 아니라, 채무불이행위험 등을 포함하는 개념이라고 볼 수 있다는 것이다.

그런데 채권유동화회사법의 위 규정은 자산유동화법과의 차이를 인식하지 못하고 자산유동화법상의 규정을 그대로 차용한 것으로 자산유동화법의 경우보다 좀더 심각한 문제가 있다. 채권유동화회사법에서 양도된 '자산'은 주택저당채권이다.[18] 위 규정에 따르면 주택저당채권의 양도인이 하자담보책임을 지는 경우를 상정하고 있으나, 이러한 채권의 양도에서는 물건의 하자에 대한 담보책임을 지는 경우가 없다. 다만 債權의 讓渡人이 債務者의 資力을 擔保하는 경우가 있으나, 이것만을 규정하려면 이러한 경우에 한정하여 단서조항을 두는 것으로 충분하다(예: 債權의 讓渡人이 債務者의 資力을 擔保한 경우에는 그러하지 아니하다). 자산유동화에서는 특정물이든 불특정물이든 물건의 하자에 대한 담보책임이 발생할 수 있기 때문에, 위와 같은 규정이 완전히 무의미한 것은 아니지만, 채권유동화회사법에서는 적어도 하자담보책임에 관한 위 규정은 무의미하다고 볼 수 있다.

다음으로 위 규정 단서의 "그러하지 아니하다"라는 표현도 자산유동화법 제13조 제 4 호와 마찬가지로 혼란을 초래할 수 있다. 위 단서의 문구에 따른다면 '양도인이 일정기간 그 위험을 부담하거나 하자담보책임을 지는 경우'에는 양수인이 위험을 인수하지 않은 것에 해당한다고 오해할 여지가 있다. 오히려 이 규정의 입법취지에 비추어 양수인이 위험을 인수하였으면 양도인이 위와 같은 책임을 지더라도 진정한 양도에 해당하는 데 지장이 없다는 것으로 보아야 한다.[19]

18) 위 규정의 본문은 자산이라는 용어를 사용하고 있으나, 주택저당채권이라는 용어를 사용하는 것이 바람직하다.

19) 이러한 맥락에서 위 단서의 '일정기간'은 합리적인 범위 내에서의 일시적인

(다) 讓渡方式을 違反한 讓渡約定의 效力

주택저당채권의 양도가 위 규정에서 정한 방식을 충족하지 못하면, 채권유동화계획이 제 4 조 제 3 항 제 2 호의 '債權流動化計劃의 내용에 法令을 위반한 사항이 포함되어 있는 경우'에 해당하므로 금융감독위원회가 채권유동화계획의 등록을 거부하거나 그 내용의 변경을 요구할 수 있다.[20] 그런데 채권양도가 위 방식을 충족하지 못한 경우에 그 사법상 효력은 어떻게 되는가?

제 5 조의 2는 "住宅抵當債權의 讓渡는 債權流動化計劃에 따라 다음 各號의 방식에 의하여야 한다. 이 경우 이를 擔保權의 設定으로 보지 아니한다"고 규정하고 있다.[21] 본문이 "… 방식에 의하여야 한다"고 정하고 있기 때문에, 이 규정에서 정한 방식에 위반한 양도를 무효라고 생각할 수 있다. 이와 같이 본다면 채권유동화회사는 부당이득을 이유로 讓渡代金의 返還을 청구할 수 있고, 금융기관은 주택저당채권의 반환을 청구할 수 있으며, 두 채무는 동시이행관계에 있게 될 것이다. 그러나 이러한 해석은 채권유동화회사에 결코 유익하지 않은 결과를 초래한다.

그리하여 위 방식에 따르지 아니한 채권양도도 유효라고 보아야 한다. 이러한 의미로 규정하려면, 이 규정에서 "… 방식에 의하여야 한다"라는 표현을 없애고, 이 규정의 요건을 갖춘 경우에는 담보권을 설

기간이라고 보아야 할 것이다. 자산유동화법에 관하여는, 금융혁명-ABS(註 15), 378면 참조.

20) 자산유동화업무처리에 관한 규정 제 4 조 제 1 항 제 3 호는 계획등록신청서에 기재하여야 하는 사항으로서 유동화자산의 양도 등의 방식 및 세부계획을 열거하고 있다.

21) 자산유동화법을 제정할 당시 법 제13조의 규정에 관하여 재정경제부 안에서는 "자산유동화계획에 따른 자산의 양도가 다음 각목의 요건을 갖춘 경우에는 이를 담보권의 설정으로 보지 아니한다"고 규정되어 있었다. 그러나 법제처 심사과정에서 "유동화자산을 자산유동화계획에 따라 양도하는 때에는 다음 각호의 방식에 의하여야 한다"라고 수정되었다가, 다시 국회에서 재정경제부 안과 법제처 심사안을 혼합하여 현행 규정으로 확정하였다.

정한 것이 아니라고 규정하면 충분할 것이다.[22]

㈑ 結　語

구체적인 주택저당채권의 양도가 담보목적의 양도에 해당하는지, 아니면 진정한 양도에 해당하는지는 계약의 해석 문제이다. 다만 위 규정은 자산의 양도가 진정한 양도인지, 담보권설정인지에 관한 하나의 표준을 정하고 있을 뿐이다. 따라서 이 규정에서 정한 요건을 충족하면 담보권의 설정이 아니다. 그러나 위 요건이 충족되지 않았다고 해서 무조건 진정한 양도가 부인되는 것은 아니다. 나아가 담보권을 설정하려는 목적으로 채권을 양도하는 것이 무효라고 할 수는 없을 것이다.

채권유동화회사법에서 주택저당채권의 양도의 방식에 관한 규정을 둘 필요가 있었는지 의문이다. 이 규정이 없더라도 실제 결과가 달라지지는 않을 것이다. 이러한 규정을 입법화하더라도 민법의 관련 규정과 합치되도록 좀더 많은 주의를 기울였어야 할 것이다. 이와 관련해서도 장래 법률을 개정해야 할 것이다.

3. 住宅抵當債權의 讓渡의 登錄

채권유동화회사는 채권유동화계획에 의한 주택저당채권의 양도·신탁 또는 반환이 있은 때에는 지체없이 그 사실을 金融監督委員會에 등록하여야 한다(제5조 제1항).[23] 채권유동화회사는 주택저당채권의 양도 등의 등록을 하고자 하는 때에는 등록신청서와 주택저당채권의 양도 등에 관한 계약서를 금융감독위원회에 제출하여야 한다(제2항). 등록신청서에 기재할 사항을 법률에 명시하고 있는데, 채권양도의 대항요건이 갖추어져 있는지 여부도 기재하여야 하고, 주택저당채권의 명세는 전자

22) 가령 "채권유동화계획에 따른 주택저당채권의 양도가 다음 각호의 요건을 갖추는 경우에는 이를 담보권의 설정으로 보지 아니한다"고 규정하는 방안을 생각할 수 있다.

23) 자산유동화법 제6조는 자산양도 등의 등록에 관하여 규정하고 있다.

기록 기타 이에 준하는 방법으로 작성하여 제출하여야 한다(제3항). 채권유동화회사는 주택저당채권의 양도 등에 관한 계약서, 등기필증 또는 등록증 기타 증빙서류를 대통령령이 정하는 바에 따라 보관·관리하여야 하며, 금융감독위원회 또는 당해 투자자로부터 열람의 요구가 있는 때에는 이에 응하여야 한다(제4항).

Ⅲ. 債權讓渡의 對抗要件과 이에 관한 特例

1. 意 義

민법 제450조는 채권양도의 대항요건에 관하여 규정하고 있다. 채권양도를 채무자와 제 3 자에게 대항하려면 채무자의 관여(통지 또는 승낙)가 필요하고, 채권양도를 제 3 자에게 대항하려면 항상 그 채권양도를 채무자에게도 대항할 수 있어야 한다. 채권양도가 제 3 자 및 채무자에 대항할 수 있는 때에는 양수인만이 채무자에 대하여 채권을 행사할 수 있고, 또한 채무자는 양수인에게 채무를 변제해야만 면책된다. 양도인이 양도통지만을 한 때에는 채무자는 그 통지를 받은 때까지 양도인에 대하여 생긴 사유로써 양수인에게 대항할 수 있다(민법 제451조 제2항).

그러나 다수의 지명채권양도에 관하여 민법상 대항요건을 갖추도록 한다면 절차적으로 매우 번거로울 뿐만 아니라, 통지가 채무자에게 도달함으로써 대항요건을 확실히 갖추었는지를 일일이 확인하기 어려운 경우도 생길 수 있다.[24] 그리하여 자산유동화법 제 7 조는 자산유동화를 촉진하기 위하여 채권양도의 대항요건에 관한 특례를 규정하였

24) 예컨대 신용카드채권은 소액·단기채권이 대부분이므로, 이를 기초로 만기가 장기인 유동화증권을 발행한 경우에 기간 불일치로 인하여 총액 등을 유지하기 위하여 수시로 채권을 양도하여야 한다. 추가로 채권을 양도할 때마다 대항요건을 갖추는 것은 매우 곤란하다. 자산유동화법과 채권유동화회사법이 적용되는 경우에도 이러한 문제는 여전히 남아 있다.

고, 채권유동화회사법 제 6 조도 이와 동일한 규정을 두었다.

2. 債務者에 대한 對抗要件

(1) 讓渡通知人의 확대

민법은 채권을 양도하는 경우 讓渡人이 채무자에게 통지하거나 채무자의 승낙을 받아야 채무자에게 대항할 수 있다고 규정하고 있다(제450조 제 1 항). 따라서 양도인이 채권양도의 통지를 하여야 하나, 양도인이 채권을 양도하고 양수인에게 채권양도통지에 관한 대리권을 수여할 수도 있다.[25] 그러나 양도인이 파산이나 회사정리절차에 들어가는 경우에 양수인이 대리권을 행사할 수 없다.[26] 왜냐하면 파산의 경우에는 파산재단에 대한 관리처분권이 파산관재인에게 속하고(파산법 제 7 조), 회사정리절차의 경우에는 정리절차의 개시로 인하여 회사재산에 대한 관리처분권이 관리인에게 전속(회사정리법 제53조)하기 때문이다.[27]

채권유동화회사법 제 6 조 제 1 항 본문은 "債權流動化計劃에 따른 住宅抵當債權의 讓渡·信託 또는 반환은 讓渡人(委託者를 포함한다. 이하 같다) 또는 讓受人(受託者를 포함한다. 이하 같다)이 債務者에게 통지하거나 債務者가 승낙하지 아니하면 債務者에게 對抗하지 못한다"고 규정함으로써, 讓渡人뿐만 아니라 讓受人도 채권양도 등을 통지할 수 있다고 하였다.

자산유동화법 제 7 조에서 채권양도의 통지인으로 양수인을 추가한 것에 반대하는 견해[28]가 있다. 채무자는 양수인이 채권을 양도받았는

25) 채권양수인이 양도인의 사자 또는 대리인으로 통지할 수 있다. 大判 1994. 12. 27, 94다19242(공 1995, 123).

26) 林采洪·白昌勳, 會社整理法(상), 한국사법행정학회, 1998, 311면; 李英俊, 民法總則, 전정판, 박영사, 1995, 522면.

27) 그러나 화의절차가 개시되더라도 채무자에게 재산에 관한 관리처분권이 남아 있으므로, 종전 채무자는 대리권을 행사할 수 있을 것이다.

28) 李美賢, "資産流動化에 관한 法律," 人權과 正義 1999년 7월호, 133면.

지 알 수 없기 때문에, 양수인으로부터 채권양도통지를 받더라도 양수인이 실제로 채권을 양도받지 않았다면 이중으로 채무를 변제할 위험에 빠질 수 있다는 것이다. 채무자가 이중지급위험을 면하려면 양도인인 채권자에게 그 사실을 확인한 후에 지급할 수밖에 없는데, 이것은 불합리하다는 것이다.

채권의 양도인은 일반적으로 채권양도통지를 할 이익이 크지 않기 때문에, 원칙적으로 양도인 이외에 讓受人에게도 채권양도의 통지를 하도록 하는 것이 바람직하다.[29] 프랑스민법(제1690조 제1항), 스위스채무법(제167조), 그리스민법(제460조) 등 외국의 여러 민법에서도 양도인뿐만 아니라 양수인에게도 통지권을 부여하고 있다. 그러나 우리 민법에서 채권양도의 통지권자를 양도인으로 한정하고 있는데도 불구하고, 자산유동화법과 채권유동화회사법에서 채권양도의 통지권자에 양수인을 포함한 것은 혼란을 초래할 우려가 있다. 그리하여 채권양도 통지에 관한 민법규정을 개정하여 양수인도 채권양도통지를 할 수 있도록 개정하는 것이 바람직하다.

다만 현행 자산유동화법과 채권유동화회사법에서 이와 같은 방식을 규정한 것은 별 실익이 없다. 왜냐하면 자산유동화법에서는 자산보유자의 자격이 금융기관 등으로 제한되어 있고 채권유동화회사법에서는 금융기관만이 양도인인데, 그러한 채권양도인이 채권양도의 통지를 게을리할 가능성은 거의 없기 때문이다.

⑵ 公告에 의한 通知

㈎ 제 6 조 제 1 항 단서는 채무자의 소재불명 등으로 통지 및 승낙이 불가능한 경우에 대비하여 新聞公告에 의한 채권양도통지를 허용하고 있다. 讓渡人 또는 讓受人이 債務者에게 登記簿에 기재되어 있는

29) 徐敏, 債權讓渡에 관한 硏究, 經文社, 1985, 118면 이하; 郭潤直, 債權總論, 신정판, 박영사, 1994, 420면; 郭潤直 編, 民法注解(X), 박영사, 1995, 581면 (李尙勳 집필부분).

債務者의 住所[30] 또는 최후 주소[31]로 2回 이상 內容證明郵便으로 債權讓渡(債權의 信託 또는 반환을 포함한다. 이하 이 條에서 같다)의 통지를 하였으나 所在不明 등으로 返送된 때에 공고에 의한 통지가 허용된다. 이러한 경우에는 債務者의 住所地를 주된 보급지역으로 하는 2 이상의 日刊新聞(全國을 보급지역으로 하는 日刊新聞이 1 이상 포함되어야 한다)에 債權讓渡事實을 공고하면, 그 公告日에 債務者에 대한 債權讓渡의 통지를 한 것으로 간주된다.

채권양도에서 통지나 승낙은 채무자의 보호를 위하여 중요한 의미를 갖는다. 공고에 의한 통지가 이루어진 후에 채무자가 채권양도사실을 전혀 모르는 상태에서 양도인에게 채무를 변제하더라도 면책되지 않을 수 있다. 또한 채무자는 채권자인 양도인에 대하여 상계권, 기타의 항변권을 가질 수 있으나, 공고에 의한 통지 이후에는 이러한 권리를 갖지 않음에도 불구하고 채권양도사실을 모르는 채무자는 이러한 권리를 보유하고 있는 것으로 믿고 거래를 계속할 우려가 있다.

자산유동화법이나 채권유동화회사법은 너무 쉽게 채무자에 대한 대항요건을 갖출 수 있도록 하였다는 점에 문제가 있다. 이것을 민법 제113조의 공시송달에 의한 의사표시에 관한 규정과 비교해 보자. 민법 제113조는 "표의자가 과실 없이 상대방을 알지 못하거나 상대방의 소재를 알지 못하는 경우에는 의사표시는 민사소송법 공시송달의 규정에 의하여 송달할 수 있다"고 규정하고 있고, 민사소송법 제194조 내지 제196조(2002년 1월 26일 개정전 민사소송법 제179조 내지 제181조)에서 공시송달의 절차와 효력에 관하여 정하고 있다. 민법 제113조의 규정은 의사표시에 관한 규정이나, 관념의 통지에 해당하는 채권양도의 통지에도 유추적용될 것이다. 따

30) (登記簿에 기재되어 있는 住所가 債務者의 최후의 住所가 아닌 경우 讓渡人 또는 讓受人이 債務者의 최후의 住所를 알고 있는 때에는 그 최후의 住所를 말한다).

31) (登記簿에 債務者의 住所가 기재되어 있지 아니한 경우로서 讓渡人 또는 讓受人이 債務者의 최후의 住所를 알고 있는 때에는 그 최후의 住所를 말한다).

라서 자산유동화법 제 7 조 제 1 항 단서와 채권유동화회사법 제 7 조 제 1 항 단서는 통지권자의 과실여부를 불문하고 공고에 의한 통지를 할 수 있다고 규정하였으므로, 민법 제113조에 대한 특례조항이라고 볼 수 있다. 다만 자산유동화법이나 채권유동화회사법에 의한 채권양도의 경우에 양도인이나 양수인이 민법 제113조에 따른 공시송달방법을 이용할 수도 있을 것이다. 자산유동화법이나 채권유동화회사법의 위 규정들이 민법 제113조를 배제한 것이라고 볼 수는 없기 때문이다.

(나) 그렇다면 신문공고에 의한 통지를 하기 위한 요건은 무엇인가? 자산유동화법이나 채권유동화회사법의 규정내용에는 몇 가지 의문이 있다. 첫째, 내용증명우편으로 한 채권양도의 통지가 '소재불명 등으로 반송된 때'에 공고에 의한 통지를 할 수 있다고 규정되어 있는데, 이것에는 소재불명 이외에 이사불명, 폐문부재도 포함되는지 문제된다. 둘째, 양도인이나 양수인이 채무자의 주소를 알지 못한 데 과실, 특히 중과실이 있는 경우에도 채무자의 최후 주소에 통지를 한 후 신문공고에 의한 통지를 할 수 있는지 문제된다. 셋째, 양도인이 채무자의 주소 또는 최후 주소를 알고 있으나, 양수인이 이를 모르고 있는 경우에 양수인이 채권양도를 위 규정에 따라 등기부에 기재된 주소 또는 최후 주소로 통지한 후 공고할 수 있는지 문제된다.

이러한 규정은 명확한 내용으로 개정하여야 할 것이나, 현재로서는 해석을 통하여 확정하여야 한다. 채권을 대량으로 양도하는 경우에 신속하게 양도의 통지를 할 필요성이 있으나, 공고를 위한 통지제도가 예외적인 제도이고 채무자의 이익을 침해할 우려가 있기 때문에 가급적 엄격하게 해석하여야 한다. 따라서 양도인이나 양수인이 채무자의 주소를 알고 있는 경우, 나아가 양도인이나 양수인이 조금만 조사해 보면 쉽게 채무자의 주소를 알 수 있는 경우에는 공고에 의한 통지가 허용되지 않는다고 보아야 할 것이다.

(다) 신문공고에 의한 통지를 한 경우 채무자는 양수인에게 변제하

여야 한다. 그런데 신문공고에 의한 통지 후에 채무자가 원래의 채권자, 즉 양도인에게 채무를 변제하면 채무가 소멸하는가? 신문공고에 의한 통지를 한 경우 채무자는 채권양도사실을 알 수 없기 때문에, 원래의 채권자에게 채무를 변제하려고 할 것이다.[32] 채무자가 원래의 채권자에게 변제하더라도 채무가 소멸하지 않는다면 채무자에게 가혹한 결과를 초래한다. 따라서 자산유동화의 이익과 채무자의 보호라는 대립하는 이익을 적절하게 조정하여야 한다. 자산유동화법이나 채권유동화회사법에 특별한 규정이 없는 현재로서는 債權의 準占有者에 대한 변제에 관한 규정(민법 제470조)이 적용될 수 있다. 즉 채권양도의 통지가 공고에 의하여 이루어진 경우에 채무자가 선의이며 과실 없는 때에 한하여 변제의 효력이 있을 것이다.

3. 제 3 자에 대한 對抗要件

債權流動化計劃에 따라 행하는 住宅抵當債權의 讓渡·信託 또는 반환에 관하여 제 5 조 제 1 항의 規定에 의한 登錄을 한 때에는 당해 住宅抵當債權의 債務者 외의 제 3 자에 대하여는 그 登錄이 있은 때에 民法 제450조 제 2 항의 規定에 의한 對抗要件을 갖춘 것으로 본다(제 6 조 제 2 항).[33][34]

---

32) 아래에서 보듯이 자산유동화를 위한 채권양도의 경우에 제 3 자에 대한 대항요건을 갖추기 위하여 채무자에 대한 통지 등이 반드시 요구되지는 않기 때문에, 이러한 경우가 발생할 수도 있을 것이다.

33) 자산유동화법 제 7 조 제 2 항도 이와 마찬가지이다.

34) 일본에서는 1992년 "특정채권 등에 관련된 사업의 규제에 관한 법률"에서 특정채권(리스채권, 신용카드채권)을 양도한 경우에는 통상산업부장관에 대한 서면의 제출을 수반하는 채권양도의 公告를 함으로써 확정일자 있는 증서에 의한 통지가 있는 것으로 보았다.

그 후 제정된 "채권양도의 대항요건에 관한 민법의 특례 등에 관한 법률"(1998년 6월 12일 공포, 1998년 10월 1일 시행)은 法人의 指名金錢債權讓渡의 대항요건에 관한 민법의 특례를 정하였다. 즉 법인이 채권(지명채권으로서 금전의 지급을 목적으로 하는 것에 한함)을 양도한 경우 채권양도등기 파일

채권양도의 경우에 제 3 자에 대한 대항요건으로 확정일자 있는 통지를 필요로 하지 않는다고 하였기 때문에, 이것은 실질적으로 매우 중요한 의미를 갖는다. 이 규정에 의하면, 채무자에 대한 채권양도의 통지 또는 채무자의 승낙이 없는 상태에서 법 제 5 조 제 1 항에 따라 금융감독위원회에 채권양도의 등록을 한 경우에는 채권양도를 채무자에게는 대항할 수 없고 제 3 자에게는 대항할 수 있게 된다.

민법에서 채권양도의 대항요건에 관한 규정(제450조)에 따르면 채권양도를 채무자와 제 3 자에게 대항하려면 채무자의 관여(통지 또는 승낙)가 필요하고, 채권양도를 제 3 자에게 대항하려면 항상 그 채권양도를 채무자에게도 대항할 수 있어야 한다. 그러나 자산유동화법과 채권유동화회사법에서는 이에 대한 예외를 정한 것이다. 따라서 채무자에게 적법하게 채권양도의 통지를 하지 않고 금융감독위원회에 채권양도의 등록이 행해진 경우에 채권양수인은 채무자에게는 대항할 수 없지만, 채무자 이외의 제 3 자에게는 대항할 수 있게 될 것이다.

한편 채권자가 채권을 이중으로 양도하고 한 쪽은 채권유동화회사법 제 5 조 제 1 항에 따른 登錄을 하고, 다른 한 쪽은 민법규정에 따른 확정일자 있는 통지 또는 승낙을 하는 경우가 발생할 수 있다. 이러한 경우에 채권양수인들 사이의 우열관계는 시간적 선후에 따라 결정된다. 금융감독위원회에 대한 채권양도의 등록과 확정일자 있는 통지 또는 승낙 중에서 어느 것이든 먼저 갖춘 채권양수인이 우선한다. 이것은 민법상 채권양도의 대항요건에서와 마찬가지로 누가 채권을 먼저

(file)에 채권양도의 등기를 하면, 채무자 이외의 제 3 자에 대하여 일본민법 제467조(우리 민법 제450조에 해당)의 규정에 의한 확정일부 있는 증서에 의한 통지가 있는 것으로 본다. 양도인 또는 양수인은 등기관으로부터 채권양도에 관한 등기사항증명서를 발급받아 이를 채무자에게 통지하거나 채무자가 이를 승낙한 때에는 채무자에 대해서도 대항할 수 있다(제 2 조 제 1 항 · 제 2 항). 채권양도등기에 관한 사무는 부동산등기와 마찬가지로 법무부장관이 지정하는 법무국 또는 지방법무국, 그 지국이나 출장소가 등기소로서 담당한다(법 제 3 조).

양수받았는지 여부와는 상관 없다. 즉 제 3 자에 대한 대항요건에 관하여는 금융감독위원회에 대한 채권양도의 등록을 확정일자 있는 통지 또는 승낙과 동일하게 취급하고 있다.

4. 債權讓渡의 事前通知 또는 承諾문제

채권양도의 대항요건을 갖추기 위하여 채권을 양도하기 전에 미리 하는 사전의 통지 또는 승낙[35]이 허용되는지 문제된다.

사전의 통지는 讓渡時期를 확정할 수 없으므로 통지로서의 효력이 없다는 견해[36]도 있으나, 사전통지 후에 그에 상응하는 양도가 실제로 이루어지면 그 때부터는 효력이 생긴다는 견해가 다수설이다.[37] 사전승낙에 관하여는 양도할 채권이나 양수인이 특정되어 있는 경우에는 유효이나, 양수인이 특정되지 않은 경우에 관하여는 견해가 대립한다.[38]

대법원은 사전통지에 관하여 부정적인 견해를 밝힌 바 있다. 즉 채권양도의 통지는 양도인이 채무자에 대하여 당해 채권을 양수인에게 양도하였다는 사실을 통지하는 이른바 관념의 통지로서, 채권양도가 있기 전에 미리 하는 사전통지는 채무자로 하여금 양도의 시기를 확정할 수 없는 불안한 상태에 있게 하는 결과가 되어 원칙적으로 허용될 수 없다고 하였다.[39] 사전통지에 관하여 부정설을 채택한 근거로 채권양도가 있기 전에 미리 하는 사전통지는 채무자로 하여금 양도의 시기를 확정할 수 없는 불안한 상태에 있게 하는 결과가 된다는 점을 들고

35) 채권양도의 사전통지 또는 승낙은 다수의 채권을 한꺼번에 양도하는 경우에 효용을 발휘할 수 있다.

36) 郭潤直, 債權總論, 新訂修正版, 1999, 295면.

37) 金曾漢·金學東, 債權總論, 박영사, 1998, 302면; 金亨培, 債權總論, 제 2 판, 박영사, 1998, 585면; 金相容, 債權總論, 법문사, 1996, 462면; 李銀榮, 債權總論, 박영사, 1999, 620면; 郭潤直 편, 民法注解(X), 1995, 579면(李尙勳 집필부분).

38) 이에 관하여는 郭潤直 편, 民法注解(X), 1995, 582면 참조.

39) 大判 2000. 4. 11, 2000다2627(공 2000, 1181).

있다. 이 사건에서 문제된 채권양도통지와 관련하여 "설령 각서에 피고가 승낙하면 임차보증금반환채권을 피고보조참가인에게 양도하겠다는 뜻이 담겨 있다고 하더라도 이는 채권양도의 사전통지에 불과하여 양도통지로서의 효력도 없다"고 판결하였는데, 채권자가 채무자에게 통지할 당시 채권양도의 시기가 확정되어 있지 않았기 때문에, 판결의 결론을 수긍할 수 있다.

그러나 여러 채권을 한꺼번에 양도하는 경우, 특히 유동화를 위하여 대량의 근저당권부채권을 양도하는 경우에 채권양도의 통지를 사전에 할 필요성이 있다. 채권양도의 사전통지시에 채권양도의 시기를 확정할 수 있는 경우에는 예외적으로 사전통지를 허용해야 할 것이다.[40] 이것을 허용한다면 근저당권의 피담보채권을 확정하기 위한 통지가 있는 경우 채권양도의 통지가 있는 것으로 볼 수 있게 된다. 이와 반대로 사전의 채권양도통지에도 불구하고 채권양도 후에 다시 채권양도의 사실을 통지하여야 한다면 자산유동화거래에 중대한 장애요소가 될 수 있다.[41]

Ⅳ. 根抵當權附債權의 讓渡와 債權의 確定通知制度

1. 根抵當權附債權의 讓渡

(1) 근저당권의 기초인 기본계약과 함께 근저당권을 양도할 수 있다. 이것은 계약인수에 해당하기 때문에, 구채권자(근저당권자), 신채권자(양수인), 채무자 사이의 3면계약이 필요하다.[42] 그리고 여러 개의

40) 金載亨, "2000년도 民法判例의 動向," 人權과 正義 2001년 5월호, 73면.

41) 김용호, "자산유동화 실무상의 몇 가지 문제," 南孝淳 · 金載亨 편, 金融去來法講義 Ⅱ(2001. 7), 법문사, 367면.

42) 郭潤直, 物權法, 신정수정판, 박영사, 1999, 493면; 金曾漢 · 金學東, 物權法, 제 9 판, 박영사, 1997, 568면; 金錫宇, "根抵當權의 處分에 관한 小考," 現代

기본계약 중 일부에 관한 채권자의 지위를 양도하면서 근저당권의 일부를 이전할 수도 있다.[43] 그러나 자산유동화전문회사가 근저당권의 기초인 기본계약을 인수하는 것은 자산유동화전문회사의 업무가 한정되어 있는 점에 비추어 원칙적으로 허용되지 않는다. 채권유동화회사도 주택저당채권을 유동화하기 위하여 설립된 것이므로, 근저당권을 기본계약과 함께 인수하는 것은 설립목적에 배치된다.

(2) 근저당권이 담보하는 채권이 확정되기 전에 이미 발생한 채권이 제 3 자에게 양도되거나 대위변제된 경우에 근저당권도 이전되는지에 관하여는 견해가 대립한다. 肯定說은 개별 채권이 양도되거나 대위변제되면 근저당권의 일부가 이전하여 양도인과 양수인이 근저당권을 準共有하게 된다고 한다.[44] 否定說은 근저당권에서 피담보채권의 유동교체는 문제되지 않고, 채권양도로 인하여 그 채권은 피담보채권의 범위로부터 이탈되므로, 확정 전에 이미 발생한 개개의 채권이 양도 또는 대위변제된 경우 근저당권은 이전되지 않는다고 한다.[45] 判例[46]는 부정설을 따르고 있다. 즉 "근저당권이라고 함은 계속적인 거래관계로부터 발생하고 소멸하는 불특정다수의 장래채권을 결산기에 계산하여 잔존하는 채무를 일정한 한도액의 범위 내에서 담보하는 저당권이어서, 거래가 종료하기까지 채권은 계속적으로 증감변동되는 것이므로,

---

民法學의 諸問題(晴軒金曾漢博士華甲紀念), 博英社, 1981, 409면; 郭潤直 편, 民法注解(Ⅶ), 박영사, 1992, 31면(朴海成 집필부분).

43) 金錫宇(註 42), 410면 이하; 1997. 9. 9. 제정된 대법원등기예규 제880호(근저당권에 관한 등기사무처리지침).

44) 金錫宇(註 42), 407면; 李英俊, 物權法, 전정판, 박영사, 1996, 951면; 郭潤直 편, 民法注解(Ⅶ), 1992, 29면(朴海成 집필부분).

45) 郭潤直(註 42), 493면; 張庚鶴, 物權法, 법문사, 1985, 848면; 金相容, 物權法, 전정판, 법문사, 1999, 756면. 한편 우리 민법 제정 이후에 개정된 일본민법 제398조의 7 제 1 항은 "원본의 확정 전에 근저당권자로부터 채권을 취득하는 자는 그 채권에 관하여 근저당권을 행사할 수 없고, 원본의 확정 전에 채무자를 위하여 또는 채무자에 갈음하여 변제한 자도 역시 같다"고 규정함으로써 移轉否定說을 채택하였다.

46) 大判 1996. 6. 14, 95다53812(공 1996, 2165).

근저당거래관계가 계속중인 경우, 즉 근저당권의 피담보채권이 확정되기 전에 그 채권의 일부를 양도하거나 대위변제한 경우 근저당권이 양수인이나 대위변제자에게 이전할 여지가 없다"고 한다. 등기실무에서도 근저당권의 피담보채권이 확정되기 전에 그 피담보채권이 양도 또는 대위변제된 경우에는 이를 원인으로 하여 근저당권이전등기를 신청할 수는 없다고 한다.[47] 否定說이 타당하다. 근저당권은 근저당거래가 종료될 때까지 그 사이에 발생하는 모든 채권을 최고액의 범위 내에서 담보하는 것이다. 특히 우리 민법 제357조 제 1 항 제 2 문에 의하면 근저당권에서 "그 確定될 때까지의 債務의 消滅 또는 移轉은 抵當權에 影響을 미치지 않는다"고 한다. 확정 전의 채권양도가 이 규정의 '移轉'에 포함된다는 것은 명확하다. 따라서 근저당권의 피담보채권이 확정되기 전에 채권이 양도 또는 이전되더라도 근저당권에는 아무런 영향이 없다고 보아야 한다.[48]

(3) 근저당권이 담보하는 채권이 확정된 후에 채권과 함께 근저당권을 양도할 수 있다. 이 경우에는 근저당권이전등기를 하여야 할 뿐만 아니라, 채권양도에 관한 규정이 적용되므로 채무자 기타 제 3 자에 대항하려면 양도인이 채무자에게 통지하거나 또는 채무자가 승낙하여야 한다(민법 제450조 참조). 그리고 확정채권액의 일부 또는 전부를 양도하는 경우에 근저당권도 일부 또는 전부가 이전된다.[49] 근저당권자가 피담보채권의 일부를 양도하고 근저당권도 일부 이전한 때에는 근저당권의 불가분성으로 인하여 근저당권은 그 채권액의 비율로 양도인과 양수인의 準共有로 된다.[50]

---

47) 1997. 9. 9. 제정된 대법원등기예규 제880호(근저당권에 관한 등기사무처리 지침).

48) 金載亨, 根抵當權硏究, 박영사, 2000, 233면.

49) 金錫宇(註 42), 405면 이하.

50) 郭潤直(註 42), 480면; 李英俊(註 44), 951면; 張庚鶴(註 45), 827면; 金錫宇(註 42), 406면.

2. 根抵當權의 被擔保債權의 確定을 위한 通知制度

(1) 意　義

근저당권부채권을 양도하기 위해서는 근저당권이 담보하는 채권을 확정시킬 필요가 있다.[51] 기본계약이 종료되기 전에 근저당권의 피담보채권을 확정시키기 위해서는 채무자의 승낙을 받아야 한다. 그런데 자산유동화를 위하여 집합된 채권의 수가 많기 때문에, 이에 대한 승낙을 모두 받는 것은 현실적으로 곤란하다. 그리하여 2000년 1월 21일 자산유동화법과 채권유동화회사법을 개정하여 근저당권이 담보하는 채권의 확정통지제도를 신설하였다. 채권유동화회사법 제6조의 2는 "債權流動化計劃에 의하여 讓渡하고자 하는 住宅抵當債權이 根抵當權에 의하여 擔保된 債權인 경우 金融機關이 債務者에게 根抵當權에 의하여 擔保된 債權의 금액을 정하여 추가로 債權을 발생시키지 아니하고 그 債權의 전부를 讓渡하겠다는 의사를 기재한 通知書를 內容證明郵便으로 發送한 때에는 通知書를 發送한 날의 다음 날에 당해 債權은 확정된 것으로 본다. 다만 債務者가 10日 이내에 異議를 제기한 때에는 그러하지 아니하다"라고 규정하고 있다.[52]

(2) 通知의 相對方

제3자(물상보증인)가 채무자를 위하여 근저당권을 설정하여 준 경우에 근저당권자가 채무자에게 위 통지를 할 것인지, 아니면 근저당권설정자에게 통지할 것인지 문제된다. 이러한 경우에도 근저당권자는 채무자에게 통지하면 충분하다. 근저당거래를 계속하려는 이익은 근저당권설정자보다는 채무자에게 있기 때문이다. 이 때 확정통지를 구두로 하는 것은 허용되지 않고, 반드시 서면으로 작성하여 내용증명우편

---

51) 근저당권에서 피담보채권의 확정에 관하여 상세한 것은 金載亨(註48), 236-277면 참조.

52) 또한 자산유동화법 제7조의 2도 마찬가지이다.

으로 보내야 한다.

(3) 債務者의 異議

제6조의 2 단서에 따라 이의를 제기할 수 있는 사람은 채무자이고, 근저당권설정자가 아니다. 채무자가 이의를 제기하는 경우에 서면으로 할 필요는 없고 구두로 할 수도 있을 것이다. 다만 채무자가 근저당권에서 피담보채권이 확정되면 더 이상 근저당거래를 할 수 없다는 것을 모르고 이의를 하지 않는 경우가 발생할 것이다. 이러한 폐해를 막기 위하여 이 규정에 따른 확정통지를 할 때 확정의 의미를 알려주는 것이 바람직하다.

근저당권의 피담보채권이 확정되는 시기는 확정통지서를 발송한 다음 날이고, 채무자의 이의 없이 10일이 경과한 후에 확정되는 것이 아니다. 채무자가 이의한 경우에는 확정의 효과가 소급적으로 소멸하는 것으로 보아야 한다.

(4) 確定의 效果

이 규정에 따라 근저당권의 피담보채권의 확정통지를 하면 피담보채권 전체가 확정된다. 근저당권은 확정 후에도 저당권으로 전환되는 것은 아니고, 확정 후의 새로운 채권이 근저당권에 의하여 담보되지 않을 뿐이다.[53] 그리하여 확정 후에 발생하는 이자, 지연이자도 최고액을 한도로 근저당권에 의하여 담보된다.

근저당거래를 유지하면서 이 규정에 따라 근저당권이 담보하는 채권 중 일부만을 확정하여 이 부분만 양도하는 것은 허용되지 않는다. 근저당권에서 피담보채권의 확정은 전체로서 확정되는지 여부를 판단하여야 하기 때문이다.

만일 확정통지를 한 후에 유동화계획에 따른 채권양도를 하지 않은 경우에는 확정의 효력이 발생하는가? 위 확정통지제도는 유동화를

53) 金載亨(註 48), 276면.

위한 경우에만 적용되는 것이기 때문에, 위와 같은 경우에는 확정의 효력을 부정해야 할 것이다.

금융기관이 위 규정에 따라 채권의 확정통지를 하고 채권유동화회사에 근저당권부채권을 양도하였으나, 채무자가 이의를 하였으면 피담보채권이 확정되지 않고 근저당권양도와 채권양도는 모두 효력이 발생하지 않을 것이다. 그러나 당사자들에게 근저당권의 이전과 상관 없이 채권을 양도하려는 의사가 있었다고 판단되는 경우에는 채권만을 양도하였다고 볼 수 있다.

(5) 問 題 點

그러나 이 규정에는 많은 문제점이 있다. 채무자가 근저당권을 설정하는 경우에는 이를 이용하여 거래를 계속할 수 있는 권리를 갖게 되는데, 이 규정은 근저당권자가 근저당권부채권의 유동화를 위하여 채무자의 위와 같은 권리를 사실상 침해하는 결과를 초래할 수 있다. 채무자가 10일 이내에 이의를 제기하면 확정의 효력이 발생하지 않는다고 하여 채무자를 보호하는 규정을 두고 있다고 볼 수 있다. 그러나 이 규정만으로는 불완전하다. 채무자가 이의를 제기하면 금융기관인 채권자가 종래와 같이 채무자와 대출 등의 거래를 계속하지 않고자 하거나 채무자를 불리하게 취급할 수 있다. 따라서 채무자가 이의를 자유롭게 할 수 없을 것이다. 특히 실제 채권액이 최고액보다 현저하게 적은 경우에, 채무자는 그 차액에 해당하는 부분을 이용할 수 없게 된다.[54] 일본에서도 1998년에 제정된 "근저당권부채권양도의 원활화를 위한 임시조치법"[55]이 채권양도시 채무자에 대하여 추가채권을 발생시키지 않겠다는 의사를 통지하면 근저당권의 피담보채권액은 확정된다고 규정하고 있었다. 우리 나라의 확정통지제도는 일본의 위 규정을

54) 金載亨(註 48), 246면.

55) 이 법은 2001년 3월 31일까지 효력이 있는 한시법으로서 현재는 그 효력을 상실하였다.

본받은 것이나, 우리 나라에서는 일본과는 달리 최고액 감액청구가 허용되지 않는다는 점을 주의하여야 한다. 일본민법에는 最高額減額請求制度를 두고 있기 때문에, 위와 같은 규정을 두더라도 채무자와 근저당권자의 이익이 어느 정도 조정되고 있다고 볼 수 있다.[56] 우리 민법 개정안에서 근저당권이 확정된 이후에 근저당권설정자에게 최고액감액청구권을 인정하고 있는데, 이는 바람직하다.[57]

3. 根抵當權讓渡에 관한 立法論

자산유동화법을 제정할 당시 재정경제부 案에서는 근저당권의 피담보채권이 확정되기 전에 그 피담보채권 일부의 양도가 있는 경우 자산양도의 등록이 있은 때에 유동화전문회사 등이 근저당권을 취득하도록 한 규정이 있었으나, 심의과정에서 삭제되었다.[58]

근저당권에 관한 양도를 허용할 필요성이 있으나, 이것은 자산유동화에 특유한 문제는 아니다. 따라서 근저당권의 양도에 관한 규정을

56) 金載亨(註 2), 737면.

57) 이에 관하여는 金載亨, "根抵當權에 관한 改正方案," 저스티스 제34권 제1호(2001. 2), 137면 참조.

그런데 민법개정안에서는 확정 전에도 근저당권설정자는 채권최고액이 피담보채권으로부터 발생이 예상되는 채권액을 현저히 초과하는 때에는 그 예상액의 범위로 감액을 청구할 수 있도록 규정하고 있다. 장래에 발생할 채권액을 지나치게 초과한 액을 최고액으로 정함으로써 설정자의 이익을 해할 우려가 있으므로 이와 같은 폐단을 방지하기 위한 것이라고 한다. 경제현실에 있어 근저당권자는 은행 등 경제적 강자이고 설정자는 일반서민 등 경제적 약자인 경우가 보통이고 지나치게 과다한 액의 최고액을 설정하여 두는 것이 관례임에 비추어 이러한 경제적 약자보호를 위하여 신설한 규정이다. 다만 어떠한 경우에 현저한 것인지는 추후 판례와 학설에 맡기기로 하고 구체적으로 이를 규정함은 입법기술상의 어려움이 있어 다소 불확정한 개념을 사용한 것이라고 한다(李相京, "根抵當權改正에 관한 立法論的 硏究," 法曹 2000년 8월호, 84면). 그러나 이러한 규정을 둘 경우에 근저당권설정자와 근저당권자 사이에 많은 분쟁이 초래될 우려가 있다. 따라서 개정안에서 이 규정을 삭제하는 것이 바람직하다고 생각한다.

58) 鄭泰容, "資產流動化에 관한 法律," 法制(1998. 10), 45면.

자산유동화법에 신설하는 것은 바람직하지 않고, 민법의 개정을 통하여 해결하여야 한다. 근저당권의 피담보채권이 확정되기 전에도 근저당권의 양도를 허용하고 그 법률관계를 명확히 하는 규정을 민법에 신설하여야 한다.

법무부 민법개정위원회에서 마련한 民法改正試案에 근저당권에 관하여 여러 조문이 신설되는데, 근저당권의 피담보채권이 확정되기 전에 근저당권을 피담보채권과 함께 양도할 수 있다고 되어 있다.[59] 일본의 경우에는 근저당권을 피담보채권과는 별도로 근저당권만을 양도할 수 있도록 하였다(일본민법 제 398조의 12). 이것은 1971년 일본의 근저당권에 관한 입법의 가장 중요한 동기였다고 한다. 그러나 우리 민법 改正試案에서는 이를 수용하지 않고 근저당권을 피담보채권과 함께 양도하는 것만을 허용하고, 근저당권만 양도하는 것은 허용되지 않는다.[60] 근저당권의 양도는 근저당권이 담보하는 채권의 채권자가 변경되는 것으로 파악할 수도 있다. 근저당권에서 채무자변경이 허용되는데, 채권자를 변경하지 못할 이유가 없다. 그리고 피담보채권과는 별도로 근저당권을 양도하는 것은 독일의 토지채무나 저당증권 등과는 별다른 관계가 없다. 이 문제는 보전저당의 일종인 근저당권의 유통성을 어느 정도 확보할 것인지와 관련된 문제일 뿐이다. 그리고 우리 금융실무에서 근저당권의 유통성을 확보하는 것이 중요한 관심사로 되어 있는데, 근저당권을 피담보채권과 분리하여 양도하는 것을 허용할 필요가 있다.[61]

59) 물론 피담보채권을 양도하였다고 하여 당연히 근저당권이 이전되는 것이라고 볼 수는 없고, 피담보채권과 함께 근저당권도 양도한 경우에 한하여 적용된다.

60) 우리 민법은 일본민법과는 달리 근저당권을 완전한 유통저당, 독립가치지배권으로 인정하지 아니하고 피담보채권의 발생가능성의 존재를 전제로 하여야 하기 때문에(민법 제357조, 개정안 제357조의 2) 근저당권만의 양도는 효력이 없고, 그 근저당권으로 담보될 피담보채권과 함께 양도하여야 하기 때문에 피담보채권의 양도에 관한 요건과 근저당권의 양도에 관한 요건(이전의 부기등기)을 모두 갖추어야만 그 효력이 생긴다고 한다. 李相京(註 57), 63면.

61) 金載亨(註 57), 128면 이하.

결국 현재의 민법개정시안은 자산유동화를 위한 근저당권양도에 관한 현안문제를 해결해 주지 못하고 있다.[62]

V. 抵當權·根抵當權의 取得에 관한 特例

1. 意 義

부동산에 관한 법률행위로 인한 물권의 득실변경은 登記하여야 그 효력이 발생한다(민법 제186조). 자동차·항공기에 대한 소유권, 저당권의 득실변경과 건설기계에 대한 저당권의 득실변경도 각 등록원부에 登錄하여야 효력이 발생한다. 그리고 질권의 이전에는 민법 제188조 이하에 따른 引渡를 필요로 한다. 그런데 자산유동화법에서는 질권 또는 저당권과 소유권의 취득에 관한 특례규정을 두고 있고, 채권유동화회사법 제 7 조에서는 저당권의 취득에 관한 특례규정을 두고 있다.

이 규정에 관하여는 입법경과를 살펴볼 필요가 있다. 자산유동화법 제정 당시 재정경제부 案 제 8 조 제 2 항은 "제 7 조에 의한 공고 및 등록이 마쳐진 때에는 유동화자산 중 담보로 제공된 물권이나 자산보유자로부터 취득한 소유권의 경우 그 등록일자에 민법 제187조의 규정에도 불구하고 등기를 한 것으로 본다"고 정하고 있었다. 이것은 특례규정의 적용범위에 소유권 등 모든 물권을 포함시키고 등록일자에 등기를 한 것으로 간주한 것이다. 이에 대하여 비판이 제기되었다. 첫째, 법률의 규정에 의한 물권변동의 경우에도 당해 권리를 처분할 때에는 반드시 등기를 하도록 하고 있는 민법의 기본원칙에 반한다. 둘째, 권리의 이전 및 처분이 전혀 등기와 관계 없이 이루어지게 되면 기존의

62) 상세한 것은 金載亨, "物權法 개정에 관한 의견(2)—2001년 민법개정試案을 중심으로—," JURIST 2002년 3월호, 25-33면 참조.

권리공시체계에 혼란이 초래될 것이다. 셋째, 저당권의 경우 이를 다시 처분하는 사례가 드물 것이어서 저당권이전의 경우에 대한 특례만 인정하더라도 충분하다. 법제처에서 심사하는 과정에서 공고 및 등록을 하면 이전등기를 한 것으로 간주하는 규정을 법률에 의한 물권변동의 하나로 보는 내용으로 수정하고, 소유권이전의 특례는 공공성이 인정되고, 부동산의 대량처분이 요구되는 한국토지공사와 한국자산관리공사에 한하여 인정하였다.[63] 그 후에 제정된 채권유동화회사법은 주택저당채권을 유동화하는 것이기 때문에, 저당권에 관한 특례만을 인정하여 "債權流動化會社는 第5條 第1項의 規定에 의한 登錄이 있은 때에 債權流動化計劃에 따라 讓渡 또는 信託받은 住宅抵當債權을 擔保하기 위하여 設定된 抵當權을 취득한다"고 규정하였다(제7조).

결국 자산유동화법이나 채권유동화회사법에서는 금융감독위원회에 주택저당채권의 양도등록을 함으로써 양수인이 저당권을 취득할 수 있다. 채권유동화회사가 저당권부채권을 양도받아 채권유동화회사의 신탁계정에 자기 신탁을 하여 주택저당증권을 발행하고 있는데, 이러한 경우에는 근저당권부채권의 양도와 신탁을 금융감독위원회에 동시에 등록하고 있다.[64] 그런데 채권유동화회사가 저당권부채권을 제 3 자에게 양도하는 경우에는 민법 제187조 단서[65]에 따라 채권유동화회사로 저당권이전의 부기등기를 한 후 다시 제 3 자 앞으로 등기를 하여야 한다.

63) 鄭泰容(註 58), 45면.

64) 자산유동화법에서 유동화전문회사가 유동화자산을 다른 유동화전문회사에 양도하는 경우에는 제 6 조 제 1 항에 의한 자산양도등록을 하면 될 것이다.

65) 민법 제187조는 "상속, 공용징수, 판결, 경매 기타 법률의 규정에 의한 부동산에 관한 물권의 취득은 등기를 요하지 아니한다. 그러나 등기를 하지 아니하면 이를 처분하지 못한다"고 규정하고 있다.

2. 根抵當權의 實行

채무자가 근저당권에 의하여 담보되는 채무를 변제하지 않는 경우에 유동화회사가 자기 명의로 근저당권이전의 부기등기를 하지 아니하고 경매를 신청할 수 있는지 문제된다. 경매를 신청하기 위해서는 저당권을 취득하면 충분하고 저당권자로 등기되어야 하는 것은 아니다.[66] 근저당권이 채권유동화회사의 명의로 이전되어 있지 않더라도 근저당권양도의 등록으로 채권유동화회사가 근저당권을 취득하였으면 채권유동화회사가 근저당권을 실행할 수 있다. 경매실무도 이를 인정하고 있다.[67]

3. 根抵當權移轉登錄 後 抹消登記와 變更登記

(1) 근저당권부채권의 양도가 무효이거나 취소 또는 해제된 경우에 금융기관은 채권유동화회사를 상대로 금융감독위원회의 등록에 대한 말소청구를 할 수 있다. 그런데 근저당권에 의하여 담보되는 채무가 변제 등으로 소멸된 경우에 근저당권설정자는 등기부상의 근저당권 명의자인 금융기관을 상대로 근저당권설정등기의 말소등기절차를 청구할

66) 저당권부채권이 법률의 규정에 의하여 이전하는 경우에는 저당권도 이에 따라 등기 없이 이전되므로 대위변제에 의하여 저당권을 취득한 자는 등기부상 저당권자로 등기되어 있지 아니하더라도 경매신청을 할 수 있다(1988. 4. 11. 등기선례 2-386). 또한 합병으로 인하여 소멸된 회사가 합병 전에 그 회사명의로 설정받은 근저당권에 관하여는 합병으로 인한 근저당권이전등기를 거치지 아니하고서도 합병 후 존속하는 회사 또는 합병으로 인하여 설립된 회사가 그 권리행사를 할 수 있다(1987. 11. 18. 등기선례 2-441).

67) 근저당권이전등기를 마치지 아니한 상태에서도 경매를 신청할 수 있다고 하면서 경매신청자가 "자산유동화에 관한 법률 제 6 조에서 정한 채무자에 대한 통지(또는 공고) 또는 채무자의 승낙 및 채권의 양도에 관하여 등록을 마친 사실과 제 7 조에서 정한 저당권의 양도에 관하여 등록을 마친 사실"을 입증하여야 한다고 하였다. 대법원 법원행정처 질의회신(1999. 6. 23. 송무심의 4102-94). 채권유동화회사법에 관하여는 대법원 법원행정처 2000. 8. 21. 민사 4102-911 참조.

수 있는가, 아니면 금융감독위원회에 근저당권을 양수한 사람으로 등기된 유동화회사를 상대로 말소등기를 청구하여야 하는지 문제된다.

(2) 근저당권이 채권유동화회사에 이전되었다는 사실은 등기부에 공시되지 않기 때문에, 부동산등기부상 근저당권자로 등기되어 있는 금융기관이 근저당권설정자와 공동으로 근저당권설정등기의 말소등기절차를 신청하여 위와 같은 근저당권설정등기가 말소될 가능성이 있다. 이와 같은 절차로 위 근저당권등기가 말소되었다면 이는 실체관계에 부합하는 등기로서 유효하다.[68] 그러나 위와 같은 방식이 정상적인 방식이라고 볼 수는 없다. 등기부상 근저당권자로 되어 있는 금융기관은 근저당권에 관하여 법률상 이해관계가 없다. 그런데도 근저당권말소등기청구의 상대방으로 볼 수는 없는 것이다.

(3) 부동산등기부상에 근저당권이 금융기관 명의로 등기되어 있다고 하더라도 금융감독위원회 등록에 의하여 유동화회사가 이미 근저당권을 취득하였기 때문에, 등기부상 명의인인 금융기관은 근저당권자가 아니다. 따라서 위와 같은 근저당권의 말소등기는 근저당권설정자와 근저당권자의 신청에 의하여 행하여야 한다는 견해가 있을 수 있다.[69] 이러한 견해에 따른다면 근저당권의 말소등기에서 등기의무자는 금융기관이 아니라, 채권유동화회사라고 보아야 할 것이다. 그리고 근저당권의 피담보채권이 확정된 후 피담보채권이 소멸되었는데도 채권유동화회사가 근저당권의 말소등기절차에 응하지 않는다면, 근저당권설정자가 유동화회사를 상대로 말소등기절차의 이행을 청구하여야 한다고 생각할 수 있다. 이러한 말소등기청구는 민법 제214조의 소유물방해배

68) 제187조 단서는 본문에 의하여 등기 없이 취득한 부동산물권을 처분하려면 새로운 취득자 명의로 등기하기 위하여 우선 자기명의의 등기를 경료하여야 한다는 원칙을 규정한 것이고, 이미 새로운 취득자 명의로 등기되고 현재의 진실한 권리상태와 합치되면 그 절차에 흠이 있다 하여도 무효라고 할 수 없다. 大判 1972. 2. 22, 71다2687; 大判 1967. 5. 2, 66다2642.

69) 이를 긍정한다면 말소등기를 신청하면서 금융감독위원회에 대한 근저당권이전에 관한 등록서류 등도 등기소에 제출하여야 할 것이다.

제청구에 속한다고 볼 수 있는데, 이는 실제로 방해하는 자를 상대로 하여야 한다는 점에서 위와 같은 견해를 수긍할 여지가 있다.

그런데 유동화회사로 근저당권이전의 부기등기를 경료하지 않은 상태에서 위와 같이 말소등기절차를 밟는 것이 민법 제187조 단서의 규정을 위반하는 것인지, 등기절차상 위와 같은 말소등기가 가능한 것인지 문제된다. 유동화회사가 다시 제 3 자에게 근저당권을 양도하는 경우에는 민법 제187조 단서에 따라 근저당권이전의 부기등기를 하여야 한다는 것이 명백하나, 말소등기에 응하는 것이 민법 제187조 단서의 처분에 해당하지는 않을 것이다. 그러나 현재의 등기실무에 따른다면 근저당권양도에 관하여 금융감독위원회 등록 이후 그 피담보채권이 변제되는 경우에 말소등기절차를 밟으려면 채권유동화회사로 근저당권이전등기를 마친 후에 말소등기절차를 하여야 할 것이다. 자산유동화법이나 채권유동화회사법에서 저당권이전의 특례를 인정한 취지는 등기비용이나 시간을 절감하기 위한 것인데, 위와 같은 경우에 근저당권이전의 부기등기를 하여야 한다면 자산유동화법이나 채권유동화회사법에서 저당권이전의 특례를 인정한 취지가 거의 무의미하게 될 것이다. 그리하여 이 문제를 해결하기 위한 방안을 강구할 필요가 있다.

2001년 10월 입법예고되었던 채권유동화회사법에 관한 개정안을 검토할 필요가 있다. 이 개정안은 저당권이전의 등록이 있는 경우에는 금융기관 명의의 등기를 채권유동화회사의 것으로 본다는 방식으로 규정하자는 것이었다.[70] 농업협동조합법(1999. 9. 7. 법률 제6018호, 2000. 7. 1. 시행) 부칙 제 7 조

70) 이것은 주택저당채권유동화회사법을 개정하여 제 7 조 제 2 항으로 "제 1 항의 규정에 의하여 채권유동화회사가 취득한 저당권에 관하여는 등기부 기타 공부(이하 "등기부 등"이라 한다)에 채권유동화회사의 명의로 이전등기되지 아니한 경우에도 채권유동화회사가 그 명의로 저당권에 관한 등기를 신청할 수 있다. 이 때 등기부 등에 표시된 금융기관의 명의는 채권유동화회사의 명의로 본다"는 규정을 신설하자는 것이다(관보 제14917호, 16면). 이것은 중간등기의 생략을 허용하는 근거규정이라고 할 수 있으나, 법무부나 법원행정처 등의 반대로 말미암아 받아들여지지 않았다.

제 2항은 "등기부 기타 공부에 표시된 농업협동조합중앙회, 축산업협동조합중앙회 및 인삼협동조합중앙회의 명의는 중앙회(같은 법에 의하여 설립된 농업협동조합중앙회)의 명의로 본다"라고 규정하고 있는데,[71] 이와 동일한 규정을 하는 것이다. 농업협동조합과 다른 협동조합은 통합되었고, 이를 쉽게 알 수 있기 때문에, 위와 같은 규정을 두더라도 별다른 문제는 없다. 그러나 채권유동화회사의 경우에 위와 같은 예외를 인정하는 것은 많은 혼란을 초래할 수 있다. 그리고 위 개정안은 채권유동화회사법에만 위와 같은 규정을 두자는 것인데, 이러한 방식으로 입법을 추진하는 것은 무엇보다도 자산유동화법과의 형평성 문제를 불러일으킬 수 있다. 이러한 문제는 자산유동화법과 채권유동화회사법에 공통된 것이기 때문에, 이를 일괄적으로 해결해야 할 것이다.

한편 채권유동화법에 따른 근저당권이전등록 후에 근저당권설정자와 채권유동화회사의 신청으로 근저당권설정등기의 말소등기절차를 하더라도 폐해가 크지 않다. 이와 같은 등기절차를 인정하는 법률을 개정할 경우에는 부동산등기법을 개정하여 부동산등기부에 채권유동화회사법에 따른 말소등기라는 점을 기재함으로써 부동산등기부에 권리의 이전경과를 공시하는 방안을 강구하여야 할 것이다.

(4) 근저당권의 변경등기에서도 위와 같은 문제가 발생한다. 예컨대 주택양도에 따라 주택의 양수인이 주택저당채무를 면책적으로 인수하는 경우가 많은데, 이러한 경우에 채무자변경등기를 할 필요성이 있다. 그런데 채권유동화회사로 근저당권이전의 부기등기를 하지 않은 상태에서 변경등기를 하는 것은 등기기술상 좀더 복잡하다. 여기에서 나아가 유동화회사가 제 3 자에게 근저당권을 이전하는 경우에 유동화회사로 저당권이전의 부기등기를 하지 아니한 채 제 3 자 앞으로 근저

71) 등기실무도 근저당권이전등기절차를 거치지 않고도 '신 농업협동조합중앙회'가 직접 자신의 명의로 위 근저당권의 말소등기 또는 변경등기를 신청할 수 있다고 한다(2000. 5. 19. 등기선례 6-341). 농업기반공사에 관해서도 마찬가지이다(2000. 3. 6. 등기선례 6-341).

당권이전의 부기등기를 하는 것은 중간생략등기를 인정하는 결과가 되는데, 이것은 명백하게 제187조 단서에 반하는 것으로서 지나치게 넓은 또 하나의 예외를 인정하는 것이라고 생각한다.

4. 登記問題에 관한 根本的 解決方案

금융감독위원회 등록만으로 저당권이전의 특례를 인정한 것은 저당권이전절차에 따른 시간과 비용을 줄이기 위한 것이나, 금융기관에 이와 같은 혜택을 부여하는 것이 바람직한 것인지 의문이다. 부동산등기제도는 부동산물권에 관한 통일적인 공시를 통하여 권리관계를 명확히 하고 거래안전을 확보하는 데 중요한 기능을 수행한다. 하나의 물권에 관하여 부동산등기와 금융감독위원회 등록이라는 二重의 公示方法을 정함으로써 양자를 확인하는 데 드는 비용 등 去來費用이 증가할 것이다. 저당권자의 채권자가 가압류, 압류명령 또는 전부명령을 받으려는 경우에 반드시 금융감독위원회의 등록을 살펴보아야 한다.

그리고 부동산등기는 법원등기소 관할에 속하고, 자산양도등록은 금융감독위원회에 해야 하는데, 이는 공시제도의 집중과 통일에도 배치된다. 그리하여 이중양도로 인한 폐해가 발생할 우려가 있다. 예컨대 저당권부채권을 유동화전문회사에 양도하고 이를 자산유동화법에 의한 등록을 하고, 다시 이 채권을 제 3 자에게 양도할 수도 있을 것이다. 이러한 폐해를 막기 위하여 자산유동화법에서 유동화를 할 수 있는 자산보유자를 엄격하게 한정하고 있는 것이다. 채권유동화회사법에서는 금융기관만이 주택저당채권을 유동화할 수 있기 때문에, 이중양도로 인한 문제가 발생할 가능성은 거의 없다고 볼 수 있으나, 이러한 문제에 대비해야 한다는 부담이 있다. 시간과 비용을 줄이는 공시제도를 마련하는 것은 바람직하나, 그보다 더 중요한 이익, 즉 권리관계의 확정과 거래의 안전을 해치지 않도록 해야 할 것이다.

또한 저당권부채권이 양도된 후에 채무자의 변경절차에서 발생하는 문제 등을 살펴보았지만, 그 밖에 채권유동화회사 이외의 다른 담보권자에 의한 경매절차 등에서도 혼란을 초래할 수 있다. 특히 근저당권부채권을 일부 양도하는 경우에는 복잡한 법률문제를 발생시킨다.

그러므로 위와 같은 문제점을 해결하기 위하여 부동산등기부에 저당권 등의 이전내용을 간편하게 공시하는 방안을 강구해야 할 것이다. 2002년 9월 부동산등기부의 전산화가 완료될 전망인데, 저당권 등의 이전에 관한 금융감독위원회의 등록내용을 간편하게 등기부에 공시하도록 不動産登記法을 개정할 필요가 있다.

좀더 근본적으로는 抵當證券을 발행하고, 배서·교부를 통하여 저당권을 양도하는 제도를 도입할 필요성이 있다. 이러한 방법이 ―미국의 대부분의 주에서 부동산물권변동의 공시를 위하여 이용되는 레코딩 시스템(recording system; 權原證書의 登錄制度)과는 다른― 우리 나라의 부동산등기제도의 장점을 살리면서 저당권의 유동화를 원활하게 하는 방안이다.[72)]

Ⅵ. 結 論

우리 담보법의 중요한 과제 중의 하나가 投資抵當制度의 도입문제이다. 종래 민법학에서 저당권의 유동화를 위하여 독일의 선진적인 담보제도를 도입하여야 한다는 주장이 제기되었다. 그러나 이러한 주장은 입법화되지 않은 상태에서 저당권부채권을 포함한 다양한 형태의 자산을 유동화할 수 있는 자산유동화법과 채권유동화회사법이 도입되었다. 그런데 이 법률에는 기존의 법체계와의 관계가 명확하게 정립되지 아니하여 여전히 해결해야 할 문제가 많이 있다. 대륙법에 속하는

72) 金載亨(註 2), 739면.

민법체계와 미국법에서 발달한 유동화제도가 충돌하는 양상을 보이기 때문에, '大陸法과 英美法의 충돌'이라고 볼 수 있다.[73] 이것이 서로 調應하는 과정을 거쳐 더 나은 법제도를 창출하기 위한 노력이 필요하다.

유동화거래는 자산의 양도 또는 신탁이라는 契約과 유동화매개기구의 證券發行을 통하여 이루어진다. 이러한 계약에도 私的自治의 원칙, 특히 契約自由의 원칙이 적용된다. 그런데 자산유동화법과 채권유동화회사법은 그 계약의 내용과 방식을 규제할 뿐만 아니라, 유동화계획과 자산양도를 금융감독위원회에 등록하도록 하고 있다. 위 두 법률은 자산유동화의 활성화라는 명목하에 금융기관 등에 특혜를 주는 반면, 그 폐해를 방지하기 위하여 유동화거래에 대한 감독과 규제를 하고 있는 것이다. 사법상의 거래에 대한 감독과 규제는 필요한 경우에 최소한에 그쳐야 한다. 그렇지 않으면 감독과 규제는 거래비용을 증가시킬 것이고 경제적 활동의 자유를 제약하는 결과를 초래한다.

자산유동화가 확고하게 뿌리를 내리려면 자산유동화거래를 뒷받침하는 채권양도·저당권·파산제도 등 여러 제도를 발전시키는 것이 필요하다. 예컨대 대량의 채권을 양도하는 경우에 등록제도를 도입하는 것을 고려할 수 있다. 이것은 자산유동화를 전제로 하는 것은 아니고, 집합채권양도담보를 위해서도 이용될 수 있기 때문에 다양한 신용거래가 폭넓게 발전할 수 있는 토대가 될 것이다. 또한 저당증권제도를 도입하여 저당권의 유동화를 실현하는 것도 더 이상 미룰 수 없는 현안으로 다가오고 있다. 그와 함께 현재의 자산유동화법과 채권유동화회사법에서 인정하고 있는 각종 특례는 發展的으로 解體하는 방향으로 개선하는 한편, 자산유동화거래에 대한 규제와 감독도 점차 완화시켜야 할 것이다. 이를 통하여 좀더 효율적이고 공정한 자산유동화거래의 토대가 마련될 것이다.

(서울대학교 法學 제43권 제 1 호(2002. 3), 180-215면 所載)

73) 金載亨(註 2), 755면.

判例索引

[大 法 院]

[憲法裁判所]

[下 級 審]

事項索引

著者略歷

서울대학교 법과대학 졸업
법학박사(서울대학교)
서울지방법원 판사 등 역임
독일 뮌헨대학교와 미국 콜럼비아 로스쿨에서 법학연구
現　서울대학교 법과대학·법학대학원 교수

主要著書

根抵當權硏究(2000)
民法論 Ⅱ(2004, 중판 2010)
民法論 Ⅲ(2007)
民法注解(XVI)(1997)(共著)
기업회생을 위한 제도개선방향(2001)
金融去來法講義 Ⅱ(2001)(共編)
倒産法講義(2005)(共編)
統合倒産法(2006)(共編)
한국법과 세계화(2006)(共編)

民 法 論 Ⅰ

2004년　9월　21일　　초판발행
2010년　8월　30일　　중판발행

저　자　김　재　형
발행인　안　종　만
발행처　(株)博　英　社
서울특별시 종로구 평동 13-31번지
전화　(733)6771　FAX　(736)4818
등록　1959. 3. 11.　제300-1959-1호(倫)

www.pakyoungsa.co.kr　e-mail: pys@pakyoungsa.co.kr

定　價　28,000원　　ISBN 978-89-6454-614-7
978-89-6454-613-0(세트)